structure et fonctionnement des ordinateurs

édition mise à jour

Dans la même série

Éléments d'informatique ; informatique et démarche de l'esprit, par Charles CORGE, docteur ès sciences physiques.

Images et ordinateur; introduction à l'infographie interactive, par Pierre MORVAN, docteur de l'Université et Michel LUCAS, docteur de troisième cycle.

Sciences humaines et sociales
SÉRIE INFORMATIQUE

structure et fonctionnement des ordinateurs

édition mise à jour

par

Jean-Pierre MEINADIER

Ingénieur des Arts et Manufactures.

Directeur général de GIXI-
Ingénierie Informatique
Chargé d'enseignement
à l'École Centrale des Arts et Manufactures

LIBRAIRIE LAROUSSE
17, rue du Montparnasse; 114, boulevard Raspail - PARIS

Le présent volume appartient à la dernière édition (revue et corrigée) de cet ouvrage. La date du copyright mentionnée ci-dessous ne concerne que le dépôt à Washington de la *première* édition.

ISBN 2-03-070359-1

avant-propos

Cet ouvrage *traite de la logique, de la structure et de l'architecture des ordinateurs. Il peut être considéré comme formé de deux parties, en pratique très imbriquées l'une dans l'autre. La première, peu originale parce que souvent traitée, présente sous une approche pédagogique les bases nécessaires concernant les circuits logiques et les organes constitutifs des ordinateurs : unités arithmétiques, unité d'instruction, mémoire principale, unités d'échanges. La seconde nettement plus développée parce que rarement abordée, traite de l'architecture d'ensemble des ordinateurs et des problèmes situés aux confins du hardware et du software : évolution des structures en fonction des applications, structures orientées vers des langages ou des modes d'exploitation particuliers, structures à hautes performances, etc...*

Cet ouvrage *est tout d'abord dédié à tous ceux pour qui l'ordinateur reste entouré d'un certain mystère, à tous ceux, informaticiens ou non, qui veulent savoir ce que contient une armoire d'ordinateur et en comprendre le fonctionnement. A ce titre, il ne vise pas seulement, si l'on me passe cette comparaison, à décrire l'anatomie de l'ordinateur, mais beaucoup plus à approfondir sa physiologie. Encore ne s'agit-il pas de l'étude d'un ordinateur en particulier, mais d'une synthèse des concepts que l'on rencontre dans la production de ces dernières années, ainsi que d'une tentative d'anticipation sur les architectures de demain.*

Cet ouvrage *s'adresse surtout aux étudiants en informatique. Accessible aux débutants à qui sont consacrés les premiers chapitres, il est plus particulièrement écrit pour les étudiants de l'enseignement supérieur (grandes écoles, maîtrise d'informatique, instituts universitaires de technologie) ainsi que pour les responsables et ingénieurs soucieux de recyclage.*

Cet ouvrage *est en effet un ouvrage d'enseignement. L'aspect pédagogique des exposés y prime les aspects systématique ou encyclopédique. Le lecteur, guidé par quelque 350 dessins, conçoit pas à pas un ordinateur simplifié, ce qui lui permet d'aborder avec des bases solides la discussion sur les options entre lesquelles doit aujourd'hui choisir le concepteur d'ordinateurs.*

Cet ouvrage *n'est donc pas un ouvrage théorique et ne suppose aucune culture mathématique préalable — si ce n'est évidemment une certaine aptitude au raisonnement logique. Les concepts fondamentaux et les différents types d'architecture y sont exposés à partir d'exemples concrets, simplifiés pour les besoins de la cause. Afin de ne pas me limiter aux exercices d'école ou encore aux machines conçues par les universités et restées sur le papier ou à l'état de prototype, j'ai largement dérogé aux usages habituels qui veulent que l'on s'abstienne de citer des sociétés privées. J'espère que les constructeurs ne me tiendront pas rigueur d'avoir soit négligé, soit abusivement schématisés certains de leurs produits, et je remercie ici ceux qui ont bien voulu me donner accès à certains documents internes à leur société.*

Cet ouvrage *tente ainsi d'établir la synthèse des idées qui président à la conception des ordinateurs, en évitant de tendre à l'encyclopédie des astuces, ou au catalogue des matériels commercialisés. Ce faisant, j'ai été obligé de nommer les concepts décrits, et donc soit d'adopter certains termes de tel ou tel constructeur, soit même d'en créer de nouveaux. Il m'est donc apparu nécessaire de préciser leur définition dans un glossaire faisant ainsi de cet ouvrage un dictionnaire de la spécialité. M'étant, dans la mesure du possible, mais sans purisme excessif, astreint à n'utiliser que des termes français, le glossaire tient également lieu de lexique français-anglais et se trouve complété par le lexique anglais-français correspondant.*

Cet ouvrage *est d'abord le fruit d'une double expérience d'enseignement d'une part à des étudiants débutants en informatique à la faculté des Sciences d'Orsay, d'autre part à des spécialistes du software au Commissariat à l'Energie Atomique.*

Cet ouvrage *est surtout le fruit d'une expérience dans le domaine du choix de machines, d'études et de réalisations de systèmes informatiques pour différentes applications scientifiques et techniques au Commissariat à l'Energie Atomique. Que Monsieur Amouyal, Chef du Département d'Informatique au C.E.A., veuille bien trouver, ici, l'expression de ma reconnaissance pour les responsabilités qu'il a bien voulu me confier et grâce auxquelles j'ai pu acquérir la matière de ce livre. Ce dernier n'a cependant vu le jour que grâce aux encouragements prodigués lors de nombreuses discussions techniques avec mes collègues du Département d'Informatique, et tout particulièrement mes collaborateurs directs, notamment Messieurs J.-P. Chardenon, J.-C. Fabre, P. Valois.*

Cet ouvrage *doit beaucoup à l'active collaboration de Messieurs J.-P. Rossiensky et J. Villeroux qui ont bien voulu lire le premier état du manuscrit et m'apporter de très précieux conseils.*

Les concepts fondamentaux de la structure et du fonctionnement des ordinateurs datent des années 1940-1950 (microprogrammation : 1952, mémoire virtuelle avec pagination : 1958...). Les années 1970 n'ont guère apporté de nouveautés dans ce domaine et l'ouvrage écrit en 1970 reste donc d'actualité à ce niveau. Ce qui, par contre, a évolué pendant les années 1970, c'est la technologie, avec l'apparition de la micro-informatique, c'est l'architecture globale des systèmes avec l'utilisation de systèmes d'exploitation complexes, de systèmes distribués et de mémoires hiérarchisées. La mise à jour de l'ouvrage consiste donc, pour l'essentiel, en l'adjonction de deux chapitres complémentaires qui abordent l'un le domaine des microprocesseurs, l'autre celui de l'évolution de l'architecture d'ensemble des systèmes informatiques. J.-P. M. (1979.)

TABLE DES MATIÈRES

Chapitre I. Introduction aux ordinateurs.

Chapitre II. Structure de l'information.

Chapitre III. Les circuits logiques.

Chapitre IV. Les mémoires.

Chapitre V. Les opérateurs arithmétiques et logiques.

Chapitre VI. Le chemin des données.

Chapitre VII. Le séquencement des instructions.

Chapitre VIII. Les échanges d'information avec l'extérieur.

Chapitre IX. Machines à piles.

Chapitre X. Les dispositifs liés à la gestion de la multiprogrammation.

Chapitre XI. Les gros monoprocesseurs.

Chapitre XII. Multiprocesseurs et machines parallèles.

chapitre I

introduction aux ordinateurs

Ce chapitre dédié au lecteur débutant en informatique n'a d'autre but que d'introduire, sous une forme très intuitive et simplifiée, les notions d'informatique générale nécessaires à la bonne compréhension de cet ouvrage. Certaines d'entre elles qui font partie de notre propos seront reprises avec rigueur dans les chapitres suivants; d'autres sont simplement mentionnées pour permettre au lecteur de replacer les développements ultérieurs dans un contexte plus général. Pour tenter de donner une certaine vie à cette introduction, nous adoptons la voie historique, si tant est que l'on puisse parler d'histoire à propos d'une technique qui n'a guère que vingt ans et dont le nom même, l'informatique, est encore tout récent.

Entre la « préhistoire » et l' « histoire », le lecteur s'y trouve de but en blanc confronté avec la structure et le fonctionnement de Boulix. Boulix est l'ordinateur simplifié — est-il besoin de le spécifier — que nous nous proposons de construire élément par élément — sur le papier cela s'entend — en tant qu'illustration des chapitres consacrés à la logique de base des ordinateurs. Cette première présentation, très intuitive, permettra au lecteur de mieux comprendre les buts et les positions respectives des différents organes d'un ordinateur, lorsqu'ils lui seront décrits au long des pages qui suivront.

1. Introduction historique : les précurseurs.

Les ordinateurs traitent de l'**information digitale,** c'est-à-dire de l'information fondamentalement discontinue comme des chiffres ou des caractères alphabétiques, par opposition aux calculateurs analogiques et simulateurs qui traitent de l'**information analogique** qui a un caractère essentiellement continu, comme des tensions ou des intensités électriques.

La nature n'a pas attendu les fruits de l'intelligence humaine pour produire des machines digitales : la cellule vivante en est le meilleur exemple ; on a découvert ces dernières années qu'elle utilise un système de type digital pour conserver et transmettre la précieuse information héréditaire. Le boulier, qui semble dater du troisième millénaire avant Jésus-Christ, apparaît comme la première machine typiquement digitale que l'homme ait utilisée pour l'aider à résoudre ses problèmes arithmétiques.

Les jaquemarts, qui fleurirent sur les clochers de nos églises, furent les ancêtres directs des *automatismes à séquence,* très répandus dans l'industrie. On appelle également ces derniers **calculateurs à programme intérieur** ou à programme figé, indiquant par là qu'ils sont condamnés à exécuter toujours la même suite d'opérations, c'est-à-dire le même **programme.**

Au milieu du dix-septième siècle, Pascal a fait un premier pas dans la mécanisation du calcul arithmétique en construisant une machine sur un concept nouveau : la roue dentée. Les roues de Pascal comportaient 10 positions (de 0 à 9) et chaque fois qu'une roue passait de la position 9 à la position 0, la roue immédiatement à gauche avançait automatiquement d'une position pour tenir compte de la retenue. Les machines électroniques de bureau et l'unité arithmétique de nos ordinateurs de gestion ne fonctionnent pas selon un autre principe, la roue dentée étant simplement remplacée par un circuit électronique. La machine de Pascal connaissait l'addition et la soustraction; Leibniz lui a ajouté la multiplication et la division.

Le pas suivant dans la mécanisation du calcul a été réalisé par l'Anglais Babbage au dix-neuvième siècle. Il a pensé qu'il était inutile d'augmenter les performances des machines mécaniques tant que les opérations devaient être posées manuellement. Il fallait donc rendre automatique le passage d'une opération à la suivante. Mais, contrairement aux jaquemarts de nos églises, qui répètent inlassablement les mêmes gestes aux mêmes heures, les suites d'opérations à faire exécuter n'étaient pas toujours les mêmes. Il a eu l'idée de reprendre un concept précédemment utilisé par Jacquard pour l'automatisation des métiers à tisser, celui de **programme extérieur.** La machine de Babbage devait — en fait il n'a jamais pu la finir — lire une carte perforée, définissant une opération à exécuter; exécuter l'opération; lire la carte suivante, etc. Sur le plan des principes, la machine de Babbage est l'ancêtre des premières machines électriques à relais construites dans certaines firmes et universités américaines au cours de la dernière guerre mondiale.

Nous désignons ce type de machines sous le nom de *machines à programme extérieur,* pour souligner que le programme n'est plus intérieur à la machine, donc figé, mais s'exécute pas à pas à partir d'un support extérieur, donc interchangeable.

C'est Von Neumann qui a fait faire vers 1945 le pas décisif à la mécanisation du traitement digital de l'information en introduisant deux concepts nouveaux :

(1) **Le programme enregistré.** Les machines à relais de l'époque possédaient des éléments de mémoire capables de conserver au cours du traitement des résultats partiels en vue de leur utilisation ultérieure. Von Neumann a eu l'idée d'utiliser les mémoires du calculateur pour emmagasiner également le programme : d'où le nom de **machine à programme enregistré** donné au nouveau type de calculateur. Au lieu d'exécuter les opérations au fur et à mesure de leur lecture sur le ruban perforé comme dans les machines à programme extérieur, la machine à programme enregistré suppose l'enregistrement du programme en mémoire avant de com-

mencer l'exécution des opérations. Tous les ordinateurs fonctionnent sur ce principe.

(2) **La rupture de séquence.** La machine à programme extérieur supposait l'intervention de l'homme chaque fois qu'une décision devait être prise, c'est-à-dire que la suite du traitement dépendait des résultats déjà acquis. Du fait des nouvelles possibilités offertes par la technique du programme enregistré, Von Neumann a eu l'idée de rendre automatiques les opérations de décision logique en munissant la machine d'une instruction appelée *branchement conditionnel* ou encore *rupture de séquence conditionnelle.* Suivant la valeur d'un résultat précédemment obtenu, positive ou négative par exemple, la machine devra exécuter telle ou telle partie du programme.

La plupart des ordinateurs fonctionnent selon le schéma originel de Von Neumann ; nous les appellerons machines de type Von Neumann ou machines à registres. Ils s'opposent à d'autres types d'ordinateurs comme les machines à piles que nous étudierons au chapitre IX.

2. Présentation générale d'un ordinateur.

De multiples dénominations ont été utilisées pour désigner les machines électroniques à programme enregistré : calculateur, calculatrice, machine, ces termes étant suivis d'un adjectif tel que numérique, digital, ou tout simplement électronique. Le terme **ordinateur** est maintenant passé dans la langue française. Nous emploierons indifféremment l'une ou l'autre de ces dénominations.

Un ordinateur apparaît au premier abord comme composé d'une *mémoire centrale* qui contient programmes et données, d'une *unité centrale* de traitement qui exécute le programme, et d'*unités d'entrées-sorties* permettant des échanges avec l'extérieur. On désigne quelquefois l'ensemble de l'ordinateur et des éléments qui lui sont rattachés par le terme de **système informatique.**

2. 1. *L'unité centrale et la mémoire centrale.*

Le programme est enregistré en mémoire avant le début de son exécution. Cette mémoire, à partir de laquelle le programme peut être exécuté, est appelée **mémoire centrale** ou **mémoire principale.** Les différentes unités de la machine s'organisent autour de cette mémoire centrale.

La mémoire centrale contient deux types d'information : d'une part, les **instructions** du programme (ou *informations traitantes*) que la machine devra exécuter ; d'autre part, les *données,* souvent appelées **opérandes** (ou *informations traitées*), sur lesquelles la machine effectuera les traitements dictés par les instructions. A ces deux types d'information, traitante et traitée, correspondent deux unités particulières de la machine : l'**unité de contrôle** également appelée **unité d'instructions** ou **unité de commande** pour les informations traitantes et l'**unité arithmétique et logique** ou **unité de traitement** pour les informations traitées.

On peut résumer schématiquement les fonctions principales de *l'unité de contrôle*[1] *:* elle extrait de la mémoire centrale la nouvelle instruction à exécuter ; elle analyse cette instruction et établit les connexions électriques correspondantes dans l'unité arithmétique et logique ; elle extrait de la mémoire centrale les données sur lesquelles porte l'instruction ; elle déclenche le traitement de ces données dans l'unité arithmétique et logique ; éventuellement, elle range le résultat dans la mémoire centrale.

L'*unité arithmétique et logique* effectue sur les données qu'elle reçoit les traitements commandés par l'unité de contrôle.

L'ensemble de l'unité de contrôle et de l'unité arithmétique et logique forme un tout dans la plupart des ordinateurs. On l'appelle **unité centrale** ou **unité centrale de traitement** ou encore **processeur central.** Pour certains auteurs, l'unité centrale comprend la mémoire centrale.

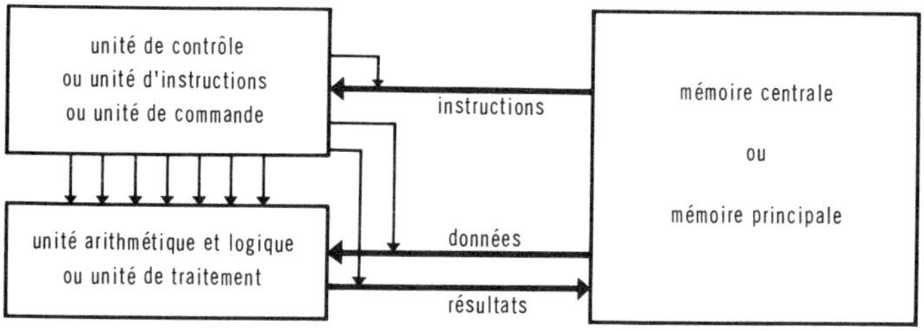

Fig. 1. Organisation générale d'une unité centrale.

2. 2. *Les unités d'échange et les unités périphériques.*

Telle qu'elle a été définie jusqu'à présent, la machine peut exécuter un programme initialement enregistré en mémoire centrale, portant sur des données également enregistrées en mémoire centrale, les résultats étant rangés en mémoire centrale au fur et à mesure de leur obtention. Il faut maintenant lui donner les moyens de communiquer avec l'extérieur : c'est le rôle des *unités périphériques.*

Il existe deux grandes classes d'**unités périphériques** : les **unités de communication** (lecteur de cartes, imprimante, unité de visualisation oscilloscopique, etc.) qui permettent le dialogue avec l'extérieur, et les **mémoires auxiliaires** (disques, bandes magnétiques, etc.) dont les capacités sont très nettement supérieures à celle nécessairement limitée de la mémoire centrale. Les unités périphériques sont reliées soit à l'unité centrale, soit directement à la mémoire par l'intermédiaire d'unités spécialisées dans la gestion des transferts d'informations appelées **unités d'échange** ou **canaux.** L'unité de contrôle commande les unités d'échange lorsqu'elle

1. Remarque : en toute rigueur, le terme unité de commande conviendrait mieux que le terme unité de contrôle, eu égard à la définition du mot contrôle en français. Nous préférerons cependant suivre la terminologie courante aux U. S. A. où l'on emploie « control unit ».

rencontre des instructions d'échange d'informations avec l'extérieur, appe- lées *instructions d'entrée-sortie*.

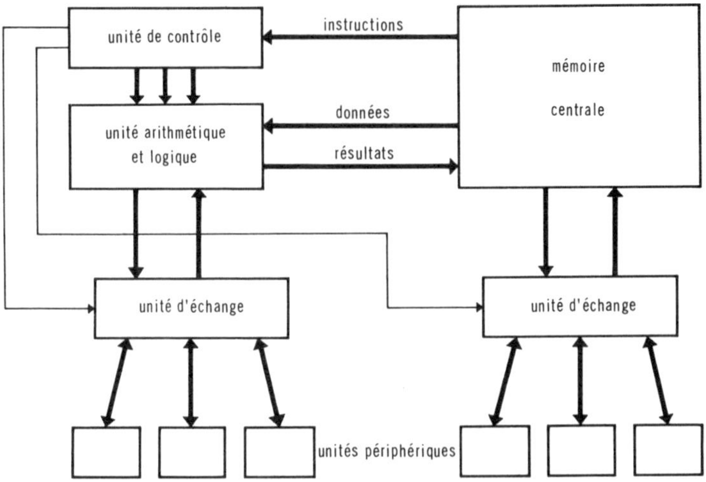

Fig. 2. Schéma général d'un ordinateur.

Ainsi un calculateur apparaît comme un assemblage d'unités distinctes dont le fonctionnement est dicté par le programme contenu en mémoire centrale. L'unité de contrôle commande l'exécution des opérations demandées par le programme. Celles-ci sont exécutées par l'unité arithmétique et logique s'il s'agit d'un traitement, par une unité d'échange s'il s'agit d'un transfert d'informations avec l'extérieur.

3. Principe du fonctionnement d'un ordinateur : présentation de Boulix.

Nous allons faire un pas de plus dans la description du fonctionnement d'un ordinateur de type Von Neumann, en cherchant à obtenir une compréhension intuitive des mécanismes plutôt qu'à fournir des définitions précises qui seront le fait des chapitres suivants. Ce sera l'occasion de procéder à une toute première présentation du calculateur, baptisé Boulix, qui nous servira d'exemple par la suite.

3. 1. *Les registres.*

Nous admettrons qu'au cours du traitement les différentes informations, instructions et données, peuvent être temporairement conservées dans des éléments de mémoire capables de contenir une information et appelés *registres*. Sur un ordre émanant généralement de l'unité de contrôle, une information peut être transférée d'un registre à un autre registre, ce transfert ne modifiant pas le contenu du premier registre.

3. 2. *La mémoire centrale.*

Elle peut être considérée comme formée d'un ensemble de **cellules,** chaque cellule pouvant contenir une information (nous dirons souvent un **mot**) : donnée ou instruction. Les cellules sont numérotées et l'unité de contrôle connaît chaque cellule par son numéro, appelé **adresse.** Elle peut demander à **lire** le contenu d'une cellule d'adresse donnée ou à **écrire** une nouvelle information dans une cellule d'adresse donnée. Pour réaliser ces opérations, l'unité de contrôle fournit l'adresse de la cellule concernée dans un registre associé à la mémoire centrale et appelé **registre d'adresse** ou encore **registre de sélection mémoire.**

Le dispositif de sélection mémoire analyse l'adresse contenue dans le registre de sélection et sensibilise la cellule adressée soit pour une lecture, soit pour une écriture. Dans le cas d'une lecture, l'information contenue dans la cellule adressée est transférée dans un deuxième registre, associé à la mémoire et appelé **registre d'échange** ou **registre mot.** Dans le cas d'une écriture, il faut préalablement charger ce même registre de l'information à transférer dans la cellule adressée. L'opération de lecture ne détruit pas l'information contenue dans la cellule adressée. L'opération d'écriture la détruit en la remplaçant par une nouvelle information.

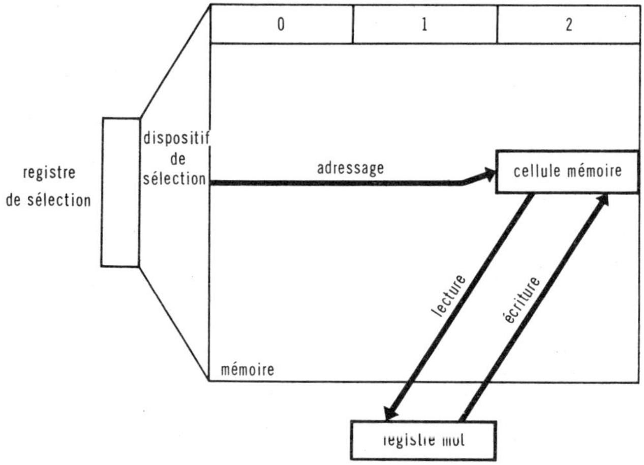

Fig. 3. Lecture et écriture en mémoire.

3. 3. *Le programme.*

Il se compose des instructions supposées rangées séquentiellement dans la mémoire. Ceci implique que normalement les instructions qui doivent s'exécuter à la suite les unes des autres soient rangées à des adresses successives de la mémoire : à la fin d'une instruction d'adresse A, le calculateur enchaîne automatiquement sur l'instruction d'adresse A + 1, sauf dans le cas d'une rupture de séquence.

Schématiquement, nous distinguerons trois grands types d'instructions : (1) les instructions de traitement portant sur des opérandes en mémoire, comprenant essentiellement les opérations arithmétiques et logiques et l'opération de rangement en mémoire ; (2) les instructions de rupture de séquence permettant de rompre l'enchaînement séquentiel des instructions et de passer à une autre partie du programme si certaines conditions sont réalisées ; (3) les instructions d'échange permettant les échanges d'informations entre le calculateur et le milieu extérieur.

3. 4. *L'unité arithmétique et logique.*

Pour commander au calculateur une opération arithmétique, une addition par exemple, l'instruction doit lui fournir les informations suivantes : (1) le type d'opération à réaliser, ici une addition ; c'est le rôle du *code opération;* (2) l'adresse de la cellule mémoire qui contient la première donnée, ou *premier opérande;* (3) l'adresse de la cellule mémoire qui contient le *deuxième opérande;* (4) l'adresse de la cellule mémoire où doit être rangé le résultat. On en déduit la forme de l'instruction qui contient un code opération et trois adresses :

code opération	adresse 1er opérande	adresse 2e opérande	adresse résultat

La figure 4a représente l'unité arithmétique et logique capable d'exécuter cette opération et qui est entourée de trois registres mémorisant les deux opérandes et le résultat. L'instruction d'addition nécessite quatre accès à la mémoire centrale, permettant respectivement de rechercher l'instruction, puis le premier opérande, puis le second opérande, et enfin de ranger le résultat. Les machines qui utilisent ce type d'instruction sont appelées *machines à trois adresses.*

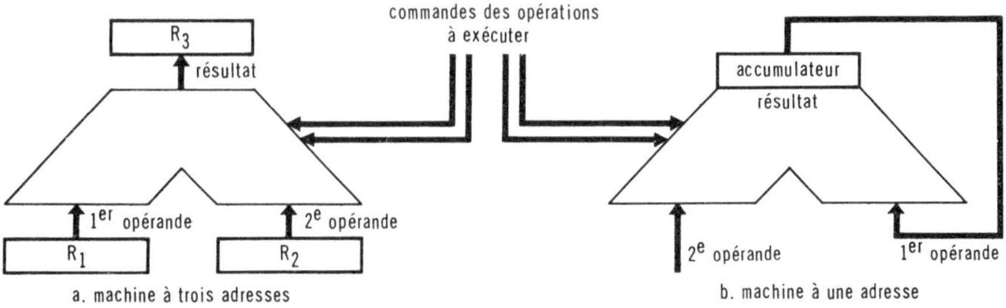

Fig. 4. Unité arithmétique et logique.

Boulix est une machine dite *à une adresse.* Son unité arithmétique et logique contient un registre particulier appelé *accumulateur* qui sert à contenir à la fois le premier opérande et le résultat, ce qui permet à l'instruction de ne contenir qu'une adresse : celle du deuxième opérande.

L'opération d'addition nécessite trois instructions : (1) chargement du premier opérande dans l'accumulateur ; (2) addition du deuxième opérande au contenu de l'accumulateur ; (3) rangement du contenu de l'accumulateur en mémoire. Chacune de ces instructions comportera un code instruction et une adresse :

code opération	adresse

(1)	chargement	adresse premier opérande
(2)	addition	adresse deuxième opérande
(3)	rangement	adresse résultat

L'unité arithmétique et logique est schématisée fig. 4b, les registres R_1 et R_3 de la figure 4a sont remplacés par l'accumulateur. Le deuxième opérande peut être mémorisé pendant l'opération par le registre mot associé à la mémoire. C'est le cas de Boulix.

3. 5. *L'unité de contrôle.*

C'est l'unité qui extrait les instructions de la mémoire et qui les analyse. Pour cela, elle doit comporter deux .registres : (1) un registre appelé **compteur d'instructions** ou **compteur ordinal** qui contient l'adresse de la nouvelle instruction à exécuter. Son nom provient de ce que, en dehors des ruptures de séquences, ce registre doit voir son contenu augmenté de un pour passer à l'instruction suivante ; (2) un registre, appelé **registre instruction,** qui contient l'instruction extraite de la mémoire. Le registre instruction de Boulix comprend deux parties : une partie contenant le code opération qui définit l'instruction à exécuter (addition, multiplication, branchement...) et une partie qui contient l'adresse de l'opérande. De plus,

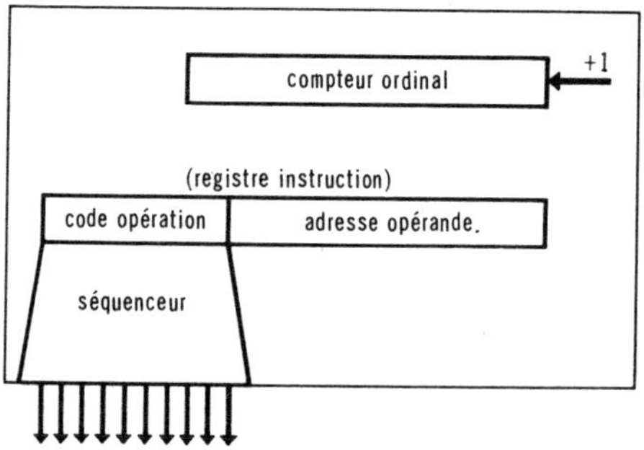

Fig. 5. Unité de contrôle.

l'unité de contrôle comporte un organe appelé **séquenceur** qui, après analyse du code opération, fournit les commandes à l'ensemble des unités de la machine (mémoire, unité arithmétique et logique) pour leur faire exécuter les différentes phases de l'instruction.

3. 6. *Déroulement d'une instruction portant sur un opérande en mémoire.*

Le déroulement d'une instruction de traitement dans un calculateur à une adresse tel que Boulix peut se décomposer en trois phases : (1) recherche et analyse de l'instruction; (2) recherche et traitement de l'opérande ou bien rangement de l'opérande ; (3) préparation de l'instruction suivante.

3. 6. 1. Phase de recherche de l'instruction. L'unité de contrôle commande le transfert du contenu du compteur ordinal (c'est-à-dire l'adresse de l'instruction à exécuter) dans le registre de sélection mémoire et envoie à la mémoire une commande de lecture. Une fois cette opération de lecture terminée, l'instruction est disponible dans le registre mot. L'unité de contrôle commande alors le transfert du contenu de ce registre dans le registre instruction. La partie code opération de l'instruction peut être analysée par les circuits de l'unité de contrôle. Cette première phase est commune à tous les types d'instruction.

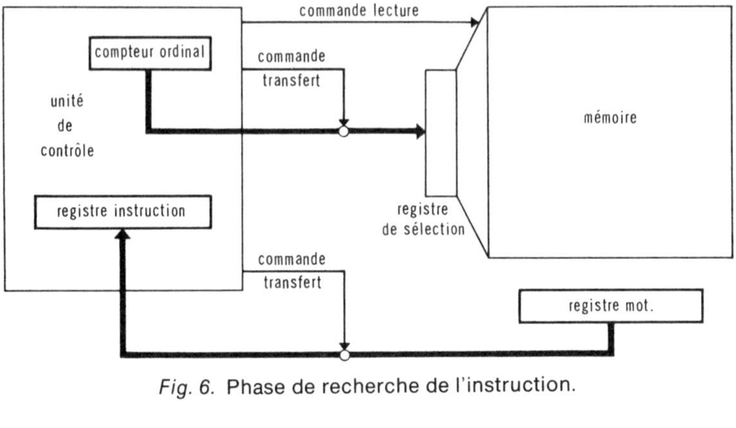

Fig. 6. Phase de recherche de l'instruction.

3. 6. 2. Phase de recherche ou de rangement de l'opérande.

3. 6. 2. 1. Cas de la recherche de l'opérande avec traitement. Une fois le code opération de l'instruction analysé, l'unité de contrôle sait qu'il s'agit d'une instruction de traitement avec recherche d'opérande préalable. L'adresse de l'opérande se trouve dans la zone adresse de l'instruction. L'unité de contrôle commande son transfert dans le registre de sélection de la mémoire puis commande à cette dernière une opération de lecture. Une fois cette opération terminée, l'opérande cherché est disponible dans le registre mot. L'unité de contrôle positionne les circuits de l'unité arithmétique et logique pour exécuter le traitement demandé par le code opération et commande le transfert de l'opérande vers l'unité arithmétique et logique. Le résultat du traitement de l'opérande est rangé dans l'accumulateur (cf. fig. 7). Notons que le traitement peut se réduire à un simple transfert de l'opérande dans l'accumulateur.

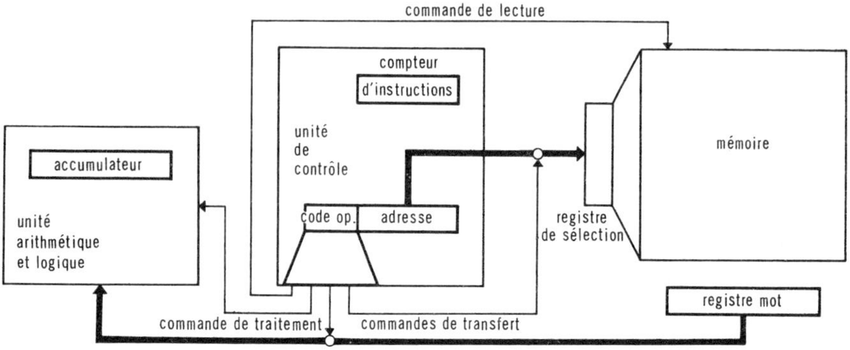

Fig. 7. Recherches et traitement de l'opérande.

3. 6. 2. 2. Cas du rangement de l'opérande. L'adresse de rangement de l'opérande se trouve dans la partie adresse du registre instruction : l'unité de contrôle commande son transfert dans le registre de sélection de la mémoire. L'opérande à ranger est dans l'accumulateur : l'unité de contrôle commande son transfert dans le registre mot. Il ne lui reste plus qu'à commander à la mémoire une opération d'écriture. (Cf. fig. 8.)

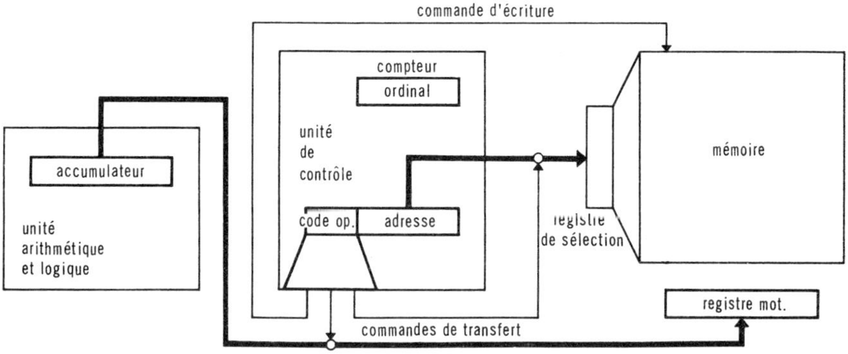

Fig. 8. Rangement de l'opérande.

3. 6. 3. Phase de préparation de l'instruction suivante. Elle consiste à augmenter de 1 le contenu du compteur ordinal, de façon qu'il contienne l'adresse de l'instruction suivante. Cette opération est appelée *incrémentation* du compteur ordinal.

3. 7. *Instruction de rupture de séquence.*

Ce type d'instruction, également appelé *instruction de branchement* ou *de saut,* permet de modifier le déroulement séquentiel du programme, en faisant suivre l'instruction de rupture de séquence non par l'instruction placée à l'adresse suivante, mais par une instruction dont l'adresse est fournie par l'instruction de rupture de séquence. Le branchement peut être conditionnel ; il ne sera alors effectif que si une condition, portant généralement sur le contenu de l'accumulateur, est réalisée; sinon le programme se continuera en séquence. Le code opération définit la condition, l'adresse, l'emplacement de l'instruction à exécuter si la condition est réalisée (fig. 9). Si la réponse de l'unité de traitement est que la condition est réalisée, l'unité de contrôle commande le transfert de l'adresse vers le compteur ordinal, et inhibe l'addition de 1 au compteur ordinal ; dans le cas contraire, elle commande uniquement l'incrémentation de 1 du compteur ordinal.

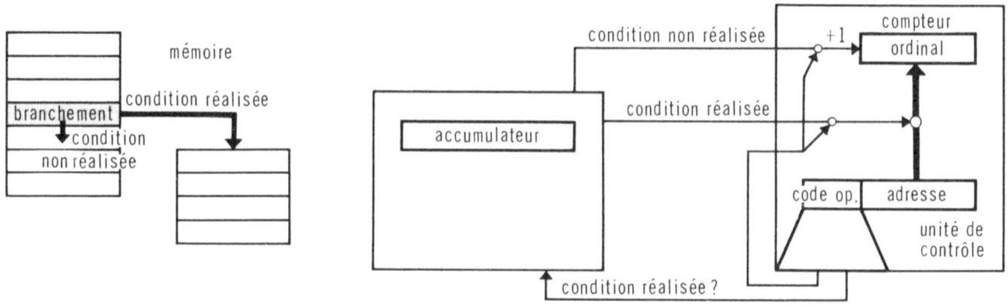

Fig. 9. Instruction de branchement conditionnel.

3. 8. *L'unité d'échange.*

Elle est généralement capable de gérer le transfert, aussi bien en entrée qu'en sortie, d'un ensemble d'informations entre les unités périphériques et la mémoire centrale ; dans les ordinateurs d'aujourd'hui, ce transfert peut être exécuté simultanément avec le déroulement d'un programme de calcul. Les informations transférées sont rangées en mémoire séquentiellement. Pour initialiser un tel transfert, des instructions spéciales d'entrée-sortie doivent fournir à l'unité d'échange, d'une part, l'adresse de l'unité périphérique concernée et, d'autre part, l'adresse de rangement de la première information et le nombre d'informations à transférer. Par la suite, l'unité d'échange se chargera intégralement de la gestion du transfert : à chaque information transférée, elle ajoutera 1 à l'adresse de rangement et retranchera 1 au nombre d'informations à transférer. Elle avertira l'unité de contrôle lorsque toutes les informations auront été transférées. (Fig. 10.)

3. 9. *Les unités périphériques.*

On distingue :

(1) les *mémoires auxiliaires* qui servent de moyen d'enregistrement de grande capacité et de moyen de communication à l'intérieur du système.

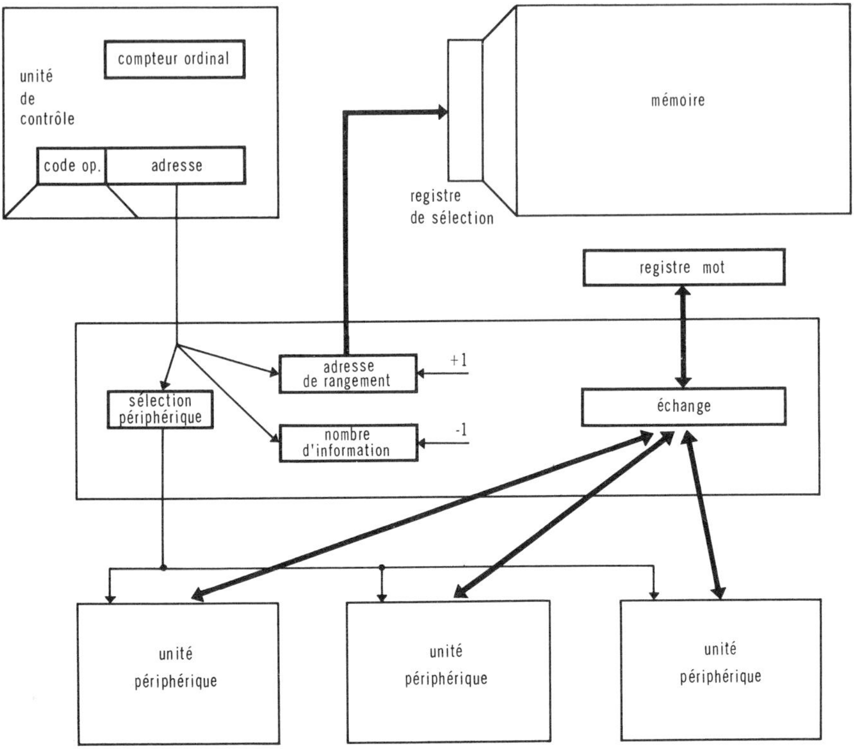

Fig. 10. Opérations d'entrée-sortie.

Ce sont les tambours, les disques, les bandes magnétiques, les mémoires à feuillets magnétiques ;
(2) les unités permettant les communications entre le système et le milieu extérieur ; notamment, les unités permettant les échanges d'informations sur supports générés ou lus par l'homme, telles que lecteurs et perforateurs de rubans ou cartes perforées, imprimantes, etc., les unités permettant à l'homme de dialoguer avec le calculateur telles que machines à écrire, unités de visualisation, etc. ; les unités permettant des échanges d'informations à distance avec des matériels fournissant ou acceptant des données digitales telles que lignes de transmission, terminaux, autres calculateurs, etc. ; les unités permettant des échanges d'informations avec les matériels fournissant ou acceptant des données analogiques (convertisseurs analogiques-digitaux ou digitaux-analogiques).

La plupart de ces unités se divisent en deux parties : (1) une partie électronique appelée **unité de commande,** *unité de contrôle de périphérique* ou encore *unité de liaison,* et (2), commandée par cette dernière, une unité électromécanique réalisant la *lecture ou l'écriture* des informations.

3. 10. *Les interruptions.*

Les **interruptions** sont des commandes qui émanent du milieu extérieur et qui demandent au calculateur d'exécuter un programme associé à la commande. Le programme en cours est alors interrompu pour permettre au programme demandé par l'interruption et considéré comme prioritaire de s'exécuter. Une fois ce dernier terminé, l'exécution du programme interrompu est reprise. C'est par exemple grâce aux interruptions que les unités d'échange préviennent l'unité de contrôle que les opérations d'entrée-sortie sont terminées.

3. 11. *Configuration d'un système informatique.*

On appelle *configuration* d'un système de traitement de l'information la liste et éventuellement les caractéristiques des unités qui le composent ainsi que la manière dont elles sont interconnectées.

4. Quelques ordres de grandeur.

Comme dans toute technique, il est nécessaire d'utiliser comme références les ordres de grandeur les plus habituels. C'est d'autant plus vrai dans le domaine des ordinateurs que les ordres de grandeur des temps d'exécution sont difficilement appréhensibles dans notre échelle humaine des temps.

On exprime les durées d'opérations en sous-multiples de la seconde qui sont :

la *milliseconde* (ms) $= 10^{-3}$ seconde
la *microseconde* (μs) $= 10^{-6}$ seconde
la *nanoseconde* (ns) $= 10^{-9}$ seconde
la *picoseconde* (ps) $= 10^{-12}$ seconde.

Les temps de propagation des signaux électriques et les temps de commutation (un signal passe ou ne passe pas) s'expriment en nanosecondes, exceptionnellement en centaines de picosecondes. Une impulsion électrique ne peut se propager plus rapidement que la vitesse de la lumière dans le vide, ce qui correspond à 30 cm par nanoseconde environ.

Voici quelques ordres de grandeur dans le domaine des performances : opérations arithmétiques : quelques dizaines de nanosecondes à quelques microsecondes; opération de lecture ou d'écriture en mémoire centrale : quelques centaines de nanosecondes à quelques microsecondes; nombre d'instructions exécutées par seconde : quelques dizaines de milliers à quelques millions; un lecteur de cartes lit entre 50 et 1 500 cartes à la minute, une imprimante imprime entre 80 et 2 200 lignes à la minute; une bande magnétique peut être lue ou écrite à la vitesse de 10 000 à 320 000 caractères à la seconde; les transferts entre mémoire centrale et disque magnétique peuvent atteindre plusieurs millions de caractères par seconde.

On exprime les *capacités de mémoire* par le nombre total de positions mémoire ou de **caractères** (lettres, chiffres ou signes de ponctuation) qu'elles peuvent contenir.

La mémoire centrale varie généralement entre quelques milliers et quelques millions de caractères; l'ensemble des unités de mémoire de masse (disques et feuillets magnétiques) d'un gros système peut atteindre plusieurs milliards de caractères. A titre de comparaison, ce livre comporte un peu moins d'un million de caractères.

5. Notions de hardware et de software.

Nous avons maintenant une compréhension suffisante de ce qu'est un ordinateur pour pouvoir aborder certains points de terminologie ayant un caractère très général.

Nous remarquerons d'abord qu'un ordinateur sans programme est parfaitement inutilisable. Ceci conduit à distinguer deux notions : le hardware et le software. Le **hardware,** mot anglais signifiant quincaillerie, désigne tout ce qui a un caractère matériel dans une machine, tout ce qui est figé; c'est en gros l'ensemble des éléments décrits au paragraphe précédent. Le **software,** mot fabriqué pour les besoins de la cause en remplaçant *hard* (dur) par *soft* (mou), désigne au contraire tout ce qui n'est pas matériel, tout ce qui peut être facilement modifié, tout ce qui par analogie peut être assimilé à la matière grise; c'est en première approximation le domaine de la programmation.

On admet généralement que le hardware recouvre deux disciplines : la technologie et la logique, la **technologie** ayant pour objet l'étude des composants : transistors, résistances, éléments de mémoire, etc., et la **logique** l'étude de l'assemblage de ces composants pour en faire des circuits tels que des registres, des additionneurs, des circuits de sélection mémoire ou des unités telles que l'unité de contrôle, l'unité arithmétique et logique, etc. A ceci vient s'adjoindre une troisième discipline dont l'importance va croissant avec l'augmentation de complexité de l'organisation des systèmes informatiques et à laquelle nous donnerions volontiers le nom d'**architecture** : il s'agit de l'assemblage des unités que la logique a permis de concevoir. On désigne plus couramment par **structure des ordinateurs** la réunion de deux concepts de logique et d'architecture.

Outre la programmation d'application dans les domaines aussi variés que le calcul scientifique, la gestion, la reconnaissance de formes, les problèmes d'intelligence artificielle, etc., le software se divise en deux branches : la première assez théorique recouvre les problèmes liés aux **langages de programmation,** la seconde, peu formalisée à ce jour, correspond aux **systèmes d'exploitation** qui regroupent les programmes chargés de la gestion du fonctionnement d'un système informatique.

L'ensemble des instructions telles que nous les avons abordées dans la description succincte de Boulix forme le **langage machine** de l'ordinateur. Il est spécifique de chaque ordinateur. Il possède une forme interne à la machine et une forme externe lisible par le programmeur appelée **langage assembleur.** Très vite s'est fait sentir le besoin de langages plus généraux et plus proches de l'écriture mathématique. D'où le développement de **langages évolués** tels que *Fortran* pour le calcul scientifique, *Algol* pour le calcul scientifique et la description formelle des algorithmes, *Cobol* pour la gestion, *PL1* qui tente de regrouper ces trois langages, ainsi que de multiples langages orientés vers des types d'applications plus particuliers. L'utilisation de ces langages suppose des programmes capables de traduire le langage de sa forme évoluée connue du programmeur à sa forme interne connue de la machine. Ces programmes de traduction sont appelés **compilateurs,** sauf si l'on part du *langage assembleur* auquel cas on utilise souvent le terme d'**assembleur.**

Il n'est pas possible à ce niveau de passer en revue toutes les fonctions d'un **système d'exploitation :** indiquons (1) qu'il gère les *travaux* des utilisateurs, c'est-à-dire qu'il enchaîne les différentes étapes du passage d'un programme (chargement en mémoire, assemblage ou compilation, exécution) et enchaîne les travaux entre eux ; (2) qu'il gère les ressources de la machine en affectant les zones de la mémoire centrale et les unités périphériques aux différents travaux, etc.

La conception d'une machine suppose la mise en œuvre de ces différentes disciplines, la technologie, la logique et l'architecture, d'une part, les langages et les systèmes d'exploitation d'autre part. Or, pendant longtemps, la conception de la machine a paru être l'œuvre des hommes du hardware, les hommes du software devant par la suite se débrouiller avec le hardware qui leur était fourni. Aujourd'hui la conception de l'architecture d'un ordinateur suppose une collaboration très étroite entre les concepteurs de hardware et les concepteurs de software. C'est dans ce sens qu'ont été conçus les derniers chapitres de cet ouvrage.

6. Historique des machines : les générations d'ordinateurs.

Il n'a fallu que quelques années pour transposer la machine de Von Neumann en calculateur électronique commercialisable. Dans les années 1952 à 1955, les diverses firmes présentèrent leurs premières machines. On se plaît à distinguer trois générations d'ordinateurs depuis leur commercialisation, et l'on entrera bientôt dans l'ère de la quatrième. Cette distinction est communément fondée sur des critères d'ordre technologique ; mais les mutations d'une génération à l'autre, concernant l'architecture, sont pour nous encore plus intéressantes et significatives.

6. 1. *L'évolution de la technologie.*

Aux quatre générations, on peut en première approximation faire correspondre successivement les tubes électroniques pour la première, les transistors pour la deuxième, les circuits intégrés pour la troisième, et très probablement les circuits intégrés à moyenne ou à grande échelle pour la quatrième.

Un transistor se réduit à un petit parallélépipède de silicium à base carrée, de quelques dixièmes de millimètre de côté et de 150 microns d'épaisseur. Dans la deuxième génération, les transistors, montés chacun dans un boîtier, étaient assemblés aux autres composants (diodes, résistances, capacités) sur des plaquettes de quelques centimètres ou quelques dizaines de centimètres de côté, les interconnexions entre ces composants étant réalisées par impression métallique.

Dans un **circuit intégré,** dont la taille est du même ordre de grandeur que le transistor, on trouve jusqu'à une dizaine de composants élémentaires interconnectés entre eux. On emploie souvent le terme d'*intégration à petite échelle* (small scale integration, S. S. I.).

Les circuits intégrés à moyenne et grande échelle (middle scale and large scale integration : M. S. I. et L. S. I.) peuvent contenir respectivement quelques centaines ou quelques milliers de composants interconnectés. Leur taille peut atteindre deux à trois centimètres de côté pour une épaisseur de 150 microns.

D'une génération à l'autre, on a pu noter un progrès quelquefois considérable sur les propriétés des circuits : miniaturisation, fiabilité, complexité et vitesse.

6. 1. 1. La **miniaturisation** est illustrée par la figure 11, où la même fonction logique nécessite une armoire dans la génération des tubes, un tiroir ou une partie de tiroir dans la génération des transistors, une plaquette imprimée dans la génération des circuits intégrés à petite échelle, un boîtier de circuit intégré dans la génération des circuits intégrés à grande échelle.

6. 1. 2. La **fiabilité** introduit la notion de qualité de fonctionnement d'un composant ou d'un ensemble. Elle se mesure par le M. T. B. F. (Mean Time Between Failure) qui exprime la moyenne des temps entre pannes ou encore, pour conserver le sigle, la Moyenne des Temps de Bon Fonctionnement. Cette moyenne est passée de quelques dizaines de minutes pour une unité centrale moyenne de la première génération à quelques milliers d'heures pour une unité centrale équivalente de la troisième génération.

Ce progrès dans le domaine de la fiabilité a deux causes : le progrès dans la fiabilité du composant et la diminution du nombre d'interconnexions due à l'intégration. Le passage du tube au transistor a représenté un gain d'un facteur 10, tandis qu'un circuit intégré qui contient une dizaine de composants a la même fiabilité qu'un transistor, ce qui représente encore un gain d'un facteur 10.

Il ne faut pas confondre la notion de fiabilité qui représente une probabilité de fonctionnement sans aucune panne et celle de **disponibilité** qui correspond à la permanence du service rendu par un système : on peut concevoir des architectures de machines pour lesquelles des pannes partielles n'excluent pas un fonctionnement global correct ni même éventuellement le dépannage simultané des éléments défaillants.

6. 1. 3. La **complexité.** La possibilité de concevoir des ensembles électroniques de plus en plus complexes est un corollaire direct du gain de fiabilité. Il serait parfaitement illusoire de concevoir une machine dont la moyenne des temps entre pannes serait de quelques secondes. C'est ainsi qu'à fiabilité équivalente on peut réaliser aujourd'hui des ensembles électroniques 1 000 à 10 000 fois plus complexes qu'en technologie à tubes.

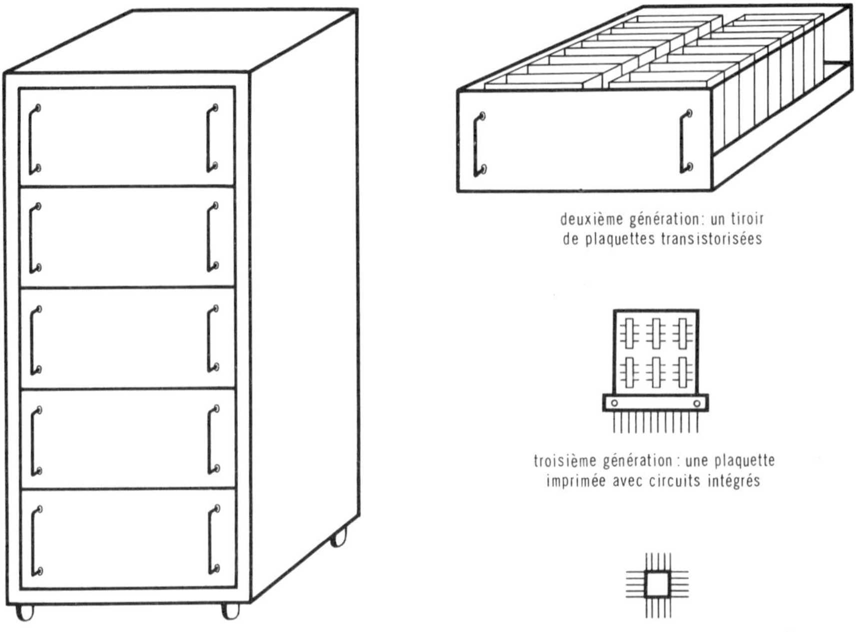

première génération : une armoire de circuits à tubes électroniques

deuxième génération : un tiroir de plaquettes transistorisées

troisième génération : une plaquette imprimée avec circuits intégrés

quatrième génération : un circuit intégré à grande échelle dans un boîtier

Fig. 11. La miniaturisation au cours des générations.

6. 1. 4. La **vitesse.** Les temps de commutation des circuits logiques sont passés de quelques microsecondes pour la première génération à quelques nanosecondes pour la troisième génération. Ceci a permis de passer, à complexité sensiblement égale, de machines à un millier d'instructions par seconde à des machines à un million d'instructions par seconde.

6. 2. *L'évolution de l'exploitation des ordinateurs.*

En fait, si les trois générations recouvrent des technologies différentes : tubes, transistors, circuits intégrés, elles recouvrent surtout des organisations et des techniques d'exploitation des ordinateurs différentes.

Le **calculateur de la première génération** exécutait ses travaux de manière purement séquentielle, chaque travail étant effectué en trois temps : (1) le programme perforé sur cartes ou sur ruban de papier était lu et enregistré en mémoire grâce à un programme appelé **chargeur;** (2) le programme était exécuté ; (3) les résultats étaient imprimés. (Cf. fig. 12.) Des lectures de nouvelles données ou des impressions de résultats partiels pouvaient être incluses dans le programme, mais les opérations de traitement, d'entrée ou de sortie ne pouvaient que s'enchaîner dans le temps, leur durée s'ajoutant.

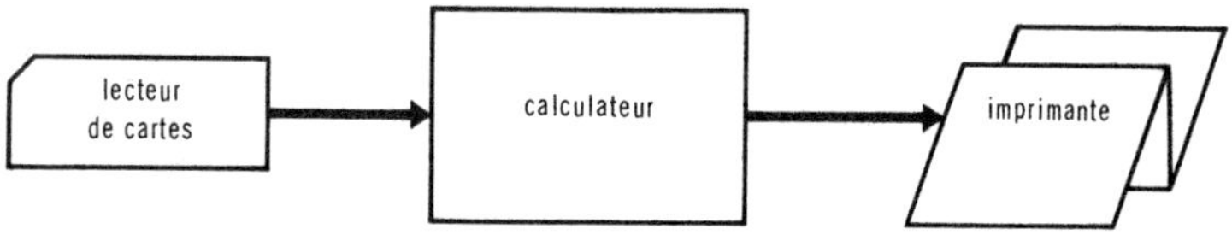

Fig. 12. Traitement séquentiel des travaux.

Le **calculateur de la deuxième génération** offrait des possibilités de simultanéité entre calcul et opérations d'entrée-sortie. Cependant l'enchaînement des travaux restait séquentiel comme dans les machines de la première génération de telle sorte que les possibilités de simultanéité ne pouvaient s'exercer qu'à l'intérieur d'un même programme et, de ce fait, étaient généralement peu utilisées. En particulier l'unité centrale restait en attente pendant les chargements des nouveaux programmes en mémoire.

La disproportion entre vitesse de calcul et vitesse de lecture des cartes ou d'impression est devenue telle que l'unité centrale n'était effectivement utilisée qu'un faible pourcentage du temps. On a donc restreint les entrées et sorties de l'ordinateur aux seules bandes magnétiques, beaucoup plus rapides que les lecteurs de cartes et imprimantes. Les grosses installations possédaient alors une machine auxiliaire qui exécutait les conversions de supports carte à bande magnétique et bande magnétique à imprimante, l'ordinateur principal ne connaissant que les bandes magnétiques. (Cf. fig. 13.) Cette méthode d'exploitation est quelquefois appelée *traite-*

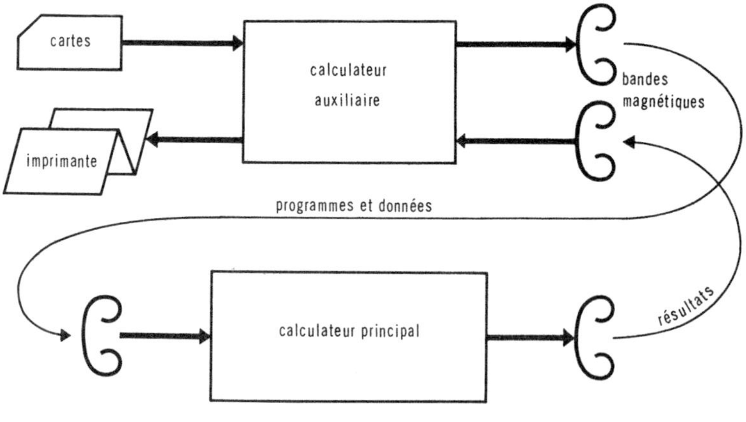

Fig. 13. Traitement par lot.

ment par lot, pour indiquer qu'il fallait attendre que le lot de travaux chargés sur la bande magnétique soit entièrement traité pour obtenir les résultats de l'un d'entre eux, ou en charger un nouveau.

C'est au cours de la deuxième génération de calculateurs qu'est né un nouveau type d'application : le *contrôle de processus* qui nécessite que le calculateur soit directement connecté au processus contrôlé et travaille en synchronisation avec lui. Cette synchronisation est obtenue grâce aux interruptions de programme qui permettent au processus de prévenir le calculateur de tout événement, et de commander la prise en compte en priorité des programmes traitant ces événements.

Le **calculateur de la troisième génération** permet d'exploiter efficacement les simultanéités qui étaient plus potentielles que réelles dans le calculateur de la deuxième génération. Plusieurs programmes peuvent résider simultanément en mémoire; à un instant donné un seul d'entre eux utilise l'unité centrale, les autres pouvant simultanément effectuer des opérations d'entrée-sortie. Lorsque le programme qui utilise l'unité centrale s'arrête en attente d'une opération d'entrée-sortie, un autre programme prend sa place, ce qui évite les temps d'attente de l'unité centrale. Cette méthode d'exploitation est appelée **multiprogrammation.** Elle permet une meilleure utilisation de l'ensemble des ressources d'un système informatique.

L'exploitation normale d'un calculateur de la troisième génération consiste à *partitionner,* c'est-à-dire à diviser, la mémoire en deux zones, l'une réservée au *train de travaux* des utilisateurs, l'autre contenant les programmes de conversion de support et le système d'exploitation. (Cf. fig. 14.)

En première approximation, ces deux partitions correspondent respectivement au calculateur auxiliaire et au calculateur principal de la génération précédente. Il y a cependant une différence importante : le chargement par lot est remplacé par le *chargement continu* des travaux au fur et à mesure de leur arrivée. Les travaux sont mis en file d'attente sur le disque magnétique, puis chargés en mémoire pour être exécutés sous contrôle du système d'exploitation qui tient compte de leur priorité. Les résultats sont rangés sur disque puis sortis sur imprimante en tenant

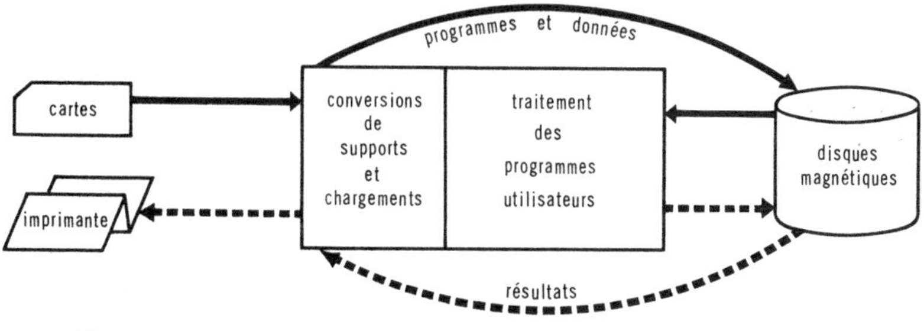

Fig. 14. Traitement des travaux par train avec chargement continu.

également compte de la priorité du travail correspondant. L'utilisateur prioritaire n'a donc pas à attendre le traitement de tout un lot de programmes pour obtenir ses résultats.

Le passage du traitement par lot au chargement continu représente un premier pas dans la recherche du « confort » de l'accès à l'ordinateur. La troisième génération a vu apparaître deux nouvelles étapes de cette recherche du confort : la possibilité de travailler à distance, ou *télétraitement,* et la possibilité de travailler de manière *conversationnelle.*

Le **télétraitement** n'est autre qu'une extension du système de chargement continu, dans lequel les travaux peuvent être soumis à l'ordinateur à partir de terminaux situés à distance, les résultats pouvant être renvoyés sur ces mêmes terminaux. Les travaux ainsi soumis sont inclus dans la file d'attente des travaux à exécuter au même titre que les travaux qui sont chargés localement, en modulant éventuellement les priorités respectives.

Les **systèmes conversationnels** permettent aux utilisateurs de suivre le déroulement des différentes étapes de leurs travaux ainsi que de réagir sur ce déroulement par l'intermédiaire de terminaux adaptés au dialogue (clavier et affichage sur oscilloscope, machine à écrire connectée, etc.). Afin de servir un grand nombre d'utilisateurs simultanément, le calculateur peut travailler en *partage de temps.* On entend par là qu'il alloue successivement à chaque utilisateur une tranche de son temps avec une périodicité telle que, compte tenu des temps de réponses respectifs de l'ordinateur et de l'homme, chaque utilisateur ait l'impression d'avoir la machine pour lui tout seul.

Outre de multiples applications particulières sur lesquelles nous reviendrons, le dialogue direct homme-machine apporte une très grande souplesse lors de la mise au point ou de la modification des programmes.

Le concept de **machine virtuelle** relativement récent vise à simplifier la tâche du programmeur : ce dernier ne connaît qu'une machine fictive, appelée machine virtuelle, qui ne présente ni les limitations dues à la configuration de l'ordinateur utilisé (notamment en ce qui concerne la capacité de mémoire centrale), ni les limitations dues au partage de l'ordinateur avec d'autres utilisateurs (notamment en partage de temps).

7. Retour sur le rôle du système d'exploitation.

L'évolution des méthodes d'exploitation des ordinateurs permet de mieux comprendre le rôle et la complexité croissante des systèmes d'exploitation. Ces derniers tentent de réaliser, pour un type d'exploitation donné, le meilleur compromis entre les performances globales du système informatique, le « confort » d'accès des utilisateurs à l'ordinateur et la prise en compte du plus grand nombre de fonctions possible, déchargeant ainsi le travail des programmeurs, et de l'exploitant.

Réduits au chargeur et au traducteur de langage lors de la première génération, ils ont pris en charge les fonctions d'enchaînement des travaux et de gestion des entrées-sorties dès la deuxième génération, puis, successivement au cours de la troisième génération, la gestion de la multiprogrammation, du télétraitement, du temps partagé, et enfin ont éventuellement donné la possibilité de travailler en machine virtuelle.

Les rôles principaux d'un système d'exploitation moderne sont les suivants :

(1) Gestion de l'enchaînement des travaux des utilisateurs en tenant compte de leurs priorités respectives et gestion des différentes phases de chaque travail : chargement, compilation, exécution.

(2) Gestion des entrées et des sorties d'informations, ce qui évite au programmeur d'avoir chaque fois à écrire les programmes correspondants.

(3) Protection du système lui-même vis-à-vis des erreurs faites par les programmeurs et des programmes les uns vis-à-vis des autres (il s'agit par exemple d'éviter qu'un programme quelconque vienne par erreur écrire n'importe quoi dans les cellules mémoires réservées au système d'exploitation ou attribuées à un autre programme).

(4) Gestion des mémoires centrales et auxiliaires.

(5) Prise en charge des erreurs détectées lors de l'exécution des travaux.

(6) Tenue à jour de la comptabilité permettant de facturer les temps d'utilisation aux différents utilisateurs, etc.

L'évolution de l'architecture du hardware et l'évolution de l'architecture du software sont très complémentaires : la possibilité de simultanéité entre traitements et entrées-sorties a conduit d'abord à la gestion des entrées-sorties par le système, puis à des formes simplifiées de multiprogrammation ; mais le développement de cette dernière a entraîné la réalisation de dispositifs hardware de protection et de gestion de la mémoire indispensables aux systèmes d'exploitation en multiprogrammation, etc. Nous verrons que cette complémentarité apparaît également sous une autre forme : si certaines fonctions sont systématiquement exécutées par hardware, et certaines par software, il en est qui peuvent être soit câblées, soit programmées, le software devant, lorsque c'est possible, prendre en compte ce qu'il n'a pas été prévu de faire exécuter par hardware.

8. L'utilisation des ordinateurs.

Théoriquement un ordinateur a un certain caractère d'universalité : c'est le programme qui lui donne sa destination propre. Sous réserve d'une capacité et d'une rapidité suffisantes, il peut, suivant le programme, aussi bien calculer la paye des employés d'une entreprise que la trajectoire d'une fusée spatiale. Il n'en reste pas moins vrai que chaque type d'application a ses propres caractéristiques, et que pour des raisons tant techniques qu'économiques on est conduit dans une certaine mesure à spécialiser les machines. On utilisera certainement des ordinateurs différents au siège d'une grosse entreprise pour assurer sa gestion et à bord d'un engin spatial pour contrôler sa mission.

8. 1. *Le calcul scientifique.*

Le *calcul scientifique* demande aux calculateurs des possibilités arithmétiques très développées. Ils travaillent sur une représentation des nombres appelée *virgule flottante* qui permet de conserver automatiquement, au cours des calculs, le maximum de chiffres significatifs. Ils évoluent depuis de petits ordinateurs adaptés à un laboratoire jusqu'à de très gros systèmes pour les centres de calculs des grands organismes scientifiques.

8. 2. *La gestion.*

La *gestion* d'une entreprise de moyenne importance suppose essentiellement la manipulation de fichiers : fichier des employés pour le calcul de la paye, fichier des clients pour la facturation, fichier des pièces détachées pour la tenue à jour des stocks, etc. Les machines correspondantes devront donc savoir traiter et structurer des chaînes de *caractères* (lettres, chiffres décimaux, ponctuations), et disposer de mémoires auxiliaires importantes. Par contre, leur possibilité arithmétique pourra être réduite, les comptables n'utilisant que les nombres entiers. On trouve toute une gamme de machines de gestion allant de la facturière-comptable à l'ordinateur moyen. Une grosse entreprise qui ajoute à ses travaux de gestion des études de recherche opérationnelle et de calculs scientifiques utilisera souvent une seule machine relativement puissante qui possède à la fois les caractéristiques d'un ordinateur scientifique et celles d'un ordinateur de gestion. Ce type de machine inconnu lors de la deuxième génération a tendance à se généraliser.

8. 3. *La conduite de processus.*

La *conduite de processus* regroupe des problèmes d'acquisition de données, de surveillance et de contrôle dans de multiples domaines : conduite d'unités industrielles, d'expériences, d'appareils d'analyse, d'engins spatiaux ; surveillance automatique des grands malades, etc. Elle demande de petits ordinateurs ayant des possibilités d'entrées-sorties spéciales très développées (convertisseurs analogiques-digitaux et digitaux-analogiques, grand nombre de lignes d'entrée et de sortie numériques) ainsi qu'un système d'interruptions permettant au calculateur de se synchroniser sur le processus à conduire ou contrôler et d'être immédiatement informé des événements extérieurs susceptibles de se produire. On dit que ces calculateurs travaillent **en ligne** pour exprimer qu'ils sont connectés avec le processus extérieur. Ils permettent un contrôle en **boucle ouverte** lorsque, à partir des mesures qu'ils acquièrent, ils élaborent des informations permettant à l'homme de réagir sur le processus ; le contrôle est dit en **boucle fermée** si l'ordinateur réagit directement sur le processus au moyen d'organes de sortie spécialisés. Enfin le concept de **travail en temps réel** correspond à la nécessité pour le calculateur d'élaborer ses résultats dans des temps cohérents avec l'évolution du processus contrôlé. Un système informatique qui assure des fonctions de sécurité comprend généralement deux calculateurs susceptibles de se relayer l'un l'autre en cas de panne. Il existe une classe spéciale de calculateurs, souvent appelés *calculateurs embarquables,* dont la fiabilité et la miniaturisation sont particulièrement étudiées en vue de leur intégration dans des systèmes d'armes, dans des engins spatiaux, dans des systèmes de pilotage automatique, etc.

8. 4. *Les systèmes conversationnels.*

Au lieu d'être en ligne sur un processus, la machine peut, dans un système conversationnel, être considérée comme étant en ligne sur l'homme. On retrouve ainsi une forme atténuée de temps réel : l'homme devant son terminal attend une réponse relativement rapide, mais ici le délai de réponse n'est pas impératif comme par exemple pour la commande de l'allumage des rétrofusées lors d'un atterrissage sur la Lune.

Outre la souplesse d'accès à l'ordinateur notamment pour la mise au point ou la modification des programmes, les systèmes conversationnels fonctionnant en partage de temps répondent à des applications permettant une symbiose qui paraît aujourd'hui optimale entre l'ordinateur et l'homme par la mise en commun de l'intuition de celui-ci et les possibilités de traitement et de mémoire de celui-là. On distinguera deux grands types d'application de ces systèmes.

8. 4. 1. Les systèmes d'interrogation-réponse et l'accès aux banques de données. Les utilisateurs ont accès en temps réel, grâce à un langage d'interrogation et, pour certains d'entre eux, de mise à jour, à un ensemble d'informations structurées. On en trouve des exemples dans les systèmes de réservations de places utilisés par les compagnies aériennes ou hôtelières, les systèmes de documentation automatique, et les banques de données qui se développent dans de multiples domaines : gestion d'entreprise, gestion d'un grand projet, informations économiques, informations médicales, aménagement du territoire, etc.

8. 4. 2. La conception assistée et les techniques conversationnelles graphiques. L'utilisation en temps réel de terminaux oscilloscopiques graphiques, permettant aussi bien l'affichage et la modification de figures par l'ordinateur que l'entrée de figures dessinées par l'utilisateur, ouvre de très larges possibilités dans les domaines de la recherche et de l'art de l'ingénieur. C'est en tout cas un outil fondamental lors de la conception de nouveaux ordinateurs, tant au niveau de l'étude logique qu'au niveau de la conception et de la fabrication des circuits intégrés ou qu'au niveau de l'implantation de ces derniers sur les plaquettes imprimées.

chapitre II

structure de l'information digitale

Ce chapitre servira de référence pour toutes les notions de base concernant la structure de l'information traitée par les ordinateurs. Il suffit donc d'en connaître les grandes lignes pour aborder la suite de l'ouvrage, sachant que le lecteur non informaticien s'y référera à l'occasion de tel ou tel développement ultérieur.

Nous montrerons d'abord comment, à partir de l'information binaire élémentaire, les techniques de codage permettent de représenter des informations complexes, ce qui, au passage, nous mènera à une digression sur la redondance et son utilisation pour la détection et la correction des erreurs. Après avoir tenté de définir les moules dans lesquels elles doivent se loger, nous passerons en revue la représentation interne des différentes informations traitées par une machine : les nombres, les caractères de la machine à écrire, les instructions. La représentation des nombres nous conduira à rappeler la notion de système de numération et à présenter le système binaire, l'octal et l'hexadécimal n'étant effleurés que pour leur intérêt de représentation condensée du binaire. Nous réservons une place plus importante aux différents formats et conventions de représentation des nombres algébriques en système binaire et en système décimal : il est nécessaire de les connaître pour aborder l'étude de l'unité arithmétique à laquelle est consacré le chapitre V. Nous passerons très rapidement sur le codage des caractères puis sur celui des instructions qui sera repris au chapitre VI.

Un bref paragraphe introduit succinctement les structures d'ensembles d'informations que nous aurons à connaître au cours de développements ultérieurs, notamment ceux concernant les problèmes de langages évolués ou de systèmes d'exploitation.

Nous terminons ce chapitre par des paragraphes d'introduction au langage machine des calculateurs de type Von Neumann et à leur programmation. Il sera bon de le relire au cours de l'étude du chapitre VI.

1. L'information digitale.

1. 1. *L'information digitale élémentaire.*

L'information analogique est supportée par des grandeurs physiques, telles qu'une tension ou une intensité électriques, susceptibles de varier de façon continue, c'est-à-dire par une suite de modifications arbitrairement petites de leur valeur. A l'opposé, l'information digitale ou logique est fondamentalement discontinue. Son support élémentaire est un système à *n états d'équilibre,* chaque état d'équilibre correspondant à une valeur de l'information, nous dirons un **digit.** En fait, on n'utilise dans la pratique que des systèmes à deux états d'équilibre, d'où le nom de *binaire* communément donné à l'élément d'information. L'information digitale élémentaire sera donc l'alternative : OUI — NON, VRAI — FAUX... Conventionnellement, nous noterons ces deux états 1 et 0, et l'information contenue sera appelée **digit binaire** ou **bit**[1] (abréviation universellement reconnue de « **bi**nary digi**t** »). Les informations plus complexes se ramèneront à un ensemble d'informations élémentaires, grâce aux techniques de **codage.**

1. 2. *Notion de codage.*

Un ensemble de deux digits binaires peut prendre les quatre états, ou *configurations binaires,* suivants : 0,0; 0,1; 1,0; 1,1. Par récurrence un ensemble de n digits binaires pourra prendre 2^n états et donc représenter 2^n informations différentes. Le *codage* consiste à établir une loi de correspondance appelée *code* entre les informations à représenter et les configurations binaires possibles, de telle sorte qu'à chaque information corresponde une et généralement une seule configuration binaire.

Pour coder un nombre N d'informations avec $2^{n-1} < N \leq 2^n$, il faut donc au moins n digits binaires : l'opération de codage revient à passer d'une information sur N bits dont un seul a la valeur vraie à une information codée sur n bits; l'opération inverse constitue le *décodage.*

Avec 6 digits binaires, on peut coder jusqu'à $2^6 = 64$ informations différentes, par exemple les caractères d'une machine à écrire. Lorsque l'on appuiera sur une touche, le caractère correspondant sera codé sur 6 bits avant d'être envoyé au calculateur; inversement lorsque le calculateur enverra un caractère de 6 bits à la machine à écrire, il sera décodé afin de permettre la mise en mouvement du marteau correspondant. On utilise également les techniques de décodage dans l'analyse des instructions et l'adressage des mémoires.

L'application d'un changement de code à des informations codées est appelé *transcodage.*

1. Remarque : nous avons fait la différence entre le support de l'information et la valeur de l'information qui est assimilable à l'un des états de ce support. En pratique les termes de « digit » et de « bit » serviront à désigner aussi bien l'élément d'information que la valeur de cet élément d'information.

1. 2. 1. Exemple de codage : le code de l'hérédité. L'information héréditaire de tout être vivant est conservée au sein du noyau de chacune de ses cellules sous forme digitale. C'est à partir de cette information que la cellule synthétise le type de protéine approprié. On peut se représenter une protéine comme une grosse molécule constituée d'une longue chaîne d'acides aminés. Il existe une vingtaine d'acides aminés différents et donc une variété quasi infinie de protéines possibles. L'information héréditaire doit donc préciser la succession des acides aminés dans la protéine qui doit être synthétisée.

Le support de cette information est une molécule d'acide désoxyribonucléique A.D.N. (ou d'acide ribonucléique A.R.N.). Un tel acide est formé par la répétition d'un grand nombre d'éléments appelés nucléotides mis bout à bout. Du point de vue informatique, on distingue quatre types de nucléotides possibles que, pour simplifier, nous noterons U, C, A et G.

Le problème du code de l'hérédité revient à déterminer la façon dont la succession des nucléotides dans une chaîne d'A.D.N. peut être l'image codée de la succession des acides aminés de la protéine. L'état actuel des recherches permet d'avancer l'hypothèse suivante. L'élément d'information significatif appelé codon est formé par la succession de trois nucléotides ; il peut coder soit un acide aminé, soit éventuellement une ponctuation dans la chaîne. Ainsi, par exemple, le codon UUU représenterait la phényalamine, le codon GAG la glycine, le codon AUU la thyrosine, etc.

Le code de l'hérédité peut donc se représenter sous forme d'un tableau à deux colonnes, celle des codons et celle des acides aminés correspondants, et à 64 lignes puisqu'il y a $4^3 = 64$ codons possibles. Ce code n'est pas biunivoque : on a notamment constaté que plusieurs acides aminés pouvaient correspondre au même codon.

Après synthèse de la protéine, la chaîne des acides aminés qui la constitue est l'image, à travers cette table de codage, de la chaîne des nucléotides de l'A.D.N. Ce code paraît universel, tout au moins en ce qui concerne les formes de vie terrestre actuellement connues.

1. 3. *Notion de code redondant.*

Lorsque l'on redoute une modification intempestive de l'information lors de sa transmission ou de son stockage en mémoire, on est conduit à utiliser des codes permettant soit de détecter les erreurs — **codes autovérificateurs** — soit de les corriger — **codes autocorrecteurs.** Ceci implique que les codes portent sur un nombre de digits binaires supérieur à celui strictement nécessaire pour coder l'information selon les principes précédemment exposés, d'où le qualificatif de *redondant* qui leur est souvent attribué. En voici quelques exemples.

1. 3. 1. Contrôle deux sur trois. Concrétisons ces notions sur un exemple grossier mais significatif. Au lieu de transmettre une information A codée sur n bits, on transmet l'information A répétée trois fois sur 3^n bits. Lors de l'analyse de l'information après transmission, trois éventualités peuvent se présenter :

(1) on a obtenu trois informations identiques : on en déduit que la transmission a été correcte (à moins qu'il n'y ait eu trois erreurs identiques, ce qui est hautement improbable) ;

(2) on a obtenu deux informations identiques, la troisième était différente : on en déduit qu'il y a eu une erreur sur la troisième, et que les deux premières correspondent à l'information correcte. Le code est alors **autocorrecteur;**

(3) on a obtenu trois informations différentes. On sait qu'il y a deux erreurs au moins, et l'on n'est plus capable de reconstituer l'information correcte : le code n'est plus qu'**autovérificateur.**

1. 3. 2. Contrôle de parité. Dans le domaine des calculateurs où les probabilités d'erreurs aléatoires sont très faibles, on emploie souvent un code autovérificateur dit **code de parité,** à $n+1$ bits, dans lequel les n premiers bits servent à coder de façon significative 2^n informations. Le $(n+1)^{\text{ième}}$ bit, dit « de parité », est positionné de telle sorte que le nombre total de bits 1 soit pair (code à parité paire) ou impair (code à parité impaire). Ce code n'est que partiellement autovérificateur car il ne permet pas de détecter une double erreur (deux bits erronés sur une même information).

1. 3. 3. Codes autocorrecteurs de Hamming. Hamming a utilisé les tests de parité pour construire des codes autocorrecteurs. Voici le raisonnement de base dans le cas d'un code capable de corriger une seule erreur.

Etant donné une information de i digits binaires à transmettre, on ajoute p digits de parité, le calcul de la parité de chacun de ces digits portant sur un certain nombre de digits du message de $i+p$ digits transmis. On associe p digits de test aux p digits de parité. Si, après transmission, la parité n'est pas vérifiée sur un digit de parité, on convient de donner la valeur 1 au digit de test correspondant; on lui attribue la valeur 0 dans le cas contraire. On choisit p suffisamment grand pour que les digits de test puissent coder soit l'absence d'erreur (les p bits sont à zéro) soit la position de l'erreur dans le message de $i+p$ digits, en supposant qu'il n'y en a qu'une. Ayant la position de l'erreur, il suffit de changer la valeur du bit concerné pour rectifier le message.

Pour que les p digits de test puissent coder les $i+p$ positions du message ainsi que l'absence d'erreur, il faut choisir p de telle sorte qu'il vérifie l'inégalité :

$$2^p \geqslant i+p+1.$$

Le tableau suivant indique les valeurs maximales de i pour les premières valeurs de p :

p	2	3	4	5	6
i	1	4	11	26	57

On trouvera au paragraphe 2. 3., un exemple concret avec $i=4$ et $p=3$.

1. 3. 4. Codes autovérificateurs de type *n* dont *p*. Ces codes, également appelés codes *p* parmi *n*, correspondent à un codage sur *n* bits sachant que l'on s'astreint à n'utiliser que les codes pour lesquels *p* bits parmi les *n* ont la valeur vraie. Ainsi le code 8 dont 4, qui utilise des messages de 8 digits dont 4 sont positionnés à 1 et 4 à 0, permet de représenter 70 informations différentes.

Ce type de code ne permet pas de détecter les doubles erreurs pour lesquelles un bit est passé intempestivement de 0 à 1 tandis qu'un autre est passé de 1 à 0.

1. 3. 5. Utilisation des codes redondants. Dans les machines, les codes redondants sont surtout utilisés au niveau du stockage en mémoire centrale, du stockage en mémoire auxiliaire et de certains échanges d'information avec les périphériques électromécaniques.

Compte tenu de la mauvaise fiabilité des composants de l'époque, les premières machines ont souvent été munies de systèmes de codage permettant un contrôle poussé de la validité de l'information après un temps de stockage en mémoire ou après certains traitements. Le contrôle de parité a par la suite été jugé suffisant par la plupart des concepteurs d'ordinateurs de la deuxième et de la troisième génération, sauf dans le cas de machines très spécialisées pour lesquelles une très haute disponibilité était recherchée. Notons cependant que dans la série IBM 370, on trouve des codes autocorrecteurs corrigeant à coup sûr une erreur de 1 bit au niveau des échanges avec la mémoire centrale et plusieurs erreurs portant sur des bits successifs au niveau des échanges avec les disques magnétiques (reconstitution d'informations perdues par défaut de surface).

Les codes de type *n* dont *p*, quelquefois utilisés dans les machines de la première génération, sont actuellement réservés au domaine des transmissions.

1. 4. *Taille des informations dans un calculateur.*

Un des choix importants dans un projet de calculateur réside dans la définition de la taille, exprimée en nombre de bits, des informations qui devront être manipulées. On distingue deux concepts de base : le concept de *caractère* et le concept de *mot*.

1. 4. 1. Le caractère. Ce premier concept correspond au besoin de coder en machine les différents caractères de l'alphabet (lettres, chiffres, signes). Au départ, une longueur de 6 bits, permettant de coder 64 caractères différents, a été presque universellement retenue, à tel point que le mot *caractère* désigne souvent un ensemble de 6 bits. Aujourd'hui le caractère de 8 bits ou octet est le plus généralement adopté dans les machines orientées vers la gestion. Il permet de coder des alphabets dépassant 64 signes, ou encore de superposer au codage des différents caractères une marque de fin de chaîne de caractères.

1. 4. 2. Le mot. Le concept de mot est beaucoup plus difficile à définir que celui de caractère. Ce terme a, en effet, plusieurs acceptions.

(1) Le mot apparaît d'abord comme l'information de rang supérieur au caractère. Il contient généralement un nombre entier de caractères et varie entre 10 et 64 bits.

(2) Le mot apparaît ensuite comme l'unité d'information traitée par la machine. Dans Boulix par exemple, une instruction et un opérande ont la même taille : on parlera des *mots machine*.

(3) Généralement, et c'est le cas de Boulix, le mot machine est effectivement traité d'un seul bloc, aussi bien au niveau de l'accès mémoire et des transferts qu'au niveau du traitement : on l'appellera alors *mot mémoire* ou *mot technologique*.

(4) Dans des machines telles que celles de la série IBM 360, on traite des informations de 8, 16, 32 et 64 digits. Le mot machine est alors choisi arbitrairement à 32 digits. On appelle alors demi-mot l'ensemble de 16 digits et double-mot l'ensemble de 64 digits. La taille du mot mémoire varie de 8 à 64 bits selon le modèle dans la série.

1. 4. 3. Machines caractères et machines mots. Certaines machines orientées vers la gestion ou le traitement de l'information non numérique travaillent exclusivement sur des chaînes de caractères. On les appelle souvent *machines caractères*. A l'opposé, des machines strictement orientées vers le calcul scientifique ne travaillent que sur les mots. On les appelle *machines mots*. Des machines telles que celles de la série IBM 360 travaillent aussi bien sur des mots que sur des chaînes de caractères.

1. 5. *Notion de contenant et de contenu.*

Dans une machine, l'information digitale doit être conservée sur un certain support physique qui, comme nous l'avons vu au début de ce chapitre, est un système à plusieurs états d'équilibre. Par exemple pour contenir un caractère de 6 bits, il faut un support de 6 éléments à deux positions d'équilibre (ce qui correspond à un support de 64 états d'équilibre). Ce support pourra être un registre, une cellule mémoire, un emplacement sur un ruban magnétique ou sur un disque, etc.

Afin de ne pas confondre le contenant de l'information et le contenu, à savoir l'information elle-même, nous désignerons le contenant par un symbole et le contenu par ce même symbole placé entre parenthèses.

Exemple : soit un registre R, le contenu de R est (R); soit AD une adresse de cellule mémoire, le contenu de cette cellule est (AD); si (R) = AD, alors le contenu de la cellule d'adresse AD sera (AD) = ((R)). On notera le transfert du contenu du registre R_1 dans le registre R_2 par : $(R_1) \longrightarrow R_2$, ce qui se lit : le contenu de R_1 est transféré dans R_2.

2. La représentation des nombres.

2. 1. *Rappel sur les systèmes de numération.*

On peut représenter le nombre N par N tirets verticaux alignés côte à côte. Historiquement, plusieurs systèmes de représentation plus condensés ont vu le jour. Nous citerons, par exemple, le système romain qui ne permet pas l'utilisation d'algorithmes simples pour la réalisation des opérations arithmétiques courantes (il suffit, pour s'en convaincre, d'essayer de diviser MMXLVIII par LXIV). Le système décimal qui nous vient des Arabes, qui le tenaient probablement de l'Inde, est un cas particulier des *systèmes de numération* qui sont d'un emploi très commode pour le calcul arithmétique. Rappelons leur définition.

Pour représenter un nombre N d'objets, on les groupe par paquets de n, ces paquets de n étant eux-mêmes groupés par paquets de n et ainsi de suite. La formulation mathématique correspondante est la suivante :

$$N = a_p.n^p + a_{p-1}.n^{p-1} + ... a_1.n + a_0 \qquad (1)$$

où a_0 = le nombre d'objets ($< n$) qui n'ont pu être classés dans un paquet de n objets ; a_1 = le nombre de paquets ($< n$) de n objets qui n'ont pu être classés dans un paquet de n^2 objets, etc.

n est appelé base du système de numération. On remarque que $n - 1$ symboles (de 1 à $n - 1$) sont nécessaires pour représenter les a_p. On leur adjoint un $n^{\text{ième}}$ symbole 0 dont le rôle est fondamental : s'il n'y a aucun groupe de n^i objets, au lieu d'omettre le terme correspondant dans la formule (1), on le fera figurer avec $a_i = 0$. Tous les termes a_i ($i \leqslant p$) étant alors représentés, on pourra transcrire le nombre N sous la forme

$$N = a_p \; a_{p-1} \; .... \; a_1 \; a_0 \qquad (2)$$

Compte tenu de sa construction, cette représentation de N est unique.

La position i occupée par le symbole a_i indique le type de paquets de n^i objets auquel il se rapporte : nous dirons encore le *poids* attaché à ce symbole. Le 0 placé à droite d'un symbole apparaît ainsi comme un multiplicateur par la base : $a0$ représente a paquets de n objets $= a.n$; $a00$ représente a paquets de n^2 objets $= a.n^2$, etc.

Le système décimal étant le système de numération à base 10, a_0 représente le chiffre des unités (poids 1), a_1 celui des dizaines (poids 10), a_2 celui des centaines (poids 100), etc.

Le choix du système décimal semble arbitraire, et d'aucuns prétendent qu'il serait préférable de l'abandonner en faveur du système duodécimal, à base 12, ce chiffre étant divisible par 1, 2, 3, 4, 6 et 12, tandis que 10 n'est divisible que par 1, 2, 5 et 10. (Notons qu'en duodécimal, il faut ajouter deux symboles pour représenter le 10 et le 11.)

Quand le système de numération dans lequel on travaille n'est pas implicitement évident, on le rappelle en indice :

Exemple : 100101_2 pour du binaire
128_{10} pour du décimal
128_{12} pour du duodécimal.

2. 2. *Le système binaire.*

Introduit par Leibniz au XVIIe siècle, le système binaire ou système de numération à base deux est la numération qui apparaît comme la plus évidente dans les machines électroniques puisque, comme nous l'avons vu, elles utilisent essentiellement des systèmes à deux états d'équilibre.

Les 10 premiers nombres binaires s'écrivent :

décimal :	binaire :
1	1
2	10
3	11
4	100
5	101
6	110
7	111
8	1000
9	1001
10	1010

Les tables d'addition et de multiplication sont :

addition :	multiplication :
$0+0=0$	$0\times0=0$
$0+1=1$	$0\times1=0$
$1+0=1$	$1\times0=0$
$1+1=10$	$1\times1=1$

Exemples d'opérations :

$$\begin{array}{r} 101101 \\ \times \quad 101 \\ \hline 101101 \\ 101101 \\ \hline 11100001 \end{array} \qquad \begin{array}{l|l} 101101 & 11 \\ \cline{2-2} 101 & 1111 \\ 100 & \\ 011 & \\ 00 & \end{array}$$

Conversion binaire-décimal. L'algorithme utilisé, qui est une application directe de la formule (1), est explicité sur l'exemple suivant :

$$\begin{array}{rl} 1101{,}11 = & 1 \times 2^{3} = 8 \\ & + 1 \times 2^{2} = 4 \\ & + 0 \times 2^{1} = 0 \\ & + 1 \times 2^{0} = 1 \\ & + 1 \times 2^{-1} = 1/2 \\ & + 1 \times 2^{-2} = 1/4 \\ \hline & \phantom{+ 1 \times 2^{-2} =}\ 13{,}75 \end{array}$$

Il est utile de connaître la table des puissances de 2, dont nous donnons à titre indicatif, les premiers éléments dans le tableau 1.

2^{-n}	n	2^n
1	0	1
0.5	1	2
0.25	2	4
0.125	3	8
0.062 5	4	16
0.031 25	5	32
0.015 625	6	64
0.007 812 5	7	128
0.003 906 25	8	256
0.001 953 125	9	512
0.000 976 562 5	10	1 024
0.000 488 281 25	11	2 048
0.000 244 140 625	12	4 096

Tabl. 1. Tableau des puissances de 2.

Conversion décimal-binaire. On sépare la partie entière de la partie fractionnaire. Les algorithmes utilisés pour la conversion de chacune de ces parties sont une application directe de la méthode utilisée pour construire la formule (1) ; ils sont explicités sur l'exemple suivant.

Soit à convertir 125,625 :

Partie entière. On divise le nombre par 2 autant qu'il est possible, les restes successifs étant les poids binaires obtenus dans l'ordre des puissances croissantes :

$$125 : 2 = 62 + 1$$
$$62 : 2 = 31 + 0$$
$$31 : 2 = 15 + 1$$
$$15 : 2 = 7 + 1$$
$$7 : 2 = 3 + 1$$
$$3 : 2 = 1 + 1$$
$$1 : 2 = 0 + 1$$

Le résultat est : 1111101.

Partie fractionnaire. On multiplie la partie fractionnaire par 2, la partie entière obtenue représentant le poids binaire et la partie fractionnaire étant à nouveau multipliée par 2, etc.

$0.625 \times 2 = 1,250$ Poids binaire : 1×2^{-1}
$0.250 \times 2 = 0,500$ Poids binaire : 0×2^{-2}
$0.500 \times 2 = 1,000$ Poids binaire : 1×2^{-3}

Le résultat est : 0,101;.
on a donc : $125,625_{10} = 1111101,101_2$.

2. 3. *En marge du système binaire.*

2. 3. 1. Application aux codes de Hamming. Ce paragraphe peut être considéré comme une application du système binaire à la conception des codes autovérificateurs sur une seule erreur. Reprenons le développement du paragraphe 1. 1. 3. dans l'hypothèse où l'information à transmettre est de $i=4$ digits, ce qui implique l'adjonction de $p=3$ digits de parité. Organisons le message de $i+p$ digits en numérotant les digits de 1 à 7 de droite vers la gauche et en plaçant les digits p dans les positions 1, 2 et 4 :

7	6	5	4	3	2	1
i	*i*	*i*	*p*	*i*	*p*	*p*

On veut que les 3 digits de test indiquant, comme décrit au paragraphe 1. 3. 3., le résultat du test de parité sur les 3 digits de parité donnent en binaire la position du digit erroné. Ainsi la configuration 000 indiquera l'absence d'erreurs, la configuration 001 une erreur sur le bit de position 1, la configuration 010 une erreur sur le bit de position 2, etc. Ces considérations permettent de déterminer sur quelles positions, parmi les 7, doit porter le contrôle de parité de chacun des 3 digits de parité.

On remarque en effet qu'une erreur détectée sur le bit de parité de position 1 ne doit pouvoir provenir que d'erreurs concernant les digits de positions 1, 3, 5 ou 7 correspondant respectivement aux configurations 001, 011, 101 et 111 des digits de test. On en déduit immédiatement que la parité du digit p de position 1 doit porter sur les digits de position 1, 3, 5 et 7 du message à transmettre. On vérifiera de même que la parité du digit p de position 2 doit porter sur les digits de position 2, 3, 6 et 7, et que celle du digit p de position 4 doit porter sur les digits de position 4, 5, 6 et 7.

Exemple : soit à transmettre le message 1010.

7	6	5	4	3	2	1
i	*i*	*i*	*p*	*i*	*p*	*p*
1	0	1	.	0	.	.

Le digit p de position 1 doit rendre paire la somme de digits de position 1, 3, 5 et 7 ; il est donc égal à 0 :

1	0	1	.	0	.	**0**

La parité du digit p de position 2 porte sur les digits de position 2, 3, 6 et 7 :

1	0	1	.	0	**1**	0

Enfin la parité du digit p de position 4 porte sur les digits de position 4, 5, 6 et 7 :

1	0	1	**0**	0	1	0

Supposons que pendant la transmission du message une erreur s'introduise sur le bit de position 5 :

1	0	0	0	0	1	0

après transmission le test de parité sera vérifié pour le digit p de position 2, et non vérifié pour les digits p de position 1 et 4. On en déduit que les digits de test prennent la configuration 101 qui indique en binaire la position du bit erroné. On rectifiera le message en changeant la valeur du bit de position 5.

2. 3. 2. Les codes de Gray et le binaire réfléchi. Si la représentation binaire des nombres est très commode au niveau des calculs, il n'en est pas de même lorsqu'il s'agit de lire au vol des grandeurs digitales en cours d'évolution (en provenance de compteurs ou de codeurs par exemple). Lorsqu'on lit un compteur binaire au moment précis où il passe de 01111 à 10000, on peut obtenir n'importe quelle valeur comprise entre 0 et 10000, dès lors que les différents digits ne sont pas changés avec une simultanéité parfaite.

Les codes de Gray, du nom de leur inventeur, évitent cet inconvénient. Ils se caractérisent par le fait que les configurations binaires représentant deux nombres successifs ne se différencient que par la modification d'un seul digit.

La figure 2 indique comment on peut construire un code de ce type. On construit d'abord le tableau matriciel des quatre configurations binaires

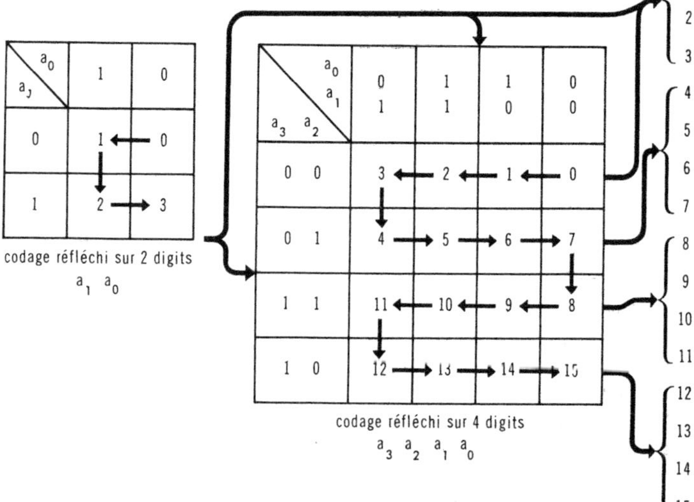

décimal	binaire réfléchi	binaire pur
0	0 000	0 000
1	0 001	0 001
2	0 011	0 010
3	0 010	0 011
4	0 110	0 100
5	0 111	0 101
6	0 101	0 110
7	0 100	0 111
8	1 100	1 000
9	1 101	1 001
10	1 111	1 010
11	1 110	1 011
12	1 010	1 100
13	1 011	1 101
14	1 001	1 110
15	1 000	1 111

Fig. 2. Construction du code binaire réfléchi.

possibles d'un nombre de 2 digits $a_1\ a_0$. Dire que deux configurations binaires représentant des nombres successifs ne doivent différer que d'un digit, c'est dire qu'elles doivent se représenter dans deux cases adjacentes du tableau. On en déduit un cheminement possible correspondant au codage suivant :

décimal	a_1 a_0
0	0 0
1	0 1
2	1 1
3	1 0

A partir de ce premier code sur deux digits, on construit un code sur 4 digits a_3 a_2 a_1 a_0 en traçant le tableau matriciel des 16 configurations binaires possibles et en choisissant dans ce tableau un cheminement qui ne permettra que le passage d'une case à une case adjacente, etc. Le balayage horizontal dessiné sur la figure conduit au code de Gray le plus utilisé qui est appelé *binaire réfléchi.* (Son nom provient de ce que, si l'on établit une coupure à un code de type 2^n, il y a symétrie, à l'exception du bit de poids fort, entre les 2^n premiers codes et les 2^n codes suivants.) On note que le binaire réfléchi est une représentation des nombres qui ne correspond pas à un système de numération. Il n'est donc pas utilisé pour les calculs, mais seulement dans les organes d'acquisition que le calculateur peut être amené à lire au moment où leur valeur évolue.

2. 4. *Numération octale et hexadécimale.*

Si la représentation binaire est très commode pour le calculateur, il n'en est pas de même pour l'utilisateur qui préfère une écriture plus condensée.

BINAIRE	OCTAL	HEXADÉCIMAL	DÉCIMAL
0	0	0	0
1	1	1	1
10	2	2	2
11	3	3	3
100	4	4	4
101	5	5	5
110	6	6	6
111	7	7	7
1000	10	8	8
1001	11	9	9
1010	12	A	10
1011	13	B	11
1100	14	C	12
1101	15	D	13
1110	16	E	14
1111	17	F	15
10000	20	10	16

Tabl. 3. Représentations octale et hexadécimale.

Suivant que la machine travaille sur des caractères de 6 bits ou sur des octets, on convient de regrouper les bits par 3 ou 4, ce qui revient à travailler en octal ou en hexadécimal qui sont les systèmes de numération de base 8 et 16.

Nous donnons les tables de correspondance entre binaire, décimal, octal et hexadécimal. On note que, pour l'hexadécimal, il faut ajouter aux dix symboles utilisés en numération décimale six symboles A, B, C, D, E et F représentant les nombres décimaux de 10 à 15 (tabl. 3).

Les représentations octale et hexadécimale d'un nombre se déduisent de sa représentation binaire par décomposition en groupe de 3 ou 4 bits à partir de la virgule et par remplacement de ces groupes par le chiffre correspondant du tableau 3. Par exemple, le nombre $10110110111{,}11101_2$ s'écrira également $2667{,}72_8$ et $5\,B\,7,E\,8_{16}$, selon les décompositions suivantes :

10	110	110	111,	111	010		101	1011	0111,	1110	1000
2	6	6	7,	7	2		5	B	7,	E	8

L'arithmétique octale et hexadécimale ainsi que les conversions avec le système décimal se déduisent directement de ce que nous avons présenté dans le cadre de la numération binaire.

2. 5. *Représentation des nombres binaires négatifs.*

La solution la plus immédiate est de réserver un digit binaire pour le signe, les autres digits représentant la valeur absolue. La convention généralement adoptée consiste à représenter le signe + par le digit 0 et le signe — par le digit 1.

Ainsi : 0 . 11011 représentera 27_{10} et
1 . 11011 représentera -27_{10}.

Cette représentation impose un traitement spécial du signe et, de ce fait, des circuits différents pour l'addition et la soustraction. Cet inconvénient disparaît si l'on utilise la représentation des nombres négatifs sous forme complémentée. On distingue le *complément vrai* ou *complément à 2* en binaire (complément à 10 en décimal) et le *complément restreint* ou *complément à 1* en binaire (complément à 9 en décimal). On obtient le complément restreint en soustrayant chaque digit de $(n - 1)$, n étant la base du système de numération, et le complément vrai en ajoutant 1 au complément restreint ainsi obtenu. En système binaire, le complément restreint est obtenu par substitution des 0 par des 1 et vice versa. Le tableau 4 compare, dans le cas du binaire, ces trois systèmes de représentation qui sont les plus utilisés, en supposant que l'on dispose de nombres de 4 digits, signe compris.

ÉQUIVALENT DÉCIMAL	SIGNE ET VALEUR ABSOLUE	COMPLÉMENT RESTREINT	COMPLÉMENT VRAI
7	0111	0111	0111
6	0110	0110	0110
...	...	...	...
2	0010	0010	0010
1	0001	0001	0001
+0	0000	0000	0000
—0	1000	1111	
—1	1001	1110	1111
—2	1010	1101	1110
...	...	...	...
—6	1110	1001	1010
—7	1111	1000	1001
—8	—	—	1000

Tabl. 4. Les trois représentations des nombres algébriques binaires.

On remarque sur ce tableau qu'en complément à 2 on a une seule représentation de zéro tandis qu'il en existe deux dans les deux autres systèmes correspondant au + 0 et au — 0.

Dans une machine travaillant en complément vrai, la soustraction sera obtenue par simple addition du complément, en ne tenant pas compte de la retenue. L'exemple qui suit est exprimé en numération décimale pour plus de clarté :

SOUSTRACTION NORMALE			SOUSTRACTION COMPLÉMENT À 10
63			63
— 28	complémentation	⟶	+ 72
35			$\not{1}$ 35

Dans une machine travaillant en complément restreint, la soustraction sera obtenue par addition du complément et report de la retenue. Le même exemple donne :

SOUSTRACTION NORMALE			SOUSTRACTION EN COMPLÉMENT À 9
63			63
— 28	complémentation	⟶	+ 71
35			1 34
			+ └→1
			35

On notera la complémentation par une barre au-dessus de la grandeur concernée : $\bar{V}$ désigne le complément restreint de V.

2. 6. *Représentation des nombres décimaux.*

Certaines machines, notamment pour les applications de gestion, calculent en système décimal. On les appelle souvent *machines décimales* par opposition aux machines purement binaires. Comme on ne dispose pas de système élémentaire à 10 états d'équilibre, les digits décimaux doivent être codés à partir d'éléments binaires. Quatre bits sont nécessaires puisque 10 est compris entre 2^3 et 2^4. Mais comme quatre bits permettent de coder 16 informations différentes, nous avons A_{16}^{10} (de l'ordre de 10^{10}) façons de répartir les 16 codes possibles entre les 10 caractères à représenter. Bien évidemment on choisit parmi ce nombre quasi illimité les systèmes de codage les plus commodes pour l'utilisation cherchée. Le tableau 5 en donne trois parmi les plus usités, le code BCD (qui est une abréviation de Binary Coded Decimal, ce qui veut dire décimal codé binaire), également appelé code 8-4-2-1, le code 2-4-2-1 et le code excédent 3, auquel on a, pour mémoire, ajouté un code redondant, du type *n* dont *p*.

ÉQUIVALENT DÉCIMAL	CODE 8-4-2-1	CODE 2-4-2-1	CODE EXCÉDENT 3	CODE 5 DONT 2
0	0000	0000	0011	11000
1	0001	0001	0100	00011
2	0010	0010	0101	00101
3	0011	0011	0110	00110
4	0100	0100	0111	01001
5	0101	0101	1000	01010
6	0110	0110	1001	01100
7	0111	0111	1010	10001
8	1000	1110	1011	10010
9	1001	1111	1100	10100

Tabl. 5. Différents codes décimaux.

Le **code 8-4-2-1** représente les digits décimaux entre 0 et 9 au moyen de leurs équivalents binaires directs. Par exemple : 0101 se lit :

$$0 \times 8 + 1 \times 4 + 0 \times 2 + 1 \times 1 = 5,$$

les poids 8, 4, 2 et 1 étant représentés par les bits successifs.

Deux problèmes se posent : l'addition binaire directe de deux chiffres décimaux codés en 8-4-2-1 ne donne pas un chiffre décimal codé en 8-4-2-1 dès lors que le résultat dépasse 9, ce qui n'est même pas toujours détecté par une retenue; la complémentation binaire directe d'un digit décimal ainsi codé fournit un complément à 15 éventuellement sous forme d'un code illégal en BCD, alors que l'on préférait obtenir le complément à 9.

Le **code 2-4-2-1** associe aux digits successifs les poids 2, 4, 2 et 1 de telle sorte que 1110 se lit : $1 \times 2 + 1 \times 4 + 1 \times 2 + 0 \times 1 = 8$. Il a l'avantage de permettre la complémentation à 9 par complémentation binaire directe puisque la somme des poids est égale à 9, encore que l'on n'obtienne pas toujours une représentation orthodoxe. Par exemple, le complément binaire de 0111 qui représente 7 s'écrit 1000, ce qui n'est pas le code normal de 2, mais qui — eu égard aux poids des différents bits — donne le résultat 2.

Le **code excédent 3,** contrairement aux deux précédents, n'est pas fondé sur les poids associés aux différents bits. Les digits décimaux sont représentés par leur équivalent binaire direct augmenté de 3. Ce code permet une complémentation à 9 directe et simplifie l'addition : on la traite en binaire et on retranche 3 au résultat obtenu s'il n'apparaît pas de retenue du cinquième ordre binaire, tandis qu'on lui ajoute 3 dans le cas contraire.

2. 7. *Le format des nombres en machine.*

Un opérateur arithmétique ne peut traiter que des nombres qui lui sont présentés selon un *format* ou un nombre restreint de formats bien définis.

La première composante d'un format est sa taille. Les machines mots, qui travaillent généralement en système binaire, admettent des formats de **longueur fixe;** suivant que l'information occupe un mot, un demi-mot, deux mots, etc., et on parlera de *simple longueur, demi-longueur, double longueur,* etc. Les machines caractères qui opèrent en système décimal travaillent généralement sur des formats de **longueur variable,** un nombre étant codé sur un nombre variable de caractères.

La deuxième composante d'un format est la convention dans laquelle le nombre est représenté ou codé. Nous nous proposons d'analyser trois types de formats qui sont : d'une part le *format fixe* ou format en virgule fixe et le *format flottant* ou format en virgule flottante pour les nombres binaires; d'autre part les formats de longueur variable pour les nombres décimaux.

2. 7. 1. La virgule fixe. C'est la façon la plus naturelle d'écrire un nombre binaire dans un mot mémoire : les nombres sont considérés comme des entiers, le soin de placer la virgule étant laissé au programmeur. Les nombres négatifs peuvent être représentés dans l'une des trois conventions : signe et valeur absolue, complément à 1 ou complément à 2. Le premier bit du mot apparaît ainsi comme un bit de signe. Un mot de n bits peut ainsi contenir les entiers allant de $-2^{n-1}+1$ à $2^{n-1}-1$ (auxquels il faut ajouter l'entier 2^{n-1} dans la représentation en complément à 2).

On notera quelques particularités dans les opérations en virgule fixe. L'addition de deux nombres fixes peut donner lieu à ce que l'on appelle un *débordement* ou un *dépassement de capacité* (cf. fig. 6). La multiplication

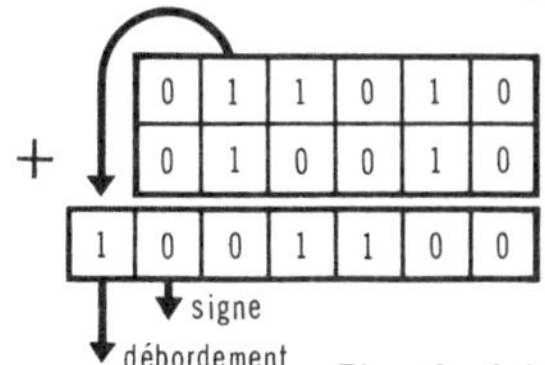

Fig. 6. Addition avec débordement en virgule fixe.

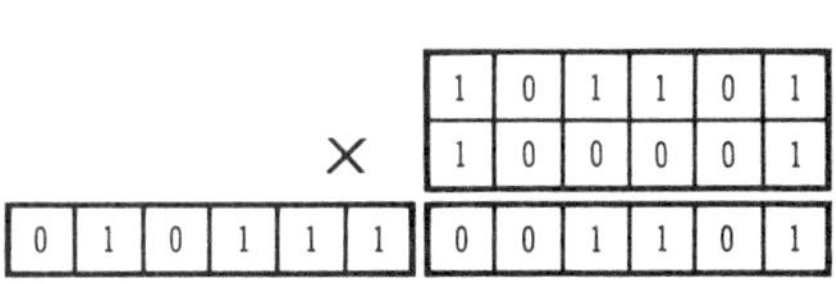

Fig. 7. Multiplication de deux valeurs absolues.

de deux nombres de n chiffres donne un résultat de 2^n chiffres au plus qui sera donc représenté en virgule fixe double longueur. La figure 7 en donne un exemple sans tenir compte des signes pour simplifier.

2. 7. 2. La virgule flottante. Lorsqu'il ne dispose que de la représentation en virgule fixe, le programmeur doit connaître et faire évoluer au cours des opérations la place de la virgule. S'il veut calculer avec le maximum de précision, il doit donc apprécier les ordres de grandeur de tous les résultats intermédiaires, afin de les cadrer de façon à garder toujours le maximum de digits significatifs.

La virgule flottante évite ces inconvénients. Elle consiste à représenter les nombres sous la forme : $S\ M \times \alpha^E$

où S : est le signe du nombre

M : est la mantisse du nombre

E : est l'exposant du nombre

α : est généralement choisi égal à la base du système de numération ; dans ce cas $\alpha = 2$ en virgule flottante binaire.

Nous avons l'habitude de cette notation en écriture courante, où nous représentons 125 000 000 par 125×10^6. Cette représentation n'est pas unique, puisque l'on peut aussi bien écrire : 125×10^6 que $12{,}5 \times 10^7$ ou 1250×10^5, etc. Parmi ces représentations, on en retient une, dite **normalisée,** qui permet de conserver le plus de chiffres significatifs possible. Pour normaliser un nombre, on décale sa mantisse vers la gauche jusqu'à ce que le premier digit soit significatif, et on diminue l'exposant du nombre de décalages qui ont été nécessaires (dans l'hypothèse où l'exposant exprime une puissance de deux) [cf. fig. 8].

0	0	0	1	2	5		0	6
0	0	1	2	5	0		0	5
0	1	2	5	0	0		0	4
1	2	5	0	0	0		0	3
mantisse							exposant	

Fig. 8. Opération de normalisation.

En raison de la normalisation qui suit toute opération, la mantisse est toujours recadrée, de telle sorte que les dépassements de capacité ne puissent porter que sur l'exposant. Outre le dépassement de capacité pour exposant trop grand, il peut y avoir un *sous-dépassement de capacité,* lorsque l'exposant devient trop petit pour pouvoir être représenté. La plupart des machines remplacent alors le résultat correspondant par zéro, ce qui fait exception aux règles de la normalisation.

On note que le nombre de digits de la mantisse est directement lié à la précision des calculs alors que le nombre de digits de l'exposant détermine les nombres extrêmes que la machine peut représenter.

Il y a plusieurs conventions de représentation des nombres flottants binaires en machines. De façon générale, on place les informations les plus significatives en tête : d'abord le signe, ensuite l'exposant, ensuite la mantisse :

S	exposant	mantisse

On peut ainsi comparer deux nombres flottants avec les mêmes circuits que des nombres fixes, sous réserve que la convention adoptée pour la représentation des exposants négatifs les fasse apparaître directement comme plus petits que les exposants positifs.

Le signe. Le plus (+) est généralement représenté par 0, le moins (—) par 1.

L'exposant. Il exprime généralement une puissance de 2 (quelquefois une puissance de 16 comme dans la série IBM 360). S'il occupe e bits, il est généralement représenté par excès de 2^{e-1} bits, c'est-à-dire que les exposants négatifs variant de -2^{e-1} à 0 sont représentés par les valeurs binaires allant de 0 à 2^{e-1} tandis que les exposants positifs de 0 à $2^{e-1}-1$ sont représentés par les valeurs binaires allant de 2^{e-1} à $2^{e}-1$.

La mantisse. Elle peut être considérée comme entière, la virgule étant supposée immédiatement à droite, ou comme fractionnaire, la virgule étant supposée immédiatement à gauche. Ainsi 125×10^6 s'écrira comme indiqué sur la fig. 9a dans la première convention ($125\,000 \times 10^3$) et comme indiqué sur la fig. 9b dans la deuxième convention ($0{,}125 \times 10^9$).

0	3	1	2	5	0	0	0

Fig.9a.

0	9	1	2	5	0	0	0

Fig. 9b.

On trouve les trois représentations possibles pour les nombres négatifs : valeur absolue, complémentation à 1 ou à 2. Dans ces deux derniers cas, le signe est considéré comme faisant partie intégrante de la mantisse.

Il est important de savoir reconnaître si un nombre est normalisé. Par exemple, si l'exposant exprime une puissance de 2, et si les nombres négatifs sont représentés en complémentation, le nombre est normalisé lorsque le bit de signe et le bit de poids fort de la mantisse ont des valeurs différentes.

2. 7. 3. Les chaînes décimales de longueur variable. Les digits décimaux sont généralement codés sur les quatre bits de poids faible des caractères de 6 bits ou des octets de 8 bits. On trouve également des représentations condensées avec deux digits par octet. Les nombres sont formés par une chaîne de tels caractères. Le signe d'un nombre peut être codé sur un caractère et placé en tête ou plus généralement en queue de la chaîne de caractères qui le constitue. Il peut également être inclus dans les bits de poids fort du premier ou du dernier caractère significatif.

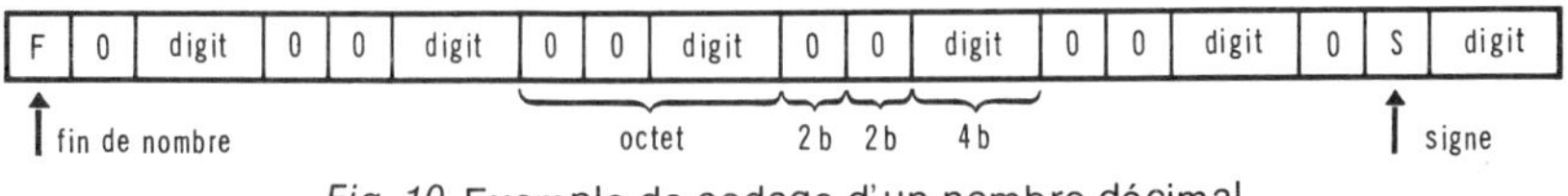

Fig. 10. Exemple de codage d'un nombre décimal.

Ces chaînes de caractères sont génerégalement de longueurs variables, et adressées par leur dernier caractère qui sera traité en premier à cause des retenues (cf. VI, 5.1.2.). Le premier caractère peut contenir, par exemple dans ses poids forts, une marque de fin de nombre ; en l'absence de marque de fin de nombre, l'instruction doit préciser au calculateur la longueur de la chaîne sur laquelle elle porte.

3. Codage des informations non numériques.

On distingue deux types d'informations non numériques susceptibles d'être traitées par une machine :

(1) des informations traitées par la machine au même titre que des nombres. On les représentera sous forme de **chaîne de caractères** (ces derniers comprenant les lettres, les chiffres et les signes de ponctuation ou d'opération). C'est sous forme de chaînes de caractères que se présentent aussi bien le fichier des comptes clients dans une banque que la suite des instructions d'un programme écrit en langage assembleur ou en langage évolué ;

(2) des informations reconnues par la machine comme des commandes de ses différents organes. Ce sont les **instructions** une fois transcrites en langage machine.

3. 1. *Codage des caractères.*

Nous avons vu au paragraphe 2.6. comment on pouvait coder les caractères numériques. Il s'agit maintenant d'étendre ce système de codage à l'ensemble des signes de la machine à écrire (alphabet, signes de ponctuation et d'opérations, caractères spéciaux : $, £, etc.). On impose généralement à ces représentations certaines conditions parmi les suivantes :

(1) la représentation doit englober la représentation des chiffres décimaux sous une forme simple à utiliser (8-4-2-1, 2-4-2-1, excédent 3 ...) et permettre de reconnaître rapidement les chiffres des autres caractères ;

(2) la représentation doit permettre l'adjonction de nouveaux caractères spécifiques à une application particulière ;

(3) dans le cas des transmissions, la représentation doit inclure un système de redondance permettant la détection des erreurs.

De nombreux codes sont utilisés pour la représentation interne des caractères en machine (sur 6, 7, 8 bits), pour le dialogue avec les unités périphériques (7 et 9 bits dont un de parité pour les bandes magnétiques, 12 bits pour les cartes perforées, etc.) ainsi que pour les télétransmissions. Les codes utilisés sont spécifiés dans les manuels d'utilisation des machines et des organes périphériques.

3. 2. *Codage des instructions.*

Les instructions comportent un certain nombre d'informations, notamment le code opération indiquant l'opération à effectuer, des adresses de registre ou de cellule mémoire, des conditions d'adressage spécifiant les calculs éventuels à faire subir aux adresses de cellule mémoire.

Suivant le nombre et l'importance de ces informations, les instructions seront codées sur un ou plusieurs mots machines. A chacun des éléments d'information composant l'instruction on associe généralement une zone formée d'un nombre de digits suffisant pour coder les différents états possibles de cette information. C'est ainsi qu'une zone de 6 bits allouée au code instruction permettra de coder jusqu'à 64 opérations différentes, qu'une zone de 4 bits allouée à une adresse de registre permettra de désigner un registre parmi 16 et qu'une zone de 16 bits permettra d'adresser une mémoire de 65 536 mots. Nous reviendrons au chapitre VI sur les problèmes posés par le codage des instructions, notamment en ce qui concerne les conditions d'adressage et les adresses.

En ce qui concerne le codage des opérations, on pourrait associer arbitrairement les 2^n configurations binaires du code opération de n bits aux diverses instructions. On préfère souvent, afin de simplifier le décodage, diviser la zone code opération en sous-zones ou *champs* qui seront décodées indépendamment. Cette décomposition en champs peut recouvrir deux optiques différentes : (1) chaque champ peut être associé à un organe de la machine, le décodage de l'information contenue dans le champ indiquant la fonction que doit remplir cet organe. Cette solution est coûteuse en nombre de bits, dans la mesure où tous les organes de la machine ne sont pas mis en jeu par toutes les instructions; (2) les instructions peuvent être divisées en classes d'instructions, un premier champ étant réservé en codage de la classe d'instructions. La signification à attribuer aux autres champs dépend de la classe de l'instruction. Ainsi le même champ peut désigner le type d'opération arithmétique à exécuter si l'instruction appartient à la classe des instructions arithmétiques, tandis qu'il désignera la condition de branchement si l'instruction appartient à la classe des branchements. Le champ réservé au code opération peut être de longueur variable en fonction de la classe d'instructions.

On appelle souvent *indice* un bit (ou un ensemble de bits) qui détermine la signification globale à attribuer à un champ. Ainsi par exemple, un même champ devra être reconnu comme contenant une adresse de registre si l'indice associé vaut 0, et comme contenant un complément au code opération si l'indice associé vaut 1.

4. L'organisation et la recherche des informations en mémoire.

4. 1. *Notion de tableau, de liste et de pointeur.*

L'organisation la plus classique des informations en mémoire consiste à les ranger à la suite les unes des autres. C'est très généralement le cas des instructions successives d'un programme, des tableaux de nombres en calcul scientifique, etc. Il faut alors, pour rechercher les informations successives, disposer d'un **pointeur** qui prend successivement pour valeur les adresses des informations rangées en séquence (fig. 11). C'est évidemment le rôle du compteur ordinal en ce qui concerne les instructions. Un ensemble d'informations rangées en séquence est généralement appelé **tableau.**

Cette méthode de rangement, qui convient très bien dans le domaine des calculs scientifiques (rangement de tableaux matriciels par exemple), n'est pas bien adaptée à des manipulations de listes d'informations, telles que l'extraction ou l'insertion d'informations, la combinaison de listes d'informations, etc., car elles exigent des déplacements d'informations en mémoire. On emploie alors une *structure de liste* (fig. 12) où chaque information est complétée par un pointeur qui contient l'adresse de l'information suivante. Les opérations d'insertion, extraction, combinaison se font par simple manipulation de pointeurs. On peut concevoir des structures de machines spécifiquement orientées vers le traitement des listes.

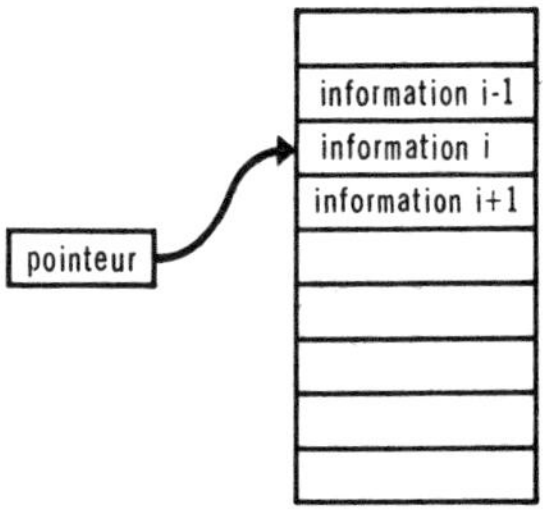

Fig. 11. Structure de tableau.

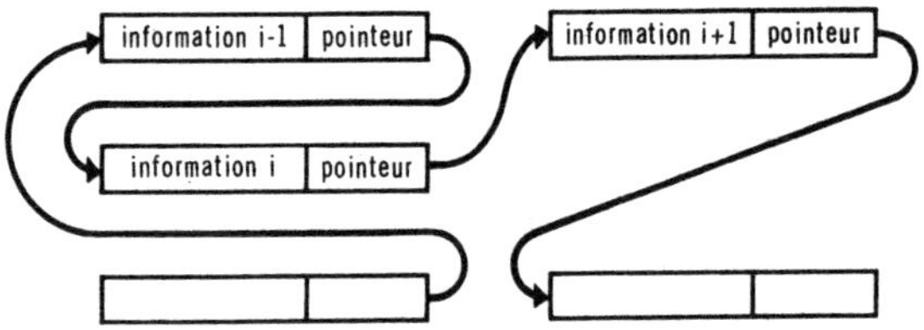

Fig. 12. Structure de liste.

4. 2. *Notion de table.*

Une table établit une correspondance entre deux types d'information : l'information significative que l'on recherche, et l'information d'entrée qui permet de la trouver. Cette dernière est également appelée adresse associative ou étiquette.

La mise en mémoire d'une table peut se réduire à la constitution d'un simple tableau si la position de l'information significative dans le tableau peut être calculée à partir de l'information d'entrée. C'est le cas, par exemple, de la table des logarithmes des n premiers entiers positifs. Le logarithme de i s'obtiendra directement en chargeant $\alpha + i$ dans le pointeur de tableau, α étant l'adresse d'implantation en mémoire du premier élément du tableau.

Dans le cas général, la table sera rangée sous forme d'un tableau dont chaque élément contiendra l'information d'entrée et l'information significative correspondante. Ce sera par exemple la table qui fait correspondre au code opération mnémonique, utilisé en langage assembleur, la représentation binaire machine du code opération.

La recherche en table nécessite les comparaisons successives de l'information d'entrée à toutes les informations d'entrée possibles jusqu'à ce qu'il y ait coïncidence. Cette recherche peut être accélérée soit à l'aide d'algorithmes de programmation, notamment lorsque des informations d'entrée sont classées par valeurs binaires croissantes, soit par l'utilisation de mémoires spéciales appelées mémoires associatives ou mémoires adressables par le contenu. Nous décrirons ces dernières au chapitre IV.

4. 3. *Notion de pile et de file d'attente.*

Ces deux notions se réfèrent à des organisations particulières des données en mémoire dans lesquelles l'ordre d'utilisation des informations dépend de l'ordre dans lequel elles ont été introduites. La *file d'attente* fonctionne selon un principe analogue à celui que nous connaissons chez le boulanger ou le boucher : on a accès à l'information qui a séjourné le plus longtemps selon le principe « premier arrivé, premier servi ». Le mécanisme de la *pile* rappelle la pile de chemises dans le placard : on a accès à la dernière information rangée selon le principe « dernier entré, premier sorti ».

Deux pointeurs sont nécessaires pour définir l'état d'une file d'attente, l'un pointant sur le dernier mot entré, l'autre sur le prochain mot à sortir, alors qu'un seul pointeur suffit pour définir l'état d'une pile, puisqu'il suffit de connaître l'emplacement du sommet de pile. (Fig. 13 et 14.)

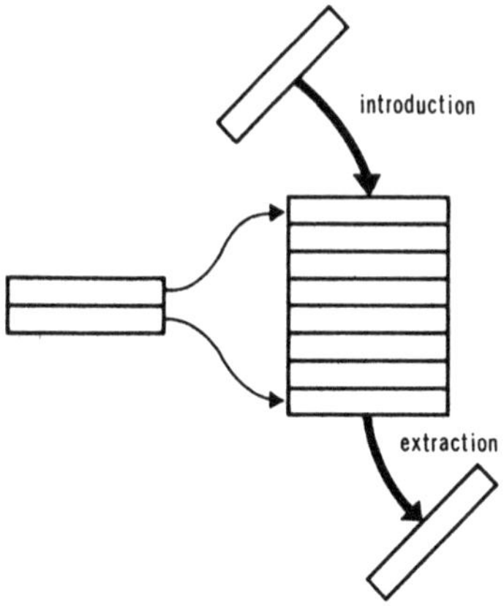

Fig. 13. Mécanisme de la file d'attente : premier entré, premier sorti.

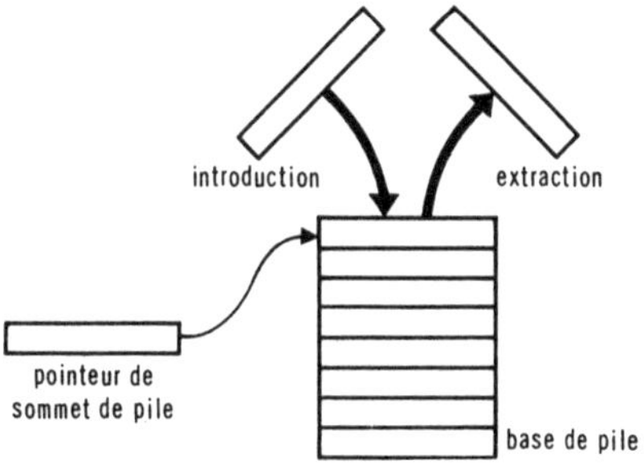

Fig. 14. Mécanisme de la pile : dernier entré, premier sorti.

Les piles et files d'attente peuvent être constituées en mémoire centrale par programmation; leur gestion peut être simplifiée par des instructions spéciales d'insertion et d'extraction et éventuellement par l'utilisation de pointeurs câblés. Enfin il existe des petites mémoires spécialement câblées en pile ou en file d'attente.

4. 4. *Notion de préfixe.*

Dans la plupart des machines, les informations sont reconnues comme instructions ou données par le contexte du programme. Ceci veut dire, par exemple, que la machine suppose que le contenu de la cellule mémoire adressée par une instruction d'arithmétique flottante est un nombre flottant et, en tout état de cause, l'interprète comme tel.

Dans certaines machines les informations sont dites préfixées. Le **préfixe** désigne sur un petit nombre de bits le type d'information contenu dans le mot machine (nombre fixe simple ou double précision, nombre flottant, instruction, pointeur, etc.). Les circuits de la machine sont capables d'analyser le préfixe lorsque le mot machine est utilisé, soit que le contexte ne permette pas de définir suffisamment le contenu de l'information, soit à titre de contrôle. Cette technique permet notamment d'adresser des structures de données complexes, l'adresse pointant non pas directement sur les données, mais sur un descripteur de cette structure qui contient notamment un pointeur vers la première donnée de la structure. Ce descripteur est reconnu comme tel par la machine grâce à son préfixe. Nous en verrons des exemples au chapitre IX.

5. Eléments de langage machine.

Nous nous proposons ici de tenter une classification des machines de type Von Neumann en fonction des éléments d'information constitutifs de l'instruction et de décrire brièvement les principaux types d'instructions que l'on rencontre dans ces machines.

5. 1. *Forme générale des instructions arithmétiques.*

L'instruction arithmétique type doit fournir à l'unité de contrôle chargée de la décoder et de commander son exécution un certain nombre de renseignements dont les principaux sont :

(1) la nature de l'opération à réaliser. C'est le rôle du code opération. Exemple : opération d'addition en virgule fixe simple précision;

(2) les données, ou opérandes, sur lesquelles porte l'instruction. Généralement l'instruction spécifie les adresses des opérandes. Exemple : l'opération d'addition en virgule fixe simple précision porte sur l'opérande qui est à l'adresse AD_1 et l'opérande qui est à l'adresse AD_2. Si l'instruction porte sur plus de deux opérandes, on s'arrange pour les ranger en séquence de telle sorte qu'il suffit de donner l'adresse du premier et, soit l'adresse du dernier, soit la longueur de la séquence;

(3) l'emplacement où doit être rangé le résultat. Exemple : le résultat de l'addition en virgule fixe simple précision des deux opérandes d'adresse AD_1 et AD_2 doit être rangé à l'adresse AD_3;

(4) l'adresse de la prochaine instruction à exécuter. Exemple : après avoir exécuté l'addition, exécuter l'instruction d'adresse AD_4.

CO	AD_1	AD_2	AD_3	AD_4
code opération	adresse du premier opérande	adresse du deuxième opérande	adresse de rangement du résultat	adresse de la prochaine instruction

Fig. 15. Instruction à quatre adresses.

Une machine dont l'instruction possède explicitement ces différents éléments est appelée **machine à quatre adresses** (ou encore à 3 + 1 adresses pour différencier des autres l'adresse de l'instruction suivante). Les machines à quatre adresses sont très rares, certaines adresses étant en général implicitement déterminées. La quatrième adresse qui pointe sur la prochaine instruction est évidemment implicite, en dehors des instructions de rupture de séquence, dans les machines où les instructions sont rangées séquentiellement en mémoire. Elle serait nécessaire dans une machine orientée vers le traitement des listes où le programme lui-même s'organiserait en liste, et a trouvé une justification technologique dans certaines machines de la première génération dont la mémoire centrale était constituée d'un tambour magnétique, par le fait qu'elle évitait d'avoir à attendre une rotation complète du tambour entre deux instructions.

On appelle **machine à trois adresses** les machines dont l'instruction spécifie les adresses des deux opérandes et l'adresse du résultat. Dans les **machines à deux adresses,** beaucoup plus courantes, l'adresse du résultat est en général implicitement choisie égale à l'adresse du premier opérande. Enfin, dans les **machines à une adresse,** ne figure plus que l'adresse du deuxième opérande, l'emplacement du premier opérande qui sera remplacé par le résultat en fin d'opération étant implicitement défini par le code opération. La plupart des calculateurs scientifiques de la deuxième génération fonctionnaient selon ce principe, toutes les opérations étant effectuées sur un même registre appelé **accumulateur.**

La classification des machines en machines à une, deux, trois, exceptionnellement quatre adresses devient caduque avec la troisième génération, d'autant que, compte tenu de la multiplication des registres dans les unités centrales, les opérandes peuvent se trouver aussi bien dans des registres qu'en mémoire. Voici quelques exemples : la CDC 6600 se comporte comme une machine à deux adresses pour les opérations de transferts entre mémoire centrale et registres (l'instruction désigne le registre et la cellule mémoire concernée), et comme une machine à trois adresses de registres pour toutes les instructions arithmétiques. L'IBM 360 admet essentiellement trois types d'instructions à deux adresses : registre à registre, registre à mémoire et mémoire à mémoire. Dans la CII 10070 ou le PDP 10 les registres sont considérés comme les premières cellules de la mémoire, de telle sorte que le même champ de la même instruction peut adresser soit un registre, soit une cellule mémoire, etc.

5. 2. *Le jeu d'instructions d'un calculateur.*

Le jeu d'instructions peut varier d'une dizaine d'instructions sur les toutes petites machines utilisées en automatisme à une centaine d'instructions. Exceptionnellement la technique de codage par champ peut conduire à des jeux d'instructions plus importants.

En fait un jeu d'une dizaine d'instructions est suffisant pour réaliser un calculateur universel, c'est-à-dire un calculateur capable d'aborder n'importe quel type de problème dont la solution est du ressort du traitement digital et qui ne dépasse pas les capacités mémoire et les performances du calculateur. C'est ainsi que les instructions addition, complémentation, effacement, rangement et décalage sont suffisantes pour réaliser toutes les opérations arithmétiques : le chargement de l'accumulateur sera obtenu par effacement et addition ; la soustraction sera obtenue par addition du complément, la multiplication et la division par la programmation d'un algorithme utilisant des additions, soustractions et décalages.

C'est ici que nous voyons apparaître une certaine complémentarité entre les circuits et les programmes, entre le *hardware* et le *software*. Ce qui n'est pas réalisé par l'un doit être réalisé par l'autre. Il est clair que le câblage d'un grand nombre d'opérations sur un calculateur correspond à un accroissement notable de performances, contrebalancé évidemment par un accroissement correspondant du prix. Nous verrons au chapitre VII que les techniques de microprogrammation introduisent un concept intermédiaire entre le *hardware* et le *software*, le *firmware* qui permet d'augmenter notablement le nombre d'instructions d'un calculateur sans augmentation sensible du prix.

En ce qui concerne les opérations arithmétiques, le tableau de la figure 16 indique, à titre d'exemple, ce qui est normalement disponible sous forme câblée dans les différents types de calculateurs.

5. 3. *Les différents types d'instructions.*

Il n'est pas possible de passer en revue toutes les instructions machine qui apparaissent dans les manuels de référence des différents calculateurs. Nous nous contenterons de donner quelques indications très générales sur les classes d'instructions les plus répandues dans les calculateurs de type Von Neumann que nous illustrerons sur des exemples concernant un calculateur à deux adresses, une adresse de registre pour le premier opérande et le résultat, une adresse en mémoire pour le deuxième opérande (ce calculateur sera décrit au chapitre VI sous le nom de Superboulix).

Pour décrire l'effet des instructions, nous adopterons les conventions suivantes :

— M désigne une adresse en mémoire ; M + 1 l'adresse de la cellule suivante ; R désigne une adresse de registre ; R + 1 l'adresse du registre

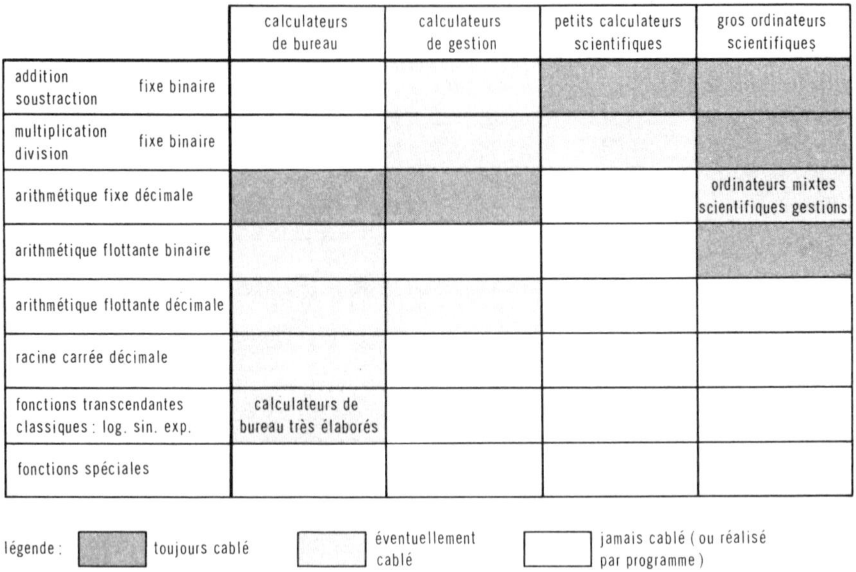

Fig. 16.

suivant ; (R) désigne le contenu du registre d'adresse R, tandis que (R, R + 1) désigne le contenu en double longueur des registres R et R + 1 mis bout à bout ; (M) désigne le contenu de la cellule mémoire d'adresse M, et (M, M + 1) le contenu des deux cellules mémoires successives d'adresses M et M + 1 ; enfin le signe ⟶ placé entre deux membres indique que l'information définie dans le premier membre est rangée dans l'élément de mémoire (M ou R) défini par le second membre.

5. 3. 1. Instructions de transfert. Il s'agit essentiellement de transferts de mots entre mémoire et registre ou entre registres. Citons notamment :

chargement	CHA	R	M	$(M) \longrightarrow R$
rangement	RNG	R	M	$(R) \longrightarrow M$
transfert	TRA	R_i	R_j	$(R_i) \longrightarrow R_j$
échange	ECH	R_i	R_j	$(R_i) \longrightarrow R_j$ et $R_j \longrightarrow (R_i)$

Il peut exister des instructions de transfert avec complémentation, par exemple : CHAC R M $(\bar{M}) \longrightarrow R$.

5. 3. 2. Instructions arithmétiques en virgule fixe binaire. Il s'agit des quatre opérations. On les trouve souvent en simple et double longueur, exceptionnellement en demi, triple ou quadruple longueur. Donnons quelques exemples :

simple longueur

addition	ADD	R	M	$(R)+(M) \longrightarrow R$
soustraction	SUB	R	M	$(R)-(M) \longrightarrow R$
multiplication	MUL	R	M	$(R)\times(M) \longrightarrow R, R+1$
division	DIV	R	M	$(R, R+1)/(M) \longrightarrow R$

double longueur

	ADD2	R	M	$(R, R+1)+(M, M+1) \longrightarrow R, R+1$
	SUB2	R	M	$(R, R+1)-(M, M+1) \longrightarrow R, R+1$

5. 3. 3. Instructions arithmétiques en virgule flottante binaire. Il peut exister plusieurs formats flottants sur un, deux ou trois mots calculateurs. Dans ce cas on aura pour chaque opération un code par format.

En simple longueur, nous aurons par exemple :

ADDF 1	R	M	$(R)+(M) \longrightarrow R$
NORM 1	R		normalise le contenu du registre R.

5. 3. 4. Instructions logiques. La complémentation d'un opérande consiste à remplacer les 1 par des 0 et les 0 par des 1. Le produit logique de deux opérandes comporte des bits 1 uniquement aux emplacements où les deux bits correspondants des opérandes sont à 1. La somme logique de deux opérandes comporte des bits zéro uniquement aux emplacements où les deux bits correspondants des opérandes sont à zéro.

Nous les notons ainsi :

complémentation	CMP	R		$(\overline{R}) \longrightarrow R$
produit logique	ET	R	M	(R) et (M) $\longrightarrow$ R
somme logique	OU	R	M	(R) ou (M) $\longrightarrow$ R

5. 3. 5. Instructions de décalage. Les décalages peuvent avoir lieu sur un mot ou sur deux mots. Ils peuvent être ouverts et, dans ce cas, on remplit généralement de zéros les places laissées libres, ou fermées — on dit encore circulaires —, les bits perdus d'un côté réapparaissant de l'autre.

Les décalages arithmétiques permettent de décaler la valeur d'un opérande fixe binaire sans toucher au signe. En cas de décalage à droite, le signe est répété dans les portions laissées libres si les nombres négatifs sont représentés en complément.

Exemple d'instruction de décalage : l'instruction DECD R *n* décale le contenu du registre R de *n* positions à droite.

5. 3. 6. Instructions arithmétiques décimales fixes. Elles portent sur des chaînes de chiffres décimaux codés sur des caractères de 4, 6 ou 8 bits qui sont de longueur variable. Certaines machines admettent un accumulateur décimal, ou le simulent en mettant bout à bout plusieurs registres ;

l'instruction est alors de la forme DADD R M où R désigne un registre qui contient le nombre de caractères (ou de mots) du deuxième opérande et M l'adresse du dernier caractère (ou mot) de cet opérande. D'autres machines opèrent en série caractère par caractère en utilisant des marques de début ou fin de nombre; l'instruction prend alors la forme DADD M_1 M_2 où M_1 et M_2 sont les adresses de fin des opérandes (on choisit de préférence les adresses de fin des opérandes puisque l'on doit exécuter les opérations à partir des poids faibles).

5. 3. 7. Instructions décimales flottantes. Ces instructions travaillent avec accumulateurs sur des formats flottants de longueur fixe. On ne les trouve que sur de très rares machines initialement prévues pour la gestion puis modifiées pour le calcul scientifique (comme par exemple le Gamma 30, modèle scientifique).

5. 3. 8. Instructions de conversion. Ces instructions permettent de convertir les nombres d'un format à un autre format, par exemple un nombre fixe binaire en décimal.

5. 3. 9. Instructions de mouvement de chaînes de caractères. Ces instructions permettent de transférer des chaînes de caractères de longueur variable d'un emplacement de mémoire à un autre emplacement, de comparer deux chaînes de caractères, etc. Elles s'exécutent normalement en série caractère par caractère. L'instruction doit adresser les débuts (ou les fins) des deux chaînes opérandes et éventuellement contenir soit des indications de longueur de chaînes soit une indication de caractère d'arrêt, à moins que les chaînes de caractères ne se terminent par des marques de fin de chaîne.

5. 3. 10. Instructions de branchement. Ces instructions permettent d'exécuter des ruptures de séquence soit inconditionnelles, soit dépendant de conditions portant sur un certain nombres d'indicateurs caractérisant le résultat de la dernière opération effectuée, par exemple : branchement si accumulateur positif, négatif, nul, branchement si débordement, branchement si identité entre deux chaînes de caractères, etc. Des branchements spéciaux permettent d'appeler des sous-programmes ou de terminer des boucles de programme.

L'instruction type de branchement s'écrit : BR COND M, où le champ COND représente la condition pour qu'il y ait branchement et M l'adresse de la prochaine instruction à exécuter si la condition est réalisée; si elle ne l'est pas, le programme se continue en séquence.

5. 3. 11. Instructions portant sur des structures d'informations élaborées. Certaines machines possèdent des instructions capables de gérer des listes (insertion ou extraction d'éléments, concaténation de listes) ou des piles (insertion et extraction d'éléments). Ces instructions remettent à jour les différents pointeurs.

5. 3. 12. Instructions de commande et d'état. Ces instructions permettent soit de commander la mise d'un organe de la machine dans un certain état, soit de tester l'état dans lequel se trouve cet organe.

Dans cette classe entrent notamment les instructions commandant les organes d'entrée-sortie, le système d'interruption, le système de protection mémoire, etc. Elles seront étudiées dans les chapitres où sont décrits les organes qu'elles commandent.

6. Notions élémentaires sur la structure des programmes.

Ce paragraphe n'est pas une introduction à la programmation; il se contente d'exposer les éléments nécessaires à la compréhension des chapitres suivants (VI, IX et X notamment), en particulier les notions de récurrence, sous-programme, réentrance et récursivité. Il permettra au passage de montrer des exemples d'application du calcul d'adresse que nous exposerons au chapitre VI.

6. 1. *Calcul d'une expression arithmétique.*

Soit l'expression : $a = \dfrac{b+3d}{c+e}$

Nous allons la programmer successivement dans le langage machine de Boulix, en langage assembleur pour ce même calculateur, enfin en langage évolué (type Fortran).

6. 1. 1. Programmation en langage machine. Bien que la machine travaille au binaire, nous écrirons notre élément de programme dans la représentation octale pour en faciliter la lecture.

Nous supposerons :

(1) que l'instruction est codée sur 18 bits : 6 bits, soit 2 chiffres octaux, pour le code opération et 12 bits, soit 4 chiffres octaux, pour l'adresse.

(2) que les valeurs binaires de *b, c, d, e* se trouvent dans les mémoires d'adresse octale 40, 41, 42, 43; que le résultat *a* doit être rangé à l'adresse 100 octal; qu'à l'adresse 77 octal est rangée la valeur 3 en binaire; que les mémoires d'adresse 101, 102, ... sont libres.

(3) que les codes opérations sont codés selon le tableau suivant :

chargement de l'accumulateur	CHA	00
rangement de l'accumulateur	RNG	01
addition	ADD	02
soustraction	SUB	03
multiplication	MUL	04
division	DIV	05

(4) que l'élément de programme commence à l'adresse 15 (en octal).

Le programme s'écrit :

EMPLACEMENT EN MÉMOIRE	INSTRUCTION C. O.	ADRESSE	COMMENTAIRES
...	...	...	instruction précédente
0015	00	0043	charge *e* dans l'accumulateur
0016	02	0041	additionne *c* à l'accumulateur
0017	01	0101	range $c+e$ dans mémoire travail
0020	00	0042	charge *d* dans l'accumulateur
0021	04	0077	multiplie par 3
0022	02	0040	additionne *b*
0023	05	0101	divise par $c+e$
0024	01	0100	range le résultat *a*
0025	...	...	instruction suivante
...	...	...	...
0040			valeur de *b*
0041			valeur de *c*
0042			valeur de *d*
0043			valeur de *e*
...	...	...	...
0077	00	0003	valeur 3
0100			valeur de *a*
0101			mémoire de travail
...	...	...	...

6. 1. 2. Programmation en langage assembleur. En *langage assembleur* (encore appelé langage symbolique), le programmeur écrit les mêmes instructions qu'en langage machine mais en utilisant des codes mnémoniques pour les codes opérations et en ne se préoccupant plus des emplacements en mémoire, les adresses des opérandes ou des instructions étant notées sous forme symbolique.

Voici le même élément de programme écrit en langage assembleur :

ADRESSE SYMBOLIQUE	INSTRUCTION		ADRESSE SYMBOLIQUE	INSTRUCTION
	CHA	E	B	RES 1
	ADD	C	C	RES 1
	RNG	TRA1	D	RES 1
	CHA	D	E	RES 1
	MUL	TROIS		...
	ADD	B	TROIS	DEC 3
	DIV	TRA1	A	RES 1
	RNG	A	TRA1	RES 1

L'**assembleur** est un programme chargé de traduire en langage machine les instructions écrites en langage symbolique. Des instructions telles que RES 1, qui veut dire réserver une position mémoire pour la donnée dont l'adresse symbolique est indiquée en zone adresse, ou encore DEC 3, qui veut dire attribuer la valeur 3 à la constante dont l'adresse symbolique est indiquée en zone adresse, ne sont pas des instructions exécutables par la machine, mais des directives pour l'assembleur, appelées *pseudo-instructions.* L'assembleur fournit, à partir du programme source écrit en langage symbolique, un programme objet transcrit instruction par instruction en langage machine. Pour pouvoir être exécuté, ce programme objet doit être rangé en mémoire à l'aide d'un **chargeur.** On distingue les assembleurs non translatables qui transcrivent directement les adresses symboliques en adresses absolues, et les assembleurs translatables qui permettent le chargement du programme à partir de n'importe quelle adresse de la mémoire. Dans cette dernière hypothèse, toutes les adresses symboliques sont transcrites par l'assembleur comme si le programme devait être implanté à partir de l'adresse zéro et c'est le chargeur qui se charge d'exécuter les translations nécessaires.

6. 1. 3. Programmation en langage évolué. Dans la plupart des langages évolués, orientés vers le calcul scientifique, l'expression s'écrira sous sa forme algébrique normale :

$$A = (B + 3 * D) / (C + E)$$

Ici, A, B, C, D, E ne sont plus des adresses symboliques, mais des *identificateurs* permettant de repérer les variables *a, b, c, d, e.* Les variables peuvent être, suivant les langages, des nombres fixes, flottants, décimaux, des caractères, des bits, ou dans certains cas des structures plus complexes : tableaux, listes, pointeurs...

L'instruction écrite ci-dessus assigne à la variable identifiée par l'identificateur A la valeur obtenue après calcul de l'expression du second membre portant sur les variables identifiées par B, C, D, E. (Rien n'interdit d'écrire : A = A + B, ce qui exprime que l'on ajoute les valeurs des variables identifiées par A et B et qu'ensuite l'on assigne la valeur du résultat obtenu à la variable identifiée par A.)

On appelle **compilateur** le programme qui analyse un tel langage et fournit un code objet semblable à celui fourni par un assembleur, c'est-à-dire susceptible d'être chargé par un chargeur en vue de son exécution.

6. 2. *Notion de récurrence; boucles, indices, registres d'index.*

Soit à faire la somme de *n* grandeurs rangées sous forme d'un tableau.

6. 2. 1. Gestion de boucle en langage évolué. On utilise un identificateur pour désigner l'ensemble du tableau : soit TAB cet identificateur. Un élément du tableau est désigné par l'identificateur du tableau suivi du numéro de l'élément dans le tableau placé entre parenthèses. Ce numéro peut lui-même être remplacé par une variable connue par son identificateur (ou même par une expression) : on l'appelle alors *indice*. Si N est l'identificateur associé au nombre d'éléments du tableau, on peut définir TAB (1) comme le premier élément du tableau et TAB (N) comme le dernier élément du tableau.

Dans un langage évolué très simplifié, le programme calculant la somme des éléments du tableau peut s'écrire de la façon suivante, I étant l'identificateur de l'indice et S l'identificateur du résultat :

```
        I=1
        S=0
10      S=S+TAB (I)
        I=I+1
        SI (I—N) ≤0, ALLER A 10
```

Le programme est dit *récurrent;* on dit aussi qu'il contient une *boucle*. Les deux premières instructions initialisent la boucle, l'instruction *étiquetée* 10 représente à elle seule le corps de la boucle : chaque fois qu'on l'exécute on ajoute au résultat précédent un nouvel élément du tableau. Les deux dernières instructions contrôlent la boucle, la première en faisant progresser l'indice, la deuxième en testant si la boucle est terminée.

6. 2. 2. Gestion de boucle en langage assembleur. Nous indiquerons ici deux méthodes pour adresser les éléments d'un tableau dans une boucle :

6. 2. 2. 1. Méthode par modification d'instruction. On adresse les éléments successifs du tableau en incrémentant de 1, à chaque passage dans la boucle, l'adresse de l'instruction chargée d'additionner le nouvel élément du tableau. Dans la quasi-totalité des machines à une adresse, l'adresse se trouve placée en fin d'instruction, de sorte qu'il suffit d'ajouter 1 à cette dernière pour faire progresser l'adresse.

Ajoutons trois instructions au code opération de BOULIX :

RAZ	remise à zéro de l'accumulateur
INCR	incrémentation de l'accumulateur
BRN	branchement si accumulateur négatif

Le programme de calcul de la somme des éléments du tableau s'écrit :

```
          RAZ          }
          RNG    I     } initialisation
          RNG    S     }
BOUCLE    CHA    S     }
ALFA      ADD    TAB   } addition d'un élément
          RNG    S     } du tableau à la somme
```

```
CHA     ALFA    }  progression de l'adresse
INCR            }  de l'élément
RNG     ALFA    }
CHA     I       }
INCR            }  comptage
RNG     I       }
SUB     N       }  bouclage si i < n
BRN     BOUCLE  }
```

6. 2. 2. 2. Méthode par registre d'index. On évite de modifier l'instruction en ne modifiant l'adresse de l'élément du tableau qu'au moment de l'exécution de l'instruction. Ceci nécessite l'adjonction d'un registre supplémentaire appelé *registre d'index.* L'instruction dont l'adresse doit être modifiée en cours d'exécution est dite *indexée;* ici nous l'écrivons : ADD TAB (X), le (X) désignant le registre d'index. Lors de l'exécution, le contenu du registre d'index est ajouté au contenu de la partie adresse de l'instruction indexée. Il suffit alors pour adresser successivement les divers éléments du tableau de faire progresser le contenu du registre d'index d'une unité à chaque passage dans la boucle.

Ajoutons les instructions nécessaires à la gestion du registre d'index :

TAX	transfert du contenu de l'accumulateur dans le registre d'index
TXA	transfert du contenu du registre d'index dans l'accumulateur
INCX	incrémentation de l'index.

Le programme peut alors s'écrire :

```
        RAZ             }  initialisation à zéro du registre d'in-
        TAX             }  dex et de la somme.
        RNG     S       }
BOUCLE  CHA     S       }
        ADD     TAB(X)  }  addition d'un élément du tableau à
        RNG     S       }  la somme.
        INCX               comptage dans le registre d'index.
        TXA             }
        SUB     N       }  bouclage si le contenu de l'index est
        BRN     BOUCLE  }  inférieur à n.
```

REMARQUE : chaque machine a sa méthode d'utilisation du registre d'index : certaines comptent de —n à zéro (ou encore comptent à rebours de n à 0) de façon à utiliser une seule instruction de fin de boucle qui à la fois incrémente (ou décrémente) l'index et le compare à zéro ; certaines utilisent deux registres, l'un contenant l'index, l'autre sa valeur maximum, l'instruction de fin de boucle incrémentant le contenu du premier registre avant de le comparer à celui du second ; etc.

6. 3. *Notion de sous-programme.*

Si l'on a plusieurs fois à exécuter le même traitement au cours d'un programme, on peut ne le programmer qu'une fois sous forme de **sous-programme.** La figure 17 représente deux appels du sous-programme SP_1 dans le corps du programme (souvent appelé programme principal). Ainsi pourra-t-on mettre sous forme de sous-programme le calcul d'une fonction, la résolution d'une équation algébrique, la résolution d'un système linéaire, l'inversion d'une matrice. Un sous-programme est écrit en toute généralité, c'est-à-dire sans faire aucune hypothèse ni sur le programme qui l'appelle et son emplacement en mémoire ni sur les emplacements des données de ce programme qu'il aura à utiliser. Aussi deux problèmes se posent :

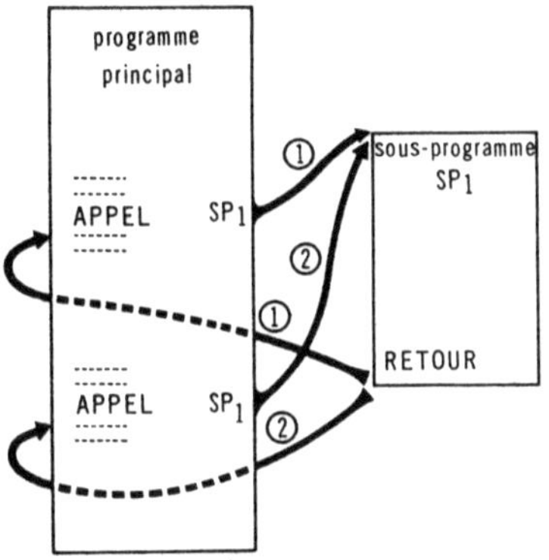

Fig. 17. Appel du sous-programme SP_1 à partir de deux emplacements du programme principal.

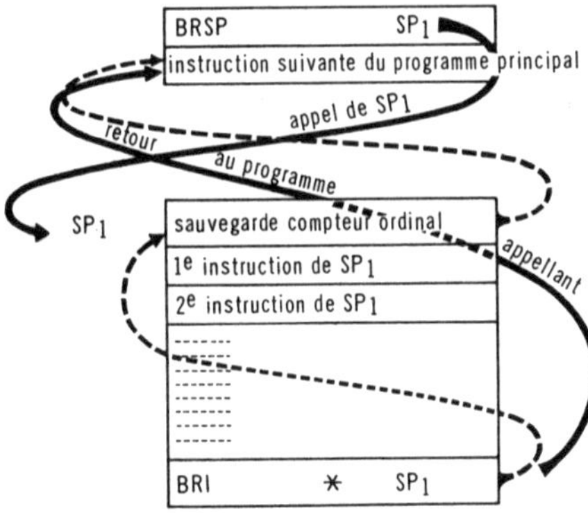

Fig. 18. Instruction d'appel de sous-programme et de retour au programme principal.

6. 3. 1. Sauvegarde de l'adresse de retour. L'appel d'un sous-programme SP_1 se fait par une instruction BRSP SP_1 où le code instruction BRSP signifie *branchement vers sous-programmes* et la partie adresse SP_1 représente l'adresse du début du sous-programme. Si cette instruction n'exécutait qu'un simple branchement à l'adresse SP_1, le sous-programme pourrait se dérouler mais aurait perdu toute trace du programme qui l'a appelé ; en particulier il ne pourrait y revenir. L'instruction BRSP est donc un branchement spécial qui préserve l'adresse de retour, c'est-à-dire la valeur du compteur ordinal au moment de l'appel. Cette sauvegarde de l'adresse de l'instruction suivant le BRSP est généralement faite soit dans un registre spécialisé, soit dans le premier mot du sous-programme.

Dans cette dernière hypothèse très fréquemment utilisée, l'instruction BRSP ajoute 1 au compteur ordinal, range son contenu à l'adresse SP_1 puis recharge le compteur ordinal avec la valeur $SP_1 + 1$ qui représente l'adresse de la première instruction du sous-programme (fig. 18). L'instruction de retour doit être un branchement à la cellule mémoire dont l'adresse est contenue dans le premier mot du sous-programme. On utilise généralement une nouvelle possibilité d'adressage que l'on trouve dans un grand nombre de machines. Il s'agit de *l'adressage indirect.* Dans l'adressage indirect, l'adresse qui figure dans la partie adresse de l'instruction ne pointe pas directement sur l'information cherchée, mais sur une cellule mémoire qui pointe elle-même sur l'information cherchée. Ainsi la dernière instruction du sous-programme sera un branchement inconditionnel (BRI) avec adressage indirect (ce que l'on note souvent par une étoile) portant sur l'adresse symbolique SP_1 : BRI * SP_1.

6. 3. 2. Transmission des arguments. Le programme principal fournit un certain nombre de données au sous-programme et escompte que ce dernier lui restitue les résultats correspondants. Données et résultats sont appelés **arguments** du sous-programme. Le sous-programme ne connaissant pas les adresses symboliques des arguments dans le programme appelant, il y a un problème connu sous le nom de problème de *transmission* ou *passation des arguments.* Cette opération peut être constituée soit par la transmission directe des valeurs des arguments *(transmission par valeur),* soit par la transmission de leurs adresses *(transmission par nom).*

On lui connaît différentes solutions :

6. 3. 2. 1. Transmission par registres. C'est la solution retenue lorsque le nombre d'arguments est très faible. Par exemple pour un sous-programme calculant une fonction d'une variable, on pourra utiliser l'accumulateur : ce dernier contiendra la valeur de la variable lors de l'appel ; le sous-programme y rangera la valeur de la fonction avant le retour.

6. 3. 2. 2. Transmission par zone commune fixe. On peut décider qu'une zone fixe placée généralement en début de mémoire est réservée à la transmission des arguments de tous les sous-programmes. Cette solution est rarement retenue, car malcommode si on utilise plusieurs niveaux de sous-programme (un sous-programme pouvant être sous-programme d'un autre sous-programme) et surtout si on travaille avec interruptions, un sous-programme pouvant être interrompu par un programme qui appelle lui-même un sous-programme.

6. 3. 2. 3. Transmission par séquence d'appel. L'instruction BRSP est suivie soit du tableau des valeurs des arguments successifs dans le cas d'une transmission par valeur, soit du tableau des adresses des arguments successifs dans le cas d'une transmission par nom.

TRANSMISSION PAR VALEUR	TRANSMISSION PAR NOM
BRSP SP_1	BRSP SP_1
ARG_1	$ADARG_1$
ARG_2	$ADARG_2$
...	...
ARG_{n-1}	$ADARG_{n-1}$
ARG_n	$ADARG_n$

On remarque que l'adresse sauvegardée par l'instruction BRSP pointe sur le premier argument dans la transmission par valeur, sur l'adresse du premier argument dans la transmission par nom. Si l'adresse est sauvegardée dans la première cellule mémoire du sous-programme, les instructions du sous-programme pourront atteindre soit les arguments, soit leurs adresses par une combinaison de l'adressage indirect, et de l'adressage indexé, le registre d'index devant contenir le numéro de l'argument.

Ainsi l'instruction CHA * SP_1 (X), le registre d'index contenant 4 permettra de charger dans l'accumulateur soit la valeur du quatrième argument, soit son adresse. On constate ici la nécessité de pouvoir combiner les types d'adressage indirect et indexé, l'indexation devant s'effectuer après l'indirection.

6. 3. 2. 4. Transmission par registre de base. Nous réservons cette solution pour un paragraphe ultérieur consacré aux sous-programmes réentrants.

6. 4. *Invariance, réentrance et récursivité.*

6. 4. 1. Notion d'invariance. Un programme en langage machine obtenu soit par assemblage, soit par compilation est dit **invariant** s'il ne se modifie pas en cours d'exécution. Ceci exclut notamment toute modification de la partie adresse des instructions (cf. 6. 2. 2. 1.). Il est clair cependant que les données sur lesquelles travaille le programme ne peuvent être toutes invariantes : elles seront donc implantées dans une autre zone de la mémoire.

Sans être forcément invariant, un programme peut être *réutilisable après exécution* ou encore *réutilisable en série* si des modifications intervenant au cours de son exécution se trouvent corrigées en fin d'exécution.

6. 4. 2. Notion de réentrance. Un sous-programme est dit **réentrant** si plusieurs programmes peuvent l'utiliser « simultanément ». Par « simultanément » nous entendons des situations telles que la suivante : du fait du jeu des interruptions, un sous-programme peut avoir été commencé avec certains arguments sur l'appel d'un premier programme A ; une interruption peut avoir passé la main à un deuxième programme B qui lui-même appelle le sous-programme avec de nouveaux arguments ; lorsque le programme B sera terminé et que le contrôle sera redonné au programme A, il faut que le sous-programme puisse se terminer avec les arguments de A.

La réentrance suppose deux conditions :

(1) Le code machine d'un sous-programme réentrant doit être invariant.

(2) Les données du sous-programme (arguments, adresses de retour et mémoires de travail) doivent être complètement séparées des instructions et occuper des zones de mémoire différentes pour les différents programmes utilisateurs du sous-programme. En général, les données du sous-programme relatives à un programme appelant sont implantées dans une zone du programme appelant.

Pour cela il est commode de disposer d'un nouveau type d'adressage : l'adressage par **base et déplacement.** Le calculateur possède un *registre de base* que le programme appelant charge avec l'adresse de la zone qu'il réserve aux données du sous-programme. Dans les instructions du sous-programme adressant des données, la partie adresse de l'instruction contient non pas l'adresse de la donnée car elle est inconnue du sous-programme, mais le numéro de la donnée dans la zone de donnée. Ce numéro est appelé *déplacement.* L'adresse de la donnée est obtenue par addition du déplacement au contenu du registre de base. (Nous verrons que le registre de base doit être sauvegardé au moment d'une interruption, restauré par la suite.)

6. 4. 3. Notion de récursivité. On dit qu'un sous-programme est **récursif** s'il peut s'appeler lui-même.

Prenons un exemple type : le calcul de factorielle N pour N entier positif selon les formules :

FACT (N) = N*FACT (N — 1)
FACT (0) = 1

Supposons que nous entrions dans le sous-programme FACT avec N = 3; arrivé sur l'instruction FACT (N) = N*FACT (N — 1) il s'appelle lui-même avec N = 2; mais dans ce nouveau passage, il s'appelle avec N = 1; dans ce nouveau passage, il s'appelle avec N = 0. Après ces appels successifs, il y a les retours successifs : pour N = 0, la formule d'initialisation donne FACT = 1; mais il y a retour au sous-programme avec N = 1, ce qui donne encore FACT = 1; puis retour avec N = 2, ce qui donne FACT = 2; puis retour avec N = 3, ce qui donne le résultat FACT = 6, enfin retour au programme appelant qui pourra utiliser ce résultat.

Tout le problème de la récursivité consiste à sauvegarder les valeurs des données sur lesquelles travaille le sous-programme à chaque nouvel appel, et à savoir les retrouver au retour. La figure 19 montre comment l'utilisation d'une pile en mémoire permet de résoudre ce problème. Nous y reviendrons au chapitre IX.

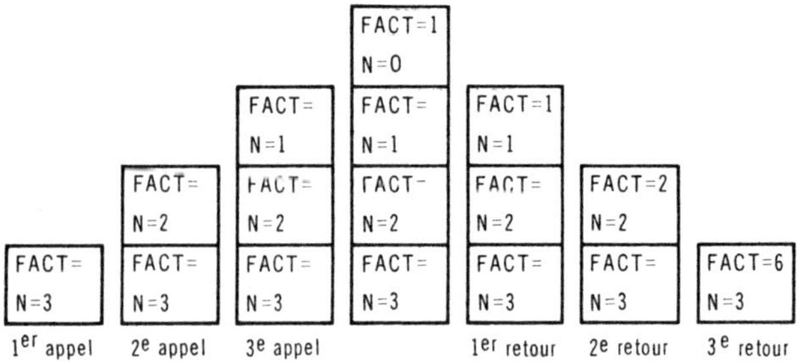

Fig. 19. Etats successifs de la pile en mémoire lors du calcul de FACT (3).

chapitre III
les circuits logiques

Ce chapitre relatif aux circuits logiques n'a d'autre but que de fournir au lecteur les instruments nécessaires à la compréhension de la suite de l'ouvrage. Il ne prétend nullement faire de lui un logicien, encore moins un électronicien. Il comporte les tout premiers éléments de l'algèbre de Boole en introduction aux circuits combinatoires et de la théorie des automates en introduction aux circuits séquentiels. Les diodes et transistors — et de ce fait, la logique D. T. L. — ne sont introduits ici que dans le but de rendre cette étude plus concrète : il n'aurait pas été satisfaisant pour l'esprit d'un lecteur non électronicien de n'avoir aucune idée sur la réalisation des circuits élémentaires qui lui sont présentés sous forme de schémas logiques.

On aborde ensuite les circuits de base des ordinateurs, c'est-à-dire les diverses pièces du « Meccano » qui permettra au fil des chapitres de construire les différentes unités d'une machine : les bistables et les registres pour conserver en mémoire les informations; les bus et les multiplexeurs pour les transférer; les matrices de transcodage; l'étage d'additionneur qui est l'élément de base de tout opérateur arithmétique. Une introduction succincte aux logiques cellulaires nous paraît justifiée tant du fait de leur importance croissante due aux technologies de circuits intégrés à grande échelle que comme introduction aux mémoires à semi-conducteurs ainsi qu'à de très grosses machines dont l'organisation d'ensemble présente un caractère cellulaire.

Le chapitre se termine par quelques considérations concernant les techniques de redondance des circuits et l'accroissement de disponibilité des ordinateurs.

1. Généralités sur les circuits logiques.

1. 1. *Représentation électrique des signaux logiques.*

1. 1. 1. Signaux logiques et analogiques. Le traitement de l'information dans un calculateur électronique consiste à traiter, transférer, mémoriser des signaux électriques. Dans les calculateurs analogiques, on utilise des signaux à variation continue. Par exemple une grandeur quelconque sera représentée par une tension, cette tension étant, au cours du traitement, maintenue aussi proportionnelle que possible à la grandeur représentée. Dans les calculateurs digitaux, l'information traitée qui est de type binaire est représentée par des signaux électriques à deux états qui peuvent être rendus très distincts l'un de l'autre, par exemple un niveau de tension représentant l'état 1 et un autre très différent représentant l'état 0.

On voit tout de suite apparaître un premier avantage de la représentation digitale sur la représentation analogique : l'information digitale se transmet mieux. Le moindre bruit créera une modification de l'information contenue dans un signal analogique, alors qu'un signal digital peut être perturbé sans perdre son information dans la mesure où l'on peut encore distinguer l'état 1 de l'état 0. Un deuxième avantage de la représentation digitale sur la représentation analogique est qu'elle se mémorise mieux. Il est assez facile de réaliser des systèmes à deux états d'équilibre, capables de mémoriser un bit. Par contre, la mémorisation de la valeur d'un signal électrique est beaucoup plus difficile (on mémorise très temporairement les tensions en chargeant des condensateurs).

1. 1. 2. Logique à niveau. On peut représenter l'information digitale élémentaire sur une ligne électrique en maintenant une tension A pour représenter le 1 logique et une tension B pour représenter le 0 logique. Sur la figure 1, par exemple, le 1 logique est représenté par un niveau de tension de 4 volts, tandis que le 0 logique est représenté par un niveau de tension de —4 volts. En fait, il ne s'agit pas de valeurs précises de la tension, mais de plages autour de ces valeurs. Par exemple, sur la figure 2, on reconnaîtra le 1 logique entre 1,5 et 5 volts, et le 0 logique entre — 1 et — 4,5 volts. La zone intermédiaire est appelée « zone interdite » ; la valeur logique du signal y est indéterminée.

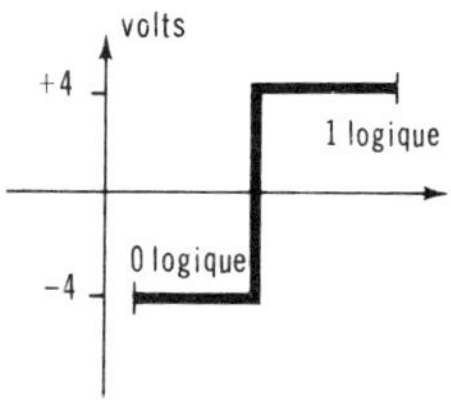

Fig. 1.

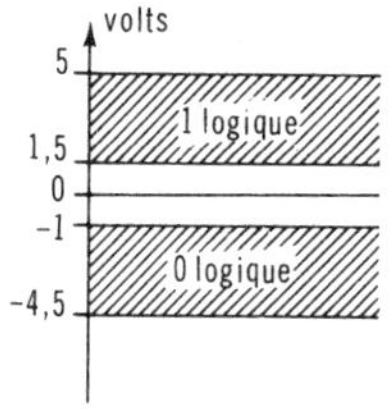

Fig. 2.

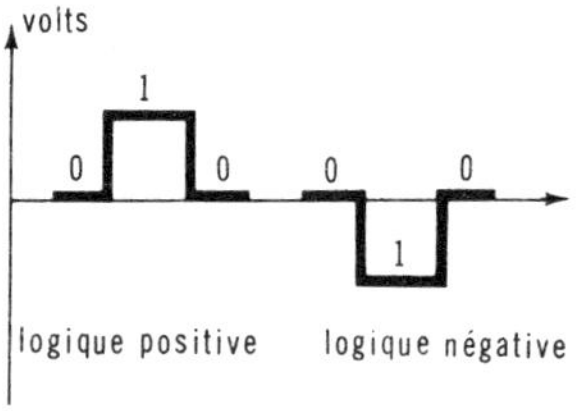

Fig. 3.

On dira que l'on a affaire à une *logique positive* si la tension représentant le 1 logique est supérieure à la tension représentant le 0 logique, et à une *logique négative* dans le cas contraire. Très souvent le 0 logique est représenté par la mise à la masse, soit par la tension 0 volt (fig. 3). Le choix des *niveaux* de tension est fonction de la technologie choisie dans la réalisation des circuits.

1. 1. 3. Logiques impulsionnelles. On dit qu'il y a logique impulsionnelle lorsque la grandeur électrique qui représente l'information dure un temps très court.

Une première technique consiste à utiliser une impulsion positive pour représenter un 1, une impulsion négative pour représenter le 0, l'absence d'information étant représentée par la tension 0 (fig. 4). Dans la plupart des logiques impulsionnelles, on n'emploie que des impulsions positives (ou négatives), et on s'oblige à lire les informations à des tops t_1, t_2, t_3 donnés. Si un top coïncide avec une impulsion, il s'agit d'un 1 logique, dans le cas contraire d'un 0 logique (fig. 5).

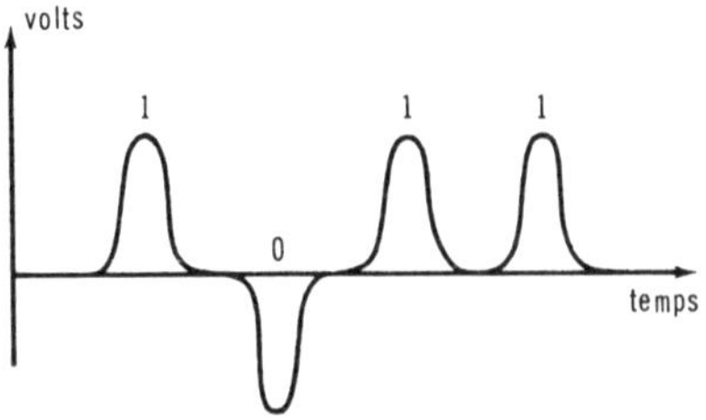

Fig. 4.

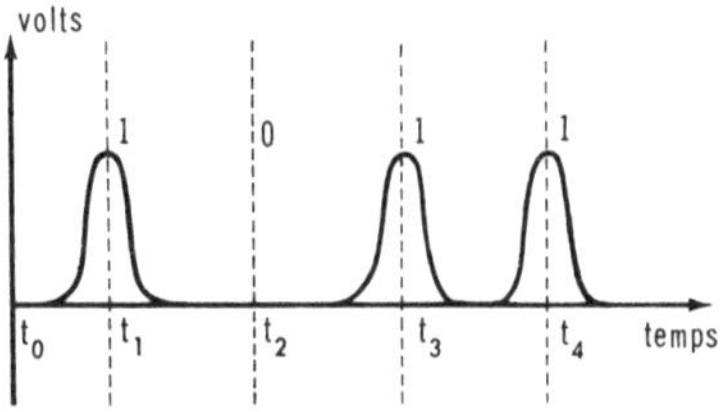

Fig. 5.

Conventionnellement, nous représenterons les lignes à niveau par une demi-flèche, les lignes à impulsion par une flèche (fig. 6).

Fig. 6.

1. 2. *Transmission série et transmission parallèle.*

Pour transmettre une information codée sur *n* bits, on peut soit transmettre les impulsions correspondantes les unes après les autres sur un seul fil (c'est ce qu'on appelle la *transmission série*) soit transmettre les impulsions simultanément sur un fil distinct (c'est ce qu'on appelle la *transmission parallèle*). Les figures 7 et 8 représentent la transmission de l'information binaire 10111 respectivement en série et en parallèle.

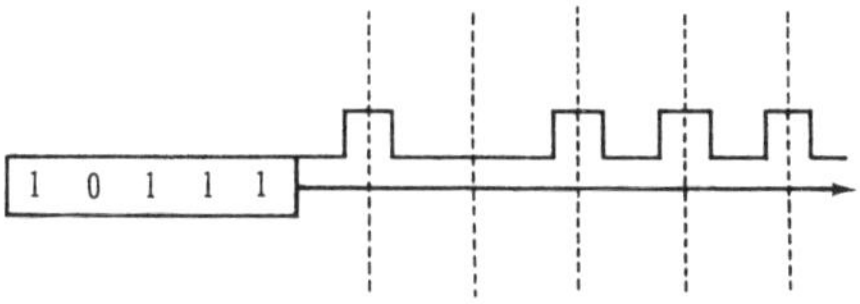

Fig. 7. Transmission série.

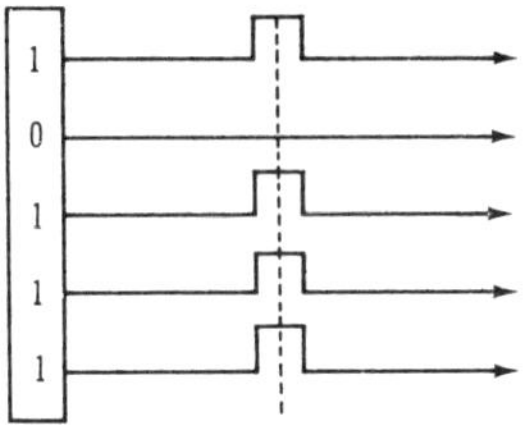

Fig. 8. Transmission parallèle.

On note que, dans le système de transmission série, un dispositif de cadencement devra permettre de lire les bits au fur et à mesure de leur arrivée. On peut passer d'un système parallèle à un système série par un dispositif appelé *sérialiseur.* Le dispositif réalisant la transformation inverse est dit *désérialiseur.* — On appelle *opérateur série* un opérateur dans lequel les principales opérations s'exécutent bit après bit et *opérateur parallèle* un opérateur dans lequel les opérations s'exécutent en parallèle sur les différents bits d'un caractère ou d'un mot machine.

1. 3. *Circuits combinatoires et circuits séquentiels.*

Nous considérons un circuit comme un ensemble électronique possédant des entrées et des sorties. Nous appellerons **circuit logique** ou encore **circuit de commutation** les circuits qui traitent des signaux logiques. Un circuit sera dit *combinatoire* si les signaux de sortie ne dépendent que des signaux d'entrée. Un circuit sera dit *séquentiel* si les signaux de sortie dépendent des signaux d'entrée et du temps. Un circuit séquentiel contient soit des éléments introduisant des délais, soit des éléments mémoires.

L'étude des circuits combinatoires repose sur l'algèbre de Boole, celle des circuits séquentiels sur la théorie des automates.

2. Eléments de l'algèbre de Boole.

Boole avait défini vers 1850 une algèbre applicable aux raisonnements sur des propositions logiques : une proposition peut être vraie ou fausse, ce que l'on note par 1 ou 0. Shannon a appliqué en 1938 cette algèbre à l'analyse des circuits de commutation. Le courant passe ou ne passe pas, ce que l'on note également par 1 ou 0. Nous nous contenterons ici de rappeler de façon intuitive les concepts fondamentaux de cette algèbre en vue de son application aux circuits.

2. 1. *Variables logiques.*

Une **variable logique** est une variable dont la valeur appartient à un ensemble de deux éléments que, par convention, nous représenterons par les symboles 0 et 1. Nous noterons qu'A, B, C, sont des variables logiques en écrivant :

$$A, B, C \ldots \in \{0,1\}$$

ce qui se lit : A, B, C ... appartiennent à l'ensemble formé du 0 et du 1. Nous dirons également qu'une variable logique est *vraie* si sa valeur est 1, *fausse* dans le cas contraire. *Variable binaire* ou *variable booléenne* sont synonymes de variable logique.

2. 2. *Fonctions logiques.*

Une **fonction logique** (ou booléenne) est une fonction de *n* variables logiques dont la valeur appartient à l'ensemble {0,1}

$$F(A_1 A_2, \ldots, A_n) \quad \in \{0,1\}$$

Elle est parfaitement définie par la donnée de ses valeurs pour les 2^n combinaisons possibles des n variables. Le tableau représentant les 2^n valeurs d'une fonction s'appelle le **tableau de vérité** de la fonction.

Une seule variable A permet de définir 4 fonctions logiques : $F_1(A)$, $F_2(A)$, $F_3(A)$, $F_4(A)$ répondant aux tableaux de vérité de la figure 9.

Les fonctions $F_1(A)$ et $F_4(A)$ sont les fonctions constantes :

$$F_1(A) = 0 \text{ et } F_4(A) = 1 \quad \forall\, A \in \{0,1\}$$

La fonction $F_2(A)$ est la fonction *identité :*

$$F_2(A) = A \quad \forall\, A \in \{0,1\}$$

La fonction $F_3(A)$ est la fonction *inverse* ou *complémentation* ou encore *négation* de la variable A. On la note : $F_3(A) = \bar{A} \quad \forall\, A \in \{0,1\}$ et on lit : $F_3(A)$ est égal à non A, ou encore égal à A barre.

A une fonction correspond un opérateur réalisant électriquement cette fonction. Par exemple une coupure de circuit réalisera la fonction F_1. La figure 10 représente le symbole que nous emploierons pour l'opérateur de complémentation encore appelé opérateur PAS.

A	F_1	F_2	F_3	F_4
0	0	0	1	1
1	0	1	0	1

Fig. 9. Fonction logique d'une variable.

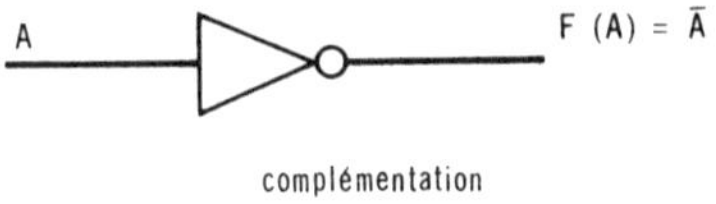

Fig. 10. Opérateur complémentation.

Outre la fonction complémentation $F(A) = \bar{A}$, il existe deux fonctions très importantes qui l'une et l'autre portent sur deux variables :

(1) **la fonction intersection** ou **produit logique** qui vérifie le tableau de vérité représenté figure 11. On la note $F(A, B) = A \,.\, B$ ou encore $A \wedge B$. L'opérateur réalisant cette fonction est souvent appelé opérateur ET.

A	B	F(A,B)
0	0	0
0	1	0
1	0	0
1	1	1

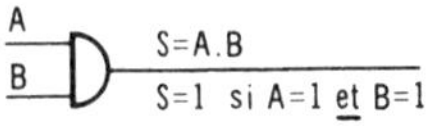

Fig. 11. Tableau de vérité et opérateur associés à la fonction ET.

(2) **la fonction réunion** ou **somme logique** qui vérifie le tableau de vérité de la figure 12, et qui se note $F(A, B) = A + B$ ou encore $A \vee B$. L'opérateur représentant cette fonction est appelé opérateur OU.

Nous montrerons que toute fonction logique peut s'exprimer sous forme d'une expression faisant intervenir les trois fonctions : complémentation, produit logique et somme logique ; ceci explique qu'on les appelle fonctions de base ou fonctions fondamentales ; on dit également qu'elles forment un groupe complet.

Fig. 12. Tableau de vérité et opérateur associés à la fonction OU.

A	B	F(A,B)
0	0	0
0	1	1
1	0	1
1	1	1

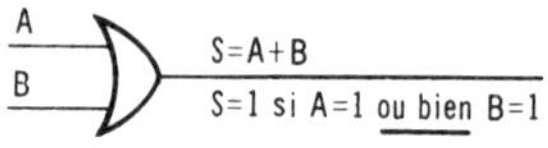

2. 3. *Théorèmes fondamentaux de l'algèbre de Boole.*

Sans vouloir définir axiomatiquement la structure algébrique définie par les opérations ET, OU et PAS sur la variable booléenne, nous en rappelons brièvement les principales propriétés. La démonstration de ces propriétés peut être faite en écrivant le tableau de vérité et en vérifiant que la propriété est vraie pour toutes les combinaisons possibles des valeurs des variables qui en tout état de cause ne peuvent prendre que les valeurs 0 et 1.

(1) $A + 1 = 1$
(2) $A + 0 = A$

(3) $A . 1 = A$
(4) $A . 0 = 0$

(5) $A + \bar{A} = 1$
(6) $A + A = A$

(7) $A . \bar{A} = 0$
(8) $A . A = A$

Associativité :

(9) $(A + B) + C = A + (B + C)$
(10) $(A . B) . C = A . (B . C)$

Commutativité :

(11) $A + B = B + A$
(12) $A . B = B . A$

Distributivité :

(13) $A . (B + C) = A . B + A . C$
(14) $A + (B . C) = (A + B) . (A + C)$

On notera encore les relations (15, 16, 17) utiles pour simplifier les expressions :

(15) $\overline{(\bar{A})} = A$
(16) $A + A . B = A$
(17) $A . (A + B) = A$

Théorèmes de De Morgan :

(18) $\overline{A + B} = \bar{A} . \bar{B}$
(19) $\overline{A . B} = \bar{A} + \bar{B}$

Les théorèmes de De Morgan permettent de trouver le complément d'un élément d'expression booléenne. Il faut pour cela (1) changer les opérations ET en opérations OU et vice versa, et (2) compléter chaque terme de l'expression.

Exemple : $E = \overline{A + \bar{B} . C}$

par application de (18) à l'expression : $E = \bar{A} . \overline{\bar{B} . C}$

par application de (19) au 2ᵉ terme : $E = \bar{A} . (B + \bar{C})$

Les théorèmes de De Morgan expriment une certaine dualité dans l'algèbre de Boole. Par exemple, reprenons l'égalité (1) : $A+0=A$ qui définit 0 comme élément neutre par rapport à la réunion. En complémentant les deux membres et appliquant 19, on obtient : $\bar{A} . 1=\bar{A}$, c'est-à-dire l'égalité 3 qui définit 1 comme l'élément neutre par rapport à l'intersection.

Ainsi : $A+0=A$ et $A . 1=A$ sont duales,

$(A+B)+C=A+(B+C)$ et $(A . B) . C=A . (B . C)$ sont duales, etc.

2. 4. *Génération et simplification des expressions booléennes.*

La conception de circuits logiques combinatoires suppose les étapes suivantes :

(1) *la génération* de l'expression booléenne correspondant à la fonction logique désirée connue par les valeurs d'entrée et les valeurs de sortie des variables ;

(2) *la simplification* de cette expression en vue d'obtenir le circuit le plus simple possible ;

(3) éventuellement la recherche d'une expression permettant de réaliser le circuit correspondant avec un jeu restreint d'opérateurs donnés.

2. 4. 1. Génération de l'expression booléenne représentant une fonction. Nous allons montrer que toute fonction logique donnée par un tableau de vérité peut être représentée par une expression booléenne à partir des trois opérations de base de l'algèbre de Boole.

Soit par exemple la fonction à 3 variables F (A,B,C) donnée par le tableau de vérité (fig. 13) :

A	B	C	F(A,B,C)
0	0	0	0
0	0	1	1
0	1	0	1
0	1	1	0
1	0	0	1
1	0	1	1
1	1	0	1
1	1	1	0

Fig. 13.

La deuxième ligne du tableau exprime que F est vrai si $A=0$, $B=0$ et $C=1$, soit si $\bar{A} . \bar{B} . C$ est vrai :

$$\bar{A} . \bar{B} . C=1 \Longrightarrow F=1.$$

Le même raisonnement donne :

troisième ligne : $\bar{A} . B . \bar{C} = 1 \Longrightarrow F = 1$
cinquième ligne : $A . \bar{B} . \bar{C} = 1 \Longrightarrow F = 1$
sixième ligne : $A . \bar{B} . C = 1 \Longrightarrow F = 1$
septième ligne : $A . B . \bar{C} = 1 \Longrightarrow F = 1$

Comme ce sont les seules situations où $F = 1$: la condition nécessaire et suffisante pour que $F = 1$ est que :

$$\bar{A}.\bar{B}.C + \bar{A}.B.\bar{C} + A.\bar{B}.\bar{C} + A.\bar{B}.C + A.B.\bar{C} = 1$$

$$\text{d'où } F = \bar{A}.\bar{B}.C + \bar{A}.B.\bar{C} + A.\bar{B}.\bar{C} + A.\bar{B}.C + A.B.\bar{C}$$

nous obtenons ainsi une première expression pour F qui est appelée *somme de produits.*

La même méthode nous permet de calculer $\bar{F}$

$$\bar{F} = \bar{A}.\bar{B}.\bar{C} + \bar{A}.B.C. + A.B.C$$

par application des théorèmes de De Morgan

$$F = (A + B + C) . (A + \bar{B} + \bar{C}) . (\bar{A} + \bar{B} + \bar{C})$$

nous obtenons ainsi une deuxième expression de F qui est appelée *produit de sommes.*

Il est clair, à partir de cet exemple, que toute fonction logique peut s'exprimer soit sous forme de somme de produits, soit sous forme de produit de sommes. On en déduit immédiatement les schémas logiques correspondants. Nous en donnons un exemple figure 14.

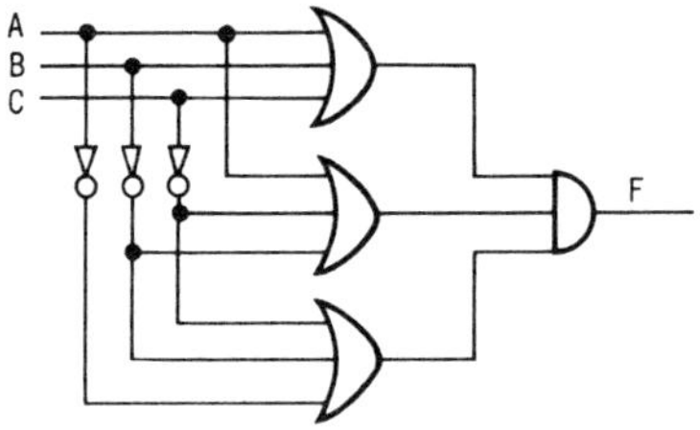

$F=(A+B+C).(A+\bar{B}+\bar{C}).(\bar{A}+\bar{B}+\bar{C})$

Fig. 14.

2. 4. 2. Simplification des expressions logiques. Voici quelques indications sur ce problème complexe, dont l'étude exhaustive nécessiterait de longs développements hors de notre propos.

La *méthode algébrique* consiste à utiliser les théorèmes de base de l'algèbre de Boole.

Par exemple, l'expression de la fonction définie au paragraphe précédent mise sous forme de somme de produits :

$$F = \bar{A}.\bar{B}.C + \bar{A}.B.\bar{C} + A.\bar{B}.\bar{C} + A.\bar{B}.C + A.B.\bar{C}$$

se simplifie de la façon suivante :

$$F = \bar{A} . (\bar{B}.C + B.\bar{C}) + A . (\bar{B}C + B.\bar{C}) + A.\bar{B}.\bar{C}$$
$$F = (\bar{B}.C + B.\bar{C}) . (A + \bar{A}) + A.\bar{B}.\bar{C}$$
$$F = (\bar{B}.C + B.\bar{C}) + A.\bar{B}.\bar{C}$$

Quelquefois, certains raisonnements permettent de simplifier rapidement une expression logique, par exemple pour F exprimée sous forme de produit de sommes :

$$F = (A + B + C) \,.\, (A + \bar{B} + \bar{C}) \,.\, (\bar{A} + \bar{B} + \bar{C})$$

nous pouvons dire que pour que F soit vrai :
si A est vrai, il faut que $\bar{B} + \bar{C} = 1$
si A est faux, il faut que $(B + C) \,.\, (\bar{B} + \bar{C}) = 1$
d'où : $F = A \,.\, (\bar{B} + \bar{C}) + \bar{A} \,.\, (B + C) \,.\, (\bar{B} + \bar{C})$

$$F = (\bar{B} + \bar{C}) \,.\, (A + \bar{A} \,.\, (B + C))$$

$$F = (\bar{B} + \bar{C}) \,.\, (A + B + C)$$

ou encore

$$F = A \,.\, (\bar{B} + \bar{C}) + (\bar{B}.C + B.\bar{C})$$

Des *méthodes graphiques* permettent souvent de rendre plus apparentes les simplifications à réaliser.

Reprenons la fonction à trois variables définie au paragraphe précédent. Son tableau de vérité peut se mettre sous la forme d'un tableau appelé diagramme de Karnaugh représenté figure 15.

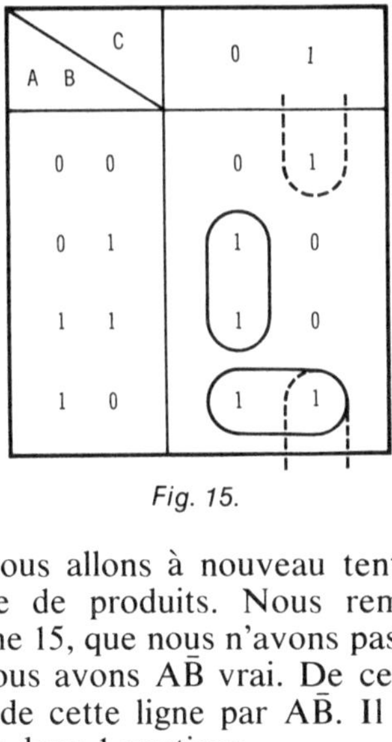

Fig. 15.

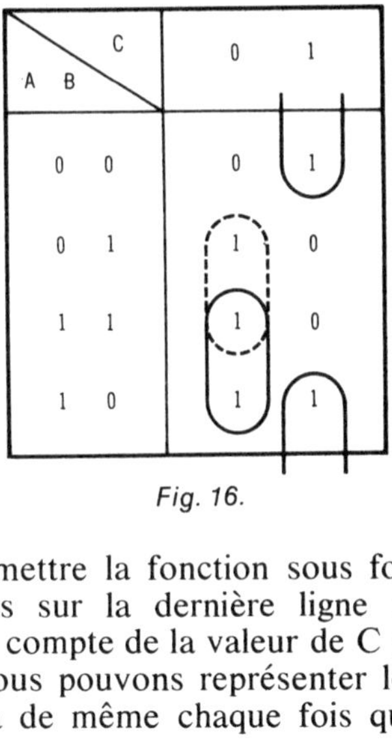

Fig. 16.

Nous allons à nouveau tenter de mettre la fonction sous forme de somme de produits. Nous remarquons sur la dernière ligne du diagramme 15, que nous n'avons pas à tenir compte de la valeur de C dès lors que nous avons $A\bar{B}$ vrai. De ce fait, nous pouvons représenter les deux cases de cette ligne par $A\bar{B}$. Il en sera de même chaque fois que nous aurons deux 1 contigus.

Ainsi la fonction peut s'écrire (fig. 15)

$$F = A \,.\, \bar{B} + B \,.\, \bar{C} + \bar{B} \,.\, C$$

ou encore (fig. 16)

$$F = A \,.\, \bar{C} + B \,.\, \bar{C} + \bar{B} \,.\, C$$

2. 4. 3. Utilisation d'un nombre restreint d'opérateurs de base. L'utilisation de circuits intégrés et la réalisation de logiques cellulaires imposent souvent de réduire le nombre de circuits de base. La possibilité de décomposer n'importe quelle fonction logique en produit de sommes ou en somme de produits entraîne qu'elle peut être réalisée à partir des trois opérateurs ET, OU et PAS. Ceci démontre que ces derniers forment un groupe complet. On peut réduire à deux le nombre d'opérateurs nécessaires à la réalisation de toute fonction logique. Les schémas de la figure 17 montrent en effet que l'opérateur ET peut être obtenu à partir des opérateurs OU et PAS et que l'opérateur OU peut l'être à partir des opérateurs ET et PAS.

On peut définir deux nouvelles fonctions de deux variables dont les opérateurs forment chacun un groupe complet. Ce sont la fonction incompatibilité ($F = \overline{A.B}$) à laquelle correspond l'opérateur $\overline{\text{OU}}$ ou NOR et la fonction NI ($F = \overline{A + B}$) à laquelle correspond l'opérateur $\overline{\text{ET}}$ ou NAND (fig. 18).

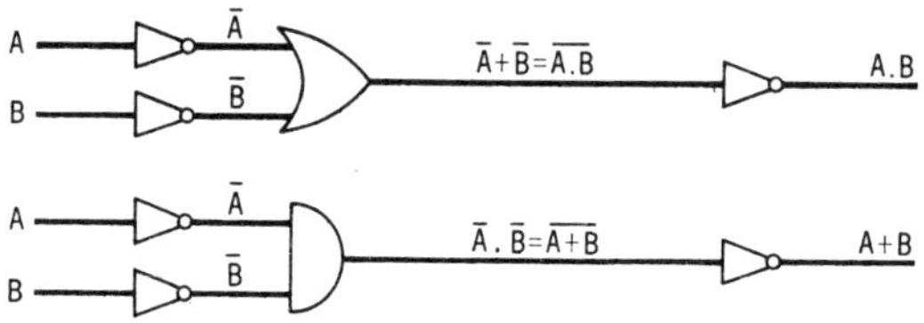

Fig. 17 : Obtention de l'opérateur ET à partir des opérateurs OU et PAS, et de l'opérateur OU à partir des opérateurs ET et PAS.

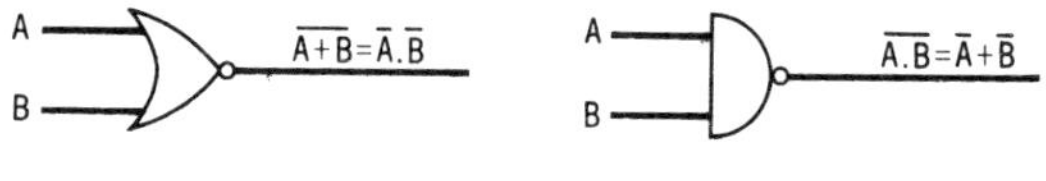

Fig. 18 : Opérateur NOR et opérateur NAND.

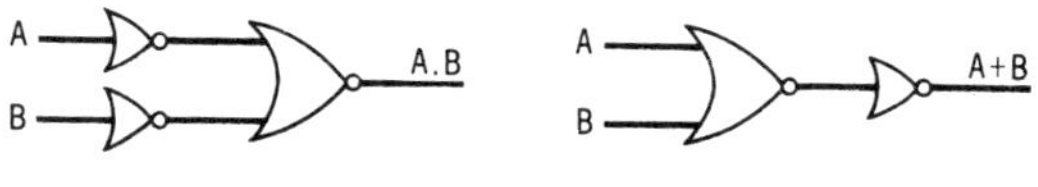

Fig. 19. Opérateurs ET et OU réalisés à l'aide du seul opérateur NOR.

2. 5. *La fonction OU exclusif.*

A titre d'exemple, nous allons étudier l'opérateur OU exclusif que l'on retrouvera dans l'étude des additionneurs. Son tableau de vérité est représenté figure 20. Elle s'écrit soit $F = A \oplus B$, soit sous forme de somme de produits : $F = \bar{A}.B + A.\bar{B}$ (fig. 21) soit sous forme de produit de sommes : $F = (A + B) . (\bar{A} + \bar{B})$ [fig. 22].

La figure 23 schématise une réalisation du OU exclusif qui fournit la somme arithmétique binaire des deux bits A et B, le OU exclusif fournissant le chiffre des unités et R la retenue. Le schéma de la figure 24 a comme particularité de n'utiliser que des circuits NOR.

A	B	F(A,B)
0	0	0
0	1	1
1	0	1
1	1	0

tableau de vérité

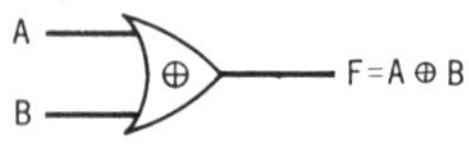

symbolisation

Fig. 20. Tableau de vérité de l'opérateur OU exclusif et symbolisation.

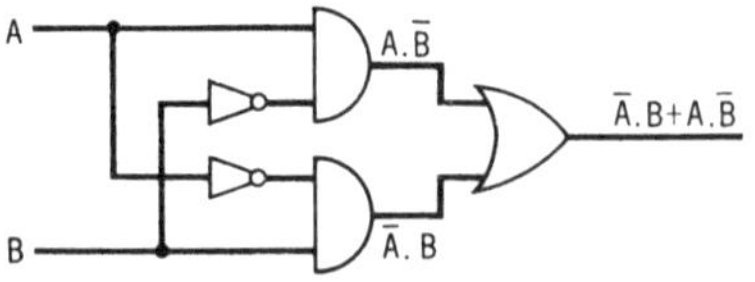

Fig. 21. Schéma en somme de produits.

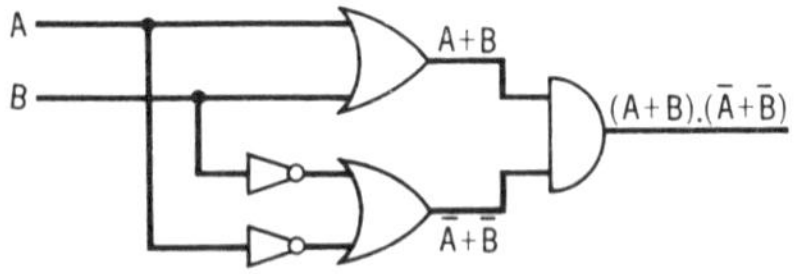

Fig. 22. Schéma en produit de sommes.

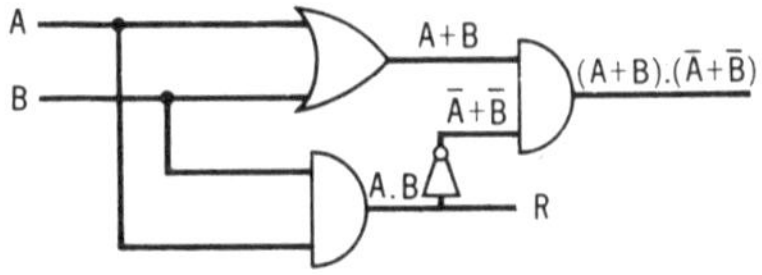

Fig. 23. Schéma réalisant l'addition binaire des bits A et B.

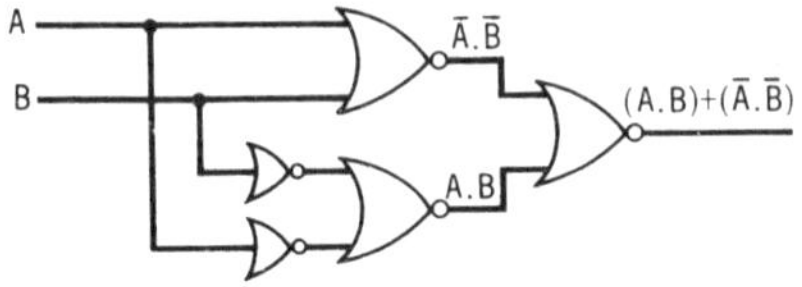

Fig. 24. Schéma utilisant uniquement des opérateurs NOR.

3. Concept d'automate fini.

3. 1. *Définition des états internes d'un automate fini.*

Les automates sont des êtres mathématiques dont l'étude permet de donner un support théorique à de nombreux développements liés à l'informatique : étude des circuits, des algorithmes, des langages formels, des techniques de compilation, etc. Nous nous restreindrons ici à l'étude de l'automate uniquement sous l'angle externe, c'est-à-dire comme une « boîte noire » comportant des entrées et des sorties. Nous représenterons l'ensemble des entrées par le symbole E, l'ensemble des sorties par le symbole S, et nous nous astreindrons à ne regarder l'automate qu'à des instants successifs discrets : $t, t+1, t+2$...

Nous supposerons qu'un stimulus E (t) à l'instant t produit une réponse S ($t+1$) à l'instant $t+1$, cette réponse dépendant évidemment du stimulus E (t), mais également d'une fonction du temps H (t).

$$S(t+1) = F[H(t), E(t)] \quad (1)$$

On remarque, en passant, que cette définition correspond à celle que nous avons donnée des circuits séquentiels.

Par une première hypothèse, nous admettons que la fonction H (t) est complètement déterminée par l'histoire de l'automate antérieure à l'instant t. Cette hypothèse élimine les systèmes non déterministes, par exemple ceux dont le fonctionnement est aléatoire. Par une seconde hypothèse, nous admettons que l'automate est constitué d'un nombre fini d'éléments, donc d'un nombre fini d'éléments de mémoire, de telle sorte qu'il ne peut se souvenir d'une histoire arbitrairement longue, ni distinguer entre un nombre arbitrairement grand d'histoires différentes. Ceci veut dire que la fonction H (t), qui représente une histoire parmi un ensemble arbitrairement grand d'histoires possibles, ne peut en réalité prendre qu'un nombre fini de valeurs distinctes qu'on appelle **états internes** ou plus simplement *états* de l'automate. Par exemple, un automate possédant n éléments binaires de mémoire posséderait au plus 2^n états internes différents. Les automates vérifiant ces hypothèses sont appelés *automates finis*.

3. 2. *Les fonctions de transition.*

Soit Q (t) l'état d'un automate fini à l'instant t, l'équation (1) devient :

$$S(t+1) = F[Q(t), E(t)] \quad (2)$$

ce qui exprime que la réponse à un stimulus E (t) ne dépend que de l'état à l'instant t et non de l'histoire antérieure.

De même, l'état Q ($t+1$) de l'automate à l'instant $t+1$ ne peut dépendre que de son état antérieur Q (t) et de ce qu'il reçoit de l'extérieur, à savoir E (t). Sinon, l'automate pourrait distinguer dans son comportement ultérieur entre deux histoires ayant abouti au même état Q (t), ce qui est contraire à l'hypothèse. On en déduit que :

$$Q(t+1) = G[Q(t), E(t)] \quad (3)$$

Les équations (2) et (3) permettent de calculer étape par étape le comportement d'un automate fini pour n'importe quelle suite de stimulus E (t), E ($t+1$), E ($t+2$), ... qu'il peut recevoir à partir de l'instant t.

Les fonctions F et G, appelées fonctions de transition, se représentent soit sous forme de tables de transition, soit sous forme de diagrammes de transition.

3. 3. *Exemples d'automates finis.*

Voici trois exemples d'automates très simples correspondant à des circuits séquentiels que nous retrouverons par la suite.

3. 3. 1. Elément de mémoire d'une position binaire. Cet automate possède une entrée e pouvant prendre deux valeurs 0 et 1, deux états $q=0$ et $q=1$ et une sortie s pouvant prendre deux valeurs 0 et 1. L'état de l'automate à l'instant $t+1$ ne dépend que de l'entrée à l'instant t :

$$e(t)=0 \Longrightarrow q(t+1)=0 \text{ et } e(t)=1 \Longrightarrow q(t+1)=1$$

La sortie de l'automate à l'instant $t+1$ ne dépend que de l'état à l'instant t :

$$q(t)=0 \Longrightarrow s(t+1)=0 \text{ et } q(t)=1 \Longrightarrow s(t+1)=1$$

Les fonctions F et G se représentent par les tables de transition de la figure 25.

F	e \ q	état (t) 0	état (t) 1
entrée (t)	0	0	1
	1	0	1

sortie (t+1)

G	e \ q	état (t) 0	état (t) 1
entrée (t)	0	0	0
	1	1	1

état (t+1)

Fig. 25. Tables de transition.

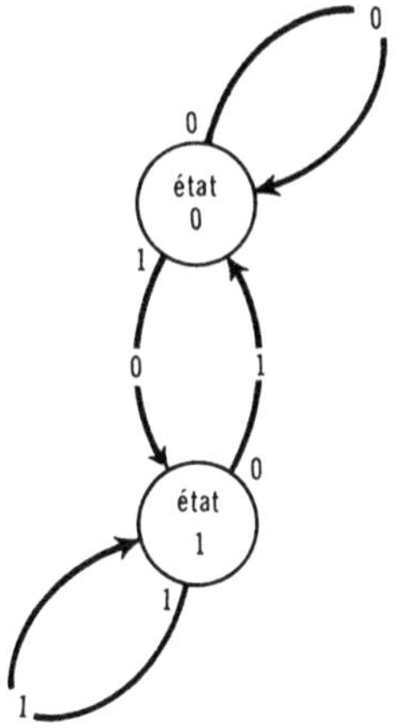

Fig. 26. Diagramme de transition.

La figure 26 propose une autre représentation de ces fonctions, sous forme d'un diagramme, les flèches représentant les transitions entre états. Au départ de chaque flèche, une première information indique les valeurs d'entrée qui ont entraîné la transition ; au milieu de la flèche, une deuxième information indique les valeurs de sortie produites lors de la transition. Par exemple, la flèche supérieure du diagramme indique que s'il est à l'état 0 et s'il reçoit une entrée 0, l'automate retourne à l'état 0 en produisant une sortie 0.

Le bistable électronique simule approximativement le fonctionnement de cet automate.

3. 3. 2. Automate d'addition binaire série. Cet automate comporte deux entrées binaires *a* et *b* et une sortie binaire *s*. Les paires de digits de même poids que les nombres à additionner sont présentées successivement sur les entrées *a* et *b*, poids faibles en tête, aux temps t, $t+1$, $t+2$, ... La sortie *s* doit fournir la somme des nombres binaires ainsi présentés, les digits de cette somme étant produits, poids faibles en tête, aux temps $t+1$, $t+2$, $t+3$, ... L'automate prend l'état 1 ou l'état 0 suivant que l'addition précédente a ou non posé une retenue. Son diagramme de transition est représenté figure 27.

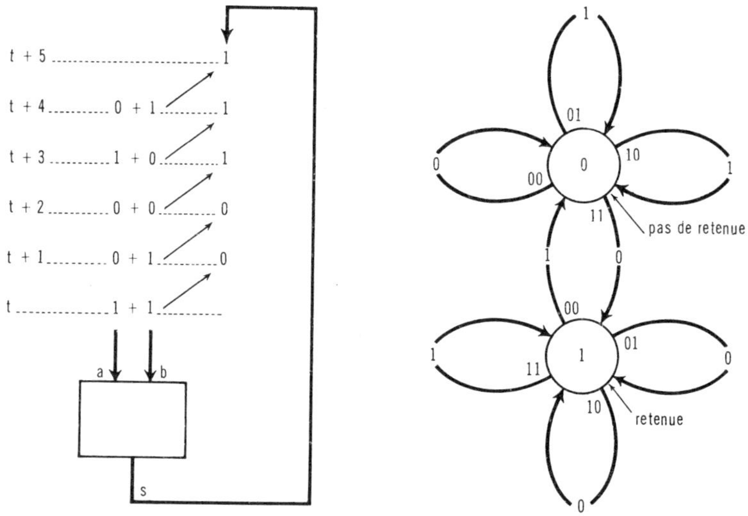

Fig. 27. Automate d'addition binaire série et diagramme de transition correspondant.

L'additionneur série que nous étudierons ultérieurement est la transposition directe de cet automate en circuit logique.

3. 3. 3. Automate diviseur de quatre. Cet automate a une entrée et une sortie binaires. Il doit fournir 1 en sortie chaque fois qu'il a reçu quatre 1 en entrée. Il doit donc posséder quatre états internes possibles : 00, 01, 10, 11, permettant de compter les entrées valant 1 (fig. 28).

Ce type d'automate a de nombreuses applications dans le domaine des circuits de comptage et des circuits permettant le séquencement des instructions dans les calculateurs.

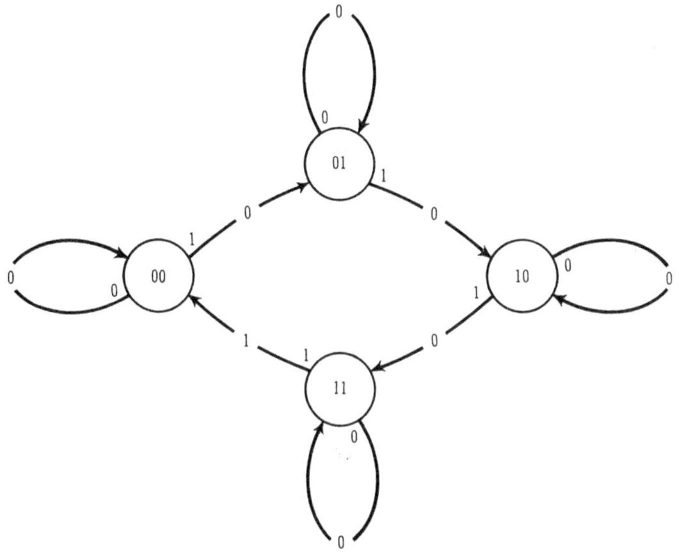

Fig. 28. Diagramme de transition du diviseur par quatre.

3. 4. *Automates et circuits séquentiels.*

On aura remarqué l'analogie entre la définition d'un circuit séquentiel et celle, plus formalisée, d'un automate fini. C'est ainsi que la théorie des automates finis est à la base de nombreuses études qui portent sur les circuits séquentiels et qu'il nous semble inutile d'aborder dans cet ouvrage. Les deux notions d'*état interne* et de *transition entre états* nous fournissent une approche suffisante pour les développements ultérieurs : les différents états possibles d'un circuit séquentiel seront repérés par un ensemble d'éléments de mémoire suffisant pour les coder ; les fonctions de transition seront effectuées grace à des circuits combinatoires reliant les éléments mémoires, les entrées et les sorties.

4. Les circuits logiques de base à semi-conducteurs.

Bien que cet ouvrage n'ait pas la prétention d'aborder le domaine de la technologie des machines, il semble important de montrer sur un exemple comment les opérateurs de l'algèbre logique peuvent être réalisés à partir de composants électroniques. L'exemple choisi est celui des semi-conducteurs bipolaires, diodes et transistors. Encore est-il hors de notre propos d'étudier le fonctionnement des semi-conducteurs, ou d'aborder la conception des circuits du point de vue de l'électronicien. Nous nous limiterons aux éléments strictement nécessaires à la compréhension du fonctionnement logique des circuits de calculateur.

4. 1. *La diode; les circuits ET et OU.*

Idéalement, la diode schématisée figure 29 est conductrice (ou passante), si la différence de potentiel $V_A - V_B$ est positive, et non conductrice (ou bloquante), si cette même différence de potentiel est négative. Disons qu'en réalité la diode offre une résistance interne faible au courant qui la traverse dans le sens passant et une résistance interne importante au courant qui pourrait la traverser dans le sens bloquant.

Considérons les circuits à deux entrées A et B et une sortie S (fig. 30 et 31).

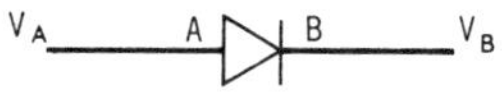

Fig. 29. La diode.

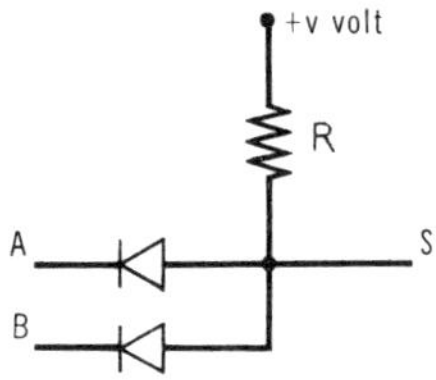

Fig. 30. Circuit C_1.

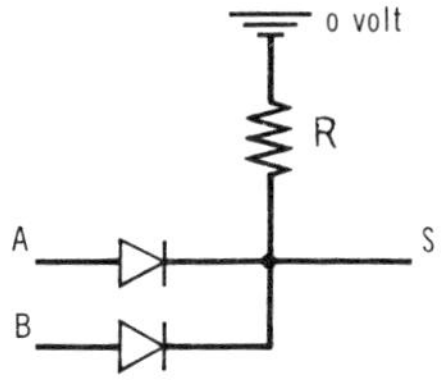

Fig. 31. Circuit C_2.

Nous supposons que les deux niveaux logiques sont représentés par 0 volt et *v* volt.

Dans le circuit C_1, la sortie est évidemment à *v* volt si les deux entrées sont à *v* volt. En revanche, si une des entrées est à 0 volt, alors un courant s'établit entre le *v* volt et cette entrée, la diode correspondante conduit et sa résistance interne est faible devant la résistance de charge R; la différence de potentiel se retrouve donc presque intégralement aux bornes de la résistance et le niveau de sortie est proche de 0 volt. Dans ces conditions, le circuit C_1 réalise l'opérateur ET en logique positive et l'opérateur OU en logique négative.

Un raisonnement analogue montre que la sortie du circuit C_2 est à $+v$ dès que l'une des entrées est à $+v$. Il correspond donc à l'opérateur OU en logique positive et à l'opérateur ET en logique négative.

On obtient ainsi le tableau de la figure 32.

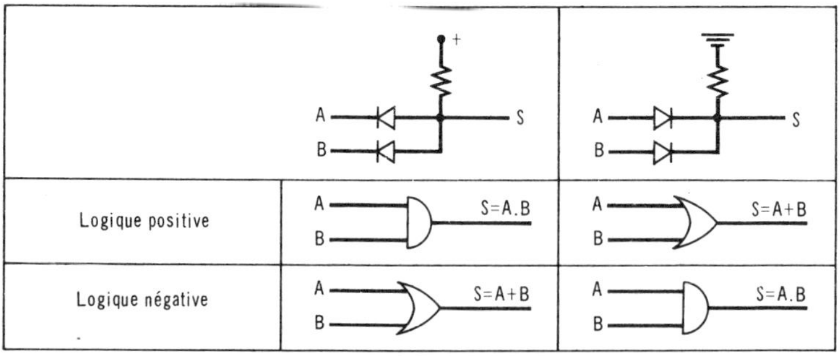

Fig. 32. Portes à diodes.

De tels circuits sont appelés **portes :** porte ET ou porte OU. On comprend l'origine de ce terme dans le cas d'une porte ET : seule la présence du signal B permet au signal A de passer; il lui ouvre la porte.

On peut concevoir les portes à plus de deux entrées (fig. 33); le nombre d'entrées étant limité par le courant inverse des diodes qui modifie d'autant le niveau logique de sortie (par exemple si dans la figure 33 une seule entrée est à $+v$). On peut également construire certaines combinaisons en circuits ET et OU à diodes, comme la double porte ET-OU de la figure 34 correspondant en logique positive au schéma de la figure 35.

Compte tenu de la résistance interne des diodes, qui n'est ni infinie dans le sens bloquant ni nulle dans le sens passant, on ne peut mettre beaucoup de circuits logiques à diodes en série. Il faudra les séparer par des étages actifs à transistors.

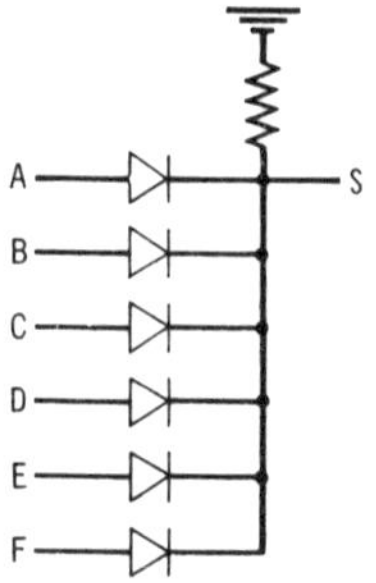

Fig. 33. Porte à diodes à six entrées.

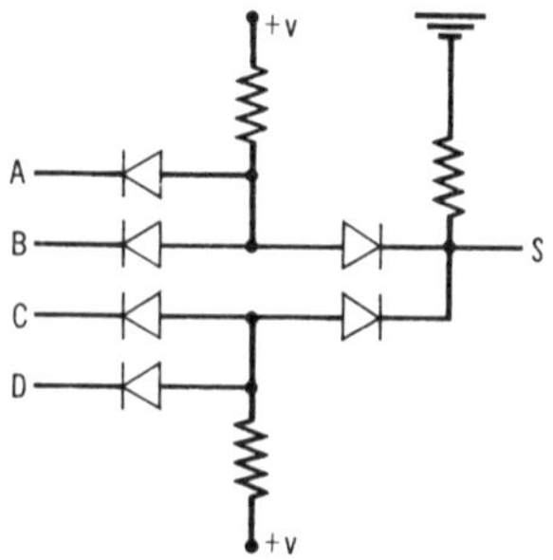

Fig. 34. Double porte ET-OU à diodes.

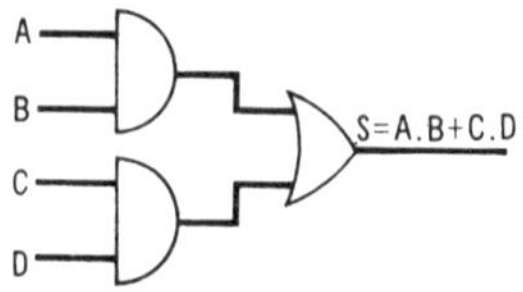

Fig. 35. Schéma logique de la double porte ET-OU

4. 2. *Le transistor bipolaire.*

Il en existe deux types : PNP et NPN symbolisés sur la figure 36.

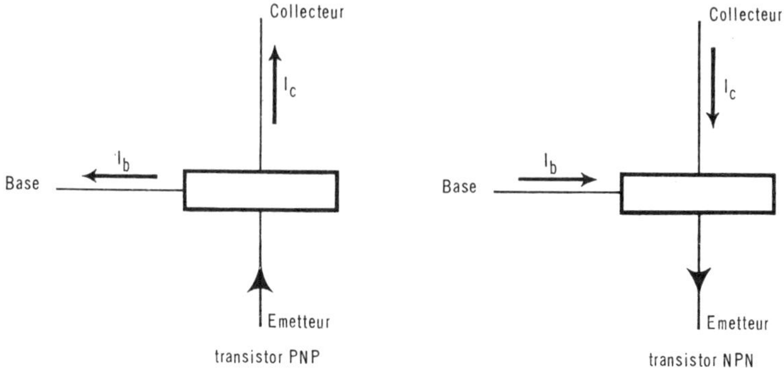

Fig. 36. Le transistor bipolaire.

Le sens de passage du courant est indiqué par une flèche toujours associée à l'émetteur. Le courant émetteur correspond à la somme du courant de base I_B et du courant collecteur I_C. Ce qui caractérise fondamentalement un transistor, c'est que le courant collecteur I_C est contrôlé par le courant de base I_B. Une variation positive de I_B entraîne une variation positive de I_C.

En logique on emploie le transistor en deux points extrêmes de fonctionnement :

(1) La différence de potentiel entre la base et l'émetteur (V_{BE}) est nulle, le courant I_B est nul, il n'y a donc pas de courant collecteur. Le transistor est dit *bloqué :*

$$V_{BE} = 0 \Longrightarrow \text{transistor bloqué soit } I_C = 0.$$

(2) La différence de potentiel entre base et émetteur est grande, le courant de base correspondant entraîne un courant collecteur important. Tout se passe comme si la résistance interne du transistor tendait à s'annuler. Le transistor est dit *saturé :*

$$V_{BE} \text{ grand} \Longrightarrow \text{transistor saturé soit } I_C \text{ grand.}$$

4. 2. 1. L'opérateur complémentation (fig. 37).

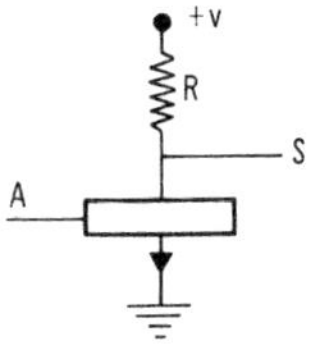

A	S
0	+v
+v	0

Fig. 37. Transistor monté en opérateur PAS.

Si l'entrée A est à 0 volt, le transistor est bloqué. La sortie S est à la même tension que l'alimentation : $+v$. Si l'entrée A est à v volt, le transistor est saturé, sa résistance interne est négligeable devant la résistance de charge R qui absorbe donc presque toute la différence de potentiel entre l'alimentation et l'émetteur. La sortie S est donc approximativement à 0 volt. Le circuit réalise donc l'opération complémentation[1].

4. 2. 2. Etages séparateurs dans les logiques à diodes et transistors.

Nous avons vu qu'avec les diodes nous pouvions réaliser les opérateurs ET et OU, à savoir les étages de décision, mais pas l'inversion qui suppose des éléments actifs à transistor. De plus nous ne pouvions pas mettre des circuits à diodes en série : c'est encore le transistor qui nous permettra de réaliser la séparation entre les étages de décision à diodes.

La séparation peut être réalisée soit par le montage en inverseur, soit par le montage dit émettodyne, qui sur le plan logique correspond à l'opérateur identité (fig. 38).

1. REMARQUE. Outre son rôle logique d'opérateur complémentation, le transistor ainsi monté joue également un rôle d'amplificateur, ce qui explique le schéma de l'inverseur : le triangle représentant l'amplificateur de courant, le cercle la complémentation.

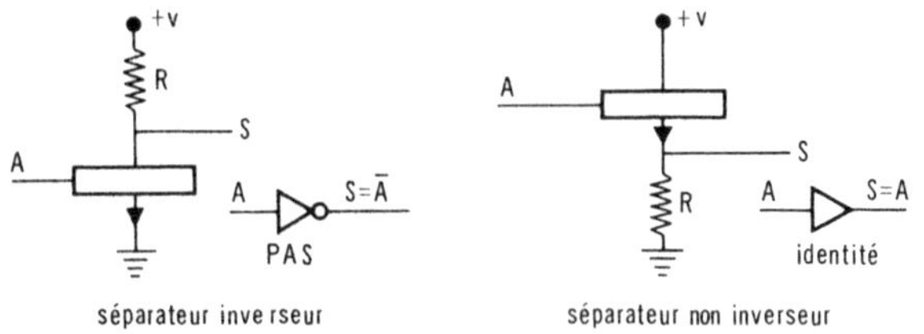

Fig. 38. Circuits séparateurs à transistors.

Cest ainsi que, compte tenu de l'étage séparateur, les portes à diodes pourront se réaliser selon les schémas de principe de la figure 39.

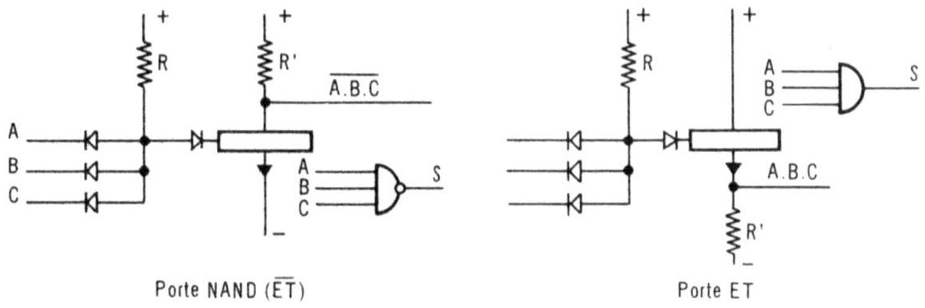

Fig. 39. Portes à diodes et transistors.

4. 3. *Système logique.*

On appelle *système logique,* ou plus simplement *logique,* l'ensemble formé par un nombre restreint de circuits de base vérifiant deux conditions :

1) Sur le plan logique, on peut trouver un groupe d'opérateurs complet parmi les opérateurs logiques traduisant ces circuits de base. Ceci permet de réaliser n'importe quel circuit par l'assemblage des circuits de base du système logique.

2) Sur le plan électronique, les circuits de base peuvent être directement interconnectés entre eux (selon certaines règles concernant le nombre d'entrées maximum connectables à une sortie), ce qui revient à dire qu'ils possèdent, outre leur étage de décision logique, leur étage de séparation et évidemment qu'ils fonctionnent avec les mêmes caractéristiques d'alimentation électrique.

Le système logique correspondant aux schémas de la figure 39 est appelé D. T. L. (Diode Transistor Logic) pour indiquer que les étages de décision sont à base de diodes et ceux de séparation à base de transistors. On peut actuellement choisir parmi une dizaine de systèmes logiques différents réalisés soit en composants discrets, soit en circuits intégrés. En ce qui concerne cet ouvrage, il suffisait d'en présenter un, notre seul but étant de montrer au moins une manière de réaliser électroniquement les opérateurs logiques. A partir de maintenant nous raisonnerons au niveau des opérateurs logiques sans plus nous soucier de la façon de les réaliser.

5. Les basculeurs.

On appelle *basculeur* un système électronique possédant deux états. Voici une présentation très schématique de quelques types de basculeurs.

5. 1. *Le bistable.*

Un bistable (ou flip-flop) est un basculeur à deux états stables. Fondamentalement il est constitué par deux circuits PAS montés en opposition. Il ne peut avoir que deux états logiques différents (fig. 40) qui, en l'absence de stimulus extérieur n'ont aucune raison d'évoluer. Ce circuit peut servir d'élément de mémoire (s'il est muni de points d'entrée et de sortie).

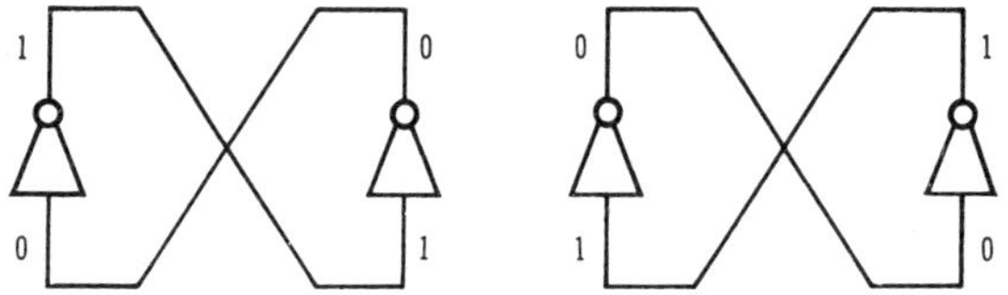

Fig. 40. Principe du bistable.

5. 2. *Le bistable R . S.*

Considérons le circuit de la figure 41 formé de deux circuits NOR montés en opposition.

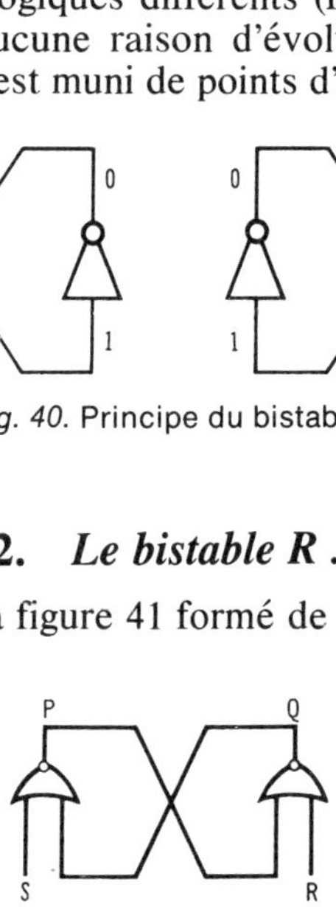

Fig. 41. Bistable.

A l'état de repos, c'est-à-dire pour S = R = 0, le circuit est équivalent à deux opérateurs PAS montés en opposition; il est donc dans l'un des deux états : P = 0, Q = 1 ou P = 1, Q = 0.

Si l'on envoie une impulsion sur l'entrée S, quel que soit l'état initial du circuit, on se trouvera dans l'état P = 0, Q = 1 qui reste stable, même après disparition de l'impulsion S. De même, si l'on envoie une impulsion sur l'entrée R, on se trouvera dans l'état P = 1, Q = 0 qui est également stable. Si les deux entrées R et S sont simultanément à 1, il est clair que P = Q = 0, mais lorsque les entrées repassent à zéro, le bistable reprend l'une des deux positions d'équilibre. En général on s'interdit d'envoyer des impulsions sur S et R simultanément.

Soit Q′ la valeur de Q avant une éventuelle impulsion d'entrée. Nous pouvons consigner ces résultats dans le tableau 42 :

S	R	Q'	Q	transition
—	—	0	0	} inchangé
—	—	1	1	
_⊓_	—	0	1	mise à 1
_⊓_	—	1	1	reste à 1
—	_⊓_	0	0	reste à 0
—	_⊓_	1	0	retour à 0
_⊓_	_⊓_		?	indéterminé

Tabl. 42. Table de transition du bistable.

Nous pouvons retrouver ces résultats à partir des équations du bistable :

$$\left.\begin{aligned} Q &= \overline{P+R} \\ P &= \overline{S+Q} \end{aligned}\right\} \text{ équations des portes NOR}$$

d'où $Q = \overline{\overline{S+Q'}+R}$

$\mathbf{Q = (S+Q') \cdot \bar{R}}$ ou encore : $Q_{t+1} = (S_t + Q_t) \cdot \bar{R}_t$

et de même : $\mathbf{P = (P' + R) \cdot \bar{S}}$ et : $P_{t+1} = (P_t + R_t) \cdot \bar{S}_t$

Ce circuit se comporte comme un élément de mémoire capable de conserver une information binaire fournie sous forme d'impulsion. On l'appelle *bistable R.S.* L'état du bistable est par convention l'état de la sortie Q. La sortie P complémentaire de la sortie Q lorsque le bistable est au repos est généralement notée $\bar{Q}$. L'entrée S est appelée : mise à un (*SET*). L'entrée R est appelée : mise à zéro (*RESET*). La figure 43 indique le schéma que nous utiliserons pour représenter le bistable R.S.

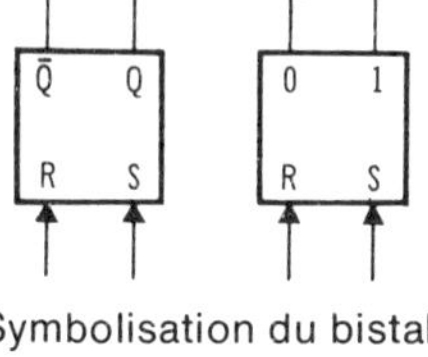

Fig. 43. Symbolisation du bistable R.S.

Les flèches ⟶ rappellent que les entrées sont impulsionnelles ; les flèches ⟶ rappellent que les sorties sont des niveaux logiques : l'information est donc toujours accessible sauf pendant les états transitoires. En cela le bistable diffère de l'automate mémoire du paragraphe 3. 3. 2.

5. 3. *Le bistable J . K.*

Le schéma suivant permet une compréhension approximative de son fonctionnement :

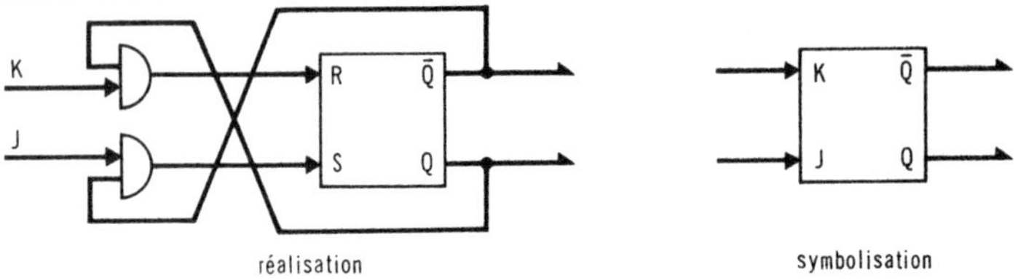

Fig. 44. Principe du bistable J . K.

Les entrées J et K sont impulsionnelles. La particularité de ce bistable est qu'il bascule systématiquement en cas d'impulsions simultanées sur J et K, sous réserve que les impulsions d'entrée soient courtes vis-à-vis du temps de basculement.

Equations :

1. Bistable R . S. :

$$Q = \bar{R} \, . \, (S + Q')$$

2. Portes ET :

$$\begin{cases} S = J \, . \, \bar{Q}' \\ R = K \, . \, Q' \end{cases}$$

d'où :

$$Q = \overline{K \, . \, Q'} \, . \, (J \, . \, \bar{Q}' + Q')$$

soit encore :

$$Q = (\bar{K} + \bar{Q}') \, . \, (J \, . \, \bar{Q}' + Q')$$

On déduit la table de transition représentée figure 45.

J	K	Q'	Q	transition
⎍	—	0	1	mise à 1
—	⎍	0	0	reste à 0
⎍	⎍	0	1	changement d'état à 1
⎍	—	1	1	reste à 1
—	⎍	1	0	retour à 0
⎍	⎍	1	0	changement d'état à 0

Fig. 45. Table de transition du bistable J K.

Le bistable J . K. permet de réaliser un élément mémoire binaire à trois entrées : S mise en 1, R mise à 0, C complémentation (fig. 46).

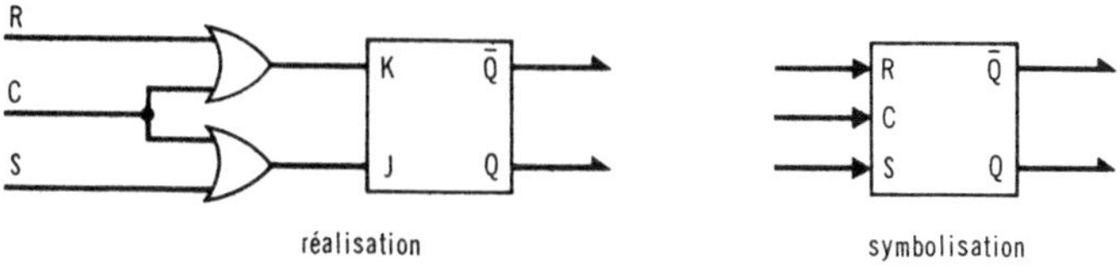

Fig. 46. Bistable avec complémentation.

5. 4. *Le monostable.*

Le monostable est un basculeur n'ayant qu'une position stable. Il bascule sous l'effet d'une impulsion d'entrée et revient ensuite à sa position d'équilibre.

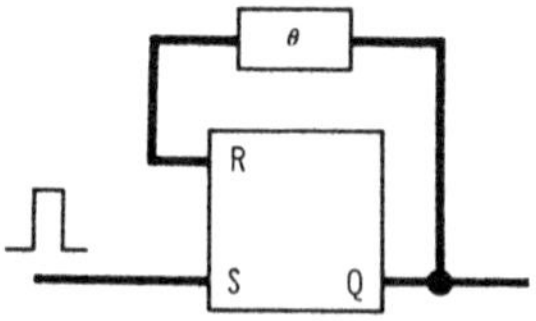

Fig. 47. Monostable.

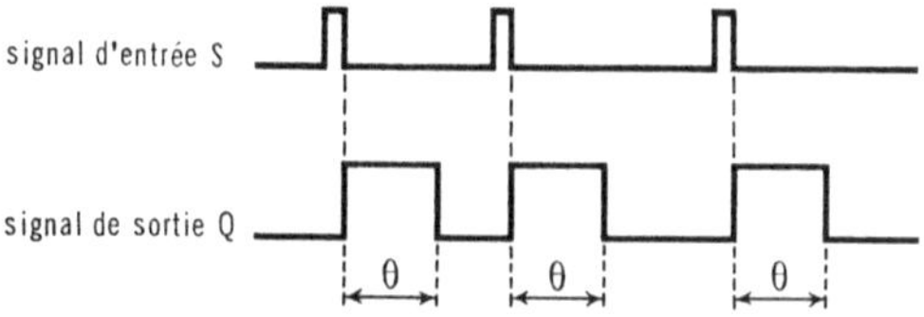

Fig. 48. Chronogramme du monostable.

Dans le schéma de principe de la figure 47, l'état d'équilibre est l'état 0. Sous l'effet d'une impulsion S le bistable passe à 1, ce qui entraîne le positionnement de l'entrée R à 1 : le basculeur revient à l'état d'équilibre. La temporisation θ permet d'ajuster la durée du signal de sortie (fig. 48).

5. 5. *La bascule.*

La bascule est un basculeur n'ayant aucune position stable. Elle peut être réalisée en reliant les deux entrées d'un basculeur J . K (fig. 49).

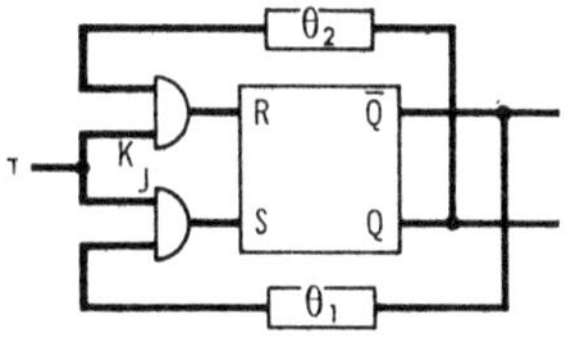

Fig. 49. Bascule.

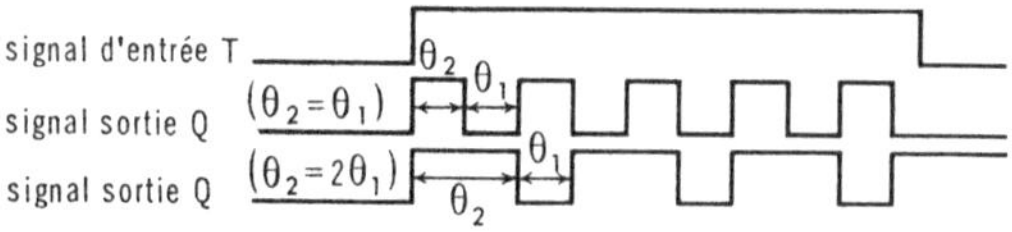

Fig. 50. Chronogramme de la bascule.

Tant que l'entrée T est maintenue à 1, la bascule change d'état constamment, le rythme des basculements dépendant du temps de réponse des circuits. Ce rythme est ajustable grâce aux temporisations θ_1 et θ_2. On peut utiliser les bascules pour réaliser des horloges fournissant un train d'impulsions régulièrement espacées (fig. 50).

6. Matrices de diodes.

Les opérations de codage, décodage et transcodage rappelées par la figure 51 peuvent être effectuées grâce à des ensembles de portes organisées sous forme matricielle. Les plus connues sont les matrices à diode dont nous donnons quelques exemples simples.

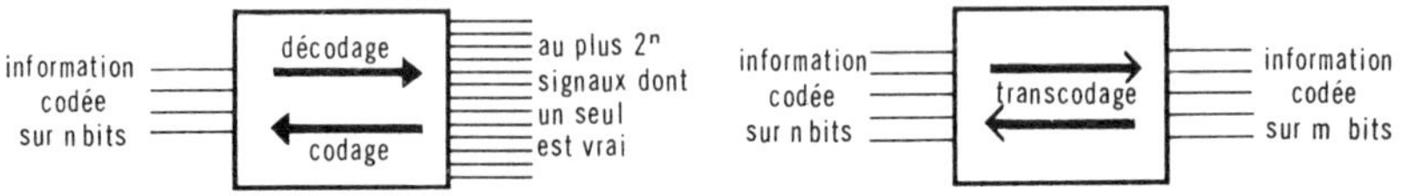

Fig. 51. Codage, décodage, transcodage.

6. 1. *Matrice rectangulaire de décodage.*

Soit, par exemple, à décoder une information codée en binaire sur 4 entrées E_1, E_2, E_3, E_4, représentant respectivement les poids 1, 2, 4, 8, les sorties S étant numérotées de 0 à 15.

On devra réaliser les équations suivantes :

$$S_0 = \bar{E}_1 \cdot \bar{E}_2 \cdot \bar{E}_3 \cdot \bar{E}_4$$
$$S_3 = E_1 \cdot \bar{E}_2 \cdot \bar{E}_3 \cdot \bar{E}_4$$
$$S_2 = \bar{E}_1 \cdot E_2 \cdot \bar{E}_3 \cdot \bar{E}_4$$

etc.,

ce qui peut être résolu par les circuits de la figure 52. On s'aperçoit que l'on peut grouper ces circuits sous forme matricielle, les lignes étant représentées par les 8 entrées vraies ou fausses, les colonnes par les 16 sorties (fig. 53). La figure 54 symbolise l'ensemble de la matrice.

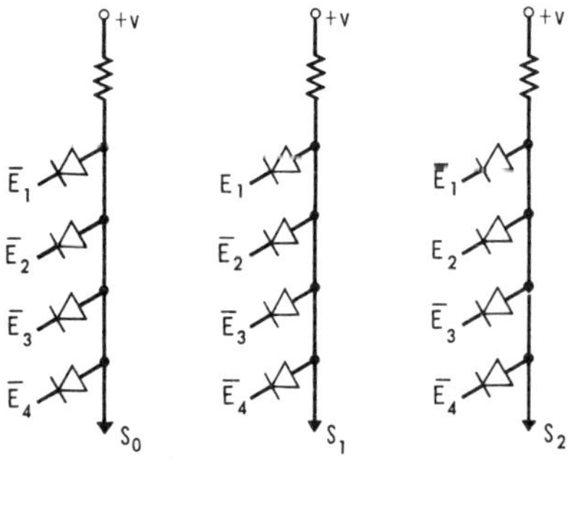

Fig. 52. Réalisation des équations du décodage.

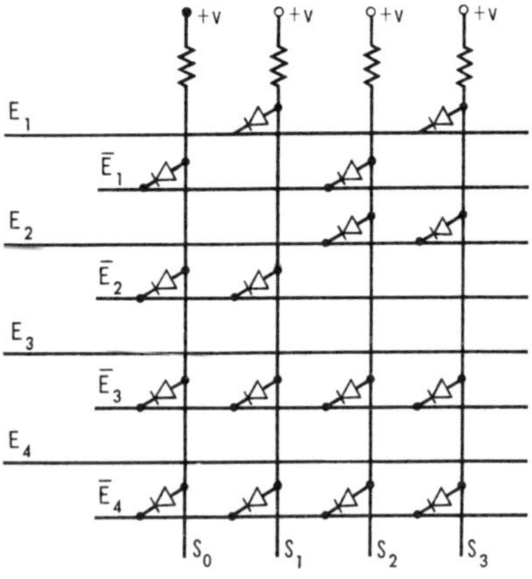

Fig. 53. Organisation matricielle des circuits de décodage.

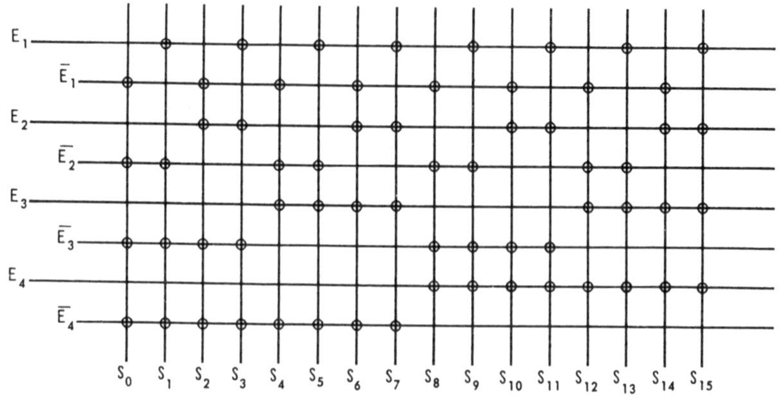

Fig. 54. Symbolisation de la matrice de décodage.

6. 2. *Matrice rectangulaire de codage.*

On se propose de dessiner la matrice de codage en BCD sur 4 bits S_1, S_2, S_3, S_4, représentant respectivement les poids 1, 2, 4, 8, à partir de 10 informations E possibles numérotées de 0 à 9.

On déduit du tableau de codage de la figure 55 les équations suivantes :

$$S_1 = E_1 + E_3 + E_5 + E_7 + E_9$$
$$S_2 = E_2 + E_3 + E_6 + E_7$$
$$S_3 = E_4 + E_5 + E_6 + E_7$$
$$S_4 = E_8 + E_9$$

Les circuits OU correspondants peuvent s'organiser en matrice rectangulaire (fig. 56), la matrice se symbolisant suivant la figure 57.

E	S_4	S_3	S_2	S_1
0	0	0	0	0
1	0	0	0	1
2	0	0	1	0
3	0	0	1	1
4	0	1	0	0
5	0	1	0	1
6	0	1	1	0
7	0	1	1	1
8	1	0	0	0
9	1	0	0	1

Fig. 55. Table de codage décimal binaire.

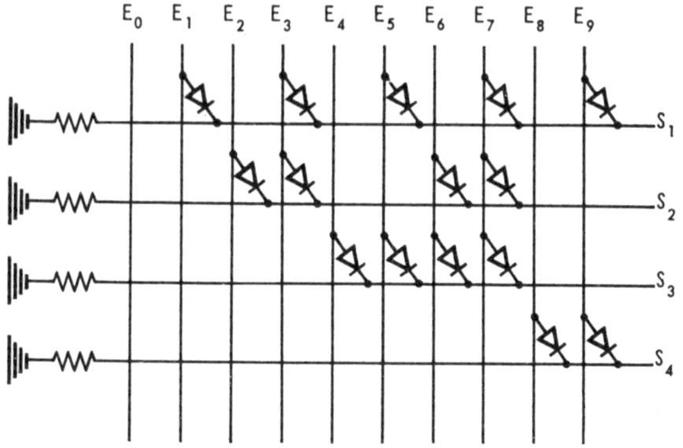

Fig. 56. Réalisation matricielle du codage en binaire.

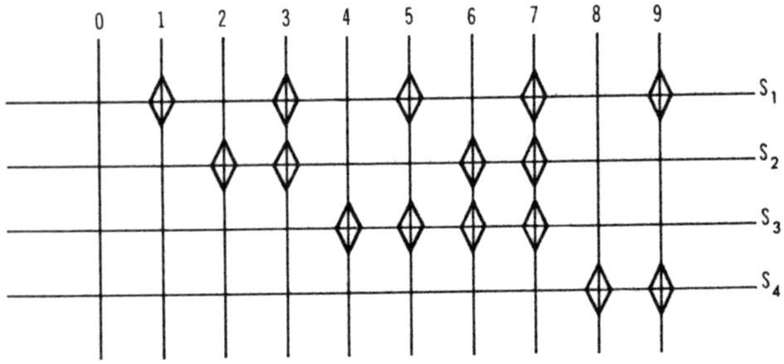

Fig. 57. Symbolisation de la matrice de codage.

7. Les additionneurs.

7. 1. *Le demi-additionneur.*

Le **demi-additionneur** est un circuit qui réalise l'addition de deux digits binaires. La somme s'obtient normalement sur deux digits binaires, S pour le poids faible, R pour le poids fort ou retenue. Du tableau de vérité de la figure 58, on déduit les équations :

$$S = A \oplus B = A.\bar{B} + \bar{A}.B = (A+B).(\bar{A}+\bar{B})$$
$$R = A.B$$

entrées		somme	
A	B	R	S
0	0	0	0
0	1	0	1
1	0	0	1
1	1	1	0

tableau de vérité

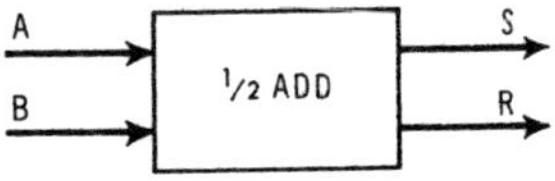

symbolisation

Fig. 58. Le demi-additionneur.

Le circuit fournissant S est le OU exclusif que nous avons déjà rencontré au paragraphe 2. 5. La figure 59 traduit directement ces équations.

En remarquant que le OU exclusif donne le même résultat que le OU normal sauf lorsqu'il y a retenue, le demi-additionneur se réalise selon le schéma de la figure 60.

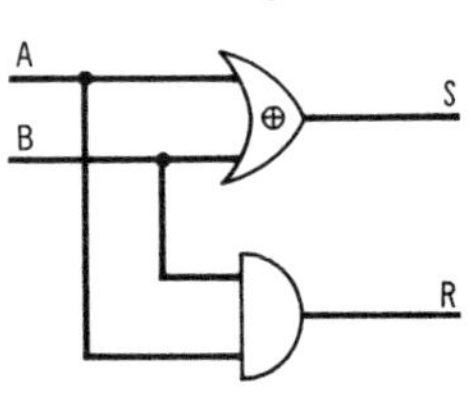

Fig. 59. Schéma du demi-additionneur.

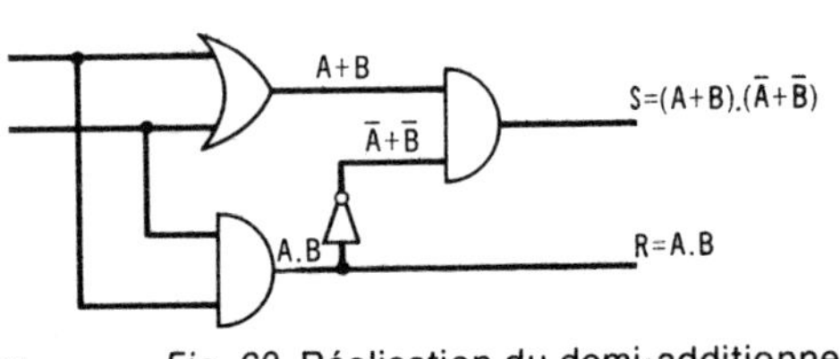

Fig. 60. Réalisation du demi-additionneur.

7. 2. *L'étage d'additionneur.*

7. 2. 1. Le demi-additionneur correspondait à l'addition de deux digits isolés. Pour réaliser l'addition des deux nombres binaires, il faut tenir compte lors de l'addition de deux digits de rang n de la retenue de rang n—1. L'opérateur qui réalise l'addition de deux digits binaires, en tenant compte d'une éventuelle retenue en entrée, s'appelle **étage d'additionneur.** Il possède trois entrées A, B et R′ et deux sorties S et R (fig. 61).

entrées			sorties	
A	B	R'	R	S
0	0	0	0	0
0	1	0	0	1
1	0	0	0	1
1	1	0	1	0
0	0	1	0	1
0	1	1	1	0
1	0	1	1	0
1	1	1	1	1

tableau de vérité

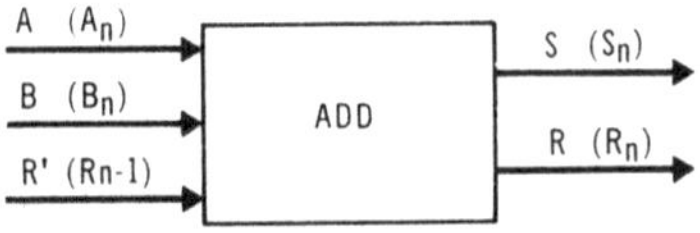

symbolisation

Fig. 61. L'étage d'additionneur.

On déduit du tableau de vérité de la figure 63 les équations suivantes :

$$S = \bar{A}.\bar{B}.R' + \bar{A}.B.\bar{R}' + A.\bar{B}.\bar{R}' + A.B.R'$$

$$R = \bar{A}.B.R' + A.\bar{B}.R' + A.B.\bar{R}' + A.B.R'$$

S peut encore s'écrire :

$$S = \bar{R}'.(\bar{A}.B + A.\bar{B}) + R'.(\bar{A}.\bar{B} + A.B)$$

ce qui correspond à un OU exclusif entre les entrées A et B, s'il n'y a pas de retenue, et le complément d'un OU exclusif s'il y a une retenue.

R peut encore s'écrire :

$$R = (\bar{A}.B.R' + A.B.R') + (A.\bar{B}.R' + A.B.R') + (A.B.\bar{R}' + A.B.R')$$

d'où $R = (A + B).R' + A.B$

la retenue comporte donc deux termes :

(1) $R_1 = A.B$ qui représente la **retenue générée** dans l'étage d'additionneur;

(2) $R_2 = (A + B).R'$ qui représente la **retenue propagée** par l'étage d'additionneur.

Construisons un étage d'additionneur (fig. 62) : faisons d'abord les sommes de A et B dans un premier demi-additionneur; additionnons au résultat S_1 la retenue R′ en provenance de l'étage précédent; nous obtenons la somme S et deux retenues : R_1 générée dans l'étage, R_2 propagée par l'étage; nous les réunissons par un OU logique, pour obtenir la retenue (fig. 62). Comme R_1 et R_2 ne peuvent être présents simultanément, le circuit OU peut être remplacé par une simple connexion.

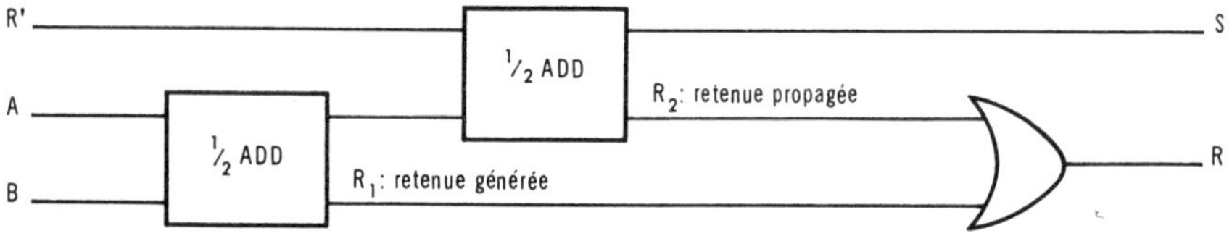

Fig. 62. L'étage d'additionneur réalisé à l'aide de demi-additionneurs.

7. 2. 2. Réalisation de l'étage d'additionneur. On note sur le tableau de vérité que $S=\bar{R}$, sauf si $A+B+R'=0$ auquel cas $S=0$ ou encore si $A.B.R'=1$ auquel cas $S=1$, ce qui permet d'écrire :

$$S=A.B.R'+\bar{R}.(A+B+R')$$

On en déduit la réalisation intéressante de l'étage d'additionneur présentée sur la figure 63.

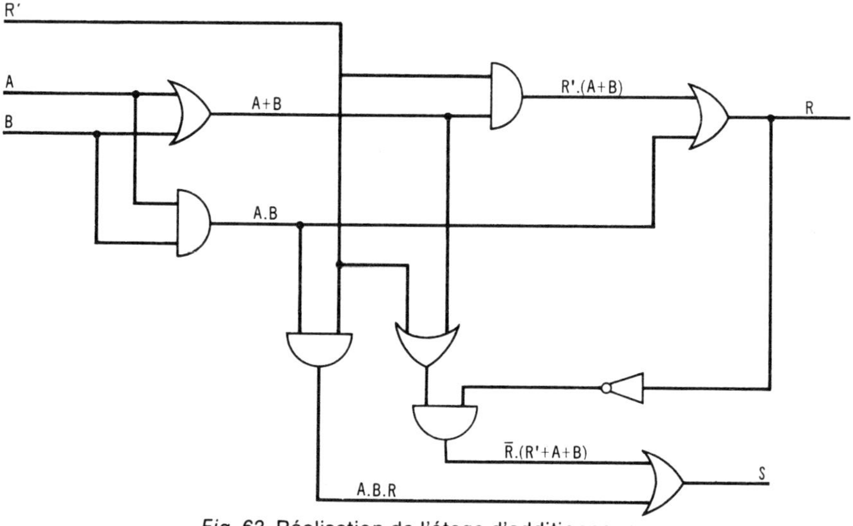

Fig. 63. Réalisation de l'étage d'additionneur.

7. 3. *L'additionneur série.*

A titre de premier exemple d'utilisation de l'étage d'additionneur, nous allons dessiner un additionneur série. Les digits successifs des deux nombres à additionner se présentent par paires, poids faibles en tête, à intervalles réguliers sur les deux entrées de l'additionneur. Celui-ci se réduit à un étage d'additionneur dont la sortie retenue R est bouclée sur l'entrée retenue R′ après avoir subi un retard égal au temps séparant l'arrivée de deux digits successifs (fig. 64). Ce circuit a été étudié sous forme d'automate au paragraphe 3. 3. 2. L'existence et la non-existence de la propagation de la retenue dans le dispositif de retard correspondent aux deux états internes de l'automate.

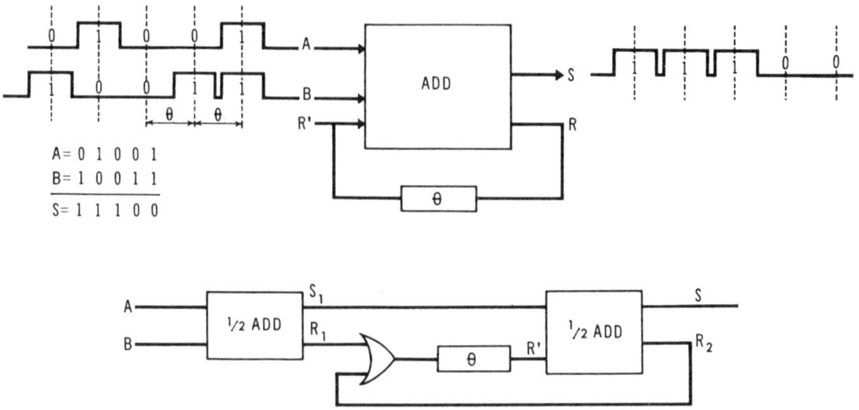

Fig. 64. L'additionneur série.

7.4. *Le soustracteur.*

Au même titre que nous avons défini le demi-additionneur nous pouvons définir le demi-soustracteur qui retranche le digit B du digit A (fig. 65).
différence : $D = A \oplus B$
retenue : $R = \bar{A} . B$

A	B	R	D
0	0	0	0
0	1	1	1
1	0	0	1
1	1	0	0

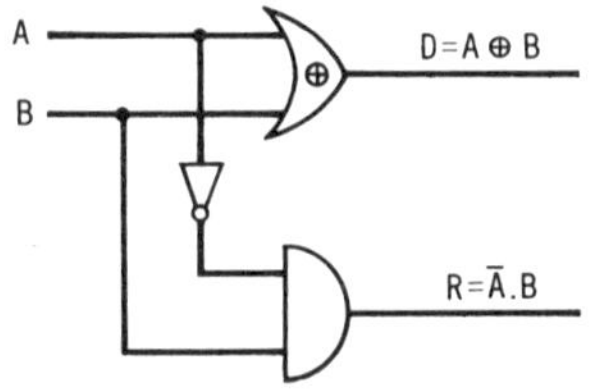

Fig. 65. Le demi-soustracteur.

Par analogie avec ce que nous avons fait pour l'étage d'additionneur, l'étage de soustracteur peut s'obtenir de deux façons différentes :
(1) On retranche successivement B de A, puis R′ de la différence D_1 obtenue (fig. 66) ;
(2) On additionne B et R′ et on retranche le résultat de A (fig. 67).

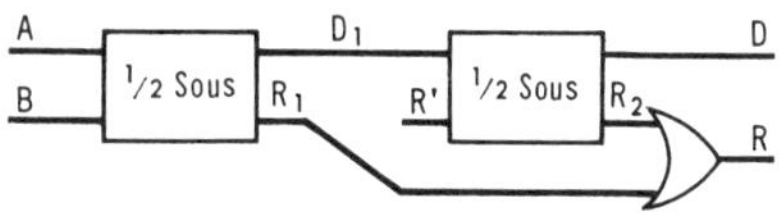

Fig. 66. Soustracteur formé de deux demi-soustracteurs.

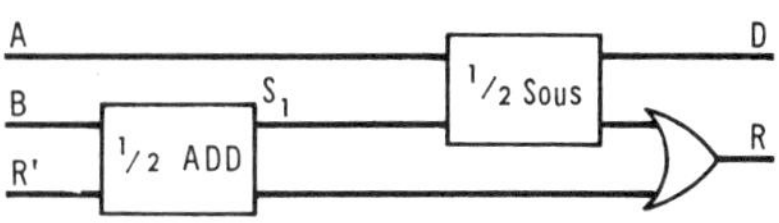

Fig. 67. Soustracteur formé d'un demi-additionneur et d'un demi-soustracteur.

8. Bus et registres.

8. 1. *Les registres.*

Le bistable nous a permis de mettre en mémoire une information binaire élémentaire. Le registre composé de plusieurs bistables permet de conserver une information de plusieurs digits (fig. 68).

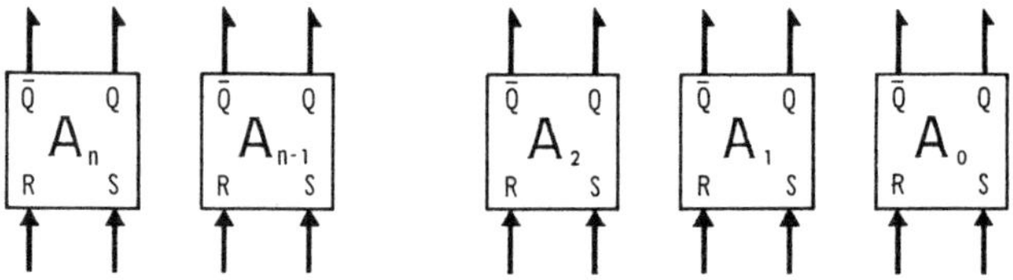

Fig. 68. Registre à bistables.

8. 1. 1. Opérations élémentaires sur les registres. On peut mettre à zéro ou complémenter un registre en envoyant une impulsion sur les entrées correspondantes de chaque bistable (fig. 69).

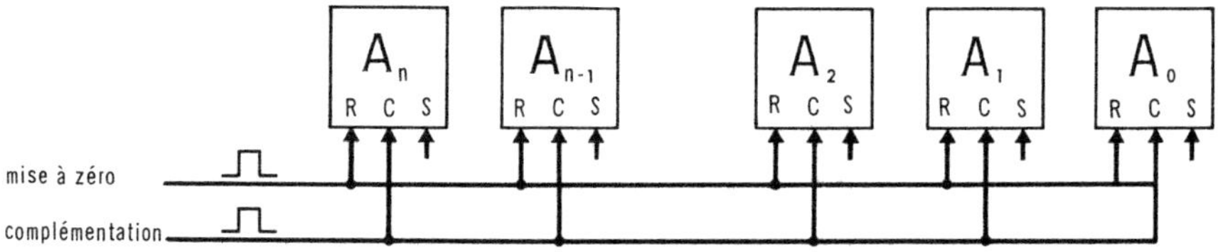

Fig. 69. Opérations élémentaires.

8. 1. 2. Transferts parallèles entre registres. On peut transférer l'information d'un registre B à un registre A, soit par deux impulsions successives, l'une de mise à zéro, l'autre de transfert des 1 (fig. 70a), soit par entrée forcée des 0 et des 1 (fig. 70b et c).

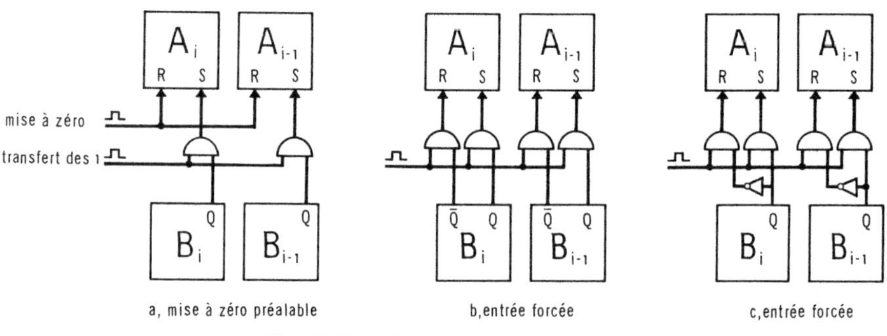

Fig. 70. Transferts registre à registre.

8. 2. *Les bus.*

Les **bus,** encore appelés *lignes omnibus,* sont utilisés pour interconnecter plusieurs registres, les uns étant considérés comme registres source d'information, les autres comme registres destination d'information.

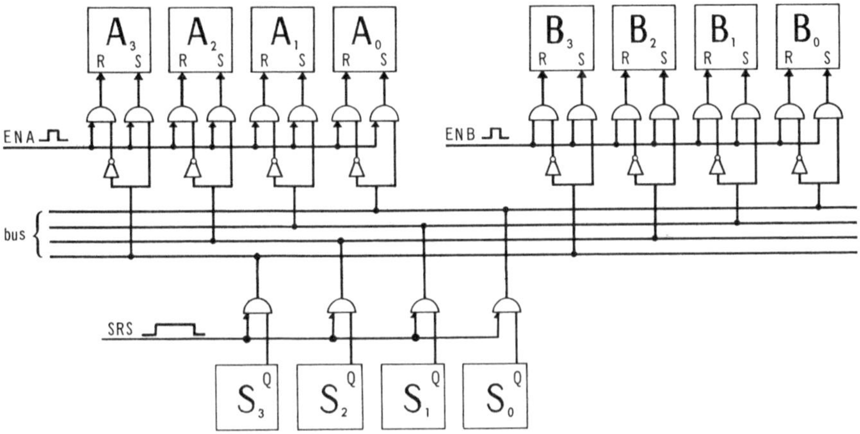

Fig. 71. Transfert par l'intermédiaire d'un bus.

Un **bus** est un ensemble de fils sur lesquels les informations binaires sont maintenues sous forme de tension par l'un des registres source. Un bus comporte soit un fil par bit, soit 2 fils par bit, l'un portant la grandeur vraie, l'autre la grandeur complémentée. Le bus peut alimenter plusieurs registres destination indépendamment ou simultanément.

Dans la fig. 71 le transfert du contenu du registre S dans le registre B comporte les étapes suivantes. Un signal à niveau ouvre les portes de sortie du registre source S. Les niveaux de tension correspondant aux contenus des bistables du registre S s'établissent dans le bus et sont maintenus tant que le signal SRS d'ouverture des portes reste positionné. Quand les niveaux sont stabilisés dans le bus, le signal impulsionnel ENB, en ouvrant les portes d'entrée des bistables du registre B, force dans ce registre l'information maintenue dans le bus par le registre S. Le signal SRS peut alors revenir à zéro. Le signal impulsionnel de commande ENB qui valide l'information à l'entrée du registre est appelé **signal d'échantillonnage.**

8. 3. *Le multiplexage.*

Le multiplexage consiste soit à aiguiller l'information portée par un bus vers un bus choisi parmi plusieurs, soit à concentrer sur un seul bus les informations en provenance de plusieurs bus différents (fig. 72 et 73).

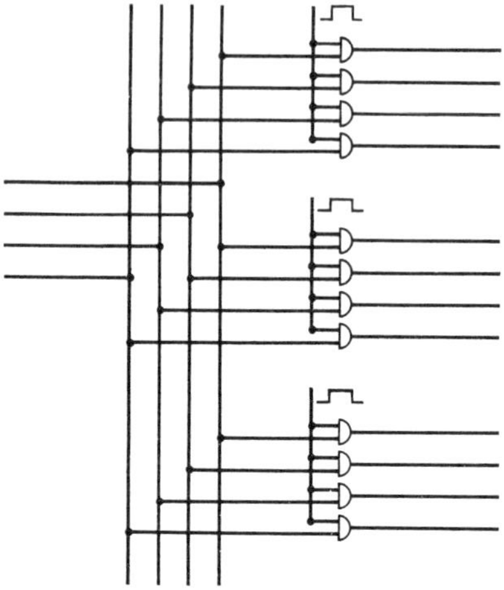

Fig. 72. Multiplexeur-aiguilleur.

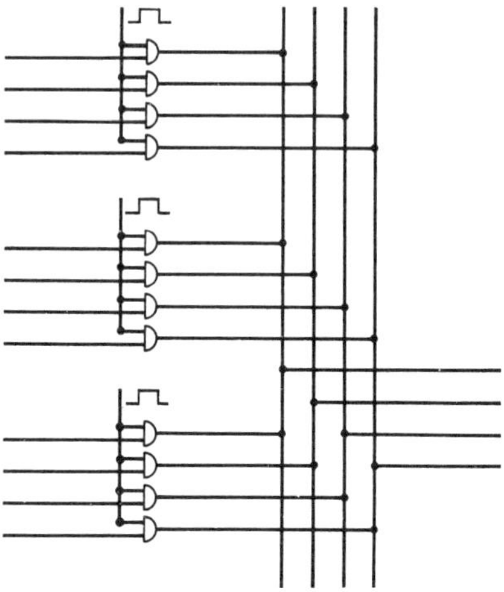

Fig. 73. Multiplexeur-concentrateur.

9. Les registres spéciaux.

9. 1. *Registres à décalage.*

Un câblage spécial autour d'un registre à bistable permet, sous l'effet d'impulsions, de décaler le contenu du registre d'un ou plusieurs digits vers la gauche ou la droite. A titre d'exemple le montage de principe représenté figure 74 permet de décaler le contenu du registre d'une position vers la droite à chaque impulsion de commande.

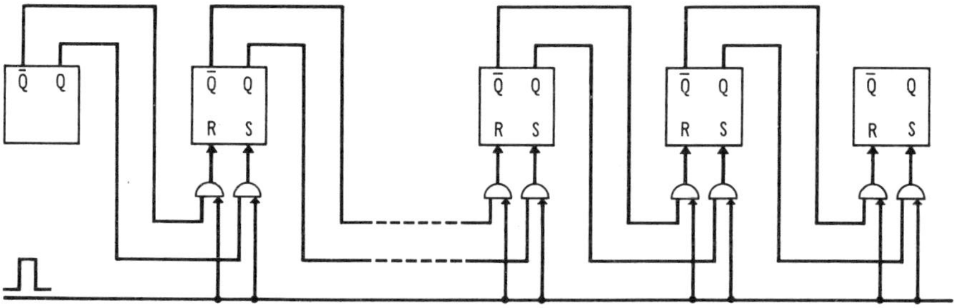

Fig. 74. Registre à décalage à droite.

Les registres à décalage sont notamment utilisés pour transformer une information en parallèle sur un bus en une information série sur un seul fil (opération de sérialisation) ou pour exécuter l'opération inverse (désérialisation). Dans le cas de la sérialisation, l'information est forcée en parallèle dans le registre à décalage et sort en série du dernier bistable, les sorties des bits successifs étant commandées par des impulsions de décalage (fig. 75).

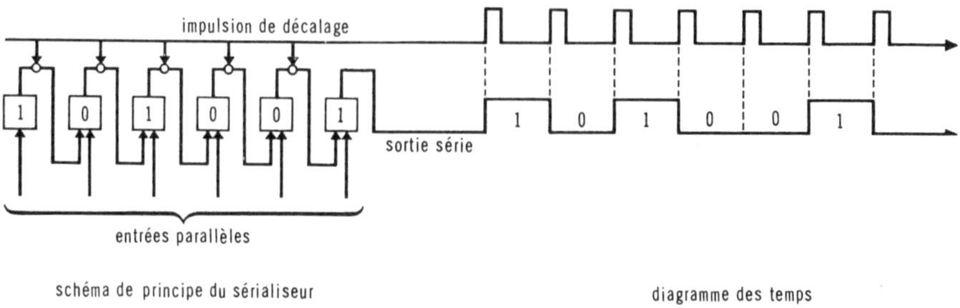

Fig. 75. Principe de la sérialisation.

9. 2. *Les compteurs d'impulsions.*

Les compteurs d'impulsions sont des registres dont le contenu s'incrémente de 1 chaque fois qu'une impulsion se présente sur l'entrée comptage. Ils sont donc capables de compter le nombre d'impulsions reçues.

Décrivons succinctement, à titre d'exemple, le fonctionnement d'un compteur binaire. L'impulsion attaque le bistable de plus faible poids. S'il est à 0, il doit passer à 1 ; s'il est à 1, il doit passer à 0, mais de plus l'impulsion doit être propagée au bistable suivant pour tenir compte de la retenue. Donc dans tous les cas le bistable doit être complémenté, tandis que l'impulsion doit être propagée si, et seulement si, le bistable était à 1 avant complémentation. D'où le schéma de principe de la figure 81[1].

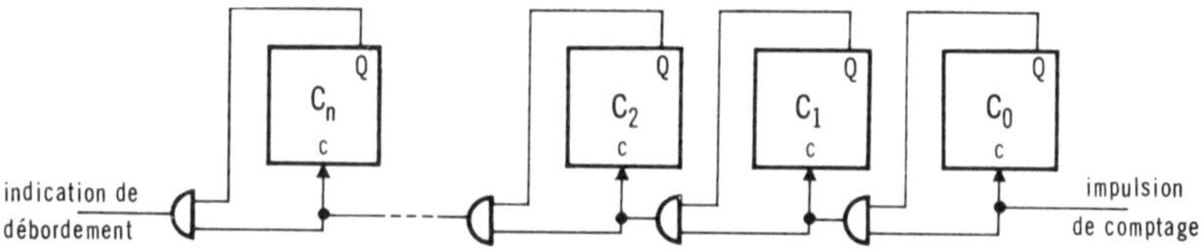

Fig. 76. Compteur binaire.

10. Logiques cellulaires.

10. 1. *Introduction aux logiques cellulaires.*

On appelle **logique cellulaire** une logique obtenue par l'interconnexion de circuits logiques identiques, appelés **cellules,** ceux-ci étant généralement rangés sous forme d'un tableau matriciel à deux dimensions.

1. REMARQUE : les schémas du registre à décalage et du compteur binaire représentent des montages de principe. Dans les réalisations pratiques, il faut prendre des précautions pour que chaque bistable se positionne correctement en fonction de l'état initial du bistable précédent.

10. 1. 1. Logique cellulaire avec interconnexion à la demande. Une première approche consiste à utiliser comme cellule un opérateur logique universel (portes NAND ou NOR par exemple), la fonction de la logique cellulaire étant déterminée par le dessin des interconnexions entre cellules. L'intérêt de ce type d'organisation provient de considérations d'ordre technologique plutôt que logique : il correspond à une simplification du processus de fabrication des circuits intégrés à grande échelle. La première partie du processus est alors identique pour les différents types de circuit. Il consiste, par exemple, à graver quelques centaines de portes NOR à quatre entrées sur une pastille de silicium. Ce n'est qu'au niveau des dernières opérations de métallisation, correspondant aux interconnexions entre circuits NOR, que l'on différencie les différents types de circuits.

10. 1. 2. Logiques cellulaires à interconnexions fixes. On réserve souvent le terme de logique cellulaire pour désigner les organisations dans lesquelles les interconnexions entre cellules ont un caractère systématique, quel que soit l'endroit où l'on se place dans la matrice (sauf peut-être sur les bords). Dans les organisations matricielles à deux dimensions, les plus simples, chaque cellule n'est reliée qu'aux quatre cellules voisines, que nous appellerons respectivement cellule nord, cellule est, cellule sud et cellule ouest. Du fait de l'organisation systématique des interconnexions à l'intérieur de la matrice, une cellule transmet, après traitement éventuel, l'information reçue d'une cellule voisine de point cardinal donné à la cellule voisine de point cardinal opposé. Lors de l'étude d'une cellule, nous noterons $\hat{x}$ la sortie correspondant à l'entrée x. Au point où nous en sommes, le dessin de chaque cellule devient parfaitement répétitif, connexions aux cellules voisines comprises. Ceci a de quoi réjouir le fabricant de circuits intégrés, mais pas le logicien qui doit définir une nouvelle cellule par circuit, si tant est qu'une organisation cellulaire ainsi figée garde un quelconque attrait pour lui. Il a alors l'idée de différencier les cellules sur le plan fonctionnel tout en les conservant identiques les unes aux autres sur le plan de la conception et de la fabrication. Seules les logiques cellulaires programmables répondent complètement à ces spécifications ; les logiques à points de coupure en sont une très bonne approche.

10. 2. *Logiques cellulaires à points de coupure.*

Ici toutes les cellules sont parfaitement identiques jusqu'au tout dernier stade de leur fabrication. Par la suite, on personnalise chaque cellule en coupant certaines connexions internes en des points de coupure déterminés. (Cette opération est relativement simple sur un circuit intégré et peut être commandée par un ordinateur connecté à l'appareillage.)

La logique universelle proposée par R. C. Minnick et schématisée figure 77 en est un exemple très représentatif.

Chaque cellule est traversée d'ouest en est par une information x ($\hat{x} = x$). Elle possède une entrée nord y et une sortie sud $\hat{y}$ qui est une fonction des informations d'entrée x et y déterminée par les coupures effectivement réalisées sur la cellule. Il y a neuf fonctions possibles men-

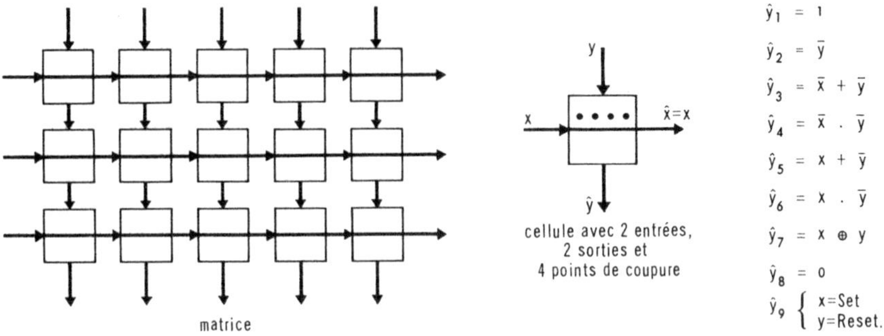

Fig. 77. Logique cellulaire à points de coupure.

tionnées sur la droite de la figure 77. Elles sont toutes de type combinatoire à l'exception de la neuvième qui est la fonction bistable avec mise à zéro par y, mise à 1 par x et sortie Q en $\hat{y}$.

La cellule a pu être réalisée avec 4 points de coupure possibles, représentés sous forme de points alignés sur le schéma, ce chiffre étant cohérent avec le nombre de fonctions à coder compris en 2^3 et 2^4. R. C. Minnick a, par exemple, montré que toute fonction combinatoire de 4 variables pouvait être réalisée sous forme d'une matrice de 5×4 cellules de ce type.

On note que, dans la mesure où l'on utilise des procédés d'intégration pour la confection des diodes, les matrices de diodes (paragraphe 6) peuvent être conçues comme des logiques cellulaires avec une diode par cellule, sachant qu'il faut introduire une coupure sur les connexions des diodes indésirables.

10. 3. *Logiques cellulaires programmables.*

Dans ce type de logiques cellulaires, les cellules sont strictement identiques, mais l'introduction dans leur circuit d'un ou plusieurs éléments de mémoire leur confère la possibilité de se trouver dans divers états internes. On peut regarder ces logiques de deux points de vue différents : ou bien l'on considère la cellule comme un élément de mémoire autour duquel on a implanté un peu de logique; ou bien on la considère comme un circuit logique comprenant un élément de mémoire.

Dans le premier cas la logique cellulaire s'assimile à une mémoire. Chaque cellule comporte généralement un seul bistable et forme un point mémoire. Suivant la logique qui environne le bistable, on peut ainsi concevoir une mémoire traditionnelle (lecture et écriture), une pile, une file d'attente, une mémoire associative, etc. Nous y reviendrons au chapitre suivant.

Dans le deuxième cas, la logique cellulaire s'assimile à un circuit logique programmable, la fonction réalisée par la cellule dépendant de son état interne. Un dispositif extérieur de commande positionne les différents bistables, déterminant ainsi l'état interne et donc la fonction de chaque cellule, et par voie de conséquence la fonction de l'ensemble du circuit.

10. 3. 1. Logique cellulaire d'interconnexion. Un premier exemple de logique cellulaire programmable est fourni par les logiques d'interconnexion. Le problème à résoudre est le suivant : étant donné *n* entrées et *n* sorties, on veut qu'à tout instant chaque entrée puisse être connectée à la sortie qu'elle demande, sachant que deux entrées ne demandent pas simultanément la même sortie.

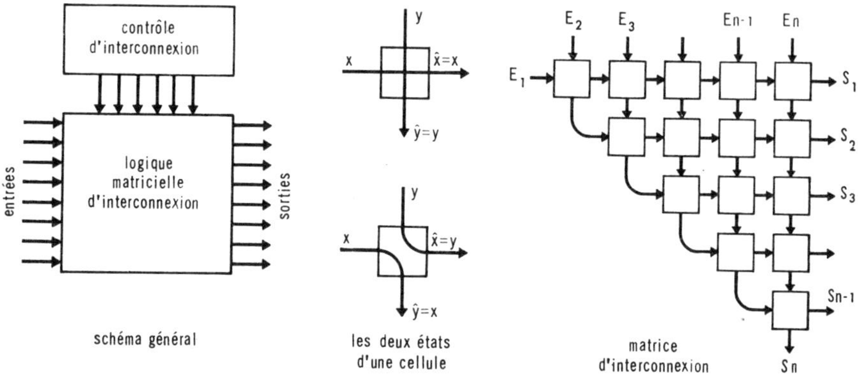

Fig. 78. Logique cellulaire d'interconnexion.

On vérifiera que la matrice triangulaire de la figure 78 répond au problème, sachant que chacune de ses cellules peut prendre l'un des deux états de connexion suivants : (1) x est relié à $\hat{x}$ et y à $\hat{y}$; et (2) x est relié à $\hat{y}$ et y à $\hat{x}$. Le bistable qui conditionne l'état de chaque cellule est « programmé » par une logique de commande extérieure en fonction des demandes de connexion émises par les organes d'entrée.

10. 3. 2. Logiques cellulaires pour l'évaluation des fonctions booléennes. Il est intéressant, au moins sur le plan spéculatif, de montrer qu'une logique cellulaire programmable, dans laquelle chaque cellule peut avoir quatre états internes différents, permet de réaliser n'importe quel opérateur combinatoire. On se rappelle que toute fonction logique peut s'exprimer sous forme d'une expression booléenne en somme de produits. C'est cette propriété qui est utilisée par la logique cellulaire représentée sur la figure 79 pour l'évaluation des fonctions logiques connues par leur tableau de vérité.

Chaque cellule dispose de deux bistables programmés par un dispositif extérieur de contrôle, ce qui lui donne quatre états internes possibles numérotés 1, 2, 3 et 4 ; les fonctions correspondantes sont représentées sur la droite de la figure. Les entrées nord de la matrice correspondent aux variables d'entrées et à leur complément ; elles sont transmises par chaque cellule à leur voisine sud. La première colonne de la matrice reçoit des entrées logiques 1.

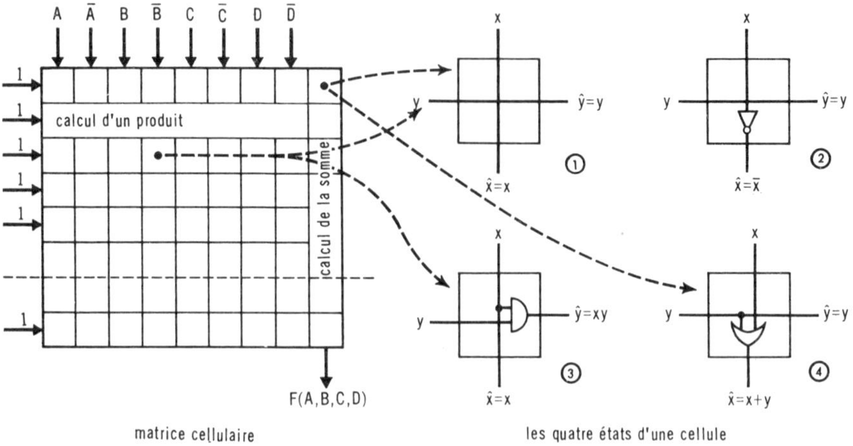

Fig. 79. Logique cellulaire programmable pour l'évaluation de fonctions logiques.

La programmation des états des différentes cellules de la matrice se déduit directement du tableau de vérité de la fonction à réaliser. Les lignes horizontales permettent l'évaluation des différents produits possibles, la dernière colonne permettant d'en faire la somme logique.

Par exemple, le produit $\bar{A}.\,B.\,\bar{C}.\,D.$ sera évalué sur la ligne dont les cellules successives auront été probablement positionnées dans les états suivants :

A	$\bar{A}$	B	$\bar{B}$	C	$\bar{C}$	D	$\bar{D}$	S
1	3	3	1	1	3	3	1	4

Le signal d'entrée 1 sera propagé jusqu'à la dernière cellule S si les portes des cellules dans l'état 3 sont maintenues ouvertes par les niveaux logiques des fils verticaux correspondants, c'est-à-dire si les entrées vérifient $\bar{A}.\,B.\,\bar{C}.\,D. = 1$. La cellule S aura été positionnée dans l'état 4 ou dans l'état 1 suivant que la case correspondante du tableau de vérité de la fonction contient un 1 ou un 0.

Une fois que tous les bistables d'état des différentes cellules ont été positionnés en vue de la réalisation d'une fonction donnée, il suffit d'appliquer les variables d'entrées en nord et les niveaux 1 en est pour obtenir la valeur correspondante de la fonction à la sortie de la dernière colonne[1].

10. 4. *Conclusion sur les logiques cellulaires.*

Les logiques cellulaires risquent de connaître un développement rapide tant sous la poussée technologique due à l'intégration à grande échelle qui favorise ce genre d'organisation que pour des raisons strictement logiques

1. REMARQUES : (1) Une matrice de 2^n+1 colonnes et 2^n lignes au plus permet d'évaluer n'importe quelle fonction de *n* variables. (2) L'adjonction de colonnes supplémentaires permet d'évaluer plusieurs fonctions portant sur les mêmes variables simultanément. (3) L'état 2 de la cellule serait utilisé si l'on ne disposait pas des variables d'entrée complémentées.

concernant notamment la souplesse d'emploi, la facilité de conception et les performances qui en résultent (on n'a qu'une cellule à concevoir au lieu d'un circuit complexe, on peut donc y réfléchir plus longtemps), les facilités de détection de pannes, etc. Une autre raison militait en faveur de cette présentation succincte des logiques cellulaires : elles sont une introduction toute naturelle à l'étude des machines cellulaires que nous aborderons au chapitre XII. Chaque cellule y aura suffisamment grossi pour devenir elle-même un calculateur.

11. Redondance des circuits et logiques majoritaires.

Les codes redondants (cf. chapitre II, paragraphe 1. 3.) sont couramment utilisés pour contrôler la validité des opérations de transmission ou de stockage d'information. Ils le sont plus rarement dans le domaine du traitement. Deux raisons peuvent l'expliquer :

(1) Il n'est pas toujours facile de construire des algorithmes traitant des informations redondantes, tout en fournissant le résultat dans le même code que les données.

(2) Les erreurs intempestives sont fréquentes et facilement rattrapables dans les opérations de transmission (erreur due à un bruit sur la ligne ; détection de l'erreur en bout de ligne ; demande de retransmission) et dans certaines opérations de stockage en mémoire (écriture sur zone détériorée de bande magnétique ; lecture de contrôle immédiat et détection d'erreur ; réécriture après saut de la zone détériorée). Il n'en est pas de même au niveau des traitements dans lesquels les erreurs fortuites sont rares devant les pannes systématiques et souvent difficilement rattrapables.

Dans les systèmes caractérisés par la recherche d'une très grande *disponibilité,* on préfère utiliser la redondance des circuits, de telle sorte que, si un circuit est en panne, un autre puisse le remplacer. Les solutions reposant sur le simple doublement des circuits risquent de s'avérer difficiles à mettre en œuvre : si deux circuits identiques alimentés avec des entrées identiques donnent des résultats différents, lequel doit-on déclarer en panne? On est tout naturellement conduit à ajouter un troisième circuit pour les départager. Comme ce dernier a autant de chance de tomber en panne que les précédents, il faut ajouter un nouveau circuit chargé de comparer les résultats des trois premiers. Les logiques majoritaires répondent à ce problème.

Un circuit logique majoritaire est un circuit qui fournit une sortie binaire vraie si plus de la moitié de ses entrées binaires sont vraies et une sortie fausse dans le cas contraire, c'est-à-dire si la moitié au plus des entrées sont vraies. Un tel circuit regroupant les sorties d'un nombre impair d'opérateurs binaires fournit toujours le résultant qui a été obtenu par la majorité de ces opérateurs.

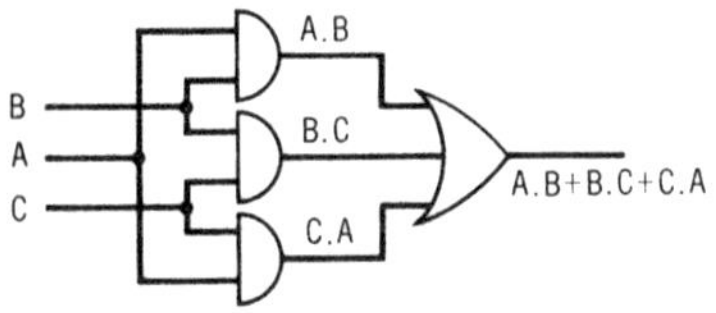

Fig. 80. Porte majoritaire.

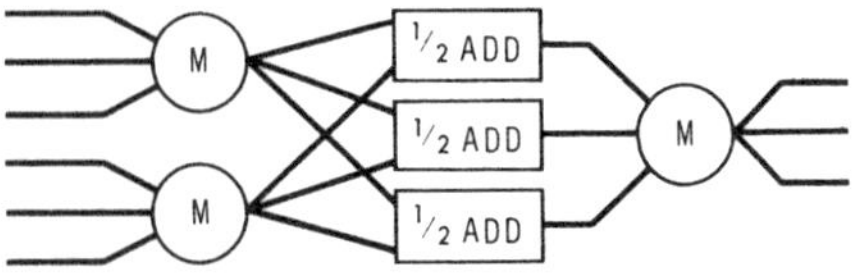

Fig. 81. Demi-additionneur redondant.

L'exemple type est fourni par la *porte majoritaire deux sur trois* dont le schéma logique est dessiné figure 80. Il faut au moins deux entrées vraies pour fournir une sortie vraie et deux entrées fausses pour fournir une sortie fausse.

La figure 81 représente l'utilisation de portes majoritaires à trois entrées dans un ensemble demi-additionneur redondant. Les entrées sont supposées provenir chacune de trois opérateurs binaires identiques qui en l'absence de panne donnent le même résultat. Elles traversent un étage de portes majoritaires dont les sorties sont triplées afin d'alimenter trois demi-additionneurs. Les sorties de ces derniers sont regroupées par une porte majoritaire fournissant trois sorties pour alimenter l'étage d'opérateurs suivant. On remarque qu'une erreur peut se produire à chaque étage d'opérateurs sans que le fonctionnement d'ensemble du système soit perturbé. Ceci sous-entend que les portes majoritaires fonctionnent sans erreur, ou tout au moins que leur probabilité de panne soit nettement inférieure à celle des opérateurs. Lorsque cette hypothèse n'est pas vérifiée, on peut tripler les portes majoritaires, ce qui conduit à des schémas tels que celui de la figure 82, schémas qui risquent fort de se terminer quand même par une seule porte majoritaire!

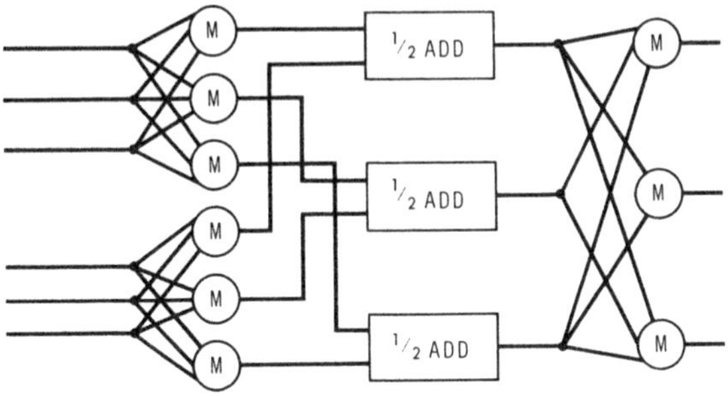

Fig. 82. Schéma avec triplement des portes majoritaires (à chaque étage, on peut admettre une panne soit sur une porte majoritaire, soit sur un opérateur, sans perturbation du fonctionnement global).

Ce principe de la redondance des circuits peut être généralisé à des opérateurs portant sur plusieurs digits, à des organes de calculateur (mémoires, unités arithmétiques, unités d'échange), voire à des ordinateurs entiers. Nous y reviendrons au chapitre XII.

Dans le but de remplacer ou de dépanner les éléments défectueux, on ajoute souvent aux dispositifs de contrôle majoritaire des dispositifs permettant de détecter les éléments qui ne sont pas d'accord avec la majorité. Dans les machines les plus puissantes de la série IBM 370, par exemple, toutes les anomalies de ce genre sont enregistrées sur un disque dont le contenu sera dépouillé par les techniciens de maintenance avant toute opération d'entretien, ce qui permet de changer les éléments défectueux avant qu'une panne ne se soit déclarée sur l'ensemble de la machine.

Une forme moins élaborée de redondance consiste à n'utiliser qu'un circuit de traitement, mais à lui adjoindre certains dispositifs de vérification de validité du résultat (test de parité par exemple). Lorsque le résultat est détecté incorrect, l'opération est recommencée. Le calculateur ne se déclare en panne qu'après plusieurs tentatives. Comme précédemment, toute tentative refusée est notée sur le disque de maintenance. Cette méthode permet de ne pas bloquer l'ordinateur pour une erreur fortuite ou intermittente, mais de la déceler et de la réparer avant qu'elle ne se transforme en panne franche.

Dans les mémoires où le point mémoire est parfaitement individualisé, l'emplacement des informations et, par conséquent, leur adresse précise, préexiste à tout rangement d'information : c'est le cas des mémoires à tores où chaque cellule mémoire possède son adresse.

A l'opposé, l'emplacement de chaque information ne préexiste pas à l'enregistrement des informations dans des mémoires telles que la bande magnétique. Une information n'est pas adressable individuellement, et il n'y a pas d'association entre l'adresse et l'emplacement. Les informations sont groupées en blocs ou enregistrements. L'adresse de l'information est constituée de deux éléments : le nom de l'enregistrement, ou *indicatif,* et le numéro de l'information dans l'enregistrement. En fait on n'a physiquement accès qu'à l'ensemble de l'enregistrement.

1. 4. 4. Accès. Dans le cas des mémoires à tores, on a accès directement à n'importe quelle information dont on connaît l'adresse, le temps pour obtenir l'information ne dépendant pas de l'adresse. On dira que l'accès à une telle mémoire est **aléatoire,** ou **direct,** ou encore **sélectif.** A l'opposé, pour accéder à une information sur bande magnétique, il faut dérouler la bande en lisant les indicatifs des enregistrements jusqu'à ce que l'on trouve celui que l'on adresse. On dira que l'accès à l'information est **séquentiel.** A titre d'exemple, l'accès à certains disques à têtes mobiles est aléatoire au niveau du choix de la tête et de son positionnement, c'est-à-dire au niveau de la piste et séquentiel à l'intérieur de la piste (fig. 1).

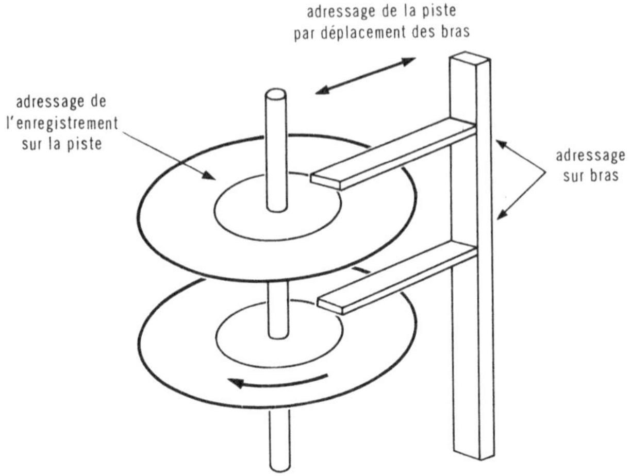

Fig. 1. Accès à un disque à têtes mobiles.

On appelle souvent *mémoire à accès par bloc* les mémoires telles que mémoires à propagation et mémoires magnétiques dynamiques, dans lesquelles on doit attendre pour accéder à une information qu'elle passe dans le dispositif de lecture-écriture. Dans ces conditions, les informations ne sont pas accédées individuellement, mais sous forme de blocs d'informations rangées séquentiellement. L'utilisation d'une information individuelle suppose un transfert préalable du bloc dans la mémoire centrale. Du point de vue des performances, ceci nous conduit à distinguer le *temps d'accès* à la première information du bloc, et la *cadence de transfert* des informations du bloc entre la mémoire auxiliaire et la mémoire centrale.

1. 4. 5. Temps d'accès. Le temps d'accès est le temps qui s'écoule entre l'instant où a été lancée une opération de lecture en mémoire et l'instant où on dispose de la première information recherchée. Il est généralement indépendant de l'emplacement des informations dans les mémoires statiques. Pour les mémoires magnétiques dynamiques, on peut négliger dans les calculs de temps d'accès les durées de commutations électroniques devant les temps de positionnement. C'est ainsi que le temps d'accès d'un tambour magnétique possédant une tête par piste dépend des positions respectives de l'information recherchée et de l'information qui se trouve en position de lecture ou d'écriture. Il est donc égal, en moyenne, à la moitié du temps total de rotation. Le temps d'accès d'une pile de disques à têtes mobiles comprend le temps de positionnement des têtes et le temps de rotation. La notion de temps d'accès a peu de sens en ce qui concerne une bande magnétique : il peut atteindre plusieurs minutes même dans l'hypothèse optimiste ou la bande est déjà montée sur son dérouleur.

1. 4. 6. Cadence de transfert : on appelle *cadence de transfert* ou *débit* d'une mémoire, le nombre maximum d'informations lues ou écrites par unité de temps. On suppose pour les mémoires à accès par bloc que ces informations sont placées à des emplacements successifs de la mémoire. La cadence de transfert s'exprime généralement en kilo-information ou méga-information par seconde. On parlera ainsi d'une vitesse de transfert d'un méga-octet par seconde.

A titre d'exemple, la cadence de transfert d'un tambour magnétique est égale au nombre de mots par piste divisé par le temps de rotation. Le temps d'une opération d'entrée-sortie sur le tambour est la somme du temps d'accès et du temps effectif de transfert qui est inversement proportionnel à la cadence de transfert.

1. 4. 7. Capacité. On appelle *capacité* d'une mémoire le nombre d'informations qu'elle contient. On parlera, par exemple, d'une mémoire à tores de 4 096 mots, d'un disque de 4 millions d'octets. Compte tenu de l'adressage binaire, les capacités des mémoires s'expriment généralement par des puissances de deux :1 024, 4 096, 8 192 mots, etc. Pour simplifier, on a convenu d'une unité de capacité, le K, qui représente $2^{10} = 1\,024$ unités d'information (c'est-à-dire à peu près un kilo-information). Une mémoire de 8 192 mots sera ainsi appelée mémoire de 8 K mots.

1. 4. 8. Amovibilité. Dans les mémoires magnétiques dynamiques les supports d'information sont souvent indissociables de leur unité d'entraînement, c'est le cas des tambours ou des disques à têtes fixes; Ils peuvent être également *amovibles* comme certains disques à têtes mobiles ou comme les bandes magnétiques.

1. 5. *La hiérarchie des mémoires.*

1. 5. 1. Les niveaux hiérarchiques dans un système informatique. L'idéal, dans une machine, serait de disposer d'une mémoire centrale extrêmement rapide et de très grande capacité. Cette solution serait beaucoup trop coûteuse et en tout état de cause se trouve techniquement irréalisable compte tenu de la complexité des circuits de sélection qui en résulteraient. On est donc conduit à établir une hiérarchie des mémoires, généralement à deux niveaux : une mémoire centrale relativement rapide mais de capacité assez limitée; une mémoire auxiliaire de beaucoup plus grande capacité mais présentant un temps d'accès important.

En fait on peut, du point de vue de leur utilisation et de leur emplacement dans l'architecture de la machine distinguer cinq niveaux de mémoires.

1. 5. 1. 1. Les mémoires tampons ou mémoires bloc-notes à accès aléatoire qui se caractérisent par leur haute performance et leur faible capacité. On les utilise dans les machines de la troisième génération comme mémoires locales ou comme mémoires tampons dans l'unité centrale ou dans les unités d'échange (cf. chapitre VI-3 et chapitre VI-5-3). Ce sont généralement des mémoires à semi-conducteurs, exceptionnellement des mémoires à films magnétiques minces. Actuellement leur temps d'accès varie entre 50 nanosecondes et 200 nanosecondes.

1. 5. 1. 2. La mémoire centrale (ou principale) est généralement à accès aléatoire puisque l'unité centrale y recherche l'information précise dont elle a besoin. On utilisa cependant dans la première génération des tambours magnétiques et des lignes à magnéto-striction. Aujourd'hui c'est le domaine de prédilection des mémoires magnétiques statiques : mémoires à tores et plus rarement mémoires à films magnétiques minces; on commence à utiliser des mémoires à semi-conducteurs. Les temps d'accès varient de 250 nanosecondes à 2 microsecondes pour des capacités pouvant atteindre 256 K caractères par modules.

La capacité de mémoire centrale suit actuellement la loi du doublement tous les deux ans. On arrive ainsi sur les très grandes machines à des mémoires de plusieurs millions de caractères constituées de plusieurs modules. Nous reparlerons aux chapitres suivants de l'organisation des mémoires centrales de grosse capacité.

1. 5. 1. 3. Extensions de la mémoire centrale. De conception relativement récente, cette première classe de mémoire auxiliaire comporte des mémoires d'assez grande capacité (plusieurs millions de caractères) avec des temps d'accès très proches de ceux des mémoires centrales (quelques microsecondes). Les solutions magnétiques statiques sont, actuellement, les seules disponibles.

1. 5. 1. 4. Mémoires de masse. Ce sont encore des mémoires à accès sélectif qui se caractérisent par de plus grandes capacités, des temps d'accès importants et de grandes vitesses de transfert. On accède donc à des blocs d'informations qui sont transférées en mémoire centrale pour y être utilisées. C'est aujourd'hui le domaine quasiment exclusif des mémoires magnétiques dynamiques dont le faible coût au bit permet des capacités importantes et dont la vitesse de transfert peut atteindre plusieurs méga-caractères par seconde : on distingue les tambours et disques à têtes fixes (temps d'accès 5 à 20 ms), les disques à têtes mobiles souvent amovibles (temps d'accès : 50 à 100 ms), les mémoires à feuillets magnétiques (temps d'accès : 200 à 600 ms).

1. 5. 1. 5. Mémoires fichiers. Elles sont constituées par les bandes magnétiques qui se caractérisent par leur accès séquentiel entraînant des temps d'accès pouvant atteindre plusieurs minutes, et par leur amovibilité qui procure une capacité d'enregistrement quasi infinie, mais qui implique des manipulations humaines de recherche et de montage sur les dérouleurs. On se sert également de ce dernier caractère d'amovibilité pour échanger des informations entre calculateurs. Le débit des bandes magnétiques peut varier entre 15 et 300 kilo-caractères par seconde.

1. 5. 2. Domaines d'utilisation des différentes technologies de mémoire. Nous résumons sur le graphique de la figure 1 les domaines d'utilisation actuels des différents types de mémoires, compte tenu des contraintes technologiques et des considérations de prix.

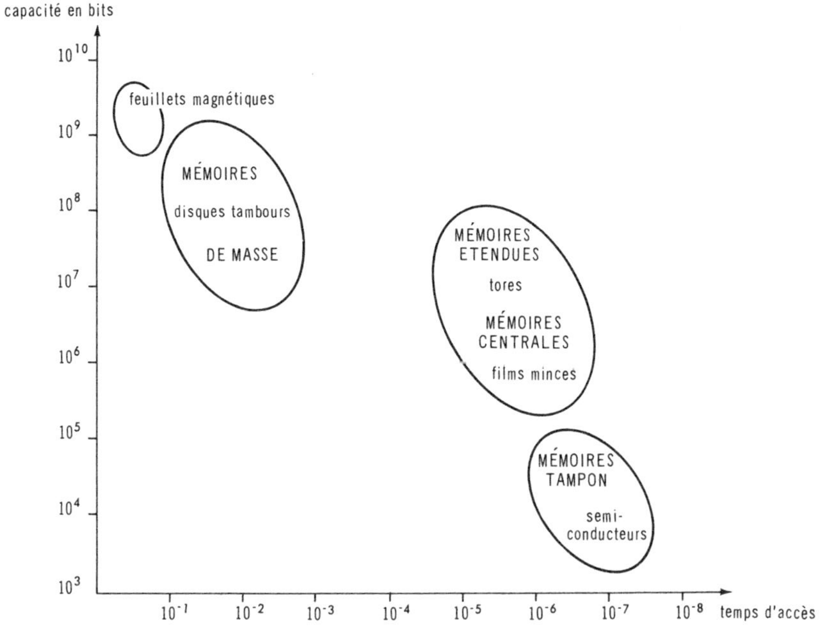

Fig. 2. Domaines d'utilisation des différents types de mémoires.

1. 6. *Mémoires spécialisées.*

Nous classerons dans cette catégorie des mémoires que des principes de fonctionnement particuliers désignent pour des applications spéciales. Nous en distinguerons trois types : les piles et files d'attente câblées, les mémoires mortes ou réinscriptibles, les mémoires associatives.

1. 6. 1. Les piles et files d'attente câblées. Nous avons décrit le mécanisme théorique de ces dispositifs au chapitre II. Il se caractérise souvent par le fait que certaines opérations impliquent un déplacement global de toute l'information contenue dans la mémoire. Ainsi, par exemple, l'insertion d'une information dans une pile câblée « pousse » le contenu de la pile d'un cran, alors que l'extraction « tire » le contenu de la pile d'un cran (cf. chap. IX, paragraphe 2. 2.). On peut réaliser de telles mémoires de faible capacité en logiques cellulaires à base de semi-conducteurs. Nous en verrons des applications aux chapitres IX et XI. Les files d'attente câblées sont souvent utilisées pour compenser la différence de vitesse de transfert d'informations de deux organes entre lesquels on établit une communication. On les appelle alors **mémoire tampon.**

1. 6. 2. Mémoires mortes. Les mémoires mortes ou mémoires à lecture seule sont des mémoires qui ne peuvent être utilisées qu'en lecture. Les mémoires réinscriptibles permettent une lecture rapide, mais une réécriture lente. Ces mémoires sont utilisées dans le domaine de la microprogrammation et nous y reviendrons au chapitre VII.

1. 6. 3. Mémoires associatives. Dans les mémoires à accès aléatoire, on fournit une adresse, et on récupère l'information contenue. Les **mémoires associatives,** ou *mémoires adressables par le contenu,* répondent au problème suivant : est-ce que telle information, appelée **descripteur,** est contenue dans la mémoire, et si oui à quel emplacement? (fig. 3).

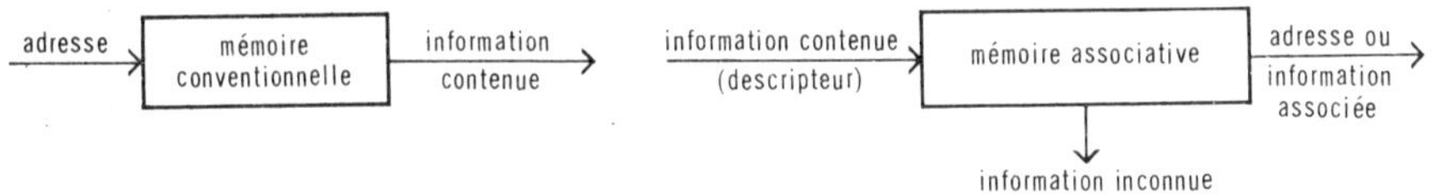

Fig. 3. Adressage normal et adressage par le contenu.

Ces mémoires sont utilisées dans les techniques de pagination de la mémoire centrale décrites au chapitre X. Nous approfondirons leur fonctionnement à la fin du présent chapitre.

2. Les mémoires à tores.

La description d'une mémoire statique fonctionnant en commutation électronique comprend deux parties : le fonctionnement du point mémoire et l'organisation générale de la mémoire qui est essentiellement liée à la technique de sélection.

Nous nous proposons de décrire à titre d'exemple la mémoire à tore qui est la plus utilisée actuellement. Si la première partie de cette description, fonctionnement du tore, est évidemment spécifique de ce type de mémoire, la deuxième partie, organisation et mode de sélection, s'appliquerait aussi bien à d'autres types de mémoires telles que celles à semiconducteurs.

2. 1. *Fonctionnement du tore.*

Les mémoires à tores utilisent des tores en ferrite (matériau ferromagnétique) comme point mémoire. Si un courant électrique d'intensité suffisante I traverse le tore (fig. 4a), celui-ci s'aimante dans le sens donné par la règle du tire-bouchon de Maxwell (point A du cycle d'hystérésis), et reste aimanté même en l'absence de courant (point A_1 du cycle d'hystérésis). Si l'on envoie une impulsion — I, le tore s'aimantera dans l'autre sens (point B puis retour au point B_1). On appelle souvent basculement du tore ce changement de sens de son aimantation. Le tore de ferrite présente donc deux états stables A_1 et B_1 et peut ainsi servir de mémoire élémentaire. Par convention, nous dirons que le tore est à l'état 1 au point A_1, à l'état 0 au point B_1. On note que le tore restera dans son état tant qu'il ne sera pas traversé par des courants dont l'intensité est supérieure à J en valeur absolue. En particulier un courant de valeur I/2 n'est pas capable de le faire basculer.

Nous savons ainsi réaliser l'opération d'écriture d'un digit sur le tore : on écrit le digit 1 en envoyant une impulsion + I et le digit 0 en envoyant une impulsion — I.

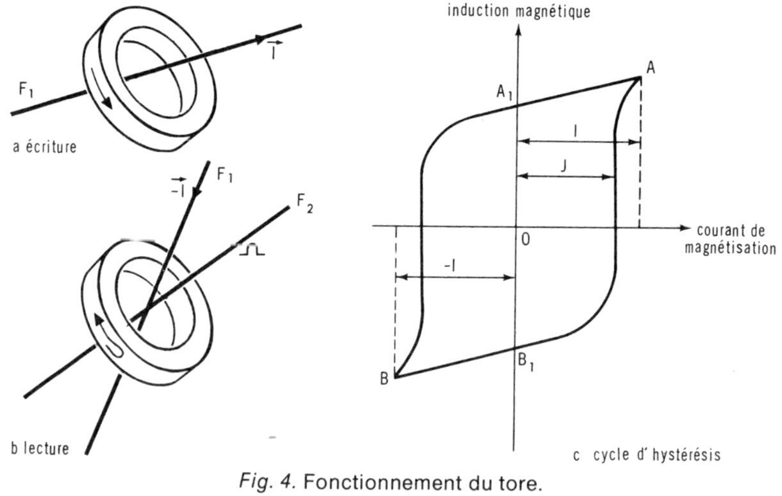

Fig. 4. Fonctionnement du tore.

Inversement on peut lire l'information contenue dans le tore en utilisant les lois de l'induction magnétique : lors de son basculement, la variation de champ magnétique produite induit un courant dans un fil de lecture traversant le tore. Si le tore était à 1 (fig. 4b), le courant — I envoyé dans le fil F_1 fait basculer le tore et l'on récupère un courant induit dans le fil F_2. Si le tore était à 0 il ne se passe rien. La présence d'une impulsion sur le fil de lecture F_2 est donc significative du contenu du tore, mais on note que cette lecture est destructive puisqu'en fin d'opération le tore est à l'état 0.

2. 2. *Organisation des mémoires à tores.*

On distingue trois types de sélections qui correspondent à des organisations différentes des mémoires : la sélection linéaire ou sélection à deux dimensions (2 D); les sélections par courants coïncidents qui comprennent la sélection à 3 dimensions (3 D) et la sélection de deux dimensions et demie (2 1/2 D).

2. 2. 1. Organisation par mot (ou organisation 2 D).

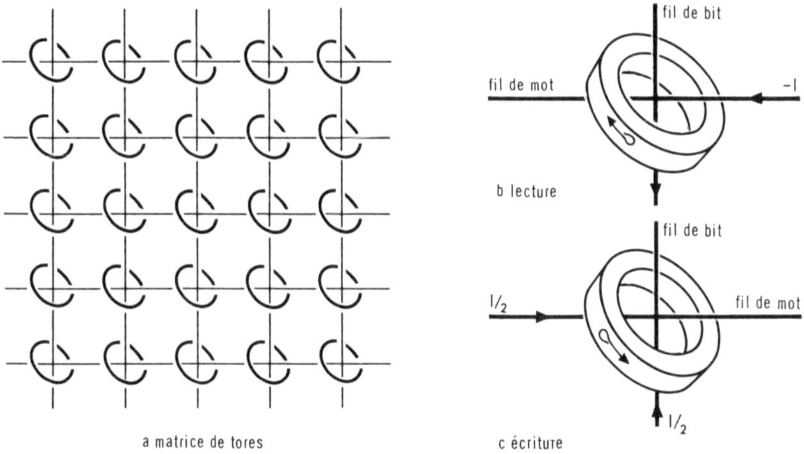

Fig. 5. Organisation 2 D.

La mémoire à tores la plus simple consiste en une matrice de tores, chaque tore étant traversé par deux fils perpendiculaires, un fil de mot et un fil de bit. Les tores d'une même ligne mémorisent un mot. Une mémoire ainsi conçue est appelée *organisée par mots* et sa sélection est dite *linéaire* ou encore *à deux dimensions* (2 D). Pour écrire une configuration binaire donnée dans un mot de la mémoire (supposé remis à zéro antérieurement), on envoie un courant I/2 dans le fil de mot correspondant, et un courant I/2 dans tous les fils de bits correspondant aux 1 de la configuration binaire. (Cf. fig. 4c.) Seuls les tores qui sont traversés par les deux courants simultanément basculent, le seul courant I/2 étant incapable de faire basculer un tore. L'opération de lecture d'un mot consiste à envoyer un courant — I dans le fil de mot : les tores de ce mot qui étaient à 1 basculent et l'on récupère un courant induit dans les fils de bits correspondants.

On remarque que la lecture est destructive, puisqu'elle met tous les bits du mot à zéro, tandis que l'écriture nécessite une mise à zéro préalable. On convient donc de diviser toute opération concernant la mémoire en deux phases : une **phase de lecture** et une **phase d'écriture.** Dans le cas d'une recherche en mémoire, la deuxième phase a pour but de réécrire le mot lu : au niveau du cycle la mémoire n'est pas destructive. Dans le cas d'un enregistrement en mémoire, la première phase a pour but de mettre à zéro le mot dans lequel on veut écrire (fig. 6).

On appelle **temps d'accès** le temps nécessaire à l'obtention de l'information cherchée ; on appelle **cycle mémoire** l'ensemble des deux phases de lecture et d'écriture. La durée du cycle mémoire est légèrement supérieure à deux fois le temps d'accès compte tenu des temps de chargement de registres.

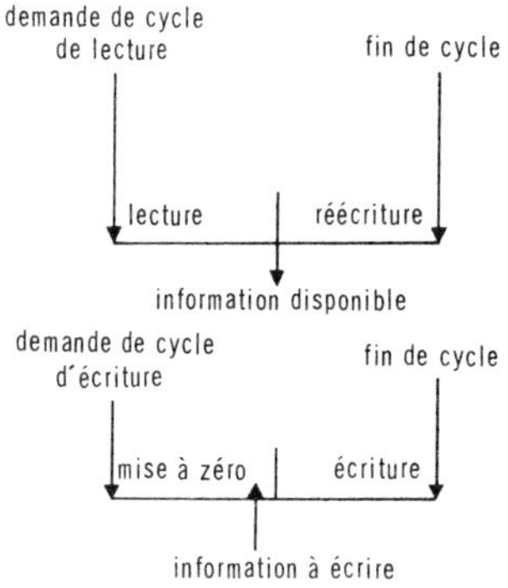

Fig. 6. Le cycle mémoire.

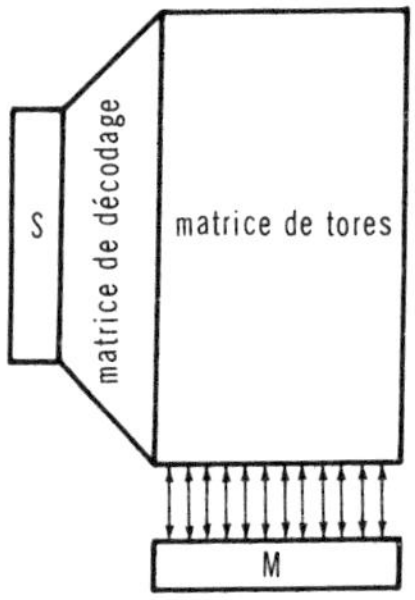

Fig. 7. Organisation d'une mémoire 2 D.

La figure 7 schématise l'organisation générale d'une mémoire organisée par mot sans tenir compte des amplificateurs permettant de générer les courants I et I/2 et d'amplifier les impulsions de lecture. Le registre S contient les adresses en mémoire et grâce à la matrice de décodage permet de sensibiliser les fils de mots ; le registre M est lié en entrée et en sortie aux fils de bits. Dans certaines mémoires le registre M est doublé, un pour la lecture, un pour l'écriture.

2. 2. 2. Sélection par courants coïncidents (3 D). Une partie du décodage est réalisée par l'organisation même de la mémoire. Cette dernière est divisée en *m* matrices de 2^n tores où *m* est le nombre de bits du mot calculateur et *n* le nombre de bits du registre de sélection. Chaque tore de la *ième* matrice correspond au bit de poids *i* d'un des 2^n mots de la mémoire.

Chaque tore est traversé par quatre fils, à savoir deux fils de sélection X et Y intéressant en série les *m* matrices de tores et deux fils de fonction, lecture et inhibition, attachés à chaque matrice de tores (fig. 8).

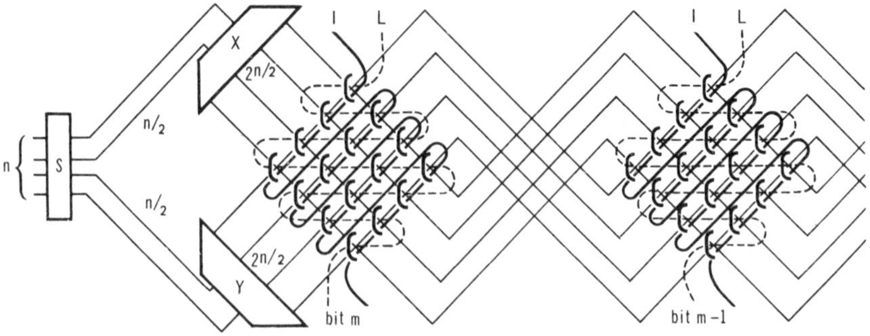

Fig. 8. Schéma d'organisation d'une mémoire 3 D.

On lit un mot en envoyant deux impulsions — I/2 sur les fils X et Y correspondants. La conjonction de ces deux impulsions remet à zéro les tores du mot qui étaient positionnés à 1, ce qui induit des courants dans les fils de lecture des bits correspondants (fig. 9).

On écrit les bits 1 d'un mot, précédemment remis à zéro, en envoyant des courants I/2 sur les fils X et Y qui le sélectionnent. L'écriture des zéros consiste à éviter le basculement des tores : on positionne un courant — I/2 sur le fil d'inhibition qui s'oppose aux deux courants I/2 des fils X et Y de telle sorte que la résultante égale à I/2 se trouve insuffisante pour faire basculer le tore. (Fig. 10.) On note que l'on peut utiliser le même fil pour la lecture et l'inhibition.

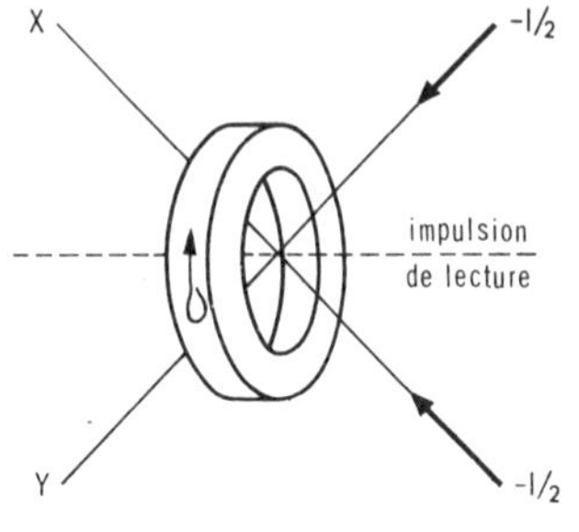

Fig. 9. Lecture 3 D.

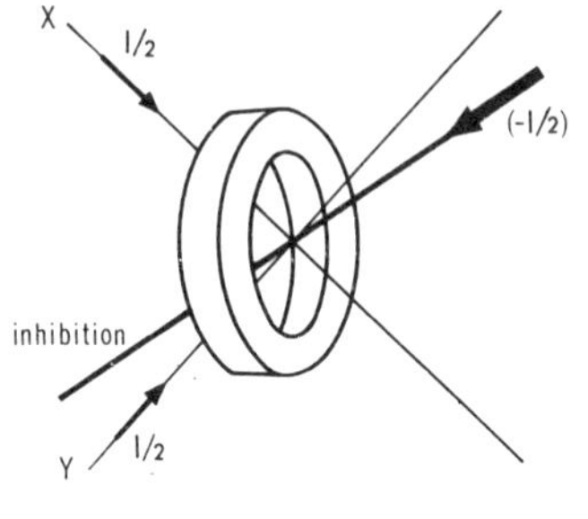

Fig. 10. Ecriture et inhibition 3 D.

2. 2. 3. Sélection 2 1/2 D. Il s'agit encore d'une sélection par courants coïncidents, la seule différence avec la sélection 3 D étant que l'inhibition en écriture ne se place pas au niveau des tores, mais au niveau d'un des courants de sélection (fig. 11).

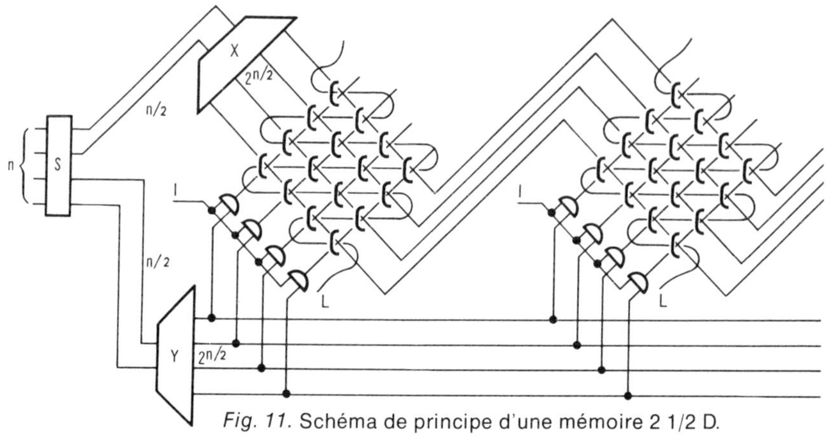

Fig. 11. Schéma de principe d'une mémoire 2 1/2 D.

2. 2. 4. Comparaison des divers types de sélection. Le passage de la sélection 2 D à l'une des sélections 3 D ou 2 1/2 D se caractérise :
(1) par un gain en ce qui concerne les circuits de décodage : on passe d'un décodage portant sur n bits à deux décodages portant sur $n/2$ bits. Or la complexité du circuit de décodage varie comme le carré du nombre de bits à décoder. Il suffit, pour bien peser ce facteur, de faire le calcul pour une toute modeste mémoire de 4 K mots ;
(2) par une perte en ce qui concerne le câblage des tores : il faut en effet faire passer un fil supplémentaire à travers chaque tore. On appréciera mieux l'importance de ce facteur si l'on sait, d'une part, que la vitesse de basculement d'un tore étant d'autant plus grande que son diamètre est plus petit, on est conduit à utiliser des tores dont le diamètre est de l'ordre d'une fraction de millimètre et, d'autre part, que les matrices de tore sont généralement tissées à la main compte tenu de la fragilité des tores de ferrite et des difficultés rencontrées dans la mise au point de dispositifs de tissage automatique.

La solution choisie pour le câblage d'une mémoire à tores résulte évidemment du meilleur compromis entre ces deux facteurs. De façon générale, les mémoires 2 D doivent être choisies lorsque le rapport coût du tirage des tores sur coût du circuit de décodage devient grand, notamment :

— pour des petites mémoires très rapides, où une solution à 3 fils par tore serait inacceptable ;

— pour les mémoires auxiliaires où la sélection peut porter sur des mots très longs (de plusieurs centaines de bits).

3. Les mémoires à semi-conducteurs.

Ce sont des mémoires qui utilisent le bistable électronique comme point mémoire. Comme nous l'avions présenté (chap. III, 10. 2.), elles ont une organisation cellulaire, chaque point mémoire étant composé de son bistable et des circuits d'écriture et de lecture associés.

On retrouve dans ce type de mémoire les modes de sélection que nous avons connus dans les mémoires à tores. La figure 12 en fournit des exemples.

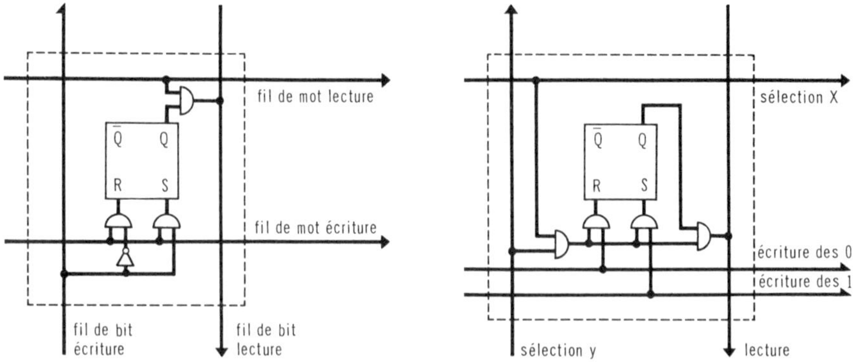

a Sélection linéaire 2 D. *b* Sélection par courants coïncidents 3 D.

Fig. 12. Exemples de point mémoire dans des mémoires cellulaires à semi-conducteurs.

La figure 12a représente un point mémoire dans le cas de la sélection linéaire 2 D. On remarque qu'en écriture le signal écriture-mot vient échantillonner l'information positionnée sur le fil de bit; qu'en lecture, le signal lecture-mot permet d'analyser le contenu du bistable. Ainsi dans ce schéma la lecture n'est pas destructive et l'écriture ne nécessite pas une remise à zéro préalable.

La figure 12b représente une réalisation possible du point mémoire dans l'hypothèse de la sélection par courants coïncidents de type 3 D. Les deux fils de sélection en X et Y permettent d'adresser le point mémoire aussi bien en lecture qu'en écriture. L'écriture du 1 et l'écriture du 0 nécessitent alors deux signaux différents si l'on veut que la lecture ne soit pas destructive.

4. Mémoires associatives.

Ces mémoires, également appelées *mémoires adressables par le contenu,* sont conçues, non pour rechercher une information dont on connaît l'adresse de rangement, mais pour chercher si une information, appelée descripteur, est contenue dans la mémoire et, dans cette dernière hypothèse, fournir une information associée. Ainsi une mémoire associative se divise en deux parties : une première partie M_1 dont tous les mots sont comparés en parallèle au descripteur D et une deuxième partie M_2 qui fournit éventuellement, dans un registre A, l'information associée au descripteur D. La mémoire associative apparaît ainsi comme la réalisation câblée de la structure d'informations que nous avons appelée *table* au chapitre II.

A titre d'exemple, nous allons montrer comment on peut réaliser une mémoire associative en logique cellulaire (fig. 13).

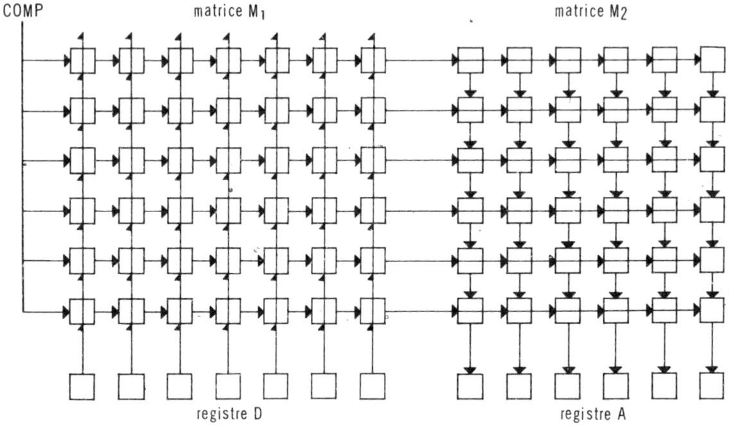

Fig. 13. Mémoire associative cellulaire.

Les mémoires M_1 et M_2 sont organisées par mots, les cellules sur une même horizontale correspondant aux différents bits d'un mot, les cellules sur une ,même verticale correspondant aux bits d'un poids donné des différents mots. Chaque cellule représente un point mémoire comportant un bistable et les logiques d'écriture et de comparaison pour la matrice M_1, d'écriture et de lecture pour la matrice M_2. Nous ne nous intéresserons pas ici aux opérations d'écriture, permettant le chargement initial de la mémoire.

La recherche en mémoire suppose le chargement préalable du descripteur dans le registre D. Ensuite toutes les opérations s'exécuteront en parallèle sur tous les mots, sous l'effet d'une seule impulsion COMP. Une cellule de M_1 transmettra l'impulsion COMP si le contenu du point mémoire est identique au contenu du bistable du registre D placé sur la même verticale, et l'arrêtera dans le cas contraire. Si on suppose qu'il y a au plus une information identique au descripteur dans M_1, on aura au plus une impulsion COMP à la sortie de M_1 qui désignera le mot de M_2 à envoyer dans le registre A.

La figure 14 schématise une cellule de M_1 et une cellule de M_2. Leurs équations sont les suivantes :

pour M_1 : $\widehat{COMP} = COMP \,.\, (D_i \,.\, Q_{ij} + \overline{D_i} \,.\, \overline{Q_{ij}})$

pour M_2 : $\widehat{A}_i = A_i + (COMP \,.\, Q_{ij})$

(*i* désigne l'indice de colonne et *j* l'indice de ligne).

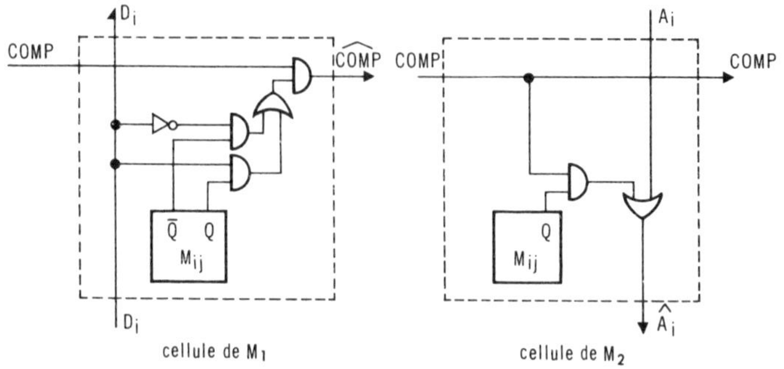

Fig. 14. Schémas simplifiés des cellules de la mémoire associative.

On peut réaliser des petites mémoires associatives (16 mots d'une trentaine de digits) qui ont des temps de recherche de l'ordre de 100 à 200 ns. Les mémoires associatives sont utilisées pour les recherches en table ou pour certains transcodages, lorsque le facteur rapidité est trop important pour permettre la recherche programmée dans une table en mémoire centrale. Nous en verrons notamment des applications lorsque nous décrirons les techniques de topographie mémoire au chapitre X.

chapitre V

les opérateurs arithmétiques et logiques

Ce chapitre traite des opérations arithmétiques et logiques ainsi que des unités permettant de les réaliser. Il se divise en deux parties. La première partie est consacrée aux opérations simples s'exécutant digit à digit (opérations logiques, décalages, addition binaire). Les opérateurs correspondants, pour la plupart combinatoires, sont étudiés séparément, puis assemblés pour construire le premier élément de Boulix à savoir son unité arithmétique et logique. La deuxième partie présente les opérations nécessitant généralement des opérateurs séquentiels (multiplication, division, opérations décimales et flottantes). L'étude de la commande de ces opérateurs est reportée au chapitre VII pour être traitée en même temps que la commande de l'ensemble de l'unité centrale. Le chapitre XI présentera de nouvelles structures d'opérateurs arithmétiques permettant le traitement simultané de plusieurs opérations du même type.

1. Classement des opérateurs arithmétiques.

L'unité arithmétique et logique (U. A. L.) est composée soit d'une unité unique capable d'exécuter tout le jeu d'instructions du calculateur, soit de plusieurs *unités fonctionnelles* ou *opérateurs* spécialisés chacun dans l'exécution d'un ou plusieurs types d'opérations.

Nous nous proposons d'étudier ici les divers opérateurs arithmétiques et logiques, et nous commencerons par un essai de classification.

On distinguera d'abord les *opérateurs série* des opérateurs *parallèles*. Les premiers qui travaillent bit après bit ne sont pratiquement plus utilisés, et nous nous contenterons de l'exemple de l'additionneur série décrit au chapitre III. Notre étude portera donc sur les opérateurs parallèles en remarquant toutefois que certains ne le sont que partiellement : nous verrons que le multiplicateur parallèle ordinaire travaille en parallèle sur les bits du multiplicande, mais en série sur les bits du multiplicateur.

On peut également classer les opérateurs en fonction du caractère *combinatoire* ou *séquentiel* de leur conception. Dans les premiers, les différentes opérations sont exécutées en une seule phase et de ce fait sont commandées par des signaux à niveau restant positionnés pendant toute l'opération. Dans les seconds, les opérations sont exécutées en plusieurs phases commandées par des impulsions fournies par un dispositif de contrôle (qui peut être l'unité de contrôle du calculateur, ou un organe de l'opérateur). Les opérateurs contiennent alors des dispositifs de mémorisation des résultats partiels. Une solution intermédiaire consiste à disposer d'un opérateur combinatoire associé à un registre appelé *accumulateur* ou *totalisateur* qui sert à la mémorisation du premier opérande pendant l'opération et à la mémorisation du résultat par la suite.

On associe généralement à l'opérateur arithmétique des *indicateurs,* qui fournissent des informations sur la dernière opération effectuée. On trouve des *indicateurs d'erreur :* débordement ou dépassement de capacité, division par zéro, etc., et des *indicateurs d'état de l'accumulateur :* positif ou négatif, égal à zéro, etc. Ces indicateurs forment ce qu'il est souvent convenu d'appeler le *code condition.* Ils servent en effet d'informations à tester lors des instructions de branchement conditionnel.

2. L'unité arithmétique et logique élémentaire.

Nous nous intéresserons, dans ce paragraphe, aux opérations qui peuvent s'exécuter entre bits de même poids, comme les opérations logiques et l'addition binaire, réservant pour la suite les opérations plus complexes comme la multiplication et la division. Dans le cas des opérations s'exécutant entre bits de même poids, on trouve deux montages possibles des opérateurs.

Les opérateurs purement combinatoires se montent entre deux registres sources S_1 et S_2 (ou deux bus sources) pour les opérandes et un registre résultat R (ou un bus résultat), selon le schéma de la figure 1. (On note que, sur ce schéma, le résultat n'est valide que tant que les opérandes sources restent positionnés.)

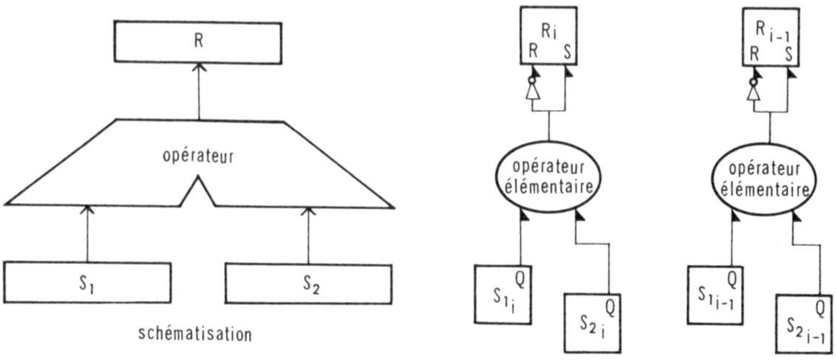

Fig. 1. Opérateur combinatoire.

Les opérateurs avec accumulateur (fig. 2) ne demandent qu'un registre source pour mémoriser l'un des opérandes, l'autre étant mémorisé par l'accumulateur pendant tout le temps de l'opération. Quand les niveaux logiques sont établis aux sorties des opérateurs élémentaires, une impulsion EACC échantillonne le résultat dans l'accumulateur.

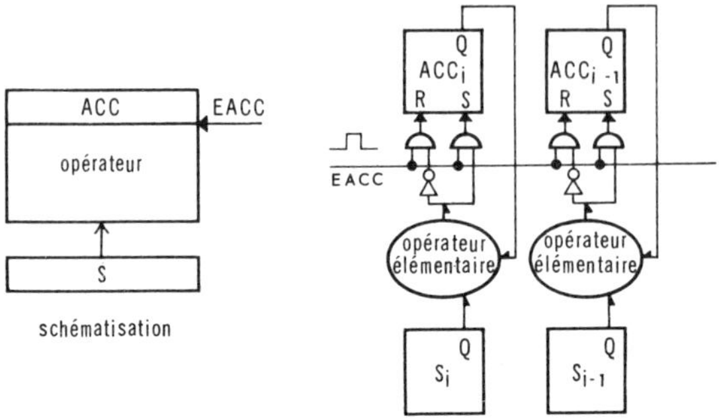

Fig. 2. Opérateur avec accumulateur.

2. 1. *Les opérations logiques.*

En dehors de la complémentation qui se fait par des circuits PAS dans le cas de l'opérateur combinatoire et par la complémentation de l'accumulateur dans le cas de l'opérateur avec accumulateur, il s'agit essentiellement des opérations ET, OU et OU exclusif.

Dans le cas de l'opérateur combinatoire, il suffit de se reporter au schéma de la figure 1 en remplaçant les opérateurs élémentaires par des circuits ET, s'il s'agit de l'opération intersection, OU s'il s'agit de l'opération réunion, OU exclusif s'il s'agit de l'opération OU exclusif.

Dans le cas de l'opérateur avec accumulateur, on peut simplifier l'organisation présentée dans la figure 2 en partant de l'idée suivante : au lieu d'exécuter l'opération entre le bit du registre source et le bit de l'accumulateur, on remarque qu'il suffit, suivant la valeur de bit source S_i,

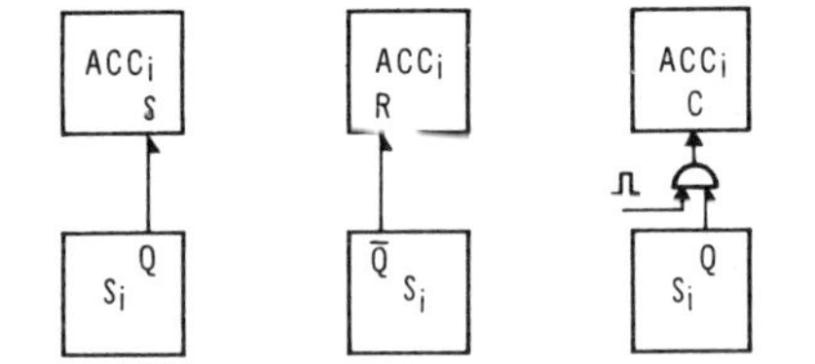

S_i	ACC'_i	ACC_i
0	0	0
0	1	1
1	0	1
1	1	1

opération OU

S_i	ACC'_i	ACC_i
0	0	0
0	1	0
1	0	0
1	1	1

opération ET

S_i	ACC'_i	ACC_i
0	0	0
0	1	1
1	0	1
1	1	0

OU exclusif

Fig. 3. Opérations logiques.

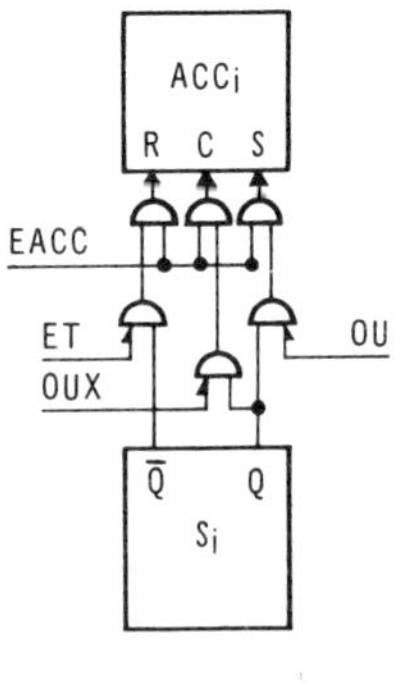

Fig. 4. Etage d'opérateur logique.

soit de laisser le bit accumulateur à sa valeur, soit de lui forcer une valeur ne dépendant que de S_i. Par exemple pour le ET logique, le bit accumulateur reste inchangé si $S_i = 1$, mais doit être mis à zéro si $S_i = 0$. Ceci conduit aux schémas de la figure 3. On note que ces différentes fonctions peuvent être regroupées dans un même opérateur grâce à des signaux associés aux différentes opérations et commandant des portes logiques (fig. 4).

2. 2. *Les opérations de décalage.*

L'opérateur de décalage peut être formé uniquement de portes logiques : il a alors un caractère purement combinatoire. La figure 5 représente un opérateur de ce type réalisant des décalages circulaires et placé entre deux bus.

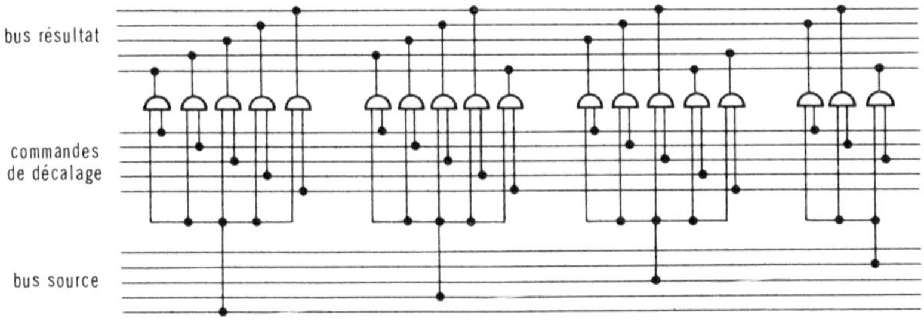

Fig. 5. Opérateur combinatoire de décalage.

On peut aussi monter l'accumulateur en registre à décalage. Dans les opérateurs des petites machines, on ne peut généralement exécuter qu'un décalage élémentaire (une position à gauche ou à droite) par impulsion. Afin de ne pas utiliser une instruction par décalage élémentaire, on utilise généralement un décompteur de décalage chargé au début de l'opération par le nombre de décalages à effectuer qui apparaît comme opérande immédiat dans l'instruction. Ce décompteur se trouve décrémenté d'une unité à chaque impulsion de commande de décalage ; l'opération s'arrête quand le décompteur de décalage est à zéro (fig. 6). Ceci est un premier

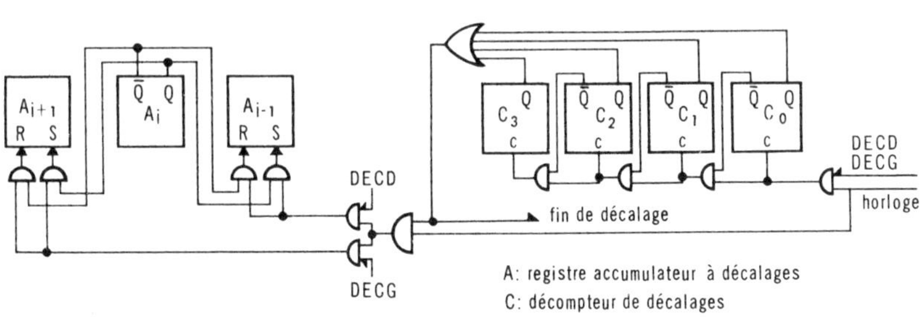

Fig. 6. Commande séquentielle de décalages à l'aide d'un décompteur.

exemple d'opérateur séquentiel et de son dispositif de contrôle. Dans les machines plus importantes l'accumulateur est câblé de telle façon que l'on puisse exécuter des décalages de 1, 2, 3... ou K positions, à droite ou à gauche à chaque impulsion horloge.

2. 3. *Addition et soustraction binaires.*

2. 3. 1. Notion d'additionneur binaire parallèle. Fondamentalement, un additionneur binaire parallèle est formé par une chaîne d'étages d'additionneurs, l'étage d'additionneur de rang i transmettant la retenue éventuelle à l'étage d'additionneur de rang $i+1$. L'étage 0 peut n'être formé que d'un demi-additionneur. La retenue de l'étage de plus fort poids indique un débordement si elle est positionnée. La figure 7 représente un élément d'additionneur parallèle câblé entre un registre source et un accumulateur.

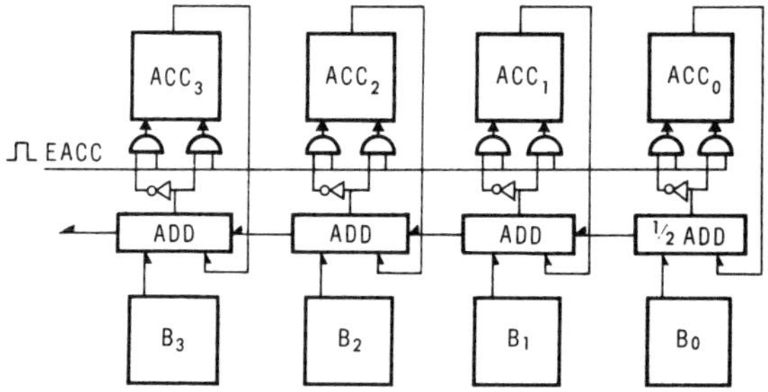

Fig. 7. Additionneur parallèle.

2. 3. 2. Addition accélérée. On note sur l'additionneur parallèle représenté figure 7 que le temps de stabilisation des sorties des étages d'additionneur après positionnement des bistables est variable selon les opérandes à additionner : le cas le plus défavorable est celui où une retenue générée sur le bit de plus faible poids est propagée jusqu'au bit de plus fort poids. C'est donc la durée de la propagation de la retenue à travers l'ensemble des étages d'additionneurs qui doit être pris comme temps d'addition, l'échantillonnage ne pouvant être fait qu'après l'écoulement de cette durée si l'on veut être sûr d'avoir obtenu la stabilisation des sorties.

Parmi les nombreuses solutions proposées pour accélérer l'opération d'addition, nous ne citerons que la technique dite technique by pass.

L'additionneur est subdivisé en sections (ou sous-additionneurs), portant chacune sur un petit nombre de bits. Dans une première phase, les additions sont réalisées au niveau de chaque section, sans tenir compte de la retenue éventuellement générée dans la section immédiatement à gauche. Dans une deuxième phase, on propage les retenues. La retenue générée dans la section $i-1$ doit conduire à ajouter 1 à la section i. Cette dernière opération peut conduire la section i à propager elle-même cette retenue vers la section $i+1$. Toute l'astuce du procédé revient à détecter, sans avoir à réaliser la propagation dans la section i, si cette retenue existe et doit être transmise à la section $i+1$. Si oui, la retenue générée par la section $i-1$ sera transmise à la section $i+1$ en « by-passant » la section i ; elle n'aura donc qu'une porte à traverser (fig. 8).

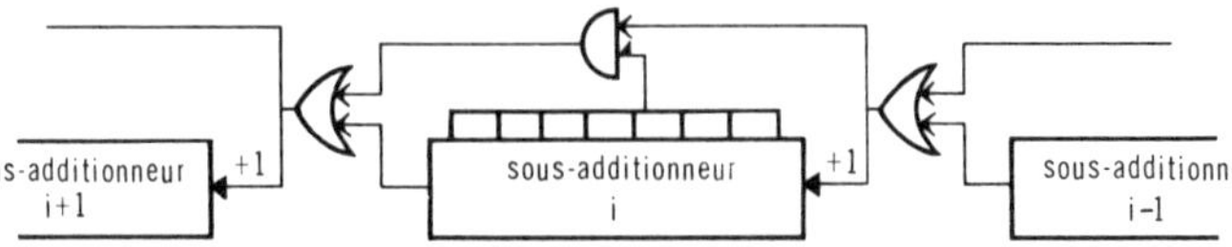

Fig. 8. Addition accélérée (schéma de principe très simplifié).

Il s'agit maintenant de trouver la condition qui permettra de savoir, sans avoir à réaliser effectivement la propagation, si la retenue doit ou non by-passer la section. On se convaincra rapidement qu'elle s'énonce ainsi : la retenue est arrêtée si les deux opérandes présentent deux digits binaires identiques dans au moins une des positions (ou si le résultat obtenu dans la première phase de l'opération possède au moins un digit à zéro). Dans un tel additionneur, le temps d'addition est égal à deux fois le temps maximum de propagation de la retenue dans une section.

2. 3. 3. Addition et soustraction de nombres algébriques binaires. On remarque que soustraire un nombre d'un autre est équivalent à lui ajouter son opposé. La soustraction se réduit donc à l'addition algébrique sous réserve de savoir calculer l'opposé d'un nombre, ce qui se fait généralement par complémentation. Cette méthode évite de doubler l'additionneur d'un soustracteur. Nous limiterons notre étude de l'addition de deux nombres algébriques au cas de la représentation par complémentation vraie (complémentation à 2), les problèmes posés par la complémentation restreinte étant très similaires.

Nous supposerons que notre unité arithmétique traite des nombres représentés sur n bits, le plus à gauche faisant fonction de bit de signe. Nous associerons à l'accumulateur un $(n+1)$ ième bit qui servira d'indicateur de débordement (fig. 9). Pour étudier l'opération d'addition algébrique, nous traçons un tableau à trois entrées correspondant aux 3 configurations possibles de signe des opérandes et tenant compte de la retenue $n-1$

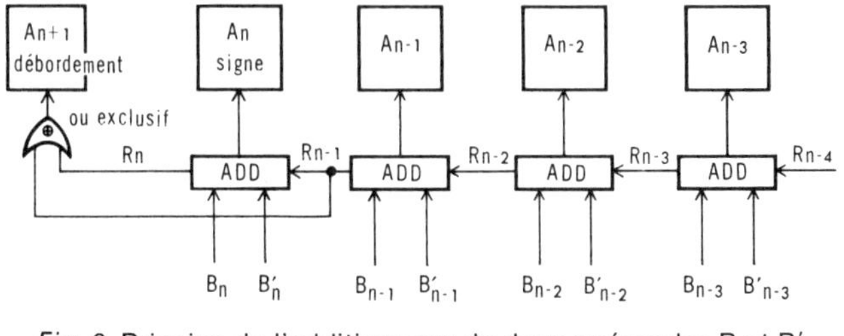

Fig. 9. Principe de l'additionneur de deux opérandes B et B′ représentés en complément à deux.

issue de l'étage immédiatement à droite du bit de signe. La présence de cette retenue implique un débordement dans le cas d'un résultat attendu positif; son absence implique un débordement dans le cas d'un résultat attendu négatif.

Conditions de signe	2 opérandes > 0 le résultat doit être positif	1 opérande > 0 1 opérande < 0 Il ne peut y avoir de débordement	2 opérandes < 0 le résultat doit être négatif
représentation initiale (registres de 5 bits)	**0** **0**	**1** **0**	**1** . . . . **1** . . . .
résultat s'il n'y a pas de retenue issue de l'étage n—1	**0** . . . . valable : résultat positif	**1** . . . . valable : résultat négatif	**10** . . . . non valable puisque résultat positif : débordement
résultat s'il y a retenue issue de l'étage n—1	**1** . . . . non valable puisque résultat négatif : débordement	**10** . . . . valable en laissant tomber la retenue : résultat positif	**11** . . . . valable en laissant tomber la retenue : résultat négatif

Addition de deux opérandes représentés en complément à deux.

On note que l'indicateur de débordement doit être positionné dans deux cas : il n'y a pas retenue d'ordre n — 1 mais il y a retenue d'ordre n ou bien il y a retenue d'ordre n — 1, mais il n'y a pas retenue d'ordre n. La figure 9 indique de façon très schématique le câblage du bistable de débordement.

2. 4. *Unité arithmétique et logique pour Boulix.*

Nous avons maintenant tous les éléments nous permettant de faire le schéma d'une unité arithmétique et logique élémentaire, telle que celle dont nous pourrions doter Boulix.

L'unité arithmétique de Boulix est montée entre un bus source M sur lequel sont maintenus les niveaux logiques représentant le deuxième opérande et un accumulateur ACC qui maintient les niveaux logiques correspondant au premier opérande jusqu'à ce que le signal d'échantillonnage EACC force le résultat dans l'accumulateur. Elle comporte un additionneur parallèle, et des portes logiques permettant d'exécuter les opérations logiques et d'aiguiller les informations en fonction des opérations arithmétiques à effectuer. De plus, l'accumulateur est monté en registre à décalage.

Les différentes opérations sont commandées par des signaux logiques normalement issus du séquenceur central de l'ordinateur. Tous ces signaux sont à niveau, de telle sorte qu'au bout d'un certain temps après leur positionnement le résultat de l'opération se trouve stabilisé sous forme de niveaux logiques qui seront échantillonnés dans l'accumulateur par le signal impulsionnel EACC.

La figure 10 représente le i^{ieme} élément de cette unité. Nous passons en revue les différentes opérations qu'elle permet :

CHA *chargement :* transfert dans l'accumulateur de l'information présente sur le bus M.

CHAC *chargement avec complémentation :* même processus mais après complémentation de chaque digit.

ADD *addition :* addition au contenu de l'accumulateur de l'information présente sur le bus M. Cette addition est réalisée par l'additionneur parallèle et le temps de cette opération est celui de la propagation des retenues.

SUB *soustraction :* l'information présente sur le bus M est soustraite du contenu de l'accumulateur. Cette soustraction est réalisée par complémentation de l'information présente sur le bus M, puis addition dans l'additionneur parallèle. L'opération est correcte si Boulix travaille en complément à 1. Sinon, il faut de plus positionner un niveau 1 sur l'entrée retenue de l'étage d'additionneur de plus faible poids.

ET *intersection logique* entre l'information présente sur le bus M et le contenu de l'accumulateur.

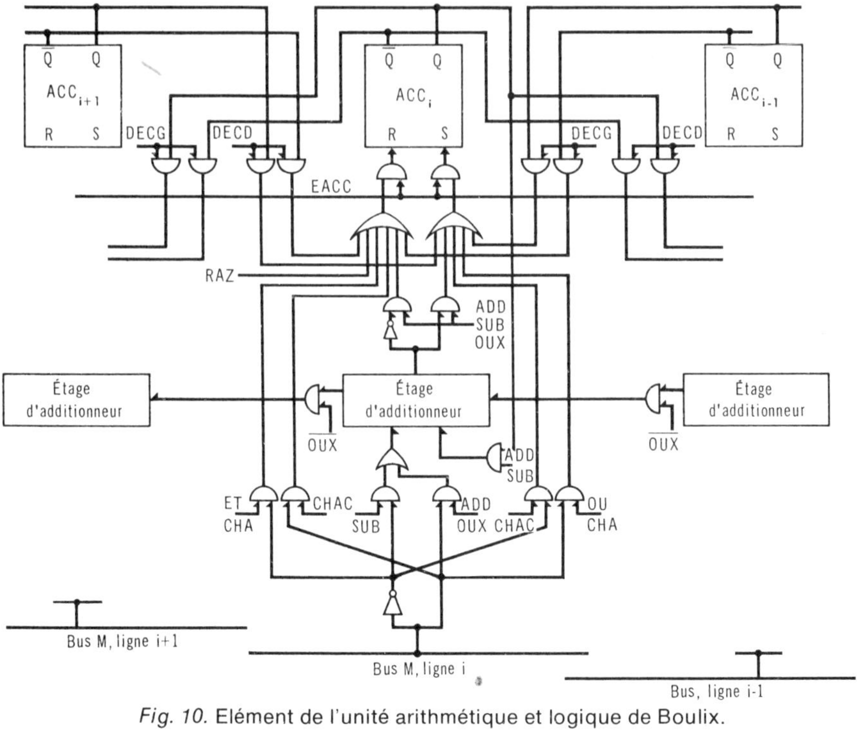

Fig. 10. Elément de l'unité arithmétique et logique de Boulix.

OU *réunion logique* entre l'information présente sur le bus M et le contenu de l'accumulateur. Ces deux dernières opérations sont réalisées selon le schéma de la figure 4.

OUX *ou exclusif* entre l'information présente sur le bus M et le contenu de l'accumulateur. Cette opération est exécutée ici par l'additionneur en inhibant la propagation des retenues.

DECG *décalage à gauche :* décalage d'une position binaire vers la gauche portant sur le contenu de l'accumulateur.

DECD *décalage à droite :* décalage d'une position binaire vers la droite portant sur le contenu de l'accumulateur.

Les indicateurs associés à l'unité arithmétique de Boulix pourraient être les suivants :

DEB indicateur de débordement câblé selon le schéma de la figure 10 si Boulix travaille en complément à 2.

S indicateur de signe également câblé selon le schéma de la figure 10.

Z indicateur de zéro. Peut être câblé grâce à un NOR portant sur toutes les sorties Q des bistables de l'accumulateur si Boulix travaille en complément à 2. (En complément à 1, il faudrait un OU logique portant sur un NOR de toutes les sorties Q et un NOR de toutes les sorties $\bar{Q}$.)

3. Multiplication et division binaires.

Nous nous proposons de décrire les mécanismes couramment utilisés pour réaliser des opérateurs de multiplication ou division. Bien qu'il existe des algorithmes permettant d'exécuter ces opérations sur des nombres algébriques représentés en complémentation, nous nous bornerons aux opérations sur les valeurs absolues, le traitement des signes étant fait à part. Nous partirons de la méthode utilisée lorsque l'on fait l'opération à la main. Nous en déduirons des algorithmes séquentiels simples. A titre d'exemple, nous montrerons sur le cas de la multiplication comment on peut accélérer l'opération soit en conservant l'aspect séquentiel de l'algorithme, soit en cherchant à exécuter l'ensemble des opérations correspondantes en parallèle grâce à une logique cellulaire.

3. 1. *Le multiplicateur séquentiel par addition décalage.*

Considérons l'exemple numérique suivant :

```
         11001    multiplicande
         10101    multiplicateur
    ----------
         11001 }
        00000  }
       11001   }  produits partiels
      00000    }
     11001     }
    ----------
    1000001101    produit
```

On constate que les produits partiels sont égaux au multiplicande si le bit correspondant du multiplicateur est 1, nuls dans le cas contraire. Une première opération consiste donc à tester successivement chaque bit du multiplicande. On en déduit les produits partiels que l'on décale pour les totaliser dans un accumulateur au cours de leur formation. On note à ce propos que, si multiplicateur et multiplicande ont *n* bits, l'accumulateur permettant cette totalisation devra avoir 2*n* bits : le résultat est donc obtenu en double longueur. L'unité arithmétique capable de réaliser une multiplication doit donc posséder un complément à l'accumulateur, généralement appelé « Multiplicateur-Quotient », ou par abréviation M.Q., parce qu'il contient le multiplicateur dans le cas de la multiplication, le quotient dans le cas de la division.

La figure 11 représente l'unité traditionnelle de multiplication.

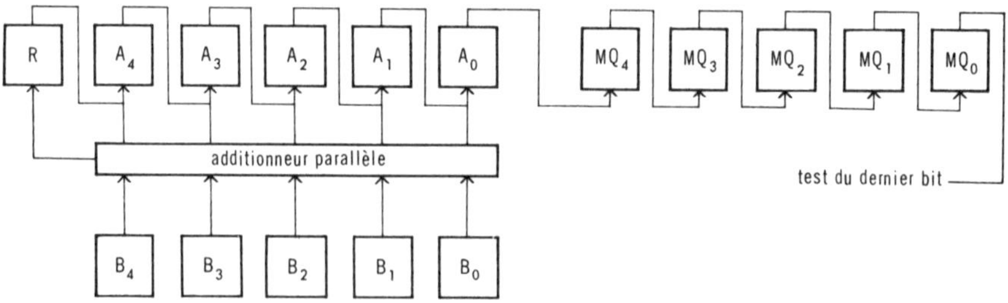

Fig. 11. Principe de l'opérateur de multiplication par addition-décalage.

L'opération est initialisée de la façon suivante : (1) chargement du multiplicateur dans l'accumulateur; (2) décalage droite sur l'ensemble accumulateur — M.Q. ce qui a pour but de mettre 0 dans l'accumulateur et le multiplicateur dans le M.Q. ; (3) chargement du multiplicande en B (qui peut éventuellement être remplacé par le registre M d'échange avec la mémoire).

La multiplication s'effectue ensuite suivant l'organigramme de principe dessiné figure 12.

Fig. 12. Organigramme de la multiplication.

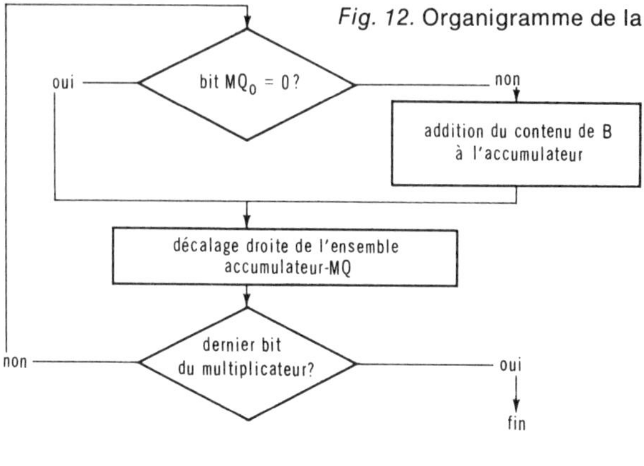

En fin d'opération, le résultat de la multiplication occupe en double-longueur l'ensemble accumulateur — M.Q. Le séquencement de cet opérateur sera étudié au chapitre VII, paragraphe 3. 2.

3. 2. *Les techniques de multiplication rapide.*

Deux voies principales permettent, par des moyens logiques, d'augmenter la vitesse de la multiplication.

(1) En partant de la technique traditionnelle par addition-décalage et en diminuant le nombre d'opérations partielles successives.

(2) En réalisant un opérateur cellulaire permettant une multiplication quasi parallèle.

3. 2. 1. Amélioration de la technique par addition-décalage. On peut apporter des modifications à la technique décrite au paragraphe 3. 1. Parmi les diverses solutions proposées, nous en choisissons une qui porte sur la condensation d'opérations à réaliser quand on a soit une suite de 0, soit une suite de 1. Elle suppose donc que l'on puisse tester le nombre de 0 (ou de 1) successifs.

Cas d'une suite de 0. L'amélioration consiste à doter l'accumulateur de circuits permettant des décalages de plusieurs positions en une seule opération. Dans ces conditions, la suite de 0 sera traitée par un seul décalage.

Cas d'une suite de 1. On emploie la méthode dite « d'addition et soustraction ». Dans le schéma traditionnel, une série de 1 contiguë, donne lieu à une série d'additions, chaque addition étant elle-même suivie d'un décalage. La méthode consiste à remplacer cette série d'additions par une addition et une soustraction. Illustrons-la sur un exemple ; soit l'opération : **Multiplicande × 01 111 100;** cette opération suppose 5 additions ; mais on peut également écrire le multiplicateur : **10 000 000 - 00 000 100,** d'où la règle de l'opération dans le cas d'une série de 1 :

(1) Au premier 1 de la série, on retranche le multiplicande du contenu de l'accumulateur.

(2) Au premier 0 après la série de 1, on additionne le multiplicande au contenu de l'accumulateur après avoir commandé un décalage d'autant de positions qu'il y a de 1 dans la série

On notera que l'on peut pousser ce schéma plus loin. Par exemple, si on a un zéro placé entre deux séries de 1, ceci conduit normalement à une addition pour tenir compte du 0 et une soustraction pour le 1 suivant. En fait, ces deux opérations peuvent être regroupées en une seule soustraction au niveau du 0.

3. 2. 2. Multiplication parallèle cellulaire. Dans la méthode par addition-décalage éventuellement améliorée, la multiplication consiste à faire un certain nombre d'opérations successives, une opération devant être terminée pour passer à la suivante. On peut chercher un circuit combinatoire ayant deux entrées (le multiplicande et le multiplicateur) donnant en sortie le résultat en une seule opération. Le réseau cellulaire de la figure 13 réalise la multiplication :

$$\begin{array}{rrrrrrrrrr} & & & & & Y_4 & Y_3 & Y_2 & Y_1 & Y_0 \\ & & & \times & & X_4 & X_3 & X_2 & X_1 & X_0 \\ \hline A_9 & A_8 & A_7 & A_6 & A_5 & A_4 & A_3 & A_2 & A_1 & A_0 \end{array}$$

Cette opération est réalisée en parallèle, le signal EACC, qui n'est du reste pas obligatoire ici, venant échantillonner les niveaux à l'entrée du registre A.

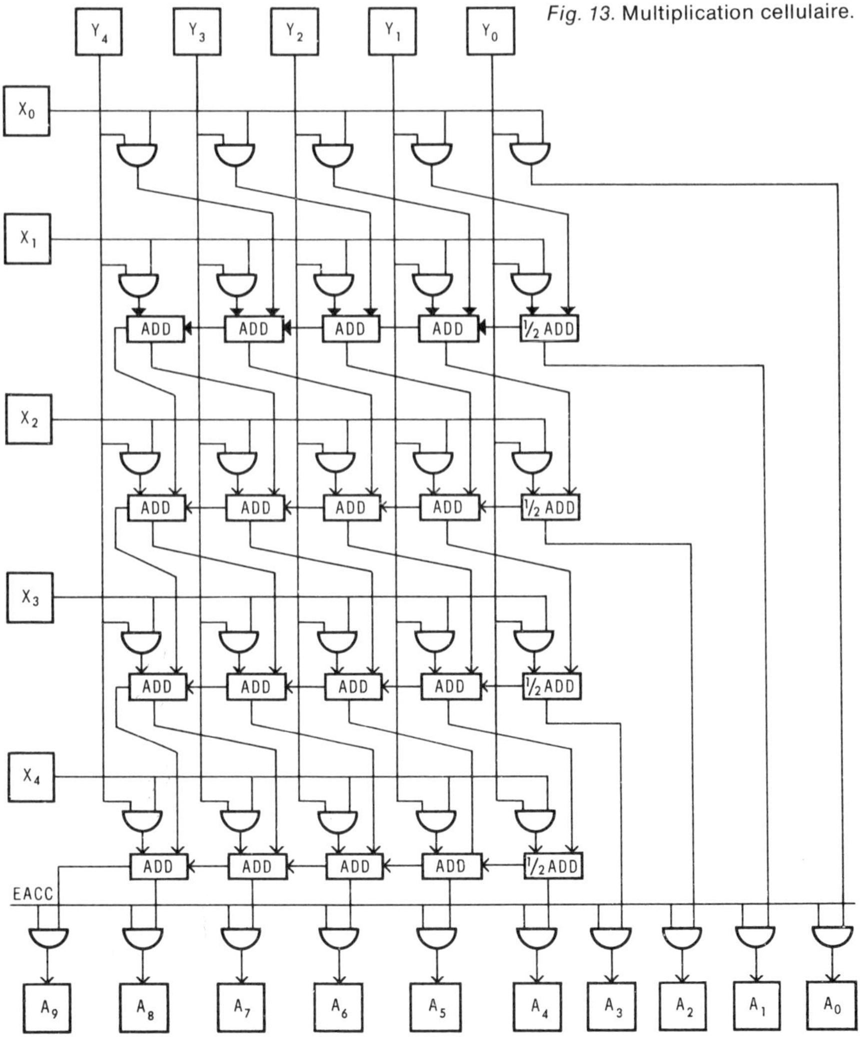

Fig. 13. Multiplication cellulaire.

Si l'on excepte la ligne 0 et la colonne 0, la cellule est formée d'une porte ET et d'un étage d'additionneur. Considérons la cellule correspondant à la ligne i et à la colonne j. La porte ET est fermée si le bit X_i du multiplicateur est à 0 : l'additionneur se contente de transmettre à la ligne inférieure le résultat partiel précédemment obtenu en le décalant d'une position. Elle est ouverte dans le cas contraire : l'additionneur additionne le nouveau produit partiel Y_j au résultat partiel obtenu à la ligne supérieure, puis réalise le décalage d'une position en le transmettant à la ligne inférieure.

Cette solution, beaucoup plus onéreuse que la précédente puisqu'on multiplie par n le nombre d'étages d'additionneur, a l'avantage d'être très rapide : environ deux fois le temps d'une addition sur n digits puisque une retenue traverse au plus $2n + 1$ étages d'additionneur.

3. 3. *Étude élémentaire de la division par soustraction-décalage.*

Partons d'un exemple numérique :

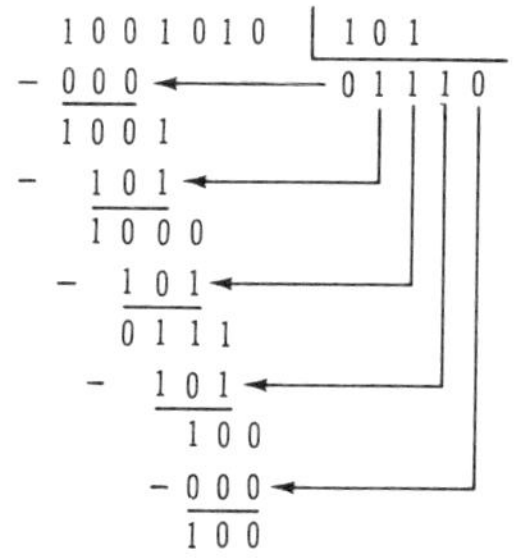

Dans le cas de la multiplication, les produits partiels étaient égaux au multiplicande ou nuls, suivant que le bit correspondant du multiplicateur était 1 ou 0. Les produits partiels étaient au fur et à mesure totalisés après décalage d'une position vers la gauche de chaque produit partiel par rapport au précédent.

Dans le cas de la division, on retranche au dividende soit le diviseur, soit 0, suivant que le bit correspondant du quotient est 1 ou 0. On recommence au pas suivant après avoir fait subir un décalage à droite du diviseur par rapport au dividende. Ainsi donc multiplication et division sont des opérations très comparables. Il suffit de changer les additions en soustractions et d'inverser le sens des décalages. Pourtant une difficulté complémentaire apparaît dans le cas de la division : il faut ajouter à chaque étape une opération de comparaison entre les bits de fort poids du dividende et le diviseur, afin de déterminer le bit correspondant du quotient.

Pour effectuer une division, nous allons reprendre l'unité arithmétique utilisée dans le cas de la multiplication (c'est presque toujours la même unité qui est utilisée pour les deux opérations) ; mais nous transformerons l'additionneur en soustracteur, changerons le sens du décalage et ajouterons le dispositif de comparaison (fig. 14).

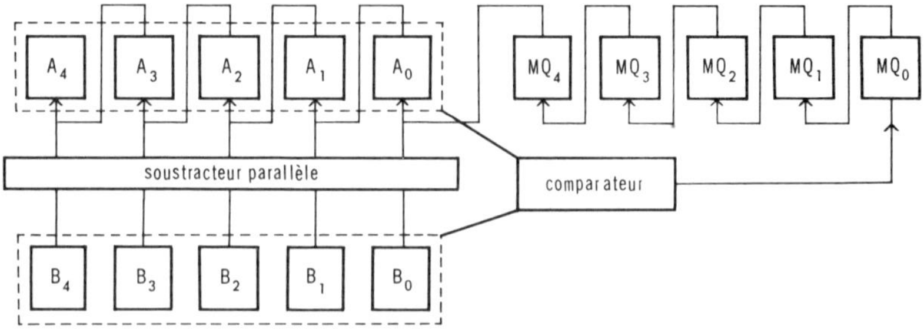

Fig. 14. Opérateur de la division binaire.

Généralement l'opération est initialisée de la façon suivante : (1) chargement du dividende dans l'accumulateur ; (2) décalage droite sur l'ensemble accumulateur-M.Q., ce qui a pour but de remettre à zéro l'accumulateur et de charger le dividende dans le M.Q. ; (3) chargement du diviseur en B.

L'opération commencera par un décalage gauche de l'ensemble accumulateur-M.Q., ce qui a pour conséquence de mettre le bit de fort poids du dividende dans A_0 et de libérer le bistable MQ_0. On compare le contenu de l'accumulateur au contenu du registre B. Si (ACC) < (B), on positionne MQ_0 à 0 sans toucher à l'accumulateur ; si (ACC) $\geqslant$ (B), on retranche le diviseur de l'accumulateur, on positionne MQ_0 à 1, etc. On en déduit l'organigramme de la figure 15.

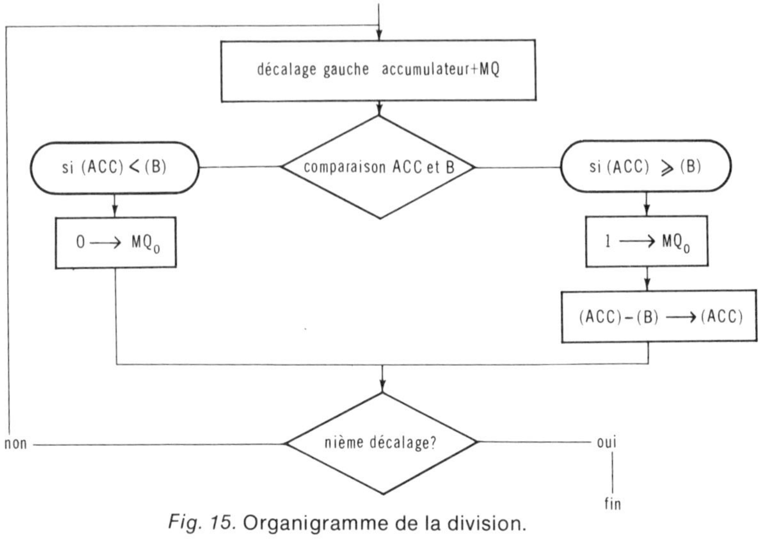

Fig. 15. Organigramme de la division.

En fin d'opération, on retrouve le quotient dans le multiplicateur-quotient et le reste dans l'accumulateur. De même que nous avons obtenu en multiplication un résultat en double longueur, on peut partir ici d'un dividende en double longueur. Il suffit de charger au départ les poids forts du dividende dans l'accumulateur, les poids faibles étant dans le M.Q. On risque, dans ces conditions, de faire une erreur si le contenu de l'accumulateur est plus grand que le diviseur : le quotient excéderait alors la capacité du M.Q. et ses bits de poids forts seraient perdus. On évite cette erreur par une comparaison initiale entre le contenu de l'accumulateur et celui du registre B. C'est à ce niveau que l'on peut détecter les divisions par 0. On peut également convenir de ne faire de division que sur des nombres cadrés à gauche, de sorte que le bit de plus fort poids du diviseur soit toujours 1. (Ce sera le cas dans la division de nombres flottants.)

3. 4. *Division avec et sans restauration.*

Nous avons supposé dans le paragraphe précédent que nous disposions d'un dispositif permettant de comparer directement les valeurs numériques des contenus de l'accumulateur et du registre B. En fait il n'existe généralement pas pour des raisons de prix. On peut alors faire la comparaison en essayant de soustraire le diviseur du dividende et en testant le signe du résultat. Ceci est du reste très exactement le procédé que nous utilisons lorsque nous sommes (par malheur) obligés de faire une division sans machine ni règle à calcul. Mais, contrairement à ce qui se passe sur le

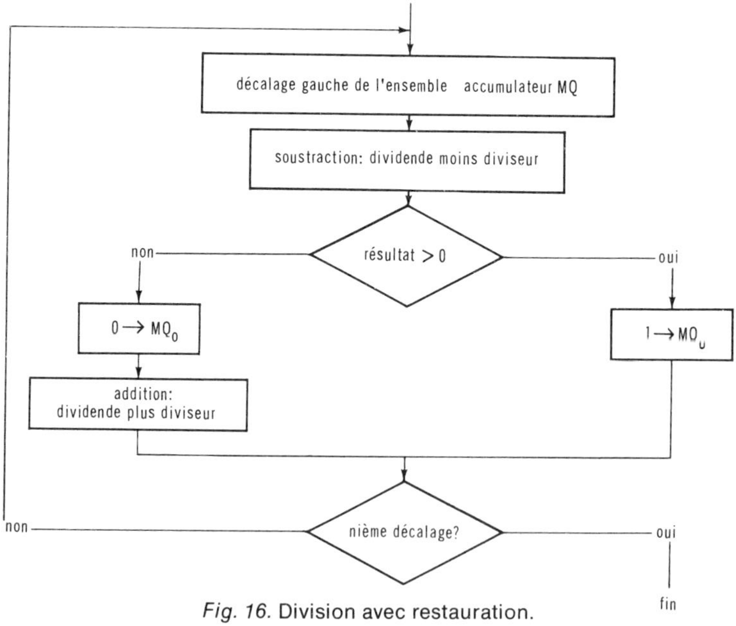

Fig. 16. Division avec restauration.

papier, l'unité arithmétique perd l'ancienne valeur du dividende en cas d'essai négatif. On est donc conduit à la restaurer, en rajoutant le diviseur au dividende, avant de faire un nouvel essai, d'où l'algorithme de la **division avec restauration** (fig. 16).

La division sans restauration correspond à un algorithme qui permet d'éviter la phase de restauration après une soustraction donnant un résultat négatif, ce qui entraîne un gain de temps. Reprenons l'exemple de la division avec restauration. Soit α le contenu de l'accumulateur et β le diviseur avant la phase de restauration. Cette dernière consiste à faire $\alpha+\beta$. Elle sera systématiquement suivie d'une soustraction du diviseur après décalage (qui vaut alors $\beta/_2$), le résultat étant $(\alpha+\beta)-\beta/_2=\alpha+\beta/_2$. On voit que l'on peut combiner la restauration d'une part et la soustraction qui la suit nécessairement d'autre part en une seule opération : l'addition du diviseur après décalage. Autrement dit, un essai donnant un reste positif sera suivi, lors de la boucle suivante, de la soustraction du diviseur décalé, tandis qu'un essai donnant un reste négatif sera suivi de l'addition du diviseur décalé (fig. 17).

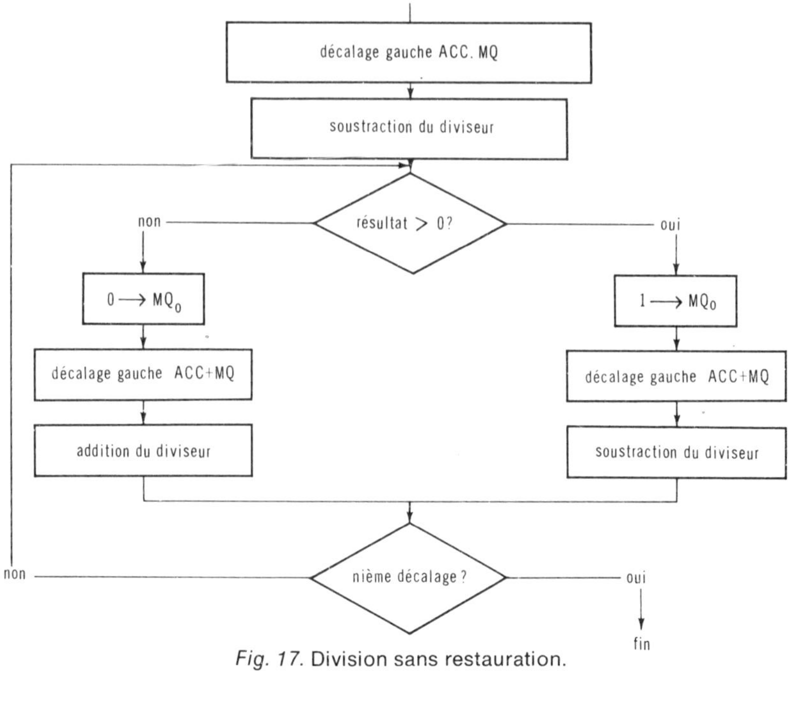

Fig. 17. Division sans restauration.

4. Les opérations décimales.

Rappelons d'abord que les chiffres décimaux de 0 à 9 sont généralement codés sur quatre digits binaires, plusieurs codes étant utilisés : 8.4.2.1,

2.4.2.1 ; excédent 3, etc. Les nombres décimaux seront ainsi divisés en décades de quatre bits. Les opérations qui étaient effectuées bit à bit en arithmétique binaire seront effectuées décade à décade. Pour effectuer une opération décimale élémentaire entre deux chiffres décimaux on a envie d'effectuer l'opération binaire correspondante entre leurs deux représentations binaires. Le problème de base de toute l'arithmétique décimale est que le résultat obtenu n'est généralement pas un chiffre décimal : il faut donc le corriger.

Nous nous proposons de montrer comment ce problème peut être résolu sur deux exemples simples.

4. 1. *Le compteur décimal.*

Considérons une décade d'un compteur décimal travaillant dans la représentation décimale codée binaire : 8.4.2.1. On veut que cette décade compte les impulsions présentées à l'entrée à partir de 0 jusqu'à ce qu'elle atteigne 9_{10} soit 1001_2. L'impulsion suivante devra remettre le contenu de la décade à zéro et générer une impulsion de retenue destinée à la décade suivante.

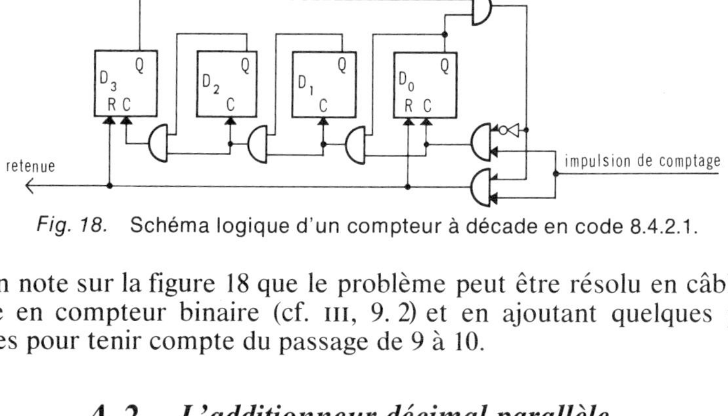

Fig. 18. Schéma logique d'un compteur à décade en code 8.4.2.1.

On note sur la figure 18 que le problème peut être résolu en câblant la décade en compteur binaire (cf. III, 9. 2) et en ajoutant quelques portes logiques pour tenir compte du passage de 9 à 10.

4. 2. *L'additionneur décimal parallèle.*

Nous nous proposons d'illustrer les problèmes posés par la réalisation d'un additionneur décimal en supposant que les nombres sont représentés en code 8.4.2.1. L'additionneur décimal traite une décade. Il admet en entrée deux chiffres décimaux codés binaire A et B sur 4 bits et une retenue R′ en provenance de la décade précédente. Il admet en sortie la somme S en décimal codé binaire sur 4 bits et une retenue R à propager vers la décade suivante (fig. 19). L'idée de départ consiste à comparer le résultat attendu à la sortie de l'additionneur au résultat qui serait obtenu si on utilisait directement un additionneur binaire. On s'aperçoit immédiatement que les résultats sont les mêmes si la somme des deux chiffres est inférieure à 9, qu'ils diffèrent de 6 dans le cas contraire, et que le digit de poids faible S_0 est toujours correct. On en déduit que l'additionneur décimal peut se composer de deux parties : un additionneur binaire parallèle sur 4 digits et un circuit complémentaire effectuant la correction nécessaire sur les trois digits de poids fort si la somme des deux chiffres est supérieure à 9 (fig. 20).

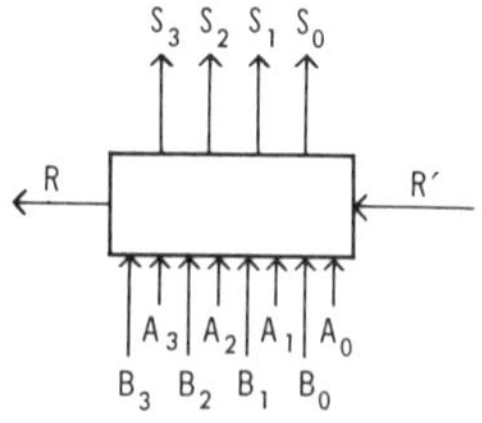

Fig. 19.

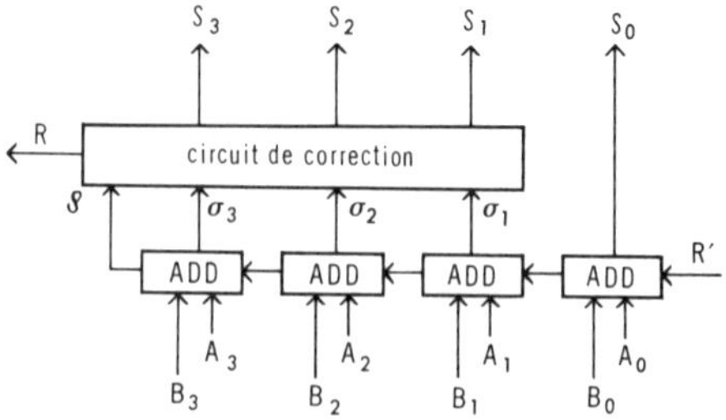

Fig. 20.

Ce circuit complémentaire sera lui-même composé de deux éléments :

(1) *Un circuit de détection* qui détecte les opérations dont le résultat est supérieur à 9. Cette détection est évidente si le résultat est supérieur ou égal à 16 : il suffit de tester la retenue ρ. Si le résultat est compris entre 10 et 15 bornes comprises, la correction devra être effectuée si l'expression logique $\sigma_3.(\sigma_2+\sigma_1)$ est vraie (fig. 21).

(2) *Un étage de correction* qui se réduit ici à un additionneur binaire auxiliaire puisque dans tous les cas où le résultat est supérieur à 9, il faut ajouter 6_{10} soit 0110_2 à la sortie de l'additionneur binaire. On en déduit le schéma de la figure 21.

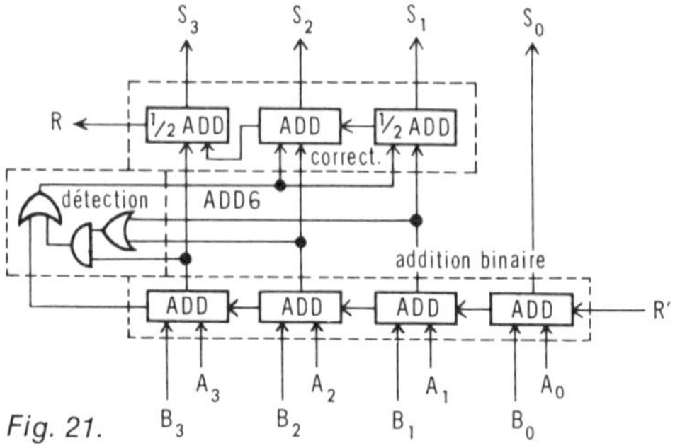

Fig. 21.

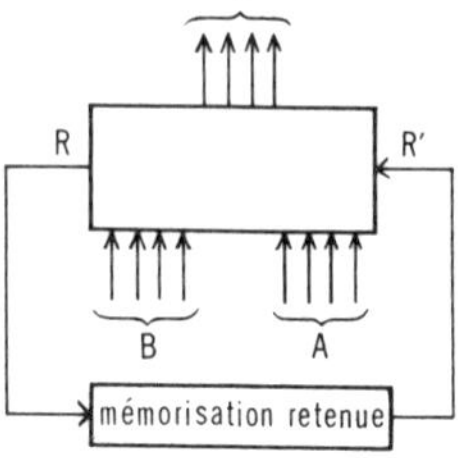

Fig. 22.

Les opérateurs d'addition décimale travaillent souvent en parallèle sur les bits d'une décade et en série sur les différentes décades. Il faut alors adjoindre à l'additionneur que nous avons décrit un dispositif de mémorisation de retenue (fig. 22).

5. Arithmétique binaire en virgule flottante.

Rappelons d'abord que les nombres en virgule flottante sont représentés sous la forme $S.M.\alpha^E$ où S représente le signe du nombre, M la mantisse,

E l'exposant, α étant généralement égal à 2 ou à 16 en arithmétique binaire. Les opérations portent sur des nombres normalisés, c'est-à-dire des nombres dont la valeur de l'exposant est ajustée pour que la mantisse ait le plus grand nombre de digits significatifs possibles. Les opérateurs d'arithmétique flottante doivent donc, non seulement exécuter l'opération demandée, mais encore normaliser le résultat obtenu.

5. 1. *Addition et soustraction en virgule flottante.*

5. 1. 1. Les problèmes à résoudre. Nous allons d'abord prendre conscience des problèmes posés par ces opérations délicates sur des exemples significatifs décrits, pour simplifier, en arithmétique décimale.

La première étape consiste à *aligner les mantisses* de façon à mettre en regard les bits de même poids. Soit par exemple à additionner les nombres $A = 12\,000 \times 10^{-1}$ et $B = 80\,000 \times 10^{2}$ qui s'écrivent respectivement :

+	−1	1	2	0	0	0	et	+	2	8	0	0	0	0

on ne peut pas exécuter directement l'addition des mantisses ; on compare les exposants et on détecte que le premier des nombres est le plus petit ; on exécute sur ce nombre une double opération : incrémentation de l'exposant d'une unité et décalage de la mantisse d'une position vers la droite. On compare à nouveau et l'on recommence jusqu'à l'égalité des exposants. On peut alors effectuer l'addition des mantisses :

A	+	2	0	0	0	1	2
B	+	2	8	0	0	0	0

La deuxième étape consiste à *régler les problèmes de signe*. Considérons la soustraction A—B. Dans la représentation valeur absolue et signe, on devra d'abord comparer les mantisses de A et B, constater que celle de B est supérieure à celle de A et en déduire que l'opération à effectuer consiste à soustraire la mantisse de A de la mantisse de B et à affecter le résultat du signe moins :

A	+	2	0	0	0	1	2
− B	+	2	8	0	0	0	0

⟶

M_B			8	0	0	0	0
$-M_A$			0	0	0	1	2
R	−	2	0	9	9	8	8

Ainsi doit-on prendre en compte pour cette étape le type d'opération (addition ou soustraction), le signe des opérandes et le résultat de la comparaison des mantisses. Notons que le problème est simplifié si l'ensemble signe-mantisse est représenté en complémentation lorsqu'il est négatif.

La troisième étape est la *normalisation du résultat*.

Le résultat brut de l'opération peut ne pas être normalisé pour deux raisons : (1) il y a dépassement de capacité lors de l'addition et dans ce cas il faut décaler la mantisse à droite d'une position tout en augmentant l'exposant de un ; (2) la différence des mantisses entraîne la formation d'un nombre n de zéros à gauche du résultat et il faut décaler la mantisse de n positions à gauche tout en retranchant n à l'exposant. Donnons un exemple d'addition pour chaque cas :

1er opérande :	+	2	8	0	0	0	0
2e opérande :	+	2	8	0	0	0	0
opération :		1	6	0	0	0	0
normalisation :	+	3	1	6	0	0	0

1er opérande :	+	2	8	0	0	0	0
2e opérande :	−	2	7	9	9	9	9
opération :			0	0	0	0	1
normalisation :	+	−2	1	0	0	0	0

5. 1. 2. Fonctionnement d'un opérateur d'addition flottante. Nous nous proposons de décrire le fonctionnement d'un tel opérateur travaillant sur des opérandes ayant la configuration suivante :

S	E	M

S 1 bit *signe* de l'opérande ; signe plus : S = 0 ; signe moins : S = 1 ;

E e bits *exposant;* il représente une puissance de 2 et est compris entre -2^{e-1} et $2^{e-1}-1$; l'exposant -2^{e-1} est représenté par E = 0 et l'exposant $2^{e-1}-1$ est représenté par $E = 2^e - 1$;

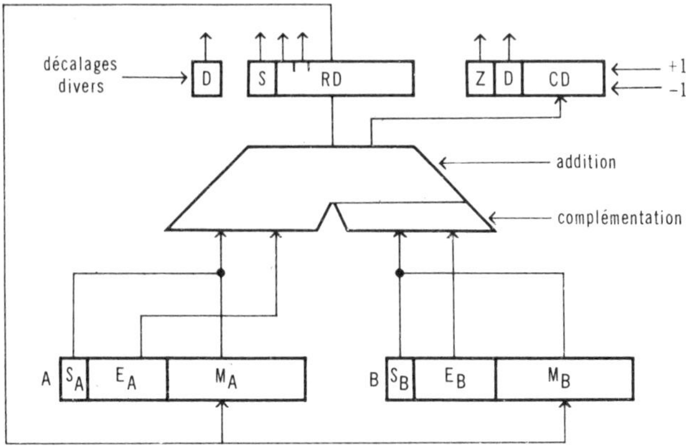

Fig. 23. Opérateur d'addition. Soustraction en virgule flottante.

M *m* bits *mantisse;* la mantisse d'un opérande négatif est représentée en complément à 2. Un opérande normalisé est caractérisé par le fait que le bit de signe et le bit de poids fort de la mantisse ont des valeurs différentes.

L'opérateur utilisé schématisé figure 23 comprend deux registres A et B pour les opérandes, un additionneur sur $m+1$ bits qui exécute les soustractions par complémentation préalable du deuxième opérande. Il est utilisé d'une part pour la comparaison des exposants par soustraction, le résultat étant rangé dans un registre CD monté en compteur-décompteur binaire avec bit de débordement, et d'autre part pour les opérations sur signe et mantisse, le résultat étant rangé dans un registre RD monté en registre à décalage droite et gauche avec bit de débordement. (Notons qu'en général on utilise l'additionneur de l'unité arithmétique fixe auquel on ajoute éventuellement un additionneur d'exposants.)

L'opération se divise en plusieurs étapes (fig. 24) :

(1) *Comparaison des exposants :* On soustrait E_B de E_A par addition à E_A de E_B complémenté, le résultat venant en CD. Si le résultat est nul, les deux mantisses sont correctement alignées et on passe tout de suite à l'étape d'addition ou soustraction des mantisses. Sinon le contenu de CD va nous permettre de compter les décalages pour aligner les mantisses.

(2) *Alignement des mantisses :* Cette opération s'effectue sur l'opérande dont l'exposant est le plus petit. Si $E_A < E_B$, le résultat de la soustraction des exposants est négatif, ce qui est caractérisé par la valeur 1 du bit de débordement. Le complément du contenu de CD indique le nombre de

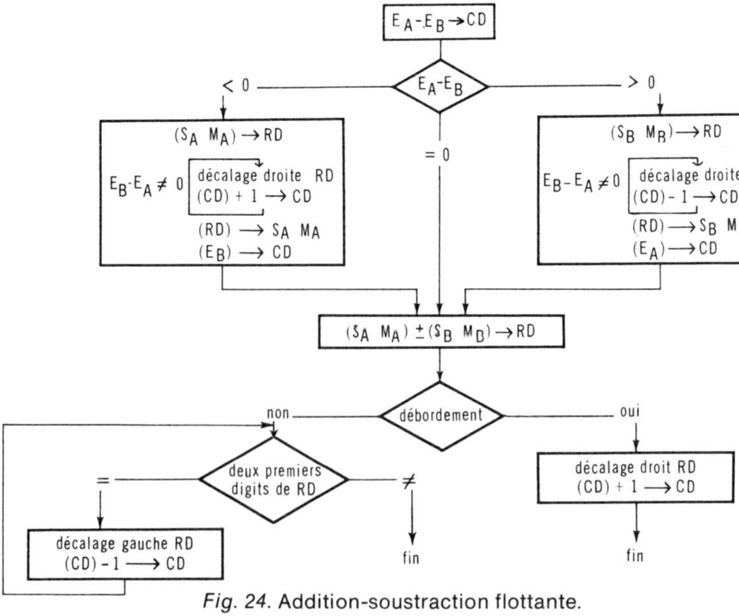

Fig. 24. Addition-soustraction flottante.

décalages à effectuer. CD sera donc utilisé en compteur, les décalages continuant tant qu'il n'y a pas un nouveau débordement. Le décalage de la mantisse s'effectue dans RD; on envoie donc le contenu de S_A juxtaposé au contenu de M_A dans RD, et on opère par décalage arithmétique vers la droite (ce qui permet de reproduire le signe sur les bits non significatifs et donc de conserver la représentation complémentée). Dans le cas $E_A > E_B$, le décalage arithmétique vers la droite porte sur S_B et M_B, mais cette fois-ci le registre CD est utilisé en décompteur, les décalages s'arrêtant lorsque $CD = 0$ (on note que l'on peut arrêter en tout état de cause au bout du $m^{ième}$ décalage, la mantisse ayant alors perdu toute signification). On termine cette étape en sauvegardant le plus grand exposant dans CD, et en renvoyant la mantisse contenue dans RD vers le registre A ou B correspondant.

(3) *Addition-soustraction des mantisses.* Ces opérations s'effectuent sur l'ensemble signe et mantisse juxtaposés. La soustraction est obtenue par addition à $S_A\,M_A$ du complément vrai de $S_B\,M_B$. Le résultat est rangé dans RD en tenant compte du signe et du débordement éventuel.

Les opérations de normalisation sont exécutées par des décalages portant sur le registre RD qui contient le signe et la mantisse du résultat et des comptages ou décomptages portant sur le registre CD qui contient l'exposant du résultat.

(4) *Normalisation dans le cas de débordement.* Elle consiste à décaler la mantisse du résultat d'un cran vers la droite, le bit de poids fort étant remplacé par le bit de débordement, le signe restant inchangé. Le contenu du registre CD est augmenté d'une unité.

(5) *Normalisation dans le cas où la mantisse du résultat contient des digits non significatifs à sa gauche.* On détecte cette éventualité en testant le signe et le digit de plus fort poids de la mantisse. S'ils sont inégaux, le nombre est déjà normalisé. Sinon il faut exécuter des décalages arithmétiques de la mantisse vers la gauche jusqu'à ce qu'ils soient inégaux. A chaque décalage on retranche une unité au contenu de CD. On s'arrête en tout état de cause au bout de m décalages.

5. 2. *Multiplication et division en virgule flottante.*

On remarque que la multiplication flottante se réduit à la multiplication des mantisses et à l'addition des exposants, tandis que la division se réduit à la division des mantisses et à la soustraction des exposants. Il n'y a pas d'opération préliminaire de comparaison d'exposants ou d'alignement des mantisses. La normalisation est simplifiée par rapport au cas de l'addition. La multiplication de deux nombres compris entre 1/2 et 1 donne un résultat compris entre 1/4 et 1 de telle sorte que la normalisation supposera, au plus, un décalage d'une position vers la gauche. La division donnera un résultat compris entre 2 et 1/2 de telle sorte que la normalisation supposera, au plus, un décalage d'une position vers la droite. Ces opérations sont exécutées sur les mantisses représentées en valeur absolue.

chapitre VI

le chemin des données

Nous devons maintenant assembler les différents éléments du « Meccano » défini dans les chapitres précédents pour construire Boulix, puis d'autres machines de type Von Neumann. C'est donc dans ce chapitre central que nous abordons effectivement les problèmes liés à la structure et au fonctionnement d'ensemble d'un ordinateur.

Afin d'en bien montrer d'un seul coup d'œil les différents aspects, nous délaissons la présentation traditionnelle qui voudrait deux chapitres distincts pour le cheminement des opérandes (unité de traitement) et le cheminement des adresses (unité d'instruction), pour grouper en un seul chapitre tous les concepts liés à la notion de chemin des données. Superboulix, grand frère de Boulix, permet d'illustrer concrètement ces concepts. Le chapitre se termine sur plusieurs exemples de structure de machine qui préparent à la compréhension des chapitres suivants.

1. Le cheminement des informations dans l'unité centrale.

Nous nous proposons de décrire la façon dont s'exécutent les transferts d'informations dans une unité centrale en prenant comme exemple l'exécution de quelques instructions dans Boulix. Boulix est une machine dont les registres sont formés de bistables, les transferts entre registres étant effectués en parallèle. Avant de compléter la description de Boulix, nous devons rappeler la façon dont s'effectueront les transferts d'informations entre registres et définir un langage permettant de les décrire.

1. 1. *Schématisation des transferts d'informations.*

Nous admettrons un niveau de symbolisation plus condensé que dans les chapitres précédents. Un registre sera schématisé par un rectangle. Les entrées positives de ses bistables seront symbolisées par une seule entrée, de même pour les sorties positives. Les entrées et sorties négatives ne seront pas représentées. Les portes impulsionnelles permettant l'entrée dans les différents bistables d'un registre seront schématisées par une seule porte. Nous utiliserons les deux symbolisations de la figure 1.

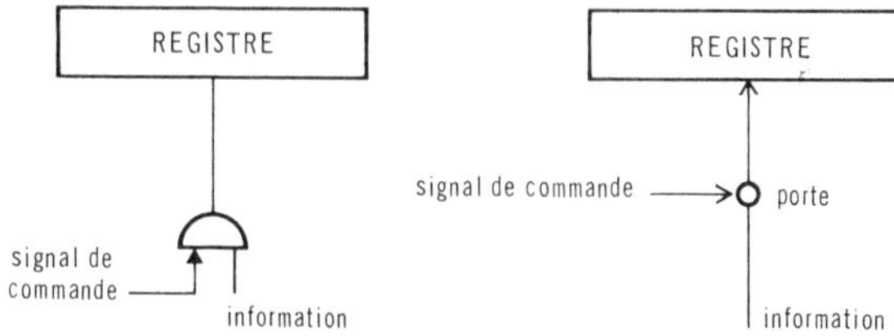

Fig. 1. Entrée d'information dans un registre.

La sortie d'un registre débouchera généralement sur un bus. Comme plusieurs registres sont susceptibles de déboucher sur le même bus, nous les doterons de portes de sortie qui seront commandées par des signaux à niveaux. Un ensemble de registres pourrait ainsi être placé entre deux bus (fig. 2).

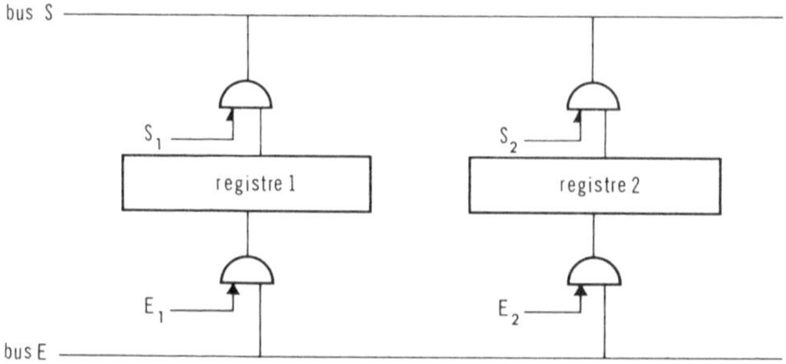

Fig. 2. Registres placés entre deux bus.

Lorsque les niveaux sont établis dans le bus E, il suffit par exemple d'ouvrir par le signal impulsionnel E_1 la porte d'entrée pour que l'information s'inscrive dans le registre 1. Tant que la porte de sortie sera maintenue ouverte par le signal S_1, l'information contenue dans le registre 1 sera disponible sur le bus S.

La figure 3 illustre le transfert entre deux registres.

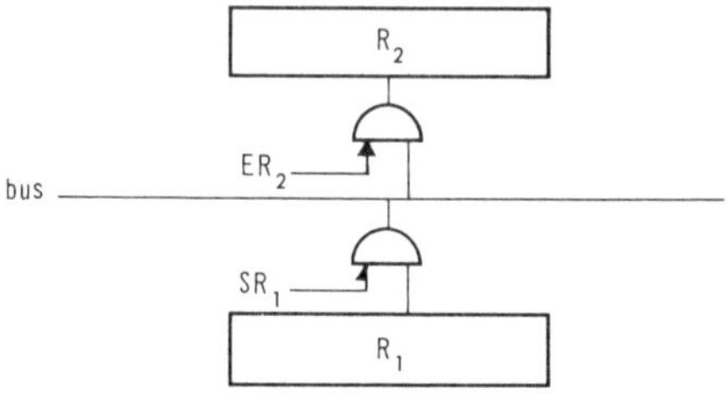

Fig. 3. Transfert d'information entre registres.

L'ouverture de la porte à niveau par le signal SR_1 permettra de faire monter, dans le bus intermédiaire, les niveaux de tension fournis par les bistables du registre R_1. Une fois les niveaux stabilisés, on pourra envoyer le signal impulsionnel ER_2, ce qui chargera dans R_2 le contenu du bus intermédiaire. Il faut donc maintenir le signal SR_1 pendant un délai suffisant pour que les niveaux se stabilisent dans le bus intermédiaire avant d'envoyer l'impulsion ER_2 (fig. 4).

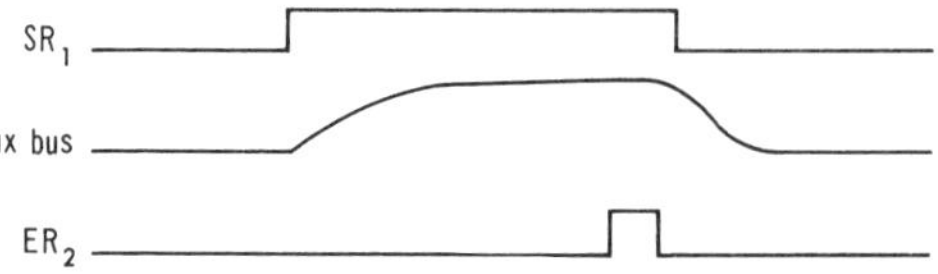

Fig. 4.

Dans une machine, ces signaux seront normalement synchronisés sur une horloge fournissant des impulsions périodiques, comme l'illustre la figure 5.

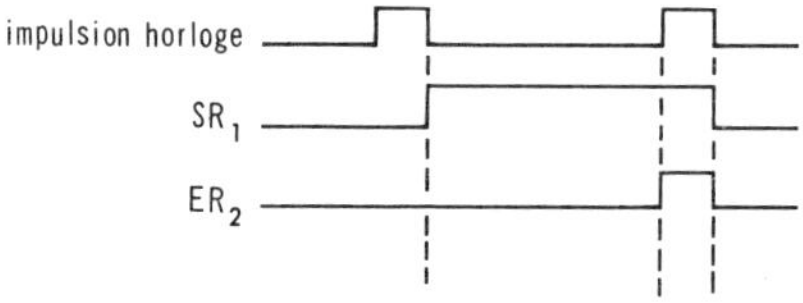

Fig. 5.

Nous noterons cette opération de transfert du contenu de R_1 dans R_2 par $(\mathbf{R_1}) \longrightarrow \mathbf{R_2}$, ou encore $\mathbf{SR_1}$, $\mathbf{ER_2}$. Rappelons que ER_2 est appelé signal d'*échantillonnage.*

1. 2. *Description de l'unité centrale de Boulix.*

Les *caractéristiques générales* de Boulix sont les suivantes : instructions à une adresse ; transferts parallèles ; machine synchrone (ceci implique que tous les éléments de la machine sont synchronisés sur une même horloge) ; l'horloge donnera un top toutes les θ secondes ; le cycle de base de la mémoire sera de 2θ, ce qui correspond à 2 tops horloge ; la longueur du mot sera de n bits, celle du code instruction de p bits. On supposera que le

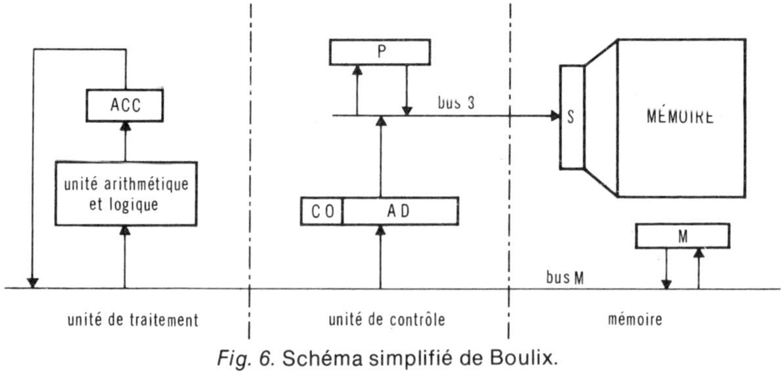

Fig. 6. Schéma simplifié de Boulix.

mot est suffisamment grand pour que la partie adresse de *m* bits permette d'adresser toute la mémoire.

Boulix est organisé autour de deux bus, le bus mémoire (bus M) qui transfère les mots lus ou à écrire en mémoire, et le bus sélection (bus S) qui transfère les adresses.

Rappelons la signification des différents registres de Boulix :

S :	registre de sélection mémoire	*m* bits
P :	compteur ordinal	*m* bits
M :	registre d'échange (registre mot)	*n* bits
I :	registre d'instruction	*n* bits
	se divisant en 2 :	
	CO : code opération	*p* bits
	AD : adresse	*m* bits
ACC :	accumulateur	*n* bits

Pour approfondir le schéma de la figure 6, nous allons étudier le déroulement de quelques instructions. Nous nous intéresserons au premier chef aux différents transferts d'informations nécessaires à ce déroulement et au comportement des signaux qui les commandent. Ce ne sera que dans les chapitres suivants que nous apprendrons comment ces signaux sont générés par l'unité de contrôle et comment certains d'entre eux agissent sur l'unité arithmétique et logique. Pour cette étude, nous allons choisir trois instructions qui vont nous permettre de mettre en lumière tous les signaux commandant des transferts dans notre calculateur. Ce sont :

- *l'addition :* | ADD | Adresse |

Additionner le contenu de la mémoire désignée par l'adresse au contenu de l'accumulateur. Cette opération est typique des échanges d'informations dans les instructions de type arithmétique.

- *le rangement en mémoire :* | RNG | Adresse |

Ranger le contenu de l'accumulateur à l'adresse désignée par l'instruction. Cette opération nous permettra de définir la procédure d'écriture en mémoire.

- *le branchement inconditionnel :* | BRI | Adresse |

Se brancher à l'adresse indiquée dans l'instruction. Cette opération nous permettra de définir la procédure de rupture de séquence.

1. 3. *L'instruction d'addition dans Boulix.*

Elle se décompose en quatre phases.

1. 3. 1. Phase 1 : Recherche de l'instruction (fig. 7 et 8). L'adresse de l'instruction à exécuter se trouvant dans le compteur ordinal, il faut :

(1) transférer le contenu du compteur ordinal dans le registre de sélection mémoire : **(P) ⟶ S** ;

(2) lancer un cycle mémoire de telle sorte que le contenu de la cellule mémoire adressée par le registre S soit envoyé dans le registre mot. Nous noterons cette opération : ((S)) ⟶ M, ce qui se lit : l'information adressée par le contenu de S (soit le « contenu du contenu » de S) est transférée dans M.

Analysons ce processus pas à pas.

(P) ⟶ S. Pendant le dernier θ de l'instruction précédente, la porte de sortie du registre P est maintenue ouverte par le signal SRP, de telle sorte que l'information contenue en P est maintenue sous forme de niveaux logiques sur le bus S. Il suffira alors de valider cette information au premier top horloge de l'instruction par le signal d'échantillonnage ENS pour la forcer dans le registre S.

((S)) ⟶ M. Il faudra lancer un cycle mémoire par le signal impulsionnel DCM (début de cycle mémoire), indiquer qu'il s'agit d'une lecture en maintenant le signal LEC par exemple pendant tout le temps du cycle (et en tout cas jusqu'au début de la réécriture) et, si besoin est, mettre le registre M à zéro avant lecture des tores (signal RAZM).

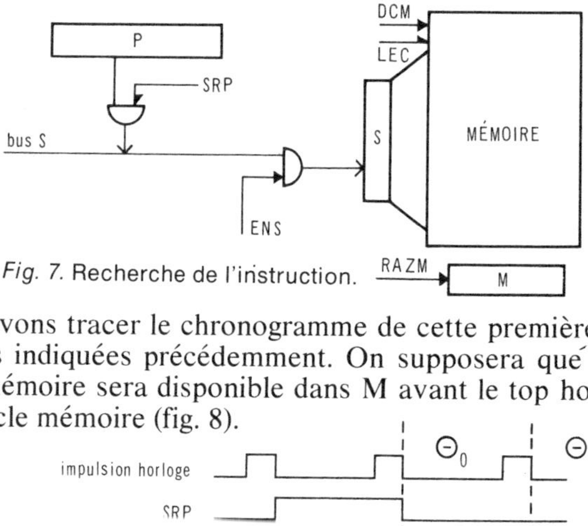

Fig. 7. Recherche de l'instruction.

Nous pouvons tracer le chronogramme de cette première phase selon les hypothèses indiquées précédemment. On supposera que l'information cherchée en mémoire sera disponible dans M avant le top horloge suivant le début du cycle mémoire (fig. 8).

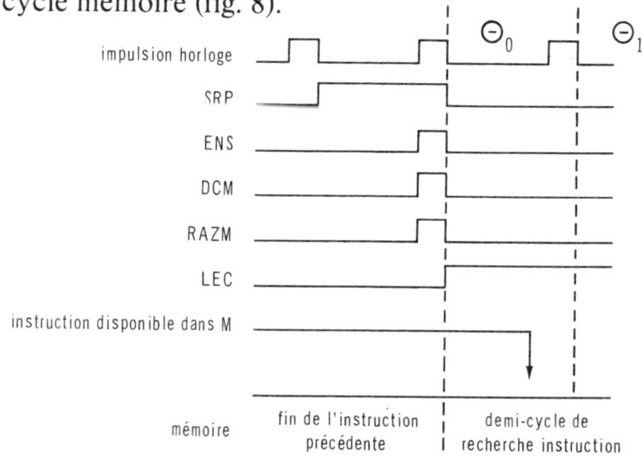

Fig. 8. Chronogramme de la recherche de l'instruction.

La phase de la recherche de l'instruction peut se résumer ainsi :

$$(\mathbf{P}) \longrightarrow \mathbf{S} \qquad \mathbf{SRP}, \underrightarrow{\mathbf{ENS}}$$
$$(\,(\mathbf{S})\,) \longrightarrow \mathbf{M} \qquad \underrightarrow{\mathbf{DCM}}, \underrightarrow{\mathbf{RAZM}}, \mathbf{LEC}$$

1. 3. 2. Phase 2 : Recherche de l'opérande. L'instruction contenue dans le registre M doit être envoyée dans le registre I pour y être décodée : **(M)⟶I**; la partie adresse AD de l'instruction contenant l'adresse de l'opérande doit être envoyée dans le registre S : **(AD)⟶S**; de telle sorte qu'après un demi-cycle de lecture l'opérande se trouve dans le registre M : **((S))⟶M**.

Analysons ce processus pas à pas (fig. 9 et 10).

(M)⟶I. L'instruction se trouve dans le registre M avant la fin du premier θ du cycle; nous ouvrons la porte de sortie du registre M vers le bus M pendant ce premier θ, de telle sorte que l'information ainsi maintenue dans le bus M puisse être forcée en I par le signal d'échantillonnage ENI synchronisé sur le deuxième top horloge du cycle mémoire.

(AD)⟶S. Le registre I se divise en deux parties : une partie de commande comportant le code opération et des informations complémentaires, et une partie adresse. Le décodage de la première partie indique que cette adresse est celle de l'opérande que l'on doit maintenant chercher en mémoire. Nous devons donc envoyer la partie adresse du registre I dans le registre S. Pour cela on ouvrira la porte à niveau (signal SRAD) permettant de maintenir l'information dans le bus S. On ouvrira au top suivant la porte impulsionnelle d'entrée en S (signal ENS).

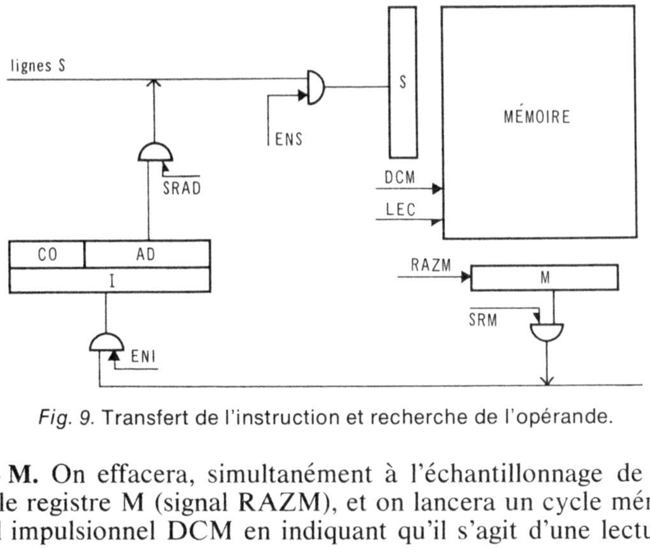

Fig. 9. Transfert de l'instruction et recherche de l'opérande.

((S))⟶M. On effacera, simultanément à l'échantillonnage de l'adresse dans S, le registre M (signal RAZM), et on lancera un cycle mémoire par un signal impulsionnel DCM en indiquant qu'il s'agit d'une lecture par le maintien pendant tout le nouveau cycle du niveau LEC.

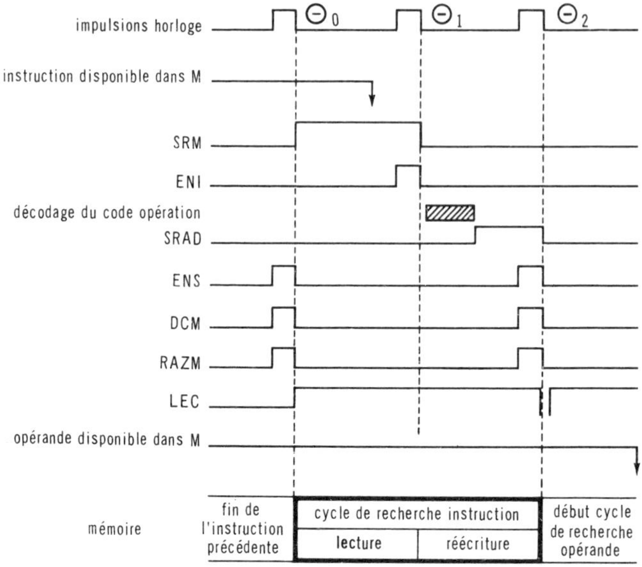

Fig. 10. Chronogramme de la recherche de l'opérande.

La phase de recherche de l'opérande peut se résumer ainsi :

$\mathbf{(M) \longrightarrow I}$	$\mathbf{SRM, \underrightarrow{ENI}}$
$\mathbf{(AD) \longrightarrow S}$	$\mathbf{SRAD, \underrightarrow{ENS}}$
$\mathbf{((S)) \longrightarrow M}$	$\mathbf{\underrightarrow{DCM}, \underrightarrow{RAZM}, LEC}$

1. 3. 3. Phase 3 : Réalisation de l'addition. Il s'agit d'ajouter le contenu du registre M au contenu de l'accumulateur :
$\mathbf{(M) + (ACC) \longrightarrow ACC}$.

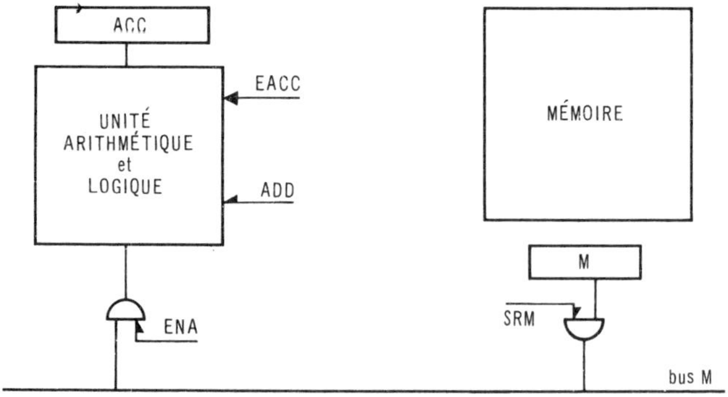

Fig. 11. Réalisation de l'addition.

Les niveaux logiques correspondant aux deux opérandes intervenant dans l'addition sont maintenus grâce aux registres M et ACC pendant tout le temps de travail de l'additionneur, essentiellement consacré à la propagation de la retenue. Ceci s'obtient par le maintien des signaux SRM, ENA et ADD. Une fois l'addition terminée, un signal EACC force le résultat dans l'accumulateur (fig. 11 et 12).

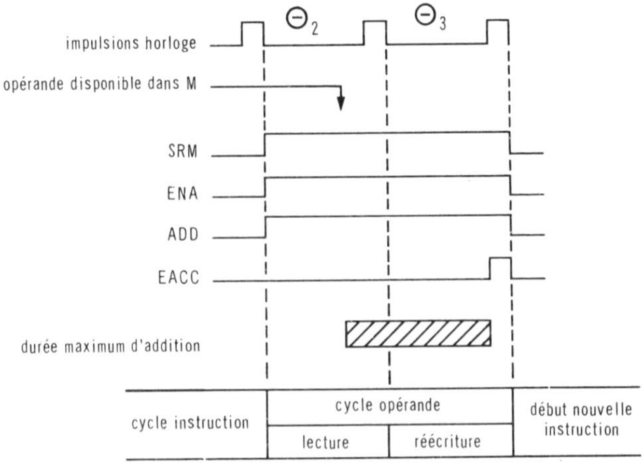

Fig. 12. Chronogramme de l'exécution de l'addition.

La phase de traitement de l'opérande se résume ainsi :

$$(M) + (ACC) \longrightarrow ACC \qquad \textbf{SRM, ENA, ADD, EACC}$$

1. 3. 4. Phase 4 : Préparation de l'instruction suivante. Il s'agit essentiellement d'incrémenter le compteur ordinal de 1 : $(P) + 1 \longrightarrow P$ en lui envoyant une impulsion de comptage INCP de telle sorte qu'il contienne en fin d'instruction l'adresse de l'instruction suivante. Celle-ci commencera à nouveau par $(P) \longrightarrow S$, cycle de recherche instruction, etc. (fig. 13).

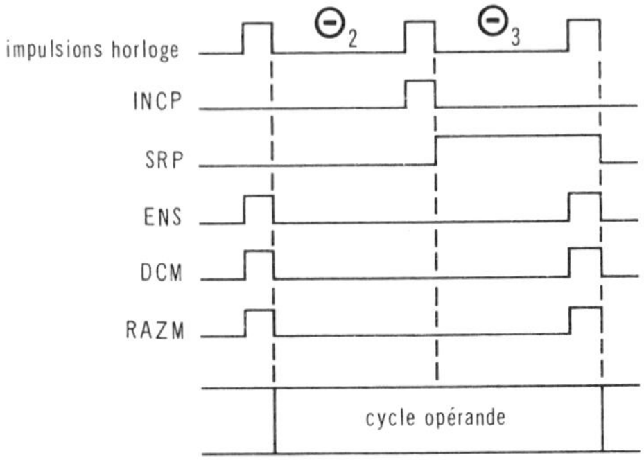

Fig. 13. Préparation de l'instruction suivante.

La phase de préparation de l'instruction suivante se résume ainsi :

$(\mathbf{P}) + 1 \longrightarrow \mathbf{P}$	$\underrightarrow{\textbf{INCP}}$
$(\mathbf{P}) \longrightarrow \mathbf{S}$	**SRP**, $\underrightarrow{\textbf{ENS}}$

1. 3. 5. Synthèse de l'addition dans Boulix. La figure 14 représente le chronogramme du déroulement des différentes phases de l'instruction d'addition dans Boulix.

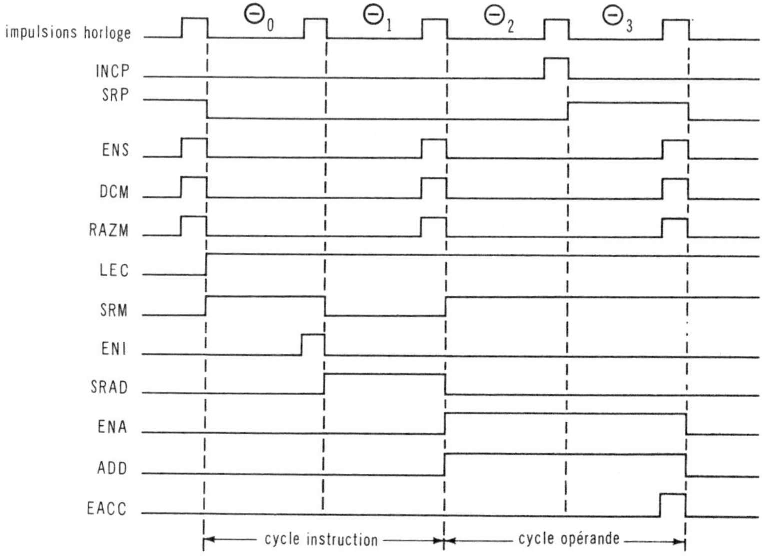

Fig. 14. Chronogramme de l'addition dans Boulix.

$(\mathbf{P}) \longrightarrow \mathbf{S}$	**SRP**, $\underrightarrow{\textbf{ENS}}$
$((\mathbf{S})) \longrightarrow \mathbf{M}$	$\underrightarrow{\textbf{DCM}}$, $\underrightarrow{\textbf{RAZM}}$, **LEC**
$(\mathbf{M}) \longrightarrow \mathbf{I}$	**SRM**, $\underrightarrow{\textbf{ENI}}$
$(\mathbf{AD}) \longrightarrow \mathbf{S}$	**SRAD**, $\underrightarrow{\textbf{ENS}}$
$((\mathbf{S})) \longrightarrow \mathbf{M}$	$\underrightarrow{\textbf{DCM}}$, $\underrightarrow{\textbf{RAZM}}$, **LEC**
$(\mathbf{M}) + (\mathbf{ACC}) \longrightarrow \mathbf{ACC}$	**SRM**, **ENA**, **ADD**, $\underrightarrow{\textbf{EACC}}$
$(\mathbf{P}) + 1 \longrightarrow \mathbf{P}$	$\underrightarrow{\textbf{INCP}}$

1. 4. *Instruction de rangement dans Boulix.*

Le premier cycle de l'instruction est identique à celui de l'addition. Le deuxième cycle consiste à ranger le contenu de l'accumulateur en mémoire, à l'adresse définie dans l'instruction. Il faudra donc recopier l'accumulateur dans M, juste avant l'écriture en mémoire (fig. 15 et 16).

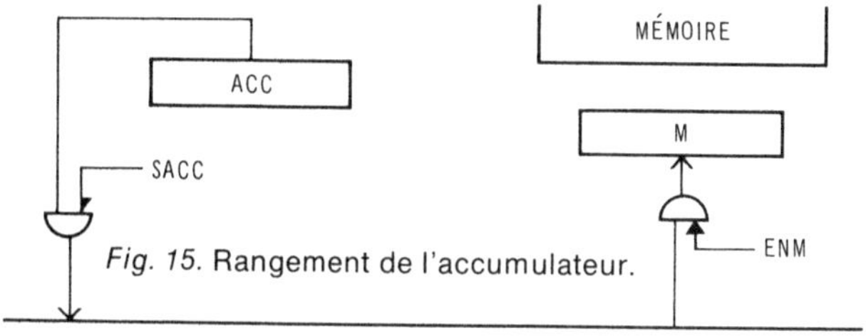

Fig. 15. Rangement de l'accumulateur.

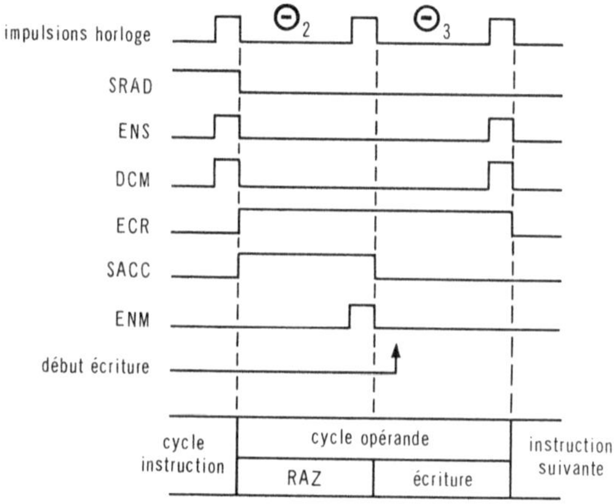

Fig. 16. Chronogramme du rangement (3ᵉ phase).

AD ⟶ S	**SRAD , $\overrightarrow{\textbf{ENS}}$**
(ACC) ⟶ M	**SACC , $\overrightarrow{\textbf{ENM}}$**
(M) ⟶ (S)	**$\overrightarrow{\textbf{DCM}}$, ECR**

1. 5. *Instruction de branchement inconditionnel dans Boulix.*

L'information contenue dans la partie adresse de l'instruction doit simultanément être envoyée dans S pour rechercher l'instruction suivante et dans P pour mettre à jour le compteur ordinal : **(AD) ⟶ S** ; **(AD) ⟶ P** (fig. 17 et 18).

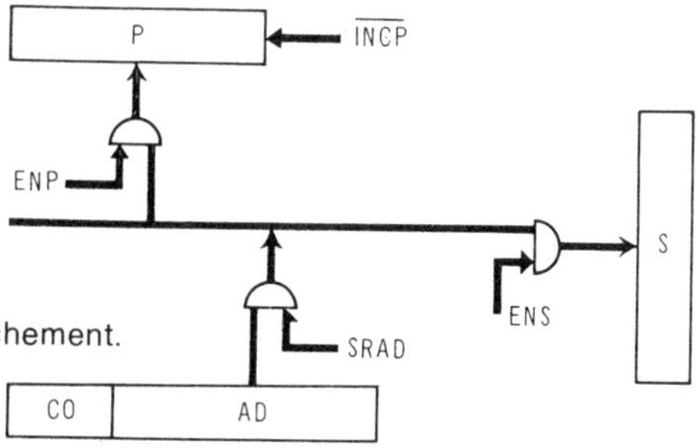

Fig. 17. Chargement de l'adresse de branchement.

On notera que cette instruction ne dure qu'un cycle mémoire et que l'on n'a pas à incrémenter de 1 le compteur ordinal comme dans les autres instructions.

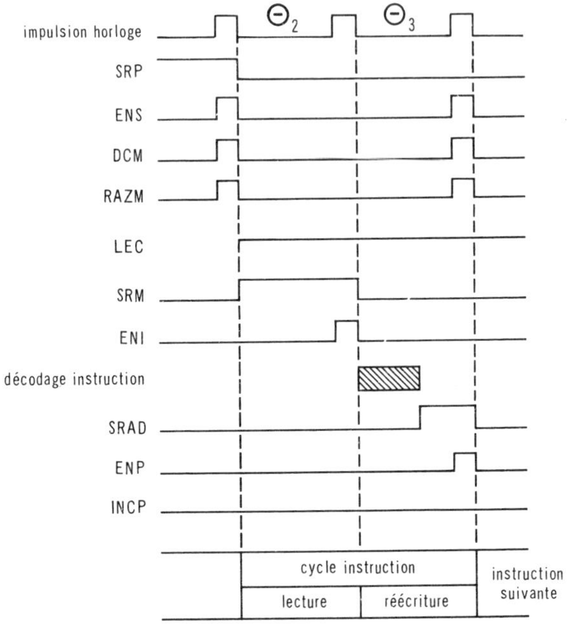

Fig. 18. Chronogramme du branchement inconditionnel.

Dans notre langage habituel, nous résumerons comme ci-dessous le déroulement de l'opération de branchement :

$(\mathbf{P}) \longrightarrow \mathbf{S}$	$\mathbf{SRP}, \underrightarrow{\mathbf{ENS}}$
$((\mathbf{S})) \longrightarrow \mathbf{M}$	$\underrightarrow{\mathbf{DCM}}, \underrightarrow{\mathbf{RZAM}}, \mathbf{LEC}$
$(\mathbf{M}) \longrightarrow \mathbf{I}$	$\mathbf{SRM}, \underrightarrow{\mathbf{ENI}}$
$\left.\begin{array}{l}(\mathbf{AD}) \longrightarrow \mathbf{P} \\ (\mathbf{AD}) \longrightarrow \mathbf{S}\end{array}\right\}$	$\mathbf{SRAD}, \underrightarrow{\mathbf{ENP}}, \underrightarrow{\mathbf{ENS}}$

1. 6. *Récapitulation des signaux de commande de Boulix*

Ce sont tous les signaux impulsionnels ou à niveau utilisés pour commander les différentes opérations lors du déroulement d'une instruction. Nous les classerons en trois catégories :

(1) **signaux de transferts**

ENS	Impulsion	(bus S) ⟶ S
RAZM	Impulsion	0 ⟶ M
SRM	Niveau	(M) ⟶ bus M
ENM	Impulsion	(bus M) ⟶ M
ENI	Impulsion	(bus M) ⟶ I
ENA	Niveau	(bus M) ⟶ UAL
SACC	Niveau	(ACC) ⟶ bus M
SRAD	Niveau	(AD) ⟶ bus S
ENP	Impulsion	(bus S) ⟶ P
SRP	Niveau	(P) ⟶ bus S
INCP	Impulsion	(P) + 1 ⟶ P

(2) **signaux de commande de la mémoire**

DCM	Impulsion	début cycle mémoire
LEC	Niveau	cycle de recherche d'information
ECR	Niveau	cycle de rangement d'information

(3) **signaux de commande de l'unité arithmétique et logique**

CHA	Niveau	chargement accumulateur
ADD	Niveau	addition
SUB	Niveau	soustraction
etc.	...	...
EACC	Impulsion	entrée du résultat dans l'accumulateur

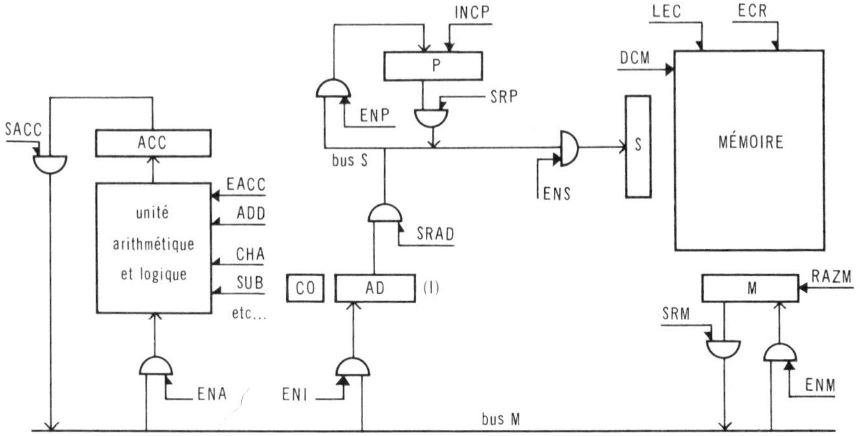

Fig. 19. Schéma de Boulix.

Cette étude de Boulix nous a permis : (1) de décrire dans le temps le déroulement des instructions dans un calculateur ; (2) d'indiquer quels étaient les signaux de commande qui étaient à l'origine de ce déroulement.

Il nous reste à voir comment ces signaux sont générés au niveau de l'unité de contrôle. Ce sera l'objet du chapitre VII relatif au séquencement des opérations. Les hypothèses sur lesquelles reposent les tracés des chronogrammes y seront mieux explicitées.

2. Organisation et composants du chemin des données.

2. 1. *Définition du chemin des données.*

On appelle **chemin des données** l'ensemble des organes permettant de transférer, mémoriser ou traiter les informations (instructions, adresses, opérandes) issues de la mémoire centrale. Les composants du chemin des données répondent à l'une de ces trois fonctions. Ce sont les bus d'interconnexion pour les transferts d'information, les registres et mémoires pour leur stockage, les unités fonctionnelles pour leur traitement. Tout au long du chemin des données sont distribués des signaux de commande permettant l'exécution des différentes opérations de transfert, stockage et traitement d'informations. On les appelle les **microcommandes.** Elles sont issues d'un organe central généralement appelé **séquenceur.** L'étude de ce dernier fera l'objet du chapitre suivant.

Ainsi à la distinction traditionnelle entre unité d'instruction et unité de traitement, nous opposons une nouvelle distinction entre chemin des données et distribution des microcommandes.

La première reposait sur la distinction entre deux types d'information : les instructions et adresses d'une part, les opérandes d'autre part; la deuxième est également fondée sur la distinction entre deux types d'information : les informations connues du programmeur (instructions, adresses, opérandes) d'une part, et les informations inconnues du programmeur que sont les microcommandes. Cette nouvelle façon de voir se justifie, notamment dans les études de structure de machine, par le fait que, dans de nombreux ordinateurs, des parties importantes du chemin des données sont communes à l'unité d'instruction et à l'unité de traitement.

Les points de contact entre chemin des données et distributeur des microcommandes se situent à deux niveaux : (1) le registre instruction puisque les microcommandes à distribuer dépendent du code opération; (2) l'impact des microcommandes sur les divers composants du chemin des données. On peut éventuellement considérer que la mémoire centrale fait partie intégrante du chemin des données.

On appelle quelquefois *largeur du chemin des données* le nombre de digits transmis en parallèle dans le chemin de données. Cette largeur peut être variable le long d'un même chemin de données. Par exemple, dans une machine comme Boulix, la largeur du chemin de données est égale à la largeur du mot calculateur pour les instructions et les opérandes; par contre les adresses sont transférées sur un nombre plus restreint de digits. La largeur du chemin de données ne correspond pas toujours au *mot calculateur :* par exemple, dans la série compatible IBM 360, cette largeur varie depuis l'octet dans le modèle 360-30 jusqu'à deux doubles mots soit 16 octets dans certaines parties du chemin de données du modèle 360-85.

Notre étude du chemin des données dans les calculateurs de type Von Neumann va porter sur trois points :
(1) les registres et leur interconnexion ;
(2) le cheminement des opérandes et l'utilisation des unités fonctionnelles ;
(3) le cheminement des adresses et les techniques d'adressage de la mémoire centrale.

Ces développements seront par la suite illustrés sur des exemples concrets, notamment Superboulix.

2. 2. *Les registres du chemin des données.*

Sur le plan fonctionnel, on distinguera deux types de registres :
(1) des **registres non adressables** caractérisés par une fonction bien définie qu'ils sont seuls à remplir. Par exemple : le registre instruction, l'accumulateur et le multiplicateur quotient, le compteur ordinal, le registre de sélection mémoire, le compteur de décalage.

Certains de ces registres peuvent rester inconnus du programmeur. On dira qu'ils lui sont *transparents.* D'autres sont implicitement adressés par le programmeur ; c'est le cas de l'accumulateur de Boulix pour toutes les instructions arithmétiques et logiques.

(2) des **registres adressables** que le programmeur peut utiliser pour conserver certaines informations au cours du calcul. La baisse du coût des registres en technologie intégrée et le gain de temps réalisé en utilisant des informations en registre et non des informations en mémoire centrale (facteur 10 en temps d'accès) ont conduit les constructeurs de la troisième génération à multiplier le nombre de registres adressables.

On en distingue deux catégories : des *registres arithmétiques* permettant de conserver des résultats partiels et des *registres d'adressage* permettant de conserver des éléments fixes d'adressage de parties de programmes ou de tableaux. Cependant, dans certaines machines, les registres adressables sont indifféremment utilisés comme registres arithmétiques ou comme registres d'adressage. On dit qu'ils sont *banalisés.*

Sur le plan structurel, on distingue deux organisations possibles de registres adressables :

(1) Ils peuvent être montés en *registres indépendants.* Dans ce cas, l'adresse de registres doit être décodée pour obtenir les signaux d'ouverture ou de fermeture des portes des registres.

(2) Ils peuvent également être montés en mémoire. L'adresse de registre sera alors fournie à la mémoire sans décodage préalable. De telles mémoires sont généralement appelées *mémoires locales.* Elles sont actuellement réalisées en semi-conducteurs comme les registres (chap. IV. 1. 5. 1. et IV. 3). Elles présentent, par rapport à un jeu de registres indépendants, un avantage financier (moins de points d'entrée et sortie, un seul circuit

intégré à grande échelle) mais ne permettent évidemment qu'une seule opération de lecture ou d'écriture à la fois.[1]

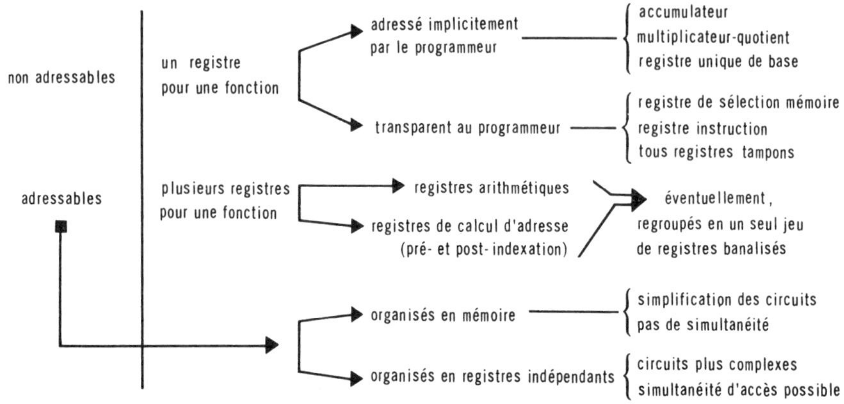

Tab. 20. Récapitulation sur les registres.

Les interconnexions entre registres, ou entre unités fonctionnelles et registres, peuvent être directes ou utiliser des lignes omnibus (fig. 21).

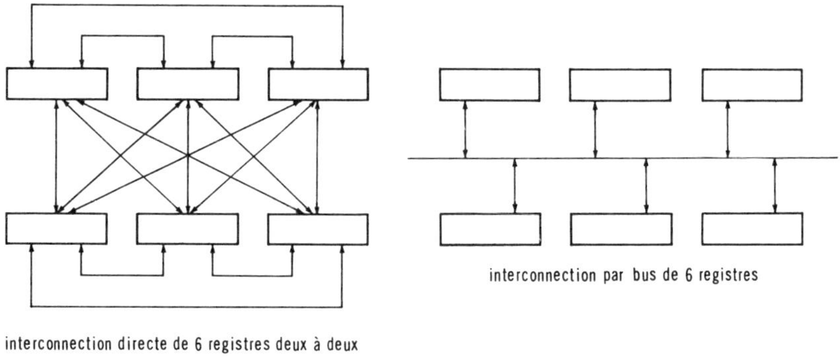

Fig. 21. Interconnexion entre registres.

L'interconnexion par bus a, par rapport aux liaisons directes, l'avantage d'être économique mais ne permet pas de transferts simultanés.

3. Le cheminement des opérandes.

Issus de la mémoire, ou retournant à la mémoire par l'intermédiaire du registre mot, les opérandes sont traités dans des unités fonctionnelles telles que celles décrites au chapitre précédent, les résultats partiels pouvant être stockés dans des registres arithmétiques.

1. Remarque : certains registres connus du programmeur, donc « adressables », peuvent ne pas avoir d'existence physique dans le chemin des données. Ils sont alors simulés en mémoire centrale (ou en mémoire locale). On les appelle quelquefois *pseudo-registres*.

Voici quelques schémas d'organisation du chemin des opérandes montrant les relations entre ces divers éléments, tels qu'on en rencontre dans les petites machines admettant des unités arithmétiques et logiques combinatoires.

3. 1. *Schémas comportant une seule unité fonctionnelle.*

3. 1. 1. Utilisation de registres arithmétiques montés en mémoire locale.

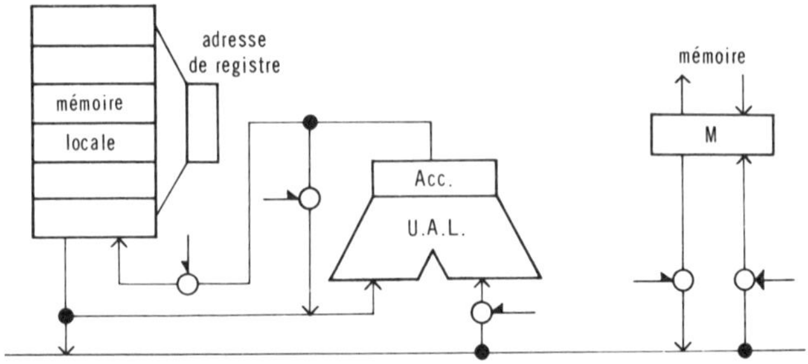

Fig. 22. Chemin des données avec registres arithmétiques organisés en mémoire locale.

Sur le schéma de la figure 22, les opérations s'effectuent entre le registre M et soit l'un des registres arithmétiques de la mémoire locale, soit l'accumulateur. Le résultat obtenu dans l'accumulateur peut être rangé en mémoire locale. L'accumulateur serait inutile si les deux hypothèses suivantes étaient vérifiées :

(1) Toute opération arithmétique porte sur un opérande en mémoire locale et un opérande en mémoire centrale, le résultat venant remplacer l'opérande en mémoire locale.

(2) La mémoire locale est câblée de telle sorte que le mot sélectionné peut être utilisé en lecture jusqu'à ce qu'on y force une nouvelle information.

3. 1. 2. Utilisation de registres arithmétiques indépendants.

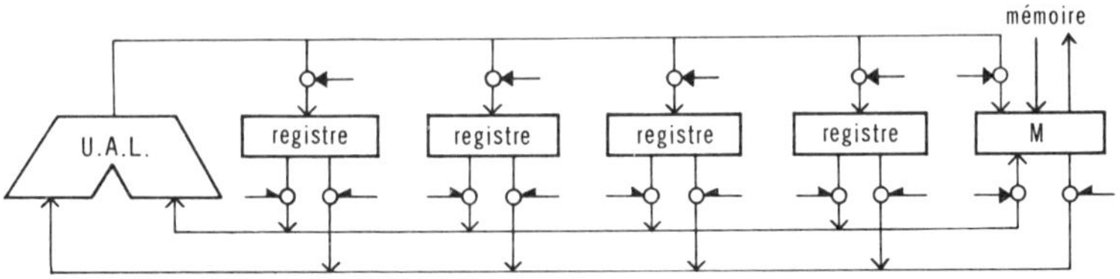

Fig. 23. Chemin des données avec registres arithmétiques indépendants.

Sur le schéma de la figure 23 la préparation du chemin de données pour l'exécution d'une opération consiste à ouvrir les portes permettant aux deux opérandes d'être présents aux entrées de l'unité fonctionnelle et à positionner l'unité fonctionnelle pour exécuter l'opération demandée. Il suffira, après avoir attendu le temps nécessaire à l'exécution de l'opération, d'envoyer une impulsion pour échantillonner le résultat dans le registre choisi : il n'est donc pas nécessaire d'utiliser un registre tampon dans l'unité fonctionnelle.

3. 1. 3. Combinaison de registres indépendants et d'une mémoire locale. Certaines machines utilisent simultanément une mémoire locale et un jeu de registres indépendants (fig. 24).

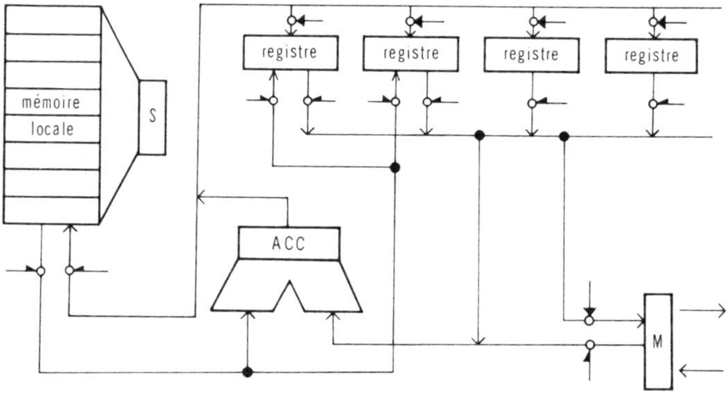

Fig. 24. Chemin des données avec mémoire locale et registres indépendants.

Cette organisation permet notamment de traiter facilement des opérandes en multiple longueur par rapport à la largeur du chemin des données; les opérations s'exécutent alors entre un opérande sur *n* mots en mémoire centrale et un opérande sur *n* registres en mémoire locale tandis que les registres indépendants servent à stocker des résultats intermédiaires par exemple dans les opérations de multiplication ou de division. Un ensemble de *n* cellules de mémoire locale contenant un opérande en multiple longueur est souvent appelé *pseudo-registre* car il simule un registre arithmétique en multiple longueur.

3. 1. 4. Adaptation des unités fonctionnelles au format des opérandes. Les opérandes à traiter peuvent se présenter sous différents formats : format décimal; format binaire fixe, simple et double longueur; format binaire flottant simple et double longueur. On peut exécuter toutes les opérations arithmétiques sur ces opérandes avec une seule unité fonctionnelle, soit que l'on utilise une unité dont la largeur correspond au plus grand format (auquel cas, on ne l'utilise que partiellement pour les opérandes courts), soit que l'on utilise une unité de petite largeur, qui est alors traversée plusieurs fois pour réaliser des opérations portant sur des opérandes longs.

3. 2. *Schémas comportant plusieurs unités fonctionnelles.*

3. 2. 1. Spécialisation des unités fonctionnelles. Nous venons de voir que l'on peut utiliser une seule unité fonctionnelle pour réaliser des opérations portant sur des formats d'opérandes différents. Une solution plus onéreuse, mais permettant de meilleures performances, consiste à utiliser plusieurs unités fonctionnelles en les adaptant chacune à un type d'opération ou à un format particulier d'opérandes.

Ainsi, on pourra avoir une unité pour les traitements de caractères et l'arithmétique décimale ; une unité pour l'arithmétique fixe ; une unité pour l'arithmétique flottante, etc.

3. 2. 2. Opérations simultanées. On peut être conduit à utiliser plusieurs unités fonctionnelles simultanément ; soit dans le cadre de l'exécution d'une instruction, soit pour permettre une certaine simultanéité entre des instructions différentes. Le chemin des données représenté sur la

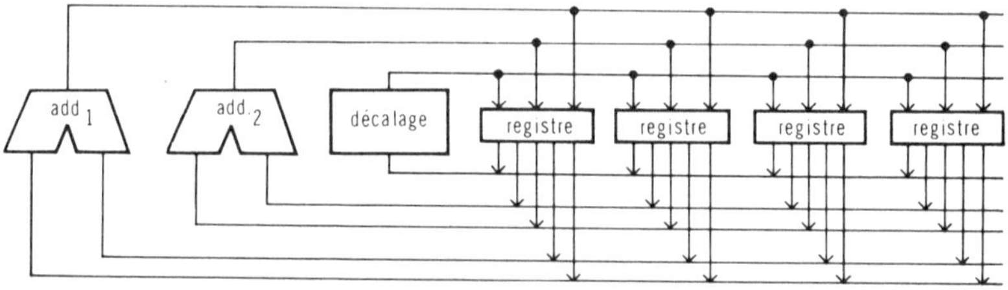

Fig. 25. Chemin des données avec plusieurs unités fonctionnelles.

figure 29 permet des opérations simultanées puisque chaque registre se trouve relié séparément à chacun des bus d'entrée et de sortie des différentes unités fonctionnelles (fig. 25).

4. Le cheminement des adresses.

Il s'agit uniquement du traitement réservé aux adresses contenues dans les instructions portant sur des informations en mémoire centrale ; le problème des adresses d'unités d'entrée-sortie sera abordé au chapitre VIII.

4. 1. *Les différents types d'adressage.*

Nous allons passer en revue les différentes techniques d'adressage : celles-ci correspondent généralement à une transformation entre le contenu de la partie adresse de l'instruction et l'adresse que l'on enverra finalement dans le registre de sélection mémoire pour obtenir l'information désirée. Cette dernière adresse sera appelée *adresse effective*. Le type de traitement que doit subir le contenu de la zone adresse est spécifié, soit par le code opération, quand celui-ci en impose un type déterminé, soit par la configuration binaire d'une partie de l'instruction qui contient ce que nous conviendrons d'appeler les *conditions d'adressage*.

Ainsi, l'instruction dans un calculateur à une adresse se composera, compte non tenu d'éventuelles adresses de registres arithmétiques, de trois parties :

CO	CA	AD
code opération	conditions d'adressage	zone adresse en mémoire

4. 1. 1. Adressage normal (direct et absolu). C'est l'adressage que nous connaissons bien : la partie adresse de l'instruction représente l'adresse effective de l'opérande (fig. 26).

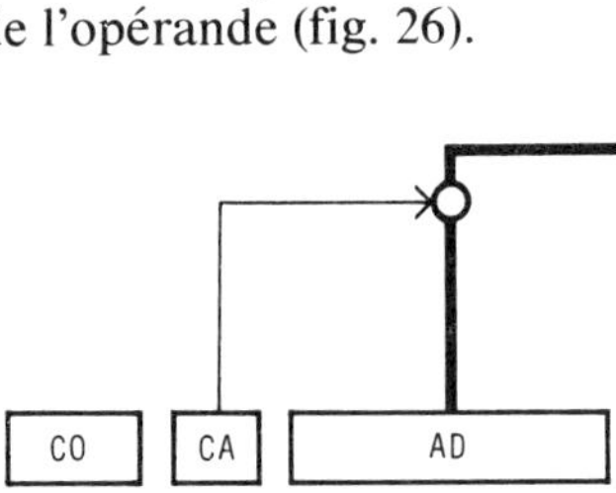

Fig. 26. Adressage normal.

L'adressage normal nécessite 1 cycle mémoire pour obtenir l'opérande.

4. 1. 2. Adressage immédiat. Il ne s'agit pas d'un adressage à proprement parler. La partie adresse de l'instruction contient en effet directement l'opérande sur lequel on veut travailler (fig. 27).

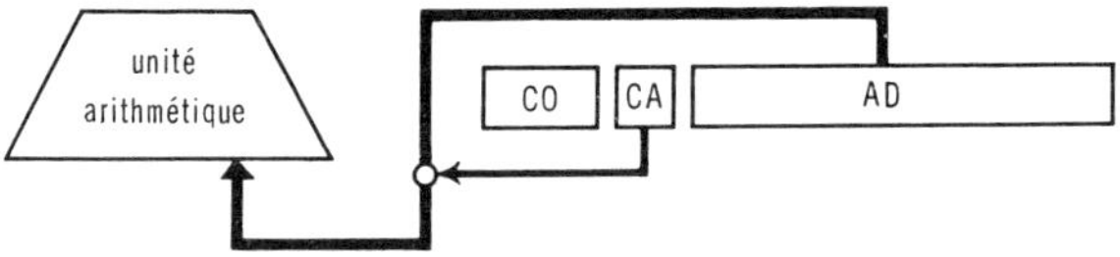

Fig. 27. Adressage immédiat.

L'adressage immédiat ne nécessite évidemment pas de cycle mémoire.

4. 1. 3. Adressage indirect. La partie adresse de l'instruction contient non point l'adresse de l'information demandée, mais l'adresse d'un mot mémoire où l'on trouvera l'adresse effective de l'information. La recherche d'un opérande en adressage indirect nécessitera donc deux cycles mémoire : un cycle pour aller chercher l'adresse effective, un cycle pour aller chercher l'opérande (fig. 28).

Certaines machines permettent l'adressage indirect en cascade. Dans ce cas, le bit 1 spécifiant l'adressage indirect dans l'instruction se retrouve également dans les mots contenant les adresses indirectes successives. Il est clair qu'il faudra ajouter au temps de base de l'instruction un cycle par niveau d'indirection.

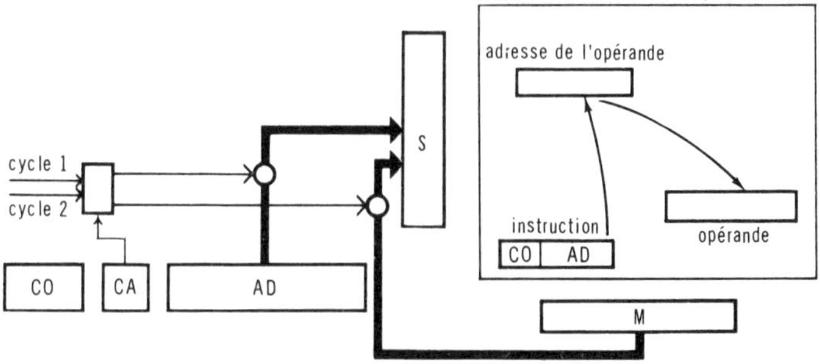

Fig. 28. Adressage indirect.

4. 1. 4. Adressage relatif. L'*adresse relative* n'indique pas en valeur absolue l'emplacement de l'information en mémoire, mais le situe par rapport à une *adresse de référence*. Cette adresse de référence est normalement contenue dans un registre souvent appelé *registre de translation*. L'adresse effective sera obtenue en additionnant l'adresse relative à l'adresse de référence.

On emploie notamment les techniques d'adressage relatif lorsque la longueur du mot mémoire est insuffisante pour permettre d'adresser toute la mémoire. C'est ainsi que dans un calculateur dont le mot est 16 bits, si on prend 8 bits pour le code opération et les conditions d'adressage (ce qui paraît raisonnable), il ne reste que 8 bits pour l'adresse. Ceci permet d'adresser $2^8 = 256$ positions mémoire alors que ces calculateurs en possèdent généralement 32 000. Si on ne veut pas passer à un format d'instruction sur 2 mots, on peut utiliser l'adressage relatif pour atteindre directement certaines zones de la mémoire. Nous en donnerons trois exemples :

4. 1. 4. 1. Adressage par base et déplacement (cf. chap. II, 6. 4. 2.). Un registre du calculateur appelé *registre de base* contient l'adresse de référence (première adresse d'un programme ou d'une zone de données, par exemple). L'information indiquée dans la partie adresse de l'instruction est appelée *déplacement*. L'adresse effective est la somme de la base et du déplacement (fig. 29).

Fig. 29. Adressage par base et déplacement.

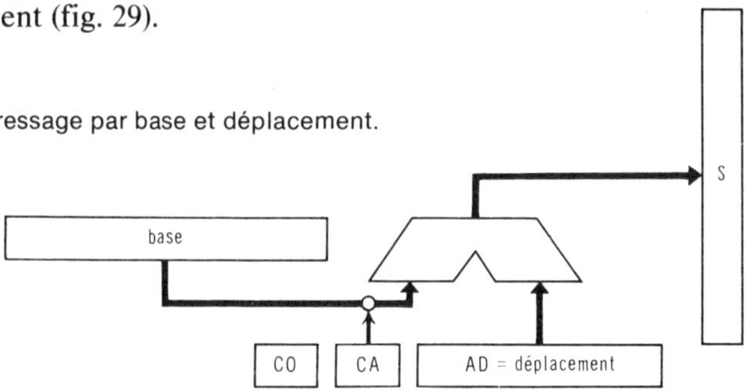

Certains calculateurs admettent plusieurs registres de base. L'instruction doit alors spécifier l'adresse du registre de base choisi.

4. 1. 4. 2. Adressage par rapport à l'adresse courante. C'est le contenu du compteur ordinal qui sert d'adresse de référence. Généralement, on peut ainsi adresser directement deux zones de mémoire, de part et d'autre de l'instruction en cours, suivant que la partie adresse de l'instruction est additionnée au contenu du compteur ordinal, ou en est soustraite.

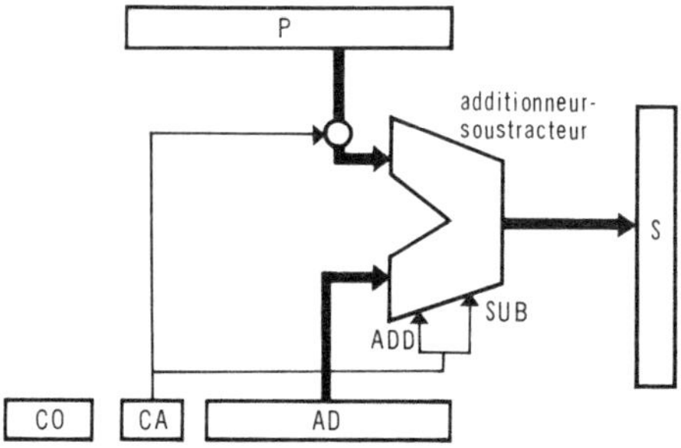

Fig. 30. Adressage par rapport à l'adresse courante.

4. 1. 4. 3. Adressage par page (ou par juxtaposition). On divise logiquement la mémoire en zones de 2^n mots appelées *pages*. Généralement la partie adresse de l'instruction contient *n* bits de telle sorte qu'elle ne permet pas d'adresser plus d'une page. L'adresse effective sera alors obtenue par la juxtaposition du numéro de page (ou d'adresse de page) supposé connu, et de la partie adresse de l'instruction fournissant l'adresse dans la page.

Les conditions d'adressage dans la plupart des petites machines à pages possèdent un bit d'adressage qui, suivant sa valeur, implique soit l'adressage absolu, c'est-à-dire dans la page zéro, soit l'adressage dans la page courante par juxtaposition des poids forts du compteur ordinal et de l'adresse dans la page (fig. 31).

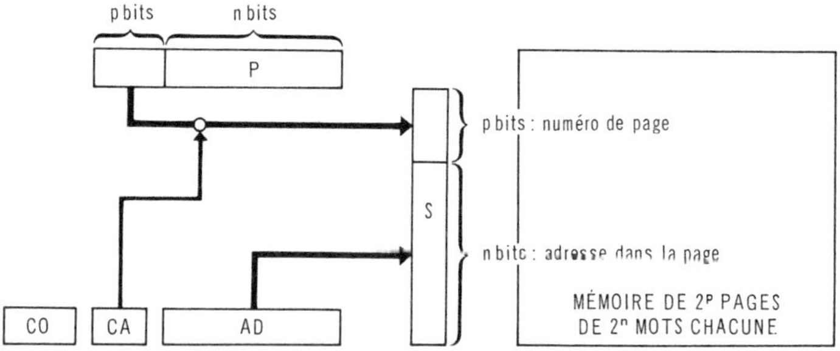

Fig. 31. Adresse dans la page zéro ou dans la page courante.

Si la porte A est fermée, il y a adressage absolu dans la page zéro, tandis que si elle est ouverte, il y a adressage dans la page courante. L'adressage par juxtaposition peut, dans ce cas, être considéré comme un adressage relatif par rapport au début de la page courante.

4. 1. 4. 4. Compléments sur l'adressage relatif. L'un au moins de ces trois types d'adressage relatif se rencontre dans les machines à mot court (12, 16 ou 18 bits) où la zone réservée à l'adresse est insuffisante pour adresser toute la mémoire, à moins que l'on n'utilise des instructions sur deux mots. Ils permettent ainsi d'adresser directement des zones de mémoire (autres que les 2^n premiers mots) sans passer par l'adressage indirect. Les références en dehors de ces zones nécessitent alors un adressage indirect par rapport à une cellule mémoire appartenant à ces zones directement accessibles.

L'adressage par base et déplacement ainsi qu'un type d'adressage par page plus évolué que celui décrit ici sont utilisés dans les grosses machines pour résoudre des problèmes d'allocation de mémoire en multiprogrammation. Nous y reviendrons au chapitre x.

4. 1. 5. Adressage indexé (cf. chap. II, 6. 2. 2. 2.). On obtient l'adresse effective en ajoutant à la partie adresse de l'instruction le contenu d'un registre de l'unité centrale appelé **registre d'index;** ce contenu est souvent appelé *index*. Le registre d'index est passible d'un certain nombre d'opérations telles que chargement, lecture, incrémentation ou décrémentation de 1, comparaison. Le registre d'index est utilisé par le programmeur pour traiter par une même instruction placée dans une boucle de programme des données rangées sous forme de tableau dans des cellules successives de la mémoire. L'adressage correspondant est indexé, c'est-à-dire que l'adresse spécifiée dans l'instruction est celle de la première cellule du tableau et qu'on lui ajoute la valeur de l'index mise initialement à 0 et incrémentée de 1 chaque fois que l'on exécute l'instruction de fin de boucle. Celle-ci compare l'index au nombre d'éléments du tableau et effectue un branchement en début de boucle tant que tous les éléments n'auront pas été traités.

Le principe de l'indexation est représenté sur la figure 32 où l'on suppose l'existence de plusieurs registres d'index, ce qui permet de traiter des boucles emboîtées les unes dans les autres sans sauvegarde de l'index.

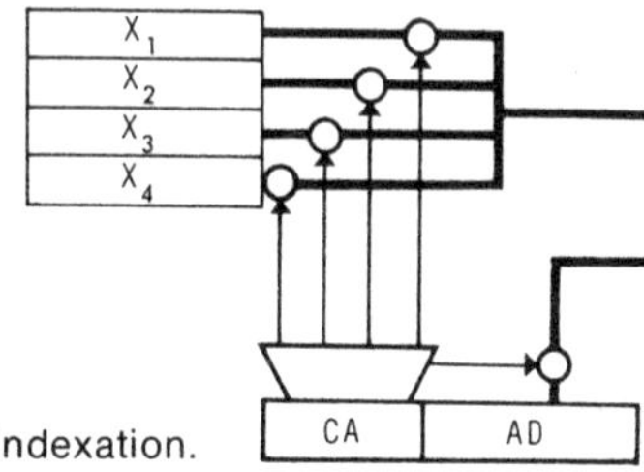

Fig. 32. Indexation.

Dans certains calculateurs l'index part de — (n—1) où n représente le nombre d'éléments du tableau; l'adresse spécifiée dans l'instruction est la dernière du tableau; l'index est incrémenté de 1 à chaque pas; on sort de la boucle lorsque l'index est nul.

Dans d'autres machines, on utilise deux registres par index; l'un contient l'index, l'autre la valeur maximum de cet index; les deux registres sont comparés lors de l'instruction de fin de boucle ; on exécute un branchement en début de boucle tant qu'il n'y a pas coïncidence entre les deux valeurs.

Notons l'existence, dans certaines machines, de registres auto-index qui s'incrémentent de 1 chaque fois qu'ils sont référencés. Dans de nombreuses petites machines, les index sont implantés dans des cellules réservées de la mémoire centrale, ce qui permet d'économiser le coût des registres correspondants.

4. 2. *Relations entre les différents types d'adressage.*

4. 2. 1. Pré-indexation et post-indexation. L'adressage relatif par rapport à un registre de base et l'indexation reviennent opérationnellement au même puisque, dans les deux cas, on ajoute le contenu d'un registre et le contenu de la partie adresse de l'instruction pour obtenir l'adresse effective. Ce sont pourtant deux concepts totalement différents sur le plan fonctionnel :

L'adressage relatif permet de définir différentes adresses par rapport à une même adresse de référence.

Dans certains calculateurs cette technique permet de translater, sans aucune modification, les programmes d'un emplacement de mémoire à un autre emplacement. Les adresses doivent alors systématiquement être comptées par rapport à la première instruction du programme. Pour exécuter le programme, il suffira de charger préalablement le registre de translation avec l'adresse d'implantation de la première instruction.

Dans d'autres machines, des registres de base peuvent être utilisés pour adresser des débuts de zones d'informations (instructions ou données), la partie adresse de l'instruction définissant une information relativement au début de zone. Nous reviendrons sur ces différents éléments au chapitre x.

L'indexation permet d'atteindre successivement les différentes variables d'un tableau, dont l'adresse d'implantation est fournie par l'instruction.

Pour tenir compte de la similitude opérationnelle entre ces deux types d'adressage, on appelle souvent : *pré-indexation* l'adressage par addition du déplacement à la base ; et *post-indexation* l'adressage par addition de l'index.

4. 2. 2. Combinaison des différents types d'adressage. Les différents types d'adressage peuvent être combinés dans des limites imposées par la conception de la machine ou par le pur bon sens. La figure 33 en donne un exemple.

Dans les machines puissantes (haut de gamme série 360) admettant pré-indexation et post-indexation, le calcul d'adresses est souvent exécuté dans un additionneur d'adresses à trois entrées (fig. 34).

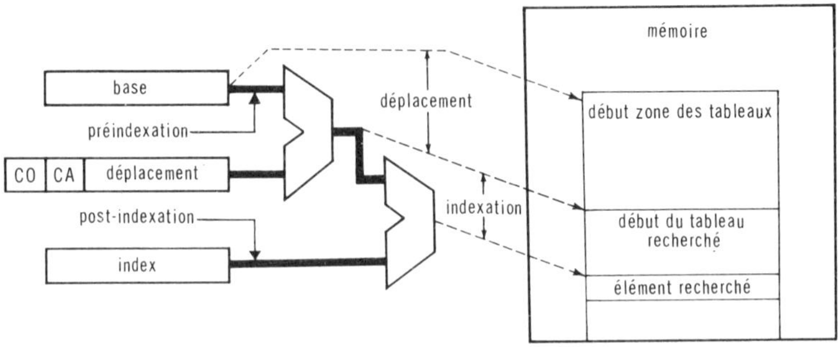

Fig. 33. Logique de l'adressage relatif avec indexation.

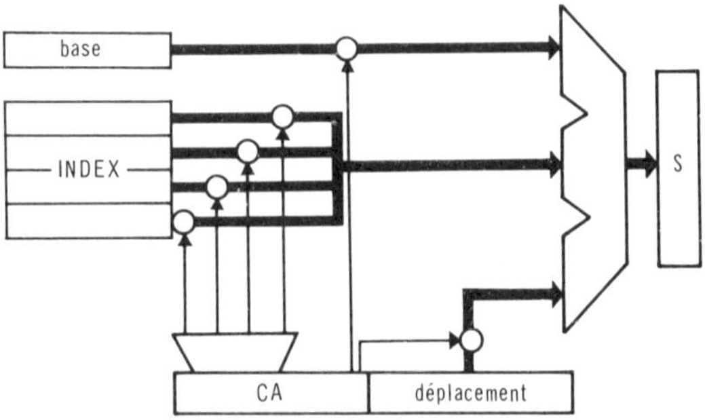

Fig. 34. Additionneur d'adresses à 3 entrées.

Si pré-indexation, post-indexation et adressage indirect sont combinés, il faut établir une règle de préséance entre les trois types d'adressage. Généralement, on admet l'ordre suivant qui permet d'adresser, par une seule instruction, un élément d'un tableau dont l'adresse d'implantation se trouve dans une cellule de mémoire dont l'adresse est connue relativement au contenu d'un registre de base :

(1) pré-indexation pour obtenir l'adresse absolue de la cellule mémoire qui contient l'adresse d'implantation du tableau :

Base + Déplacement

(2) adressage indirect pour obtenir le contenu de cette cellule mémoire, c'est-à-dire l'adresse d'implantation du tableau :

(Base + Déplacement)

(3) post-indexation pour obtenir l'adresse effective de l'élément cherché, le registre d'index contenant le numéro d'ordre de l'élément dans le tableau :

adresse effective = (Base + Déplacement) + index

Certaines machines qui possèdent l'adressage indirect en cascade permettent également une éventuelle indexation à chaque niveau d'indirection, les indicateurs d'indirection et d'indexation étant répétés dans les mots contenant les adresses indirectes successives.

4. 2. 3. Récapitulation des types d'adressage dans un ordinateur à registre.

Opérande immédiat	opérande = (AD)
Adressage normal (direct et absolu)	adresse effective = (AD)
Adressage indirect	adresse effective = ((AD))
Adressage relatif	
— Base et déplacement (pré-indexation)	adresse effective = (B) + (AD)
— Par rapport à l'adresse courante	adresse effective = (P) ± (AD)
— Dans la page courante	adresse effective = adresse de page + (AD)
Adressage indexé (post-indexation)	adresse effective = (AD) + (X)

5. L'évolution de l'architecture des chemins de données.

Chaque ordinateur a son architecture propre, et il ne semble pas que l'on puisse trouver de limite à l'imagination des concepteurs de machine. Aussi bien nous contenterons-nous ici de marquer l'évolution de l'architecture des ordinateurs par un nombre restreint de jalons correspondant chacun à l'émergence d'une nouvelle idée.

5. 1. *Machines de la deuxième génération.*

Il semble inutile de revenir sur les machines de la première génération dont les particularités n'avaient d'autre raison que les contraintes technologiques de l'époque. C'est ainsi par exemple que la mémoire centrale était souvent une mémoire à tambour, ce qui conduisait à inclure dans l'instruction l'adresse de l'instruction suivante afin de ne pas perdre systématiquement une rotation du tambour à chaque instruction, ce qui aurait été le cas en adressage séquentiel.

Par contre, les machines de la deuxième génération sont très intéressantes du fait de leur simplicité de fonctionnement : on notera tout particulièrement dans les deux exemples suivants le nombre restreint des registres et la spécificité fonctionnelle de chacun d'entre eux.

5. 1. 1. Machine scientifique de la deuxième génération. La figure 35 représente sous une forme schématique et simplifiée un exemple type d'un ordinateur scientifique de la deuxième génération. C'est une machine mots à une adresse, qui possède un accumulateur et un multiplicateur-quotient inclus dans l'unité arithmétique et logique et trois registres d'index inclus dans l'unité d'instructions. L'instruction est de longueur fixe : un mot machine. Sa recherche nécessite donc un cycle mémoire. Elle comporte le code opération, le bit d'adressage indirect, deux bits permettant d'adresser l'un des trois registres d'index ou d'indiquer qu'il n'y a pas d'indexation, l'adresse en mémoire. Les opérandes sont également codés sur un mot mémoire, exceptionnellement en double longueur sur deux mots mémoire.

Parmi les instructions de la machine, citons : le chargement et le rangement des registres d'index ; l'instruction de fin de boucle qui incrémente l'index, et branche en début de boucle tant qu'il reste négatif ; les instructions de décalages simples ou circulaires, portant soit sur l'accumulateur, soit sur le MQ, soit sur les deux mis bout à bout en intercalant éventuellement le bistable de débordement.

L'IBM 7090, le C 90-80 de C.I.I., par exemple, fonctionnaient selon ce principe.

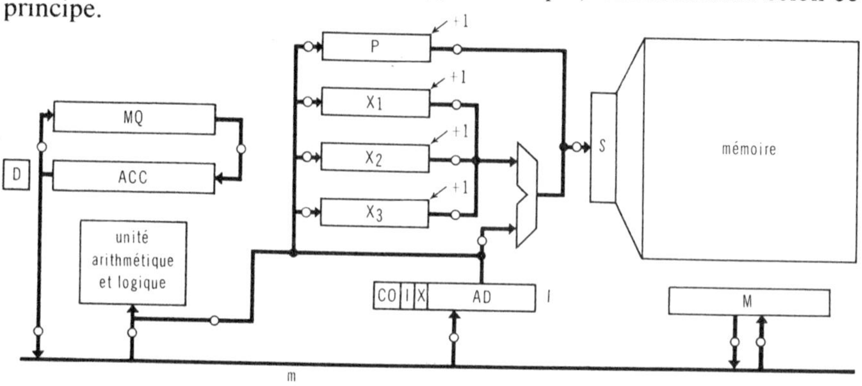

Fig. 35. Calculateur scientifique de la deuxième génération.

5. 1. 2. Machine de gestion de la deuxième génération. La figure 36 schématise une machine de gestion inspirée de l'IBM 1401. C'est une machine caractères, à instructions de longueur variable comportant généralement deux adresses, travaillant sur des chaînes de caractères de longueur quelconque et munie de l'arithmétique décimale.

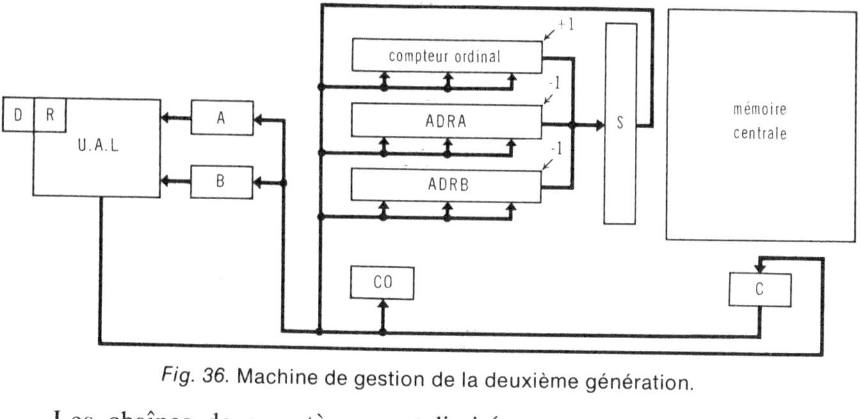

Fig. 36. Machine de gestion de la deuxième génération.

Les chaînes de caractères sont limitées par une marque de fin de chaîne associée au premier caractère de la chaîne. Dans l'IBM 1401, où le caractère est de 6 bits, cette marque occupe une septième position binaire en mémoire et peut être positionnée par des instructions spéciales. Dans d'autres machines, chez Honeywell par exemple, le caractère est de 8 digits, ce qui permet de réserver les deux bits de fort poids pour des marques de fin de mot ou de fin de phrase.

Lorsqu'elle référencie une chaîne de caractères, l'instruction contient l'adresse du dernier caractère de cette chaîne.

Le fonctionnement de la machine peut être illustré par la description simplifiée du déroulement de l'instruction d'addition. La configuration binaire de cette dernière se compose du code opération (codé par exemple sur un caractère) et des adresses (codées par exemple sur trois caractères chacune) du dernier caractère du premier opérande et du dernier caractère du deuxième opérande. La recherche de l'instruction suppose donc ici 7 appels mémoire chargeant le code instruction dans CO, l'adresse du dernier caractère du premier opérande dans ADRA, l'adresse du dernier caractère du deuxième opérande dans ADRB. Le compteur ordinal est incrémenté (ou, selon le type de machine, décrémenté) d'une unité à chacun de ces appels mémoire.

L'opération d'addition s'exécute en série, caractère par caractère, dans un étage d'additionneur décimal. Les caractères du premier et du deuxième opérande sont respectivement mémorisés dans les registres A et B. La retenue est conservée d'un pas sur l'autre dans le bistable R. Les

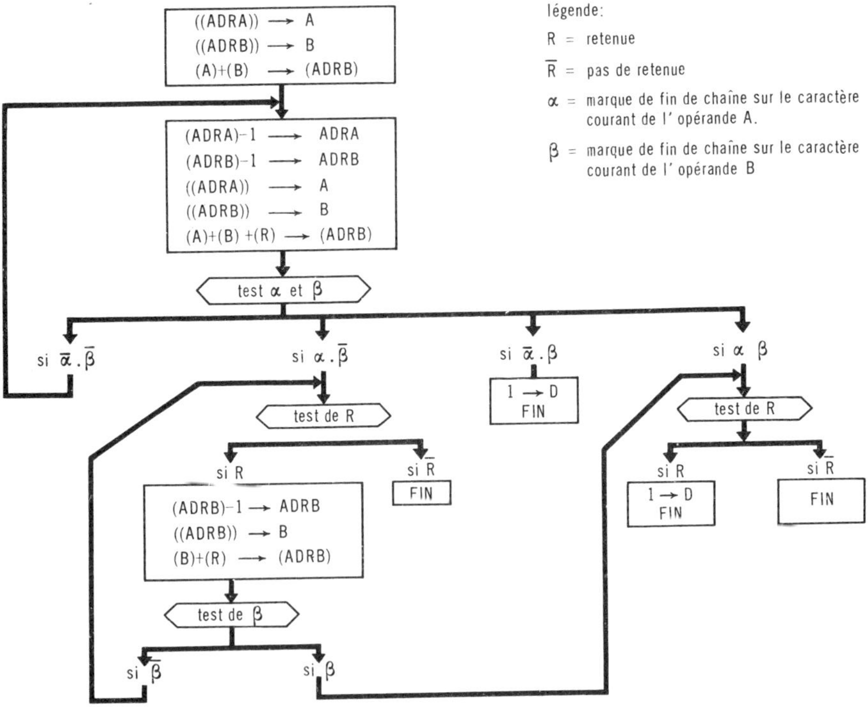

Fig. 37. Organigramme de l'addition de deux nombres décimaux.

contenus des registres d'adresse ADRA et ADRB se décrémentent dans le registre S d'une unité à chaque pas. L'opération d'addition se continue tant qu'il n'y a pas détection de marque de fin de chaîne.

Si le premier opérande est moins long que le deuxième opérande, on peut convenir de continuer l'opération avec des zéros en guise de digits du premier opérande, afin de permettre la propagation d'une éventuelle retenue. Si, par contre, le deuxième opérande est insuffisamment long pour contenir le résultat, on chargera un indicateur de débordement D.

L'ensemble de l'opération peut se résumer par l'organigramme représenté figure 37.

5. 2. *Machines de la troisième génération.*

Outre les possibilités de multiprogrammation que nous n'aborderons qu'au chapitre x, la troisième génération se caractérise plus particulièrement :
(1) — par la multiplication des registres et leur banalisation;
(2) — par l'aptitude à traiter aussi bien des problèmes scientifiques que des problèmes de gestion;
(3) — par la commercialisation de gammes de machines de performances différentes, mais possédant le même jeu d'instructions.

Bien que ces trois caractéristiques se retrouvent dans la série IBM 360 et dans les gammes des machines qui s'en inspirent, nous les séparerons pour les analyser l'une après l'autre.

(1) Superboulix, grand frère de Boulix, nous permettra de nous familiariser avec des machines à registres banalisés. Nous profiterons de cet exemple pour illustrer les considérations un peu théoriques rencontrées jusqu'ici concernant le codage des instructions, les conditions d'adressage, certaines instructions particulières.

(2) Nous décrirons ensuite les problèmes posés par la combinaison en une même machine des possibilités des machines scientifiques et celles des machines de gestion.

(3) Enfin la logique 360 permettra de récapituler ces différentes notions tandis que la description succincte des chemins des données des différents modèles de la série 360 introduira à la notion de gamme compatible.

5. 2. 1. Superboulix ou l'utilisation de registres banalisés.

5. 2. 1. 1. Description générale du chemin des données de Superboulix.

Superboulix, représenté figure 38, possède un jeu de registres banalisés pouvant être utilisés soit comme registres arithmétiques, soit, suivant les conditions d'adressage dont il est doté, comme registre de base ou registres d'index. Tous les calculs s'effectuent dans un seul additionneur qui fait à la fois office d'unité arithmétique et logique et d'unité de calcul d'adresses. Superboulix ne possède pas de compteur ordinal : on affecte le registre R_0 à cette fonction, l'incrémentation de son contenu s'effectuant par transfert à travers l'additionneur.

Superboulix a sensiblement les mêmes caractéristiques que Boulix, sauf sur un point : le cycle mémoire correspond à quatre tops horloge au lieu de deux, ce qui nous permet, par exemple, de faire une modification d'adresse (addition du contenu d'un registre à l'adresse indiquée dans l'instruction) sans pour autant retarder le début du cycle de traitement.

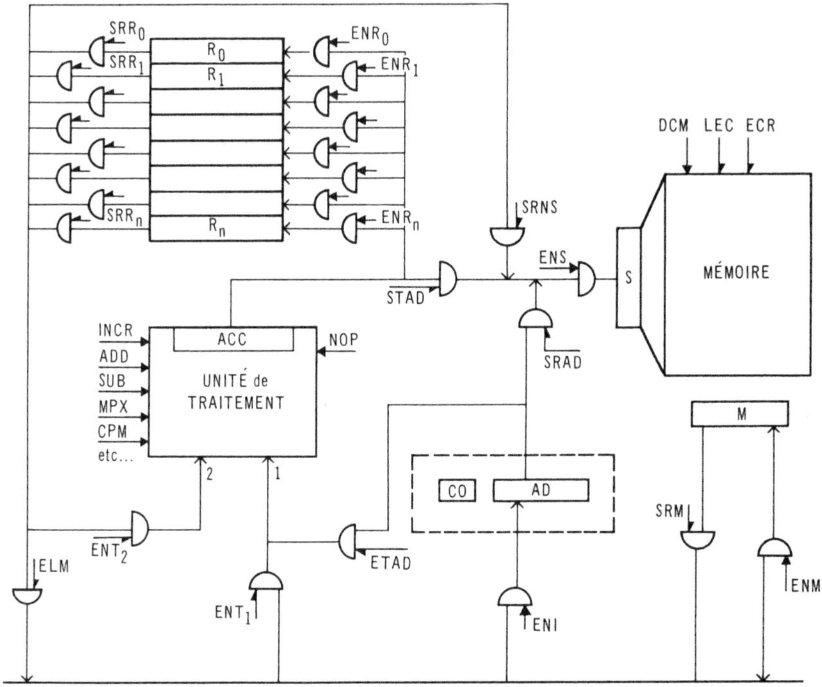

Fig. 38. Schéma logique de Superboulix.

Parmi les signaux de commande de l'unité de traitement, nous trouvons :

NOP : (non opération) permet le simple transfert de l'information entre une des entrées de l'unité et la sortie (NOP_1 et NOP_2) ;

INCR : (incrémentation) transfert à partir de l'une des deux entrées avec incrémentation de 1 de l'information ($INCR_1$ ou $INCR_2$) ;

ADD : (addition) addition des informations présentes sur les entrées (ADD_{12}), ou d'une information présente sur une entrée à l'accumulateur ($ADDA_1$ ou $ADDA_2$) ;

SUB : (soustraction) soustraction de l'information présente en 1 à l'information présente en 2 ;

CMP : (complémentation) complémentation de l'information présente sur l'une des deux entrées (CMP_1 ou CMP_2), etc.

5. 2. 1. 2. Premier exemple d'instruction et d'adressage : Superboulix 1. Nous allons munir Superboulix d'un mot de 24 digits avec le format d'instruction suivant pour les instructions arithmétiques binaires :

0 – 4	5	6 7	8 – 10	11 – 14	15 – 23
CO	I	C A	X	R	AD

CO : 5 bits code opération permettant de coder jusqu'à 32 instructions différentes.

I : 1 bit **I** = 0 : adressage direct.
 1 : adressage indirect (un seul niveau).

CA : 2 bits **CA** = 0 0 : adressage immédiat.
 0 1 : adressage absolu des 512 premiers mots.
 1 0 } adressage relatif { $(R_0) - (AD)$
 1 1 } par rapport au compteur ordinal { $(R_0) + (AD)$

X : 3 bits adressage indexé.
 si X = 000 : pas d'indexation.
 sinon X indique l'adresse d'un des registres R_1 à R_7 qui pourront donc être utilisés comme index.

R : 4 bits adresse le registre arithmétique : permet d'adresser les registres R_0 à R_{15}.

AD : 9 bits élément de l'adresse en mémoire, permet d'adresser une zone de 512 mots dont la position dépend des conditions d'adressage.

Les opérations s'exécutent entre un opérande dans un registre et un opérande en mémoire, le résultat venant prendre la place du premier opérande dans le registre. Par exemple **ADD R_5 M** additionne le contenu de la cellule de mémoire adressée par M au contenu du registre R_5 et place le résultat en R_5. On trouve au chapitre II, 5. 3. un jeu d'instructions applicable à Superboulix.

A titre d'exemple, l'instruction d'addition est décomposée en supposant l'adressage relatif et l'indexation :

0 – 4	5	6	7	8	9	10	11	12	13	14	15 – 23
ADD	0	1	0	0	1	1	0	1	0	0	AD

X = 3 R = 4

→ adressage relatif par rapport à R_0 en amont

→ pas d'adressage indirect

$R_0 \longrightarrow S$	SRR_0, SRNS, $\underrightarrow{ENS}$	recherche de l'instruction
$((S)) \longrightarrow M$	$\underrightarrow{DCM}$, LEC	
$(M) \longrightarrow I$	SRM, $\underrightarrow{ENI}$	
$(R_0) - (AD) \longrightarrow ACC$	ETAD, SRR_0, ENT_2, SUB_{21}, $\underrightarrow{EACC}$	calcul de l'adresse
$(R_3) + (ACC) \longrightarrow S$	SRR_3, ENT_2, $ADDA_2$, STAD, $\underrightarrow{ENS}$	
$((S)) \longrightarrow M$	$\underrightarrow{DCM}$, LEC	recherche et traitement de l'opérande
$(M) + (R_4) \longrightarrow R_4$	SRM, ENT_1, SRR_4, ENT_2, ADD_{12}, $\underrightarrow{ENR_4}$	
$(R_0) + 1 \longrightarrow R_0$	SRR_0, ENT_2, INCR, $\underrightarrow{ENR_0}$	préparation instruction suivante.

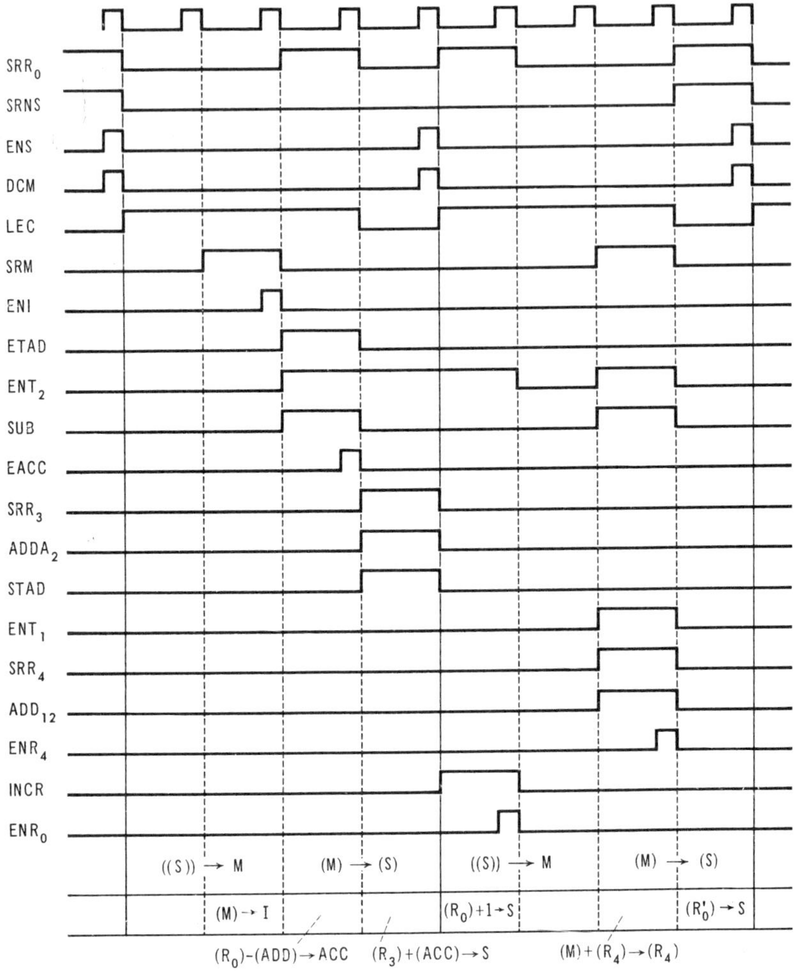

Fig. 39 L'instruction d'addition dans Superboulix 1.

5. 2. 1. 3. Deuxième exemple d'instruction et d'adressage : Superboulix 2. Munissons maintenant Superboulix d'un mot de 32 bits avec le format d'instruction suivant :

0 … 4	5	6 … 9	10 … 13	14 … 17	18 … 31
CO	I	X	R	B	déplacement

Les significations des différents champs sont les suivantes :

CO	5 bits :	permet de coder 32 opérations différentes.
I	1 bit :	adressage direct ou indirect.
X	4 bits :	adressage indexé par le registre dont l'adresse est contenue dans le champ X sauf si X = 0000. Les registres 1 à 15 peuvent donc servir d'index.
R	4 bits :	contient l'adresse du registre contenant le premier opérande.
B	4 bits :	adresse le registre de base à prendre en considération si B = 0000, on a automatiquement adressage relatif par rapport au compteur ordinal, puisque celui-ci est pris comme base.
Déplacement	14 bits :	permet d'adresser une zone de $2^{14} = 16$ K mots à partir d'un registre de base.

5. 2. 1. 4. Quelques instructions dans Superboulix.

5. 2. 1. 4. 1. *Branchement avec préservation de l'adresse de retour.* Nous allons décomposer l'instruction dans deux hypothèses :

(1) L'adresse de retour est préservée dans le registre R_1 supposé spécialisé pour cette application :

(R_0)	$\longrightarrow S$	recherche de l'instruction
$((S))$	$\longrightarrow M$	
(M)	$\longrightarrow I$	
$(R_0)+1$	$\longrightarrow R_1$	sauvegarde adresse de retour
(AD)	$\longrightarrow R_0$	branchement

(2) L'adresse de retour est préservée dans le premier mot du sous-programme.

(R_0)	$\longrightarrow S$	recherche de l'instruction
$((S))$	$\longrightarrow M$	
(M)	$\longrightarrow I$	
$(R_0)+1$	$\longrightarrow R_0$	calcul de l'adresse de retour
(AD)	$\longrightarrow S$	rangement de l'adresse de retour
(R_0)	$\longrightarrow M$	
(M)	$\longrightarrow (S)$	
$(AD)+1$	$\longrightarrow R_0$	branchement à la deuxième adresse du sous-programme

5. 2. 1. 4. 2. *Instruction de fin de boucle.* On suppose que les index sont comptés positivement. L'instruction de fin de boucle incrémente l'index, le compare à sa valeur maximum et exécute un branchement tant qu'il est strictement inférieur à sa valeur maximum.

On suppose que si le registre R_i sert d'index, alors le registre $R_i + 1$ contient la valeur maximum.

L'instruction s'écrit :

BRX X R_i AD

- R_i : index de la boucle à incrémenter et à comparer
- X : index éventuellement associé à l'adresse AD

et se décompose selon le schéma suivant :

(R_0)	$\longrightarrow S$	recherche instruction
$((S))$	$\longrightarrow M$	
(M)	$\longrightarrow I$	
$(R_i)+1$	$\longrightarrow R_i$	progression de l'index
$(ACC)-(R_{i+1})$	$\longrightarrow ACC$	comparaison avec la valeur maximum
Si $ACC < 0$ (AD)	$\longrightarrow R_0$	branchement
Sinon $(R_0)+1$	$\longrightarrow R_0$	

5. 2. 1. 4. 3. *Instruction d'addition double longueur.* Supposons que l'instruction d'addition double longueur :

ADD2 R_i M

additionne aux contenus des registres R_i et R_i+1 les contenus des mots mémoire d'adresse M et $M+1$. Elle se décompose comme suit :

(R_0)	$\longrightarrow S$	recherche instruction
$((S))$	$\longrightarrow M$	
(M)	$\longrightarrow I$	
$(AD)+1$	$\longrightarrow S$	
$((S))$	$\longrightarrow M$	
$(M)+(R_{i+1})$	$\longrightarrow R_{i+1}$	
(AD)	$\longrightarrow S$	
$((S))$	$\longrightarrow M$	
$(M)+(R_i)+(D)$	$\longrightarrow R_i$	D : bistable de débordement
$(R_0)+1$	$\longrightarrow R_0$	

5. 2. 2. Introduction aux machines mixtes scientifiques et gestion. Ces machines se caractérisent par :

(1) Un adressage permettant d'atteindre aussi bien le caractère que le mot.

(2) Un jeu d'instruction combinant celui des machines mots (généralement à une seule adresse en mémoire) et celui des machines caractères (généralement à double adresse en mémoire).

(3) Un chemin des données capable de traiter aussi bien des mots que des caractères.

5. 2. 2. 1. L'adressage des mots et des caractères. Une première solution consisterait à aligner systématiquement les fins de chaîne de caractères sur des fins de mot, de telle sorte que toutes les instructions n'adressent que des mots. Cette contrainte est généralement jugée inacceptable.

Une deuxième solution consiste à n'utiliser que des adresses de caractère. Dans ces conditions, si le mot contient 2^p caractères, les p derniers bits de l'adresse sont systématiquement nuls dans les instructions adressant des mots. La série 360 en offre un exemple typique :

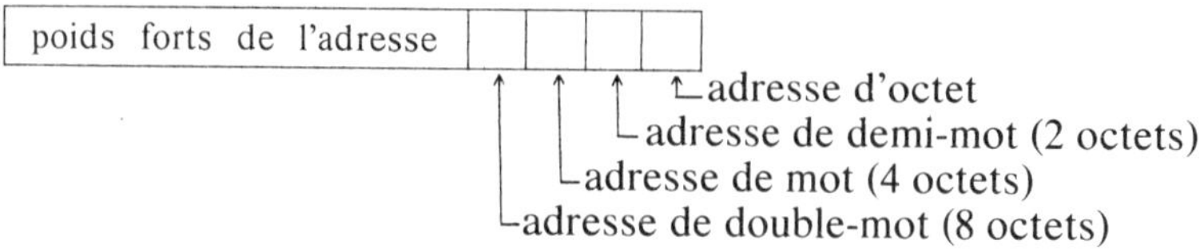

Comme les instructions adressant des mots sont nettement différenciées des instructions adressant des caractères, les bits de poids faibles toujours nuls des adresses de ces instructions sont donc redondants. On peut alors les utiliser pour augmenter la quantité d'information concernant le code instruction, l'adressage, les adresses de registres, etc. En général, on fait subir un décalage à l'adresse afin de garder toujours l'adresse en fin de mot :

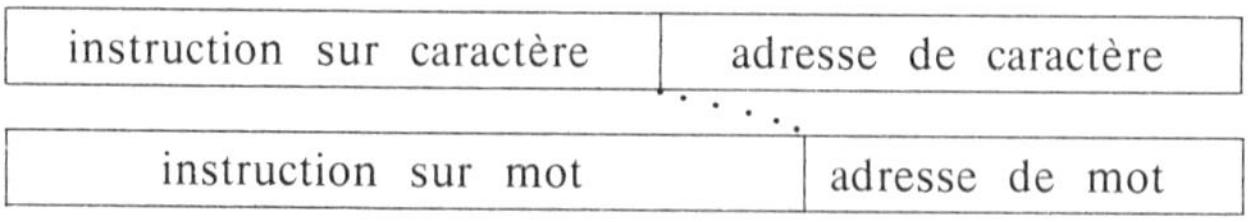

Enfin, on peut envisager des machines dans lesquelles des mots puissent se terminer sur n'importe quel caractère, et pas seulement sur les caractères d'adresse *k.p* où *p* représente le nombre de caractères par mot.

5. 2. 2. 2. Les instructions de taille variable. On aura tendance à utiliser des instructions de type registre à mémoire pour les opérations portant sur des mots et des instructions de type mémoire à mémoire pour les opérations portant sur des chaînes de caractères. Ceci conduit à avoir des longueurs d'instruction différentes (par exemple codées sur un mot pour les instructions contenant une adresse de mot en mémoire, et codées sur deux mots pour les instructions comportant deux adresses de caractères en mémoire). Un prédécodage très rapide d'un ou deux bits, généralement placés en tête du code instruction, permet à l'unité de contrôle de connaître immédiatement la longueur de l'instruction. La progression du compteur ordinal doit évidemment tenir compte de la longueur des instructions.

5. 2. 2. 3. Le chemin des données des machines mixtes. En ce qui concerne le traitement des opérandes, on trouvera deux types de solution :

(1) Le chemin des données peut avoir une largeur d'un caractère : dans ce cas les instructions portant sur des mots nécessiteront plusieurs passages dans le chemin des données (cf. paragraphe 3. 1. 3.).

(2) Le chemin des données a la même largeur que le mot : lors des opérations sur caractères, les différents caractères d'un mot seront transférés en parallèle, mais généralement traités en série par l'opérateur caractère de l'unité arithmétique et logique.

Au niveau des instructions, on trouvera également deux types de solution :

(1) Le mot mémoire a la longueur des instructions courtes : les instructions longues nécessiteront alors deux appels mémoire et le registre instruction sera en double longueur. Le compteur ordinal devra avancer de deux pas lors des instructions longues.

(2) Le mot mémoire a la longueur des instructions longues : les processus seront plus complexes si l'on admet qu'une instruction longue ne commence pas systématiquement sur un mot long, mais peut chevaucher deux mots. Un registre tampon long sera nécessaire devant le registre instruction également long. Les échanges entre ces registres devront pouvoir s'exécuter par mots courts avec toutes les possibilités de croisement possibles. Par exemple, le mot court de droite du registre tampon pourra être envoyé dans le mot court de gauche du registre instruction. Des bistables seront associés au compteur ordinal pour tenir à jour la position exacte de ces deux registres.

5. 2. 3. L'organisation du chemin des données dans une gamme de calculateurs compatibles. Les constructeurs cherchent à concevoir non pas une machine, mais une gamme de machines de puissances croissantes leur permettant de s'adapter aux différents clients. Lorsque ses besoins en calcul augmentent, un client demande le changement de la machine pour la machine immédiatement supérieure. Il est donc nécessaire que les machines de la gamme soient compatibles, c'est-à-dire admettent le même jeu d'instruction de bas en haut de la gamme, afin qu'un tel changement n'implique pas la réécriture des programmes.

La première gamme compatible commercialisée a été la série IBM 360. Nous nous proposons de rappeler brièvement la logique 360, commune à toutes les machines de la gamme, puis d'indiquer succinctement les options qui ont été choisies pour réaliser les différents modèles. Nous nous limiterons à la gamme réellement compatible (modèles 30, 40, 50, 65 et 75) en éliminant les machines spécialisées (modèles 20, 44, 67) et en réservant pour une étude ultérieure les très grosses machines (modèles 85, 91, 195).

5. 2. 3. 1. Description succincte de la logique IBM 360. Ses principales caractéristiques sont les suivantes :

— 16 registres généraux de 32 bits qui servent de registres arithmétiques en virgule fixe, de registres de base et de registres d'index.

— 4 registres arithmétiques de 64 bits pour les opérandes en virgule flottante.

— Opérations portant sur l'octet, le demi-mot de 16 bits, le mot de 32 bits, le double mot de 64 bits et les chaînes d'octets.

— Instructions codées sur 16 bits (deux opérandes en registres), sur 32 bits (un opérande en registre ou immédiat, un opérande en mémoire), sur 48 bits (les deux opérandes de longueur variable en mémoire).

— Adressage au niveau de l'octet, les demi-mots devant occuper une adresse paire, les mots une adresse multiple de 4, les doubles mots une adresse multiple de 8.

— Adressage par base et déplacement avec indexation éventuelle, les adresses du registre de base et du registre d'index étant spécifiées dans l'instruction.

— Opérations de longueur variable, soit arithmétique décimale sur chaînes d'octets (deux digits décimaux par octet), soit logique sur chaînes d'octets.

— Opérations de longueur fixe, sur 16 ou 32 bits pour l'arithmétique fixe, sur 32 ou 64 bits pour l'arithmétique flottante.

5. 2. 3. 2. Le chemin des données des différents modèles de la série 360. Leurs principaux éléments sont schématisés figure 40 sous une forme très succincte et synthétique.

L'examen rapide de ces schémas permet de constater l'évolution à mesure que le numéro du modèle augmente. Citons notamment : l'accroissement des performances d'accès aux mémoires et d'exécution des opérations ; l'augmentation de la largeur des différentes parties du chemin des données ; le passage de registres simulés sur plusieurs mots de mémoire locale à des registres organisés en mémoire locale puis à des registres indépendants ; la multiplication et la spécialisation des unités fonctionnelles ; la séparation des différentes parties de l'unité centrale.

Nous verrons dans les chapitres suivants d'autres éléments qui interviennent, notamment au chapitre VII, le passage du contrôle microprogrammé au contrôle câblé et au chapitre VIII, le passage de systèmes où l'unité centrale joue le rôle d'unité d'échange à des systèmes avec unités d'échange indépendantes.

Nous retiendrons essentiellement de ce premier contact avec la série IBM 360 qu'à une seule logique machine peut correspondre un grand nombre de chemins des données différents. Celui du modèle 75 est le plus proche de la logique 360, et donc le plus performant, mais aussi le plus complexe. Les chemins des données de largeur plus faible et possédant moins d'opérateurs entraînent évidemment une perte en performance mais un gain en prix de revient. On pourrait craindre que la logique de commande contenue dans l'unité de contrôle vienne à se compliquer exagérément dans les petits modèles, et par conséquent contrebalancer le gain sur le coût. Il n'en est rien grâce aux techniques de microprogrammation que nous réservons pour le chapitre suivant.

5. 3. *Introduction aux méthodes d'accroissement des performances.*

Dans des machines puissantes munies d'un chemin des données de largeur suffisante pour traiter les opérandes en un seul passage, les temps d'opération peuvent devenir courts par rapport au temps d'accès à la mémoire centrale. Ceci conduit aux techniques d'anticipation qui influent non seulement sur l'organisation du chemin des données, mais également sur la structure de la mémoire centrale.

5. 3. 1. Le recouvrement des cycles mémoire. On peut remarquer que dans les machines dont l'unité de calcul d'adresse et l'unité arithmétique sont indépendantes, seuls les registres associés à la mémoire sont communs au chemin des instructions et adresse d'une part, et au chemin des opérandes d'autre part. Cette constatation permet d'augmenter les performances d'une machine par une meilleure organisation de l'ensemble chemin des données et mémoire centrale.

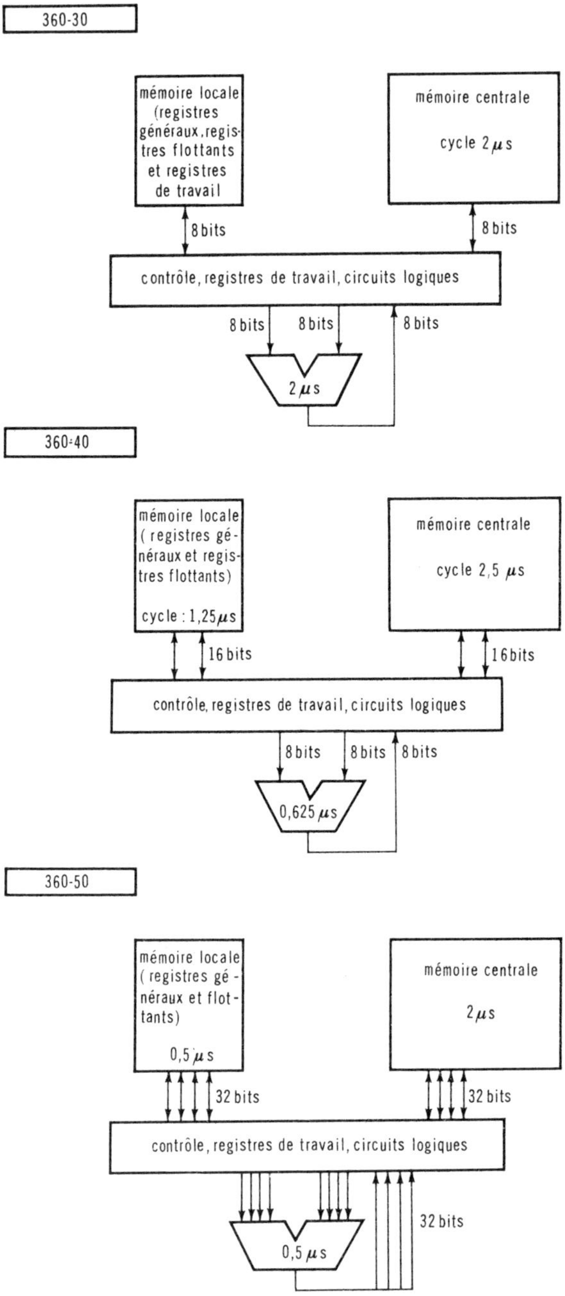

Fig. 40. Schéma succinct des différents modèles 360.

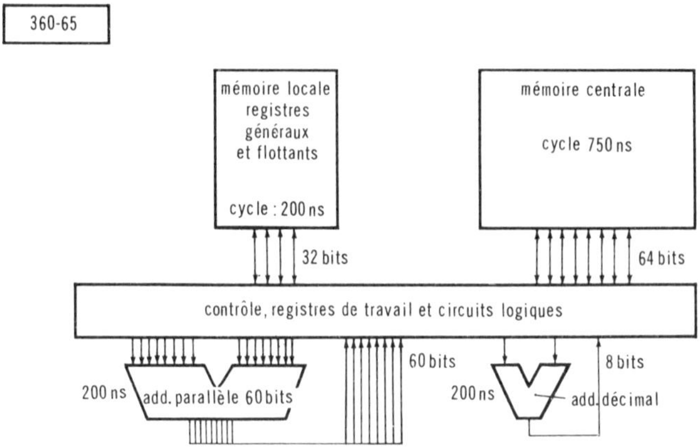

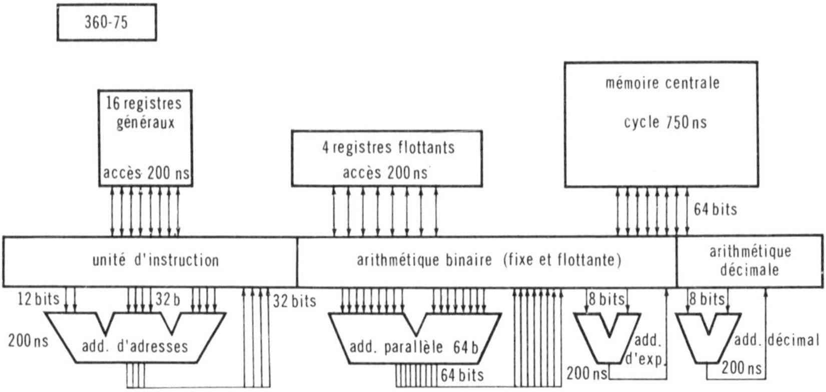

Considérons un calculateur idéal dont toutes les instructions se déroulent en deux cycles : (1) cycle de recherche instruction, décodage et calcul d'adresses ; (2) cycle de recherche opérande et traitement. On note que l'unité d'instruction réalisant le décodage de l'instruction travaille pendant le premier cycle seulement alors que l'unité arithmétique et logique réalisant le traitement ne travaille que pendant le deuxième cycle. Supposons que les instructions et les opérandes se trouvent dans deux blocs de mémoire distincts ; on pourra alors, simultanément, accéder à l'opérande demandé par l'instruction décodée au cycle précédent dans un bloc et à l'instruction suivante dans l'autre bloc. Tout se passera comme si le calculateur exécutait une instruction par cycle, cet artifice permettant de doubler sa vitesse (fig. 41 et 42).

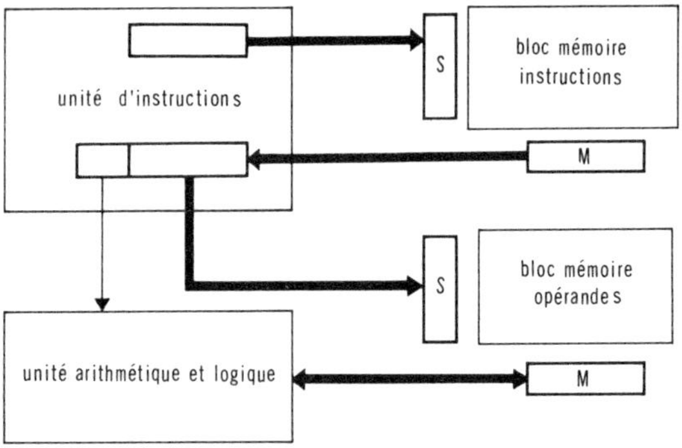

Fig. 41. Machine théorique à chemin des instructions et chemin des opérandes séparés.

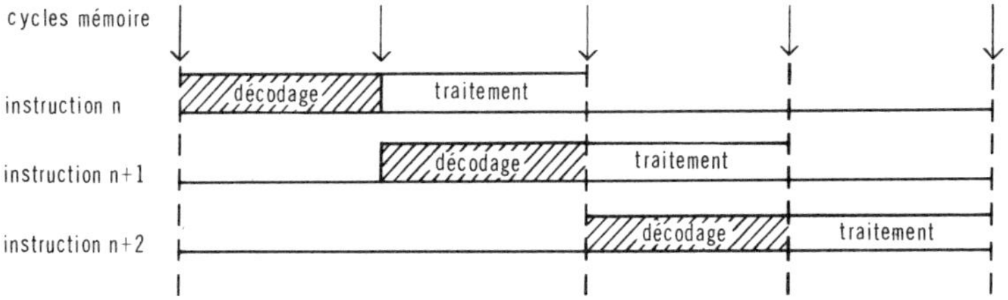

Fig. 42. Diagramme des temps théoriques du recouvrement des instructions.

Bien sûr, la séparation des instructions et des opérandes dans deux blocs distincts est une sujétion inacceptable, mais elle permet d'illustrer correctement le principe de base.

Dans la réalité, on structure la mémoire en plusieurs blocs indépendants possédant chacun leurs registres d'accès (registre sélection et registre mot). Ces blocs sont servis par deux bus indépendants : l'un pour les instructions et leurs adresses, l'autre pour les opérandes et leurs adresses (fig. 43). Le recouvrement aura lieu si l'opérande de l'instruction i et l'instruction $i+1$ se trouvent dans des blocs différents. Dans le cas contraire, on pourra par exemple donner la priorité à l'accès de l'opérande par rapport à celui de l'instruction.

Afin d'augmenter la probabilité du recouvrement, sans imposer au programmeur aucune sujétion d'implantation en mémoire, de nombreux systèmes utilisent ce qu'il est convenu d'appeler **l'imbrication** ou **l'entrelacement** des adresses en mémoire. Cette technique consiste à organiser la mémoire de telle sorte que des emplacements correspondant à des adresses successives se trouvent dans des blocs différents. Ainsi s'il y a n blocs, le premier bloc contiendra les adresses 0, n, $2n$, $3n$, etc., le deuxième bloc les adresses 1, $n+1$, $2n+1$, $3n+1$, etc. Cette solution suppose une modification des circuits de décodage lorsque l'on étend le nombre de blocs de mémoire. On lui préfère alors la variante suivante que l'on trouve notamment sur l'UNIVAC 1108 : elle revient à subdiviser chaque bloc de mémoire en deux demi-blocs indépendants, l'un contenant les adresses paires, l'autre les adresses impaires.

Nous verrons que cette division de la mémoire en blocs indépendants est à la base de la simultanéité entre l'exécution des instructions et celle des entrées-sorties.

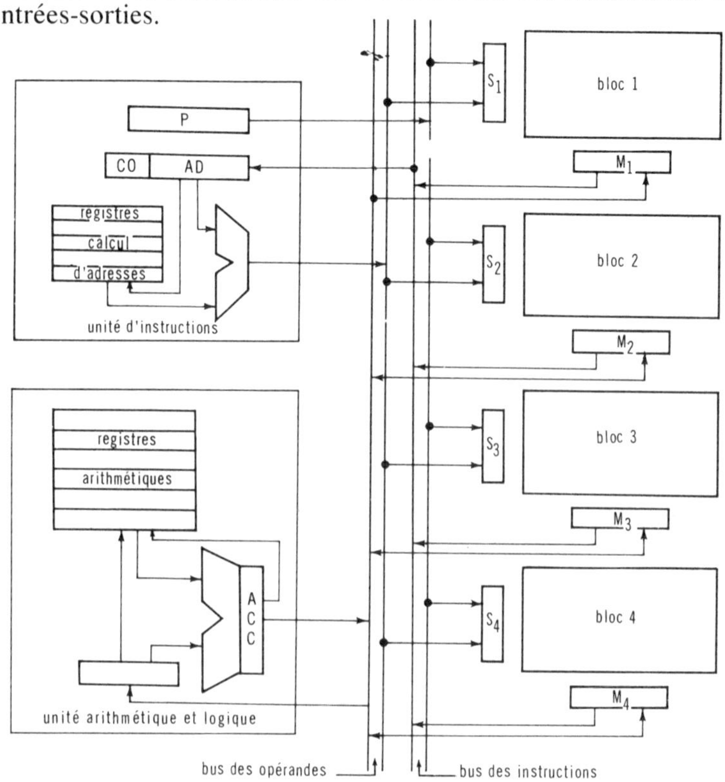

Fig. 43. Schéma d'une machine admettant le recouvrement des instructions.

5. 3. 2. Notion d'anticipation et d'antémémoire. Dans les machines puissantes, le temps d'exécution d'une opération commandée par une instruction devient faible devant le temps de recherche en mémoire de l'instruction et des opérandes. Les techniques d'anticipation rendues possibles grâce au recouvrement des cycles mémoire, visent à ce que toutes les informations nécessaires à l'exécution d'une instruction soient présentes dans les registres rapides avant que l'unité d'exécution ne soit effectivement prête à exécuter l'opération.

Nous conviendrons de distinguer entre *l'anticipation explicite* et *l'anticipation implicite :*

5. 3. 2. 1. L'anticipation explicite consiste à aller chercher à l'avance non seulement l'instruction suivante comme cela a été décrit dans le paragraphe précédent, mais également l'opérande ou les opérandes correspondants. L'anticipation peut être à plusieurs niveaux, c'est-à-dire porter sur plusieurs instructions.

A titre d'exemple, le schéma de la figure 44, inspiré de l'IBM 370-165, représente les principaux registres mis en jeu dans une machine à une adresse qui permet la recherche anticipée de deux instructions et de l'opérande d'une instruction. Les instructions sont recherchées à l'avance et rangées successivement dans les deux registres tampons d'instruction. Dès que l'additionneur d'adresse est libre, une nouvelle instruction passe du registre tampon 2 dans le registre instruction et y subit un prédécodage permettant de savoir s'il s'agit bien d'une instruction avec recherche d'opérande. Le calcul d'adresse est alors exécuté et la demande mémoire lancée. L'opérande sera envoyé dans le registre tampon d'opérande et passera dans le registre opérande pour être traité dès que l'unité arithmétique et logique se sera libérée. Les registres CO_1, CO_2, CO_3 forment une file d'attente permettant de conserver le code opération jusqu'au moment où il doit être décodé pour l'exécution effective de l'instruction.

Les techniques d'anticipation explicite posent de nombreux problèmes : repérage des différents éléments appartenant à une même instruction; précautions à prendre en cas de modification par l'instruction en cours de l'instruction suivante ou de ses opérandes, ces modifications devant affecter non seulement la mémoire, mais encore les registres tampons d'anticipation; précautions à mettre en œuvre en cas d'instructions de rupture de séquence, etc.

5. 3. 2. 2. L'anticipation implicite évite ces problèmes en n'exigeant pas la désignation explicite des informations donnant lieu à recherche anticipée. Les registres tampons dont le contenu est explicitement défini (tampon instruction 1, tampon instruction 2, tampon opérande) sont remplacés par une petite mémoire tampon de quelques K caractères dont le temps d'accès est comparable au temps d'accès d'un registre.

Cette mémoire tampon, souvent appelée *antémémoire,* est chargée par anticipation à partir de la mémoire principale par le truchement d'un algorithme hardware transparent au programmeur. Cet algorithme repose sur la constatation que les informations qui vont, dans un proche avenir, être recherchées par l'unité centrale, ont de fortes chances d'être logées en mémoire centrale au voisinage des informations qui viennent d'être adressées. C'est typiquement le cas des instructions (à l'exception des ruptures de séquence) et des données rangées sous forme de tableau. L'algorithme consiste donc à charger en antémémoire le voisinage des informations recherchées en mémoire principale. Dans ces conditions, la plupart des demandes de l'unité centrale concernent des informations qui ont été chargées par anticipation implicite dans l'antémémoire : elles sont donc servies avec un faible temps d'accès. Dans le cas contraire, il faut faire appel à la mémoire principale et la machine en profite pour charger dans l'antémémoire les informations voisines de l'information cherchée. Les rangements d'informations mettent à jour simultanément la mémoire principale et l'antémémoire.

En dehors des techniques de recouvrement des cycles mémoire, déjà connues de la deuxième génération (IBM 7094, CII 90-80), les techniques d'anticipation étaient réservées aux très gros systèmes. Nous y reviendrons longuement au chapitre XI. L'apparition de la série IBM 370 a montré l'intérêt de l'utilisation de l'antémémoire pour des machines plus modestes, voire de la combinaison de l'anticipation explicite et de l'anticipation implicite, comme sur le modèle 165.

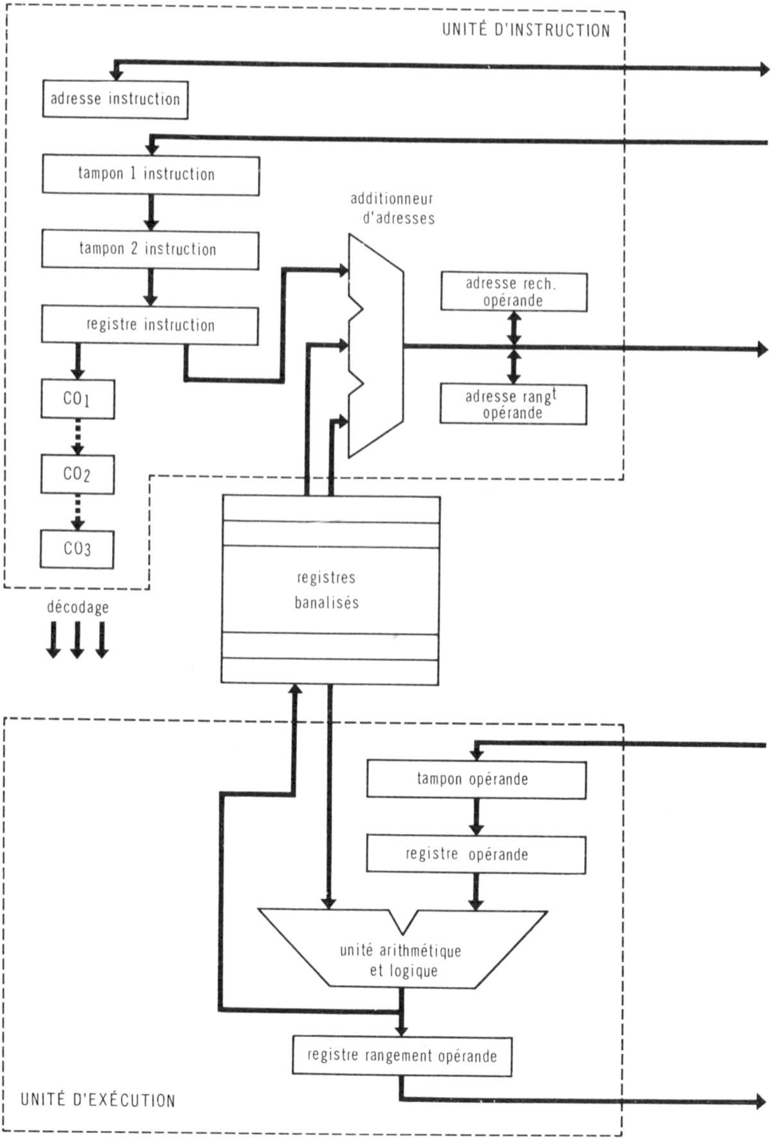

Fig. 44. Machine avec dispositif d'anticipation explicite.

5. 3. 3. Utilisation en parallèle de plusieurs opérateurs arithmétiques. Dans les machines permettant l'anticipation, on trouve généralement plusieurs opérateurs arithmétiques correspondant chacun à un ou plusieurs types d'opérations : opérateur fixe, opérateur d'addition, et soustraction flottante, opérateur de multiplication et division flottante, etc.

Compte tenu d'une part de l'anticipation qui permet de disposer des instructions et de leurs opérandes à l'avance et, d'autre part, de la longueur de l'exécution de certaines opérations, on peut gagner du temps en lançant une nouvelle opération arithmétique avant que l'opération précédente soit terminée. Ceci suppose que la nouvelle instruction trouve un opérateur libre et qu'elle ne dépende pas du résultat de la précédente.

Anticipation et opérateurs parallèles constituent une première approche des machines pipe-line et des machines à opérateurs utilisés en parallèle ; nous y reviendrons aux chapitres XI et XII.

chapitre VII

le séquencement des instructions

Ce chapitre aborde le cœur même de l'ordinateur, à savoir le séquenceur qui commande les transferts et traitements d'informations en distribuant les microcommandes le long du chemin des données. Les notions de séquenceur central et d'équations logiques d'un ordinateur sont présentées en construisant l'organe de contrôle de Boulix. Nous réservons une large place aux techniques de microprogrammation actuellement en plein développement. Elles permettent d'apporter une partie de la souplesse normalement réservée au software dans la conception, la réalisation et l'utilisation des séquenceurs centraux. Les différents concepts correspondants sont illustrés sur une nouvelle machine-exemple : Microboulix. Nous profitons de ce chapitre réservé au séquencement des instructions pour présenter rapidement les problèmes liés à la commande des opérateurs arithmétiques.

1. Notion de séquenceur central.

Le **séquenceur central** d'un ordinateur est l'organe qui génère les microcommandes qui sont distribuées au long du chemin des données pour le positionner et en commander les différents éléments.

1. 1. *Les entrées et les sorties du séquenceur.*

Nous allons d'abord définir le séquenceur de façon externe, c'est-à-dire par ses informations d'entrées et de sorties (fig. 1) :

— les informations de sortie du séquenceur ne sont autres que les microcommandes qui doivent être distribuées au long du chemin des données selon des chronogrammes précis dépendant des temps de réponse des organes commandés ;

— les informations d'entrée du séquenceur sont fournies d'une part par l'instruction, ce sont le code opération, les conditions d'adressage et les adresses de registres, d'autre part par l'état machine qui regroupe un certain nombre d'informations telles que l'état des boutons de la console opérateur, les indicateurs d'erreurs, les demandes d'interruption, les indicateurs d'état de la mémoire et des unités fonctionnelles, le code condition de l'unité arithmétique et logique, etc.

Fig. 1. Environnement d'un séquenceur.

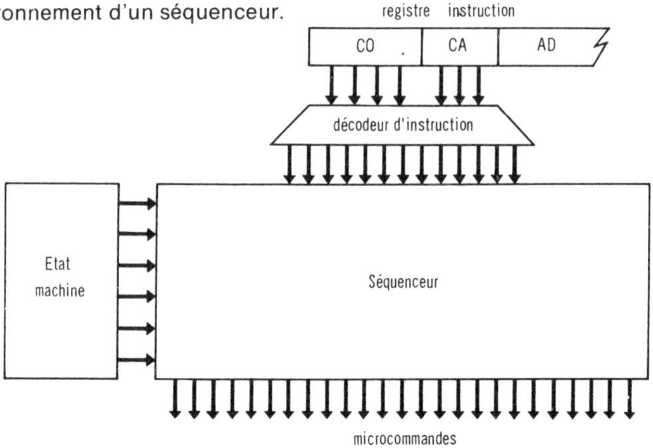

1. 2. *Calculateurs synchrones ou asynchrones.*

Le séquencement des microcommandes dans le temps peut être effectué de deux manières différentes :

(1) Le séquenceur connaît les temps de réponse des différents organes commandés. Il fait alors intervenir les délais appropriés entre les différentes commandes successives de manière à laisser aux opérations le temps de se réaliser. Les microcommandes sont généralement synchronisées sur les impulsions d'une horloge. Ainsi, si une opération nécessite un peu plus de deux battements d'horloge, le séquenceur attendra le troisième battement après le lancement de l'opération pour envoyer la microcommande suivante. On dira que l'on a affaire à un **calculateur synchrone.**

(2) Le séquenceur reçoit des différents organes du calculateur des signaux indiquant qu'ils ont terminé les opérations commandées et qu'ils se libèrent ; éventuellement il peut tester leur état. Il ne lancera une nouvelle opération qu'après avoir été averti que les opérations la précédant nécessairement ont été terminées et qu'après s'être éventuellement assuré que l'organe qui doit l'effectuer est libre. Ainsi il n'utilisera le résultat d'une multiplication que lorsque l'opérateur de multiplication lui aura fourni un signal validant ce résultat. On dira alors que l'on a affaire à un **calculateur asynchrone.**

Les petits calculateurs sont le plus souvent synchrones. Les calculateurs puissants permettant des opérations simultanées sont partiellement asynchrones, les différentes unités les composant ayant chacune leur séquenceur propre.

1. 3. *Séquenceurs câblés et séquenceurs microprogrammés.*

On distingue deux grandes classes de séquenceurs : les *séquenceurs câblés* qui sont réalisés sous forme d'un circuit électronique séquentiel et les *séquenceurs microprogrammés* qui correspondent à l'introduction dans l'unité de contrôle d'une mémoire contenant un petit programme appelé *microprogramme* pour chaque instruction. Le déroulement de ce microprogramme génère les microcommandes qui commandent l'exécution de l'instruction. On peut, en toute première approximation, assimiler le séquenceur microprogrammé à un très petit calculateur inclus dans le grand.

2. Séquenceurs à logique câblée.

Il n'est pas question au niveau de cet ouvrage d'étudier de façon détaillée les problèmes posés par la conception et l'optimisation des séquenceurs. Nous nous contenterons d'une approche intuitive du problème en choisissant le séquencement de Boulix comme exemple.

2. 1. *Principe du séquencement.*

Il s'agit de générer les microcommandes en les séparant par des délais appropriés. Sur le plan des principes, une chaîne de délais permet de réaliser cette fonction. Par exemple, le début de l'instruction de rangement dans Boulix (fig. 2), en supposant que l'adresse de l'instruction se trouve sur le bus S, sera réalisé par la chaîne de délais indiquée, sous une forme extrêmement schématique, sur la figure 3.

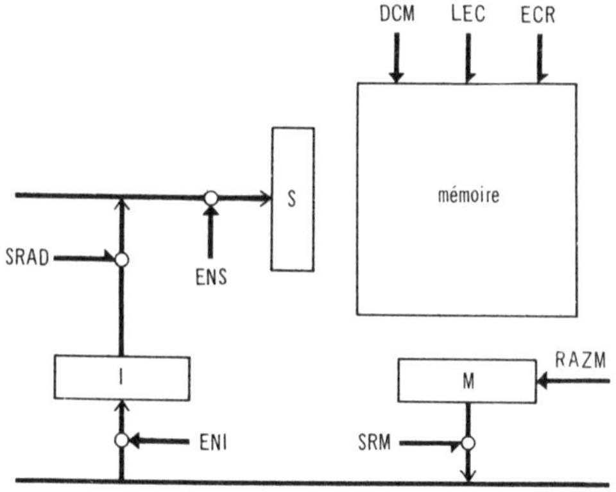

Fig. 2. Recherche de l'instruction dans Boulix.

Une fois initialisée par le signal du début d'instruction, cette chaîne générera les microcommandes successives. Les délais seront ajustés pour correspondre aux temps effectifs des opérations ou des montées de niveaux correspondants. Les signaux non impulsionnels resteront positionnés jusqu'à annulation (par exemple SRM est annulé après les délais θ_1 par le signal noté $\overline{SRM}$).

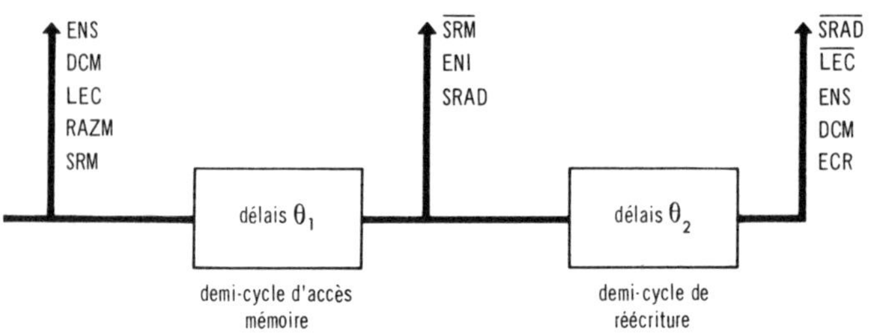

Fig. 3. Recherche en mémoire (solution synchrone).

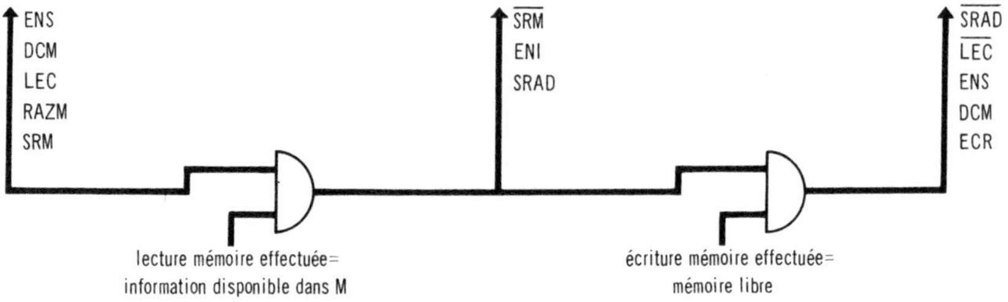

Fig. 4. Recherche en mémoire (solution asynchrone).

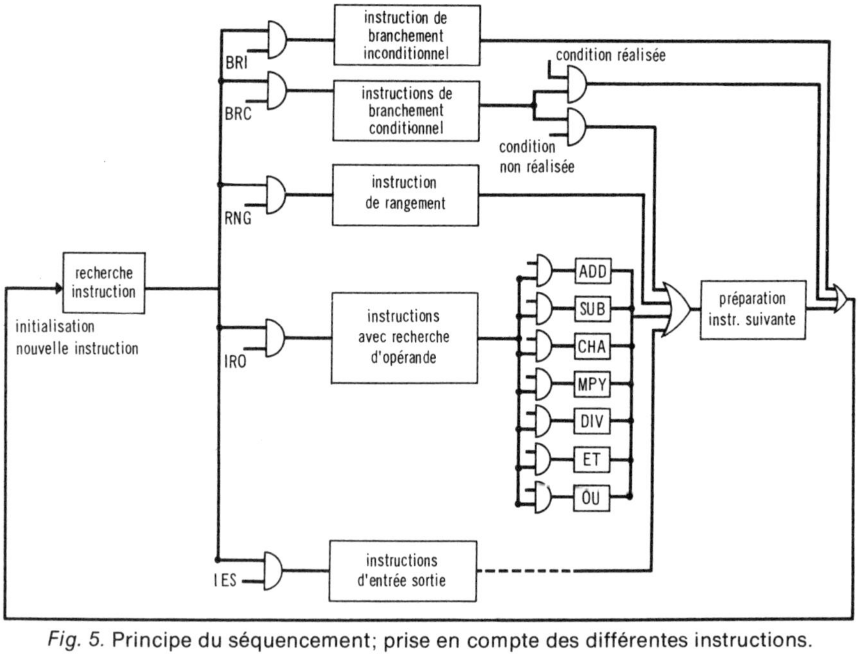

Fig. 5. Principe du séquencement; prise en compte des différentes instructions.

Si la mémoire a un fonctionnement asynchrone par rapport au calculateur, nous aurons le schéma du principe illustré par la figure 4 dans laquelle les portes ET indiquent sous forme symbolique que l'on ne peut passer à la génération des microcommandes suivantes que lorsque les opérations précédemment commandées sont terminées.

Revenons au cas général. Les différentes instructions possibles sont traitées grâce à des aiguillages, chaque branche traitant une instruction. Les sorties des différentes branches sont regroupées et la sortie commune est retournée vers le début d'une nouvelle instruction. Les aiguillages sont commandés par les signaux issus du décodeur d'instruction (fig. 5).

Les interventions externes (console opérateur, demande de cycle pour entrées - sorties, interruptions) sont également prises en compte par des aiguillages.

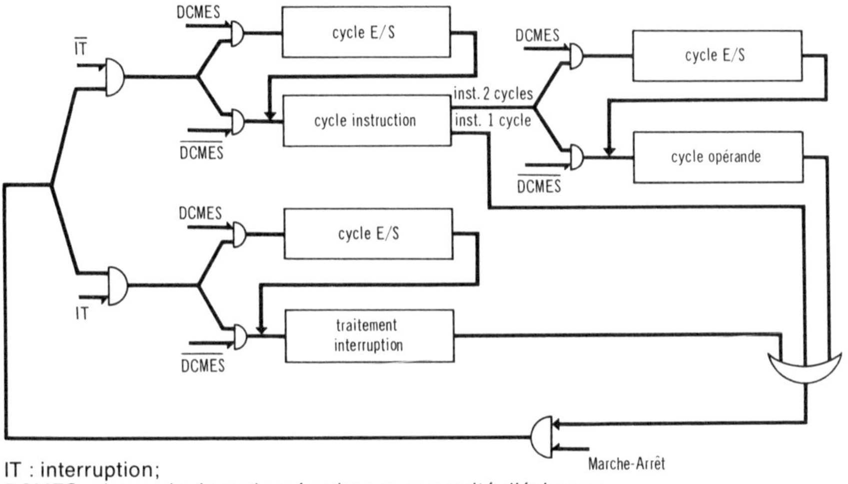

IT : interruption;
DCMES : demande de cycle mémoire par une unité d'échange.
La barre placée en dessus indique la négation du signal.

Fig. 6. Principe du séquencement : prise en compte des indicateurs d'état.

La figure 6 en donne un exemple en supposant que le calculateur ne peut être arrêté par l'opérateur qu'en fin d'instruction, n'accepte une interruption qu'en fin d'instruction et accepte une demande de cycle mémoire à chaque fin de cycle, mais, après l'avoir accordée, utilise lui-même le cycle suivant.

Les schémas indiqués sont extrêmement simplifiés ; en particulier, il faudrait tenir compte des conditions d'adressage, des registres adressables mis en jeu, etc.

2. 2. *Le distributeur de phases.*

Les schémas de principes précédents sont quelquefois à la base de la réalisation des séquenceurs, notamment dans les machines asynchrones. Dans la plupart des cas, cependant, on synchronise les différentes microcommandes sur des signaux régulièrement espacés dans le temps provenant d'une même horloge. A chaque impulsion de l'horloge un certain nombre de microcommandes doivent être générées.

Tous les signaux d'horloge étant identiques, il faut donner au séquenceur le moyen de se repérer dans le temps, par exemple de savoir à quelle phase du cycle ou de l'instruction il en est ; c'est le rôle du *distributeur de phases,* qui à partir des impulsions d'horloges périodiques fournit des signaux impulsionnels ou à niveaux correspondant aux différentes phases du cycle mémoire ou de l'instruction. Par exemple la figure 7 schématise le principe d'un distributeur à quatre phases.

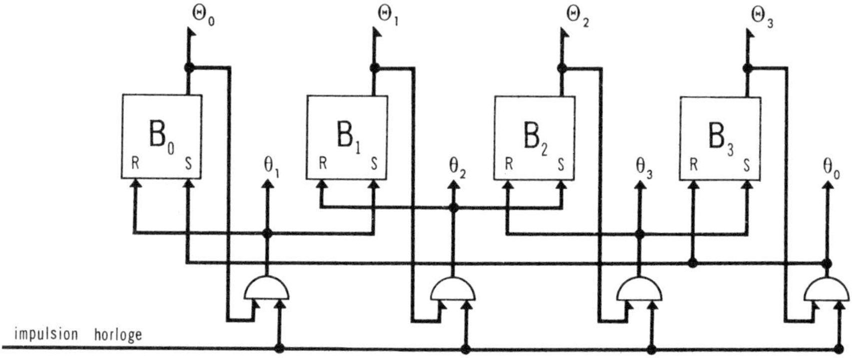

Fig. 7. Distributeur de phases.

Un seul des bistables B_0, B_1, B_2, B_3 est positionné à 1 à un instant donné. La prochaine impulsion horloge remettra ce bistable à 0, et positionnera le bistable suivant à 1. Les niveaux logiques Θ_0, Θ_1, Θ_2, Θ_3 seront vrais l'un à la suite de l'autre, un seul étant vrai à un instant donné. Les

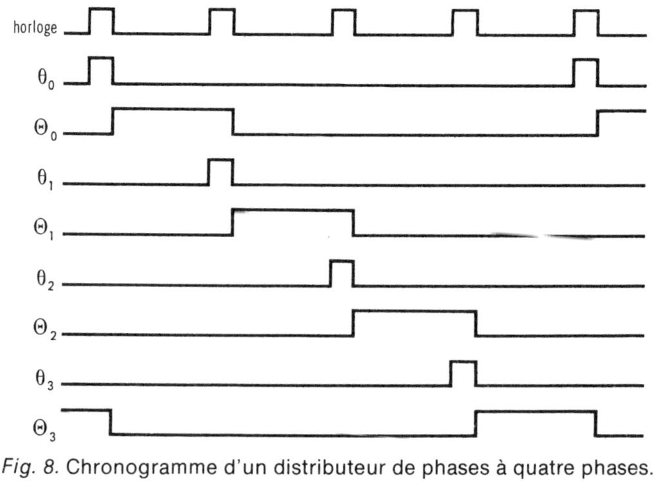

Fig. 8. Chronogramme d'un distributeur de phases à quatre phases.

impulsions θ_0, θ_1, θ_2, θ_3 synchrones avec les signaux horloges apparaîtront chacune toutes les quatre impulsions horloges. En supposant que le temps de basculement des bistables soit égal à la largeur de l'impulsion provenant de l'horloge, on obtient le chronogramme de principe représenté à la figure 8.

Dans le cas de Boulix, où le cycle mémoire correspond à deux tops horloges, il sera commode d'utiliser un distributeur à deux phases (respectivement lecture et écriture).

2. 3. *Le décodage de l'instruction.*

L'instruction comporte différents champs d'information intéressant le séquenceur tels que le code opération, les conditions d'adressage, l'adresse de registres ou d'unités périphériques, etc. Ces différents champs doivent être décodés, en notant toutefois que certains champs se présentent sous

NOM MNÉMONIQUE	CODE OPÉRATION	EFFET DE L'INSTRUCTION
RAZ	000	remise à zéro accumulateur
ADD	001	addition à l'accumulateur
SUB	010	soustraction à l'accumulateur
ET	011	intersection avec l'accumulateur
OU	100	réunion avec l'accumulateur
RNG	101	rangement de l'accumulateur
BRI	111	branchement inconditionnel
BRP	111	branchement si (ACC) $\geqslant 0$

Tab. 9. Code opération de Boulix.

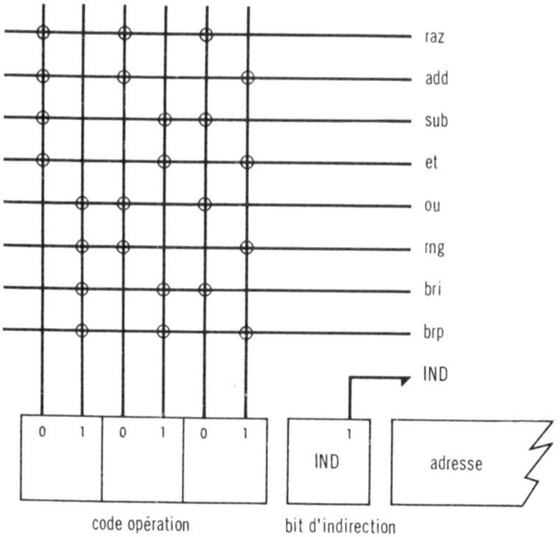

Fig. 10. Décodage du code opération de Boulix.

forme déjà décodée comme par exemple les conditions d'adressage si chaque bit a sa signification. Le décodage du code opération est facilité lorsque celui-ci est lui-même codé par champs.
Le décodeur d'instruction est chargé de réaliser ce décodage. On peut utiliser une matrice à diodes ou transistors. Par exemple, pour Boulix muni des opérations indiquées dans le tableau 9 et possédant l'adressage indirect, on aurait le décodeur représenté sur la figure 10.

On note dans ce schéma que le décodage peut être considéré comme pratiquement instantané et que les signaux issus de la matrice restent positionnés pendant tout le temps où l'instruction correspondante se trouve dans le registre instruction.

2. 4. *Les bistables d'état.*

L'état du calculateur est défini par le contenu d'un certain nombre de bistables appelés bistables d'état. Il en est de deux sortes : les premiers mémorisent ce que nous avons appelé l'état machine. Ils sont positionnés par les instructions et les résultats d'opérations, ou encore par des événements extérieurs, demande de cycle mémoire, interruption, manipulation du pupitre, etc. Leurs sorties figurent dans les informations d'entrée du séquenceur. Les seconds font partie intégrante du séquenceur. C'est lui qui les positionne et qui utilise leur sortie. Ils servent essentiellement de repères temporels. A la limite, les bistables du distributeur de phase devraient être classés dans cette catégorie. Nous verrons qu'une fois définis les bistables d'état, c'est-à-dire les états internes du séquenceur, ce dernier peut être étudié comme un circuit combinatoire.

Nous munirons Boulix des quatre bistables d'état représentés figure 11.

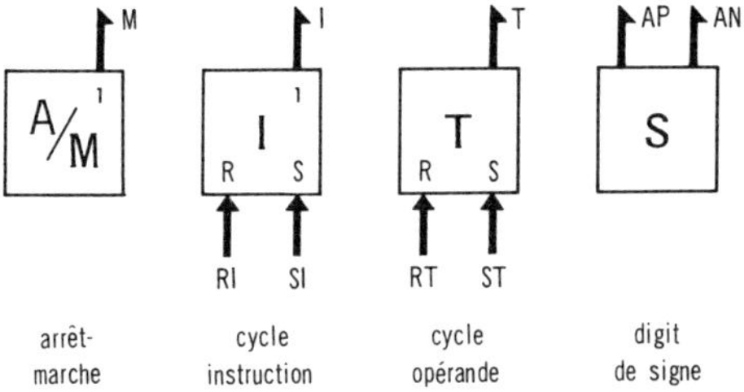

Fig. 11. Bistables d'état de Boulix.

2. 5. *Tracé des chronogrammes.*

Jusqu'ici, nous avons défini les informations d'entrée du séquenceur. Il s'agit maintenant d'aborder le problème des sorties qui ne sont autres que les microcommandes. Une première étape consiste à supposer le problème résolu : on trace pour chaque instruction le chronogramme désiré en tenant compte des temps de réponse des différents opérateurs, et on en déduit les microcommandes à mettre en œuvre à chaque top horloge.

Une deuxième étape consiste à lier la génération des microcommandes telle qu'elle apparaît sur les chronogrammes, non seulement aux tops horloges, mais aussi aux différentes informations d'entrée et d'état du séquenceur. Ceci conduit à l'établissement de ce qu'il est convenu d'appeler les *équations logiques* de la machine. Ces dernières associées à la donnée des bistables d'état définissent complètement le séquenceur. Nous allons concrétiser ces opérations en prenant Boulix comme exemple (cf. la figure 14 qui représente le schéma d'ensemble de la machine).

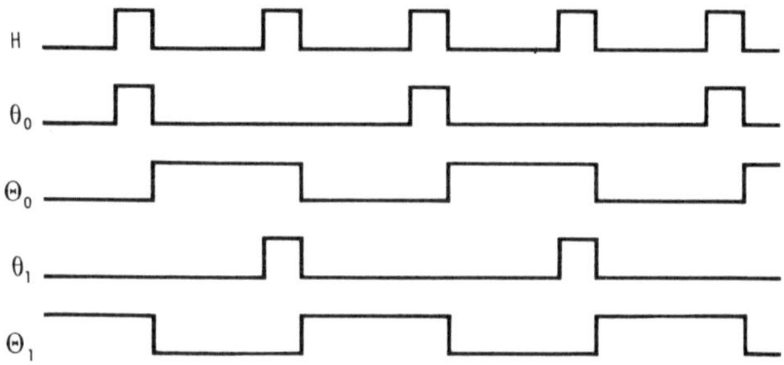

Fig. 12. Chronogramme du distributeur de phases de Boulix.

Boulix est doté :

(1) d'un distributeur de phases à deux phases dont les sorties sont représentées figure 12.

(2) du décodeur d'ordre décrit au paragraphe 2. 3.

(3) des bistables d'état définis en 2. 4. On supposera que le fonctionnement de l'horloge est conditionné par le signal arrêt-marche, et que la mise en marche initialise le distributeur de phase.

On trouvera les chronogrammes des différentes instructions de Boulix (fig. de 15 à 19) selon les principes décrits au chapitre VI. La figure 20 décrit le cycle de recherche de l'adresse effective de l'opérande en cas d'adressage indirect. Il est susceptible de s'intercaler entre le cycle instruction et le cycle opérande de toute instruction faisant appel à un opérande. (Nous faisons l'hypothèse que l'adressage indirect ne s'applique pas aux instructions de branchement.)

Parallèlement à l'évolution des microcommandes, nous avons noté sur ces chronogrammes l'évolution des différentes informations d'entrée dans le séquenceur présentant une certaine importance pour l'instruction en cours.

Chacun de ces chronogrammes nous permet de définir de façon analytique le comportement du séquenceur. Par exemple, pour exécuter l'instruction BRP (branchement si positif), il faut réaliser les opérations élémentaires suivantes (cf. fig. 18) :

au temps θ_0

— positionner le bistable indiquant que l'on est dans un cycle instruction s'il ne l'est pas déjà.

— lancer un cycle mémoire : ENS, DCM, RAZM.

$$\theta_0 \longrightarrow \textbf{SI, ENS, DCM, RAZM}$$

pendant la durée Θ_0, sachant que l'on est dans un cycle instruction,
— maintenir le signal LEC indiquant qu'il s'agit d'une lecture.
— ouvrir la porte de sortie du registre M.

$$\mathbf{I} \,.\, \Theta_0 \longrightarrow \textbf{LEC, SRM}$$

au temps θ_1, sachant que l'on est toujours en cycle instruction,
— échantillonner à l'entrée du registre instruction : ENI.
— incrémenter le compteur ordinal INCP[1].

$$\mathbf{I} \,.\, \theta_1 \longrightarrow \textbf{ENI, INCP}$$

pendant la durée Θ_1, sachant qu'il s'agit d'un cycle instruction,
— maintenir le signal LEC pour permettre la réécriture en mémoire ;
— puis, sachant après décodage qu'il s'agit d'un branchement si accumulateur positif, tester le signal AP (accumulateur $\geqslant 0$).

si **AP = 1**
— envoyer l'adresse de branchement dans le bus S : SRAD et dans le registre P : ENP

$$\Theta_1 \,.\, \mathbf{brp} \,.\, \mathbf{AP} \longrightarrow \textbf{SRAD}, \text{ puis : } \theta_0 \,.\, \mathbf{brp} \,.\, \mathbf{AP} \longrightarrow \textbf{ENP}$$

si **AP = 0**
— envoyer le compteur ordinal dans le bus S : SRP

$$\Theta_1 \,.\, \mathbf{brp} \,.\, \overline{\mathbf{AP}} \longrightarrow \textbf{SRP}$$

2. 6. *Les équations logiques.*

L'approche analytique du paragraphe précédent nous permet, instruction par instruction et pas à pas, de définir les microcommandes impliquées par les différentes informations d'entrée du séquenceur. Elle ne permet pas — à moins de redondances multiples — la réalisation directe des schémas logiques du séquenceur.

Nous devons aborder le problème par l'autre bout, c'est-à-dire, en prenant chaque microcommande une à une, chercher toutes les éventualités où elle doit être positionnée et en déduire l'expression logique la reliant aux informations d'entrée et d'état du séquenceur. L'ensemble de ces expressions constituent les **équations logiques** de l'ordinateur.

Prenons tout de suite un exemple : la microcommande SRM. La sortie du registre M doit être positionnée :

(1) dans la recherche de toutes instructions pendant la durée Θ_0, c'est-à-dire pour

$$\mathbf{I} \,.\, \Theta_0$$

(2) dans le cycle opérande des instructions ADD, SUB, OU, ET, pendant tout le temps où s'effectue l'opération correspondante dans l'unité arithmétique et logique, c'est-à-dire pour

$$\mathbf{T} \,.\, (\Theta_0 + \Theta_1) \,.\, (\mathbf{add} + \mathbf{sub} + \mathbf{ou} + \mathbf{et})$$

1. Remarque. On notera entre autres choses que l'on incrémente systématiquement le compteur ordinal en I . θ_1, même dans le cas où le branchement est effectif. En effet, au temps θ_1 on ne sait pas encore s'il s'agit d'un branchement, et lorsqu'on le sait, il est trop tard pour réaliser INCP dans des instructions qui durent un seul cycle.

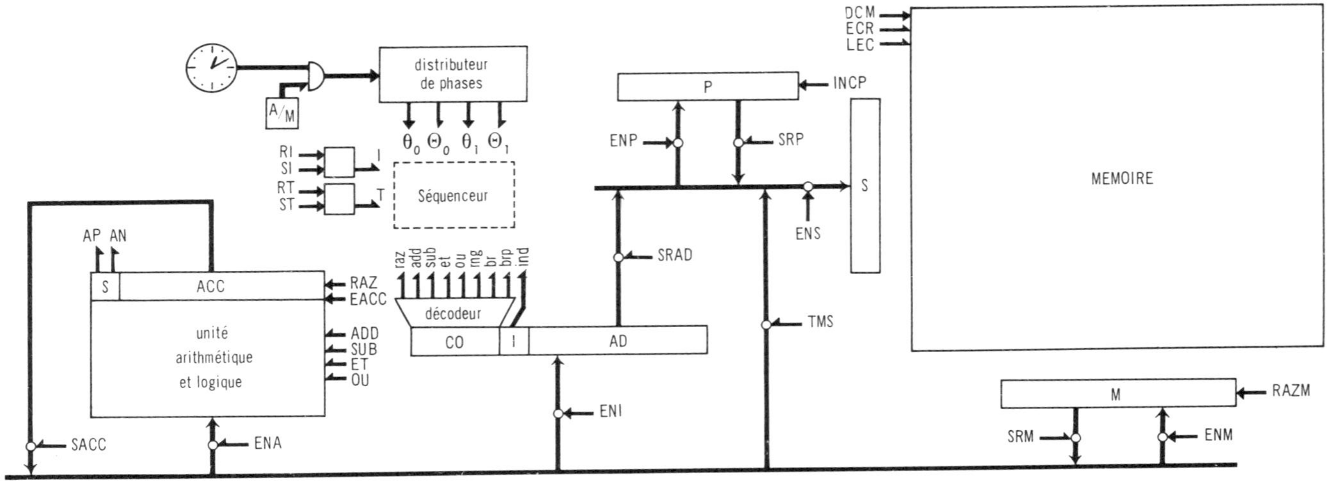

Fig. 14. Schéma général de Boulix.

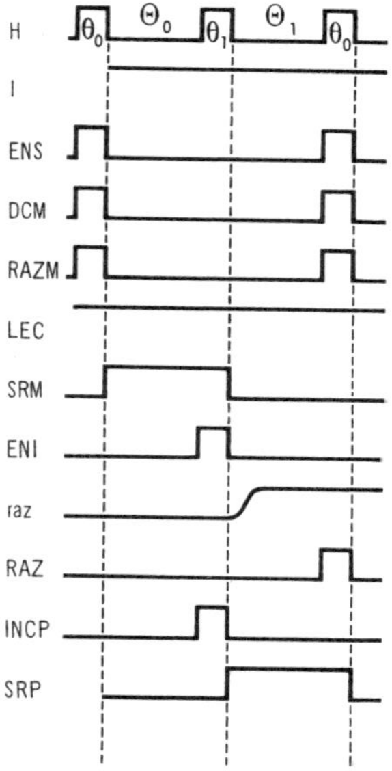

Fig. 15. Chronogramme de la remise à zéro de l'accumulateur.

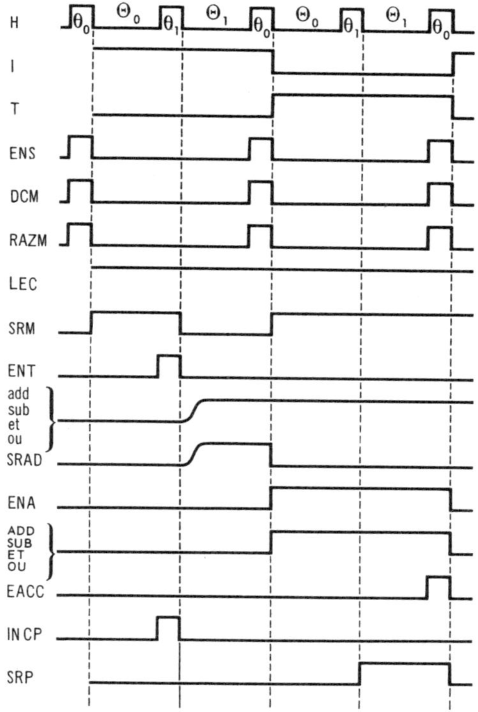

Fig. 16. Chronogramme des instructions de traitement (ADD, SUB, ET, OU).

Fig. 17. Chronogramme du rangement en mémoire.

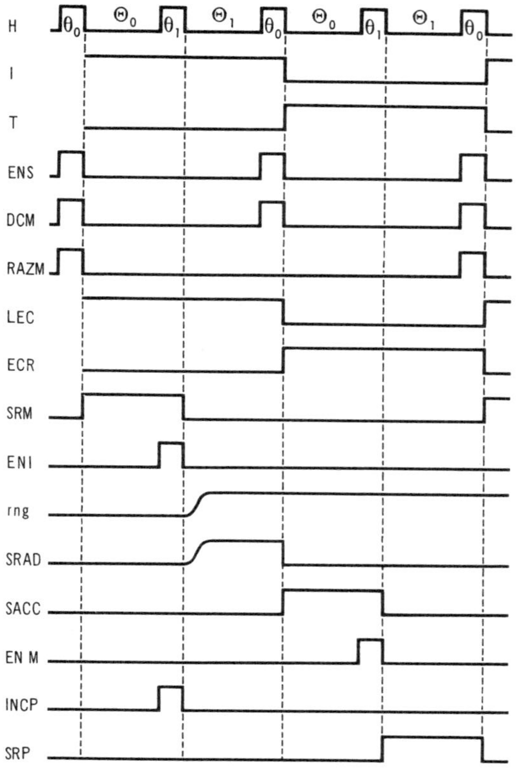

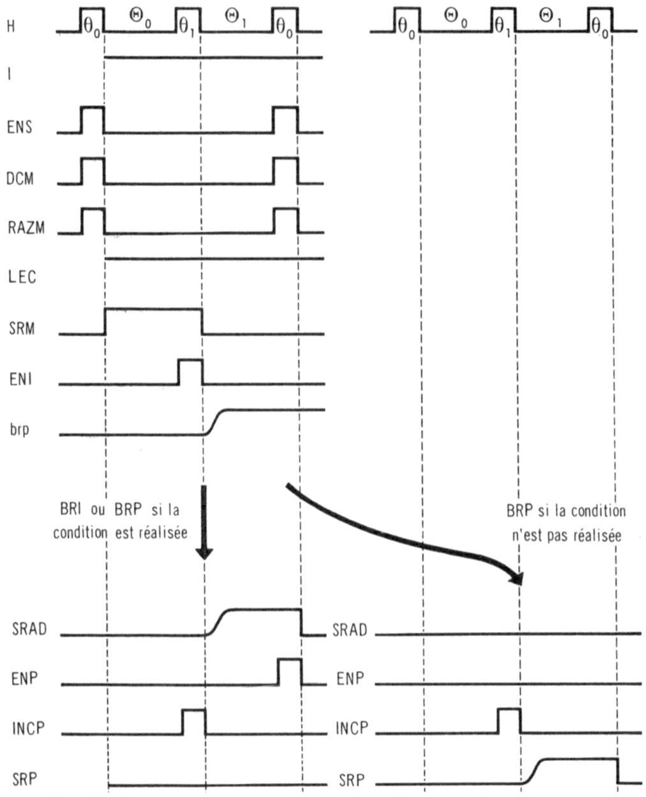

Fig. 18. Chronogrammes des instructions de branchement.

en fait $(\Theta_0 + \Theta_1)$ recouvre tout le cycle où T est positionné, donc est inutile. De plus, les instructions concernées sont toutes celles nécessitant un cycle opérande sauf RNG, soit encore

$$\mathbf{T} \,.\, \overline{\mathbf{rng}}.$$

(3) dans le cycle de recherche de l'adresse de l'opérande lorsqu'il y a adressage indirect et pendant la durée du signal Θ_1, c'est-à-dire pour

$$\mathbf{IND} \,.\, \Theta_1$$

comme le signal IND reste positionné pendant tout le temps où l'instruction se trouve dans le registre instruction (qui n'est modifié que par l'instruction suivante), il faut inhiber le signal IND lorsque soit T soit I est positionné : SRM doit être positionné pour :

$$\mathbf{IND} \,.\, \bar{\mathbf{T}} \,.\, \bar{\mathbf{I}} \,.\, \Theta_1$$

Comme ce sont les trois seuls cas où SRM doit être positionné [(M) ⟶ I, (M) ⟶ U. A. L., (M) ⟶ S] l'expression définissant le signal SRM s'écrit :

$$\mathbf{SRM} = \mathbf{I} \,.\, \Theta_0 + \mathbf{T} \,.\, \overline{\mathbf{rng}} + \mathbf{IND} \,.\, \bar{\mathbf{T}} \,.\, \bar{\mathbf{I}} \,.\, \Theta_1$$

Nous pourrons ainsi, microcommande par microcommande, écrire les expressions logiques du calculateur (cf. tableau 20).

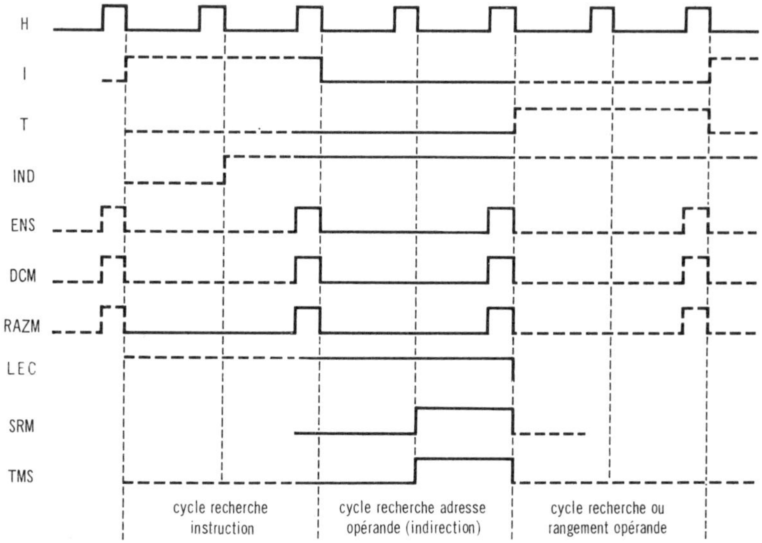

Fig. 19. Chronogramme d'une instruction avec cycle de recherche opérande (adressage indirect).

$\mathbf{ENS} = \theta_0$

$\mathbf{DCM} = \theta_0$

$\mathbf{RAZM} = \theta_0$

$\mathbf{LEC} = \mathbf{I} + \mathbf{T} . \overline{\mathbf{rng}} + (\bar{\mathbf{T}} . \bar{\mathbf{I}})$

$\mathbf{ECR} = \mathbf{T} . \mathbf{rng}$

$\mathbf{SRM} = \Theta_0 . \mathbf{I} + \mathbf{T} . \overline{\mathbf{rng}} + \mathbf{IND} . \Theta_1 . (\bar{\mathbf{I}} . \bar{\mathbf{T}})$

$\mathbf{TMS} = \mathbf{IND} . \bar{\mathbf{I}} . \bar{\mathbf{T}} . \Theta_1$

$\mathbf{ENI} = \theta_1 . \mathbf{I}$

$\mathbf{SRAD} = \mathbf{I} . \Theta_1 . (\mathbf{add} + \mathbf{sub} + \mathbf{et} + \mathbf{ou} + \mathbf{rng} + \mathbf{brp} . \mathbf{AP} + \mathbf{bri})$

$\mathbf{SRP} = \Theta_1 . \mathbf{I}\ (\mathbf{raz} + \mathbf{brp} . \mathbf{AN}) + \Theta_1 . \mathbf{T}$

$\mathbf{INCP} = \mathbf{I} . \theta_1$

$\mathbf{ENP} = \theta_0 . (\mathbf{bri} + \mathbf{brp}\ \mathbf{AP})$

$\mathbf{ADD} = \mathbf{add} . \mathbf{T}$

$\mathbf{SUB} = \mathbf{sub} . \mathbf{T}$

$\mathbf{ET} = \mathbf{et} . \mathbf{T}$

$\mathbf{OU} = \mathbf{ou} . \mathbf{T}$

$\mathbf{ENA} = \mathbf{T} . \overline{\mathbf{rng}}$

$\mathbf{EACC} = \mathbf{T} . \theta_0 . \overline{\mathbf{rng}}$

$\mathbf{RAZ} = \mathbf{raz} . \theta_0$

$\mathbf{SACC} = \Theta_0 . \mathbf{T} . \mathbf{rng}$

$\mathbf{ENM} = \theta_1 . \mathbf{T} . \mathbf{rng}$

$\mathbf{SI} = \theta_0 . \mathbf{T}$

$\mathbf{RI} = \theta_0 . \mathbf{I}\ (\mathbf{add} + \mathbf{sub} + \mathbf{ou} + \mathbf{et} + \mathbf{rng})$

$\mathbf{ST} = \overline{\mathbf{IND}} . \theta_0 . \mathbf{I} . (\mathbf{add} + \mathbf{sub} + \mathbf{et} + \mathbf{ou} + \mathbf{rng}) + \mathbf{IND} . \theta_0 . \bar{\mathbf{I}} . \overline{\mathbf{T}}$

$\mathbf{RT} = \theta_0 . \mathbf{T}$

Fig. 20. Equations logiques de Boulix.

Il reste que c'est le séquenceur lui-même qui doit positionner les bistables I et T ce qui donne lieu aux équations supplémentaires suivantes :

I doit être positionné à un en fin de cycle opérande :

$$\mathbf{SI} = \theta_0 \,.\, \mathbf{T}$$

I doit être remis à zéro en fin du cycle des instructions ayant un cycle opérande :

$$\mathbf{RI} = \theta_0 \,.\, \mathbf{I} \,.\, (\mathbf{add} + \mathbf{sub} + \mathbf{ou} + \mathbf{et} + \mathbf{rng})$$

T doit être positionné soit après un cycle instruction lorsqu'il s'agit d'une instruction avec opérande et qu'il n'y a pas d'adressage indirect, ou encore en fin de cycle de recherche d'adresse en cas d'adressage indirect :

$$\mathbf{ST} = \overline{\mathbf{IND}} \,.\, \theta_0 \,.\, \mathbf{I} \,.\, (\mathbf{add} + \mathbf{sub} + \mathbf{et} + \mathbf{ou} + \mathbf{rng}) + \mathbf{IND} \,.\, \theta_0 \, \mathbf{I} \,.\, \bar{\mathbf{T}}$$

T doit être remis à zéro en fin de cycle opérande :

$$\mathbf{RT} = \theta_0 \,.\, \mathbf{T}$$

Le séquenceur de Boulix se réduira à la réalisation pure et simple de ses bistables d'état et du circuit combinatoire correspondant aux équations logiques.

2. 7. *Réflexions sur la conception des séquenceurs câblés.*

Fondamentalement le séquenceur d'un calculateur synchrone est un circuit séquentiel qui fournit les séquences de microcommandes nécessaires à l'exécution des instructions en les synchronisant sur les impulsions issues de l'horloge. Notre approche nous a permis de simplifier le problème en divisant le séquenceur en deux sous-ensembles relativement simples :

(1) d'une part des éléments de mémoire permettant de repérer les différentes phases du déroulement des instructions, par exemple le distributeur de phase et des bistables d'état positionnés par le séquenceur.

(2) d'autre part un circuit combinatoire reliant les sorties de ces éléments mémoire aux microcommandes et à leurs propres entrées.

La conception du séquenceur n'est pas en fait aussi simple que le laisse supposer notre exemple, notamment lorsque le jeu d'instructions est important et qu'il commande des opérateurs séquentiels complexes. Ceci conduit souvent à concevoir deux niveaux de contrôle : un niveau central qui distribue des microcommandes globales aux différents opérateurs et un niveau local associé à chaque opérateur pour la commande de ses opérations internes.

3. Le séquencement des opérateurs arithmétiques.

3. 1. *Méthodes générales.*

Les opérateurs arithmétiques et logiques de type combinatoire sont directement positionnés par les microcommandes issues du séquenceur général de la machine. Il peut en être ainsi des opérateurs de type séquentiel, notamment, dans les petites machines, pour les décalages où le séquenceur général envoie les impulsions de décalage tant que le décompteur de décalage, qui fait partie de l'unité de contrôle, n'est pas à zéro. Dans les machines plus complexes, le contrôle des opérateurs arithmétiques à fonctionnement séquentiel est souvent décentralisé, chaque opérateur possédant son organe de contrôle.

Le séquenceur général envoie d'une part un ordre indiquant le type de l'opération à exécuter, et d'autre part les tops de l'horloge centrale si l'opérateur ne possède pas sa propre horloge. Le séquencement de l'opération arithmétique est ensuite entièrement du ressort de l'opérateur lui-même. Lorsque l'opération est terminée, l'opérateur renvoie au séquenceur central un signal de fin d'opération.

Au même titre que l'unité de contrôle d'un calculateur le séquenceur d'un opérateur séquentiel peut posséder son propre décodeur d'ordres, son compteur de phase, ses bistables d'état et éventuellement sa propre horloge.

3. 2. *Le séquencement d'un opérateur de multiplication par addition-décalage.*

A titre d'exemple nous allons construire un séquenceur contrôlant l'exécution d'une multiplication par additions et décalages dont on trouvera l'algorithme au chapitre v, 3. 1.

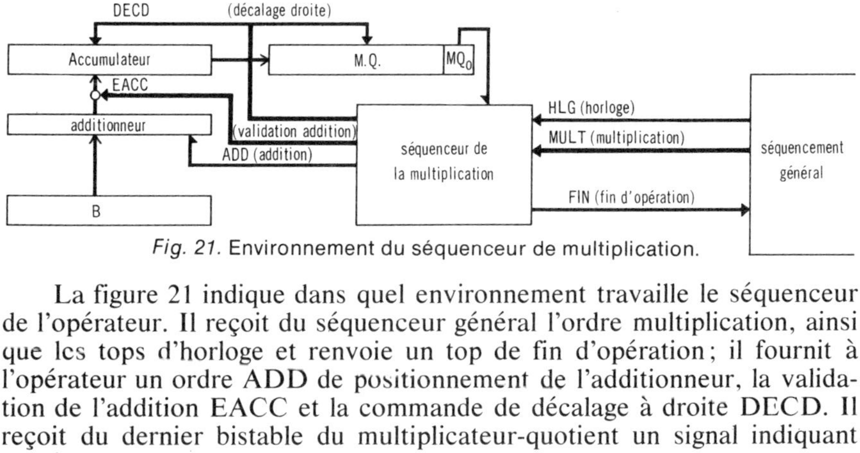

Fig. 21. Environnement du séquenceur de multiplication.

La figure 21 indique dans quel environnement travaille le séquenceur de l'opérateur. Il reçoit du séquenceur général l'ordre multiplication, ainsi que les tops d'horloge et renvoie un top de fin d'opération; il fournit à l'opérateur un ordre ADD de positionnement de l'additionneur, la validation de l'addition EACC et la commande de décalage à droite DECD. Il reçoit du dernier bistable du multiplicateur-quotient un signal indiquant son état.

La figure 22 représente le séquenceur de multiplication en supposant que l'additionneur reste positionné pendant toute la durée de la multiplication pour exécuter l'addition entre les contenus du registre B et l'accumulateur, que le temps maximum d'addition est de deux tops horloge et qu'en l'absence d'addition ($MQ_0 = 0$) on exécute un décalage tous les tops horloge.

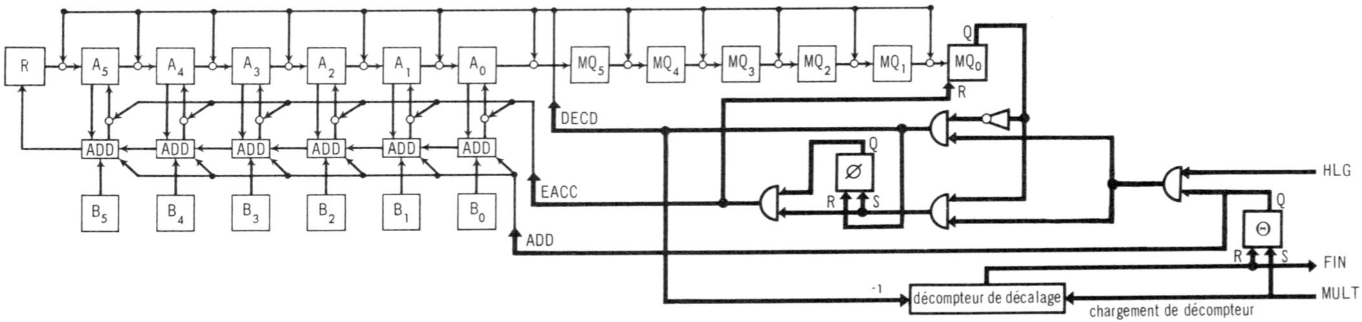

Fig. 22. Exemple de séquenceur de multiplication.

Décrivons brièvement le fonctionnement de ce séquenceur. L'ordre de début de multiplication (MULT) charge le décompteur de décalages d'une quantité égale au nombre de digits des opérandes et positionné le bistable Θ qui mémorise l'ordre de multiplication pendant toute l'opération et maintient ouvertes les portes d'entrée dans l'additionneur parallèle (ADD). Au premier top horloge après positionnement du bistable Θ, l'opération commence : si $MQ_0 = 0$, il y a décalage et décrémentation d'une unité du compteur ordinal. Si $MQ_0 = 1$, il faut avant le décalage exécuter l'addition qui dure deux tops horloge. Dans ce but le premier top est mémorisé dans le bistable Φ, ce qui permet au deuxième top de valider le résultat de l'addition EACC et de remettre à zéro le bistable MQ_0, de telle sorte que le troisième top commande le décalage, la décrémentation correspondante du décompteur et la remise à zéro du bistable Φ. L'opération continue de se dérouler tant que le contenu du décompteur de décalages n'est pas nul. Lorsqu'il passe à zéro, il y a génération d'une impulsion qui remet à zéro le bistable Θ et prévient le séquenceur central de la fin de l'opération.

On remarque que ce circuit de contrôle est composé de trois bistables d'état MQ_0, Θ et Φ et d'un décompteur de décalage qui joue un rôle analogue au distributeur de phases du séquenceur d'un calculateur.

4. La microprogrammation.

4. 1. *Définition et terminologie.*

Nous avons vu que l'exécution d'une instruction correspondait à un enchaînement de microcommandes chargées de positionner le chemin de donnée et de commander les unités fonctionnelles et les mémoires.

Aux paragraphes précédents l'élément chargé de générer ces microcommandes était un séquenceur câblé. La **microprogrammation** consiste à remplacer le séquenceur câblé par un séquenceur programmé. A chaque instruction du calculateur correspond généralement dans une mémoire spécialisée appelée **mémoire de contrôle** ou encore mémoire de commande, un **microprogramme** dont le déroulement génère les microcommandes commandant l'exécution de l'instruction. Les instructions du microprogramme sont appelées **micro-instructions.** L'exécution d'une micro-instruction génère une ou plusieurs microcommandes.

Les calculateurs microprogrammés sont également appelés **calculateurs à logique enregistrée,** ou *calculateurs à logique programmée* ou encore *calculateurs à code instruction variable.* Ce dernier terme correspond à la possibilité de modifier facilement le jeu d'instructions d'un calculateur microprogrammé, le changement ou l'adjonction d'un microprogramme étant beaucoup plus simple que des modifications de câblage. La microprogrammation introduit ainsi un nouveau domaine moins « hard » que le hardware et moins « soft » que le software que d'aucuns appellent le *firmware*. Décrivons d'abord ce qu'il est avant de discuter de ses avantages.

4. 2. *Structure de l'unité de contrôle d'une machine microprogrammée.*

4. 2. 1. Le modèle de Wilkes. Les bases de la microprogrammation ont été définies par Wilkes dès 1951. Tous les éléments constitutifs du contrôle d'une machine microprogrammable se retrouvent dans son modèle que nous reprenons figure 23.

En entrée du dispositif de contrôle, nous avons le code opération de l'instruction à exécuter. Ce code opération est considéré comme l'adresse de la première micro-instruction du microprogramme associé à l'instruction. Cette adresse est envoyée dans le registre SMC (Selection Mémoire de Contrôle), dont le décodage permet de sensibiliser un fil de mot horizontal sur lequel la micro-instruction est enregistrée sous la forme suivante : les 1 sont représentés par un couplage (marqué d'un point sur le dessin) avec le fil de bit vertical correspondant, les 0 par l'absence de couplage. En sortie, la micro-instruction comprend deux éléments : d'une part le code micro-instruction, qui fournit directement les microcommandes à distribuer dans l'ensemble de la machine; d'autre part l'adresse de la micro-instruction suivante (ADC ou Adresse de Contrôle) qui sera envoyée au top horloge suivant dans SMC, etc. Le microprogramme se terminera sur une dernière micro-instruction qui chargera dans SMC le nouveau code opération.

Nous avons de plus représenté sur le schéma la méthode préconisée par Wilkes pour effectuer des branchements conditionnels, sous réserve que le bistable E puisse être positionné sous certaines conditions par les micro-instructions.

Nous nous proposons d'étudier l'évolution des différents éléments du schéma de Wilkes.

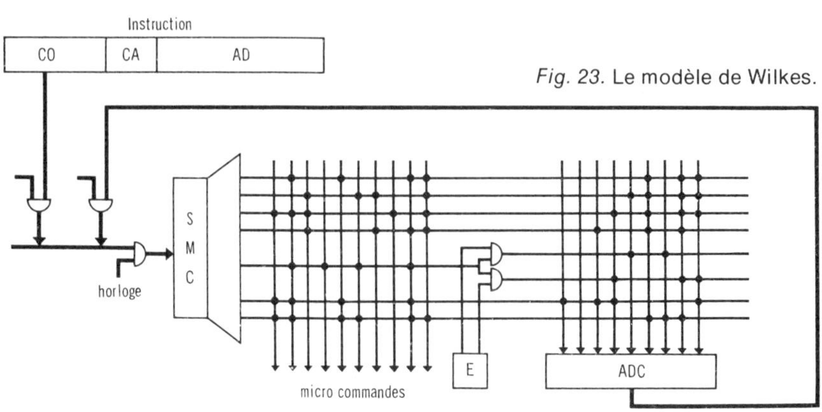

Fig. 23. Le modèle de Wilkes.

4. 2. 2. La mémoire de contrôle. C'est la mémoire qui contient les microprogrammes, chaque mot mémoire comprenant une ou exceptionnellement plusieurs micro-instructions. La première caractéristique généralement exigée d'une mémoire de contrôle est sa performance en lecture, par rapport à celle de la mémoire centrale. Il faut en effet pour que l'ensemble soit cohérent, que tout un microprogramme enregistré en mémoire de contrôle se déroule pendant les quelques accès à la mémoire centrale concernant l'instruction et ses opérandes. Un deuxième élément qui intervient dans le choix de la technologie des mémoires de contrôle est que, lors du déroulement des microprogrammes, elles ne sont utilisées qu'en lecture. Ces deux considérations ont conduit Wilkes et ses successeurs à utiliser des mémoires mortes comme mémoire de contrôle qui permettent une grande rapidité de lecture pour un coût raisonnable. Elles sont habituellement organisées par mots, le point mémoire consistant dans la présence ou l'absence d'un couplage entre fil de mot et fil de bit : ce couplage peut être capacitif (deux feuilles de circuits imprimés séparées par une feuille isolante), résistif, à diodes, etc.

On remarque sur les calculateurs microprogrammés actuels un rapport entre la vitesse de la mémoire de contrôle et celle de la mémoire centrale variant entre 2 et 6.

Même si les microprogrammes ne sont pas modifiables en cours d'exécution, il n'en reste pas moins vrai qu'il serait bien commode de pouvoir les modifier pour corriger des erreurs au cours de leur mise au point, ou encore les changer pour permettre d'adapter le code instruction aux types de travaux traités par la machine ; c'est en effet ici qu'apparaît la souplesse d'une structure microprogrammée par rapport à une structure câblée. Les mémoires mortes se prêtent évidemment mal à ce type de modification : on ne peut qu'échanger manuellement les modules mémoire. Ainsi a-t-on cherché à utiliser des mémoires inscriptibles en admettant le cas échéant des cycles d'écriture longs devant le cycle de lecture. Dans certaines petites machines, la mémoire de contrôle est, de fait, confondue avec la mémoire centrale, ce qui permet au programmeur spécialisé deux niveaux de programmation. Il semble que l'avenir soit aux mémoires réinscriptibles à semi-conducteurs dont le temps d'accès en lecture serait de l'ordre de quelques dizaines de nanosecondes.

On peut utiliser la possibilité d'écriture dans la mémoire de contrôle selon plusieurs stratégies, par exemple :

(1) Les microprogrammes correspondant aux instructions les plus fréquentes sont résidents en mémoire de contrôle, les autres y étant chargés à partir de la mémoire centrale au moment de leur utilisation. Dans cette deuxième classe de microprogrammes, nous pourrions trouver des opérations généralement réalisées par sous-programmes telles qu'exponentielles et logarithmes, fonctions trigonométriques, etc. ;

(2) on définit un jeu d'instructions et ce faisant un jeu de microprogrammes par type de travail (compilation, calcul scientifique, etc.). On recharge la mémoire de contrôle lors des changements de type de travail.

Notons que dans la série IBM 370 la mémoire de contrôle est constituée de deux éléments : le premier en mémoire morte pour les microprogrammes traduisant le code instruction normal et les microprogrammes liés à la maintenance de la machine, le second en mémoire inscriptible réservé aux microprogrammes conçus pour des besoins particuliers.

4. 2. 3. Le codage des micro-instructions. Nous avons vu dans le modèle de Wilkes que la micro-instruction était divisée en deux parties, l'une qui permet de générer les microcommandes, l'autre qui définit l'adresse de la micro-instruction suivante. Nous allons dans ce paragraphe nous intéresser uniquement à la première partie de la micro-instruction.

On peut concevoir deux méthodes extrêmes pour passer de la configuration binaire de la micro-instruction aux différentes microcommandes correspondantes. La première méthode consisterait à associer un bit de la micro-instruction à chaque microcommande ; c'est du reste ce qui, au départ, avait été préconisé par Wilkes. Son inconvénient est double : longueur exagérée de la micro-instruction et difficulté pour le programmeur de microprogrammes. Par contre elle permet de générer plusieurs microcommandes simultanées. La deuxième méthode, à l'inverse, consisterait à coder l'ensemble des microcommandes possibles sur le nombre minimum de bits. La longueur de la micro-instruction étant très faible, on gagnerait sur le coût de la mémoire de contrôle sous réserve que son nombre de mots ne devienne pas excessif, par contre on perdrait sur le décodeur. De plus il faudrait une micro-instruction par microcommande.

Dans la pratique, on trouve deux solutions intermédiaires : le *codage type instruction* et le *codage par champs*.

4. 2. 3. 1. Le codage type instruction. Comme son nom l'indique, ce type de codage donne à la micro-instruction une structure semblable à celle d'une instruction, avec code opération et adresse d'opérande (en registre ou en mémoire locale).

Le décodage des micro-instructions pour obtenir les microcommandes correspondantes est relativement complexe, cet inconvénient étant compensé par la faible longueur de la micro-instruction. Ce type de codage est souvent adopté lorsque l'on désire mettre la microprogrammation à la portée du programmeur en langage machine.

4. 2. 3. 2. Le codage par champs. Ce type de codage est beaucoup plus près du fonctionnement réel du calculateur. Les différentes microcommandes sont divisées en groupes indépendants, de telle sorte que dans chaque groupe on ne puisse pas avoir de microcommandes simultanées. Pour la commodité du programmeur chaque groupe correspond de plus à un certain type de fonction : ouverture de portes de divers registres sur un même bus, commande d'une unité fonctionnelle, commande d'une mémoire locale, etc. On associe un champ de la micro-instruction à chaque groupe ainsi défini, la grandeur du champ étant juste suffisante pour coder toutes les microcommandes du groupe. Le décodage de la micro-instruction s'exécute champ par champ ; nous en donnerons par la suite un exemple concret. Par rapport au codage type instruction, le codage par champs présente l'avantage d'un décodage plus direct et l'inconvénient d'une micro-instruction plus longue. Il permet une meilleure optimisation des microprogrammes à des programmeurs spécialisés connaissant bien la structure de la machine.

4. 2. 4. L'adressage des micro-instructions. Nous allons maintenant nous concentrer sur la deuxième partie de la micro-instruction au sens de Wilkes, celle qui définit les informations permettant d'enchaîner les micro-instructions. Deux grands types d'options sont possibles : l'*adressage séquentiel* qui consiste à faire + 1 dans le registre de sélection de la mémoire de contrôle et l'*adressage explicite* systématique tel que l'a défini Wilkes. Décrivons-les brièvement en indiquant leurs avantages et leurs inconvénients quand au nombre de points mémoire et à la vitesse d'exécution.

4. 2. 4. 1. L'adressage séquentiel. Une micro-instruction normale adresse implicitement la micro-instruction qui est à l'adresse immédiatement supérieure à la sienne. Le registre de sélection de la mémoire de contrôle fonctionne alors comme le compteur ordinal. Les branchements peuvent être effectués en spécialisant un bit de la micro-instruction pour indiquer s'il s'agit ou non d'un branchement, le reste de la micro-instruction contenant l'adresse de la prochaine micro-instruction à exécuter et le cas échéant la condition de branchement (fig. 24a).

Cette méthode présente le double avantage d'être simple à programmer et de ne pas allonger la micro-instruction ; par contre un branchement occupe une micro-instruction à lui tout seul et perd le temps de son exécution. On utilisera l'adressage séquentiel lorsque la conception de la machine et de sa microprogrammation impliquent une proportion de micro-instructions de branchement relativement faible. On le trouve généralement associé à un codage type instruction.

4. 2. 4. 2. L'adressage explicite. C'est celui qui fut préconisé par Wilkes, et que l'on trouve souvent associé aux techniques de codage par champs. La méthode de Wilkes pour réaliser les branchements est abandonnée compte tenu du câblage particulier de la mémoire de contrôle qu'elle impose (fig. 23). La solution généralement adoptée est de diviser la partie de micro-instruction qui définit l'instruction suivante en deux champs. Le premier contient explicitement les poids forts de l'adresse, le deuxième contient soit directement les poids faibles de l'adresse si cette dernière est connue, soit l'adresse d'un élément de registre qui les contient si elle est conditionnelle (fig. 24b). Exemple : le deuxième champ de l'adresse contient 2 bits d'information et un indice définissant le type de l'information contenue par ces deux bits ; si l'indice est à 0, les deux bits représentent les poids faibles de l'adresse ; si l'indice est à 1, les deux bits adressent un doublet (2 bits) parmi quatre, et c'est le contenu de ce doublet qui constitue les poids faibles de l'adresse.

L'adressage explicite a l'avantage de minimiser le nombre total de micro-instructions, certaines étant communes à plusieurs microprogrammes, et de ne pas entraîner de perte de temps lors des branchements inconditionnels. Par contre il est d'un emploi difficile et augmente la longueur de la micro-instruction.

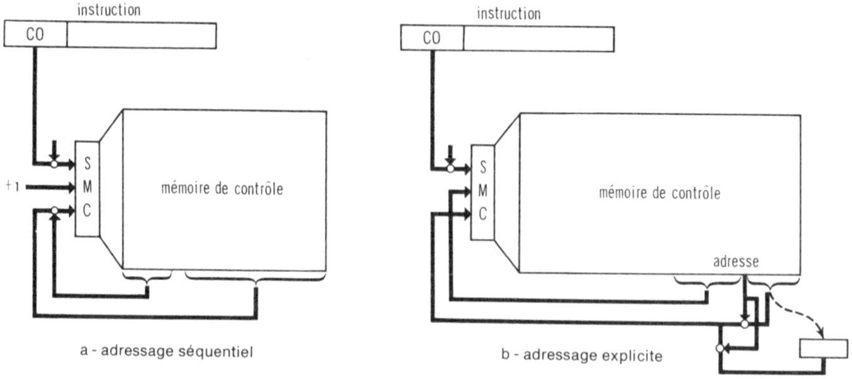

Fig. 24. L'adressage des micro-instructions.

4. 2. 5. Le cadencement dans les machines microprogrammées. Le problème se pose à deux niveaux : le premier correspondant au cadencement pendant le déroulement d'une micro-instruction, le second au cadencement des appels de micro-instructions successives.

4. 2. 5. 1. Le cadencement du déroulement d'une micro-instruction. Lorsque l'ensemble des microcommandes générées par chaque micro-instruction est émis simultanément, on parle de *microprogrammation verticale.* Le seul cadencement est celui de l'appel des micro-instructions. La méthode de codage type instruction est souvent associée à la technique de microprogrammation verticale.

A l'inverse, on peut concevoir que les microcommandes issues des différents champs d'une micro-instruction soient émises à des phases diffé-

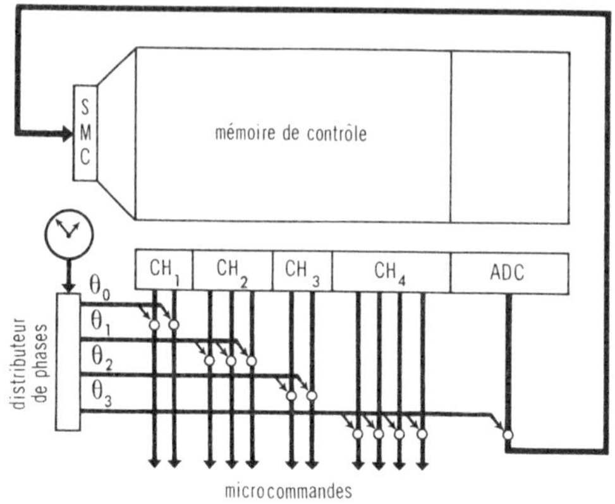

Fig. 25. Microprogrammation horizontale et cadence fixe.

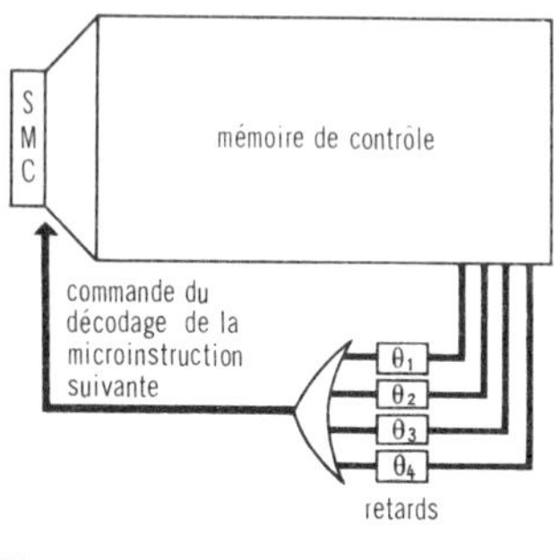

Fig. 26. Cadence variable définie par la micro-instruction.

rentes de son exécution. On parle alors de *microprogrammation horizontale*. Dans cette hypothèse l'unité de contrôle peut être dotée d'un distributeur de phases comme les séquenceurs câblés (fig. 25).

4. 2. 5. 2. Le cadencement des appels des micro-instructions. La cadence d'appel des micro-instructions peut être fixe ou variable. On constate généralement une cadence variable en microprogrammation verticale, soit que le calculateur commande de lui-même l'appel de la nouvelle micro-instruction dès que les opérations relatives à la précédente sont terminées, soit que le champ de la micro-instruction définisse sa durée comme représenté figure 26. On trouve souvent une cadence d'appel fixe dans les machines à microprogrammation horizontale, chaque cycle de mémoire de contrôle correspondant à un nombre fixe de tops horloge (fig. 25).

4. 2. 6. Notion de macromachine et de micromachine. La microprogrammation peut être simplement considérée comme le moyen de réaliser l'ensemble décodeur d'ordre et séquenceur d'un calculateur. C'est ainsi que l'on pourrait à l'instar de ce que nous avons fait en logique câblée dans la première partie de ce chapitre, concevoir une unité de contrôle microprogrammée pour Boulix, sans avoir à apporter la moindre modification au chemin des données.

Le passage à la microprogrammation peut grâce à sa souplesse, permettre également une modification beaucoup plus profonde d'une machine définie par son code d'ordre, c'est-à-dire ses registres arithmétiques, ses registres d'index et les opérations qu'elle doit réaliser dans des unités fonctionnelles. Cette transformation peut essentiellement porter sur les différents éléments du chemin des données. En particulier, ce dernier peut avoir une largeur différente de celle à laquelle on pourrait s'attendre ; les registres définis par le code opération peuvent ne pas exister sous forme câblée mais être simulés par les microprogrammes sous forme de *pseudo-registres* en mémoire centrale ou dans une mémoire locale ; les opérations arithmétiques telles que la multiplication, la division, les opérations flottantes ou décimales peuvent ne pas être prévues dans l'unité arithmétique et logique, mais s'exécuter grâce au déroulement de microprogrammes *ad hoc*. C'est, par exemple, le cas de la série IBM 360 dont les principaux modèles sont représentés à la figure 40 du chapitre IV. On note que, bien que représentant une logique unique travaillant sur des registres arithmétiques fixes de 32 bits et des registres arithmétiques flottants de 64 bits, la largeur du chemin des données et le nombre de registres et d'unités fonctionnelles sont extrêmement variables d'un bout à l'autre de la série ; seul le modèle 75 possède les 16 registres fixes et les 4 registres flottants sous forme individualisée ainsi que les opérateurs capables de réaliser toutes les opérations arithmétiques définies dans le code opération.

On est ainsi conduit à définir deux concepts caractérisant une machine microprogrammée : la **macromachine** et la **micromachine.**

La *macromachine* est la machine connue du programmeur. Elle est définie par son code instruction et tout ce qu'il caractérise : longueur des informations traitées, nombre et grandeur des registres accessibles par programme, opérations arithmétiques et logiques possibles, bistables de condition, etc. On pourrait très facilement dessiner un chemin des données théoriques pour cette machine. Dans notre exemple la macromachine serait la logique 360, ou éventuellement le 360-75 qui s'en rapproche le plus.

A l'inverse, la *micromachine* est définie par ses micro-instructions et le chemin des données réel sur lequel elles portent. Ce dernier peut être comme nous l'avons vu, extrêmement différent du chemin des données théoriques directement déduit de la macromachine. Dans la série 360, les micromachines du 360-30, 360-40 et 360-50 sont très différentes les unes des autres et également très différentes de la macromachine. L'exemple qui suit au paragraphe 4. 3. nous fera mieux comprendre ces concepts.

4. 2. 7. Machines partiellement microprogrammées. La microprogrammation peut être utilisée dans le cas de machines puissantes. Elle est alors utilisée concurremment avec du séquencement câblé. Ainsi, dans l'IBM 360-85, la recherche des instructions et le calcul d'adresses sont purement câblés, ce qui se justifie très bien du fait de la répétitivité et de la relative simplicité de ces fonctions. Par contre la commande générale des opérations arithmétiques est microprogrammée, sachant toutefois que certains opérateurs ont leur propre séquencement câblé.

4. 2. 8. Microprogrammation à deux niveaux. Plusieurs raisons peuvent conduire à utiliser deux niveaux de mémoire de contrôle. Les instructions de mémoire centrale, souvent très élaborées, appellent alors des super-micro-instructions dans le premier niveau de mémoire de contrôle qui elles-mêmes appellent des microprogrammes (souvent appelés picoprogrammes) dans le deuxième niveau de mémoire de contrôle (comme par exemple dans l'Ordoprocesseur). Cette organisation à deux niveaux est quelquefois utilisée pour des chemins de données complexes commandés par des micro-instructions codées par champs. Ces micro-instructions étant particulièrement longues, il est économiquement intéressant qu'elles n'apparaissent chacune qu'une seule fois en mémoire de contrôle. On rajoutera alors un niveau supérieur de mémoire de contrôle qui contiendra les microprogrammes sous forme des adresses successives des micro-instructions qui les composent (l'Interdata modèle 4 en fournit un excellent exemple).

4. 3. *Exemple de machine microprogrammée.*

Nous nous proposons de montrer concrètement, en construisant une nouvelle machine Microboulix, comment on peut concevoir une unité centrale microprogrammée dans l'hypothèse de micro-instructions codées par champs avec séquencement explicite.

4. 3. 1. Le chemin des données et son contrôle microprogrammé. Considérons un chemin des données (fig. 27) formé d'un ensemble de registres reliés par 3 bus à une unité arithmétique et logique (UAL). Les bus A et B transfèrent les opérandes des registres vers l'unité arithmétique et logique tandis que le bus C permet de renvoyer le résultat vers les registres.

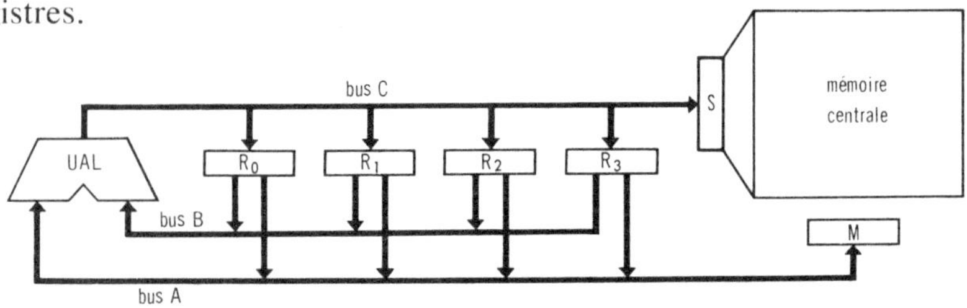

Fig. 27. Chemin des données d'une machine microprogrammée.

Une micro-instruction définissant une opération entre registres, peut s'écrire sur quatre champs : CSA désignant le registre source sur le bus A ; CSB désignant le registre source sur le bus B ; COP désignant le code opération ; CRC désignant le registre résultat sur le bus C.

CSA	CSB	COP	CRC
registre source bus A	registre source bus B	code opération	registre résultat

Par exemple la micro-instruction :

CSA	CSB	COP	CRC
R_i	R_j	SUB	R_k

réalise : $(R_i) - (R_j) \longrightarrow R_k$.

Tandis que la micro-instruction :

CSA	CSB	COP	CRC
R_i	–	NOP	R_j

recopie le contenu de R_i dans R_j.

Afin de permettre une possibilité d'adressage immédiat, on ajoute un cinquième champ CIM contenant l'opérande immédiat. L'un des champs CSA ou CSB renvoie à ce champ, lorsqu'un indice est positionné. Ainsi la micro-instruction :

CSA	CSB	COP	CRC	CIM
R_i	CIM	SUB	R_i	1

décrémentera R_i de 1 : $(R_i) - 1 \longrightarrow R_i$.

On peut faire intervenir la mémoire centrale du calculateur grâce à un nouveau champ CM. Ainsi les micro-instructions (1) et (2) réaliseront respectivement une lecture en R_i et une écriture à partir de R_i, la mémoire étant adressée par le registre S.

	CSA	CSB	COP	CRC	CIM	CM
(1)	0	0	NOP	R	0	LEC
(2)	R	0	NOP	0	0	ERC

Nous ajouterons enfin à notre calculateur des bistables d'état. Ceux-ci devront pouvoir être positionnés par les micro-instructions, par exemple en fonction de conditions éventuellement réalisées dans l'unité arithmétique et logique (débordement, résultat à zéro, etc.) et serviront à réaliser les aiguillages nécessaires dans le microprogramme. Les champs CAD et CPF permettent de définir l'adresse de la micro-instruction suivante. Le champ CAD contient les $n - 1$ bits de poids fort de cette adresse, et le champ CPF contient, selon la valeur d'un indice, soit immédiatement le bit de poids faible de l'adresse soit l'adresse du bistable d'état qui contient ce bit. Ainsi la micro-instruction à effectuer après celle-ci :

CSA	CSB	COP	CRC	CIM	CM	CAD	CPF
						m	FF

se trouvera à l'adresse : $2m$ si $(FF_i) = 0$, et $2m + 1$ si $(FF_i) = 1$.

Le dernier champ CSFF de la micro-instruction permettra de positionner les bistables d'état.

Supposons par exemple que R_i serve de registre d'index ; chaque fois que l'on arrivera en fin de boucle de microprogramme, R_i sera décrémenté de 1. Si le résultat de la décrémentation est 0 (indicateur de zéro Z de l'U. A. L. égal à zéro), on chargera un bistable FF_j, qui permettra lors de l'instruction suivante de réaliser le saut :

Adresse	CSA	CSB	COP	CRC	CIM	CM	CAD	CPF	CSFF
$2m - 2$	R_i	CIM	SUB	R_i	1	NOP	$m - 1$	1	$(Z = 0)\ 1 \rightarrow FF_j$
$2m - 1$	0	0	NOP	0	0	NOP	m	FF_j	—
$2m$	0	0	NOP	0	0	NOP	adresse de début de boucle		
$2m - 1$	première instruction après la boucle.								

4. 3. 2. Présentation de Microboulix. Le chemin des données de Microboulix, qui est contrôlé par les micro-instructions dont la structure vient d'être définie, comprend essentiellement (fig. 28) :

— une mémoire centrale divisée en octets, adressée par le registre S dont

les 8 derniers bits peuvent être chargés par l'U. A. L. ou envoyés dans le bus A ;
— une mémoire locale (lecture et écriture) contenant les pseudo-registres de plusieurs octets permettant des opérations en multiple longueur et en virgule flottante. Cette mémoire, divisée en octets, est adressée par le registre SMR ;
— 3 registres de 8 bits, A et B servant d'accumulateur et de M. Q., X servant d'index ;
— 2 bistables d'état FF_1 et FF_2 ;
— une unité arithmétique et logique effectuant les opérations sur un octet, ADD, SUB, AND, OR, etc. (NOP indique non-opération). D est l'indicateur de débordement et Z est à zéro si le résultat de la dernière opération est nul.

Cette micromachine inspirée de celle de l'IBM 360-30, mais très simplifiée par rapport à elle, pourrait servir de micromachine à une version microprogrammée de Superboulix. Les registres généraux de Superboulix seraient alors simulés sous forme de pseudo-registres sur 4 octets de mémoire locale.

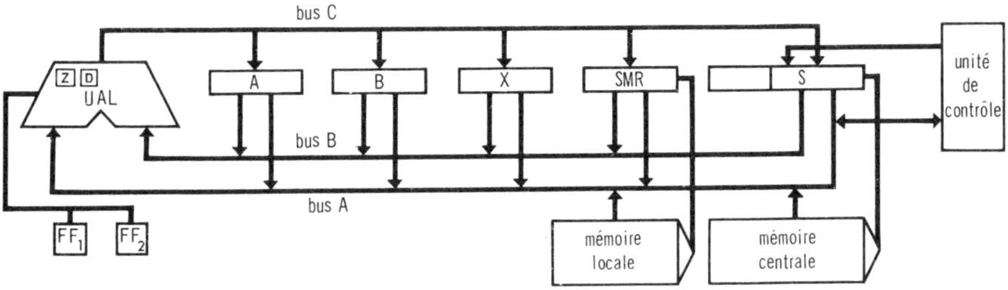

Fig. 28. Le chemin des données de Microboulix.

4. 3. 3. Le microprogramme d'addition dans Microboulix. Nous allons à titre d'exemple écrire une partie du microprogramme correspondant à l'addition fixe sur 32 bits entre un opérande sur 4 octets en mémoire centrale et le contenu d'un pseudo-registre de 4 octets en mémoire locale. L'instruction de la macromachine s'écrira :

$$\text{ADD} \qquad R_i \qquad M_i$$

où R_i représente l'adresse du quatrième octet du pseudo-registre en mémoire locale et M_i l'adresse du quatrième octet de l'opérande en mémoire centrale. Nous commençons le microprogramme au moment où ces deux adresses se trouvent respectivement en SMR et en S. On en trouvera l'organigramme figure 29 et la liste des micro-instructions figure 30. On notera tout particulièrement le rôle de FF_1 en ce qui concerne le report des retenues et le rôle de FF_2 pour la condition de fin de boucle.

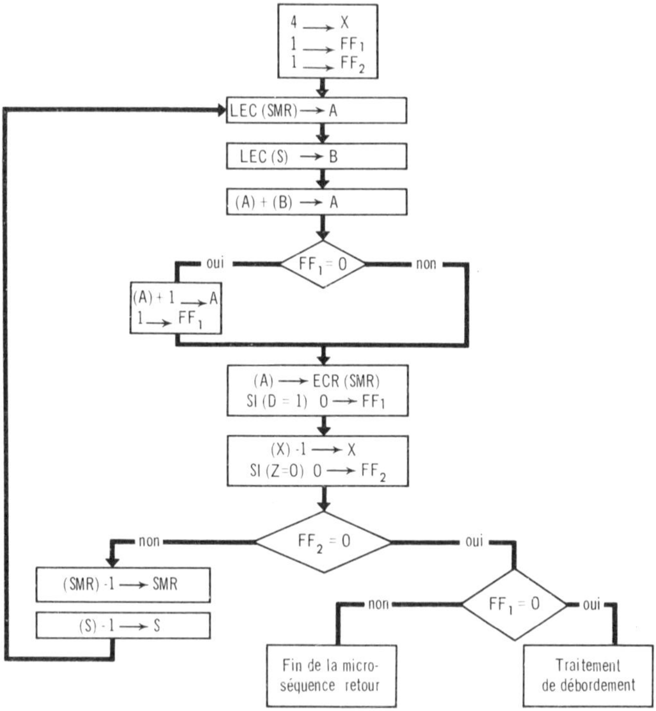

Fig. 29. Organigramme du microprogramme d'addition sur quatre octets dans Microboulix.

ADRESSE	CSA	CSB	COP	CRC	CIM	CM	CAD	CPF	CSFF
5	—	CIM	NOP	X	4	—	3	0	$1 \longrightarrow FF_1$
6	—	—	—	—	—	—	3	1	$1 \longrightarrow FF_2$
7	—	—	—	A	—	LECR	4	0	
8	—	—	—	B	—	LECC	4	1	
9	A	B	ADD	A	—	—	5	FF_1	
10	A	CIM	ADD	A	1	—	5	1	$(D=0),1 \longrightarrow FF_1$
11	A	—	—	—	—	ECRR	6	0	$(D=1),0 \longrightarrow FF_1$
12	X	CIM	SUB	X	1	—	6	1	$(Z=0),0 \longrightarrow FF_2$
13	—	—	—	—	—	—	7	FF_2	
14	—	—	—	—	—	—	8	1	
15	SMR	CIM	SUB	SMR	1	—	8	0	
16	S	CIM	SUB	S	1	—	3	1	
17	—	—	—	—	—	—	9	FF_1	
18	—	—	—	—	—	—	128	0	
19	—	—	—	—	—	—	55	0	
...									
...									
110	Retour								
...									
256	Traitement du débordement								

Fig. 30. Microprogramme d'addition sur 4 octets dans Microboulix.

4. 4. *Avantages et utilisations de la microprogrammation.*

Etablissant un pont entre le hardware et le software, la microprogrammation permet une simplification du premier tout en lui conférant une souplesse qui était jusqu'à présent réservée au second.

Récapitulons les avantages que l'on peut attendre de ces deux qualités, simplification et souplesse, lorsque l'on compare une structure microprogrammée à une structure câblée.

— La *simplification* entraîne une diminution du coût du matériel, de l'étude, de la maintenance et du dépannage, ainsi qu'une meilleure fiabilité intrinsèque.

— La *souplesse* ouvre la voie à de multiples possibilités :

(1) Etude plus rapide car pouvant être remise en cause : on peut facilement ajouter ou modifier une instruction, alors que dans un système câblé il faudrait reprendre tout le séquenceur.

(2) Extension ou modification du code instructions prévu par le constructeur et notamment personnalisation de ce code pour chaque type d'application ou pour chaque utilisateur.

(3) Possibilité d'instructions complexes souvent appelées super-instructions généralement réalisées sous forme de sous-programmes dans les calculateurs traditionnels. Par exemple instructions orientées vers la compilation, voire même microprogrammation partielle de compilateurs.

(4) Possibilité d'émuler ou de simuler un calculateur quelconque sur un calculateur microprogrammé par l'utilisation d'un jeu d'instructions spécial. Les techniques d'émulation permettent notamment d'utiliser les programmes conçus pour un calculateur de la génération précédente sur un calculateur de la nouvelle génération lorsqu'ils ne sont pas compatibles. La mémoire morte d'émulation est laissée à l'utilisateur pendant la période de reconversion de ses programmes. La simulation, au contraire, permet d'étudier une nouvelle machine et de développer son software avant qu'elle ne soit effectivement réalisée.

(5) Aptitude à la conception d'une gamme compatible dans laquelle les machines du bas de gamme sont microprogrammées et celles du haut de gamme câblées. Les micromachines correspondantes posséderont pour le même code instructions, c'est-à-dire la même macromachine, des chemins de données de plus en plus simples à mesure que l'on descend dans la gamme, ce qui correspond à un gain sur le prix de revient et une perte sur les performances. La série IBM 360 en est un excellent exemple.

Enfin la microprogrammation n'est pas réservée aux unités centrales. Elle peut être utilisée également pour la commande des opérateurs arithmétiques indépendants, le séquencement des unités d'échange et des unités de commande de périphériques.

5. L'initialisation d'un ordinateur.

Pour lancer manuellement un programme précédemment enregistré en mémoire, l'ordinateur étant à l'arrêt, il suffit d'afficher sur les clés placées sur le pupitre de commande l'adresse de la première instruction, puis d'appuyer sur le bouton-poussoir de démarrage de programme. L'adresse affichée est alors transférée dans le compteur ordinal et l'ordinateur, passant en mode automatique, commence à traiter le programme.

Il se peut qu'aucun programme utilisable ne soit enregistré en mémoire ; c'est notamment le cas de la première utilisation d'un ordinateur, de la remise en route après coupure d'alimentation si la mémoire centrale est volatile, ou surtout de la reprise après destruction par erreur des informations en mémoire. Il est alors nécessaire d'initialiser le calculateur, c'est-à-dire, en termes imagés, de lui apprendre à lire, ce qu'il ne sait pas faire en l'absence d'un programme de chargement dans sa mémoire.

Dans les premières machines, le processus d'initialisation avait un caractère laborieux. L'opérateur devait introduire manuellement en mémoire, bit par bit à l'aide des clés du pupitre de commande, un premier chargeur très rudimentaire composé de quelques instructions et lui donner le contrôle selon les méthodes précédemment exposées. Ce premier chargeur savait lire une carte perforée contenant un deuxième chargeur un peu moins rudimentaire, et lui donner le contrôle. Ce deuxième chargeur permettait de lire les cartes suivantes, et ainsi de suite jusqu'au chargement du chargeur complet permettant la lecture et le chargement des programmes à partir de n'importe quelle unité périphérique.

Aujourd'hui les manipulations fastidieuses des clés sont supprimées grâce à l'utilisation de *chargeurs automatiques* généralement enregistrés en mémoire morte. Pour initialiser l'ordinateur, l'opérateur sélectionne au pupitre de commande l'unité périphérique d'entrée désirée et appuie sur le bouton-poussoir de chargement initial. L'ordinateur passe alors en mode chargement automatique ; il exécute le programme de la mémoire morte correspondant à l'unité périphérique sélectionnée. Ce programme n'est autre qu'un premier chargeur qui initialise un processus de chargement semblable au précédent.

Dans les machines possédant un système d'exploitation, l'opération de chargement initial est suivie de l'opération de *génération de système*. Le premier programme chargé à la fin du processus de chargement par étape est le programme de génération de système. Il demande à l'opérateur, par dialogue sur la machine à écrire du pupitre, de définir la configuration de l'installation et les conditions d'exploitation, puis, en fonction des réponses de l'opérateur, charge les parties du système d'exploitation nécessaires à la gestion de l'ordinateur.

chapitre VIII

les échanges d'information avec l'extérieur

Ce chapitre est consacré à tout ce qui touche les entrées-sorties (unités d'échange, unités de commandes de périphériques, interruptions) à l'exclusion des unités périphériques elles-mêmes qui sont hors de notre propos.

Trois points nous ont paru particulièrement intéressants à développer : (1) l'évolution vers une simultanéité de plus en plus grande entre traitement et opérations d'entrées-sorties; (2) les problèmes de dialogue entre unité de commande de périphérique, unité d'échange et ordinateur; (3) l'impact des entrées-sorties sur l'organisation du chemin des données et la structure de la mémoire centrale.

1. Introduction.

1. 1. *Terminologie.*

Les échanges d'information avec l'extérieur nécessitent deux types d'unités entre l'ordinateur ou sa mémoire d'une part et les organes périphériques d'autre part.

1. Les **unités d'échange** ou **canaux** permettant d'assurer les transferts d'information entre le calculateur et n'importe quelle unité externe. Les unités

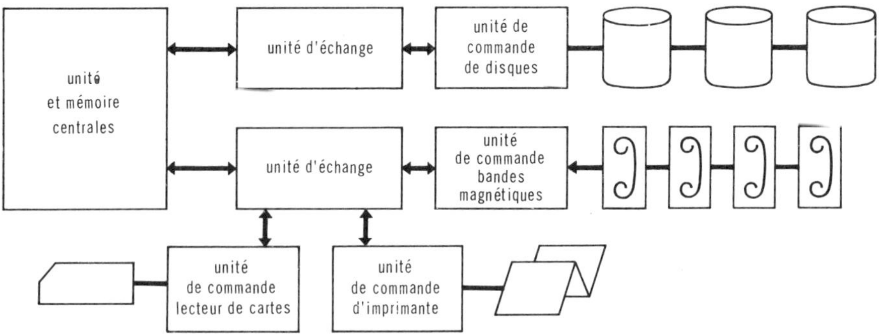

Fig. 1. Configuration illustrant le rôle des unités d'échange et des unités de commande.

d'échange les plus évoluées sont également appelées *processeurs d'entrée-sortie* par opposition à l'unité centrale qui est alors appelée processeur central.
2. Les **unités de commande,** ou **unités de liaison** ou encore **contrôleurs de périphériques,** chargées de commander un ou plusieurs organes périphériques d'un type déterminé en fonction des ordres envoyés par le calculateur.

A ces deux types d'unités s'ajoutera le *système d'interruptions* du calculateur qui permet au milieu extérieur de prévenir le calculateur d'événements extérieurs, par exemple la fin d'une opération d'entrée-sortie.

1. 2. *Introduction historique au concept de simultanéité entre traitements et entrées-sorties.*

Le problème fondamental provient de la différence de vitesse entre d'une part le déroulement des instructions du programme à l'intérieur du calculateur (entre 100 000 et 1 000 000 d'opérations par seconde), et d'autre part les taux de transfert généralement beaucoup plus lents imposés par les périphériques (10 caractères par seconde pour une machine à écrire utilisée en sortie, 60 pour un perforateur de ruban, 15 000 à 320 000 pour une bande magnétique). Ce problème a été résolu au départ en *bloquant* le calculateur sur une opération d'entrée-sortie jusqu'à ce que celle-ci soit complètement réalisée. L'augmentation de puissance des machines a bien vite rendu une telle solution inadmissible. Allait-on monopoliser un ordinateur pendant 8 secondes pour imprimer une ligne de machine à écrire alors que pendant ce temps-là elle aurait pu exécuter quelques millions d'instructions?

On a donc été conduit à chercher des méthodes permettant d'exécuter *simultanément* un programme et une opération d'entrée-sortie, puis un programme et plusieurs opérations d'entrées-sorties. Nous nous proposons d'introduire chronologiquement les différentes idées qui ont été mises en œuvre pour résoudre ces problèmes de simultanéité.

1. 2. 1. Mode bloqué. On dit qu'une entrée-sortie s'exécute en mode bloqué lorsque le calculateur déroule le programme d'entrée-sortie en attendant à chaque nouvelle instruction de transfert que l'élément périphérique soit prêt.

Supposons par exemple que nous ayons à perforer *n* mots sur un ruban. Pour cela nous devons d'abord programmer une instruction de commande d'entrée-sortie dont l'exécution sélectionne le perforateur de ruban et le met en fonctionnement. Nous devons ensuite programmer *n* fois la sortie d'un mot en incluant dans une petite boucle de programme une instruction de sortie d'un mot mémoire avec adressage indexé. L'exécution de cette instruction consiste à transférer le mot adressé dans le registre tampon de l'unité de commande du perforateur. Le calculateur passe immédiatement à l'instruction suivante tandis que l'unité de commande se charge du découpage du mot en caractères et de la commande de leur perforation. Compte tenu des vitesses relatives des organes en présence (500 000 instructions par seconde pour le calculateur et 100 caractères par seconde pour le perforateur), le calculateur trouvera le perforateur occupé dès le deuxième passage sur l'instruction quelques microsecondes après le premier et devra attendre 40 millisecondes que les quatre caractères du mot aient été perforés et que le registre tampon soit libéré. Ainsi le calculateur est bloqué sur l'entrée-sortie pendant tout son déroulement, le pourcentage du temps actif de l'unité centrale pouvant être très faible (de l'ordre du 0,1 p. 100 pour les périphériques les plus lents).

1. 2. 2. Mode par test d'état. Afin d'introduire une certaine simultanéité, il paraît logique de ne commander l'opération de transfert d'un mot qu'une fois l'unité périphérique prête à l'exécuter complètement. Pour cela, on a d'abord pensé à inclure dans le programme, avec une périodicité correcte, des points de tests permettant de savoir si l'unité périphérique est prête à réaliser l'opération. Cette technique, très lourde pour le programmeur, ne peut correspondre qu'à des besoins tout à fait particuliers.

1. 2. 3. Mode par interruption de programme. Plutôt que d'obliger le programmeur à truffer ses programmes de tests d'état des périphériques, on a généralement jugé préférable d'utiliser la technique des interruptions. Le calculateur est déchargé de la surveillance périodique des périphériques car ce sont ceux-ci qui l'interrompent pour lui indiquer qu'ils sont prêts. L'interruption consiste à arrêter momentanément le programme en cours pour permettre au programme réalisant le transfert de s'exécuter en priorité. Le mode par interruption permet une certaine simultanéité entre calculs et entrées-sorties, le programme de calcul étant retardé des temps d'exécution du programme d'interruption (fig. 2).

1. 2. 4. Mode automatique par suspension de programme ou mode canal. Le transfert d'un mot suppose dans le mode précédent le déroulement d'un programme d'interruption qui dure de 10 à 20 cycles mémoire, dont un seul est effectivement utilisé pour le transfert.

On a alors été conduit à créer des *unités d'échange automatiques* ou *canaux* susceptibles de prendre en charge complètement le transfert de tout un bloc d'informations.

Lorsque l'unité d'échange a besoin d'échanger une information avec la mémoire, elle ne crée plus une interruption de programme, mais simplement une demande de service afin qu'un cycle de mémoire lui soit accordé pour réaliser cet échange. Il se peut que le programme en cours ne demande pas l'accès au même bloc mémoire au même instant, auquel cas la demande de service n'affectera en aucune façon son déroulement. Dans le cas contraire, le déroulement du programme sera *suspendu* pendant le cycle mémoire demandé par l'unité d'échange. La simultanéité entre programme et entrées-sorties est donc presque totale (fig. 2).

Le déroulement d'une opération d'entrée-sortie se fait donc de la façon suivante :

(1) C'est le programme qui initialise l'opération : des instructions fournissent à l'unité d'échange toutes les informations nécessaires à l'opération :

nombre et emplacement des données à transférer, adresse de l'unité d'entrée-sortie, conditions dans lesquelles doit se terminer le transfert, etc. ; une instruction spéciale lance le transfert ; le programme pouvant se continuer indépendamment.
(2) Le transfert s'effectue au rythme de l'équipement périphérique, sous contrôle de l'unité d'échange qui *vole des cycles* au calculateur.
(3) L'unité d'échange prévient généralement par interruption que le transfert est terminé. Le programme d'interruption pourra alors demander à l'unité d'échange dans quelles conditions il s'est effectué.

Généralement le programme qui a lancé l'opération d'entrée-sortie peut à chaque instant exécuter une instruction de test d'entrée-sortie lui permettant de savoir où en est l'opération.

On distingue deux types d'unités d'échange automatiques : **les unités d'échange simples** qui ne peuvent gérer qu'un transfert à la fois, et les **unités d'échange multiplexées dans le temps** qui peuvent gérer plusieurs transferts simultanément.

1. 2. 5. L'enchaînement automatique des transferts. Dans le mode précédent, le calculateur doit initialiser chaque transfert en chargeant les informations nécessaires dans les registres de l'unité d'échange. Afin de soulager le calculateur de cette tâche, on a été conduits à concevoir l'unité d'échange comme une unité ayant son propre programme.

L'unité centrale génèrera en mémoire centrale un **programme de contrôle d'entrée-sortie** ou **programme canal** définissant les différents transferts successifs qu'aura à réaliser l'unité d'échange. Pour lancer ce programme canal, l'unité centrale fournira son adresse à l'unité d'échange qui se chargera par la suite de son exécution complète.

Le programme de contrôle d'entrée-sortie permet d'enchaîner plusieurs transferts sans intervention de l'unité centrale. Cette possibilité est appelée **chaînage.** On en distingue deux types sur les unités d'échange de la série IBM 360 : le **chaînage de données** d'une part, qui, après transfert des données à partir d' (ou vers) une table en mémoire, permet de passer automatiquement à une autre table ; le **chaînage de fonctions** d'autre part, qui permet de faire exécuter successivement plusieurs transferts mettant en jeu des enregistrements différents sur un même organe périphérique.

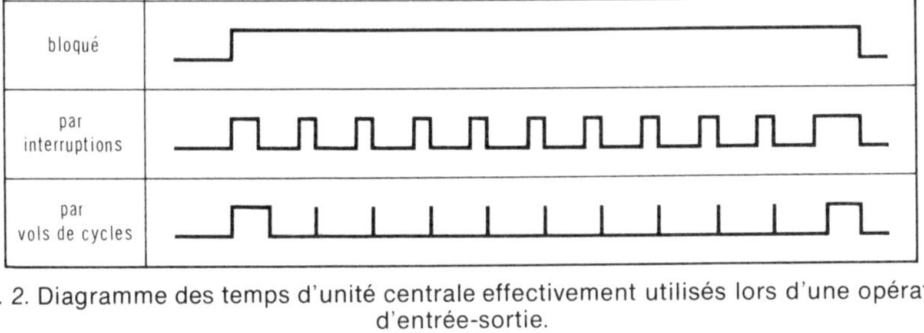

Fig. 2. Diagramme des temps d'unité centrale effectivement utilisés lors d'une opération d'entrée-sortie.

2. Concepts et techniques de base.

2. 1. *Notion d'interface.*

On doit pouvoir raccorder sur une unité d'échange n'importe quel type d'unité périphérique. Il faut donc définir avec précision les spécifications de raccordement. On a pris l'habitude de les désigner sous le vocable anglo-saxon d'*interface*. Par extension, on a également appelé *interface* la boîte noire permettant d'adapter les signaux du périphérique aux spécifications de l'interface calculateur.

L'interface, dans un sens originel est donc formé physiquement d'un certain nombre de connecteurs issus de l'unité d'échange sur lesquels on peut venir se raccorder. Il faut y ajouter les spécifications de forme et de timing des signaux fournis ou attendus par l'unité d'échange.

Fondamentalement, l'interface se compose de deux types de fils :
(1) des fils information qui contiennent en parallèle l'information à transmettre sous forme de niveaux ;
(2) des fils de commande et synchronisation permettant le dialogue entre les deux unités interconnectées.

Nous allons exposer le fonctionnement d'un modèle d' « interface » en décrivant les mécanismes d'entrée et de sortie (fig. 3).

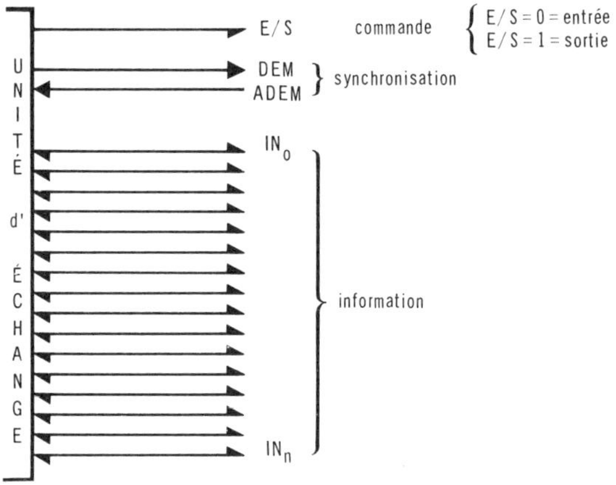

Fig. 3. Schéma d'interface.

2. 1. 1. Description d'une sortie d'information (fig. 4). L'unité d'échange positionnera le signal à niveau E/S pour indiquer qu'il s'agit d'une sortie d'information, positionnera l'information à sortir sous forme de niveaux sur les lignes information IN_0 à IN_n, puis enverra une impulsion DEM de demande de service. Elle restera ensuite en attente.

L'équipement extérieur reconnaîtra la demande DEM, testera le fil de commande E/S pour savoir s'il s'agit d'une entrée ou d'une sortie d'information. E/S étant positionné à 1, l'équipement extérieur échantillonnera les fils d'information IN_0 à IN_n (ouverture par une impulsion des portes d'entrée dans un registre tampon). Cette impulsion pourra également être envoyée à l'unité d'échange sous forme du signal d'acquittement ADEM, qui indique que la demande de sortie a été reconnue et que l'information a été échantillonnée.

2. 1. 2. Description d'une entrée d'information (fig. 4). L'unité d'échange positionnera E/S à 0 et enverra l'impulsion DEM. La demande d'entrée correspondante sera reconnue par l'équipement extérieur qui devra positionner les niveaux d'information IN_0 à IN_n puis envoyer le signal d'acquittement ADEM.

La lecture sera faite dans l'unité d'échange après réception de ADEM. Le chronogramme de la figure 4 correspond à ces deux opérations :

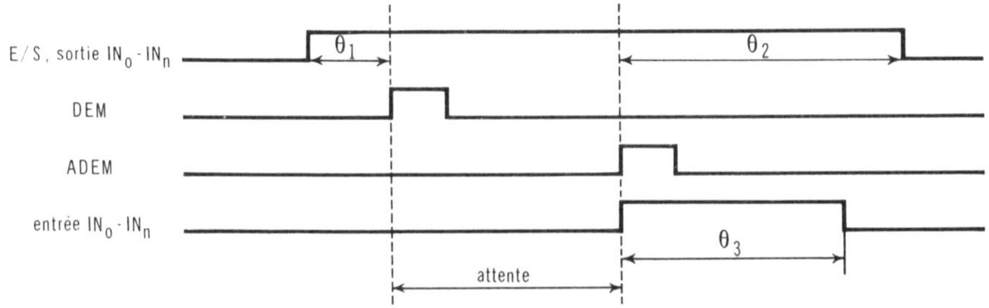

Fig. 4. Exemple de diagramme des temps associé à l'interface de la figure précédente[1]

θ_1 : retard du signal DEM sur l'ouverture des portes à niveau de sortie d'information vers l'extérieur; Attente : l'unité d'échange est bloquée en attente de réponse du périphérique : temps indéterminé; θ_2 : temps pendant lequel l'information en sortie reste présente après réception du signal d'acquittement ADEM; θ_3 : temps pendant lequel l'information fournie par l'équipement extérieur doit être valide après envoi du signal ADEM.

2. 2. *Notion de multiplexage.*

Le multiplexage permet de regrouper des voies d'entrée en une seule voie ou d'éclater une voie de sortie en plusieurs voies.

Les deux schémas de principe des figures 77 et 78 du chapitre III réalisent respectivement ces deux fonctions. (Ils ne tiennent pas compte des circuits d'amplification éventuellement nécessaires.)

De tels systèmes de multiplexage sont notamment à la base des dispositifs de concentration de données utilisés en contrôle industriel. Ils permettent également, en compliquant un peu les schémas, de connecter plusieurs unités externes sur une même unité d'échange. On utilisera quelquefois cette méthode pour les « unités d'échange simples », c'est-à-dire les unités d'échange qui ne permettent pas le contrôle de plusieurs

1. REMARQUES. Nous avons dessiné un interface bidirectionnel. Dans le cas contraire, il aurait fallu doubler le nombre de fils d'information.

Il se peut que l'on ait à transmettre des adresses de périphériques : celles-ci peuvent être transmises soit sur des fils spéciaux, soit sur des fils information. Un signal de commande supplémentaire indiquera dans ce dernier cas s'il s'agit d'une information ou d'une adresse.

transferts simultanés. L'adressage des unités externes sera alors réalisé en étoile, un fil par unité, après décodage de l'adresse dans l'unité d'échange (fig. 5).

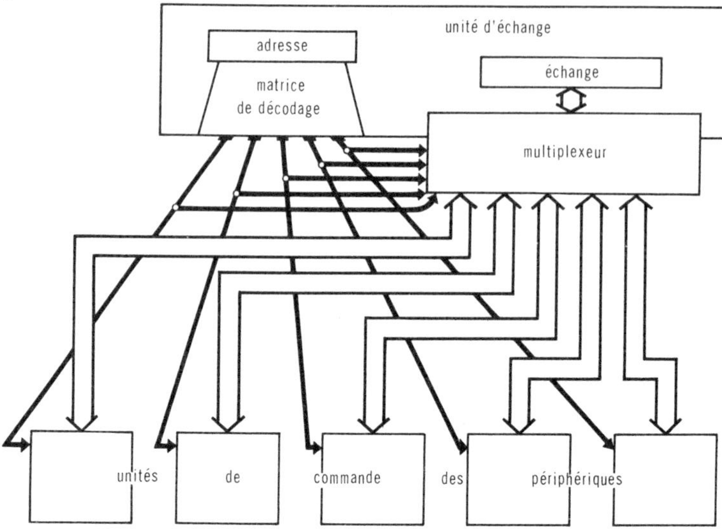

Fig. 5. Concentration par multiplexage.

2. 3. *Lignes omnibus.*

Pour connecter plusieurs unités externes sur une unité d'échange, on peut aussi employer une ligne omnibus traversant les différentes unités externes (fig. 6).

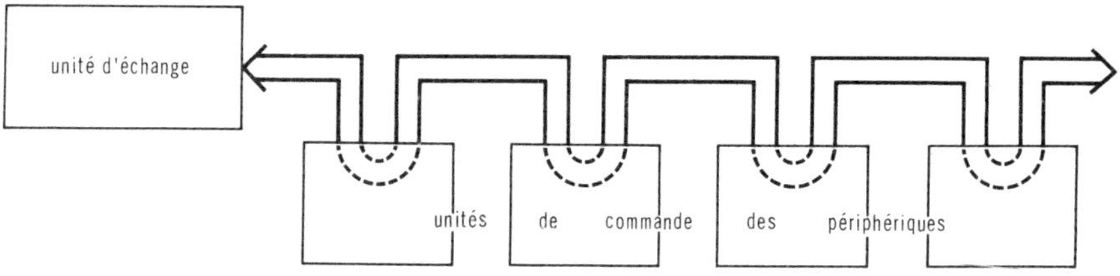

Fig. 6. Concentration par lignes omnibus.

Si l'unité externe n'est pas sélectionnée, elle se montre transparente vis-à-vis de l'information, c'est-à-dire qu'elle la transmet sans modification ; dans le cas contraire, elle utilise l'information. L'adressage peut se faire selon la technique en étoile décrite précédemment. On peut également utiliser la ligne omnibus pour l'adressage : un fil spécial indique alors que l'information émise par l'unité d'échange est une adresse. L'unité externe traversée teste ce fil à chaque transfert. Dans le cas où elle détecte qu'il s'agit d'une adresse, elle compare l'adresse transmise à sa propre adresse. En cas d'identité des adresses, elle se met en état de dialogue avec l'unité d'échange; dans le cas contraire, elle transmet l'adresse à l'unité suivante. Cette technique d'adressage et transferts par ligne omnibus est notamment utilisée par les unités d'échange multiplexées dans le temps.

2. 4. *Regroupement et éclatement des informations.*

Les périphériques travaillent normalement au niveau du caractère (6 ou 8 bits), alors que les calculateurs travaillent généralement au niveau du mot (plusieurs caractères). Il y aura donc lieu, soit au niveau de l'unité d'échange, soit au niveau de l'unité de commande d'un périphérique particulier, de réaliser les regroupements et éclatements nécessaires. Généralement, cette opération sera réalisée au niveau de l'unité d'échange puisqu'elle est commune aux différents périphériques.

Les opérations d'éclatement et regroupement se feront souvent par décalages successifs d'un caractère sur deux registres supposés mis bout à bout : un registre mot de communication avec la mémoire et un registre caractère de communication avec l'extérieur.

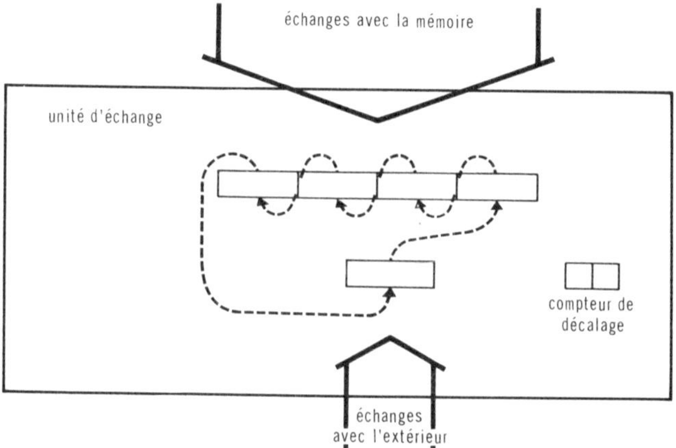

Fig. 7. Eclatement des mots et regroupement des caractères dans l'unité d'échange.

Dans le schéma de la figure 7, lors d'une opération de sortie, les 4 caractères du mot mémoire seront successivement envoyés vers l'extérieur, le premier étant le caractère de poids fort.

2. 5. *Les différentes techniques d'exécution d'un transfert élémentaire.*

Nous appellerons *transfert élémentaire* le transfert d'une information (caractère ou mot) entre une position de mémoire centrale et une unité externe (ou *vice versa* suivant qu'il s'agit d'une entrée ou d'une sortie). L'exécution d'un transfert élémentaire suppose que l'on connaisse les informations suivantes :

— information commandant de lancer le transfert : DEM ;
— indication du sens du transfert (entrée ou sortie) : SENS ;
— adresse de rangement en mémoire de l'information transférée : ADR.

Les différentes techniques d'exécution d'un transfert élémentaire dépendent de la façon dont sont fournies au calculateur ces trois informations. Nous distinguerons les modes suivants :

2. 5. 1. Transfert programmé (fig. 8). Le *transfert programmé* est exécuté lorsque le programme arrive sur une instruction de transfert. C'est donc le calculateur qui initialise la demande de transfert (DEM). Les informations complémentaires sont fournies par l'instruction qui peut prendre deux formes :

ENT	**ADR**	Entrer information et ranger à l'adresse ADR
SOR	**ADR**	Lire information rangée à l'adresse ADR et la sortir.

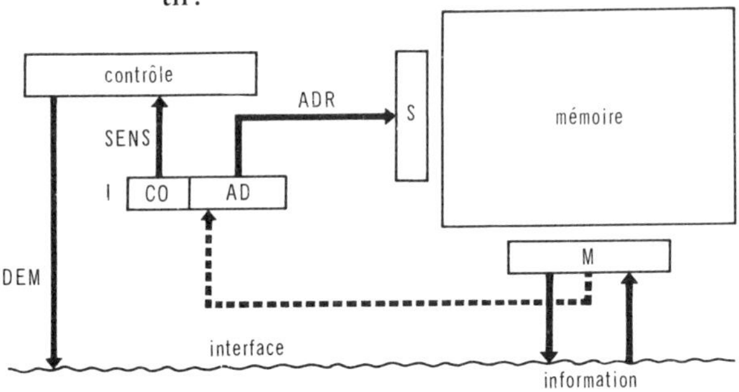

Fig. 8. Transfert programmé.

2. 5. 2. Transfert par instruction forcée (fig. 9). Le transfert par *instruction forcée* est initialisé par l'unité externe, cette dernière génère l'instruction d'entrée-sortie, puis lorsque l'unité centrale a terminé l'instruction en cours, force son exécution en priorité. Le programme est suspendu pendant le temps d'exécution de cette instruction.

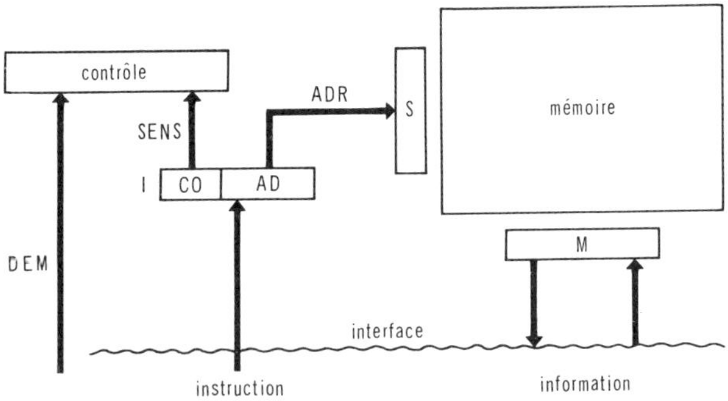

Fig. 9. Transfert par instruction forcée.

2. 5. 3. Transfert par vol de cycle (fig. 10). Le transfert par *vol de cycle* est initialisé sur demande de l'unité externe. L'unité centrale termine le cycle mémoire en cours et accorde le cycle suivant à l'unité externe.

Celle-ci indique s'il s'agit d'une lecture ou d'une écriture et fournit l'adresse de rangement. Le programme en cours est suspendu pendant un cycle mémoire.

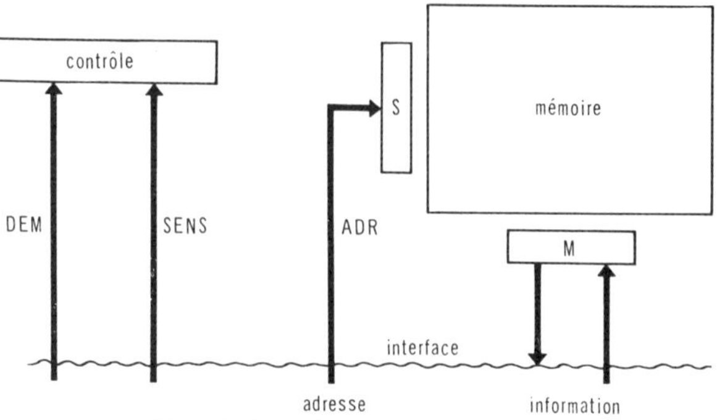

Fig. 10. Transfert par vol de cycle.

2. 5. 4. Transfert par accès direct en mémoire (fig. 11). On suppose que la mémoire a deux voies d'accès (souvent appelées *ports* d'accès). L'une des voies est réservée au calculateur, l'autre à l'unité externe. Les demandes de cycle mémoire sont adressées à l'unité de contrôle d'accès mémoire, qu'elles proviennent de l'unité centrale ou de l'unité externe. Cette unité de contrôle gère les priorités d'accès entre unité centrale et unité externe.

Vu de l'unité externe, le processus est le même que dans le cas du vol de cycle, à la différence près que la demande est adressée au contrôleur d'accès mémoire et non à l'unité centrale. Le programme en cours n'est suspendu pendant le cycle mémoire demandé que si l'unité centrale avait simultanément demandé un cycle mémoire.

Généralement, les systèmes d'accès direct à la mémoire sont intéressants si l'on dispose de plusieurs blocs mémoire indépendants. Dans la mesure où le programme d'une part, les entrées-sorties d'autre part concernent les blocs différents, la simultanéité pourra être totale.

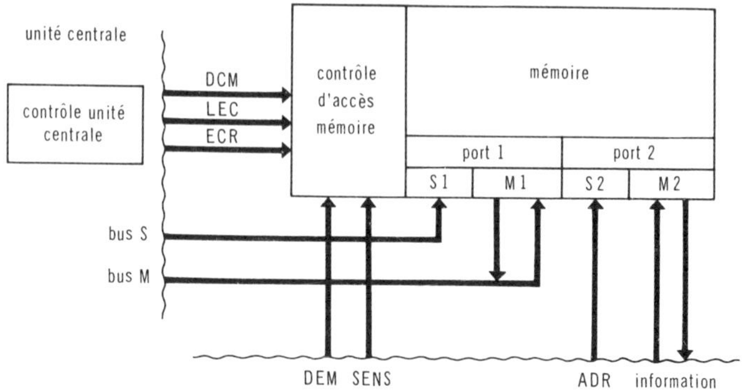

Fig. 11. Transfert par accès direct à la mémoire.

2. 5. 5. Récapitulation sur les transferts élémentaires. Le tableau suivant permet de comparer ces quatre techniques d'exécution d'un transfert élémentaire en prenant en considération deux paramètres : le temps d'attente maximum de l'unité externe à la suite d'une demande de transfert et le temps pendant lequel le programme en cours est arrêté.

Technique utilisée	Temps maximum d'attente de l'unité externe	Temps pris au programme en cours
programmée sur interruption	fin de l'instruction en cours puis début du programme d'interruption demandé	traitement d'un programme d'interruption
par instruction forcée	durée de l'instruction la plus longue du répertoire	une instruction généralement exécutée en un ou deux cycles mémoire
par vol de cycle	un cycle mémoire	un cycle mémoire
par accès direct	un cycle mémoire	néant ou un cycle mémoire

3. Les unités d'échange.

Il n'est pas possible de donner une vue exhaustive de tous les types d'unité d'échange existants. Nous nous proposons ici d'illustrer, sur des exemples fictifs ou empruntés à des machines du commerce, les différentes étapes de l'évolution que nous avons décrite en introduction à ce chapitre.

3. 1. *Liaison programmée.*

Il ne s'agit pas d'une unité d'échange à proprement parler, mais d'un moyen d'accès contrôlé par le programme. Chaque transfert élémentaire est en effet commandé par une instruction du programme en cours. Du fait qu'elles sont contrôlées par le programme, les liaisons programmées peuvent être utilisées soit en mode bloqué, soit, beaucoup plus généralement, en mode par interruption. Elles sont généralement complètement intégrées dans l'unité centrale. Par exemple, pour Boulix nous pourrions concevoir un schéma tel que celui représenté figure 12.

Quatre instructions d'entrée-sortie sont nécessaires pour réaliser des entrées-sorties en mode programmé :

— deux instructions de commandes de transferts d'information

SOR M et **ENT** M

qui permettent respectivement de sortir le contenu de l'adresse M sur les lignes sorties d'information de l'interface et de ranger à l'adresse M une information présente sur les lignes entrée d'information de l'interface ;

— deux instructions de contrôle général des opérations d'entrée-sortie. Ce sont :

COM (commande)

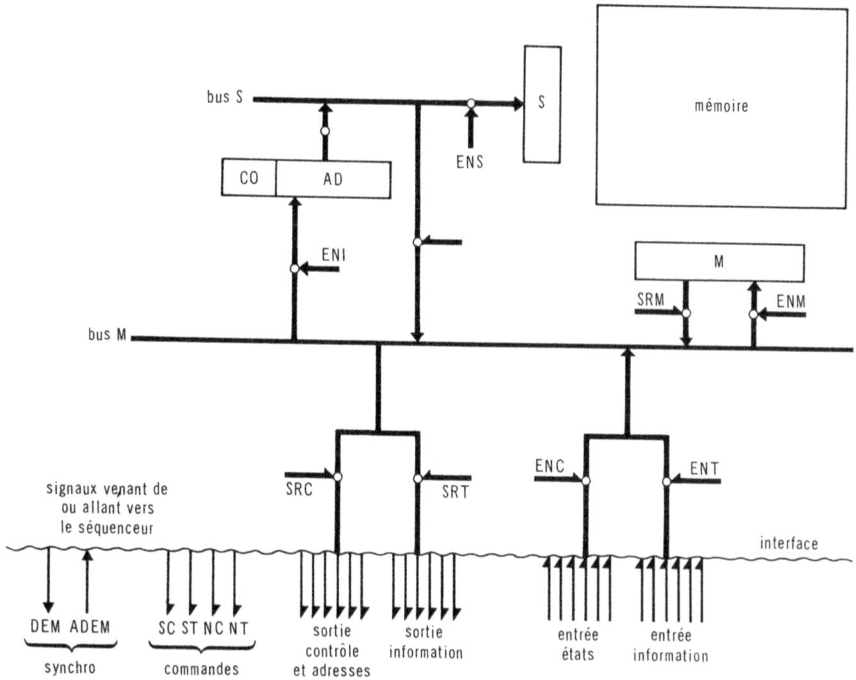

Fig. 12. Liaison programmée pour Boulix.
SC : niveaux logiques positionnés sur les lignes de sortie contrôle; ST : niveaux logiques positionnés sur les lignes de sortie information; NC : demandes d'entrée d'états; NT : demandes d'entrée d'information.

qui sort la configuration binaire présente dans la partie adresse de l'instruction sur les lignes de sortie contrôle et adresse, et

TSE (test d'état)

qui range dans l'accumulateur le contenu des lignes d'entrée d'états. L'instruction COM permet d'adresser une unité de contrôle de périphérique et lui signifier l'opération à exécuter, l'instruction TSE permet d'acquérir une information décrivant l'état du périphérique précédemment adressé.

Les signaux d'interface ST, NT et SC, NC correspondent respectivement à ces quatre types d'opérations.

Dans l'opération de sortie **SOR,** l'information est mémorisée par le registre M jusqu'à sa prise en compte par l'organe externe : les portes SRM et SRT restent ouvertes pour maintenir positionnés les niveaux logiques sur les lignes de sortie information et le signal ST reste positionné. Le calculateur envoie alors à l'unité de commande du périphérique précédemment sélectionné un signal impulsionnel DEM. Dès sa réception, l'unité de commande supposée prête teste les fils de commande, et, après avoir détecté qu'il s'agit d'une sortie, échantillonne l'information. Elle renvoie au calculateur un signal d'acquittement ADEM pour le libérer.

Nous pouvons schématiser ce mécanisme par les échanges de signaux de la figure 13 (le temps évoluant du haut vers le bas) ou le chronogramme de la figure 14. A titre indicatif, la figure 15 illustre le système d'échanges de signaux qui pourrait être retenu pour l'instruction **ENT.**

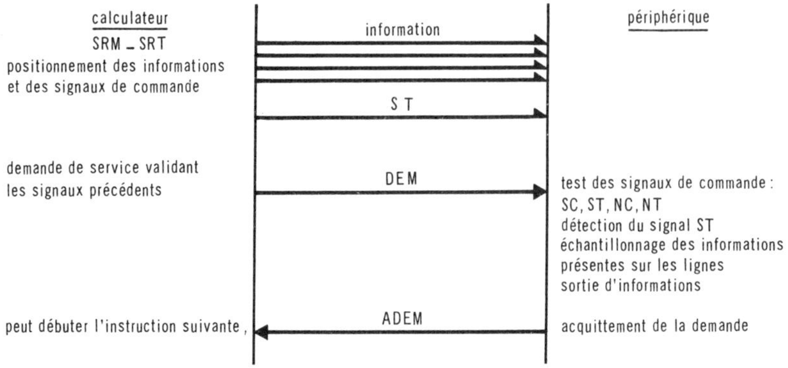

Fig. 13. Instruction de sortie d'information; échange de signaux.

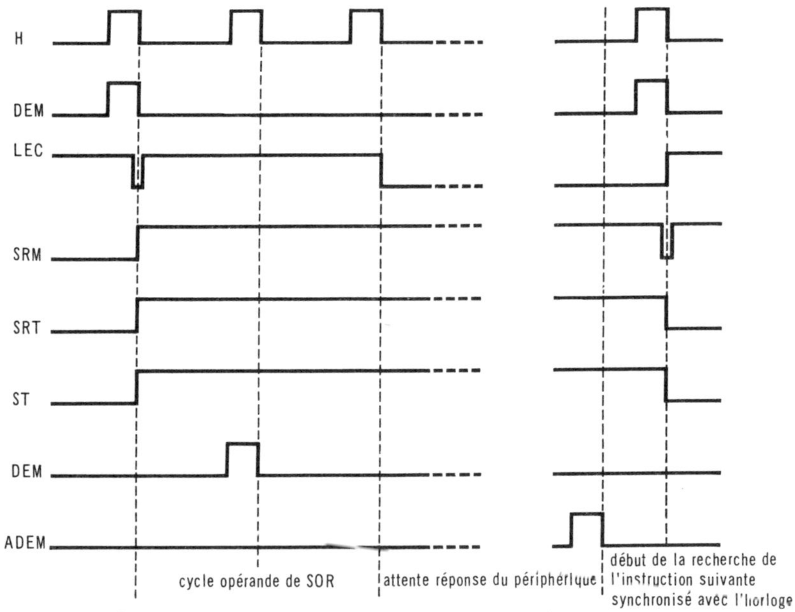

Fig. 14. Instruction de sortie d'information; chronogramme.

Certains calculateurs possèdent les instructions *entrée directe* et *sortie directe* qui permettent le transfert d'une information entre l'accumulateur (ou un registre arithmétique désigné par l'instruction) et l'organe périphérique adressé par l'instruction.

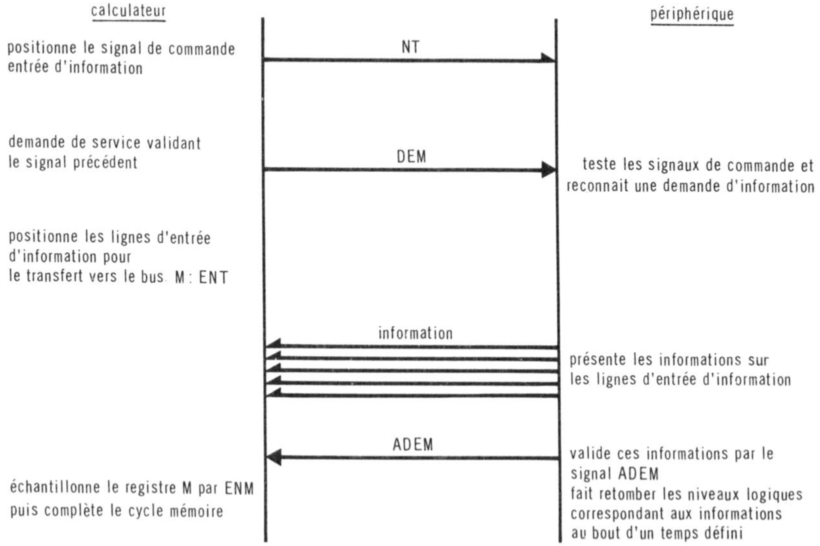

Fig. 15. Instruction d'entrée d'information; échange de signaux.

3. 2. *Unité d'échange automatique : mode canal.*

Les unités d'échange automatiques sont capables de gérer l'ensemble d'une opération d'entrée-sortie sans intervention de l'unité centrale, sauf pour initialiser et terminer l'opération. Les transferts élémentaires peuvent être exécutés soit par *instruction forcée,* soit pour *vol de cycle,* soit par *accès direct à la mémoire.* On les appelle *unités d'échange simples* lorsqu'elles ne gèrent qu'une opération d'entrée-sortie à la fois.

Nous allons décrire schématiquement le fonctionnement d'une telle unité dans laquelle les transferts se font par vol de cycle, en nous intéressant exclusivement aux problèmes d'échange d'informations.

De ce strict point de vue, l'opération d'entrée-sortie est entièrement définie par : le sens du transfert à effectuer (entrée ou sortie) et la table de rangement en mémoire des informations à transférer. Cette table peut être décrite par l'adresse de son premier mot (ADR) et son nombre de mots (CDM) [cf. fig. 16].

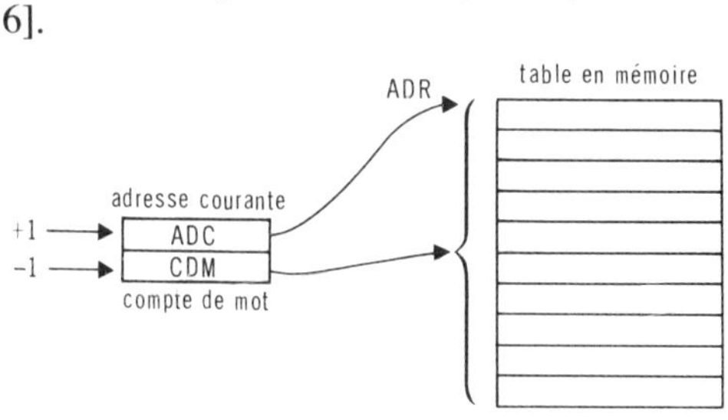

Fig. 16. Table d'entrée-sortie.

C'est l'unité centrale qui initialise l'opération par programme. Elle sélectionne le périphérique (en indiquant éventuellement le sens du transfert à effectuer) et charge les informations définissant la table de rangement en mémoire dans deux registres de l'unité d'échange que nous appellerons ADC (adresse courante) pour l'adresse dans la table et CDM (compte de mots) pour le nombre de mots. (Ce chargement peut être effectué par des instructions du type sortie directe sur une liaison programmée.)

Une fois cette initialisation faite, l'opération d'entrée-sortie se déroule au rythme de l'unité périphérique. C'est sur sa demande que l'unité d'échange exécute un transfert élémentaire en utilisant le contenu du registre ADC comme adresse de rangement en mémoire, puis met à jour l'adresse courante en ajoutant 1 au registre ADC, et le compte de mots en retranchant 1 au registre CDM. Le transfert se termine soit lorsque l'unité d'échange détecte que le compte de mots s'annule, soit lorsque l'unité de commande du périphérique envoie un signal de fin d'enregistrement. L'unité d'échange génère alors une interruption pour indiquer à l'unité centrale que l'opération d'entrée-sortie est terminée. Ce mode de fonctionnement à l'aide de deux registres *adresse courante* et *compte de mots* est

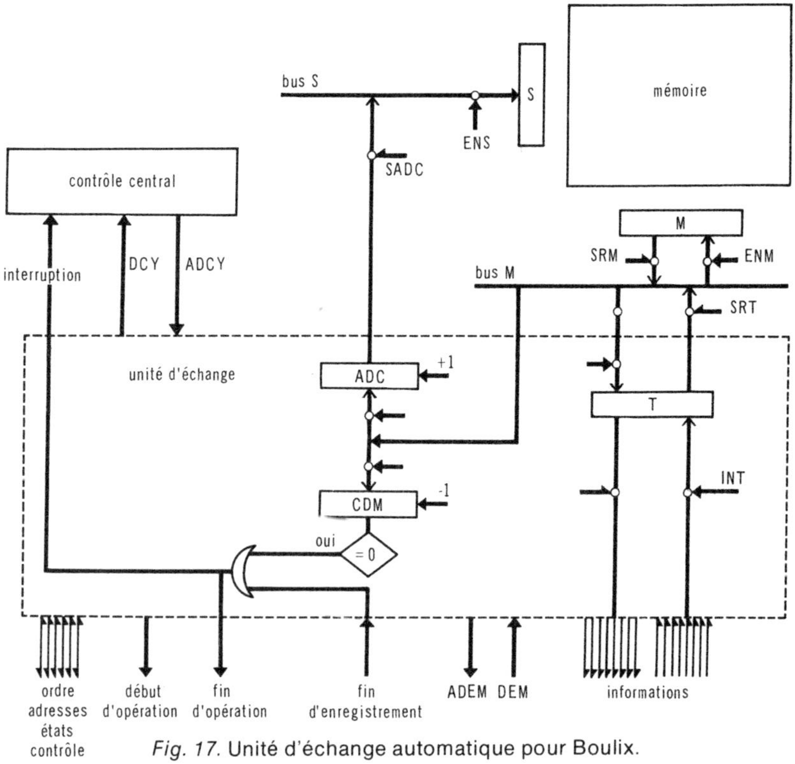

Fig. 17. Unité d'échange automatique pour Boulix.

généralement appelé **mode canal.** L'unité d'échange correspondante est souvent appelée **canal** par extension.

A titre d'exemple, nous donnons le schéma de fonctionnement d'une unité d'échange automatique associée à Boulix (fig. 17, 18 et 19).

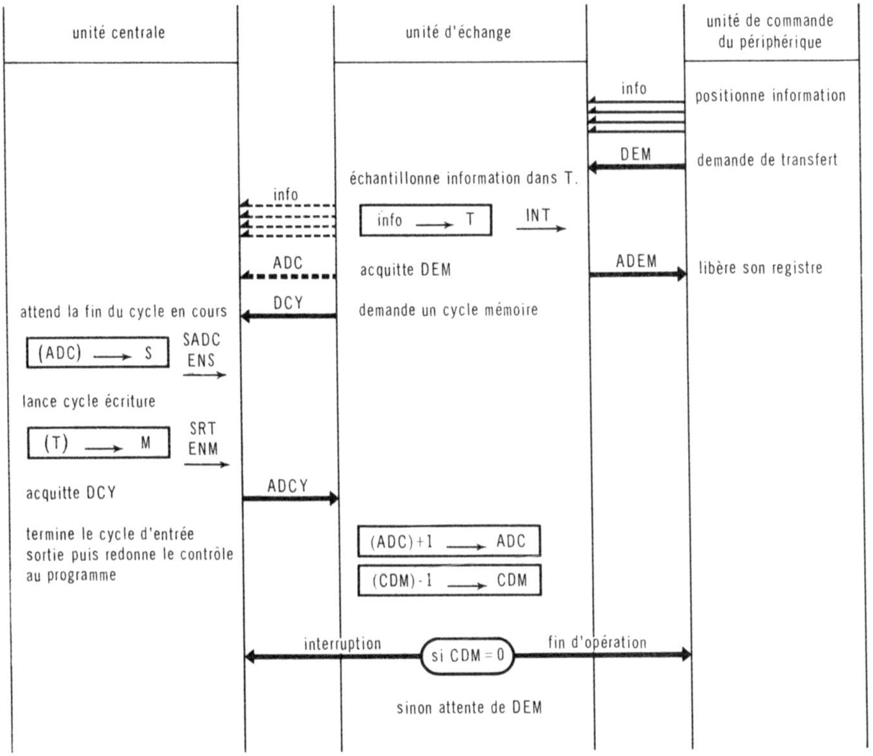

Fig. 18: Schéma d'une entrée d'information par l'unité d'échange automatique de Boulix.

3. 3. *Chaînage de données.*

Dans l'unité d'échange automatique décrite au paragraphe précédent, pour passer d'une table à une autre, l'unité centrale doit dérouler, après interruption de fin de transfert de la première table, un programme venant recharger les registres ADC et CDM avec les caractéristiques de la deuxième table et relancer l'opération d'entrée ou de sortie. Le chaînage de données consiste à effectuer cette opération de chargement des registres ADC et CDM sous contrôle de l'unité d'échange, de telle sorte que l'on passe automatiquement d'une table à l'autre dans une même opération d'entrée-sortie, sans mettre en jeu l'unité centrale. Il faut alors ajouter aux

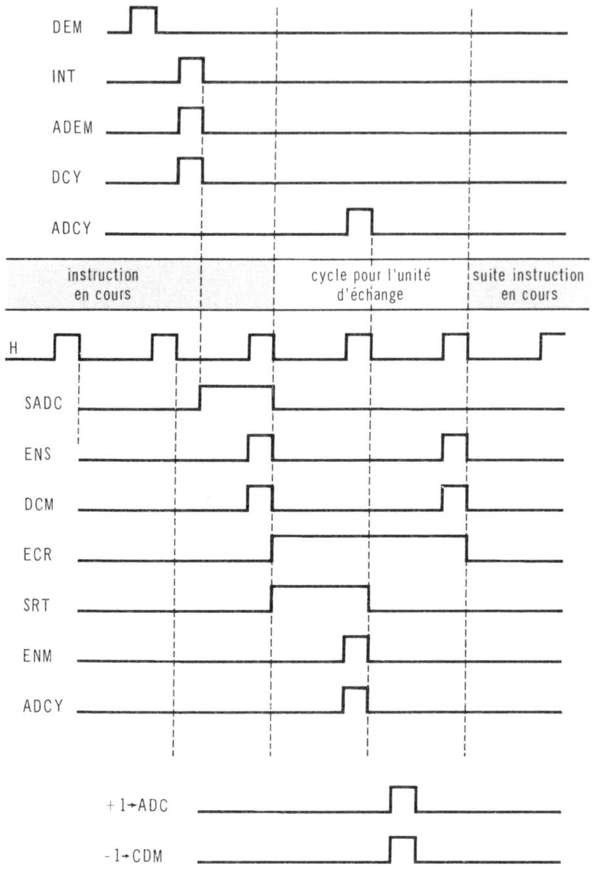

Fig. 19. Chronogramme d'une entrée d'information par l'unité d'échange automatique de Boulix.

informations adresse et compte de mots deux informations binaires de commande :

IT : = 0 pas d'interruption
= 1 interruption
CD : = 0 pas de chaînage
= 1 chaînage.

On peut par exemple supposer que les informations de contrôle tiennent en 2 mots machine :

ADC		
IT	CD	CDM

et que s'il doit y avoir chaînage, les nouveaux mots de contrôle se trouvent en fin de table. (Cet exemple est inspiré de la CII 10 020.)

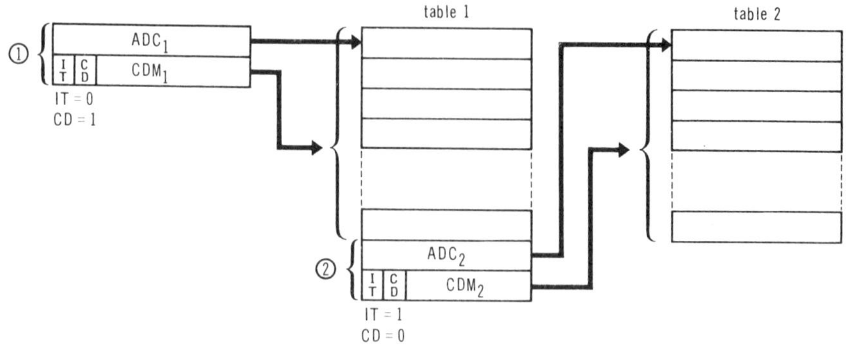

Fig. 20. Exemple de chaînage de données.

L'opération d'entrée-sortie définie par les tables de la figure 20 se décompose selon le schéma suivant :

au niveau de l'unité centrale :

— charger le double mot de contrôle 1 dans les registres de l'unité d'échange ;

— démarrer le transfert ;

au niveau de l'unité d'échange :

— transférer la première table ;

— charger les mots de contrôle 2 puisque le chaînage est demandé en 1 ;

— transférer la deuxième table ;

— générer une interruption demandée en 2 .

3. 4. *Notion de programme canal.*

L'unité d'échange devient dans les calculateurs évolués une unité programmée, capable de lire, décoder et exécuter **un programme de commande d'entrée-sortie** ou **programme canal** contenu en mémoire centrale au même titre que l'unité centrale du calculateur lit, décode et exécute un programme de traitement.

Nous allons décrire la forme possible d'un programme canal dans une unité d'échange élaborée (inspirée des machines de la série IBM 360, et de multiples machines analogues).

Afin d'éviter les confusions, nous adopterons la terminologie suivante :

— l'unité centrale lit, décode et exécute des **instructions;**

— l'unité d'échange lit, décode et exécute des **commandes;**

— l'unité de commande de périphérique reçoit, décode et exécute des **ordres.**

Le programme canal permet à la fois le chaînage de données et le chaînage de commandes. Nous avons vu au paragraphe précédent un exemple de chaînage de données qui permet en sortie de regrouper des informations dispersées dans la mémoire et en entrée d'éclater des informations dans différentes parties de la mémoire. Le chaînage de commandes permet l'enchaînement automatique d'opérations d'entrée-sortie portant sur des enregistrements différents (par exemple, lecture de plusieurs enregistrements sur une même bande magnétique).

Nous comprendrons mieux ces concepts en suivant la description d'une opération d'entrée-sortie (fig. 21).

(1) Au cours du programme unité centrale, une liste de commandes d'entrée-sortie est générée en mémoire. C'est le *programme de commande d'entrée-sortie* encore appelé **programme canal.**

(2) L'unité centrale exécute une instruction *début d'entrée-sortie* qui fournit à l'unité d'échange l'adresse de l'organe périphérique à sensibiliser et

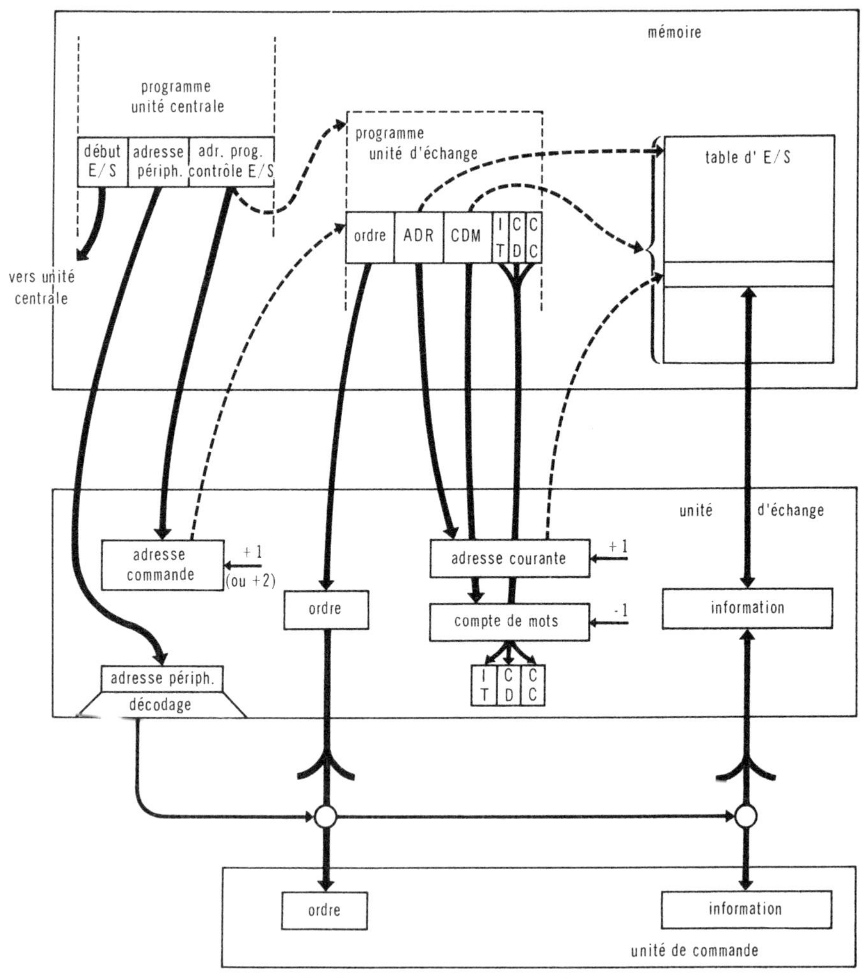

Fig. 21. Le programme canal.

l'adresse de la première commande du programme canal. (Ces adresses sont contenues dans l'instruction ou dans des registres adressés par l'instruction.)

Si l'organe périphérique désigné est libre, il est mis en route, sinon l'unité centrale est prévenue que le programme canal ne peut démarrer. Supposons que la première hypothèse soit réalisée. L'adresse de la première commande est rangée dans le compteur de commandes de l'unité d'échange. A partir de ce moment, le programme canal se déroulera sans intervention de l'unité centrale.

(3) L'unité d'échange va chercher en mémoire la première commande, qui contient les éléments suivants :

ORDRE	ADRESSE 1er MOT	COMPTE DE MOTS	INDICATEURS

L'unité d'échange transmet à l'unité de contrôle du périphérique l'*ordre* qui lui est destiné. A partir de ce moment, l'opération d'entrée-sortie est initialisée et un processus identique se déroule chaque fois que l'unité d'échange demande une nouvelle commande.

(4) Les demandes de transfert élémentaire d'information, une fois l'opération d'entrée-sortie initialisée, émanent de l'unité de commande du périphérique qui travaille à son rythme propre. Au reçu d'une telle demande, l'unité d'échange effectue le transfert demandé en utilisant et mettant à jour les informations *adresse courante* (qui remplace *adresse 1er mot*) et *compte de mots*.

(5) Un transfert s'arrêtera soit sur compte de mots nul, soit sur un signal fin de transfert en provenance de l'unité de commande du périphérique. L'unité d'échange testera alors les indicateurs qui sont au nombre de trois pour savoir ce qu'elle doit faire :

— **Chaînage de données :** si cet indicateur est positionné, l'unité d'échange passera à la commande suivante en ignorant le nouvel *ordre*.

— **Chaînage de commande :** si cet indicateur est positionné, l'unité d'échange passera à la commande suivante en utilisant le nouvel *ordre*.

— **Interruption :** une interruption sera générée en fin de transfert si l'indicateur correspondant est positionné.

Le programme canal est contrôlé par un certain nombre d'instructions d'entrée-sortie dont voici les principales :

— **Début d'entrée-sortie, arrêt d'entrée-sortie, test d'entrée-sortie.** Les deux premières instructions permettent d'initialiser ou d'arrêter une entrée-sortie, en indiquant le périphérique et l'adresse de la première commande du programme d'entrée-sortie. La troisième est utilisée pour obtenir des renseignements sur l'état actuel d'une opération d'entrée-sortie sans en modifier le fonctionnement.

Les informations d'état, retournées par l'unité d'échange adressée, comprendront l'adresse de la commande en cours et le compte de mots restant (sauf pour l'instruction début d'entrée-sortie) ainsi que certains indicateurs, notamment :

— *interruption demandée et non acquittée;*

— *état de l'organe périphérique adressé :* prêt, non opérationnel, occupé ;
— *état de l'unité de commande de périphérique :* prête, non opérationnelle, occupée ;
— *organe périphérique en attente* d'une opération nouvelle (magasin de cartes vide, détection de fin de papier sur imprimante) ;
— *erreur de parité* en échange avec la mémoire ;
— *erreur de parité* en transfert de données avec l'extérieur.

— **Test d'organe périphérique.** Il permet d'obtenir des informations plus précises que l'instruction test d'entrée-sortie sur l'état d'un organe périphérique. Ces informations, spécifiques des différents périphériques, sont fournies par l'unité de commande du périphérique.

— **Acquittement d'interruption.** Cette instruction permet, après réception d'une interruption émise par l'unité d'échange, d'identifier l'organe qui a provoqué l'interruption et d'en connaître la cause. L'information d'état retournée par l'unité d'échange comprend d'une part l'adresse du périphérique à l'origine de l'interruption, d'autre part des indicateurs concernant l'opération qui a donné lieu à l'interruption, notamment :
— *débordement de données* (au cours d'une opération d'entrée) ;
— *longueur incorrecte* s'il n'y a pas concordance entre *compte de mots nul* détecté par l'unité d'échange et *fin de transfert* envoyé par le périphérique ;
— *compte de mots nul;*
— *fin de transfert;*
— *erreur de parité* au cours du transfert, etc.

3. 5. *Unité d'échange multiplexée dans le temps.*

Fondamentalement, l'unité d'échange multiplexée dans le temps est capable de gérer simultanément plusieurs transferts entre mémoire et organes périphériques. Chacun de ces transferts est contrôlé par un programme canal tel que celui décrit dans le paragraphe précédent.

Il y aura donc, associé à chaque unité de commande de périphérique branchée sur l'unité d'échange, un **sous-canal** conservant les informations que doit utiliser l'unité d'échange lors de l'exécution et de la terminaison d'une commande. Parmi ces informations, nous trouvons notamment : l'adresse en mémoire de la commande ; l'adresse courante et le compte de mots de la table d'entrée-sortie ; les indicateurs chaînages et interruptions .

Lors du transfert d'une information entre la mémoire centrale et l'une des unités de commande de périphériques, les informations de contrôle sont transmises à l'unité d'échange par le sous-canal associé puis renvoyées au sous-canal après utilisation (adresse courante incrémentée, compte de mots décrémenté). Ainsi, tout se passe comme si les circuits de l'unité d'échange étaient mis en commun pour l'ensemble des sous-canaux, ceux-ci étant réduits à une mémoire contenant les informations spécifiques d'une opération (fig. 22).

Les transferts d'information sont imbriqués dans le temps, de telle sorte qu'une unité de commande n'est liée à l'unité d'échange que le temps

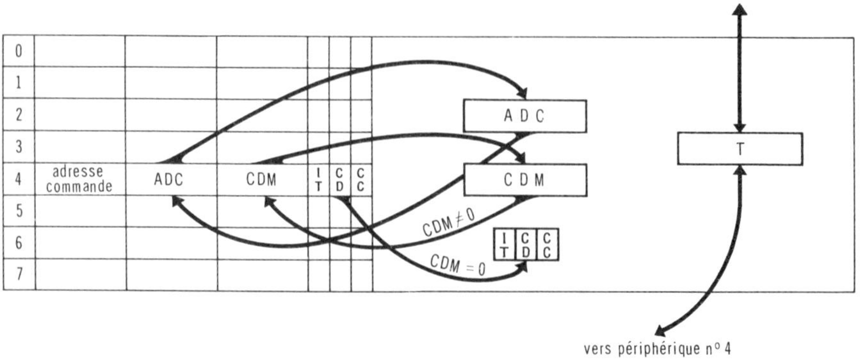

Fig. 22. Echanges d'information lors d'un transfert élémentaire dans une unité d'échange multiplexée.

nécessaire au transfert effectif d'une information (adresse, commande, donnée ou état). Le dialogue entre l'unité d'échange et les unités de commande des périphériques est réalisé par l'intermédiaire d'une ligne omnibus et d'un fil de priorité (fig. 23).

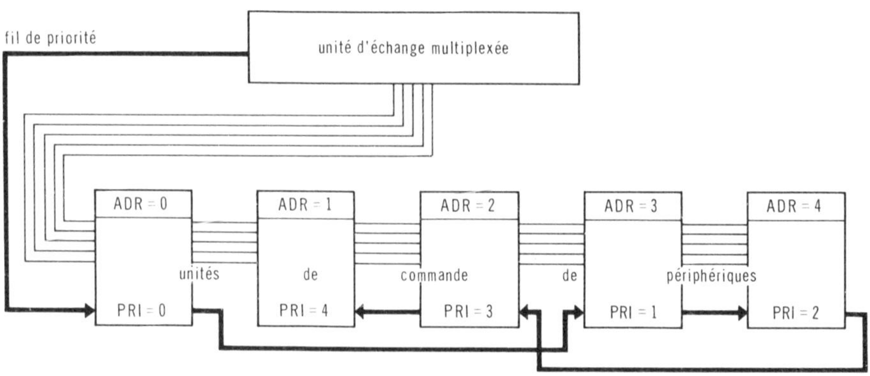

Fig. 23. Liaison par ligne omnibus et fil de priorité.

On distingue deux types de dialogues entre unité d'échange et unités de commande de périphériques :
(1) Les dialogues initialisés par l'unité d'échange pour lancer une opération d'entrée-sortie, ou pour tester l'état d'une unité périphérique (en général à la suite d'une instruction d'entrée-sortie).
(2) Les dialogues initialisés par une unité de commande de périphérique. Il s'agit en général de demande d'exécution d'un transfert élémentaire en entrée ou en sortie lorsque l'unité périphérique est prête. Comme il peut y avoir plusieurs demandes simultanées, c'est une priorité câblée qui déterminera le choix de la demande à traiter.

3. 5. 1. Dialogue initialisé par l'unité d'échange (fig. 24). L'unité d'échange positionne sur les fils informations de la ligne omnibus l'adresse du périphérique et valide cette adresse par un signal de sélection SEL. Les unités de commande de périphérique détectent le signal SEL, comparent l'information sur la ligne à leur propre adresse et se montrent transparentes si elles ne se reconnaissent pas. Lorsqu'une unité se reconnaît, elle ne transmet pas l'information, mais se connecte. Généralement, elle positionne sur les fils d'information son « état » et accompagne cet état par un signal de validation ETAT.

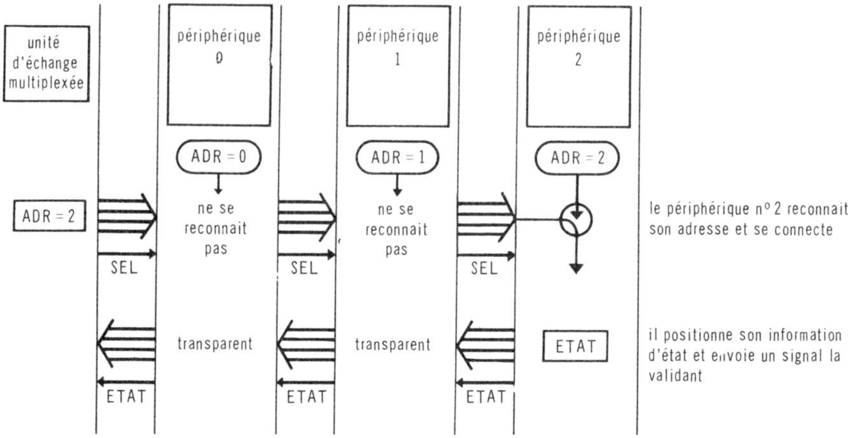

Fig. 24. Echange d'information lors de la sélection du périphérique N° 2 par une instruction début d'entrée-sortie.

3. 5. 2. Dialogue initialisé par une unité de commande de périphérique (fig. 25). Une ou plusieurs unités de commande émettent sur la ligne omnibus un signal de demande de service DES. La sélection de l'unité de commande de plus haute priorité ayant fait une demande est faite par l'intermédiaire de la ligne de priorité qui est issue de l'unité d'échange et communique avec les différentes unités de contrôle selon leur ordre de priorité. L'unité d'échange envoie en réponse au DES un signal PRI sur la ligne de priorité. Les unités de commande se montreront transparentes au signal PRI sauf si elles ont émis un DES. La première unité de commande rencontrée ayant émis un DES ne transmettra pas le signal PRI, positionnera son adresse sur les fils information de la ligne omnibus et accompagnera cette adresse par un signal de validité ADR. L'unité d'échange acquittera l'adresse par un signal AADR. Le périphérique sera alors connecté. L'unité d'échange chargera dans ses registres les informations d'échange spécifiques de ce périphérique (ADC et CDM). L'unité de commande du périphérique enverra une demande de transfert DT accompagnée d'un signal indiquant s'il s'agit d'une entrée ou d'une sortie. Dans le premier cas, elle positionnera simultanément l'information sur le bus. Dans le deuxième cas, elle attendra l'information en provenance de l'unité d'échange. Généralement, plusieurs transferts élémentaires de même sens peuvent être effectués successivement si l'unité de commande repositionne chaque fois le signal DT. A chaque transfert, l'unité d'échange utilise le contenu du registre ADC pour la sélection de la mémoire, l'incrémente, décrémente le contenu du registre CDM et vérifie qu'il ne s'est pas annulé. Le service de l'unité d'échange se termine lorsque l'unité de commande positionne le signal FDES (fin de demande de service). L'unité d'échange remet alors à jour, à partir de ses registres, les informations dans le sous-canal de l'organe périphérique adressé. Si ensuite l'unité d'échange détecte encore le signal DES, c'est qu'une autre unité de commande aura également fait une demande de service. L'unité d'échange relance alors un signe PRI sur le fil de priorité, etc[1]

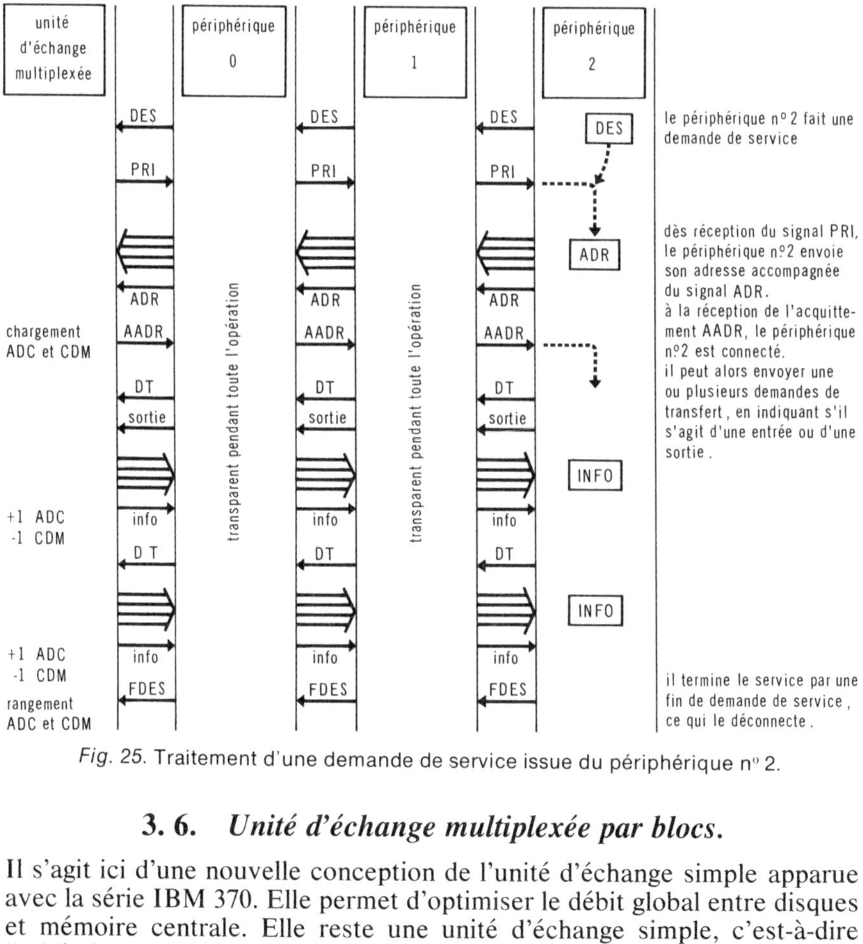

Fig. 25. Traitement d'une demande de service issue du périphérique n° 2.

3. 6. *Unité d'échange multiplexée par blocs.*

Il s'agit ici d'une nouvelle conception de l'unité d'échange simple apparue avec la série IBM 370. Elle permet d'optimiser le débit global entre disques et mémoire centrale. Elle reste une unité d'échange simple, c'est-à-dire limitée à un seul transfert à la fois, ce qui est cohérent avec les taux de

1. REMARQUE. On aura noté que le fil de priorité peut avoir un câblage indépendant de la ligne omnibus, afin de pouvoir changer simplement la priorité des différents périphériques sans modifier le câblage de la ligne omnibus (fig. 23).

transfert très élevés des disques rapides, mais permet une certaine « multiprogrammation » entre les différentes demandes de transfert.

Nous allons décrire schématiquement son fonctionnement dans l'hypothèse de disques rapides à une tête par piste. Chaque piste est physiquement divisée en secteurs, un enregistrement correspondant à un ou plusieurs secteurs. Les secteurs placés sur un même rayon portent le même numéro de secteur, quelle que soit la piste. Nous savons qu'une fois une commande de transfert initialisée, on doit attendre que le secteur adressé vienne sous la tête de lecture-écriture, ce temps d'attente étant statistiquement égal à la moitié du temps de rotation du disque. L'unité d'échange multiplexée par blocs essaie d'utiliser le temps d'attente pour effectuer un autre transfert. Deux moyens sont mis en œuvre :

(1) Au niveau de l'unité d'échange un jeu de registres permettant de stocker les adresses des premiers secteurs sur lesquelles portent les différentes commandes du ou des programmes d'entrée-sortie.

(2) Au niveau de l'unité de commande la possibilité de repérer le numéro du secteur qui va prochainement passer sous la tête de lecture-écriture et de le transmettre à l'unité d'échange.

Un dispositif de comparaison associative entre le numéro du secteur qui va être actif et les numéros des secteurs adressés permet à l'unité d'échange de faire passer en priorité les opérations qui ont le plus faible temps d'attente. Ceci évite l'addition systématique des temps d'attente que l'on rencontre dans l'unité d'échange simple ordinaire, et donc augmente le débit global du système. Il se peut toutefois qu'une opération particulière soit retardée d'un tour de disque si l'opération qui lui passe devant déborde sur les secteurs qu'elle adresse.

3. 7. *Unité d'échange flottante (ou canal flottant).*

Les organes périphériques les plus rapides (disques, tambours, certaines bandes magnétiques) bloqueraient à eux seuls une unité d'échange multiplexée : on les connecte donc à une unité d'échange simple. Lorsqu'un système informatique possède un certain nombre de ces organes, on est conduit, pour des raisons économiques, à les regrouper sur un nombre restreint d'unités d'échange simples, chaque unité d'échange pouvant recevoir trois ou quatre organes périphériques. Il reste que les organes connectés à une même unité ne peuvent fonctionner simultanément.

Il se peut donc qu'en cours d'exploitation certaines opérations d'entrée-sortie doivent attendre que l'unité d'échange correspondante se libère alors que d'autres unités d'échange restent libres. C'est pour éviter une telle situation que Burroughs a introduit le concept de *canal flottant* ou *unité d'échange flottante :* un ensemble d'unités d'échange simples et d'unités de commande de périphériques sont interconnectées entre elles de telle sorte que n'importe quelle unité d'échange puisse adresser n'importe quelle unité de commande de périphérique, et la garder connectée pendant tout le temps que dure l'opération d'entrée-sortie.

Cette organisation suppose deux niveaux d'aiguillage :
1. Un premier niveau, placé entre l'unité centrale et les unités d'échange, permet à l'unité centrale de sélectionner la première unité d'échange libre dans la liste des unités d'échange, lors de l'initialisation d'une opération d'entrée-sortie.
2. Un deuxième niveau, appelé *échangeur d'entrée-sortie* permet à l'unité d'échange ainsi sélectionnée de se connecter à l'unité périphérique adressée par l'instruction de début d'entrée-sortie.

3. 8. *Unités d'échange spécialisées.*

L'évolution des unités d'échange vers une autonomie de plus en plus poussée vis-à-vis de l'unité centrale conduit à en faire de véritables petits ordinateurs qui exécutent leur programme au même titre que l'unité centrale. Aussi bien risque-t-on de tomber dans une première tentation : remplacer les unités d'échange par des ordinateurs à programme enregistré ; c'est par exemple ce qui a été fait sur le CDC 6 600 où les entrées-sorties sont gérées non plus par des unités d'échange, mais par une dizaine de petits calculateurs ; nous y reviendrons au chapitre XII ; on trouve un principe intéressant dans le MITRA 15 de C. I. I. : les unités d'échange sont technologiquement identiques à l'unité centrale, mais commandées par des microprogrammes différents. A partir du moment où l'on introduit la souplesse du programme enregistré (au sens software ou même firmware du terme) au niveau de l'unité d'échange, on est soumis à une deuxième tentation : lui faire faire plus que la simple gestion des entrées-sorties. C'est ainsi qu'autour d'une très grosse machine, telle que CDC 7600, on utilise des complexes de 5 ou 6 petits ordinateurs chargés non seulement de la gestion des entrées-sorties mais aussi de certaines tâches du système d'exploitation ou de travaux de traduction de langage.

Il semble que l'utilisation d'ordinateurs programmés ou simplement microprogrammés en guise d'unité d'échange soit particulièrement utile dans deux types de domaines :
(1) **la téléinformatique :** l'unité d'échange joue le rôle de *concentrateur-diffuseur,* elle est chargée de regrouper les messages en provenance de différents terminaux ou de diffuser les réponses. Compte tenu de la faible vitesse des lignes de transmission, elle joue le rôle de tampon vis-à-vis du calculateur central et le décharge de toutes les procédures de transmission, vérification d'erreur, retransmission, etc.
(2) **le contrôle industriel :** la surveillance d'une installation industrielle d'une certaine importance conduit à scruter périodiquement avec des cycles de l'ordre de quelques secondes plusieurs milliers de grandeurs analogiques ou logiques. Il semblerait intéressant de concevoir des unités d'échange qui déchargeraient le calculateur central de cette scrutation. Le rôle de l'unité d'échange pourrait être, par exemple, le suivant :
— pour les grandeurs analogiques représentant généralement des températures ou des pressions, de les comparer à un certain nombre de seuils.

Suivant le résultat de cette comparaison, l'unité d'échange pourrait soit ignorer la grandeur, soit la mettre en mémoire avec son adresse afin de constituer l'historique de son évolution, soit alerter par interruption le calculateur central afin qu'il réagisse sur le processus ;
— pour les grandeurs logiques (grandeurs binaires) comparer le nouvel état au précédent et n'interrompre l'unité centrale que pour l'avertir des changements intervenus.

Une autre fonction des unités d'échange, très utile dans certains domaines du contrôle de processus, est celle de comptage : il s'agit de constituer un histogramme en mémoire à partir des configurations binaires présentées par l'organe d'entrée ; à chaque configuration binaire possible est associée une cellule de mémoire qui est incrémentée d'une unité chaque fois que cette configuration binaire se présente.

Il semble que l'utilisation de très petits ordinateurs microprogrammés en guise d'unité d'échange devrait leur conférer une très grande souplesse dans les machines orientées vers le contrôle de procédés industriels.

4. Unités de commande de périphériques.

Tout type d'organe périphérique exige une unité de commande spécifique. On considère d'ailleurs bien souvent que l'unité de commande fait partie de l'équipement périphérique ; cependant lorsqu'elle est utilisée en commun par plusieurs organes périphériques identiques (unités de ruban magnétique par exemple), l'unité de commande est considérée comme une unité logique indépendante.

Il existe une partie commune à toutes les unités de commande branchées sur une même unité d'échange, ce sont les circuits de reconnaissance d'adresse et d'adaptation aux signaux de l'interface de l'unité d'échange. La partie commande du périphérique est évidemment spécifique du périphérique associé. Nous noterons cependant que cette partie reçoit et décode l'information d'ordre (première information d'une commande d'entrée-sortie), et, en réponse à certaines instructions de test ou encore à la fin d'une opération d'entrée-sortie, émet des informations d'état vers l'unité d'échange. Ordre et état contiennent des informations spécifiques de chaque périphérique, et il semble inintéressant de les analyser ici. Voici pour exemple quelques types d'ordres et d'états concernant un dérouleur de ruban magnétique :
— *ordres :* lecture, lecture arrière, écriture, recherche indicatif de bloc, espace avant, rebobinage, etc. ;
— *états :* occupé, non opérationnel, prêt, rebobiné, etc.

La complexité des unités de commande est extrêmement variable : il est tout à fait différent de commander une machine à écrire fonctionnant en sortie seulement, une unité de disques rapides possédant des moyens élaborés de vérification ou correction d'erreurs et une unité oscilloscopique graphique possédant des générateurs de vecteurs et de caractères ainsi que la possibilité de moduler la brillance et la couleur. Dans le premier cas, on se contentera d'un circuit de commande purement câblé ; dans le deuxième cas, on pourra songer à un système partiellement microprogrammé. Enfin, dans le troisième cas, on n'hésitera peut-être pas à utiliser un petit ordinateur.

Notons enfin que les unités de commande de périphériques sont quelquefois intégrées à l'unité centrale dans les petits ordinateurs, cette solution étant particulièrement économique si la machine est microprogrammée.

5. Interruptions prioritaires.

5. 1. *Généralités.*

Les interruptions permettent d'interrompre provisoirement le déroulement d'un programme en cours pour faire exécuter un programme considéré comme prioritaire. Plus précisément, le traitement d'une interruption consiste généralement dès la fin de l'instruction en cours à sauvegarder l'état de la machine, puis à forcer dans le compteur ordinal l'adresse de la première instruction du programme associé à l'interruption. Ce programme se termine par une instruction qui restaure l'état de la machine au moment où l'interruption a été prise en compte, ce qui a pour effet de permettre la reprise du programme interrompu.

Les domaines d'utilisation du processus d'interruption sont assez vastes. Nous retiendrons les utilisations suivantes :

(1) **Interruption d'erreurs ou pannes machine :** défaut d'alimentation électrique ; erreur parité mémoire.

(2) **Interruption de programme** (ou déroutement) : instruction ou adresse incorrecte ; opérations impossibles : dépassement de capacité, division par zéro, etc. ; essais d'exécution d'instructions ou d'écriture en mémoire non permises dans l'état de la machine (cf. chapitre IX).

(3) **Interruption d'entrée-sortie** générée par l'unité d'échange pour prévenir de la fin d'une opération d'entrée-sortie ou d'anomalie survenue au cours d'une entrée-sortie.

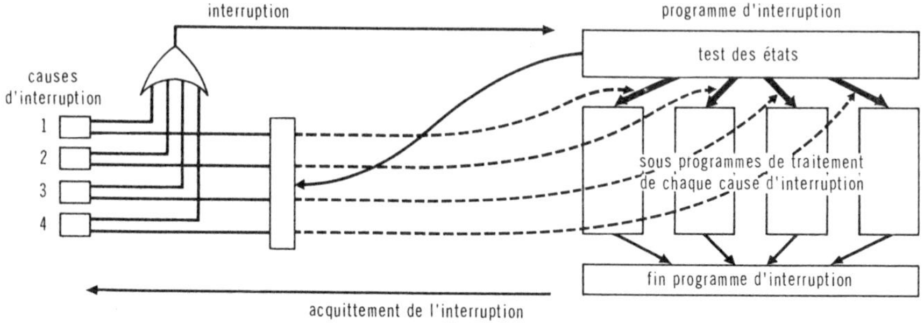

Fig. 26. Regroupement de plusieurs causes d'interruption sur un seul niveau.

(4) **Interruption externe** utilisée pour prévenir la machine de toute modification intéressante du milieu extérieur notamment en contrôle de procédés industriels.
(5) **Interruption de comptage** permettant de compter des impulsions en provenance par exemple d'une horloge.

Certains calculateurs possèdent une seule possibilité d'interruption. Dans ce cas, on fera le OU logique de toutes les causes d'interruption et le programme d'interruption devra commencer par tester des indicateurs pour savoir quelle peut être la cause de l'interruption (fig. 26).

D'autres possèdent plusieurs niveaux d'interruption. A chaque niveau d'interruption correspond un fil en provenance de la ou des causes d'interruption correspondantes ainsi qu'un programme associé. Ces niveaux peuvent être *hiérarchisés;* cela signifie qu'ils sont classés par ordre de priorités respectives et qu'un programme d'interruption peut être lui-même interrompu par une demande d'interruption intervenant sur un niveau de priorité supérieure. Le programme interrompu passe alors à l'état d'attente.

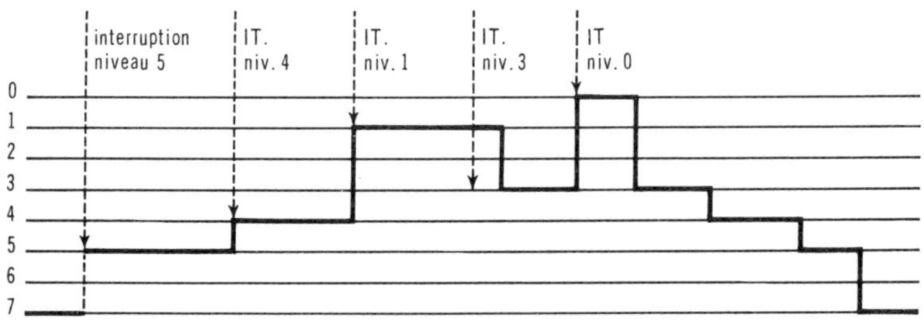

Fig. 27. Effet de la hiérarchisation d'un système d'interruption.

Le schéma de la figure 27 représente l'activité des programmes au cours du temps pour un système hiérarchisé d'interruption à 8 niveaux. Le niveau 0 est plus prioritaire que le niveau 1, lui-même plus prioritaire que le niveau 2, etc. Le niveau 7 correspond au programme d'arrière-plan. Le programme d'arrière-plan est interrompu par une interruption provenant sur le niveau 5, le programme correspondant commence à être exécuté lorsqu'il est lui-même interrompu par une interruption provenant sur le niveau 4 de priorité supérieure, etc. Lorsqu'un programme d'interruption est terminé, la main repasse au programme sur le niveau en attente dont la priorité est la plus élevée.

On trouve dans les petits ordinateurs orientés vers les applications de conduite de processus des systèmes d'interruption souvent assez élaborés. Ils participent généralement du type d'organisation très modulaire suivant :

— Les interruptions sont groupées en un certain nombre de *niveaux hiérarchisés,* c'est-à-dire affectés chacun d'une priorité différente : un programme sur un niveau de priorité donnée peut être interrompu par un programme demandé par une interruption appartenant à un niveau de priorité supérieure;

— Un niveau regroupe plusieurs *sous-niveaux* possédant chacun son fil d'interruption et sa priorité à l'intérieur du niveau ; les programmes associés aux sous-niveaux d'un même niveau ne peuvent s'interrompre les uns les autres, leur priorité respective n'intervenant que lors du choix si plusieurs d'entre eux sont simultanément en état d'attente ;
— Un sous-niveau regroupe lui-même plusieurs demandes d'interruptions, les causes d'interruption qui ont sensibilisé le sous-niveau étant recherchées par test d'indicateurs.

5. 2. *Description d'un système hiérarchisé d'interruptions prioritaires.*

Nous allons décrire un système d'interruptions élaboré (inspiré des matériels CII de la série IRIS).

A chaque niveau d'interruption sont associés quatre bistables définissant les différents états possibles du niveau (fig. 28).

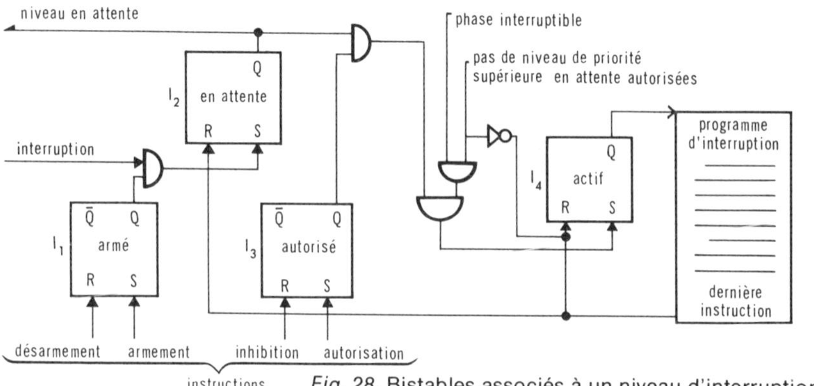

Fig. 28. Bistables associés à un niveau d'interruption.

— **Etat désarmé :** le niveau n'accepte aucune demande d'interruption.
— **Etat armé :** le niveau accepte et mémorise une demande d'interruption.

On peut armer ou désarmer un niveau d'interruption par programme.

— **Etat d'attente :** le niveau passe à l'état d'attente s'il reçoit un signal de demande d'interruption.

Plusieurs raisons peuvent différer la prise en compte effective de l'interruption. Il faut d'abord que le niveau soit autorisé, on distingue en effet deux formes de l'état d'attente :

— **Etat d'attente inhibé :** le niveau a été inhibé par programme de sorte que l'interruption a pu être mémorisée mais ne peut être prise en compte par le calculateur. On dit également que le niveau est *masqué.*
— **Etat d'attente autorisé :** l'interruption peut être prise en compte par le calculateur si deux conditions sont remplies :
(1) aucun niveau de priorité supérieur n'est à l'état d'attente autorisé ;
(2) l'unité centrale se trouve dans un phase interruptible (généralement en fin d'instruction).

Le niveau passe alors à l'état actif.

— **Etat actif :** il implique la prise en compte de l'interruption par l'unité centrale et dure pendant toute l'exécution du programme d'interruption.

On notera qu'à chaque niveau d'interruption sont associés deux signaux : l'un impulsionnel, émanant de l'extérieur, pour demander l'interruption, l'autre à niveau, que le calculateur laisse positionné tant que l'interruption n'aura pas été traitée, c'est-à-dire jusqu'à ce que le niveau soit capable d'accepter une nouvelle demande d'interruption (fig. 28).

5. 3. *Prise en compte d'une interruption.*

La prise en compte d'une interruption correspond à un passage à l'état actif. A chaque niveau d'interruption est associé par câblage un ensemble de positions mémoire (registres, mots en mémoire locale ou en mémoire centrale). Ces positions de mémoire sont divisées en deux parties : la première contient toutes les informations permettant le démarrage du programme d'interruption (et notamment l'adresse de sa première instruction); la deuxième sert à ranger les informations caractérisant l'état du programme au moment de l'interruption afin de permettre la reprise du programme interrompu. (Etat des différents indicateurs, compteur ordinal, registre de base éventuellement.) Le passage d'une interruption à l'état actif consiste à sauvegarder l'état du programme en rangeant les informations correspondantes dans les positions mémoires associées, puis à instaurer un nouvel état du programme en recherchant les informations nécessaires au démarrage du programme d'interruption (cf. fig. 29).

La dernière instruction d'un programme d'interruption est une instruction spéciale qui a pour but de restaurer l'état du programme au moment de l'interruption en allant chercher dans les positions mémoires associées, les informations sauvegardées. De plus, elle désactive le niveau d'interruption, ce qui lui permet de prendre en compte un éventuel nouveau signal d'interruption.

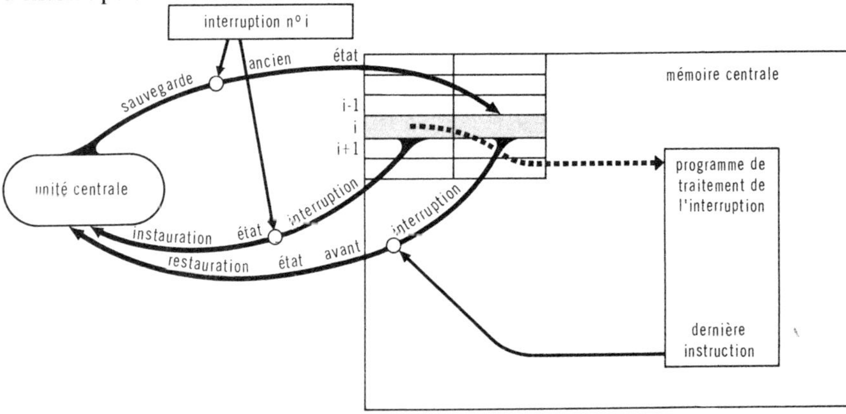

Fig. 29. Sauvegarde et restauration de l'état du programme lors du traitement d'une interruption.

Nous reviendrons longuement sur les problèmes de sauvegarde de l'état du programme au chapitre X.

5. 4. *Instructions de commande du système d'interruption.*

Des instructions permettent d'armer (ou désarmer), d'autoriser (ou d'inhiber), de déclencher un ou plusieurs niveaux d'interruption.

Si le calculateur comprend beaucoup de niveaux d'interruption, on les regroupe de façon à les adresser plus simplement. Ces instructions peuvent avoir la forme suivante (CII 10070) :

CO	COMP	Adresse de groupe	Configuration binaire

Configuration binaire : Chaque niveau du groupe est représenté par un bit positionné à 1 ou 0 suivant que l'opération porte ou non sur ce niveau.

Adresse de groupe : Permet de choisir le groupe de niveaux concerné.

COMP : Complément au code opération indiquant l'opération précise à effectuer : armement, inhibition, autorisation, déclenchement.

CO : Code opération définissant une commande d'interruption.

Lorsque le nombre d'interruptions est très limité, un registre de l'unité centrale contient ce qu'il est convenu d'appeler le *masque d'interruption.* A chaque niveau d'interruption est associé un bit de ce registre qui indique si l'interruption est autorisée ou inhibée — on dira alors masquée. Le masque d'interruption peut être chargé par une instruction spéciale. Cette solution est notamment retenue dans les séries IBM 360 et 370 où le nombre de niveaux d'interruption est limité à 5.

6. Influence des systèmes d'entrée-sortie sur l'organisation générale des machines.

Les types et les performances des unités d'échange associées à une unité centrale dépendent :

(1) de la puissance de traitement de l'unité centrale. Dans les grosses machines orientées vers le calcul scientifique, on admet que le rapport

entre le nombre de digits transférés et le nombre d'instructions exécutées dans un même temps est de l'ordre de 1 ;
(2) du type d'application. Il y a des unités d'échange plus particulièrement adaptées aux utilisations de contrôle de processus en temps réel, ou à la gestion de terminaux dans le cas du partage de temps ;
(3) du nombre et des caractéristiques des différents types d'unités périphériques à connecter.

Ceci implique que les constructeurs proposent plusieurs options pour une même machine.

Nous nous proposons de passer brièvement en revue les solutions générales proposées pour résoudre des problèmes d'entrée-sortie du point de vue de l'architecture et de l'organisation fonctionnelle des machines, nous réservant d'étudier plus particulièrement deux types d'organisations : l'organisation autour d'un bus unique dans le cas d'un petit ordinateur, l'organisation type multiprocesseur dans le cas d'un gros ordinateur.

6. 1. *Unités d'échange et tailles de machines.*

6. 1. 1. Petits ordinateurs. La liaison programmée est souvent le seul accès aux très petits ordinateurs. Les différents périphériques travaillent alors par interruptions. Souvent, on trouve également :
(1) l'équivalent d'une unité d'échange simple : les mots de contrôle (adresse courante et compte de mots) se trouvent généralement en mémoire centrale, tandis que l'incrémentation de l'adresse et la décrémentation du compte de mots sont exécutés dans l'unité centrale ; un transfert élémentaire prend alors 3 ou 5 cycles, suivant que l'adresse et le compte de mots peuvent être ou non rangés dans un seul mot mémoire ;
(2) pour certaines petites machines utilisées en temps réel, un système d'accès direct en mémoire en un cycle, sachant que l'élément externe doit fournir l'adresse de rangement.

6. 1. 2. Ordinateurs moyens. Sur des machines un peu plus importantes, on voit apparaître :
(1) soit l'équivalent d'une unité d'échange multiplexée dans le temps. C'est l'unité centrale qui effectue les fonctions de l'unité d'échange. Les sous-canaux sont en mémoire centrale pour les systèmes les moins évolués, en mémoire locale pour les autres. C'est typiquement le cas du 360-30 dont l'unité centrale fait également fonction d'unité d'échange multiplexée en simulant toutes les fonctions des unités d'échange autonomes des grosses machines de la série 360 ; les sous-canaux sont rangés dans la mémoire locale à accès sur 8 digits où l'on trouve déjà les pseudo-registres simulant les 16 registres généraux et les 4 registres flottants (fig. 40 du chapitre VI) ;
(2) soit la possibilité d'implanter plusieurs unités d'échange simples possédant généralement leurs propres registres *adresse courante* et *compte de mots*.

Dans les 360, modèles 40 et 50, on trouve des unités d'échange simples indépendantes de l'unité centrale, tandis que c'est encore l'unité centrale qui joue le rôle d'unité d'échange multiplexée.

6. 1. 3. Gros ordinateurs. Les grosses machines permettent généralement la connexion :
(1) d'une unité d'échange multiplexée pour les éléments périphériques lents (lignes de transmission, lecteurs, perforateurs de cartes et ruban, éventuellement bandes magnétiques) ;
(2) d'un certain nombre d'unités d'échange simples pour les éléments périphériques rapides (mémoires de masse à tore, disques et tambours, quelquefois bandes magnétiques).

Ces unités d'échange fonctionnent indépendamment de l'unité centrale et accèdent généralement directement à la mémoire par l'intermédiaire d'un contrôleur de mémoire qui gère leurs priorités respectives. C'est typiquement le cas des machines de la série 360, modèles 65 et 75.

6. 2. *Organisation autour d'un bus unique.*

Avec le PDP 11, Digital Equipement a introduit une nouvelle architecture de petit ordinateur qui tend à se généraliser. Tout le système est organisé autour d'un bus unique, *l'unibus*. On lui connecte l'unité centrale, les blocs de mémoire centrale, les unités de commande des organes périphériques (formant chacune leur propre unité d'échange).

En ce qui concerne l'adressage, tous les registres des unités de commande de périphérique (registre tampon d'échange, registre adresse courante et compte de mots, registres d'ordre et d'état) sont connus de l'unité centrale par des adresses qui font suite à celles de la mémoire centrale. Il n'y a donc pas d'instruction spéciale d'entrée-sortie, mais toutes les instructions adressant la mémoire centrale sont utilisables pour travailler sur ces registres. L'instruction de base est l'instruction de mouvement comportant deux adresses ; elle recopie le contenu de l'élément adressé par la première adresse dans l'élément adressé par la deuxième adresse. Ainsi l'entrée programmée d'un caractère de la téléscriptrice s'exécutera par l'instruction de mouvement du caractère contenu dans le registre tampon de la téléscriptrice défini par la première adresse dans la cellule de mémoire définie par la deuxième adresse.

Structurellement l'unibus contient, outre les fils d'information et d'adresse, un grand nombre de fils de service correspondant aux signaux de dialogue, d'interruption et aux signaux de verrouillage empêchant qu'un dialogue soit perturbé par l'intervention d'une tierce unité.

Très schématiquement, le fonctionnement réglé par le contrôleur d'unibus est le suivant :

Une unité demande le bus. Sa demande reste inhibée tant que le dialogue en cours n'est pas terminé. Dès qu'il l'est, la demande est comparée avec les autres demandes présentes et n'est immédiatement servie que si elle émane de l'unité de plus forte priorité. Cette dernière devient alors l'unité *maître*. Elle envoie sur le bus l'adresse d'une autre unité qui se reconnaît et qui devient l'unité *esclave,* et obéit aux ordres de l'unité maître pour le temps d'un transfert d'information. L'unité centrale est toujours maître, la mémoire centrale toujours esclave.

Ce concept d'unibus permet le transfert direct d'unité périphérique à unité périphérique (sans transiter par une zone tampon en mémoire) dans le cas où l'une des unités peut être synçhronisée sur l'autre. La première se comporte alors, dans les dialogues transitant par l'unibus, comme l'esclave de la seconde.

6. 3. *Influence des entrées-sorties sur l'organisation des mémoires centrales dans les gros systèmes.*

Au niveau des grosses machines, la mémoire est généralement divisée en blocs indépendants de telle sorte que l'unité centrale et plusieurs unités d'échange peuvent accéder à la mémoire simultanément dans la mesure où les différentes références mémoire concernent des blocs différents.

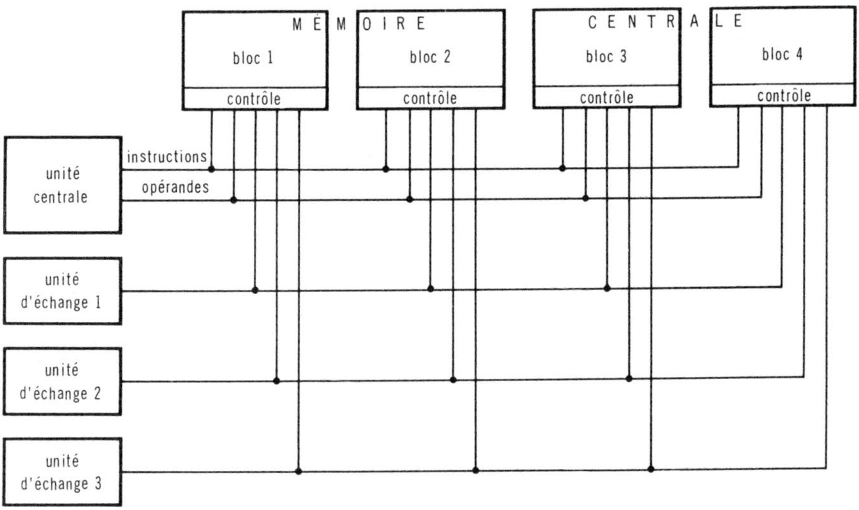

Fig. 30. Organisation générale d'une machine à mémoire structurée en blocs indépendants.

Dans le cas du schéma de la figure 30 qui représente le type d'organisation le plus courant, nous avons une interconnexion entre un certain nombre de *processeurs* (processeur central ou processeurs d'entrée-sortie) et de blocs de mémoire. Généralement les différentes unités fonctionnent de façon asynchrone les unes par rapport aux autres. Chaque bloc de mémoire est muni d'un nombre de ports d'accès égal au nombre maximum de processeurs susceptibles de lui être connectés. Chaque processeur est relié aux différents blocs mémoires par un bus. Lorsqu'il demande un cycle mémoire, il envoie sur ce bus une demande de cycle accompagnée de l'adresse mémoire. Cette demande est reçue simultanément par les différents blocs qui décodent les digits de l'adresse de bloc. Lorsqu'un bloc s'est reconnu, il lance, s'il est libre, un cycle mémoire pour servir cette demande, sinon il la mémorise au niveau du port d'accès pour la servir ultérieurement.

En cas de conflit d'accès, le contrôleur de bloc est chargé de régler les priorités. Plusieurs stratégies sont possibles :
(1) **premier arrivé, premier servi.** Elle suppose une logique mettant cycliquement en mémoire les chronologies des demandes ;
(2) **priorité fixée associée à chaque processeur.** On définit une hiérarchie de priorité entre les unités d'échange simple, qui sont prioritaires par rapport à l'unité d'échange multiplexée, qui est elle-même prioritaire par rapport à l'unité centrale. L'inconvénient de cette solution est que l'on risque de bloquer le système et perdre des informations si un processeur très prioritaire venait à avoir un taux de transfert trop important ;
(3) **scrutation cyclique des différents ports** toujours dans le même ordre. Le danger du point (2) est évité dans la mesure où, après avoir accordé un cycle à un processeur, on sert toutes les autres demandes avant de lui en accorder un nouveau. Par contre cette solution n'est pas toujours possible dans le cas où certains périphériques demandent des taux de transfert très élevés.

L'organisation dessinée sur la figure 30 est typiquement une organisation de type *multiprocesseurs*. Il y aura multiprocesseur au sens propre dans deux hypothèses :
(1) on ajoute une deuxième unité centrale ;
(2) les unités d'échange sont elles-mêmes des petits ordinateurs.

L'étude des multiprocesseurs est réservée pour le chapitre XII.

chapitre IX

machines à piles

Le système de programmation d'un ordinateur se compose essentiellement des traducteurs de langage et du système d'exploitation. Les deux chapitres que nous abordons maintenant établissent, respectivement dans l'un et l'autre de ces domaines, un pont entre les préoccupations des gens du software et celles des gens du hardware.

Le premier de ces chapitres traite des machines à piles et de leur aptitude à exécuter facilement des programmes écrits en langage évolué, ALGOL notamment. Nous avons emprunté nos exemples à la famille des Burroughs, seules machines à piles à avoir connu un certain succès commercial.

Nous n'avons pas jugé utile d'aborder les machines orientées vers des langages très spécialisés (langages de liste par exemple), compte tenu du caractère encore très spéculatif des études les concernant.

1. Machines à piles et langages évolués.

Jusqu'ici, nous avons étudié les machines de type Von Neumann, également appelées machines à registre. Ces machines se caractérisent par l'utilisation d'un langage machine où les instructions adressent explicitement ou implicitement les registres de l'unité centrale et explicitement les cellules de mémoire. L'utilisation de langages évolués nécessite un traducteur de langage généralement appelé compilateur, dont le rôle est de transcrire le programme codé en langage évolué en un programme codé en langage machine. A l'inverse, on a pu concevoir, au moins sur le papier, des machines travaillant directement en langage évolué. Il est évident que ce sont les langages les plus formalisés, tels qu'ALGOL, LISP, plutôt que les langages de programmation tels que FORTRAN, COBOL, PL1, qui se prêtent le mieux à ces constructions de l'esprit.

Sans aller jusqu'à l'extrême limite où la machine absorbe directement le langage évolué, certains constructeurs et certaines universités ont étudié ou réalisé des machines qui simplifient la compilation ou l'exécution de programmes en langage évolué, en ALGOL notamment.

Les machines à piles qui s'opposent aux machines de Von Neumann par l'utilisation d'une pile câblée dans l'unité centrale à la place des registres, et la possibilité de gérer automatiquement des piles en mémoire, résolvent particulièrement bien certains de ces problèmes, notamment le calcul des expressions arithmétiques et l'allocation dynamique des mémoires. Avant de les aborder, voici quelques rappels sur les piles.

2. Principe et technique de réalisation des piles.

2. 1. *Mécanisme de la pile.*

Fondamentalement, une pile est un mécanisme permettant de ranger des informations de telle sorte que l'information disponible soit toujours la dernière à avoir été rangée. Elle correspond donc à la formule « dernier entré, premier sorti » (cf. chapitre II, paragraphe 4. 3.). Le mécanisme de la pile est utilisé dans beaucoup d'applications (notamment la réalisation des systèmes d'exploitation et des compilateurs) mais sa réalisation et sa gestion en mémoire sont alors du ressort du software. Dans certaines machines, les programmeurs sont aidés par des instructions spéciales de gestion de pile. Nous nous intéresserons ici uniquement aux calculateurs possédant soit des piles spécialement câblées, soit des dispositifs hardware permettant la gestion automatique de piles en mémoire.

2. 2. *Gestion d'une pile implantée en mémoire.*

Une pile peut être simulée dans une mémoire à adressage conventionnel. La pile est alors définie par deux registres. Un registre pointant sur la base de la pile, et un registre pointant sur le sommet de pile. L'adresse de base de la pile reste fixe, tandis que l'adresse du sommet de pile est modifiée chaque fois qu'on introduit ou extrait une information (fig. 1).

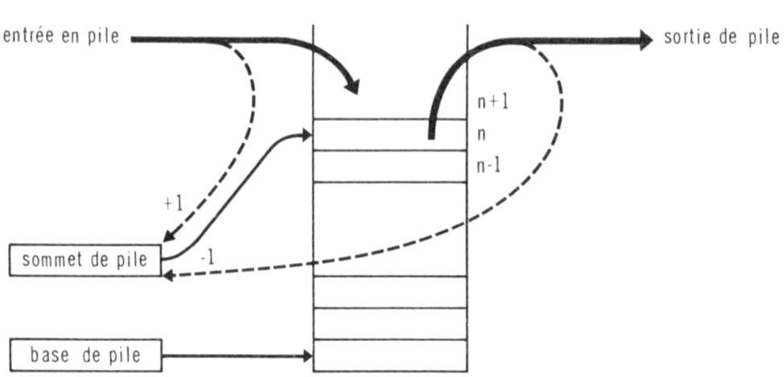

Fig. 1. Mécanisme de la pile en mémoire.

Sur le schéma de la figure 2, la pile a été représentée avec le sommet de pile en haut, mais ceci est une pure convention. Les opérations d'incrémentation ou décrémentation du sommet de pile dépendent évidemment du sens de son implantation en mémoire.

On note que l'on peut atteindre directement le sommet de pile grâce au registre pointeur de sommet de pile, tandis que les autres informations peuvent être atteintes relativement au contenu du registre de base de pile.

2. 3. *Réalisation d'une pile câblée.*

Contrairement à la pile en mémoire, où le sommet de pile se déplace tandis que les informations en pile restent statiques, la pile câblée possède un sommet de pile fixe et l'on exécute une translation de toutes les informations à chaque opération d'introduction ou d'extraction. Ainsi l'introduction d'une information pousse toute la pile d'un cran vers le bas, tandis que l'extraction d'une information tire toute la pile d'un cran vers le haut (fig. 2).

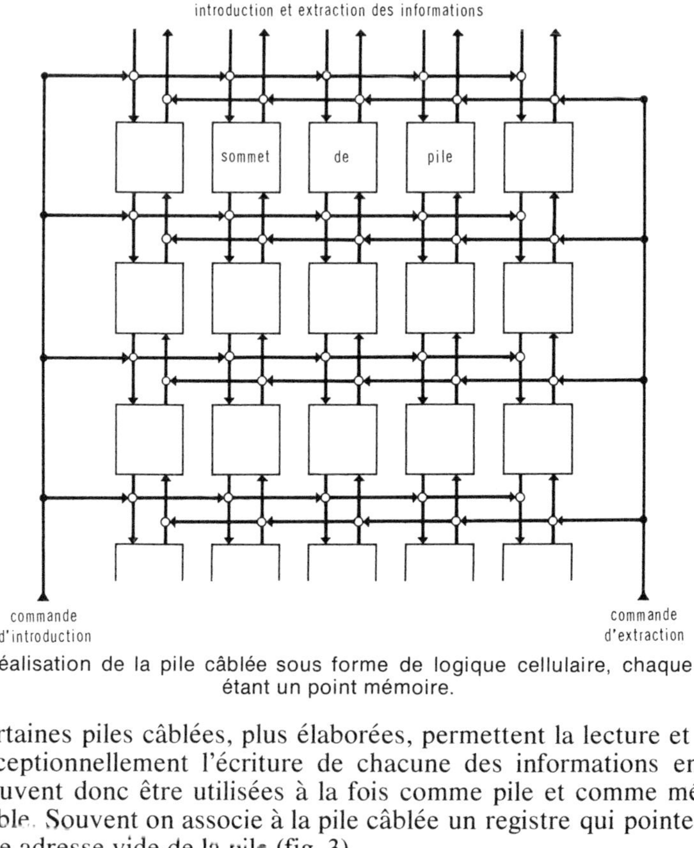

Fig. 2. Réalisation de la pile câblée sous forme de logique cellulaire, chaque cellule étant un point mémoire.

Certaines piles câblées, plus élaborées, permettent la lecture et même très exceptionnellement l'écriture de chacune des informations en pile; elles peuvent donc être utilisées à la fois comme pile et comme mémoire adressable. Souvent on associe à la pile câblée un registre qui pointe sur la première adresse vide de la pile (fig. 3).

2. 4. *Organisation d'une pile partiellement câblée.*

La pile câblée est intéressante par ses performances lors de l'introduction et de l'extraction des informations. Dans certaines applications où la longueur de la pile reste généralement faible, il est donc logique d'utiliser

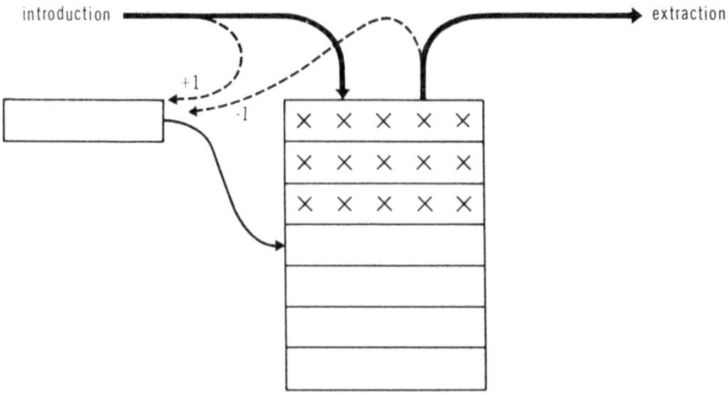

Fig. 3. Pile câblée avec registre d'état de pile.

une pile câblée, complétée par une zone en mémoire centrale qui n'est concernée qu'en cas de débordement de la pile câblée (fig. 4). L'utilisation de la pile sera alors très rapide, tant que sa longueur ne dépassera pas celle de la pile câblée. Au-delà, il faudra tenir compte des accès mémoires.

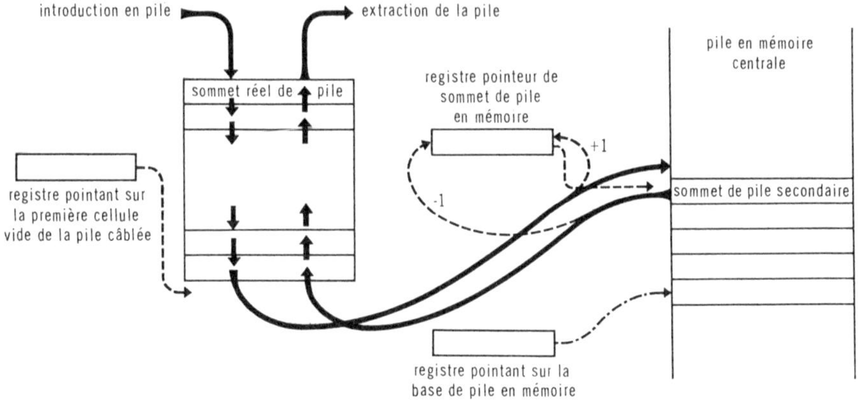

Fig. 4. Schéma simplifié du fonctionnement d'une pile câblée, complétée par une zone de mémoire (dans le cas où la pile a débordé en mémoire).

3. Le calcul des expressions arithmétiques.

Nous nous proposons de montrer qu'une pile câblée associée à une unité arithmétique et logique, opérant systématiquement entre le sommet de pile et l'information immédiatement en-dessous, permet de calculer les expressions arithmétiques mises sous une forme particulière appelée *forme polonaise*.

3. 1. *La notation polonaise.*

La plupart des langages évolués utilisés en calcul scientifique permettent l'écriture d'expressions arithmétiques telles que celle-ci :

G = C * (E + F * D) / (H + K)

qui donne à G la valeur calculée par la formule algébrique suivante :

$$\frac{C . (E + F . D)}{H + K}$$

La notation polonaise est une technique d'écriture dans laquelle les parenthèses peuvent être supprimées, la succession des opérandes et des opérateurs arithmétiques définissant parfaitement l'ordre dans lequel les opérations doivent être effectuées. Il existe deux notations polonaises, la préfixée et la postfixée. Nous ne nous intéresserons qu'à la seconde. Dans la notation polonaise postfixée, les opérateurs figurent immédiatement à la droite des deux opérandes qu'ils combinent au lieu de les séparer comme dans l'écriture algébrique traditionnelle (ou de les précéder comme dans la notation polonaise préfixée).

Ecriture algébrique	Notation polonaise postfixée
H + K	HK +
(H + K) * M	HK + M *
H + K * M	HKM * +
H * M + K	HM * K +
M * (H + K)	MHK + *

On constate sur ces exemples : (1) que l'ordre des opérandes est gardé dans la traduction en notation polonaise ; (2) qu'une forme polonaise postfixée s'analyse de gauche à droite, les opérations devant être effectuées au fur et à mesure que l'on rencontre des opérateurs, ceux-ci portant sur les deux opérandes immédiatement à leur gauche. Sans entrer dans les règles de traduction en forme polonaise — on pourra se référer aux ouvrages traitant des langages et de leur compilation — le lecteur n'aura aucune peine à se persuader que l'expression :

G = C * (E + F * D) / (H + K)

s'écrit en notation polonaise postfixée :

CEFD * + * HK + /

et pour tenir compte du fait que la valeur de cette expression est affectée à G :

CEFD * + * HK + / G ⟵

3. 2. *Calcul d'expressions arithmétiques mises sous forme polonaise.*

Nous allons faire deux hypothèses : (1) le compilateur a mis préalablement toutes les expressions arithmétiques sous forme polonaise postfixée ; (2) l'unité centrale comporte notamment une pile dont seul le sommet A échange des informations avec la mémoire centrale, et une unité arithmétique capable d'effectuer les opérations entre le contenu du sommet de pile A et celui de la cellule contiguë B, le résultat étant rangé en B (fig. 5).

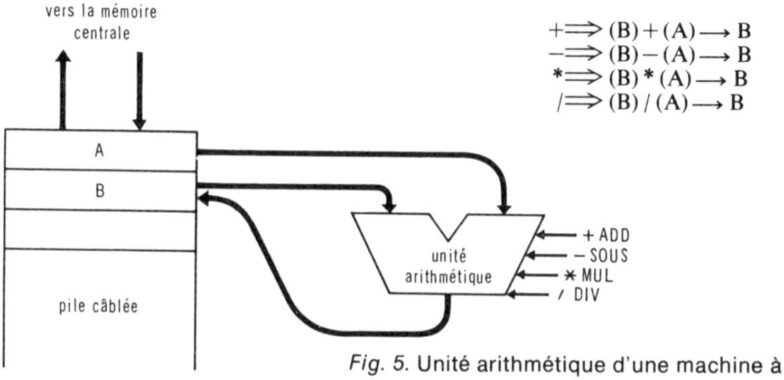

Fig. 5. Unité arithmétique d'une machine à pile.

Nous nous proposons de montrer le mécanisme d'un tel système en suivant pas à pas l'état de la pile lors de l'exécution des traitements associés à la forme polonaise : **CEFD * + * HK + / G ⟵** qui correspond à l'expression arithmétique : **G = C * (E + F * D) / (H + K).** Les états successifs de la pile et les explications correspondantes sont donnés par la figure 6.

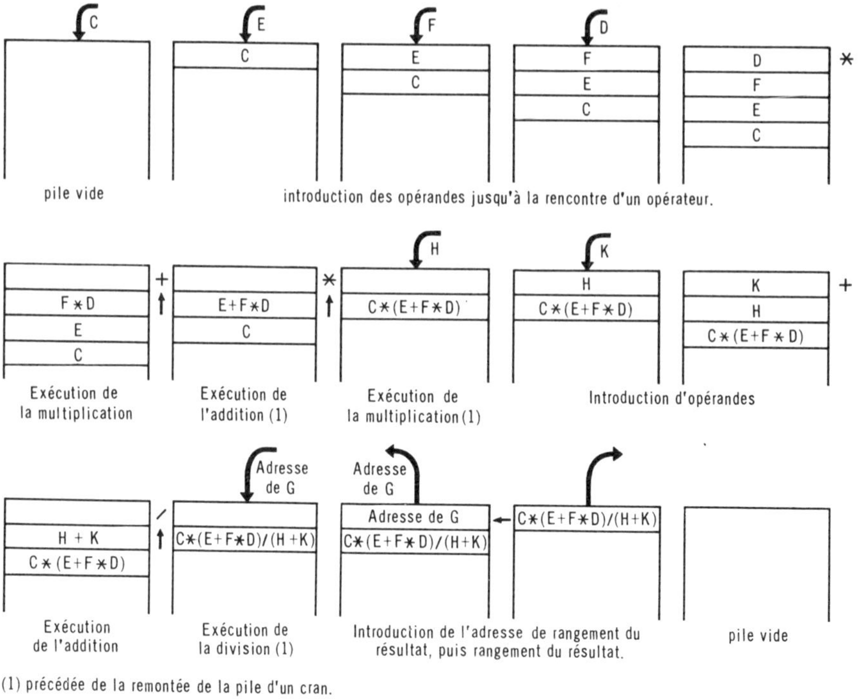

(1) précédée de la remontée de la pile d'un cran.

Fig. 6. Etats successifs de la pile dans le calcul de G = C ∗ (E + F ∗ D) / (H + K).

Au niveau du « langage machine », associé à la forme polonaise, on aura en fait les instructions suivantes inspirées des machines Burroughs :
(1) *appel valeur* introduisant un opérande en pile ;
(2) *appel nom* introduisant en pile l'adresse d'un opérande ;
(3) *des opérateurs,* portant sur les deux registres formant sommet de pile, notamment : +, −, *, / et ⟵. L'exécution de ce dernier opérateur ⟵ a pour effet de ranger le contenu du sous-sommet de pile dans la cellule de mémoire adressée par le sommet de pile.

L'utilisation d'une pile simplifie beaucoup la compilation des expressions arithmétiques :
— Dans le cas des machines à registres, la compilation nécessite une analyse complète de l'instruction, une recherche de l'ordre dans lequel les résultats partiels doivent être obtenus pour minimiser le nombre d'accès mémoire, des attributions de registres ou de mémoires de travail aux résultats partiels, enfin la traduction en instructions machines.
— Dans une machine à pile, la compilation se réduit à l'utilisation d'un algorithme (qui utilise d'ailleurs une pile dans laquelle se rangent les opérateurs) de transcription en notation polonaise postfixée, le langage machine étant une traduction immédiate de cette notation.

On note que l'utilisation de la pile câblée réalise automatiquement la gestion des résultats partiels et par là même effectue une certaine optimisation. Les machines utilisant le principe de la pile pour le calcul des expressions arithmétiques disposent généralement d'une pile câblée de longueur relativement faible complétée par une pile en mémoire. C'est notamment les cas des Burroughs B5500, B6500 et B7500.

4. L'affectation dynamique de mémoires aux variables.

Un programme travaille généralement sur un assez grand nombre de variables auxquelles on doit allouer de la place en mémoire. Cette allocation peut être *statique :* à chaque variable est attribuée une cellule mémoire qui lui est réservée pendant tout le déroulement du programme. Elle peut être *dynamique :* les mémoires ne sont attribuées aux variables qu'aux instants ou l'exécution du programme le nécessite. Outre un gain probable en encombrement mémoire, l'allocation dynamique permet l'appel récursif des sous-programmes.

Ce paragraphe a pour but de montrer comment l'utilisation d'une pile en mémoire gérée par des dispositifs hardware permet d'automatiser l'attribution dynamique des mémoires aux variables au cours du déroulement d'un programme ALGOL.

4. 1. *Rappel sur la structure des programmes ALGOL.*

Pour bien comprendre les mécanismes d'utilisation de piles que nous nous proposons de décrire, il est nécessaire d'avoir quelques notions de base sur la structure des programmes ALGOL. Nous analyserons cette structure d'une part sur le plan statique, d'autre part sur un plan dynamique. Afin de simplifier au maximum cette présentation destinée aux lecteurs non coutumiers d'ALGOL, nous nous permettrons d'assimiler la notion de bloc à celle de procédure.

(1) Du **point de vue statique,** un programme ALGOL peut, dans ces hypothèses simplificatrices, se schématiser comme un ensemble de *procédures* emboîtées (fig. 7).

Une procédure est un élément de programme analogue à un sous-programme qui comporte des déclarations de variables (INTEGER, REAL, ARRAY..., par exemple) et des instructions.

Une procédure travaille sur deux sortes de variables :

— les *variables locales* déclarées au niveau de cette procédure ;

— les *variables globales* pour cette procédure, déclarées soit dans une procédure qui l'englobe soit évidemment dans le programme principal.

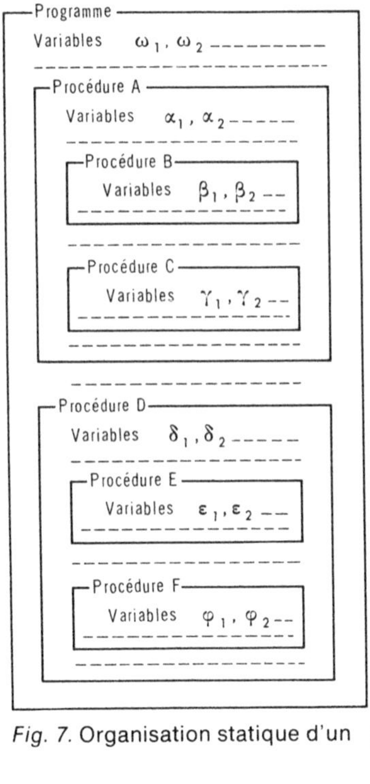

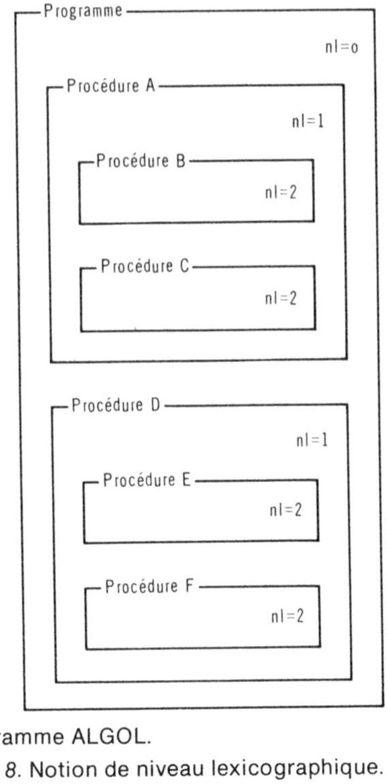

Fig. 7. Organisation statique d'un programme ALGOL.

Fig. 8. Notion de niveau lexicographique.

Ainsi, par exemple, les variables α_1, α_2... déclarées en tête de la procédure A sont locales pour la procédure A et globales pour les procédures B et C. Par contre, elles sont inconnues des procédures D, E, F ainsi que du programme principal.

On associe à chaque procédure un *niveau lexicographique* (nl) qui rend compte de son « degré d'emboîtage » par rapport au programme principal (fig. 8). Si on attribue le niveau 0 au programme principal, les procédures A et D auront un niveau lexicographique égal à 1 et les procédures B, C, E et F auront un niveau lexicographique égal à 2. Il faut bien comprendre que les notions de niveau lexicographique et de variables locales ou globales ont un caractère strictement statique, lié à la structure emboîtée du programme, et indépendant de son déroulement.

(2) **Point de vue dynamique.** Ecrire dans le programme PROCEDURE X est une déclaration au même titre que VARIABLE X, et n'implique nullement que la procédure ainsi définie doive être exécutée : les procédures sont appelées au même titre que des sous-programmes.

Les règles d'appel d'une procédure sont identiques aux règles d'utilisation des variables. Ainsi, sur les figures 7 et 8, la procédure B, qui est définie dans la procédure A, peut être appelée soit dans la procédure A, soit dans la procédure B elle-même, soit dans la procédure C. Par contre, elle est inconnue du programme principal et des procédures D, E et F.

Ces règles d'appel d'une procédure peuvent créer des problèmes particuliers d'adressage que deux exemples nous feront toucher du doigt.

(1) Supposons que la procédure E appelle la procédure A (fig. 9), ce qui est possible puisque cette dernière est déclarée dans le programme principal. Au moment de l'appel, on passe d'un environnement de variables ω_1, ω_2..., δ_1, δ_2..., ϵ_1, ϵ_2... à un environnement ω_1, ω_2..., α_1, α_2..., les variables δ_2, δ_2... et ϵ_1, ϵ_2... n'étant plus accessibles. Au retour, on doit retrouver l'environnement initial.

(2) Le deuxième exemple correspond à l'appel récursif d'une procédure par elle-même.

Supposons que nous exécutions la procédure B ; des mémoires ont été affectées aux variables locales β_1, β_2. Supposons qu'alors la procédure B s'appelle elle-même (fig. 10) : il faudra alors attribuer à nouveau des mémoires aux variables β_1, β_2... sachant que maintenant on ne doit avoir accès qu'aux variables nouvellement définies, non aux anciennes ; par contre, au retour, on devra retrouver les anciennes...

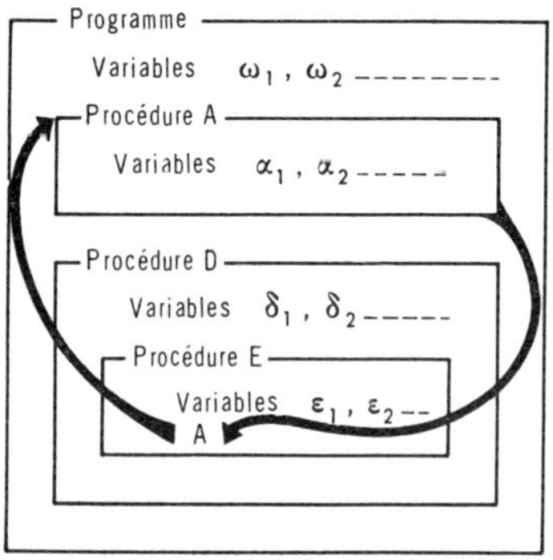

◀ *Fig. 9.* Appel de la procédure A dans la procédure E.

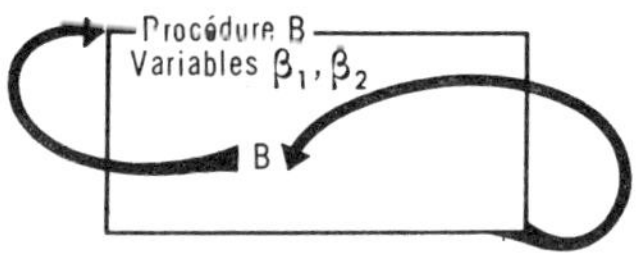

▲ *Fig. 10.* Appel récursif de la procédure B.

Nous nous proposons d'étudier l'utilisation d'une pile pour l'attribution dynamique de mémoires aux variables dans deux cas : (1) Dans l'hypothèse restrictive où une procédure ne peut appeler qu'une procédure qu'elle englobe. (2) Dans le cas général, et notamment celui de la récursivité.

4. 2. *Allocation dynamique des mémoires aux variables dans une hypothèse restreinte.*

Hypothèse : une procédure ne peut être appelée que par une procédure dans laquelle elle est emboîtée.

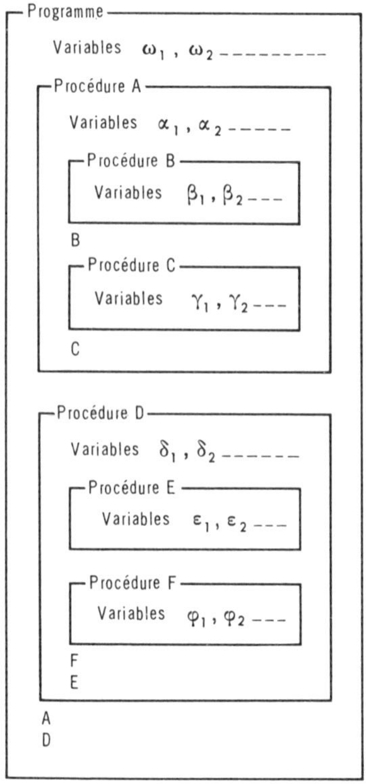

Fig. 11. Exemple de programme avec appel de procédures.

Supposons le programme schématisé figure 11, le programme principal appelle :
(1) la procédure A qui elle-même appellera les procédures B puis C ; (2) la procédure D qui elle-même appellera les procédures F puis E.

On s'aperçoit que les variables définies localement dans une procédure peuvent n'être créées en mémoire qu'au moment de l'entrée dans cette procédure et peuvent être perdues dès la sortie de cette procédure.

D'où l'idée d'utiliser pour les variables une pile en mémoire au sommet de laquelle se trouveront toujours les variables locales de la procédure en cours. Les positions mémoire correspondantes pourront être libérées dès la sortie de la procédure. A titre d'exemple, la figure 12 indique les états successifs de la pile lors de l'exécution du programme de la figure 11.

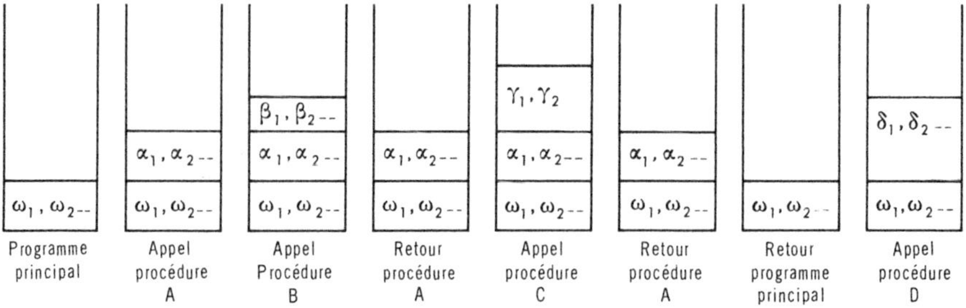

Fig. 12. Etats successifs de la pile au cours du déroulement du programme de la figure 11.

Dans la plupart des machines, la gestion d'une telle pile si elle existe est effectuée par software, tous les calculs d'adresse étant prévus par le compilateur. Nous allons expliquer un mécanisme inspiré de la Burroughs B 5500, permettant d'exécuter cette gestion au niveau du hardware.

Deux problèmes se posent :

4. 2. 1. L'adressage dans la pile. On associe une pile en mémoire à chaque programme. Lorsqu'un programme est actif, l'état de la pile qui lui est associée est défini par les contenus de quatre registres (fig. 13).

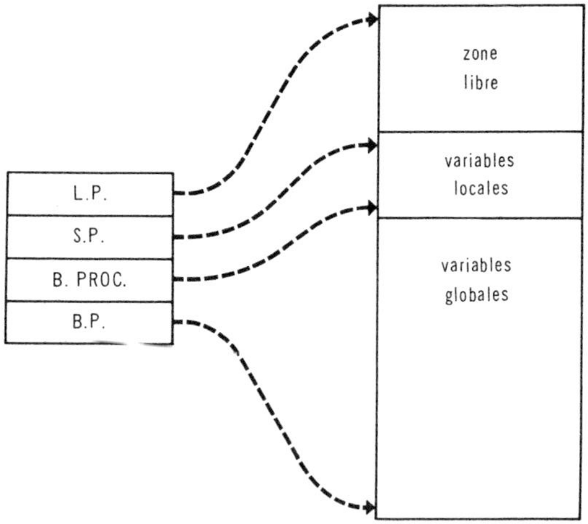

Fig. 13. Registre d'adressage de la pile.
B. P. base de pile : pointe sur la première cellule de la pile.
B. PROC. base de procédure courante : pointe sur la première des cellules mémoires réservées à la procédure en cours.
S. P. sommet de pile : pointe sur la dernière variable définie dans la pile.
L. P. limite de pile : indique la limite de la zone de mémoire allouée à la pile.

Les variables locales sont facilement adressées relativement à l'adresse de début de la zone attribuée aux variables de la procédure en cours :

$$\text{Adresse effective} = (\text{B. PROC.}) + \text{déplacement local}$$

L'ensemble des variables dans la pile peut être adressé par déplacement relativement à l'adresse de la base de pile contenue dans B. P.

Adresse effective = (B. P.) + déplacement global

Le calcul du déplacement global suppose à la compilation un traitement relativement simple, car dans notre hypothèse une même variable occupera toujours la même place dans la pile. (Il n'en sera pas de même dans le cas général.)

4. 2. 2. La gestion de la pile. Le registre S. P. est évidemment tenu à jour chaque fois que l'on ajoute un élément à la pile en vérifiant que l'on n'atteint pas la limite. Le véritable problème est de charger correctement les registres B. PROC. et S. P. lors de l'appel d'une procédure et lors du retour à la procédure appelante (fig. 14).

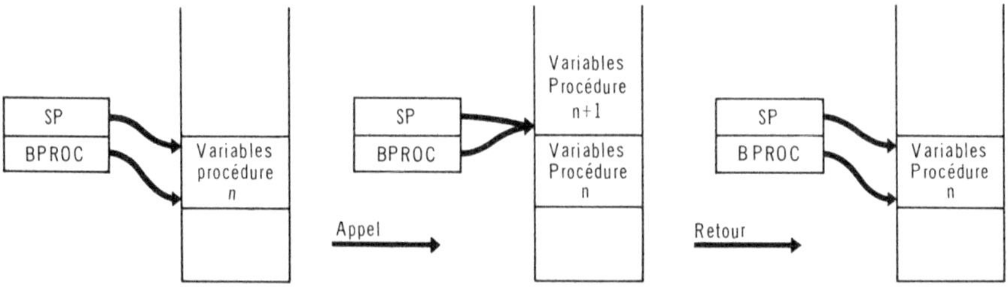

Fig. 14. Modification des contenus des registres pointeurs lors de l'appel d'une procédure et du retour à la procédure appelante (l'indice *n* désigne le niveau lexicographique).

Lors de l'appel d'une nouvelle procédure (fig. 15), le contenu du registre B. PROC. est sauvegardé en sommet de pile, tandis que l'adresse de la cellule correspondante, c'est-à-dire du sommet de pile est rangée dans B. PROC.

$$(S.\ P.) + 1 \longrightarrow S.\ P.$$
$$(B.\ PROC.) \longrightarrow (S.\ P.)$$
$$(S.\ P.) \longrightarrow B.\ PROC.$$

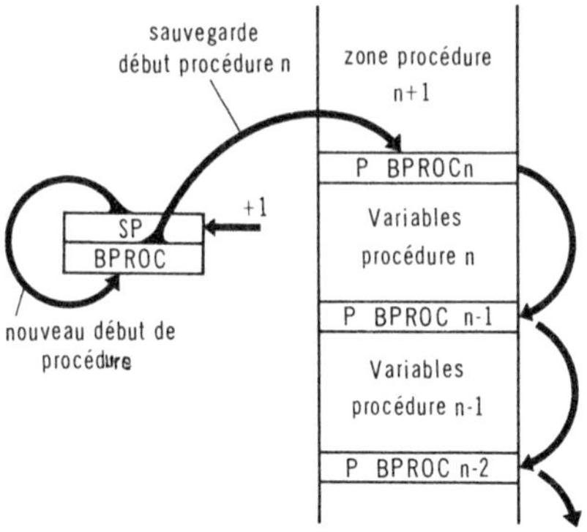

Fig. 15. Appel de la procédure de niveau lexicographique $n+1$.

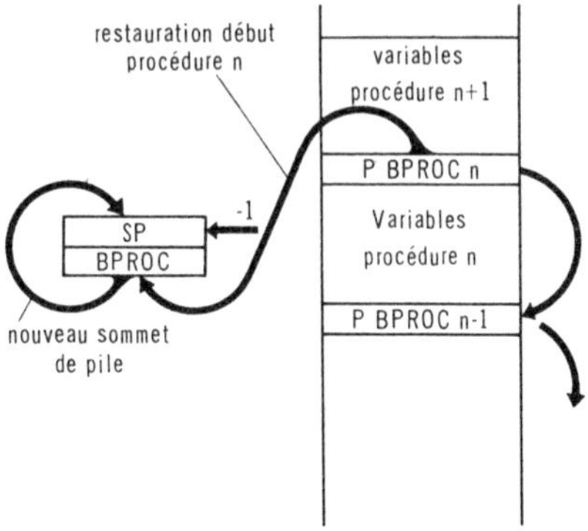

Fig. 16. Retour à la procédure de niveau lexicographique *n*.

C'est ainsi que la première cellule de la zone affectée à une procédure appelée est un pointeur P. B. PROC. désignant la première cellule de la zone affectée à la procédure appelante.

Ce chaînage des adresses de début de zone permet de redescendre la pile lors des retours aux procédures appelantes (fig. 16).

Il suffira en effet d'effectuer les opérations suivantes :

(B. PROC.) ⟶ S. P.
((B. PROC.)) ⟶ B. PROC.
(S. P.) — 1 ⟶ S. P.

pour que les registres B. PROC. et S. P. pointent respectivement sur la première et la dernière cellule de la zone mémoire associée à la procédure appelante.

On notera que les variables de la procédure appelée ne sont pas effacées lors du retour. Elles sont cependant considérées comme irrémédiablement perdues.

4. 3. *Allocation dynamique des mémoires dans le cas général.*

Reprenons nos deux exemples :

Exemple 1 : La procédure E appelle la procédure A (fig. 17).

L'état de la pile décrit l'historique des appels successifs : le programme a appelé la procédure D qui a appelé la procédure E qui a appelé la procédure A qui a appelé la procédure B. Voilà pour le point de vue *dynamique*. Par contre, quand nous sommes dans la procédure B, seules les variables locales ou globales pour cette procédure doivent pouvoir être adressées, compte tenu de la structure *statique* du programme.

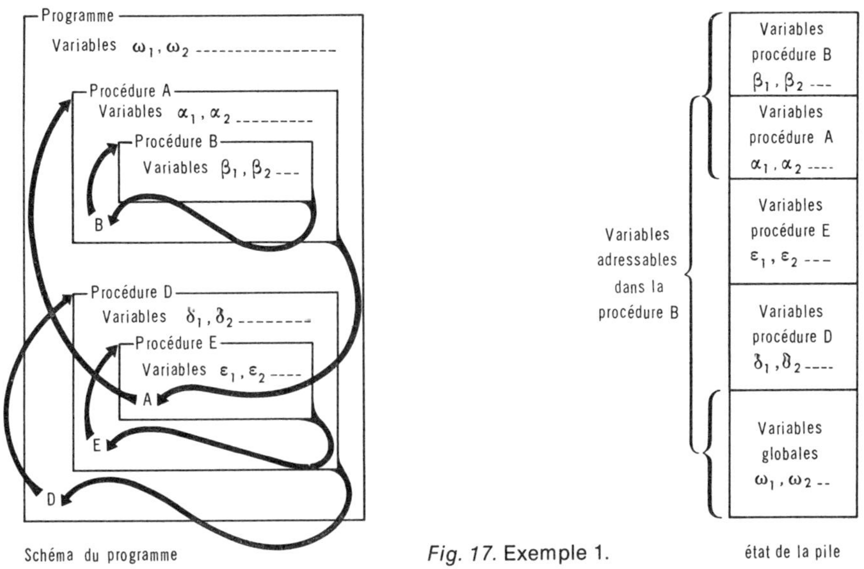

Fig. 17. Exemple 1.

On notera que la structure de machine présentée dans le paragraphe précédent ne résout pas ce problème : les variables locales par rapport à la procédure (β_1, β_2) peuvent être adressées par rapport à B PROC, les variables globales du programme principal peuvent l'être par rapport à B. P. Par contre la machine ne peut pas savoir où sont implantées les variables globales par rapport à la procédure en cours et n'appartenant pas au programme principal (ici α_1, α_2...). Ce problème est connu sous le nom de problème de l'*adressage non local.*

Exemple 2 : La procédure B s'appelle récursivement.

L'état de la pile est représenté (fig. 18) au n^{ieme} appel de la procédure B par elle-même. Ici encore, seules les variables en sommet de pile (c'est-à-dire correspondant au n^{ieme} appel de la procédure B par elle-même) et les variables globales par rapport à la procédure B sont adressables.

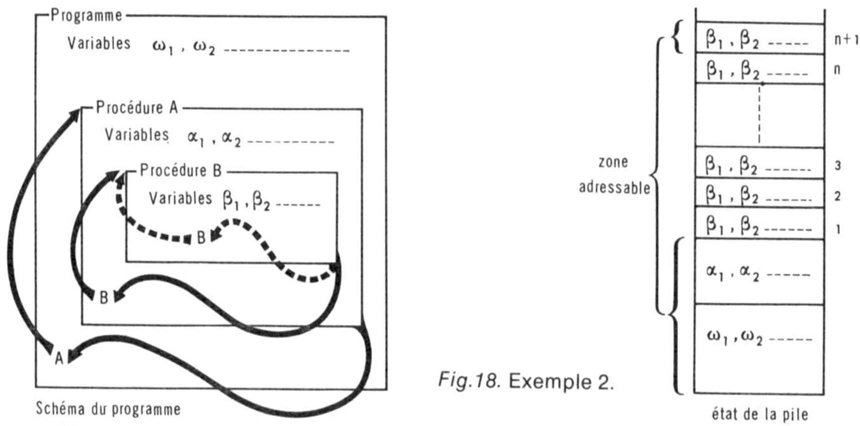

Fig. 18. Exemple 2.

Nous nous proposons de donner le principe d'un système hardware de gestion de la pile, inspiré des machines Burroughs B 6500 et B 7500. Ici encore il y a deux problèmes à résoudre.

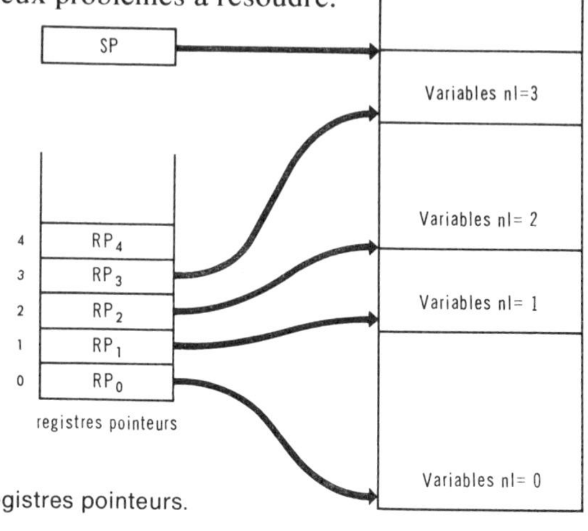

Fig. 19. Pile et registres pointeurs.

4. 3. 1. Adressage dans la pile. Outre les registres sommet de pile et limite de pile, l'adressage dans la pile s'effectue à l'aide d'une série de registres pointeurs indiquant la zone adressable par la procédure courante. On associe un niveau lexicographique à chaque registre pointeur (fig. 19).

L'adresse d'une variable sera définie par deux éléments : (1) son niveau lexicographique ; (2) son déplacement dans la zone réservée à la procédure dans laquelle elle est déclarée.

Il n'y a aucun calcul d'adresse au niveau du compilateur puisque l'adresse effective est obtenue, à l'exécution, par l'addition du déplacement au contenu du registre pointeur associé au niveau lexicographique de la procédure en cours. Compte tenu du caractère statique du niveau lexicographique, une procédure donnée est toujours attachée au même registre pointeur.

Nous donnons figure 20 l'état de la pile et des registres pointeurs dans les deux exemples précédemment décrits.

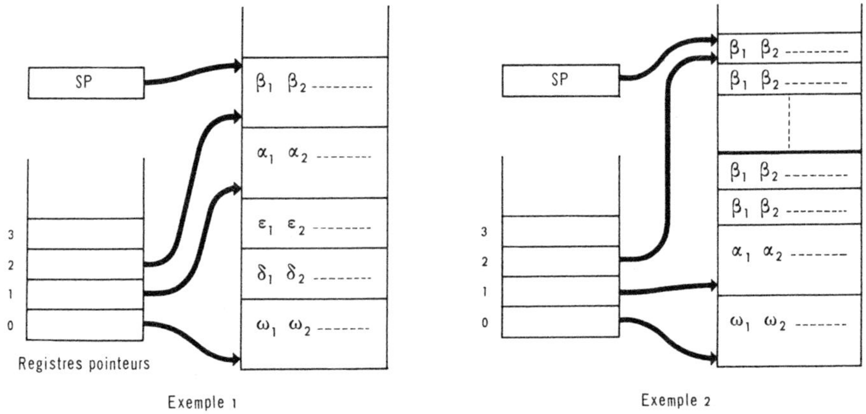

Fig. 20. Etats de la pile et des registres pointeurs.

4. 3. 2. Gestion de la pile. Ici encore la gestion de la pile est automatiquement réalisée lors de l'instruction appelant une procédure, ou lors du retour à la procédure appelante. Le premier mot associé à chaque zone attribuée aux variables locales d'une procédure P est un indicateur contenant trois informations :

pointeur vers indicateur de la procédure ayant appelé P	niveau lexicographique de P	pointeur vers indicateur de la procédure dans laquelle P a été déclarée.

— la chaîne des pointeurs de gauche (pointeurs dynamiques) décrit l'historique de la pile et permet de redescendre la pile dans l'ordre inverse des appels ;

— l'ensemble des pointeurs de droite (pointeurs statiques) décrit la structure emboîtée du programme et permet, associé aux niveaux lexicographiques, de recharger correctement les registres pointeurs lors de la descente de pile.

La figure 21 illustre ce processus dans le cas de nos deux exemples.

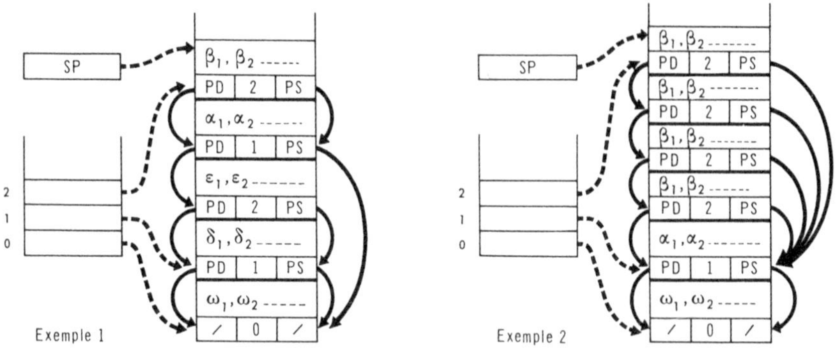

Fig. 21. Pointeurs statiques et pointeurs dynamiques.

Les Burroughs B 6500 et B 7500 disposent de 32 registres pointeurs, ce qui permet d'écrire des programmes utilisant 31 niveaux lexicographiques.

5. Compléments sur les machines à piles.

5. 1. *Relations entre la pile de calcul et la pile d'allocation dynamique.*

Dans les Burroughs B 6500 et B 7500, lorsqu'un programme est actif, la pile câblée servant à l'évaluation des expressions arithmétiques déborde dans le sommet de la pile en mémoire où sont allouées les variables de ce programme. Le sommet de la pile câblée contient quatre registres (fig. 22).

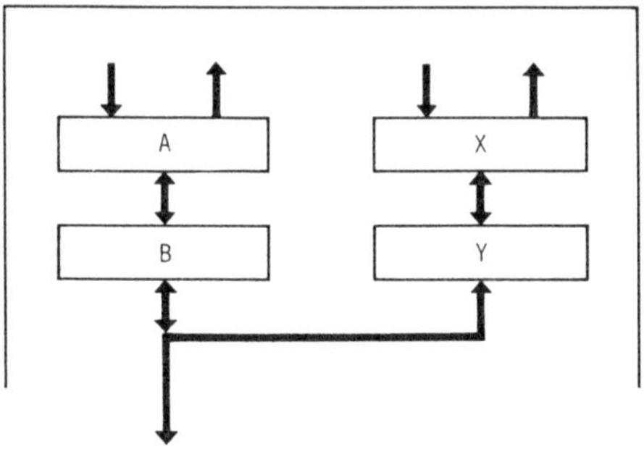

Fig. 22. Sommet de pile câblée dans les B 6500 et B 7500.

Les opérations en simple longueur s'effectuent entre les registres A et B, les opérations en double longueur entre les registres A et X d'une part, supposés pris bout à bout, et les registres B et Y d'autre part. Dans le cas d'opérandes en double longueur une introduction d'opérande en A et X entraîne évidemment la descente en pile des contenus de Y et de B.

Signalons enfin qu'en cas de changement de programme, la pile câblée est automatiquement rangée au sommet de la pile en mémoire associée au programme interrompu, tandis que les registres permettant la gestion des piles sont sauvegardés en bas de pile. Il suffira donc de l'adresse de base de pile pour retrouver toute l'information sauvegardée.

5. 2. *Machines à préfixes et à piles.*

Rappelons qu'un *préfixe* est une information de quelques digits binaires au début de chaque mot et décrivant le type d'information contenu dans le reste du mot. Les préfixes sont reconnus par le hardware de la machine qui sait ainsi à quel type d'information elle a affaire.

Les préfixes sont souvent utilisés dans les machines à piles. Nous donnerons trois exemples illustrant l'intérêt de leur emploi, l'un purement sur le plan du hardware, les autres en relation avec des problèmes de software.

5. 2. 1. Exemple 1 : Gestion de la pile câblée dans les Burroughs B 6500 et B 7500. Supposons une introduction en pile. Suivant que le préfixe de l'information contenue dans le registre B indiquera que l'information est en simple ou en double longueur, on descendra la pile inférieure d'un cran pour y ranger B, ou de deux crans pour y ranger Y puis B (fig. 22).

Inversement, à la remontée de pile, suivant que l'information est en simple ou double longueur, on chargera soit B, soit B et Y.

5. 2. 2. Exemple 2 : Adressage des procédures et des tableaux. Tableaux et procédures sont déclarés en ALGOL au même titre que les variables. En général, on hésite à ranger les tableaux dans la pile pour des raisons d'encombrement. Les procédures faisant partie du programme ne sont évidemment pas rangées dans la pile.

On peut trouver commode, par contre, de référencer tableaux et procédures à travers la pile. Au moment de leur déclaration, on place en sommet de la pile des variables un descripteur de tableau ou un descripteur de procédure. Ces descripteurs sont préfixés de telle sorte qu'ils sont reconnus comme tels par le hardware. Outre le préfixe, ils contiennent obligatoirement un pointeur vers le premier élément du tableau ou de la procédure et éventuellement la longueur du tableau ou de la procédure (fig. 24). La longueur du tableau permet de vérifier par hardware que l'on ne déborde pas lorsque l'on adresse par indexation l'un de ses éléments.

Dans les machines Burroughs, seuls les tableaux sont systématiquement référencés par l'intermédiaire d'un descripteur en pile, tandis que l'appel à une procédure correspond à une instruction spéciale.

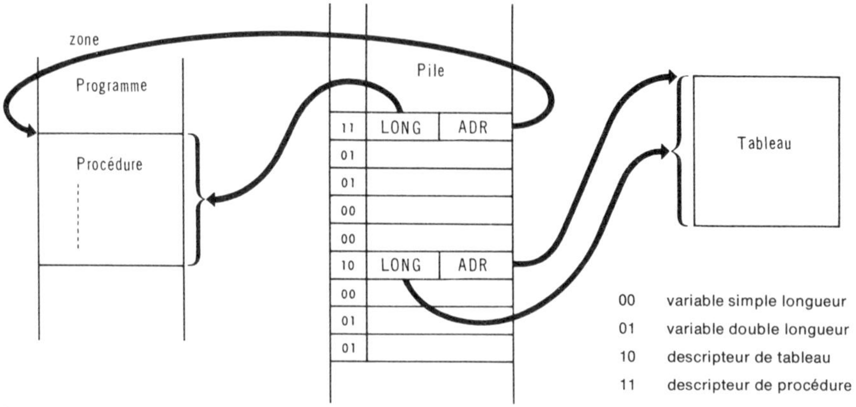

Fig. 23. Exemple d'adressage des tableaux et procédures par des descripteurs placés dans la pile.

5. 2. 3. Exemple 3 : Transmission d'arguments par nom. Lorsque la procédure E appelle la procédure A dans le programme de la figure 24a, elle doit lui passer des arguments qui peuvent être des variables locales pour E, donc non adressables dans la procédure A. Une solution consiste au moment de l'appel à charger le « nom » des arguments de la procédure appelante en sommet de pile, c'est-à-dire dans les cellules correspondantes de la zone réservée aux variables de la procédure A. Lors de l'adressage d'un tel argument dans la procédure A, le préfixe N indiquera qu'il s'agit d'un « nom », c'est-à-dire d'un pointeur, et l'on exécutera automatiquement un adressage indirect pour obtenir la valeur de l'argument (fig. 24b). Dans les machines Burroughs, on utilise de préférence la transmission par « valeur », les valeurs des arguments étant chargées en sommet de pile avant l'appel de la procédure.

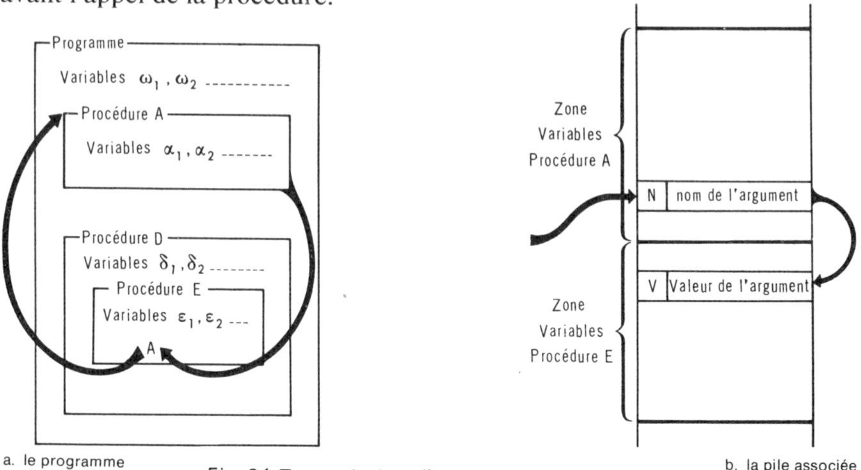

a. le programme

b. la pile associée

Fig. 24. Transmission d'un argument par nom.

6. Retour sur les concepts de base, la classification et l'évolution des ordinateurs.

6. 1. *Les concepts de base.*

Si on admet qu'une machine électronique digitale a pour but d'exécuter des calculs, on peut le construire soit à partir du concept d'*opération,* soit à partir du concept d'*expression.*

6. 1. 1. Machine fondée sur le concept d'opération. Chaque instruction du programme doit correspondre à une opération complète ; c'est donc typiquement une instruction à trois adresses contenant le code instruction, les adresses des deux opérandes et l'adresse du résultat. L'unité centrale s'assimile à un automate fini qui va chercher l'instruction et les opérandes, exécute l'opération et range les résultats.

6. 1. 2. Machines fondées sur le concept d'expression. Une expression pouvant être arbitrairement longue et complexe, on admettra intuitivement que l'unité centrale ne peut plus s'assimiler à un automate fini ; on fait alors appel à un automate à pile dans lequel la pile est théoriquement infinie, les circuits de commande de l'unité centrale ne portant que sur les informations placées en sommet de pile. Nous avons vu qu'un tel automate à pile pouvait fonctionner simplement à l'aide d'une pile unique dans le cas où les expressions étaient écrites en notation polonaise postfixée. (On remarquera en passant que la transformation d'une expression écrite sous forme algébrique en expression écrite sous forme polonaise, nécessite elle-même un automate à pile qui est généralement simulé par software dans les compilateurs.)

6. 2. *L'évolution des concepts.*

En réalité, le rôle du calculateur électronique ne se réduit pas à « mouliner » du calcul. Ceci a conduit à faire évoluer ces concepts de base.

6. 2. 1. Evolution des machines à registres. On s'est très vite aperçu que, même dans l'exécution des calculs, il pouvait être intéressant de garder des résultats partiels dans des registres de l'unité centrale ; par ailleurs, les instructions d'organisation de programme ne nécessitaient qu'une seule adresse. Ceci a conduit au concept de machines à une adresse dans laquelle les schémas d'instruction ne se décrivent plus en terme d'opérations mais en termes de transferts entre registres.

Il est significatif de remarquer aujourd'hui que les *machines scientifiques* sont presque toutes des machines à une seule adresse en mémoire (l'évolution qui a consisté à passer de l'accumulateur unique au bloc de registre arithmétique a amené à transformer l'instruction à une adresse en instruction à une adresse en mémoire et en adresse de registre) ; par contre, la plupart des *machines de gestion* restent liées à la notion d'opération : ce sont encore quelquefois des machines à trois adresses explicites (chez Honeywell, série 800 par exemple) ou plus généralement des machines à deux adresses, le résultat venant prendre en mémoire la place d'un des opérandes ; ceci est dû à ce que, travaillant sur des chaînes de longueur variables, il est difficile et peu économique de doter ces machines d'accumulateurs capables de mémoriser de telles chaînes.

A partir du moment où les machines du type Von Neumann se décrivent en termes de transferts entre registres, l'évolution normale a consisté à adjoindre à l'unité centrale des registres complémentaires permettant de résoudre plus ou moins bien des problèmes tels que l'adressage des structures de données complexes, la gestion de l'implantation des programmes et données en mémoire centrale, les communications entre programmes (réentrance, accès à des données communes), les protections, etc. C'est le sujet du chapitre suivant.

6. 2. 2. Evolution des machines à piles. L'utilisation de la pile a permis de faire l'économie de la transformation des expressions en langage machine. Or un programme en langage évolué structuré (tel qu'ALGOL) n'est autre qu'une super-expression. L'évolution a donc consisté à utiliser les piles pour résoudre par hardware certains problèmes liés aux compilateurs modernes tels que l'allocation dynamique des variables et la récursivité, ou aux problèmes d'exploitation en multiprogrammation tels que la réentrance ou la segmentation.

6. 3. *Les autres machines digitales.*

Il ne faut pas en déduire que toute machine digitale peut être calquée sur la machine à registres ou sur la machine à piles. Il existe d'autres types de machines digitales généralement très spécialisées et qui n'entrent pas dans le cadre de notre propos : citons les machines orientées sur le langage de listes, vers la reconnaissance des formes, les machines incrémentales qui simulent le fonctionnement des machines analogiques grâce à des analyseurs différentiels digitaux, etc.

chapitre X

les dispositifs liés à la gestion de la multiprogrammation

Nous abordons le deuxième volet de notre étude concernant les relations entre le hardware et le software, en consacrant ce chapitre aux outils fournis par les hommes du hardware aux programmeurs chargés de réaliser les systèmes d'exploitation. (Il ne s'agit donc pas d'une étude des systèmes d'exploitation, mais de la description de certains mécanismes hardware liés aux rôles du système d'exploitation.)

Sans chercher à être exhaustive, notre étude va tourner autour d'un problème fondamental dans les systèmes de la troisième génération, à savoir la gestion de la multiprogrammation. Nous réservons pour le chapitre sur les multiprocesseurs quelques indications sur la gestion du multitraitement qui risque d'être une des caractéristiques de la quatrième génération.

Certains des mécanismes décrits dans ce chapitre peuvent apparaître comme de simples gadgets. Il ne faut pas cependant en minimiser l'importance. Le compromis entre les techniques d'adressage, de découpage et de protection de la mémoire ont des répercussions très importantes sur les possibilités d'utilisation de la machine (notamment en temps réel ou en temps partagé) et sur les méthodes de conception et de réalisation du système d'exploitation. Ce dernier point n'est pas le moins intéressant quand on connaît les durées de mise au point du software, très supérieures généralement à celles de mise au point du hardware.

Nous nous étendons tout particulièrement sur les systèmes de pagination qui semblent bien adaptés à l'exploitation en temps partagé, tout en présentant une technique de gestion de la mémoire et de segmentation automatique des programmes d'un grand intérêt théorique.

1. Les problèmes de la multiprogrammation.

Rappelons que la *multiprogrammation* consiste à faire résider simultanément plusieurs programmes en mémoire centrale, sachant qu'ils sont exécutés de façon imbriquée dans le temps par une même unité centrale. Il ne faut pas confondre *multiprogrammation* et *multitraitement :* dans le multitraitement, plusieurs programmes peuvent être exécutés simultanément dans des unités différentes ; nous y reviendrons au chapitre XII. On peut concevoir trois politiques différentes pour conduire la multiprogrammation. Nous allons les illustrer successivement.

1. 1. *Multiprogrammation sans interruption de programme.*

Lorsqu'un programme a le contrôle, il le garde jusqu'à ce qu'il se termine ou jusqu'à ce qu'il soit obligé d'attendre une fin d'opération d'entrée-sortie. Dans chacune de ces deux éventualités, le contrôle est repris par le système d'exploitation qui donne la main au programme de plus haute priorité qui ne soit pas en attente d'une fin d'opération d'entrée-sortie.

L'inconvénient majeur de cette solution est qu'un programme peu prioritaire peut garder la main autant qu'il le désire. Ce type de multiprogrammation n'est utilisé que dans des systèmes très particuliers. On peut l'employer par exemple au niveau du calculateur auxiliaire chargé de la gestion des entrées-sorties d'un gros système de calcul scientifique : les programmes sont alors écrits de façon à ne jamais garder trop longtemps le contrôle de la machine auxiliaire.

1. 2. *Multiprogrammation avec interruption de programme.*

La différence avec la solution précédente est qu'ici le système d'exploitation reprend la main par le jeu des interruptions, notamment chaque fois qu'une opération d'entrée-sortie est terminée ; il recherche alors le programme le plus prioritaire qui ne soit pas en attente d'un résultat d'entrée-sortie pour lui passer la main. C'est le système le plus généralement adopté.

1. 3. *Multiprogrammation en temps partagé.*

Il n'y a plus de programme prioritaire. On veut au contraire partager équitablement le temps de l'unité centrale entre plusieurs utilisateurs. Aux interruptions d'entrée-sortie se superposent des interruptions d'horloge permettant de découper le temps en tranches égales qui seront attribuées cycliquement aux divers utilisateurs. Cette technique est essentiellement utilisée dans les systèmes conversationnels. La durée des tranches de temps est calculée de telle façon que chaque utilisateur installé devant son terminal ait l'impression que le calculateur ne travaille que pour lui.

La *multiprogrammation* pose des problèmes à plusieurs niveaux. Nous en retiendrons trois qui font souvent appel à des dispositifs hardware pour leur solution. Ce sont : (1) les problèmes d'allocation de mémoire centrale ; (2) les problèmes de protection des programmes et des données ; (3) les problèmes de sauvegarde de l'état de la machine lors des changements de programme.

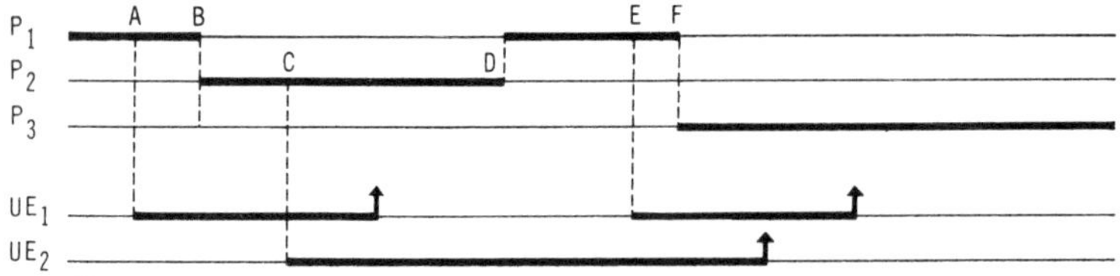

① multiprogrammation sans interruption de programme

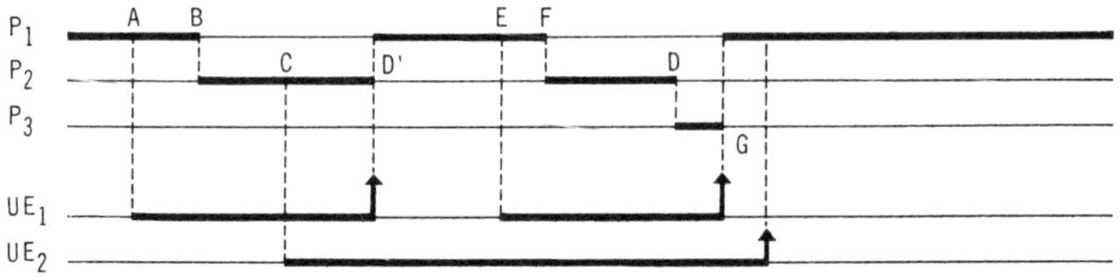

② multiprogrammation avec interruption de programme

3 programmes P_1 plus prioritaires que P_2 lui-même plus prioritaire que P_3.
2 unités d'échanges UE_1 UE_2.
En A, P_1 demande une opération d'entrée-sortie.
En B, P_1 doit s'arrêter faute d'avoir les résultats de cette opération.
Via le système d'exploitation, le contrôle est passé au programme P_2. Dans le premier cas, P_2 gardera le contrôle jusqu'à ce qu'il s'arrête de lui-même. Dans le deuxième cas, P_2 sera interrompu lorsque l'opération d'entrée-sortie demandée par le programme plus prioritaire sera terminée.

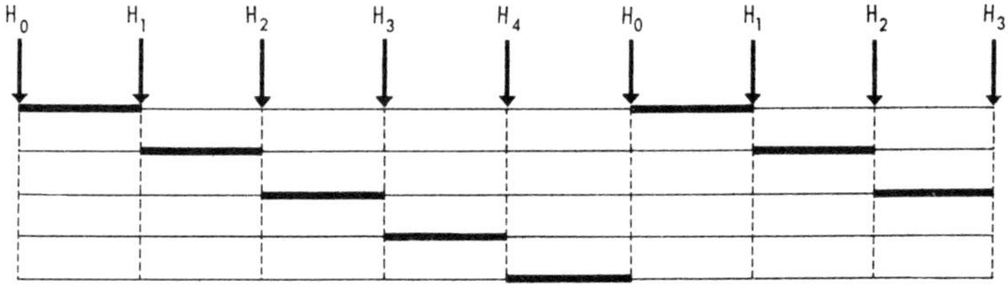

③ multiprogrammation en partage de temps

Fig. 1. Les différents types de multiprogrammation.

2. Gestion de la mémoire centrale.

La gestion de la mémoire centrale en multiprogrammation est toujours assumée par le système d'exploitation qui alloue la place nécessaire aux différents programmes.

Néanmoins cette place est limitée, ce qui impose des contraintes à la fois sur le nombre de programmes en mémoire centrale et sur l'encombrement de ces programmes. On peut résoudre le premier problème par des échanges de programmes entre disque et mémoire centrale, les programmes venant se remplacer selon les besoins de multiprogrammation. Ce processus est connu sous les noms anglais de *swapping* ou *roll-in roll-out*. On peut éviter les programmes par trop encombrants par la *segmentation :* le programmeur a généralement la possibilité de découper son programme en *segments* dont, à un instant donné du déroulement du programme, un seul ou un nombre restreint doivent impérativement être implantés en mémoire centrale. Un segment est ainsi un élément de programme logiquement indépendant, qui ne peut correspondre avec un autre segment que par un appel et un passage d'arguments.

Trois types de problèmes se posent dans le cadre de la gestion de la mémoire : (1) les *translations d'adresse* lors des chargements de programmes ; (2) l'utilisation par plusieurs programmes d'un segment commun, ou de zones de données communes ; (3) l'organisation de l'*implantation des programmes* et données en mémoire. Nous nous proposons de passer en revue ces problèmes en indiquant les solutions hardware qui leur ont été apportées. Nous aborderons ensuite un type de machine particulier où les problèmes de gestion mémoire sont simplifiés par un système de *pagination.*

2. 1. *Les problèmes de translation d'adresse.*

La multiprogrammation suppose que les programmes ne soient pas toujours implantés au même endroit de la mémoire centrale. Or, dès que l'on admet des possibilités d'adressage absolu dans les instructions, la configuration binaire du programme dépend de son emplacement en mémoire. Ceci implique l'utilisation d'un programme appelé chargeur chaque fois que l'on veut charger ou déplacer un programme en mémoire centrale, le chargeur assurant les translations d'adresse nécessaire (cf. chapitre II, 6. 1. 2.). On peut aussi penser à réaliser cette translation des adresses par hardware. Deux solutions se présentent à l'esprit :

(1) **Translation automatique au chargement.** Dans un calculateur à une adresse, chaque mot machine comporte un digit binaire indiquant si la partie adresse contient une référence absolue. Au cours du chargement, l'unité d'échange teste ce bit et le cas échéant additionne au mot transféré le contenu d'un registre de translation initialement chargé de l'adresse d'implantation du programme. Cette méthode vaut également pour la translation des programmes en mémoire centrale, l'opération étant alors effectuée par l'unité centrale. Cette solution, qui revient à câbler le chargeur, ne présente qu'un aspect purement théorique ; on lui préférera la seconde.

(2) **Translation automatique à l'exécution.** Le processus est très semblable au précédent. Toutes les adresses devant subir une translation sont exprimées relativement à l'adresse 0 du programme ; un digit d'adressage relatif est alors positionné. La machine possède un **registre de translation** que le système d'exploitation charge avec l'adresse d'implantation du programme avant de lui passer la main. Lors des calculs d'adresse, la partie adresse de l'instruction sera ajoutée au contenu du registre de translation chaque fois que le bit d'adressage relatif sera positionné. On note que cette méthode peut permettre d'atteindre aussi bien des mémoires adressées en absolu que des mémoires adressées en relatif.

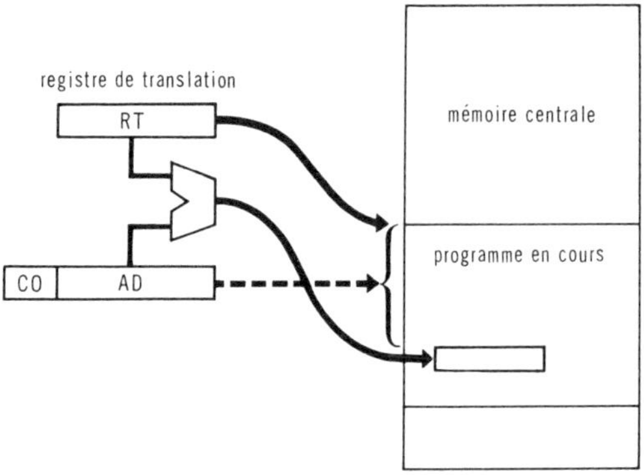

Fig. 2. Adressage par registre de translation.

Un tel système se caractérise par les trois propriétés suivantes :

(1) le programme peut être transféré de la mémoire auxiliaire vers n'importe quel emplacement en mémoire centrale ou déplacé en mémoire centrale sans utiliser de chargeur ;

(2) le programme et les données adressées en relatif doivent être rangés en mémoire d'un seul tenant, puisque toutes les adresses correspondantes sont relatives au contenu d'un seul registre de translation ;

(3) les zones adressées en absolu dans le programme doivent évidemment rester fixes en mémoire.

Cette dernière contingence rend l'adressage absolu sans grand intérêt. Aussi bien, de nombreuses machines ne l'admettent pas : toutes les adresses subissent la translation lors de l'exécution. C'est notamment le cas des séries CDC 6000, GE 600, ICL 1900. Ici encore, l'ensemble du programme et de ses données doit être implanté d'un seul tenant en mémoire centrale. On peut toutefois concevoir qu'un programme puisse passer la main à un autre programme par appel au système d'exploitation (par exemple par interruption programmée) ; celui-ci charge alors le registre de translation avec l'adresse de début du programme appelé avant de donner le contrôle à ce dernier ; mais ils ne peuvent se partager une base de données commune.

2. 1. 1. L'utilisation par plusieurs programmes d'un segment commun. Si plusieurs programmes sont susceptibles de faire appel (par exemple par le procédé décrit au paragraphe précédent) à un segment commun, il est nécessaire que ce dernier soit écrit de façon *réentrante* (cf. chapitre II, 6. 4. 1. et 6. 4. 2.). Ceci implique, d'une part, qu'il soit invariant, c'est-à-dire que ses instructions ne se modifient pas au cours de son exécution, d'autre part que la partie invariante et la partie données et mémoires de travail soient séparées. Souvent, les zones de mémoire nécessaires à cette deuxième partie sont réservées dans le programme de l'utilisateur appelant : chaque utilisateur travaille ainsi avec le même segment sur ses propres données. L'adressage des données lors du déroulement du segment commun se fait alors par adressage relatif par rapport à un registre de base préalablement chargé qui pointe sur la zone variable de l'utilisateur.

Dans certaines machines, UNIVAC série 1100 notamment, cette séparation entre programmes et données est érigée en principe. Il faut alors deux registres de translation, le premier TRI pointant sur le début du programme ou du segment, le deuxième TRO pointant sur le début de la zone des données (fig. 3).

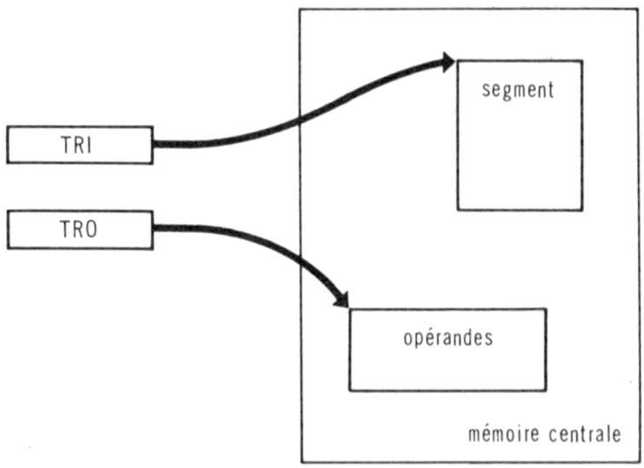

Fig. 3. Machine à deux registres de translation.

Les adresses des instructions de type traitement d'opérandes subiront systématiquement la translation par rapport au registre TRO, tandis que celles des instructions de type branchement la subiront par rapport au registre TRI. Cette solution implique la modification des contenus des registres TRI et TRO lors des appels à des sous-programmes ou des segments réentrants[1].

2. 1. 2. L'utilisation simultanée de plusieurs zones de données par un même programme. Pour qu'un programme puisse utiliser plusieurs zones de données non contiguës, tout en restant écrit en relatif, il faut qu'un registre de base soit attaché à chaque zone de données et que toute instruction adressant une donnée indique le registre de base par rapport auquel la translation doit être faite. Ce type d'organisation se retrouve dans certains mini-ordinateurs où segments de programme et segments de données sont limités par des capacités d'adressage faibles.

Nous noterons au passage que, bien que disposant de la possibilité de plusieurs registres de base, le système d'exploitation de l'IBM 360 n'a pas retenu cette solution : on pourrait en chercher la raison dans le fait que (1) les registres de base ne sont pas nettement séparés des registres arithmétiques mais pris parmi les registres banalisés et (2) qu'ils ne sont

1. REMARQUE. Les machines à piles participent de ce principe, si l'on veut bien assimiler la zone donnée d'un utilisateur de machine à registre de base à la pile d'un utilisateur de machine à pile.

pas gérés uniquement par la partie du système d'exploitation chargée des allocations de mémoire, mais aussi par les programmes utilisateurs. Cette situation implique qu'un programme commencé ne peut être déplacé en mémoire centrale (il faudrait modifier les contenus des registres de base, alors que ce n'est pas le système d'exploitation qui les gère) et que tout chargement nécessite un chargeur (puisqu'il y a des adresses absolues). L'annonce de la mémoire virtuelle sur la série 370 a permis de lever les inconvénients de telles limitations.

2. 2. *L'implantation en mémoire centrale.*

Au cours du déroulement de la multiprogrammation, des segments de programme sont chargés en mémoire centrale ou renvoyés en mémoire auxiliaire. Au bout d'un certain nombre d'échanges, la mémoire centrale risque de ressembler à un fromage de gruyère et il devient de plus en plus difficile d'allouer à un nouveau segment une place suffisante. On trouve trois types de solutions :

(1) la première solution consiste à s'accommoder de cette situation. Elle est connue sous le nom de **fractionnement** ou **émiettement.** C'est celle que l'on trouve dans les machines telles que l'IBM 360, n'admettant pas la possibilité de déplacement des programmes en mémoire. On cherchera simplement à définir une stratégie aussi bonne que possible pour le remplissage des trous ;

(2) la deuxième solution, connue sous le nom de **tassement,** consiste à *tasser les programmes* vers le bas de la mémoire, de façon à laisser un espace d'un seul tenant aussi grand que possible pour les nouveaux programmes. Cette solution de tassement est particulièrement commode dans les machines à registre de translation unique, surtout si des instructions de mouvement portant sur un grand nombre d'informations viennent l'accélérer ;

(3) la troisième solution consiste à rechercher des méthodes qui permettent de ne pas avoir à charger en mémoire centrale les segments ou les ensembles de données d'un seul tenant. Les techniques de **pagination** répondent à ce problème.

2. 3. *Les techniques de pagination avec topographie mémoire.*

Nous avions vu au chapitre VI que, lorsque la partie adresse de l'instruction était trop petite pour adresser toute la mémoire centrale, on pouvait, parmi d'autres méthodes, diviser la mémoire en **pages** d'égale grandeur, de telle sorte que l'adresse fournie par l'instruction fût une adresse à l'intérieur d'une page, les conditions d'adressage spécifiant s'il s'agissait de la page courante ou de la page zéro. La *pagination avec topographie mémoire* peut être considérée comme une généralisation de cette technique permettant d'atteindre un plus grand nombre de pages de la mémoire centrale et, de façon plus générale, capable de régler tout problème dû à la disparité entre la capacité d'adressage de la partie adresse de l'instruction et la taille de la mémoire centrale.

En fait, les techniques de pagination sont surtout utilisées dans trois buts principaux :

(1) pour éviter l'émiettement de la mémoire centrale ;

(2) en monoprogrammation aussi bien qu'en multiprogrammation pour éviter aux programmeurs d'avoir à segmenter leurs programmes, en simulant une *machine virtuelle* dont la mémoire n'ait pas les limitations de la mémoire centrale de la machine réelle ;

(3) en temps partagé pour permettre à un grand nombre d'utilisateurs de travailler en mode conversationnel sur des programmes différents sans que le système d'exploitation passe son temps à charger les programmes en mémoire centrale et à les renvoyer en mémoire auxiliaire à chaque nouvelle tranche de temps.

Le principe des machines paginées peut se résumer en trois idées :

(1) chaque utilisateur dispose pour son programme d'une **mémoire virtuelle** d'un seul tenant qui n'est pas limitée par la capacité relativement faible de la mémoire centrale, mais seulement par les capacités d'adressage de l'instruction. Normalement, le programme écrit en mémoire virtuelle est implanté sous le contrôle du système d'exploitation en mémoire auxiliaire, mais l'utilisateur ne connaît que les adresses en mémoire virtuelle ;

(2) à un instant donné ne sont chargés en mémoire centrale, généralement appelée **mémoire réelle,** que les fragments des mémoires virtuelles des utilisateurs indispensables au déroulement instantané de leurs programmes ;

(3) un dispositif de l'unité centrale décrit la topographie de la mémoire réelle et de ce fait permet au moment de l'exécution des instructions de transformer les **adresses virtuelles** du programme en **adresses réelles.**

Ainsi, chaque utilisateur possède pour chaque programme (1) une mémoire virtuelle de grande dimension qui est implantée en mémoire auxiliaire sous contrôle du système d'exploitation et (2) une mémoire réelle dans laquelle s'exécute son programme et qui ne représente qu'une fraction variable au cours du temps de la mémoire centrale (et évidemment de sa mémoire virtuelle). Par contre, l'utilisateur ne connaît que sa mémoire virtuelle.

2. 3. 1. Modèle simplifié de pagination. Nous nous proposons de décrire le mécanisme de la pagination sur un modèle fictif très simplifié dans le cas d'une machine fonctionnant en partage de temps, et permettant l'utilisation de mémoires virtuelles plus grandes que sa mémoire centrale.

2. 3. 1. 1. Organisation des mémoires. Les mémoires virtuelles des différents utilisateurs, les mémoires auxiliaires et la mémoire centrale sont divisées en **pages** de taille identique (en général 128, 256, 512 ou 1 024 mots). Chaque programme est écrit dans sa propre mémoire virtuelle, c'est-à-dire que toutes les adresses qu'il contient sont relatives à sa première instruction. On les appellera **adresses virtuelles.** Elles se décomposeront en un numéro de page virtuelle à l'intérieur de la mémoire virtuelle et une adresse de mot dans la page. Les programmes susceptibles d'être activés sont implantés dans la mémoire auxiliaire. A un instant donné, seul un petit nombre de pages de chaque programme est chargé en mémoire centrale (fig. 4)[1].

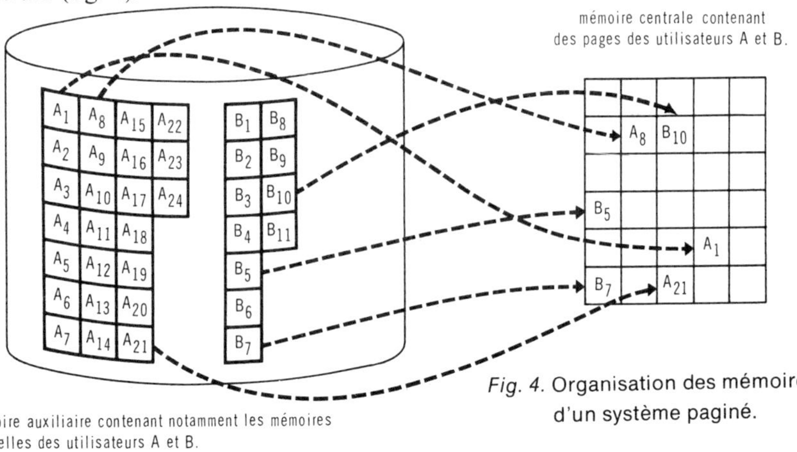

Fig. 4. Organisation des mémoires d'un système paginé.

La correspondance entre pages en mémoire auxiliaire et pages en mémoire centrale est le fait du système d'exploitation qui tient à jour les tables correspondantes. En particulier, il dispose pour chaque utilisateur d'une table des pages virtuelles indiquant si la page est chargée en mémoire réelle et le cas échéant l'adresse de la page réelle correspondante, c'est-à-dire celle de son premier mot (fig. 5). Lors du déroulement d'un

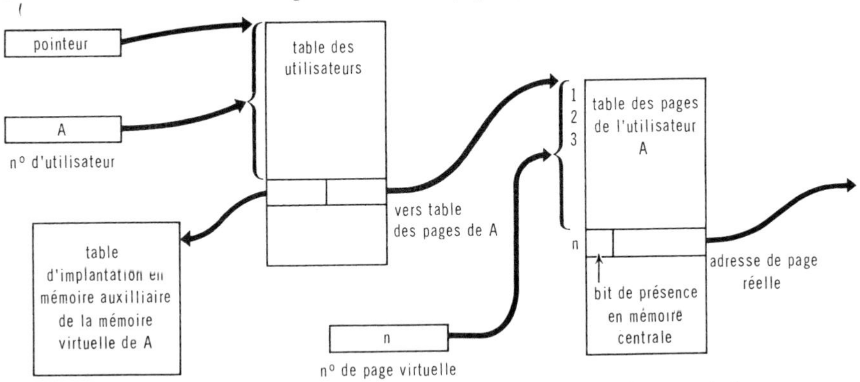

Fig. 5. Les tables du système d'exploitation d'un système paginé.

1. Remarque : La pagination élimine l'émiettement au sens où nous l'avons défini précédemment; pas totalement cependant : un reliquat d'émiettement persiste par le fait que toutes les pages ne sont pas pleines. On l'appelle quelquefois émiettement interne. On peut le réduire en réduisant la grandeur des pages au prix d'une augmentation probable du nombre de transferts entre mémoire centrale et mémoire auxiliaire.

programme, la transformation adresse virtuelle à adresse réelle supposerait donc une recherche dans ces tables à chaque accès mémoire. On évite cette recherche grâce au dispositif de **topographie mémoire.**

2. 3. 1. 2. Le dispositif de topographie de la mémoire centrale. C'est un ensemble de registres montés en mémoire associative. Dans notre modèle, chaque registre est associé à une page de la mémoire centrale et contient deux informations qui définissent parfaitement son affectation : le numéro de programme donné par le système d'exploitation, ou si l'on préfère le numéro de mémoire virtuelle, et le numéro de page virtuelle dans cette mémoire (fig. 6).

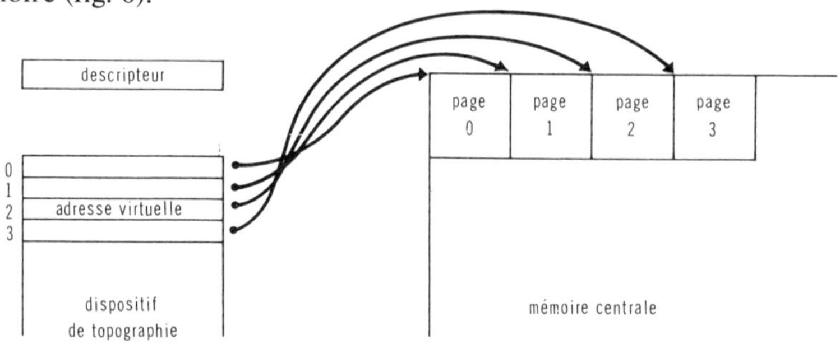

Fig. 6. Dispositif de topographie mémoire.

2. 3. 1. 3. Technique d'adressage par registres associatifs. Le dispositif de topographie mémoire permet l'adressage dans la mémoire réelle, sachant que les adresses contenues dans les instructions référencient la mémoire virtuelle du programme en cours. Les informations de base permettant d'obtenir l'adresse sont :

(1) le *numéro de programme* contenu dans un registre de l'unité centrale chargé par le système d'exploitation avant de donner le contrôle au programme ;

(2) l'*adresse virtuelle* connue du programmeur. Nous la divisons logiquement en deux parties : l'*adresse dans la page* (poids faibles) et le *numéro de page virtuelle* (poids forts).

La juxtaposition du numéro de programme et du numéro de page virtuelle fournit un descripteur qui est comparé en parallèle aux contenus des registres associatifs (fig. 7).

S'il y a une coïncidence, c'est que la page virtuelle référencée est chargée en mémoire centrale et le numéro du registre associatif donne le numéro de la page réelle correspondante. Si, par contre, il n'y a pas coïncidence entre le descripteur et le contenu d'un des registres associatifs, c'est que la page référencée n'est pas chargée en mémoire centrale. Il y aura alors déroutement vers le système d'exploitation qui chargera la page et mettra à jour le registre associatif concerné.

On remarque que l'on pourrait se passer de la pagination si l'on disposait d'une mémoire centrale associative. Chaque cellule de la mémoire centrale comprendrait alors, outre l'information enregistrée, un descripteur spécifiant l'emplacement de cette information dans les mémoires virtuelles. Le concept de pagination permet donc de remplacer une grande mémoire associative par une mémoire traditionnelle avec dispositif de topographie. Nous retrouverons ce principe avec la gestion des antémémoires.

2. 3. 2. L'adressage dans les systèmes à topographie mémoire incomplète. Les machines possédant une topographie mémoire complète, c'est-à-dire un registre associatif par page de mémoire centrale, sont rares. (On peut citer cependant la Ferranti ATLAS et la CII 10.070.) Plus généralement on trouve, pour des raisons d'économie et de performances, un nombre limité de registres associatifs surtout dans les machines orientées vers le partage de temps (16, par exemple, dans les GE 645, IBM 360-67, ICL 1906 et CII IRIS 80). Comme il n'y a plus correspondance biunivoque entre registre associatif et page réelle, on associe à chaque registre associatif un registre complémentaire contenant le numéro de page réelle (comme représenté sur la fig. 7). Celui-ci est mis à jour par le système d'exploitation en même temps que le contenu du registre associatif, grâce aux tables des pages des différents utilisateurs.

Compte tenu du nombre relativement faible de registres associatifs, il semble normal de les affecter tous à l'utilisateur actif. Lorsqu'il accorde une tranche de temps à un utilisateur, le système d'exploitation recharge la mémoire associative avec l'état des pages affectées à cet utilisateur, par exemple par restauration de l'état sauvegardé à la fin de la dernière tranche de temps accordée à ce même utilisateur. Il est clair que dans ces condi-

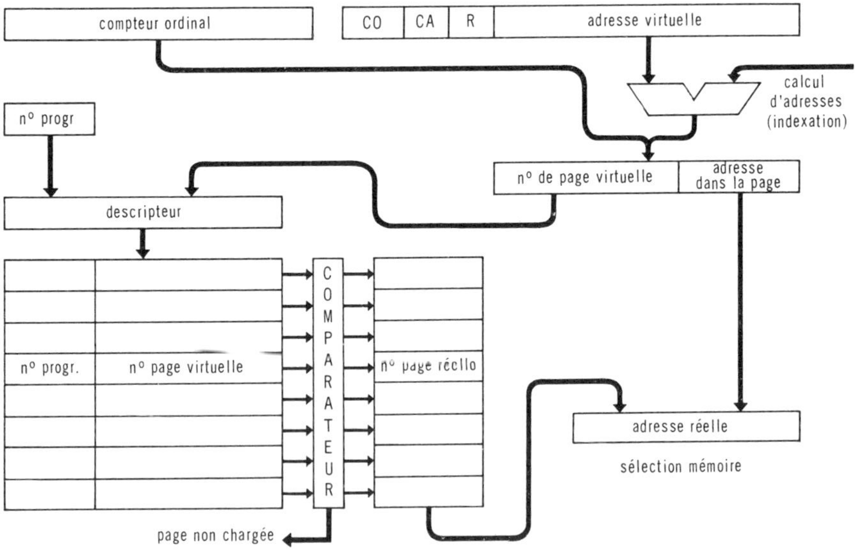

Fig. 7. Principe d'utilisation d'un dispositif de topographie mémoire pour l'adressage dans un contexte paginé.

tions, le numéro de programme n'a plus à figurer dans les registres associatifs.

Un problème se pose lorsque l'on référencie une page virtuelle implantée en mémoire centrale, dont l'adresse virtuelle ne se trouve pas dans les registres associatifs.

On trouve trois solutions :

(1) **Elimination du problème :** on limite le nombre de pages réelles accordées à un utilisateur aux possibilités d'adressage du dispositif de topographie mémoire câblé (cas du XDS 940).

(2) **Passage par le système d'exploitation :** la solution la plus généralement adoptée consiste à créer une interruption ; le système d'exploitation prend la main et, à partir des tables en mémoire, recharge l'un des registres associatifs.

(3) **Recherche automatique de l'adresse en mémoire :** l'unité centrale possède un registre qui pointe vers une table des adresses d'implantation en mémoire réelle des pages virtuelles successives du programme utilisateur actif. La somme du contenu de ce registre et de l'adresse de page virtuelle permet, par une référence mémoire, d'obtenir automatiquement l'adresse réelle de page qui est utilisée par l'instruction. De plus, la nouvelle correspondance vient remplacer dans la mémoire associative une de celles qui n'ont pas été récemment utilisées (cf. fig. 8).

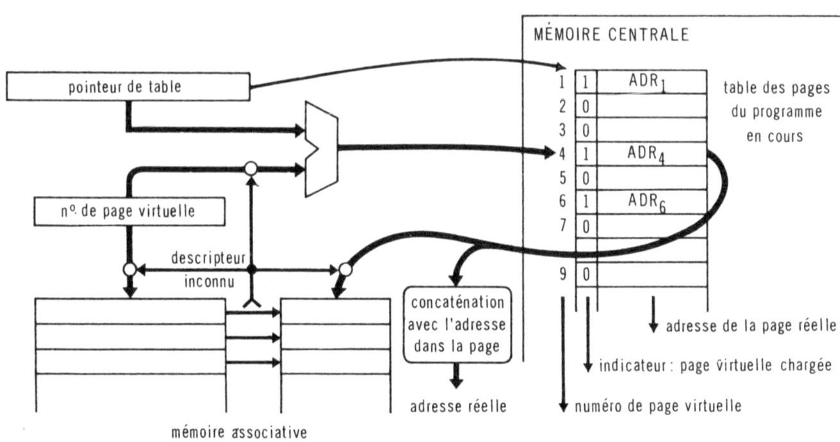

Fig. 8. Recherche automatique de l'adresse en mémoire lorsque l'adresse de page virtuelle ne se trouve pas en mémoire topographique.

2. 3. 3. Remplacement des pages. Dans les systèmes dits de pagination à la demande, l'implantation des pages en mémoire centrale est réalisée au fur et à mesure des demandes par le système d'exploitation qui est prévenu par interruption de toute référence à une page non implantée. Quand la mémoire réelle est pleine (ou selon les algorithmes de remplacement presque pleine), il y a lieu de libérer des pages pour servir de nouvelles demandes. Il est clair qu'il serait intéressant de libérer celles qui ne seront pas réutilisées par la suite. Encore faudrait-il pouvoir le détecter à l'avance! A défaut de connaître le futur, la plupart des algorithmes de remplacement se fondent sur des *informations de chronologie* concernant le proche passé. Ces dernières nécessitent des dispositifs hardware pour être tenues à jour, à moins qu'on ne se contente de libérer les pages dans l'ordre où elles ont été chargées, selon l'algorithme de la file d'attente.

On associe une information de chronologie à chaque page. Cette information peut être modifiée lorsque la page est chargée ou référencée. Il est donc naturel, sur le plan du hardware, d'associer cette information de chronologie à chaque registre associatif.

Nous nous proposons de donner quelques exemples d'information de chronologie. On en distinguera deux types :

(1) un digit binaire (appelé bit A, dans le 360-67) indiquant si la page virtuelle qui y a été chargée a été modifiée ou non au cours de son séjour en mémoire centrale. L'algorithme de remplacement libérera de préférence les pages dont le contenu n'a pas été modifié et donc qui n'ont pas à être remises à jour en mémoire auxiliaire;

(2) une information qui classe la page relativement aux autres pages en fonction du temps écoulé depuis la dernière référence. Cette information peut prendre deux formes : (a) un digit binaire (appelé bit P dans le 360-67). A chaque référence mémoire, le bit P correspondant est mis à 1. Chaque fois que tous les registres associatifs ont leur bit P à 1, on remet tous les bits P à zéro; le système libérera de préférence des pages dont le bit P est à zéro; (b) un compteur (dans le GE 645) susceptible de prendre des valeurs 1 à *n*, *n* étant le nombre de registres associatifs. Quand un registre associatif est rempli, son compteur est positionné à *n*, et les compteurs des autres registres associatifs sont diminués de 1. Quand un registre associatif est référencé, son compteur est positionné à *n*, tandis que les compteurs des registres associatifs qui avaient une valeur supérieure à la sienne avant cette référence sont diminués de 1. L'algorithme libérera la page associée au compteur de valeur la moins élevée. (Ce mécanisme revient à empiler les pages en remettant toujours au sommet de pile la page qui vient d'être référencée.)

2. 3. 4. Pagination et segmentation. Nous avons vu que, du fait de l'importance des mémoires virtuelles, la segmentation des programmes par l'utilisateur était devenue inutile dans la plupart des cas. Il reste que le concept de segmentation peut être réintroduit avec gestion par hardware dans les systèmes de pagination pour plusieurs raisons différentes. Nous en citerons deux : (1) pour limiter les recherches en table dans la mémoire (IBM 360-67); (2) pour que la mémoire virtuelle de chaque utilisateur ne soit pas limitée par la capacité de l'adressage de l'instruction (cas du système MULTIX sur GE 645).

2. 3. 4. 1. Limitation des tables. L'idée est de ne pas perdre de temps dans la manipulation de grandes tables donnant la correspondance entre adresse virtuelle et adresse réelle pour chaque page. L'adresse virtuelle, jusqu'ici

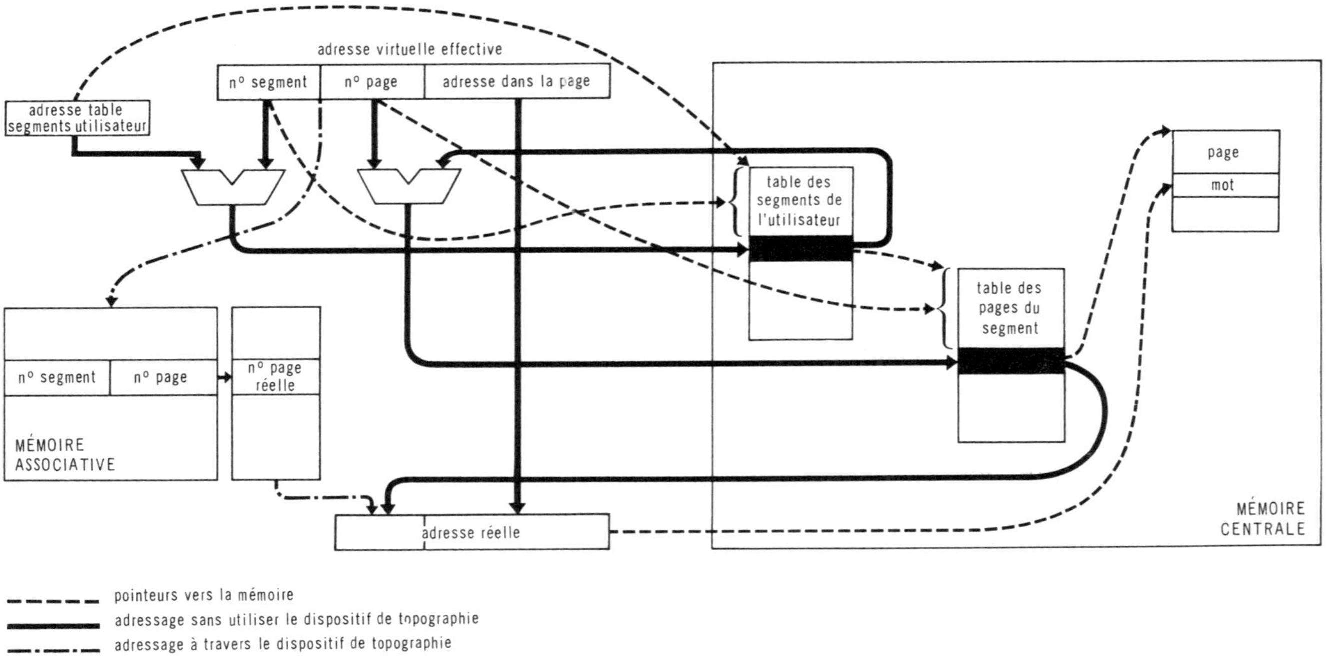

Fig. 9. Adressage dans un contexte segmentation-pagination (360-67).

composée de l'adresse de page et de l'adresse dans la page est maintenant divisée en 3 parties :

N° de segment	N° de page dans le segment	Adresse dans la page
N° de page virtuelle		

Ceci permet de décomposer la table des pages d'un utilisateur en deux étages : une table des segments formée de pointeurs vers les tables des pages correspondant à chaque segment. On notera qu'ici la notion de segment ne correspond ni à un découpage logique du programme défini par le programmeur ni à un dispositif hardware de gestion de mémoire. La figure 9 montre comment est traitée une adresse virtuelle dans ce contexte.

2. 3. 4. 2. Utilisation de très grandes mémoires virtuelles. Le système GE 645 est organisé de manière à permettre aux utilisateurs de manipuler de très grands fichiers, sans avoir à se soucier de leur implantation dans les mémoires centrales et auxiliaires. Ceci revient à définir de très grandes mémoires virtuelles qui peuvent être directement adressées par l'instruction. Une telle mémoire virtuelle est composée d'un grand nombre de segments qui eux-mêmes contiennent un grand nombre de mots.

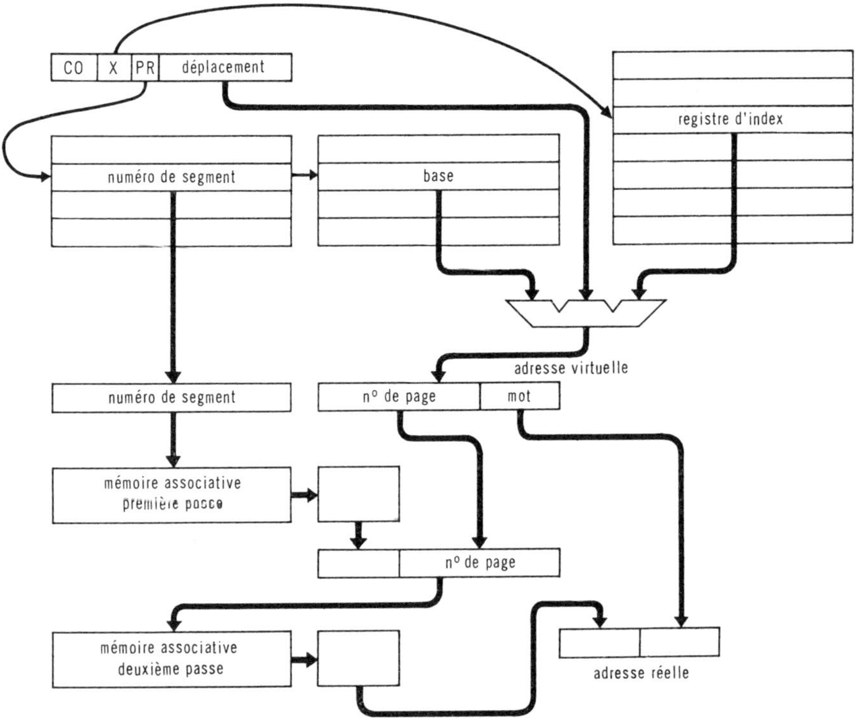

Fig. 10. Adressage d'une très grande mémoire virtuelle (GE 645).

La partie adresse de l'instruction comprend deux éléments : (1) une zone de 2 bits pointant sur un double registre pris parmi quatre dont le premier fournit le numéro de segment dans la table des segments de l'utilisateur, et le second sert de registre de base à l'intérieur du segment ; (2) un déplacement par rapport à cette base. La figure 10 représente très schématiquement et de façon approximative le système d'adressage correspondant, en montrant comment l'utilisation du double registre permet un adressage sur un très grand nombre de bits et comment un double passage dans le dispositif de topographie mémoire permet de réduire ce nombre jusqu'à obtenir l'adresse réelle.

2. 3. 5. Partage d'un programme entre plusieurs utilisateurs dans un contexte de pagination. *A priori,* la pagination n'a rien à voir avec le partage de programmes ou de données entre plusieurs utilisateurs, chacun possédant sa propre mémoire virtuelle. On pourrait cependant penser qu'elle simplifierait ces problèmes : il suffirait d'écrire les programmes partageables sous forme réentrante, le code et les données étant dans des pages différentes, et de construire les tables des pages de telle sorte que : (1) les adresses virtuelles des pages de programme aient toujours la même traduction en adresses réelles ; (2) les adresses virtuelles des pages de données aient des traductions en adresses réelles dépendant des utilisateurs. En pratique, cette solution implique qu'une partie partageable soit toujours placée dans la même zone des mémoires virtuelles des utilisateurs qui se la partagent. Cette sujétion est généralement inacceptable, sauf dans des cas particuliers tels que l'utilisation d'un compilateur conversationnel réentrant qui se trouverait en tête des mémoires virtuelles des différents utilisateurs d'un système en partage de temps et qui ne serait implanté qu'une fois en mémoire auxiliaire (et donc en mémoire réelle).

Notons que le dispositif de segmentation avec base du système MULTICS sur GE 645 a été conçu pour rendre les segments partageables entre plusieurs utilisateurs qu'ils soient constitués de programmes ou de données. Mais ceci dépasse largement le propos de ce livre.

3. La protection des programmes et des données.

Dans un système travaillant en multiprogrammation, il y a lieu de mettre en œuvre toutes les protections nécessaires pour qu'un utilisateur ne puisse pas, volontairement ou involontairement : (1) détruire des informations dans le système d'exploitation ou dans les programmes et les données des autres utilisateurs ; (2) perturber le fonctionnement de la machine, par exemple inhiber les interruptions horloge dans un système en partage de temps de façon à conserver la machine à lui tout seul.

A ce type de protection indispensable au bon fonctionnement de la multiprogrammation s'ajoutent parfois des problèmes de conservation du secret : un utilisateur ne doit pas avoir accès aux informations confidentielles d'autres utilisateurs.

Une information en mémoire centrale ou auxiliaire pourra donc avoir trois niveaux possibles de protection :

(1) *aucune protection :* elle peut être lue ou modifiée par n'importe quel utilisateur ;

(2) *protection en écriture :* elle peut être lue par n'importe quel utilisateur, mais pas modifiée ;

(3) *protection en lecture :* elle ne peut être lue ou modifiée que par l'utilisateur à qui elle appartient.

Nous nous proposons d'aborder successivement : la protection des informations en mémoire centrale, la protection des informations en mémoire auxiliaire, la protection du fonctionnement de la machine.

3. 1. *Protection des informations en mémoire centrale.*

Il s'agit d'interdire aux différentes instructions d'un programme en cours d'exécution soit seulement les opérations de rangement, soit toutes les références mémoire dans les zones non autorisées de la mémoire centrale.

Il n'est pas question d'assurer cette protection par programme, car cela supposerait une programmation à deux niveaux : celui du programme que l'on veut exécuter et celui d'un programme exécuteur chargé d'analyser chaque instruction du programme exécuté, de tester sa validité et éventuellement de la laisser s'exécuter. Le temps exigé par une telle procédure la rend inacceptable. La protection mémoire sera donc généralement assurée par un dispositif câblé, dont la gestion sera du ressort de la partie du système d'exploitation chargée d'allouer de la mémoire aux différents programmes.

Passons en revue les principaux types de dispositifs utilisés :

3. 1. 1. Digit de protection. Il peut être attaché au mot mémoire (qui aura alors 1 digit binaire supplémentaire) ou encore à un bloc de mémoire (la mémoire étant alors divisée en blocs fixes de 128, 512, 1 024 ou 4 096 mots). L'écriture dans le mot ou le bloc n'est, par exemple, possible que si le digit de protection associé est positionné en 0 ; avant de passer la main à un programme utilisateur, le système d'exploitation devra mettre à 0 les bits de protection correspondants.

3. 1. 2. Clé et verrou de protection. La mémoire est logiquement divisée en blocs égaux.

On associe à chaque bloc mémoire un *verrou de protection* et à chaque programme une *clé de protection.* La protection joue si la clé associée au programme ne coïncide pas avec le verrou associé au bloc référencé. Une clé spéciale affectée au système d'exploitation fait office de « passe-partout » et lui permet d'atteindre n'importe quel bloc, tandis qu'un verrou toujours ouvert permet de mettre en commun les blocs correspondants.

Un indicateur associé au verrou de protection peut indiquer si celui-ci porte sur la lecture et l'écriture ou sur l'écriture seulement. On notera que tout système de protection associé à des blocs de longueur fixe implique d'attribuer un nombre entier de blocs à chaque programme utilisateur. C'est notamment le cas de l'IBM 360.

3. 1. 3. Registres limites. Lors de la mise en service d'un programme supposé implanté d'un seul tenant, on charge deux registres appelés **registres limites,** donnant respectivement la première et la dernière adresse du programme. Toute référence mémoire devra être comprise entre ces deux adresses.

Les machines travaillant avec un registre de translation fonctionnent selon ce principe. Le registre de translation correspond à la limite inférieure, le second registre limite contient généralement non la dernière adresse du programme mais sa longueur. On vérifie que l'adresse relative est inférieure à la longueur du programme avant de l'ajouter au contenu du registre de translation.

3. 1. 4. Barre de verrouillage. Un cas particulier des registres limites est la **barre de verrouillage,** souvent employée dans les calculateurs de conduite de processus. Elle permet de diviser la mémoire en deux parties, l'une protégée en écriture pour les programmes assurant le contrôle et la sécurité du processus (travail d'avant-plan), l'autre non protégée pour du traitement par train et notamment l'essai de nouveaux programmes (travail d'arrière-plan, encore appelé travail de fond).

3. 1. 5. Cas des machines à piles. Dans une machine à piles, la protection est automatiquement assurée par la méthode des registres limites en ce qui concerne les programmes et par des méthodes très analogues en ce qui concerne les données. Toutes les références à des données sont faites dans la pile, ou encore à travers la pile s'il s'agit de tableaux. Les registres base de pile et limite de pile limitent la zone d'adressage de l'utilisateur. Les tableaux sont adressés par l'intermédiaire d'un descripteur en pile. Ce descripteur comporte la première adresse et la longueur du tableau, ce qui permet de vérifier par hardware que l'on ne dépasse pas la limite du tableau.

3. 1. 6. Cas des machines paginées. La protection entre programmes indépendants est automatiquement assurée du fait de la transformation de l'adresse virtuelle en adresse réelle. On ajoute souvent un système de protection par clés, associé au dispositif de topographie mémoire, permettant de protéger des pages communes à plusieurs utilisateurs.

3. 2. *Protection des fichiers en mémoires auxiliaires.*

Certains dispositifs hardware permettent de n'utiliser certaines mémoires auxiliaires (bande magnétique, disques) qu'en lecture seulement. Mais c'est en fait au système d'exploitation que revient la tâche de protéger les fichiers. Ceci suppose que toute opération d'entrée-sortie soit contrôlée par le système d'exploitation qui décide de sa validité. Il reste évident que cette solution n'est viable que dans la mesure où les utilisateurs sont obligés de passer par le système d'exploitation pour exécuter les entrées-sorties. Une solution est de ne pas mettre les instructions correspondantes à la portée des utilisateurs, qui doivent donc s'en remettre au système d'exploitation.

3. 3. *Protection du fonctionnement de la machine.*

Nous venons de voir que les instructions d'entrée-sortie devaient être réservées aux systèmes d'exploitation. Il en est de même de toutes les instructions modifiant l'état général de la machine par exemple : désarmement, armement, inhibition et autorisation d'interruptions ; modification du registre de translation ; gestion de la protection mémoire (chargement des registres limites, modification des clés et verrous), etc.

Afin que ces instructions, appelées *instructions privilégiées* ou *instructions réservées,* ne soient utilisables que par le système d'exploitation, on définit généralement deux modes de fonctionnement du calculateur : (1) un *mode maître* (ou mode superviseur) dans lequel toutes les instructions sont permises et toute la mémoire est adressable. C'est le mode du système d'exploitation ; (2) un *mode asservi* ou *esclave* (ou mode programme) dans lequel les instructions privilégiées sont interdites et les protections mémoire sont effectives. C'est le mode des programmes utilisateurs.

Le système d'exploitation positionne le calculateur en mode asservi lorsqu'il passe la main à un programme utilisateur. Le calculateur repassera en mode maître à chaque interruption (les interruptions étant traitées au niveau du système d'exploitation). Ainsi, un programme repassera la main au système d'exploitation en créant une interruption, soit involontairement pour des cas de violation de protection mémoire, de tentative d'utilisation d'instructions privilégiées, etc., soit volontairement pour lui demander un service tel que l'exécution d'une entrée-sortie.

4. Changement de contexte lors des changements de programme.

Nous avons vu au chapitre VIII, 5. que, lors d'une interruption, un mécanisme devait sauvegarder l'ancien état de la machine, afin de pouvoir reprendre ultérieurement le programme interrompu, et instaurer un nouvel état correspondant au nouveau programme.

La sauvegarde porte sur deux types d'informations : les informations décrivant l'état de l'unité centrale auxquelles le programmeur n'a normalement pas accès et les informations contenues dans les registres adressables. Les premières, que nous appellerons *informations d'état programme,* devront de toute évidence être sauvegardées et restaurées par hardware. Les secondes, qui sont adressables par programme, sont le plus généralement sauvegardées et restaurées par software.

L'ensemble de ces informations forment ce qu'il est convenu d'appeler le **contexte** du programme.

4. 1. *Sauvegarde de l'état programme.*

L'état programme regroupe un certain nombre d'informations généralement éparses dans divers registres de l'unité centrale. Citons notamment : (1) le contenu du compteur ordinal, c'est-à-dire l'adresse de la prochaine instruction du programme ; (2) le code condition qui regroupe les différents indicateurs de l'unité arithmétique et logique ; (3) éventuellement des informations de protection mémoire associées au programme (contenu de registre limite ou clé de protection) ; (4) éventuellement des masques permettant d'inhiber certaines interruptions ; (5) dans les machines à piles, une information permettant de réinitialiser les registres de gestion de la pile.

Lors d'une interruption, l'ensemble de ces informations est regroupé dans un ou plusieurs *mots d'état programme,* pour être sauvegardé avant l'instauration du nouvel état programme. Cette sauvegarde peut être réalisée soit en mémoire centrale, soit dans une mémoire locale spécialisée, l'adresse de rangement étant fonction de l'interruption nécessitant cette sauvegarde, afin de permettre le retour au programme interrompu.

4. 2. *Sauvegarde des autres registres de la machine.*

Cette sauvegarde pourra être réalisée par software, ce qui permet éventuellement de ne sauvegarder puis restaurer que les registres utilisés dans le programme d'interruption. On trouve cependant divers dispositifs permettant soit d'éviter la sauvegarde, soit de l'exécuter rapidement par câblage. Citons-en quelques-uns :

(1) Certaines machines ne conservent aucune information dans l'unité centrale en fin d'instruction ; tout est rangé en mémoire centrale dans un ensemble de pseudo-registres attaché à chaque niveau d'interruption. Les instructions s'en trouvent allongées, mais la réponse à une interruption peut être très rapide. Cette solution est notamment adoptée dans certains calculateurs de contrôle industriel (Philips PR 8000).

(2) Certaines machines permettent d'associer un jeu de registres à chaque niveau d'interruption. L'interruption réalise par câblage la commutation des jeux de registres en même temps que le changement d'état programme (CII 10070, IBM 7).

(3) La sauvegarde et la restauration des registres adressables peuvent être le fait d'une seule instruction éventuellement microprogrammée.

(4) Enfin, l'échange des contenus des registres adressables peut être automatiquement exécuté en même temps que l'échange d'état programme.

Dans les calculateurs à piles, le sommet de pile hardware peut être sauvegardé au sommet de la pile mémoire associée au programme interrompu, tandis que les autres informations, notamment le contenu des registres de gestion de la pile, peuvent l'être dans une zone systématiquement réservée en bas de la pile. Il suffira donc que l'état programme contienne l'adresse de base de pile et la valeur du compteur ordinal pour pouvoir restaurer complètement l'état de la machine (cette opération pouvant être câblée).

Notons enfin que certaines machines (PALLAS de la Compagnie des compteurs, PDP 11 d'Equipement Digital, etc.) utilisent une pile unique pour toutes les sauvegardes de contexte. Cette solution n'est valable que dans la mesure où la hiérarchie des interruptions n'est pas modifiée au cours du fonctionnement (par exemple par des instructions d'autorisation-inhibition), sinon la pile ne serait pas redescendue dans l'ordre où elle a été montée.

chapitre XI

le parallélisme dans les gros monoprocesseurs

Les deux derniers chapitres abordent les problèmes liés à l'architecture des machines de grande puissance. Deux voies semblent actuellement présenter des perspectives d'avenir intéressantes : (1) celle de l'architecture pipe-line qui repose sur le concept d'anticipation déjà présenté au chapitre VI et qui permet d'augmenter considérablement la puissance d'une unité centrale, (2) celle des architectures parallèles qui en toute première approximation consiste à faire travailler simultanément plusieurs processeurs.

Ce chapitre est consacré aux gros monoprocesseurs. On y traite de l'anticipation implicite avec la description des mémoires centrales hiérarchisées et de l'anticipation explicite avec la description de l'architecture pipe-line. Dans cette dernière, la machine apparaîtra comme un ensemble de sections fonctionnelles traversées par le flot des instructions, les instructions successives se remplaçant les unes les autres dans les sections successives, à l'image de l'écoulement d'un fluide dans un pipe-line. Nous noterons que les opérateurs composant une telle machine peuvent être soit eux-mêmes à architecture pipe-line comme dans les 360-91, 360-195 et CDC 7600, soit organisés en parallèle comme dans le CDC 6600.

1. La course vers les hautes performances.

Dans les grands centres de calcul scientifique associés aux organismes de météorologie et de recherche nucléaire ou spatiale, les besoins en calcul connaissent un développement extrêmement rapide. Leur doublement annuel ou bisannuel n'est pas rare. A puissance constante, il faudrait doubler le nombre des machines tous les ans ou tous les deux ans! Cette croissance des besoins risque de se voir accélérée par la mise au point dans les prochaines années de modèles biologiques, écologiques, économiques ou sociologiques extrêmement complexes, nécessitant le traitement d'un très grand nombre d'équations simultanées.

D'où la recherche de machines de plus en plus puissantes. L'accroissement de performance peut être recherché à deux niveaux : soit celui de la technologie, soit celui de la logique.

1. 1. *Les limitations de la technologie.*

Les progrès de la technologie ont permis pendant les vingt premières années de l'informatique un accroissement très important des performances des machines. Or, aujourd'hui, on semble piétiner. Certes, on peut espérer gagner dans le domaine des mémoires grâce aux technologies à film mince ou à semi-conducteur, ou encore peut-être, à plus long terme, dans le domaine des circuits, si des phénomènes physiques nouvellement découverts peuvent être utilisés sur le plan industriel.

Il n'en reste pas moins que, quelles que soient les technologies utilisées, on se heurtera à une limitation déjà très sensible dans les grosses machines d'aujourd'hui ; il s'agit de la vitesse de propagation des impulsions électriques dans les conducteurs qui — compte tenu des lois de la relativité — est limitée à 300 000 kilomètres par seconde. Traduite autrement, une impulsion électrique parcourt au mieux 30 centimètres en une nanoseconde. Si les machines d'aujourd'hui ont encore des cycles mineurs de quelques dizaines de nanosecondes, les machines à l'étude ont des cycles de l'ordre de dix nanosecondes pendant lesquelles une impulsion doit traverser de l'ordre de six couches logiques à raison d'environ une nanoseconde par couche logique, ce qui limite la longueur totale de fil parcouru à un mètre environ!

1. 2. *L'architecture des machines et les hautes performances.*

C'est donc du côté de l'organisation logique des machines que l'on peut espérer gagner du terrain dans le domaine des performances. Puisque les limitations technologiques nous interdisent de gagner du temps sur l'exécution des opérations élémentaires, la seule issue est de trouver le moyen d'exécuter *en parallèle* plusieurs opérations élémentaires.

Le parallélisme peut être recherché :

(1) au niveau des machines à une seule unité centrale, encore appelées *monoprocesseurs*, qui déroulent un seul programme à la fois, mais plusieurs instructions simultanément grâce à des techniques d'anticipation ;

(2) au niveau des machines à plusieurs unités centrales, encore appelées *multiprocesseurs*, qui déroulent plusieurs programmes indépendants en parallèle ;

(3) au niveau de *machines parallèles* sur lesquelles plusieurs processus de traitement dépendant les uns des autres se déroulent simultanément.

Ce chapitre est consacré aux gros monoprocesseurs. Nous nous proposons d'étudier deux architectures possibles, éventuellement complémentaires d'ailleurs :

— l'architecture *pipe-line*, aboutissement du concept introduit sous le nom d'*anticipation explicite* au chapitre VI ;

— l'architecture à *mémoires hiérarchisées*, correspondant au concept introduit sous le nom d'*anticipation implicite* dans ce même chapitre.

2. L'architecture pipe-line.

Fondamentalement, nous dirons que nous avons affaire à une unité *pipe-line* si nous pouvons demander à cette unité de prendre en charge une nouvelle opération toutes les θ nanosecondes alors que chaque opération dure en fait $n\ \theta$ nanosecondes. (Cf. fig. 1.) Ainsi, sur le plan des performances globales, tout se passe comme si l'unité exécutait une opération toutes les θ nanosecondes.

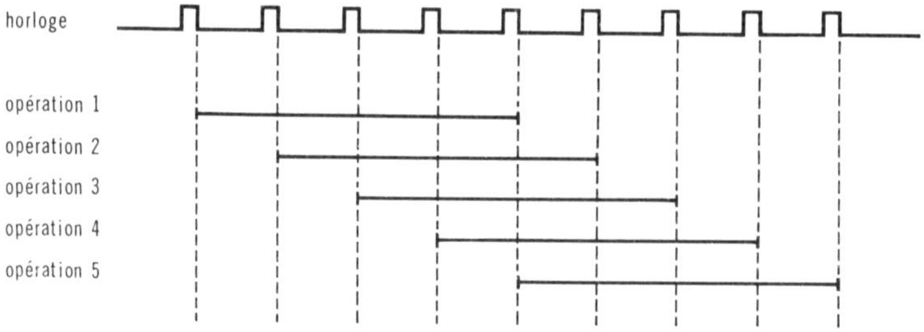

Fig. 1. Diagramme des temps dans une unité pipe-line.

2. 1. *Opérateurs pipe-line et opérateurs parallèles.*

Il y a deux façons de réaliser un opérateur répondant au schéma de la figure 1. Une première solution consiste à utiliser plusieurs opérateurs identiques qui travaillent en parallèle.

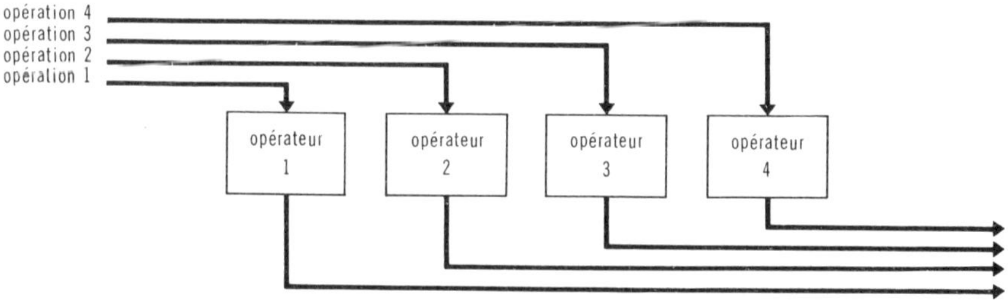

Fig. 2. Opérateur parallèle.

C'est ainsi que le schéma de la figure 2 correspond grâce à ses quatre opérateurs placés en parallèle au diagramme des temps de la figure 1. Au top θ_1 l'opération 1 est lancée dans l'opérateur 1, au top θ_2, l'opération 2 est lancée dans l'opérateur 2 ..., au top θ_5 on récupère l'opération 1 à la sortie de l'opérateur 1 qui est libre pour lancer l'opération 5 ..., etc. Nous désignerons cette structure sous le nom de *structure parallèle,* et du fait qu'elle répond au schéma de la figure 1, nous utiliserons également le terme de *structure pseudo-pipe-line*.

Une deuxième solution consiste à utiliser un seul opérateur divisé en plusieurs sections correspondant chacune à une étape de l'opération à exécuter. Les sections sont séparées par des jeux de registres capables de mémoriser pour la section suivante les résultats obtenus dans la section précédente. Le temps de traversée d'une section correspond à l'intervalle entre deux tops d'horloge.

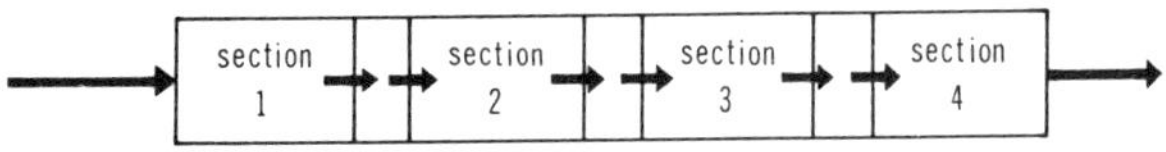

Fig. 3. Opérateur pipe-line.

Ainsi la figure 3 représente typiquement un opérateur pipe-line. Au top θ_1 l'opération 1 est initialisée dans la section 1, au top θ_2, l'opération 1 se continue dans la section 2 tandis que la section 1 est libre pour prendre en charge l'opération 2, et ainsi de suite... C'est ainsi qu'entre les tops θ_4 et θ_5, les opérations 1, 2, 3 et 4 seront respectivement en cours de traitement dans les sections 4, 3, 2 et 1.

Ainsi, les opérations se poussent les unes les autres de section en section à l'image de l'écoulement d'un fluide dans un pipe-line ; d'où le nom donné à ce type d'opérateur.

Nous nous proposons de donner deux exemples d'opérateurs pipe-line, le premier pouvant être conçu comme un véritable opérateur pipe-line, le second se comportant dans certaines conditions comme un opérateur pipe-line tout en ayant une structure de type parallèle.

2. 1. 1. Structure pipe-line de l'opérateur d'addition flottante. On peut concevoir cet opérateur en quatre étages (fig. 3).

Le premier soustrait les exposants et fournit au second étage (1) les deux opérandes avant décalage ; (2) le plus grand exposant ; (3) la différence des deux exposants dont le signe indique à quelle mantisse il faut faire subir un décalage à droite et dont la valeur absolue définit le nombre de décalages élémentaires.

Le second étage exécute le décalage demandé et fournit au troisième (1) l'exposant commun aux deux opérandes et (2) les deux mantisses alignées.

Le troisième étage réalise l'opération d'addition des opérandes et fournit au quatrième (1) l'exposant de la somme et (2) la somme des mantisses.

Le quatrième normalise le résultat ainsi obtenu.

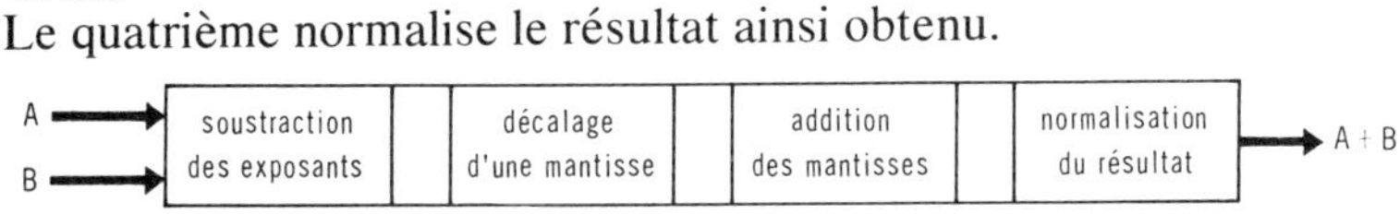

Fig. 4. Opérateurs d'addition flottante.

L'addition des mantisses qui risque d'être la plus longue peut être elle-même rendue pipe-line en utilisant pour l'additionneur des techniques de type « by-pass » élaborées. Ceci rajouterait des étages à l'opérateur complet.

2. 1. 2. Organisation pseudo-pipe-line de la mémoire centrale. Il est clair qu'il n'est pas question de réaliser une mémoire à structure strictement pipe-line! Par contre, on peut l'organiser de telle sorte que, vue de l'extérieur, elle apparaisse comme pipe-line. Cela veut dire que, sous certaines hypothèses, on peut initialiser un cycle mémoire tous les tops horloge (θ) alors que le cycle recouvre en fait n tops horloge (n est en général de l'ordre de 10). L'idée est de diviser la mémoire en blocs physiques indépendants appelés *banks* (fig. 6). Le nombre de banks est choisi supérieur à n (en général 16 ou 32).

Après avoir été référencé, un bank est indisponible pendant toute la durée du cycle mémoire, à savoir $n\theta$. Une nouvelle référence à ce même bank devra donc être mise en attente jusqu'à ce qu'il se libère. Par contre la mémoire acceptera une nouvelle demande à chaque θ horloge dans la mesure où elle référence un bloc libre.

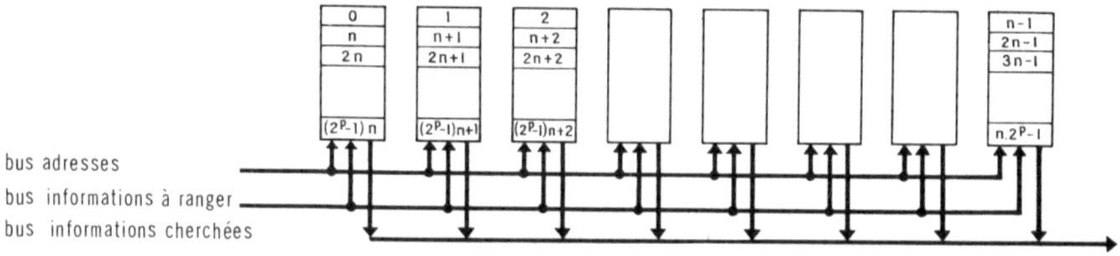

Fig. 5. Mémoire organisée en banks.

Ainsi, dans l'hypothèse où le nombre de banks est supérieur au nombre de tops horloge par cycle mémoire, et où les références successives sont choisies de façon à éviter des conflits d'accès à un même bank, la mémoire se comporte, vue de l'extérieur, comme un opérateur pipe-line capable de lancer une nouvelle opération tous les tops horloge.

Sur le plan de l'adressage, la mémoire est logiquement organisée de telle façon que les adresses successives se trouvent dans des banks successifs, ce qui revient à utiliser les poids faibles de l'adresse comme numéro de bank, l'adresse à l'intérieur du bank ainsi déterminée étant alors donnée par les poids forts (fig. 5). Dans ces conditions la mémoire se comporte comme un opérateur pipe-line chaque fois que l'on adresse des cellules mémoire consécutives (entrée ou sortie d'un tableau, recherche des instructions successives d'un programme, etc.).

2. 2. *Les machines pipe-line.*

La notion de machine pipe-line est une généralisation au niveau de l'ensemble de la machine de celle d'opérateur pipe-line.

En réalité, les machines actuelles dites pipe-line sont relativement éloignées de ce principe pour plusieurs raisons :

(1) on ne peut définir un seul flot d'informations susceptible de traverser continûment l'ordinateur. Il faut tenir compte du flot des instructions et de celui des opérandes qui doivent souvent s'attendre l'un l'autre ;

(2) l'existence d'opérateurs arithmétiques spécifiques implique que les

flots d'informations se subdivisent au cours de la traversée de la machine selon le type d'opération à exécuter ;

(3) les opérateurs ne sont pas tous strictement pipe-line. C'est le cas de la mémoire centrale qui, comme nous venons de le voir, n'apparaît comme pipe-line que si les informations successivement référencées ont été au préalable rangées dans des blocs différents. Dans le cas contraire, il y a des attentes ;

(4) les opérations successives ne sont pas toujours indépendantes, le résultat d'une opération pouvant être un opérande pour l'opération suivante qui devra donc, avant de commencer à s'exécuter, attendre que la première soit terminée.

La technique du recouvrement des instructions décrite au chapitre VI, paragraphe 5. 3. était un premier pas dans la voie des machines pipe-line. Une nouvelle instruction pouvait, en l'absence de conflit d'accès mémoire, être initialisée tous les cycles mémoire, alors que l'instruction durait deux cycles mémoire.

Dans les machines pipe-line actuelles nous distinguerons deux niveaux de cycles : le cycle machine ou *cycle mineur* qui correspond au θ horloge des opérateurs pipe-line, et le cycle mémoire quelquefois appelé *cycle majeur*. Afin de fixer les idées nous donnons dans le tableau 6 quelques chiffres relatifs aux machines pipe-line actuelles.

MACHINES	CDC 6600	CDC 7600	IBM 360-91	IBM 360-195
cycle mineur	100 ns	27,5 ns	60 ns	54 ns
cycle majeur	1 μs	275 ns	750 ns	750 ns

Tableau 6. Cycles mineurs et majeurs de quelques machines.

Une instruction devrait pouvoir être initialisée tous les cycles mineurs (cf. fig. 7). En réalité cette condition ne doit être considérée que comme une limite jamais atteinte, en raison de tous les incidents de parcours qui viennent rompre le fonctionnement pipe-line.

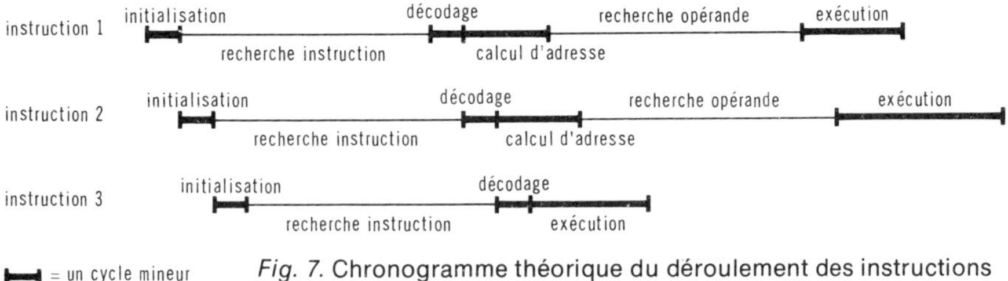

Fig. 7. Chronogramme théorique du déroulement des instructions dans une machine pipe-line.

2. 2. 1. Les problèmes de parallélisme dans les machines pipe-line.

Nous venons de voir qu'une instruction recouvrait un grand nombre de cycles mineurs, ce qui implique — dans la mesure où une instruction est initialisée tous les cycles mineurs — que plusieurs instructions se trouvent simultanément dans la machine à différents stades de leur exécution. Ce type de parallélisme entraîne une division de la machine en unités fonctionnelles, chaque unité prenant en charge une ou plusieurs étapes du déroulement d'un ou plusieurs types d'instructions. Les unités échangent des informations entre elles, mais ont chacune leur propre contrôle. Par exemple l'unité d'instruction, détectant une opération flottante, passera la main à l'unité flottante en lui fournissant toutes les informations nécessaires. L'unité flottante elle-même, décodant une opération de multiplication, sous-traitera la multiplication à l'opérateur spécialisé en lui fournissant toutes les informations nécessaires, notamment la destination du résultat, etc. On notera d'ailleurs le caractère pipe-line de ce schéma (fig. 8), avec cependant une complication : le flot d'informations issu de l'unité initiale se divise en plusieurs branches au fur et à mesure de la traversée des différentes unités. Le fonctionnement d'une machine ainsi organisée ne va pas sans poser un certain nombre de problèmes que nous classerons en deux catégories : le contrôle et l'aiguillage du flot d'informations, d'une part, la détection et le règlement des conflits de parallélisme, d'autre part.

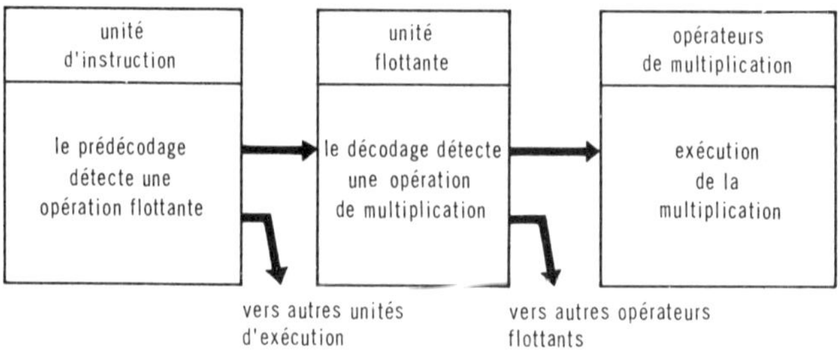

Fig. 8. Succession des opérateurs et aiguillage des informations.

2. 2. 1. 1. Le contrôle du flot d'informations. Il est effectué en attachant à chaque information transférée d'une unité à une autre un indicateur indiquant l'opération à effectuer sur cette information et désignant sa destination ultérieure. Par exemple, on référencera la mémoire centrale en lui fournissant non seulement l'adresse mais aussi un indicateur associé désignant le type d'opération (lecture, écriture) et, s'il s'agit d'une lecture, la destination de l'information lue. A la sortie d'une unité, l'aiguillage des informations vers d'autres unités est généralement réalisé par un dispositif spécial décodant les indicateurs. Dans certains cas la destination dépend de l'état des différentes unités réceptrices : l'aiguillage sera alors fait au niveau des unités réceptrices par comparaison associative entre l'indicateur associé à l'information et les indicateurs associés aux unités destinataires éventuelles.

2. 2. 1. 2. Les conflits de parallélisme. Le parallélisme dans les machines pipe-line est limité par deux sortes de conflits, les *conflits d'accès* à une même unité, et les *conflits de dépendance* (ou de précédence) des instructions les unes par rapport aux autres. Les premiers sont liés à l'organisation de la machine dont tous les éléments ne sont pas parfaitement pipe-line, les seconds sont liés à la structure logique des programmes dont les instructions sont conçues pour s'enchaîner séquentiellement et non pour s'exécuter simultanément.

(1) **les conflits d'accès.** On en trouve deux types :
(a) *accès à une unité non pipe-line* qui se trouve occupée par une demande antérieure (par exemple deux accès successifs à un même bank mémoire). L'unité amont doit alors attendre que l'unité aval se libère, ce qui risque de la bloquer pour les opérations suivantes, à moins que l'on intercale entre les deux unités une *file d'attente* des informations à transmettre d'une unité à l'autre ;
(b) *demande d'accès simultanés.* Compte tenu du caractère pipe-line de la machine, des demandes d'accès simultanés, c'est-à-dire au même cycle mineur, supposent que plusieurs unités peuvent accéder à une unité commune (par exemple accès à la mémoire centrale à partir de l'unité de recherche d'instruction, de l'unité de calcul d'adresses, des unités d'entrée-sortie). Il faudra alors prévoir, outre d'éventuelles files d'attente, des dispositifs de gestion des priorités (fig. 9).

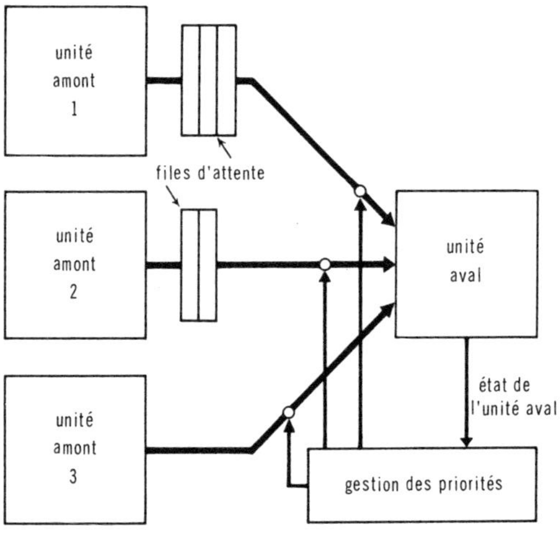

Fig. 9. Les conflits d'accès.

(2) **les conflits de dépendance.** Une machine pipe-line peut exécuter simultanément plusieurs instructions, voire intervertir leur ordre normal d'exécution, à condition de respecter l'enchaînement logique du programme. Pour cela la machine devra détecter les dépendances entre instructions successives et en tenir compte. Un premier cas de dépendance est donné par le branchement conditionnel : tant que la condition n'a pas été testée, on ne sait pas quelle sera l'instruction suivante. En dehors de ce cas très particulier, nous dirons qu'il y a dépendance entre deux instructions, lorsqu'elles réfèrent le même registre ou le même mot mémoire, l'une au moins de ces

références impliquant une modification du registre ou du mot mémoire. On en trouvera figure 10 un exemple portant sur des opérations entre registres dans une machine admettant des instructions à deux adresses de registre.

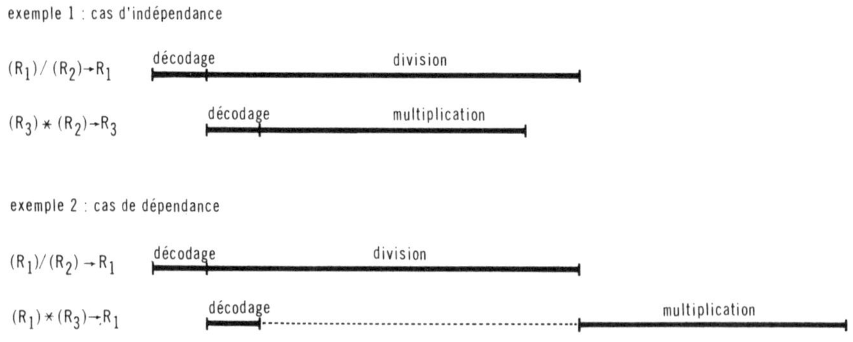

Fig. 10. Dépendance et indépendance.

Nous distinguerons trois cas :

(a) *Dépendance totale :* la première instruction doit être complètement exécutée avant de lancer la seconde.

Exemple :

DIV	R_1	R_2	$(R_1)\ /\ (R_2) \longrightarrow R_1$
MUL	R_3	R_1	$(R_3) \times (R_1) \longrightarrow R_3$

(b) *Dépendance partielle :* la première instruction doit avoir été lancée avant de ranger le résultat de la seconde.

Exemple :

DIV	R_1	R_2	$(R_1)\ /\ (R_2) \longrightarrow R_1$
ADD	R_2	R_3	$(R_2) + (R_3) \longrightarrow R_2$

(c) *Fausse dépendance :* deux morceaux de programmes sont faussement dépendants lorsqu'ils ne sont dépendants que par l'utilisation d'un registre de travail commun.

Exemples :

1	CHA	R_1	M_1	$(M_1) \longrightarrow R_1$
	DIV	R_1	R_3	$(R_1)\ /\ (R_3) \longrightarrow R_1$
	RNG	R_1	M_1	$(R_1) \longrightarrow M_1$
2	CHA	R_1	M_2	$(M_2) \longrightarrow R_1$
	DIV	R_1	R_3	$(R_1)\ /\ (R_3) \longrightarrow R_1$
	RNG	R_1	M_2	$(R_1) \longrightarrow M_2$

On remarque que si l'on avait remplacé R_1 par R_2 dans l'un ou l'autre groupe de trois instructions, ces deux groupes auraient pu être exécutés simultanément (en dehors d'éventuels conflits d'accès). Leur dépendance n'intervient donc que par l'utilisation du même registre de travail R_1.

En conclusion, une machine pipe-line doit nécessairement détecter tous les cas de dépendance et effectuer les verrouillages correspondants. Ces verrouillages peuvent être de deux types : verrouillage des informations non mises à jour, les instructions portant sur les informations devant attendre le déverrouillage, et verrouillage des instructions elles-mêmes qui ne pourront dépasser certains stades de leur exécution tant que le verrouillage n'aura pas été levé.

De plus, on peut espérer qu'après avoir détecté un conflit de dépendance et effectué les verrouillages nécessaires la machine continue à décoder et exécuter les instructions qui suivent les cas de dépendances sans attendre qu'ils soient réglés, et trouve une solution pour ne pas s'arrêter sur les cas de fausse dépendance.

2. 2. 1. 3. Conclusion sur les problèmes de parallélisme. Les différents types de problèmes posés, ainsi que les solutions générales qui leur sont apportées sont consignés dans le tableau 11. On trouvera dans les pages suivantes de nombreux exemples qui éclaireront les différentes parties de ce tableau.

PROBLÈMES À RÉSOUDRE	SOLUTIONS GÉNÉRALES
Contrôle du flot d'informations	*indicateurs* associés aux informations transférées décrivant les traitements à leur faire subir et désignant leur destination ultérieure
Problèmes d'aiguillage	soit : dispositifs décodant les indicateurs et aiguillant les informations vers leur destination ; soit : bus distribuant les informations à tous les destinataires possibles qui se reconnaissent par test de l'indicateur
Conflits d'accès	
soit : attente devant un opérateur occupé	mise en *file d'attente*, ou risque de blocage de l'opérateur précédent
soit : demandes d'accès simultanées à un même opérateur	mise en file d'attente et *gestion des priorités*
Conflits de dépendance	
exécution séquentielle (et non par recouvrement) des instructions dépendantes les unes des autres	*détection* des dépendances et *verrouillage* portant : soit sur les instructions elles-mêmes, soit sur les opérandes non mis à jour

Tableau 11. Les problèmes de parallélisme dans les machines pipe-line.

2. 2. 2. Description générale d'une machine pipe-line. Nous nous proposons de décrire aussi succinctement que possible la structure et le fonctionnement d'une machine pipe-line. Notre modèle, Boulixissime représenté figure 14, est fortement inspiré de l'IBM 360-91 (fig. 12). Nous avons préféré cet exemple à celui du CDC 6600 (fig. 13) car cette dernière machine participe également de l'architecture à opérateurs parallèles.

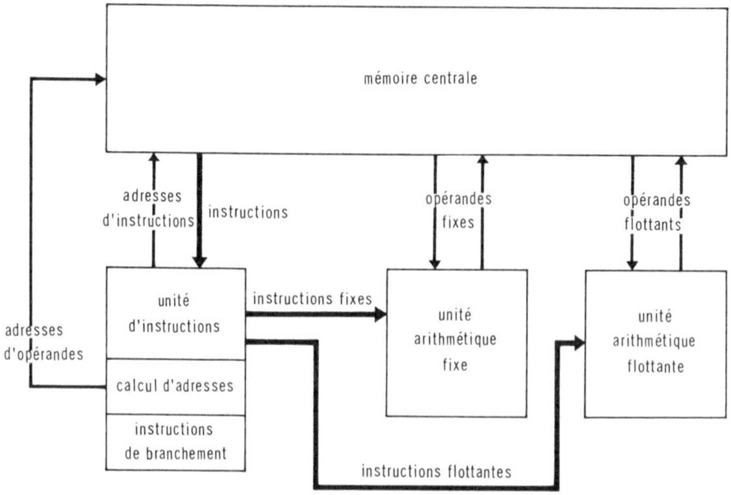

Fig. 12. Organisation générale du 360-91.

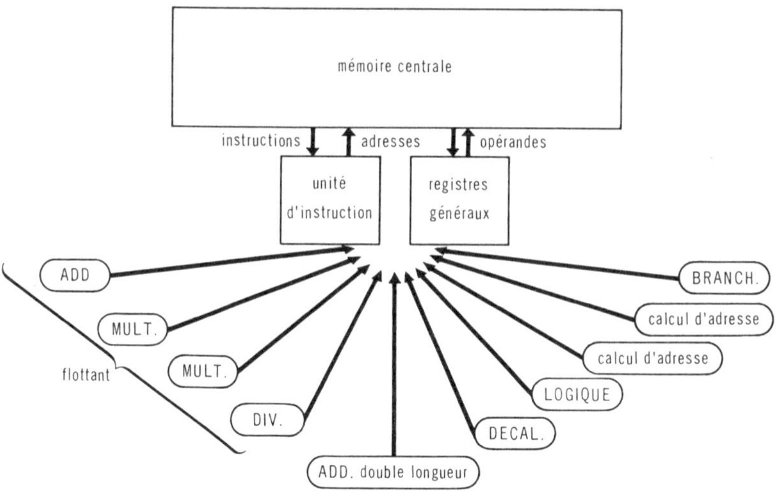

Fig. 13. Organisation générale du CDC 6600.

Très grossièrement, notre machine est divisée en quatre grandes unités :
(1) *la mémoire centrale* entrelacée sur un nombre de banks cohérent avec le nombre de cycles mineurs par cycle mémoire et le dispositif qui contrôle les accès à cette mémoire ;

(2) *l'unité d'instruction* qui comporte une file d'attente pour les instructions en provenance de la mémoire, les registres d'adressage, une unité de calcul d'adresse, une unité de prédécodage des instructions et une unité de décodage et d'exécution des instructions d'organisation de programme ;

(3) et (4) *une unité pour les opérations arithmétiques fixes et une unité pour les opérations arithmétiques flottantes* que, pour simplifier, nous avons bâties sur le même modèle. L'unité flottante, qui seule existe sous cette forme dans le 360-91, comporte une file d'attente des instructions flottantes et le décodeur associé, des registres d'attente pour les opérandes flottants en provenance de la mémoire, les registres arithmétiques flottants, les opérateurs flottants, chaque opérateur étant lui-même pipe-line.

Considérons à titre d'exemple une instruction de multiplication flottante. Elle se décompose en plusieurs étapes que nous schématisons figure 15.

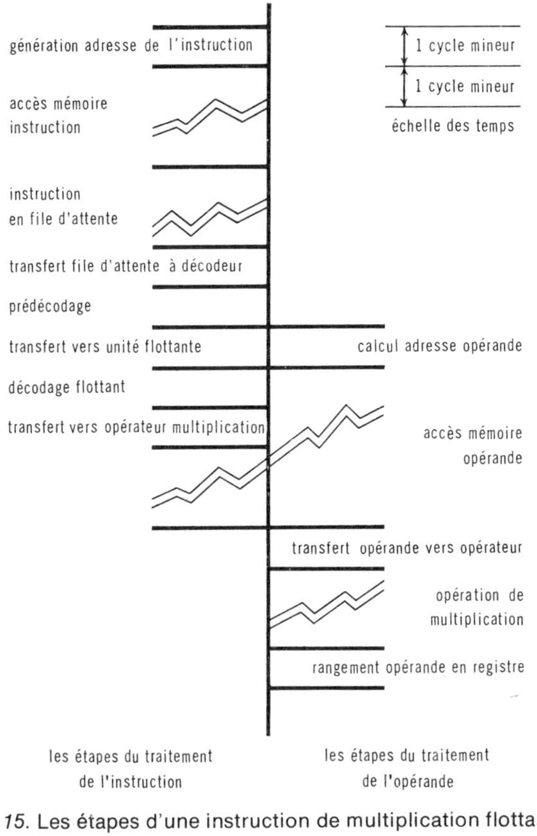

Fig. 15. Les étapes d'une instruction de multiplication flottante.

L'adresse de l'instruction est générée au niveau de l'unité d'instruction (compteur d'initialisation d'instructions). Après un accès mémoire

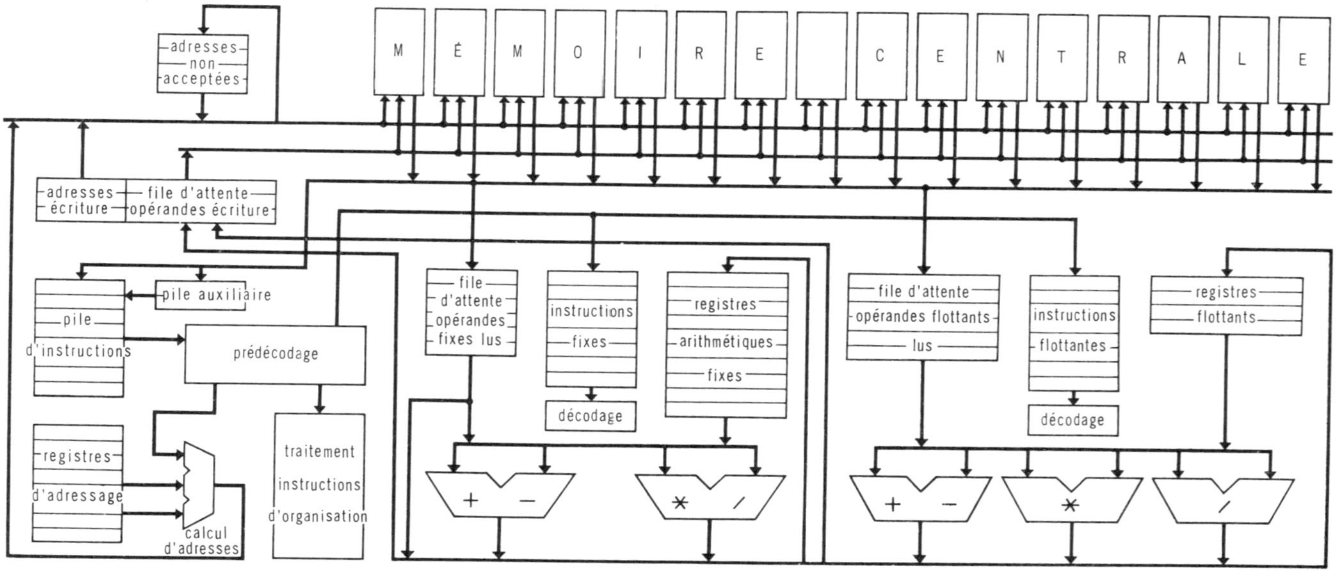

Fig. 14. Boulixissime.

l'instruction recherchée est rangée dans la pile. Elle se déplacera éventuellement dans la pile jusqu'à ce qu'elle soit transférée dans le prédécodeur. Celui-ci détectera d'une part qu'il s'agit d'une instruction flottante et commandera son transfert vers l'unité flottante, d'autre part que l'opérande est en mémoire et enverra la partie adresse à l'unité calcul d'adresse qui, après obtention de l'adresse effective, demandera un accès mémoire. Pendant l'accès mémoire l'unité flottante décodera l'instruction et préparera l'opérateur multiplication à exécuter l'opération en la verrouillant jusqu'à ce que l'opérande issu de la mémoire lui ait été effectivement transféré.

En ce qui concerne l'aspect pipe-line de l'exécution des instructions successives, nous noterons qu'il est nécessaire que : (1) les instructions soient décodées dans l'ordre au niveau de l'unité d'instruction; (2) les adresses soient calculées dans l'ordre dans l'unité de calcul d'adresse et envoyées dans l'ordre à l'unité de contrôle mémoire qui se chargera d'éviter d'intervertir dans le temps les opérations de lecture et d'écriture concernant la même adresse; (3) les instructions soient décodées dans l'ordre au niveau de chaque unité arithmétique.

Par contre, nous verrons que l'ordre du programme n'est plus forcément respecté : (1) entre les décodages d'instructions dans deux unités arithmétiques différentes; (2) entre les initialisations d'exécution effective des opérations à l'intérieur d'une même unité arithmétique dans la mesure où des conditions de dépendance n'ont pas été détectées.

Nous nous proposons d'analyser successivement : la gestion des accès mémoire, la gestion de l'unité d'instruction, la gestion d'une unité arithmétique, en nous intéressant tout particulièrement au contrôle du flot d'informations et à la solution des conflits de parallélisme.

2. 3. *Gestion de la mémoire centrale.*

Nous allons supposer que nous disposons d'une mémoire centrale entrelacée sur un nombre de banks nettement supérieur au rapport cycle mémoire / cycle mineur. Elle comporte trois bus d'accès : un bus des adresses, un bus de lecture et un bus d'écriture. Une nouvelle référence mémoire peut être demandée à chaque cycle mineur. L'adresse correspondante est envoyée simultanément à tous les banks mémoire par l'intermédiaire du bus des adresses. Le bank qui se reconnaît lance alors un cycle mémoire — sauf s'il y a conflit d'accès. L'accès à la mémoire pose de nombreux problèmes : l'aiguillage des informations lues dans la mémoire; la gestion des conflits d'accès (conflits au niveau d'un bank ou au niveau de l'ensemble mémoire); la gestion des conflits de dépendance (qui dans la 360-91 se généralise en gestion des accès multiples).

2. 3. 1. L'aiguillage des informations lues dans la mémoire. Le problème est de diriger toute information lue en mémoire vers l'unité à qui elle est destinée. Dans ce but on associe à chaque adresse un indicateur désignant l'unité destinataire. Le problème posé peut être considéré comme résolu si on est capable d'associer le bon indicateur à toute information se présentant sur le bus de lecture en provenance de la mémoire.

Une première solution plus ou moins inspirée du 6600 consiste à envoyer l'indicateur au bank mémoire en même temps que l'adresse. Celui-ci le mémorise pendant le temps d'accès et le restitue avec l'information lue sur le bus de lecture (fig. 16).

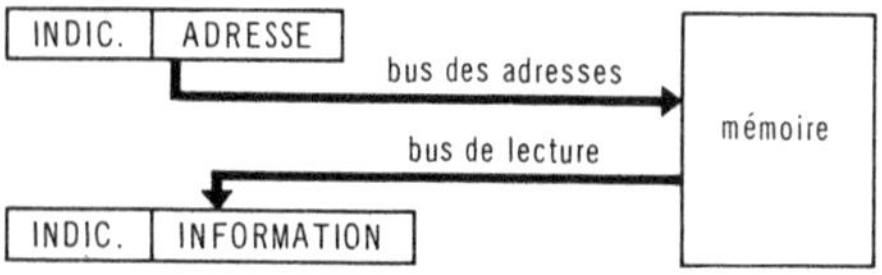

Fig. 16. Destination des informations cherchées en mémoire (6600).

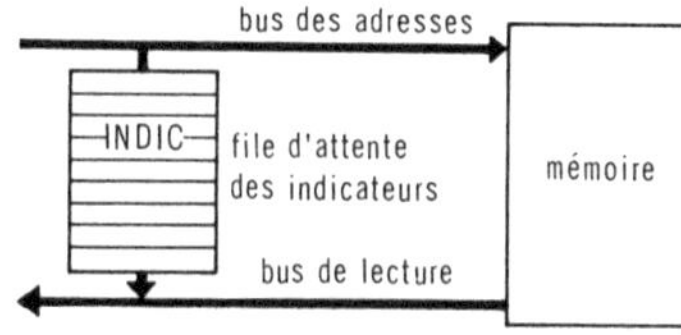

Fig. 17. Destination des informations cherchées en mémoire (360-91).

Une deuxième solution nous est donnée par le 360-91. Les indicateurs sont insérés dans une file d'attente dont les éléments descendent d'un cran tous les cycles mineurs. La durée de parcours est égale au temps d'accès mémoire, de sorte que le retour de l'information en provenance de la mémoire est synchronisé avec la sortie hors de la file d'attente de l'indicateur associé (fig. 17).

2. 3. 2. La gestion des conflits d'accès au niveau des banks mémoire. Il faut conserver au niveau du contrôleur de mémoire les adresses des références qui, bien qu'acceptées par le dispositif de gestion des priorités, n'ont pu être servies, le bank adressé étant occupé.

Le CDC 6600 résout ce problème par une file d'attente. Toute référence envoyée sur le bus d'adresses est simultanément introduite dans un ensemble de registres où elle recircule, le temps de recirculation (fig. 18) étant synchronisé avec le retour d'un signal émis par le bank mémoire adressé pour indiquer s'il a accepté la demande ou s'il était occupé. Dans ce dernier cas, l'adresse est à nouveau introduite sur le bus des adresses pour un nouvel essai.

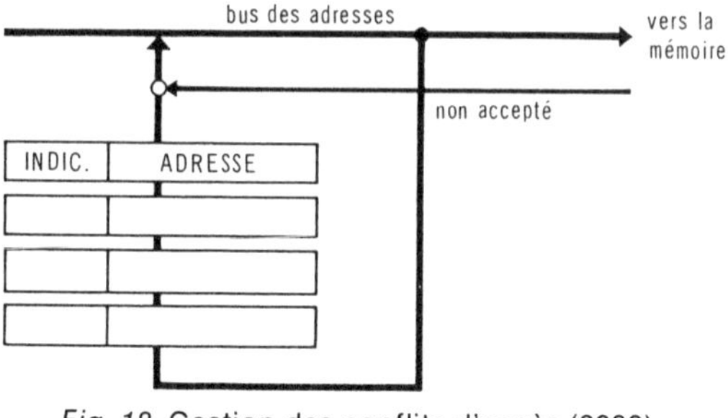

Fig. 18. Gestion des conflits d'accès (6600).

Dans le 360-91, on n'envoie sur le bus des adresses que les références qui seront acceptées. Les autres sont stockées dans un ensemble de registres tampons, et seront présentées sur le bus des adresses dès que le bank adressé sera libre. Pour détecter qu'une adresse sera acceptée, il faut avoir une table des adresses de banks occupés que l'on puisse tester par voie associative à chaque cycle mineur (fig. 19).

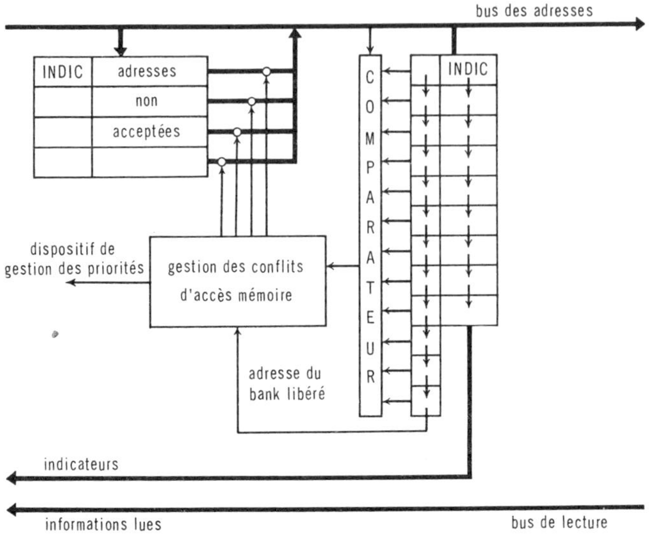

Fig. 19. Gestion des conflits d'accès (360-91).

Il paraît alors normal d'associer à la file d'attente des indicateurs les adresses des banks occupés correspondants. En fait la file d'attente de ces adresses de bank sera plus longue que celle des indicateurs puisque elle doit être parcourue pendant un cycle mémoire complet (et non pendant le temps d'accès seulement).

2. 3. 3. La gestion des priorités d'accès à la mémoire. L'unité d'accès mémoire reçoit des demandes en provenance : (1) de l'unité d'instruction qui demande des lectures d'instruction; (2) de l'unité de calcul d'adresse pour les lectures ou écritures d'opérandes; (3) des unités d'échange; de plus, il ne faut pas oublier celles provenant de la file d'attente des demandes de référence mémoire qui se sont heurtées à des conflits de type bank occupé et dans le 360-91 d'une file d'attente des adresses de rangements d'opérande (permettant d'attendre les opérandes en provenance des unités arithmétiques avant de lancer le cycle d'écriture correspondant).

En dehors des entrées-sorties qui sont les plus prioritaires, les priorités de ces différents accès dépendent (fig. 20) de l'état des conflits d'accès précédemment rencontrés pour faire passer en priorité les demandes qui ont dû être différées et de l'état de la pile d'instruction qui est prioritaire sur les demandes d'opérandes dans le cas où elle est insuffisamment remplie.

2. 3. 4. La gestion des problèmes de dépendance. Reportons-nous à la figure 18 qui représente pour le 6600 la file d'attente des références qui ont été envoyées à la mémoire, mais dont on ne sait pas encore si elles ont été acceptées. Nous risquons de nous trouver devant un problème de dépendance si une demande d'écriture est suivie d'une demande de lecture à la même adresse ou *vice versa*. L'ordre de ces opérations ne peut être garanti sans précautions spéciales au cas où le bank adressé serait occupé lors de l'apparition de la première demande. En effet, la deuxième demande peut trouver le bank libre alors que la première se trouve en train de circuler dans la file d'attente. Dans le cas du 6600, on résout ce problème par une méthode brutale, qui consiste à interdire l'introduction d'une référence en lecture (respectivement écriture) en provenance de l'unité centrale s'il y a déjà une référence en écriture (respectivement lecture) en recirculation.

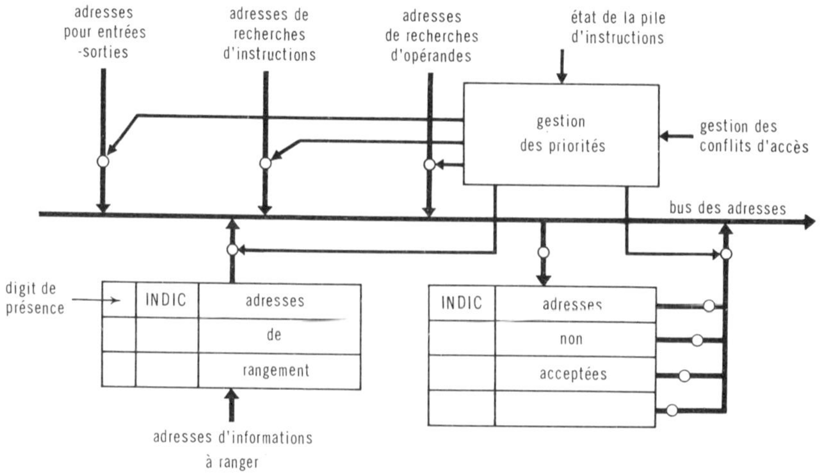

Fig. 20. Gestion des priorités d'accès à la mémoire 360-91.

2. 3. 5. La gestion des accès multiples. Dans le 360-91 on dispose d'une gestion beaucoup plus fine des accès multiples à une même adresse mémoire. Les problèmes sont résolus par comparaison associative, tous les cycles mineurs, entre la nouvelle adresse qui se présente et toutes les adresses comprises dans trois jeux de registres : file d'attente des adresses de rangement, registres tampons contenant des adresses non acceptées, file d'attente des adresses acceptées (fig. 21).

Ceci permet : (1) de déceler tout problème de dépendance et donc d'éviter de modifier le séquencement logique des instructions ; (2) de déceler les demandes de lecture concernant une même adresse qui pourront alors être servies par un seul cycle mémoire ; (3) de fournir sans accès mémoire l'information cherchée lorsqu'une opération de lecture suit de peu une opération d'écriture concernant la même adresse.

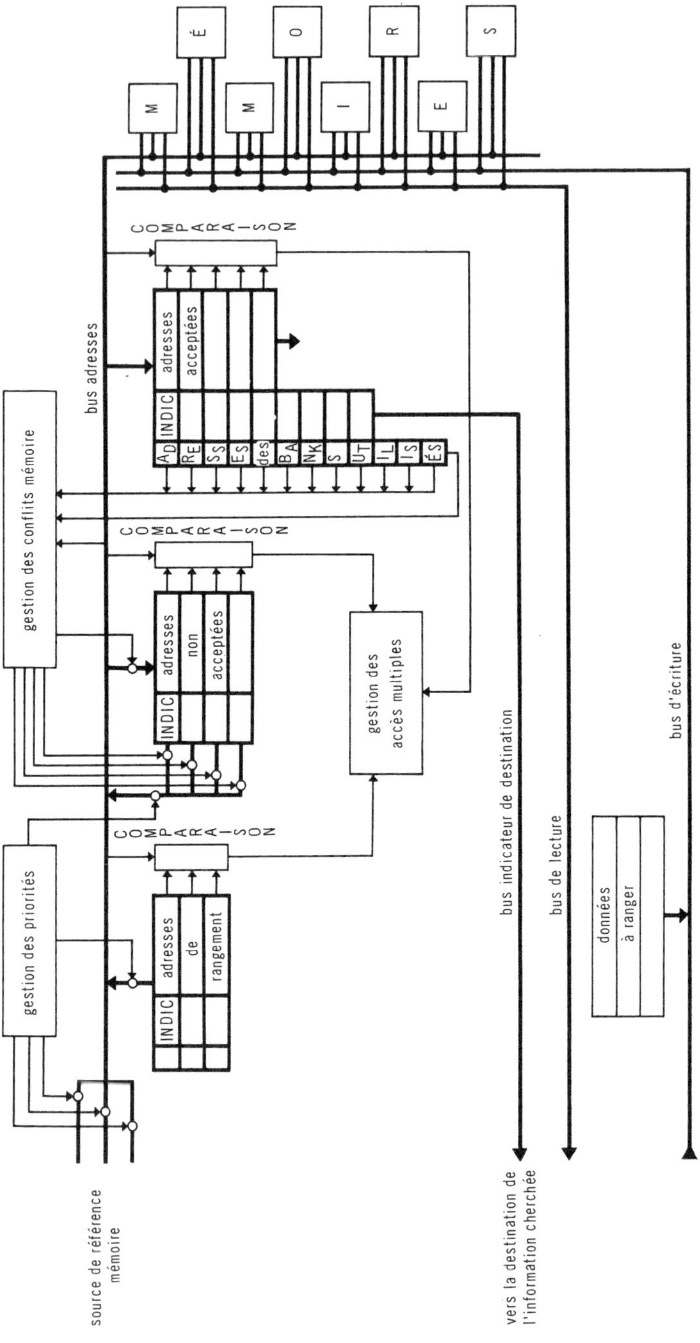

Fig. 21. Gestion de la mémoire en 360-91.

2. 4. *La gestion de la pile d'instructions.*

2. 4. 1. L'unité d'instruction. Cette unité (schématisée figure 14)
— initialise les instructions en envoyant leurs adresses et les indicateurs correspondants vers la mémoire,
— gère l'avancement de la pile des instructions en provenance de la mémoire,
— exécute les prédécodages des instructions et aiguille les instructions arithmétiques vers les unités correspondantes (fixes ou flottantes), après les avoir munies des indicateurs nécessaires, en remplaçant notamment l'adresse en mémoire par le numéro du registre tampon vers lequel sera dirigé l'opérande,
— calcule les adresses d'opérandes et les envoie vers le contrôleur de mémoire en leur associant les indicateurs nécessaires désignant, outre le type de cycle mémoire à exécuter, le registre tampon destinataire dans l'unité arithmétique correspondant au type d'opérande,
— décode et exécute les instructions d'organisation des programmes et de modification d'état machine.

Parmi cet ensemble de fonctions, nous nous intéresserons essentiellement à la gestion de la pile des instructions et à l'effet des instructions de branchement sur le flot des informations, en nous inspirant des algorithmes utilisés en 360-91.

2. 4. 2. Les états de fonctionnement de la pile d'instructions. La pile d'instructions est formée d'un ensemble de registres dont la taille correspond au mot mémoire (8 mots de 64 bits en 360-91 et 8 mots de 60 bits en 6600). Un registre peut contenir plusieurs instructions, mais nous n'entrerons pas dans les détails techniques qu'entraîne cette situation.

La pile a trois états de fonctionnement : initialisation, fonctionnement normal, discontinuité. L'étape d'initialisation existe au démarrage de la machine et à la suite de certaines discontinuités. Les discontinuités sont essentiellement dues aux instructions de branchement et aux interruptions, mais aussi à certaines instructions de rangement (quand elles affectent une information dans la pile).

2. 4. 2. 1. Initialisation de la pile d'instructions. Au départ la pile est considérée comme vide. Les instructions issues de la mémoire la remplissent en se poussant les unes les autres. Les recherches d'instructions sont prioritaires par rapport aux recherches d'opérandes tant que la pile est insuffisamment remplie. Dans le cas où le décodeur est en attente, on peut, pendant l'initialisation, lui transmettre les instructions de n'importe quel emplacement de la pile.

2. 4. 2. 2. Fonctionnement normal de la pile d'instructions. En fonctionnement normal (fig. 22), l'instruction en cours de prédécodage occupe toujours le même emplacement dans la pile qui descend d'un cran chaque fois que l'on passe au décodage du mot suivant. La position du registre contenant les instructions en cours de décodage est choisie de telle sorte qu'un nombre suffisant d'instructions soient chargées en avance pour éviter toute attente du prédécodeur. Nous verrons plus tard l'intérêt de conserver des instructions déjà exécutées.

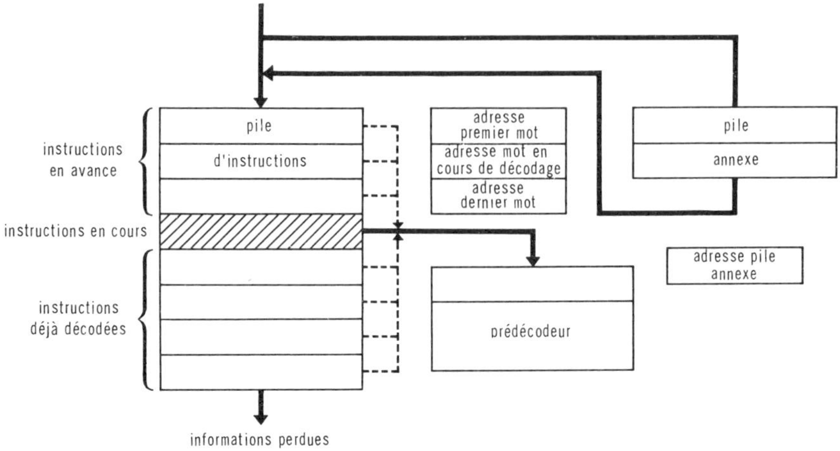

Fig. 22. La pile en fonctionnement normal.

La pile est gérée par l'intermédiaire de trois registres qui contiennent respectivement : (1) l'adresse en mémoire du mot contenu dans le premier registre de la pile (dernières instructions chargées) ; (2) l'adresse en mémoire du mot en cours de décodage ; (3) l'adresse en mémoire du mot contenu dans le dernier registre de la pile (instructions les plus anciennes). En fonctionnement normal, ces trois registres sont incrémentés de 1 chaque fois que la pile descend d'un cran.

2. 4. 2. 3. Les discontinuités du fonctionnement de la pile. En dehors des interruptions que nous n'aborderons pas ici, on distingue quatre cas de discontinuités :

(1) *Rangements à une adresse mémoire dont le contenu est chargé dans la pile.*

Nous rencontrerons ici un cas très particulier de conflit de parallélisme : nous avons pris copie dans la pile d'une portion de mémoire. Cette copie n'est valable que dans la mesure où le contenu de cette portion de mémoire ne subit pas de modification, c'est-à-dire que si l'instruction en cours ne vient pas modifier les instructions chargées en pile. Chaque fois qu'elle détectera une instruction de rangement, l'unité d'instruction vérifiera que l'information référencée n'est pas chargée dans la pile. Sinon il doit y avoir verrouillage de la position correspondante dans la pile jusqu'à ce que la modification ait été faite.

(2) *Branchement inconditionnel.*

A moins que le branchement n'ait lieu à une instruction chargée dans la pile, cette dernière doit être réinitialisée.

(3) *Branchement conditionnel.*

Tant que l'on n'a pas testé la condition, on ne sait pas si le branchement aura lieu ou non. En attendant, il faut parier. On parie que la condition ne sera pas réalisée, c'est-à-dire que le branchement n'aura pas lieu. On continue donc à décoder les instructions suivantes en les marquant. Afin de différer leur exécution — qui ne pourrait avoir lieu qu'après le test de la condition — on met le calculateur en mode conditionnel : les instructions marquées sont préparées, les recherches d'opérandes lancées, mais l'exécution effective est verrouillée. Tout en préparant ainsi l'hypothèse « condition non réalisée », on prépare simultanément l'hypothèse « condition réalisée » en chargeant dans une pile annexe les instructions rangées en mémoire à partir de l'adresse de branchement.

Quand le test de la condition est effectif, deux hypothèses peuvent se produire : (a) la condition n'est pas réalisée : on repasse du mode conditionnel au mode normal et les instructions préparées s'exécutent; (b) la condition est réalisée : on annule les instructions préparées sous mode conditionnel et on réinitialise la pile d'instruction à partir de la pile annexe.

De façon générale, il semble qu'il faille systématiquement parier pour le branchement dans le cas d'un branchement conditionnel vers l'amont, car il s'agit généralement d'une boucle, tandis que l'on ne peut rien présumer en ce qui concerne les branchements vers l'aval.

(4) *Traitement des petites boucles.*

Lorsqu'il y a branchement vers l'arrière de moins de *n* positions, *n* représentant la hauteur de la pile d'instructions, on suppose qu'il s'agit d'une boucle. On recale la pile d'instruction de façon à ce qu'elle contienne la boucle tout entière et on positionne l'unité d'instruction en mode boucle : la pile reste alors figée tant que l'on ne sort pas de la boucle.

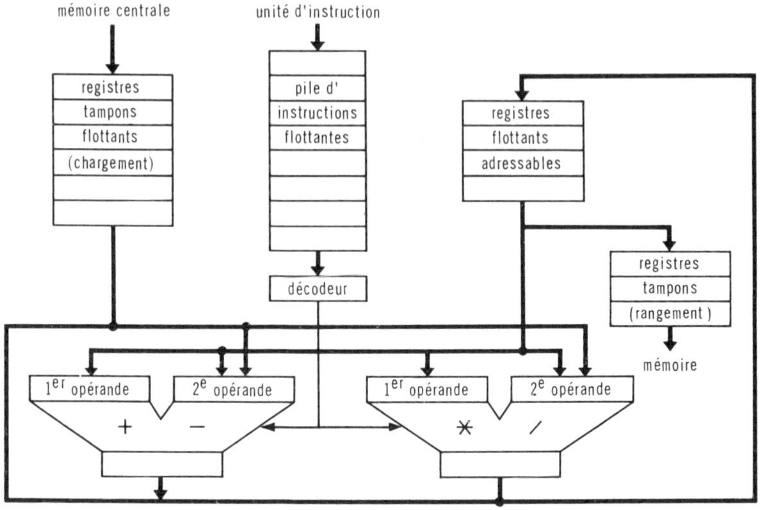

Fig. 23. Unité flottante simplifiée (360-91).

2. 5. *La gestion d'une unité arithmétique : l'algorithme de Tomasulo.*

L'algorithme de Tomasulo permet d'exploiter très efficacement une unité arithmétique possédant des opérateurs arithmétiques pipe-line. Nous allons le décrire en nous inspirant de son application à l'unité flottante du 360-91.

Cette unité comporte (fig. 23) : (1) une file d'attente d'instructions flottantes issues de l'unité d'instructions ; (2) des registres d'attente pour les opérandes en provenance de la mémoire centrale ; (3) une file d'attente d'opérandes à ranger en mémoire centrale ; (4) les registres arithmétiques flottants adressables ; (5) les opérateurs pipe-line (un pour addition-soustraction, un pour multiplication-division).

Elle exécutera les trois types d'instruction suivants :

1) CHA R_i M_j — $(M_j) \longrightarrow R_i$

Chargement du registre R_i à partir de la cellule mémoire d'adresse M_j (c'est-à-dire à partir d'un registre tampon de chargement)

2) RNG R_i M_j — $(R_i) \longrightarrow M_j$

Rangement du contenu du registre R_i dans la cellule mémoire d'adresse M_j (c'est-à-dire dans un registre tampon de rangement)

3) $\left.\begin{matrix}\text{ADD}\\ \text{SUB}\\ \text{MULT}\\ \text{DIV}\end{matrix}\right\}$ R_i $\left\{\begin{matrix}M_j\\ R_k\end{matrix}\right.$

$$(R_i) \begin{matrix}+\\ -\\ *\\ /\end{matrix} \left\{\begin{matrix}M_j\\ R_k\end{matrix}\right\} \longrightarrow R_i$$

Opération arithmétique entre le contenu du registre R_i et soit le contenu de la cellule mémoire d'adresse M_j, soit le contenu du registre R_k, le résultat étant dans R_i.

Dans ce dernier cas, le registre R_i fera à la fois office de source et de destination. Nous appellerons *premier opérande* l'opérande correspondant.

Une instruction flottante peut se trouver bloquée dans trois hypothèses de conflit : (1) l'opérateur correspondant n'est pas libre ; (2) l'opérande issu de la mémoire n'est pas encore arrivé dans les registres tampons ; (3) un des registres de l'opération est utilisé comme premier opérande dans une opération précédente non terminée. Dans les descriptions qui suivent, nous porterons toute notre attention sur le troisième type de conflit, de beaucoup le plus intéressant. Nous vérifierons *a posteriori* que les algorithmes décrits résolvent également les deux premiers.

Pour aborder l'algorithme de Tomasulo, nous proposons le cheminement suivant :

(1) *Mise au point d'une méthode de détection des dépendances et de verrouillages permettant d'exécuter en séquence les instructions dépendantes (méthode dite du bit de verrouillage).*

(2) *Critique de la méthode du bit de verrouillage dans le domaine des performances. Elle apparaîtra trop sévère parce que détruisant l'aspect*

pipe-line de l'unité arithmétique même dans des cas non imposés par la dépendance.

(3) *Description des dispositifs et concepts de base de l'algorithme de Tomasulo.*

(4) *Description sur un exemple de l'algorithme de Tomasulo.*

2. 5. 1. La méthode du bit de verrouillage. Cette méthode permet de détecter les dépendances et d'effectuer les verrouillages correspondants, de façon à imposer l'exécution séquentielle des instructions dépendantes. Elle consiste à verrouiller l'utilisation d'un registre arithmétique lorsque son contenu n'est pas valide, c'est-à-dire pendant la durée de toute instruction le modifiant. Les instructions suivantes portant sur ce registre devront donc attendre son déverrouillage pour s'exécuter. On associe à chaque registre arithmétique un bit de verrouillage BV qui est positionné à 1 lorsque le contenu du registre est invalide.

BV*i*	Registre *i*
0	(R_i) à jour
1	(R_i) non valide

Le bit de verrouillage BV*i* du registre R_i : (1) est testé au moment du décodage par toute instruction référençant le registre R_i : s'il est à 0, l'instruction peut être lancée, s'il est à 1, l'instruction ne peut être lancée ; (2) est positionné à 1 au début de l'exécution de toute instruction modifiant le registre R_i puis est remis à zéro lorsque la modification est effectuée.

2. 5. 2. Critique de la méthode du bit de verrouillage. Le bit de verrouillage résolvant tous les cas de dépendance, cette critique concerne uniquement le problème des performances et porte sur trois points : les transferts inutiles entre registres, le blocage du décodage des instructions et le verrouillage dans le cas des fausses dépendances.

Nous nous proposons de les mettre en évidence à partir d'un exemple très simple. Considérons les deux instructions :

MULT R_1 R_2 $(R_1) \times (R_2) \longrightarrow R_1$
ADD R_2 R_3 $(R_1) + (R_3) \longrightarrow R_1$

dont le chronogramme est donné figure 24.

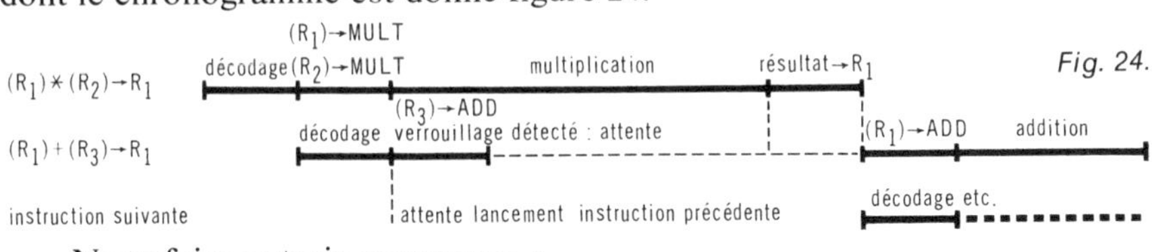

Fig. 24.

Nous faisons trois remarques :

(1) *les transferts inutiles entre registres.*

Le résultat de la multiplication est envoyé dans le registre R_1, puis le contenu du registre R_1 dans l'additionneur : on aurait gagné un cycle mineur en transférant simultanément le résultat vers ses deux destinations, ce qui revient à passer du schéma *a* au schéma *b* de la figure 25.

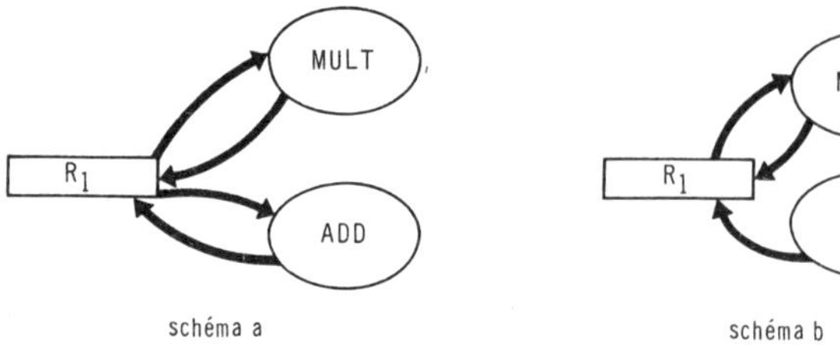

Fig. 25.

(2) *le blocage du décodage des instructions.*
Après décodage de l'addition, le décodeur s'aperçoit qu'il ne peut lancer cette opération, le registre R_1 étant verrouillé. Il ne peut décoder l'opération suivante sans perdre les informations permettant de lancer l'addition quand il en sera temps. Ainsi la présence d'une dépendance bloque l'aspect pipe-line des instructions suivantes.

On peut pallier cet inconvénient en envoyant les informations permettant de lancer l'addition à l'additionneur qui ira lui-même chercher l'opérande contenu dans R_1 après déverrouillage de ce registre. Ceci libère le décodeur pour l'instruction suivante. Mais le problème est reporté au

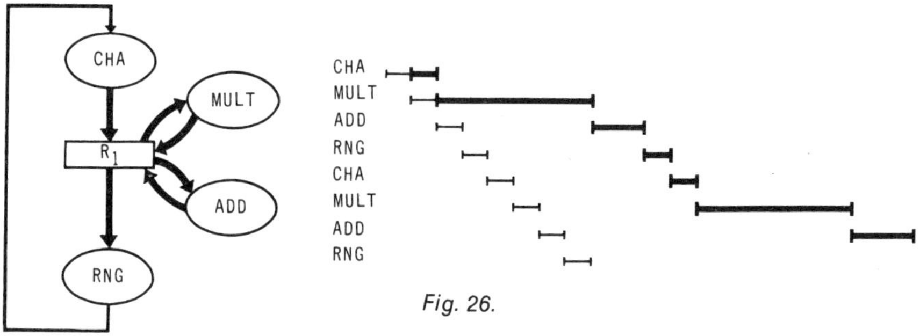

Fig. 26.

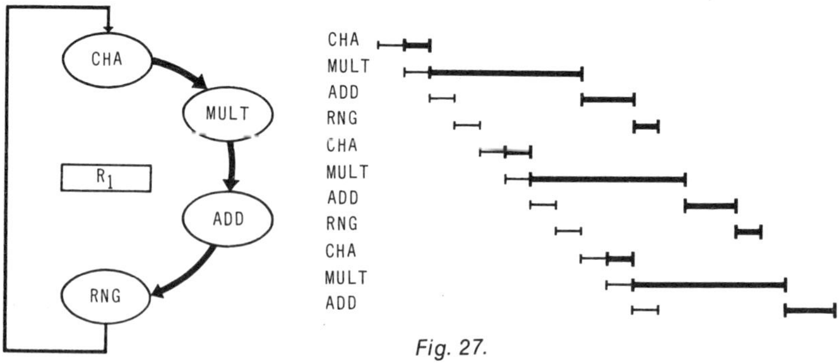

Fig. 27.

niveau des opérateurs arithmétiques qui, étant réservés pour des opérations en attente, ne peuvent prendre en charge les nouvelles instructions. La solution consisterait-elle alors à multiplier le nombre des opérateurs de chaque type?

(3) *le verrouillage dans le cas des fausses dépendances.*
En supposant une solution au blocage du décodage des instructions après un verrouillage pour dépendance, il resterait encore le problème des fausses dépendances. Nous en avons un exemple type en insérant nos deux instructions dans une boucle (fig. 26).

On s'aperçoit que, du fait de l'utilisation du registre R_1 comme registre de travail commun, les passages successifs dans la boucle ne se recouvrent pas. Il n'en serait pas de même si nous réussissions à ne plus passer par le registre R_1, c'est-à-dire si nous transmettions directement les résultats d'opérateur en opérateur (fig. 27).

2. 5. 3. Les dispositifs de base de l'algorithme de Tomasulo. Ce sont (fig. 28) :

(1) *Le digit de verrouillage associé à chaque registre arithmétique.*

(2) *Les stations tampons devant les opérateurs, permettant la mémorisation des opérations en attente pour cause de conflit de parallélisme.*

(3) *Le bus commun reliant les sources possibles d'opérandes attendus à toutes les destinations possibles d'opérandes.*

(4) *Les indicateurs permettant le contrôle des mouvements d'opérandes sur le bus commun.*

— Le *digit de verrouillage* a la même fonction que précédemment.
— Les *stations tampons* évitent de multiplier les opérateurs arithmétiques supposés pipe-line. Lorsque le décodeur détecte une instruction portant sur un registre verrouillé, il lui réserve une station tampon devant l'opérateur correspondant et lui envoie toutes les informations concernant cette instruction, ce qui lui permet de passer au décodage de l'instruction suivante. L'opérateur n'est pas bloqué par cette réservation et peut lancer d'autres opérations en attendant que celle-ci se déverrouille.
— Le *bus commun* est alimenté par toutes les unités dont on attend des résultats et alimente tout registre qui peut attendre un résultat.
— Les *indicateurs de contrôle du bus commun.*

A chaque unité susceptible d'être source d'opérande pour le bus commun nous affectons un numéro que nous appellerons le *Tag.* Ainsi en va-t-il : (1) des registres tampons en provenance de la mémoire et (2) des stations tampons (qui seront une fois l'opération effectuée dans l'opérateur associé considérées comme source pour le bus commun).

Chaque registre susceptible d'être alimenté par le bus commun est préfixé. Le *préfixe* possède un nombre de digits suffisant pour contenir un Tag. Ainsi sont préfixés : (1) les registres flottants, (2) chacun des registres de chaque station tampon et (3) les registres de la file d'attente des rangements. Enfin le bus commun transportera, outre l'opérande, le Tag désignant sa source.

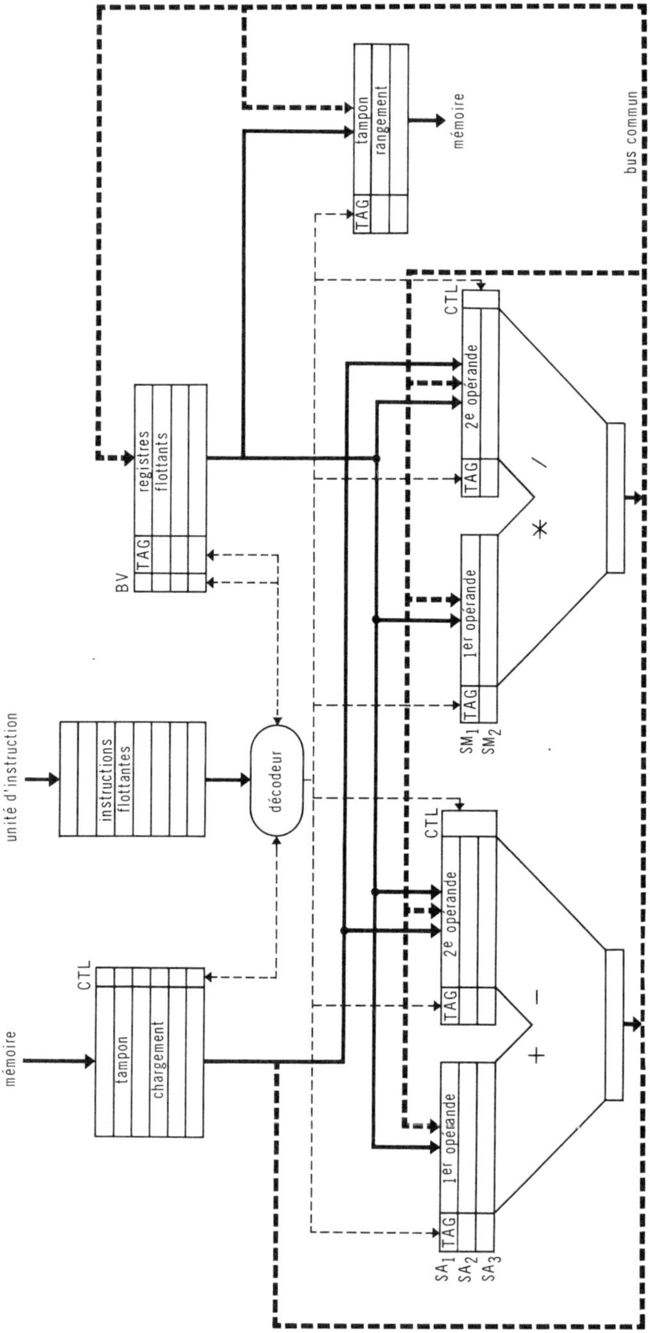

Fig. 28. Schéma simplifié de l'unité flottante du 360-91.

2. 5. 4. Description de l'algorithme de Tomasulo. Nous nous proposons d'expliciter l'algorithme de Tomasulo sur un exemple simple :

ADD R_1 R_2 $(R_1) + (R_2) \longrightarrow R_1$

ADD R_1 R_3 $(R_1) + (R_3) \longrightarrow R_1$

On suppose qu'au départ les registres R_1, R_2 et R_3 ne sont pas verrouillés :

Phase 1 : décodage de la première addition (fig. 29). Le décodeur :

(1) vérifie qu'il existe une station tampon de l'additionneur libre et la réserve; soit SA_1 cette station;

(2) teste le digit de verrouillage et vérifie que le contenu de R_1 est valide;

(3) envoie le contenu de R_1 dans la partie source / destination de la station SA_1 et le contenu de R_2 dans l'autre partie de SA_1 ;

(4) positionne le bit de verrouillage de R_1 à 1 pour éviter qu'une instruction suivante n'utilise la valeur actuelle de R_1 ;

(5) positionne le préfixe de R_1 avec le Tag désignant la station SA_1, pour indiquer que le résultat de l'opération issue de la station SA_1 doit être rangé dans R_1. Les deux opérandes étant chargés dans la station SA_1, l'addition peut commencer à s'exécuter.

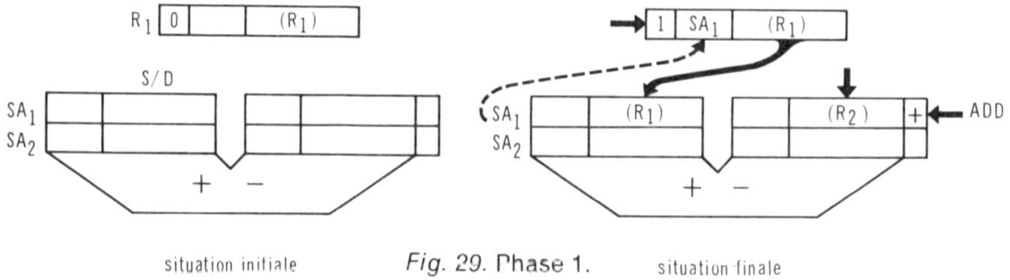

Fig. 29. Phase 1.

Phase 2 : décodage de la deuxième addition (fig. 30). Le décodeur :

(1) vérifie qu'il y a une station libre devant l'additionneur; soit SA_2 cette station;

(2) teste le bit de verrouillage du registre R_1 et constate qu'il est à 1;

(3) dans ces conditions n'envoie pas le contenu du registre R_1 dans la position source/destination de la station tampon SA_2, mais :

(4) copie le Tag contenu dans le préfixe associé à R_1, dans le préfixe associé au premier opérande de la station, pour indiquer l'origine effective du premier opérande (à savoir le résultat de la première addition caractérisée par la station tampon SA_1);

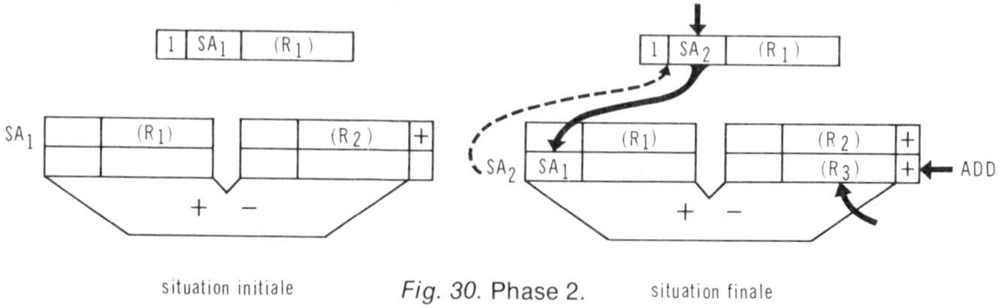

Fig. 30. Phase 2.

(5) charge dans le préfixe associé à R_1 le Tag de la station SA_2 pour indiquer que le résultat de cette deuxième addition doit être rangé dans R_1 ;
(6) ne modifie pas le bit de verrouillage de R_1.

Le décodeur est libre pour l'instruction suivante.

Phase 3 : Exécution de la première addition (fig. 31).

La première addition a commencé à s'exécuter dès que les deux opérandes ont été chargés dans SA_1. Une fois le résultat obtenu, la station SA_1 remettra ses propres préfixes à zéro tout en envoyant sur le bus commun (1) le Tag SA_1 désignant la station émettrice et (2) le résultat de l'addition.

Le Tag circulant sur le bus commun est distribué à tous les registres destinataires de ce bus qui le comparent associativement au contenu de leurs préfixes. Dans notre exemple, il y a coïncidence entre le Tag porté par le bus commun et le préfixe associé au premier opérande de la station tampon SA_2. Le résultat est alors échantillonné dans le registre correspondant de cette station, tandis que le préfixe est remis à zéro (notons que si la deuxième addition n'avait pas été décodée, le résultat aurait été rangé dans le registre R_1).

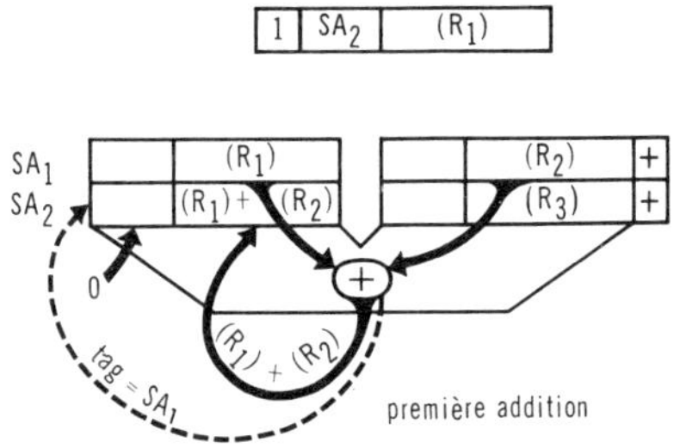

Fig. 31. Phase 3
première addition.

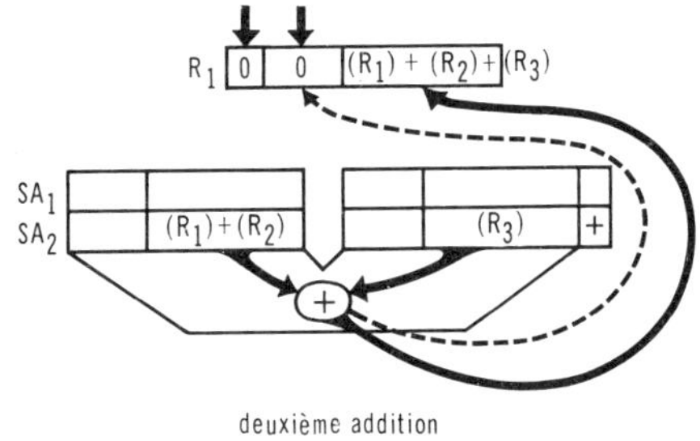

Fig. 32. Phase 4
deuxième addition.

Phase 4 : Exécution de la deuxième addition (fig. 32).

La station tampon SA_2 disposant maintenant des deux opérandes peut lancer la deuxième addition. Le résultat sera envoyé sur le bus commun accompagné du Tag SA_2. La coïncidence aura lieu pour le registre R_1, dans lequel le résultat sera rangé. Le bit de verrouillage et le préfixe du registre R_1 seront remis à zéro. On notera essentiellement que le résultat de la première addition n'a pas été chargé dans R_1, mais directement dans l'additionneur pour exécuter la deuxième addition (fig. 33).

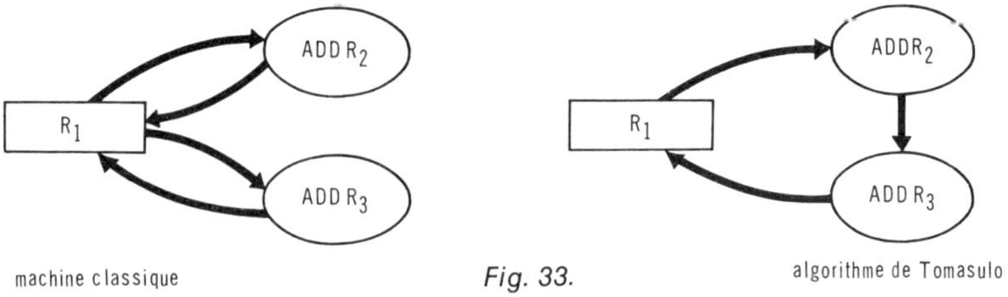

Fig. 33.

R. M. Tomasulo résume ainsi son algorithme :

« Le préfixe d'un registre flottant identifie la dernière station tampon dont le résultat lui est destiné. Quand une instruction référence un registre qui se trouve verrouillé, c'est le contenu du préfixe du registre, et non le contenu du registre lui-même, qui est adressé à la station sélectionnée. La station compare continuellement le contenu de son préfixe au Tag du bus commun qui n'est autre que le numéro de la station émettrice. Quand une coïncidence est détectée, la station réceptrice échantillonne l'information du bus commun. Les unités arithmétiques commencent l'exécution d'une opération dès que les deux opérateurs sont présents dans une station. Une station peut recevoir l'un ou les deux opérandes soit du bus commun (s'il y a attente) soit directement des registres arithmétiques ou des registres tampons. Lors du décodage d'une instruction les éventuels contenus des préfixes des registres arithmétiques sont transmis à la station tampon sélectionnée tandis que le préfixe du registre résultat est mis à jour. Cette ronde des Tags permet de séquencer correctement les instructions ayant le même registre résultat tandis que les autres instructions sont traitées indépendamment. Finalement, le préfixe d'un registre arithmétique contrôle les modifications de ce registre de telle sorte que seule la plus récente instruction, comportant sa modification, entraîne un changement effectif de son contenu. »

Nous noterons en particulier que cette transmission directe des résultats d'opérateur à opérateur, sans transiter par le registre théoriquement destinataire, permet le recouvrement des instructions dans le cas des fausses dépendances (fig. 26 et 27).

2. 6. *L'avenir de l'architecture pipe-line.*

Si l'on excepte quelques ancêtres comme le STRETCH d'I. B. M., les deux premières machines pipe-line furent le CDC 6600 puis l'IBM 360-91. Nous nous sommes, dans la description précédente, essentiellement inspiré de la seconde, à cause de ses caractéristiques pipe-line jusqu'au niveau des opérateurs arithmétiques. Il n'en aurait pas été de même avec le CDC 6600. Elle peut être considérée comme une machine pipe-line au niveau des accès mémoire (comme nous l'avons décrit), au niveau de la pile d'instruction (où les solutions adoptées sont très proches de celles du 360-91) mais pas du tout au niveau des unités arithmétiques. Au lieu de disposer d'un jeu restreint d'opérateurs pipe-line comme le 360-91, le CDC 6600 utilise un jeu important d'opérateurs traditionnels dont certains sont doublés pour permettre le parallélisme (fig. 13). On peut noter de plus que les opérations arithmétiques y sont complètement séparées des opérations concernant la mémoire. Le code instruction se réduit en effet à deux types d'instructions : (1) les instructions de chargement et rangement de registre mettant en jeu uniquement la mémoire et un registre arithmétique et (2) les instructions arithmétiques et logiques à trois adresses de registres arithmétiques. Ceci conduit à un traitement des dépendances entre instructions nettement différent de celui du 360-91 ; il ne nous a pas paru utile de l'aborder, l'exemple de l'algorithme de Tomasulo nous paraissant amplement suffisant pour donner une idée des problèmes à résoudre.

Actuellement, on assiste à un développement des techniques d'anticipation explicite sur des machines plus modestes telles que, par exemple, l'ICL 1906 ou l'IBM 370-165. L'aspect pipe-line s'y limite à la présence dans l'unité centrale de 3 à 6 instructions à des stades différents de leur traitement.

Il est difficile de pronostiquer ce que sera l'avenir des grosses machines pipe-line. Rappelons que leur conception participe d'un compromis entre d'une part l'accroissement de l'aspect pipe-line, ce qui suppose une augmentation de la complexité des algorithmes de contrôle, et d'autre part la réduction à la fois du cycle mineur et du prix de revient, ce qui, à technologies égales, s'oppose à cette augmentation de complexité.

Les idées d'avenir semblent aller vers une réduction du hardware de contrôle en reportant sur le software le contrôle de l'aspect pipe-line qui est actuellement très coûteux en temps d'exécution comme en quantité de circuits, c'est-à-dire en prix.

Une première voie possible est celle que la machine prototype nommée STAR, étudiée par Control Data Corporation, semble ouvrir. Le programmeur pourrait définir des séquences d'opérations identiques, indépendantes les unes des autres et portant sur des opérandes rangés sous forme de tableau en mémoire entrelacée. Dans de telles séquences commandées par une instruction unique, la machine serait traversée par un flot d'opérandes complètement pipe-line, sans qu'il soit besoin de faire intervenir aucun des contrôles complexes que nous avons décrits dans ce chapitre. Lorsqu'il n'en serait pas ainsi, la machine fonctionnerait soit en séquentiel normal soit en pipe-line faible. Une telle machine pourrait s'avérer très puissante pour des problèmes spécialisés dans lesquels de telles séquences d'instructions identiques et indépendantes seraient souvent mises en œuvre.

Une deuxième solution consisterait à conserver le type de chemin des données et les algorithmes actuels, mais à les contrôler par software, ce qui selon certains auteurs permettrait de gagner un ordre de grandeur en performances pour un prix à peine supérieur à celui d'un gros calculateur traditionnel. Ils proposent ainsi un type de machine qui n'aurait plus un langage machine de type traditionnel mais un langage spécialisé pipe-line. Les instructions codées sur plus d'une centaine de bits seraient divisées en champs concernant les diverses parties de la machine. Elles seraient lancées à raison d'une instruction par cycle mineur, le décodage des différents champs définissant la tâche de chaque unité de la machine pendant ce cycle mineur. Le compilateur devrait évidemment prévoir le déroulement du programme objet au niveau des cycles mineurs et optimaliser l'aspect pipe-line en tenant compte des temps de transit dans les différentes unités et des conflits d'accès ou de dépendance.

3. La hiérarchisation des mémoires.

Opposé au départ à l'architecture pipe-line (le 360-85 à mémoire hiérarchisée venant concurrencer le 360-91 pipe-line), le principe des mémoires hiérarchisées s'intègre maintenant parfaitement dans les machines pipe-line (comme le prouvent le 7600 ou encore le 360-195 qui très grossièrement peut être assimilé à un 360-91 doté d'une mémoire centrale hiérarchisée).

3. 1. *Principe des mémoires centrales hiérarchisées.*

Dans un système informatique nous avions une première notion de hiérarchie de mémoire : on distinguait la mémoire centrale directement accessible mot par mot par l'unité centrale et les mémoires auxiliaires dont les informations devaient être chargées par blocs en mémoire centrale pour être traitées. L'apparition de mémoires très rapides, films minces et surtout semi-conducteurs intégrés, dont le temps d'accès est d'un ordre de grandeur inférieur à celui des mémoires à tores, a conduit à un nouveau concept de la hiérarchisation. Faute de pouvoir remplacer l'ensemble de la mémoire centrale à tores par une mémoire très rapide pour des raisons technico-financières, on a pensé à organiser la mémoire centrale à deux niveaux (on pourrait d'ailleurs en concevoir plus de deux). Ces deux niveaux seront caractérisés l'un par un faible temps d'accès et une faible capacité, l'autre par un temps d'accès et une capacité relativement plus importants.

Dans les deux cas, l'unité centrale peut accéder à l'un et l'autre niveau. Mais il est bien clair qu'on a intérêt à ce que la plupart des références mémoire demandées par l'unité centrale se trouvent dans le premier niveau, l'accès au niveau plus lent devant rester exceptionnel (fig. 34).

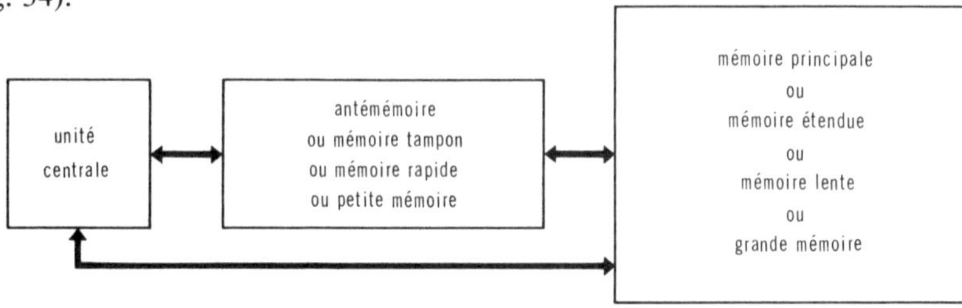

Fig. 34. Mémoire hiérarchisée.

Ceci conduit à deux types de concepts que nous nous proposons d'approfondir :

(1) **l'extension de la mémoire centrale :** le premier et le deuxième niveau peuvent en première approximation s'assimiler respectivement à une mémoire centrale et une mémoire auxiliaire appelée *mémoire étendue*. Les échanges entre niveaux sont gérés par software. Les implications hardware d'une telle structure sont peu importantes.

(2) **l'introduction d'une mémoire tampon :** le premier niveau correspond à une mémoire intermédiaire venant s'intercaler entre l'unité centrale et le deuxième niveau normalement apparenté à la mémoire centrale. Le premier niveau est appelé *mémoire tampon* ou **antémémoire** et le deuxième niveau *mémoire principale*. Les échanges entre antémémoire et mémoire principale sont entièrement gérés par hardware de telle sorte que l'antémémoire est inconnue du programmeur et n'a d'autre but que d'améliorer les performances de la machine. Lors d'une référence mémoire, l'unité centrale vérifie par voie associative si l'information cherchée se trouve dans l'antémémoire. Dans la négative seulement elle fait appel à la mémoire principale.

Nous décrirons d'une part les mécanismes types dans le cas de machines type Von Neumann, en prenant des exemples chez Control Data et IBM, d'autre part ce qu'ils pourraient être dans les machines à piles.

3. 2. *Le concept d'extension de la mémoire centrale.*

Le deuxième niveau de mémoire appelé mémoire étendue est en première approximation assimilé à une mémoire auxiliaire. Les échanges entre niveaux se font par software. Nous nous intéresserons brièvement à des problèmes qui relèvent des techniques de transferts entre niveaux et du rôle relatif de chaque niveau vis-à-vis de l'unité centrale.

3. 2. 1. Transferts entre niveaux de mémoire. Le principe souvent adopté pour les transferts entre les niveaux de mémoire est celui de la *saturation :* lorsqu'ils échangent des informations, chacun des deux niveaux travaille à son rythme maximum. Si n est le rapport cycle mémoire lente sur cycle mémoire rapide, deux méthodes extrêmes permettent d'obtenir le même débit pour les deux mémoires : (1) le mot mémoire est n fois plus grand dans la grande mémoire que dans la petite; (2) les mots mémoire sont de même longueur, mais la mémoire lente est entrelacée sur n blocs indépendants. Ces deux méthodes sont généralement combinées. Par exemple, dans le CDC 7600 les caractéristiques sont les suivantes :

Petite mémoire

— 64 K de 60 bits organisés en 32 banks avec adresses entrelacées :
— cycle de base de 275 ns, vitesse maximum de transfert de 1 mot de 60 bits tous les 27,5 ns, soit 10 mots de 60 bits par cycle petite mémoire.

Grande mémoire

— 512 K de 60 bits organisés en 8 banks entrelacés sur des cellules de 8 fois 60 digits (soit 480 bits);
— cycle de base de 1,76 μs pour 480 bits. Vitesse maximum de transfert, compte tenu du recouvrement, de 8 fois 8 mots de 60 bits par cycle grande mémoire. L'égalité des débits maximaux s'exprime par la proportion :

$$\frac{\text{nombre de mots}}{\text{cycle mémoire}} = \frac{64}{1760}\text{(grande mémoire)} = \frac{10}{275}\text{ (petite mémoire).}$$

Compte tenu de l'entrelacement des adresses dans l'une et l'autre mémoire et d'un nombre de banks suffisant, le débit maximum est atteint lors d'un échange entre les deux mémoires.

Du fait de l'imbrication portant sur des ensembles de 8 mots en grande mémoire, la simultanéité d'accès mot à mot par plusieurs demandeurs doit être proscrite sous peine de faire chuter de façon spectaculaire les performances d'accès à la grande mémoire. On résout ce problème en faisant systématiquement transiter toute information échangée entre grande mémoire et unités périphériques par des tables tampons implantées en petite mémoire, ce qui justifie a fortiori le principe de la saturation.

3. 2. 2. Rôle respectif des deux niveaux de mémoire. En 7600, par exemple, l'unité centrale accède normalement aux instructions et données en petite mémoire et exceptionnellement à des données en grande mémoire. Il est donc nécessaire de charger les programmes à exécuter en petite mémoire, quitte à ce qu'ils référencent exceptionnellement des informations restées en grande mémoire, en remarquant qu'au temps d'attente initial près, l'accès aux éléments successifs d'un tableau est aussi rapide en grande mémoire qu'en petite mémoire.

3. 3. *Le concept d'antémémoire dans une machine type Von Neumann.*

L'antémémoire ou mémoire tampon s'intercale entre l'unité centrale et la mémoire principale pour éviter aussi souvent que possible les attentes dues au temps d'accès en mémoire principale. La mémoire tampon est parfaitement transparente pour le programmeur et sa gestion est entièrement commandée par hardware.

Vu de l'unité centrale, le fonctionnement de l'ensemble mémoire tampon, mémoire centrale est le suivant (fig. 35) :
(1) dans le cas d'une recherche d'information en mémoire, on teste si l'information référencée se trouve en mémoire tampon ; si oui, on accède à la mémoire tampon ; si non on accède à la mémoire principale et on en

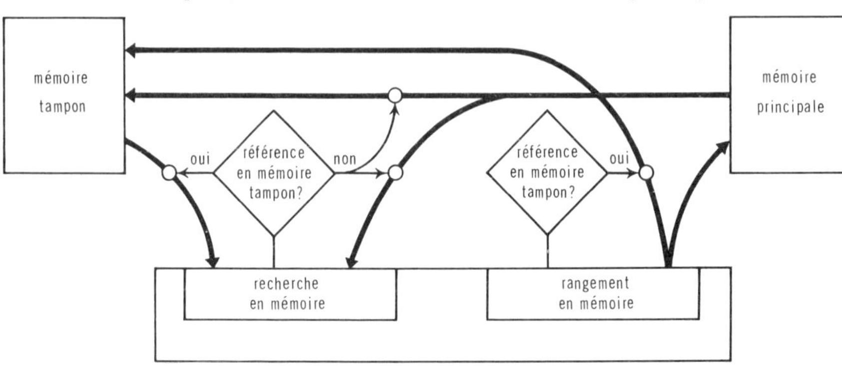

Fig. 35. Fonctionnement d'un ensemble hiérarchisé avec mémoire tampon.

profite pour effectuer un certain transfert mémoire principale à mémoire tampon ;
(2) dans le cas d'un rangement en mémoire, l'on effectue le rangement en mémoire tampon si l'information référencée s'y trouve et de toute façon on met à jour la mémoire principale.

On note trois principes de base :
(1) la mémoire tampon a un caractère associatif puisqu'il faut détecter si une information s'y trouve ou non. Ceci n'implique pas forcément qu'elle soit elle-même associative, mais au moins qu'elle soit dotée d'un dispositif de topographie ;
(2) le chargement de la mémoire tampon se fait à propos des demandes de l'unité centrale. On parie que le bloc d'informations qui entoure l'information demandée a des chances d'être à nouveau référencé et on le transmet de la mémoire principale à la mémoire tampon. Des essais en simulation ont montré qu'il était optimum de transférer ainsi des blocs de 4 à 16 mots que nous appellerons *secteurs;*
(3) la mémoire principale étant remise à jour à toute opération de rangement, il n'y a aucun transfert à prévoir de la mémoire tampon vers la mémoire principale.

Exemple 1 : 360-85. Dans le 360-85, la mémoire tampon est divisée en *pages* de 1 024 octets et le fonctionnement est très semblable à celui de la pagination classique, à la différence près que les transferts de la mémoire principale vers la mémoire tampon ne se font pas par page, mais par fraction de page ou *secteur* de 64 octets. La topographie mémoire est alors définie par un ensemble de deux registres associés à chaque page de mémoire tampon. Le premier registre contient l'adresse de la page de mémoire principale affectée à la page de mémoire tampon considérée ; le deuxième registre contient un bit de validité par secteur, ce bit étant positionné à 1 si le secteur est chargé en mémoire tampon, à 0 dans le cas contraire. Un troisième registre associé aux précédents contient une information de chronologie permettant en cas de besoin de désaffecter la page restée le plus longtemps sans être référencée (fig. 36).

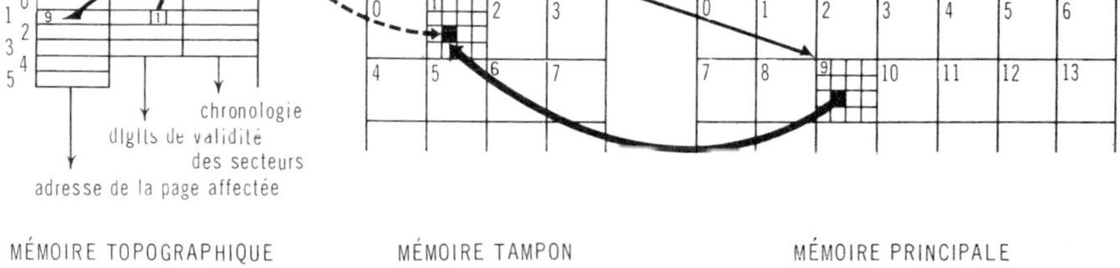

Fig. 36. Principes de la mémoire tampon dans le 360-85.

L'organigramme de la figure 37 indique quelles sont les étapes d'une recherche en mémoire. Dans l'hypothèse où l'information cherchée est en mémoire tampon, on l'obtient au bout de deux cycles mineurs (soit 2 fois 80 ns), un cycle mineur pour les comparaisons associatives et un cycle mineur d'accès mémoire. Le recouvrement permet d'obtenir une information par cycle mineur. Avec une mémoire tampon de 16 pages de 1 024 octets on estime que, pour des programmes scientifiques, 95 à 98 p. 100 des références mémoire sont servies par la mémoire tampon.

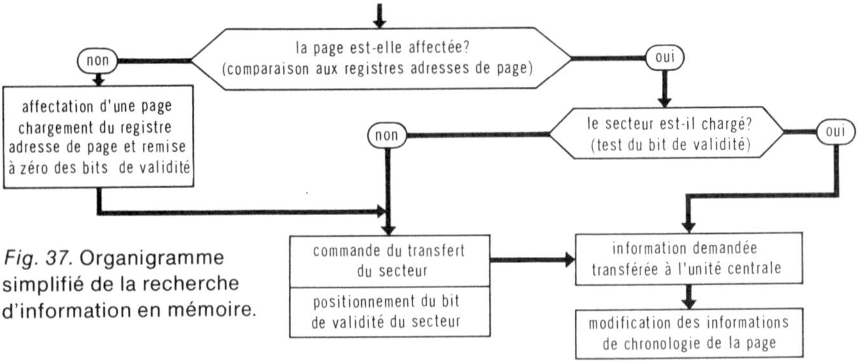

Fig. 37. Organigramme simplifié de la recherche d'information en mémoire.

Exemple 2 : 360-195. La mémoire principale est composée d'une matrice de secteurs de n lignes et m colonnes. La mémoire tampon est composée d'une matrice de secteurs de p lignes et m colonnes, p étant très inférieur à n. Un secteur de la k^{ieme} colonne de la mémoire principale ne peut être chargé que dans un secteur de la $k^{ième}$ colonne de la mémoire tampon. La topographie mémoire est composée d'une matrice de registre de p lignes et m colonnes, les registres étant biunivoquement associés aux secteurs de la

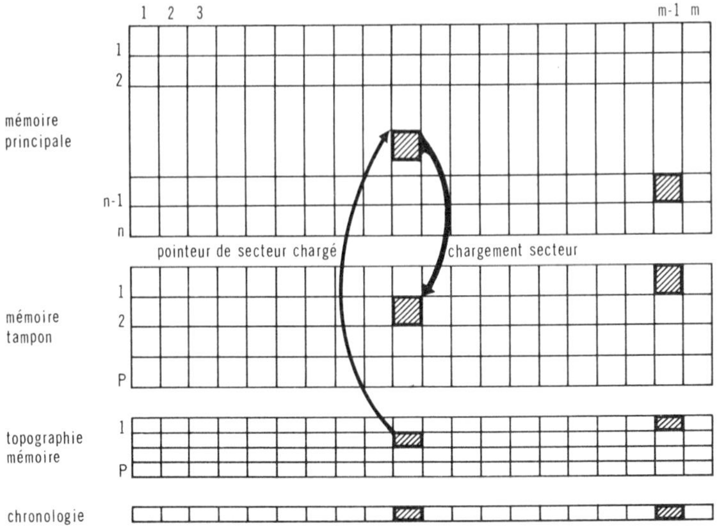

Fig. 38. Principe de la mémoire tampon du 360-195.

mémoire tampon. Un registre contient le numéro de ligne du secteur de mémoire principale qui est chargé dans le secteur de mémoire tampon associé (fig. 38). Enfin un registre, un par colonne de matrice, contient les informations de chronologie.

3. 4. *Le concept de mémoire tampon dans une machine à piles.*

Dans une machine à piles, on est susceptible d'adresser trois types d'informations se trouvant dans trois zones de mémoires différentes, à savoir : les instructions qui se trouvent dans une zone programme, les opérandes isolés qui se trouvent dans la pile associée à ce programme et les tableaux qui ne sont pas implantés dans la pile.

On peut concevoir un ensemble hiérarchisé de mémoires formé de la mémoire principale et de trois piles câblées jouant le rôle de mémoire tampon. Ce sont :
(1) une pile d'instructions dans laquelle les instructions sont chargées à l'avance comme dans les machines pipe-line ; (2) une pile câblée formant le sommet de la pile associé au programme en cours. Elle contiendra notamment les variables locales, c'est-à-dire celles qui ont des chances d'être le plus référencées ; (3) une ou plusieurs piles câblées pour les tableaux. Lorsqu'on référencera un élément d'un tableau, on lui réservera une pile câblée dans laquelle on chargera à l'avance les éléments suivants qui ont de très fortes chances d'être également référencés.

3. 5. *L'avenir des mémoires centrales hiérarchisées.*

L'idéal consiste pour la mémoire centrale à allier grande capacité, hautes performances et bien sûr faible prix de revient. Le principe de la mémoire centrale hiérarchisée, en associant la rapidité de l'antémémoire à la capacité de la mémoire principale, pallie l'impossibilité actuelle de réunir ces trois qualités dans une technologie unique.

Cette solution s'est d'abord imposée dans les machines très puissantes qui exigent une mémoire à la fois très performante pour être cohérente avec la vitesse intrinsèque de l'unité centrale et très grande pour permettre une multiprogrammation à niveau élevé, seule susceptible d'alimenter convenablement l'unité centrale en évitant les échanges constants de programmes entre disques et unité centrale. Elle a donc été d'abord introduite sur les très grosses machines : IBM 360-85 et 360-195, CDC 7600.

Par suite, on l'a vu s'appliquer à des machines plus modestes : IBM 370-155 et 370-165 : ceci permet, pour un coût raisonnable, de doter ces machines de mémoires centrales de grande capacité grâce à l'adoption d'une technologie de cycle relativement lent (2 μs sur le 370-165 contre 750 ns sur le 360-65 qu'il remplace), la perte en performance qui devrait en résulter étant largement compensée par l'utilisation de l'antémémoire.

Dans les petites machines, où l'on ne recherche pas à la fois hautes performances et grande capacité, la mémoire centrale hiérarchisée ne s'impose plus. Suivant que l'on visera plutôt la capacité ou la performance, on emploiera une technologie lente (tores de ferrites) ou rapide (semi-conducteurs). Cette dernière sera notamment préférée lorsque la mémoire de contrôle de microprogrammation réside en mémoire centrale, comme par exemple dans l'IBM 370-145 pour rester dans la même gamme de machines.

En conclusion il semble que l'utilisation de mémoires centrales hiérarchisées soit très liée au contexte technologique de l'époque : il n'est pas certain qu'elle représente toujours, au cours de l'évolution des techniques, le meilleur compromis, même pour les très grosses machines.

chapitre XII

multiprocesseurs et machines parallèles

Ce chapitre tente de présenter des idées générales sur les machines qu'il est convenu de classer sous des étiquettes telles que multiprocesseurs ou machines parallèles. Plus encore que dans les chapitres précédents, il nous a été difficile de résister à la tentation de l'encyclopédisme, et de nous restreindre à des exemples significatifs parmi le fourmillement d'idées et de solutions proposées (la plupart restant sur le papier). Deux principes ont plus particulièrement présidé au choix des exemples : (1) ne présenter que des idées relativement simples, susceptibles de servir de points de repère dans l'évolution de ce type de machine; (2) nous limiter dans la mesure du possible à des exemples de machines effectivement réalisées sous forme commerciale, ou semblant avoir des perspectives d'avenir intéressantes.

1. Définitions et concepts de base.

Il est très difficile d'extraire, du pullulement d'idées concernant les machines à plusieurs processeurs, une vision de synthèse succincte et organisée. Aussi bien ne doit-on considérer la classification suivante que comme un essai de présentation aussi logique que possible des éléments qui nous paraissent les plus importants dans un sujet très vaste et en pleine évolution.

1. 1. *Concepts de multitraitement et de parallélisme explicite.*

On peut d'abord tenter de définir deux concepts de base permettant de séparer les machines objet de ce chapitre en deux catégories. Ce sont :

1. 1. 1. Concept de multitraitement : les multiprocesseurs. On définit généralement le **multitraitement** comme l'utilisation dans une même machine de plusieurs unités centrales travaillant simultanément sur des programmes ou des morceaux de programmes différents. Cette définition lie la notion de multitraitement à celle de **multiprocesseur.** Un multiprocesseur est un système informatique dans lequel plusieurs unités centrales fonctionnent en parallèle en se partageant un même ensemble de mémoires et d'unités périphériques. Le terme « unité centrale » étant mal choisi dans un contexte où il y en a plusieurs, on lui préfère en général le terme de « processeur ».

1. 1. 2. Concept de parallélisme explicite : les machines parallèles. On peut tenter de définir le **parallélisme explicite** comme la possibilité donnée au programmeur de faire explicitement exécuter en parallèle plusieurs traitements dépendant les uns des autres. Le déroulement sous la commande d'une unité de contrôle unique d'un même programme dans plusieurs processeurs arithmétiques, travaillant chacun sur un jeu de données propre, représente un cas typique de parallélisme explicite, mais on peut en exhiber bien d'autres exemples.

Nous désignerons par **machines parallèles,** les machines qui, d'une façon ou d'une autre, sont conçues pour répondre à des problèmes de parallélisme explicite.

Les différents traitements exécutés simultanément dans des différentes unités d'un multiprocesseur ou d'une machine parallèle sont souvent appelés *processus,* un processus pouvant être défini intuitivement comme un programme en cours d'exécution. Si un programme est exécuté simultanément dans *n* unités différentes pour le compte d'utilisateurs différents, il y a *n* processus correspondant à ce seul programme.

1. 2. *Relations entre différents concepts.*

Afin de préciser ces définitions, il est nécessaire de comparer ces nouveaux concepts entre eux ainsi qu'avec certaines notions introduites antérieurement.

1. 2. 1. Parallélisme explicite et formes implicites de parallélisme. Il y a parallélisme explicite lorsque le programmeur désigne explicitement des traitements devant s'exécuter en parallèle. Généralement le parallélisme explicite suppose une certaine synchronisation entre les processus s'exécutant simultanément. On peut désigner sous le terme général de *parallélisme implicite* tous les types de parallélisme qui ne sont pas explicitement voulus par le programmeur. Le parallélisme implicite peut être dû à l'effet du hasard, comme dans le multitraitement où les programmes lancés dans des processeurs différents dépendent de leur ordre d'arrivée dans la file d'attente. Il peut également être dû à une particularité du hardware comme dans les machines pipe-line ou à opérateurs arithmétiques parallèles où le programmeur n'a pas à savoir que plusieurs instructions de son programme s'exécutent avec une certaine simultanéité.

1. 2. 2. Multitraitement et multiprogrammation. Ces deux concepts se différencient nettement l'un de l'autre : la multiprogrammation consiste, rappelons-le, à faire résider en mémoire centrale plusieurs programmes qui sont exécutés de façon imbriquée dans le temps par une même unité centrale, le passage d'un programme à l'autre étant le fait des interruptions. Le multitraitement consiste à faire travailler simultanément plusieurs unités centrales qui se partagent une mémoire commune. Il existe cependant des solutions intermédiaires ; c'est le cas du partage des circuits d'une unité centrale unique entre plusieurs processeurs réduits à leurs jeux de registres, l'unité centrale accordant successivement à chaque processeur un cycle machine, ou le temps d'exécuter une instruction.

1. 2. 3. Multitraitement et simultanéité des entrées-sorties. Bien que d'une certaine façon les phénomènes soient de même nature, le terme de multitraitement n'est généralement pas utilisé pour désigner la simultanéité de fonctionnement entre unité centrale et unité d'échange, sauf peut-être dans certains systèmes ou les entrées-sorties sont gérées par des processeurs programmés.

1. 2. 4. Multitraitement et multiprocesseurs. Notre première définition liait le multitraitement à la notion de multiprocesseur. Il nous paraît important de faire quelques réserves. D'abord les machines multiprocesseurs ne sont pas toujours conçues pour travailler en multitraitement. C'est notamment le cas des machines embarquées sur satellites, pour lesquelles l'organisation multiprocesseur est entièrement due à la recherche d'une excellente disponibilité : les processeurs se remplacent en cas de défaillance de l'un d'eux, mais ne travaillent pas en parallèle. A l'opposé, le multitraitement n'implique pas forcément des systèmes à plusieurs unités centrales complètes, comme le montre l'exemple du partage des circuits d'une unité centrale par plusieurs processeurs réduits à leurs jeux de registres.

1. 2. 5. Multiprocesseurs et multi-opérateurs. Il ne faut pas confondre les multiprocesseurs, considérés comme des machines faisant du multitraitement, et les multi-opérateurs, terme par lequel on peut désigner des machines formées d'une unité d'instruction unique et de plusieurs opérateurs arithmétiques, voire de plusieurs unités arithmétiques et logiques complètes travaillant avec un certain parallélisme sous son contrôle. Il n'y a multitraitement et multiprocesseur, au sens propre, que si plusieurs unités d'instruction fonctionnent en parallèle.

1. 2. 6. Multiprocesseurs et multicalculateurs. De nombreux systèmes informatiques mettent en jeu plusieurs calculateurs interconnectés. Dans le domaine du calcul scientifique par exemple, on utilise souvent des systèmes à deux machines interconnectées, une machine puissante pour le traitement des trains de travaux et une machine moins puissante appelée *machine frontale* qui gère les entrées-sorties et prépare les files d'attente de travaux pour la grosse machine. La liaison entre les deux machines s'effectue par l'intermédiaire de disques connectés à la fois à deux unités d'échange ou encore d'une liaison unité d'échange à unité d'échange, mais chacune possède sa mémoire centrale et ses unités d'échange propres. Nous dirons qu'il s'agit d'un système multicalculateur, un système multiprocesseur supposant au moins une mémoire centrale commune.

1. 2. 7. Récapitulation sur les structures à hautes performances. Les principales idées évoquées dans les chapitres XI et XII sur la recherche des hautes performances sont résumées sur les schémas de la figure 1.

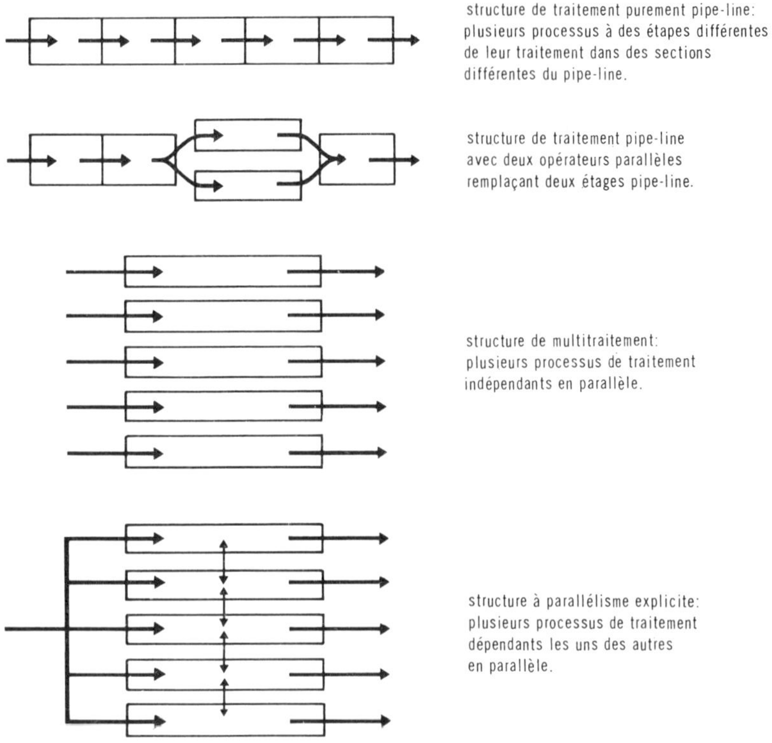

Fig. 1. Structures à hautes performances (ou comment multiplier par 5 la vitesse d'une machine).

Cette tentative de classification des types de parallélisme n'exclut pas leur superposition dans une même machine : la structure pipe-line du premier schéma peut être construite à l'aide de processeurs identiques, les processeurs successifs étant spécialisés par microprogrammes, le premier dans la recherche des instructions, le deuxième dans leur décodage, le troisième dans les calculs d'adresse, etc. ; à l'opposé, la structure multiprocesseur du troisième schéma peut être composée de processeurs pipe-line placés en parallèle ; la structure à parallélisme explicite du dernier schéma n'exclut pas que certains processeurs qui ne sont pas employés par le programme à parallélisme explicite puissent travailler en multitraitement sur d'autres programmes indépendants.

2. Les multiprocesseurs.

Nous groupons dans ce paragraphe, d'une part les machines travaillant en multitraitement, d'autre part des machines diverses qui peuvent s'assimiler par leur schéma à des multiprocesseurs.

2. 1. *Les différents types de multiprocesseurs.*

2. 1. 1. Systèmes à processeurs identiques. D'aucuns les désignent sous le vocable de **multi-unité centrale,** d'autres leur réservent l'exclusivité du terme **multiprocesseur.** Ils sont formés de plusieurs unités centrales complètes du même type se partageant la mémoire centrale et en général des unités périphériques. Ils correspondent parfaitement à la première définition que nous avons donnée du multitraitement.

2. 1. 2. Les systèmes à processeurs périphériques spécialisés. La mémoire centrale se trouve partagée entre un ou plusieurs processeurs principaux chargés du traitement des trains de travaux et un certain nombre de processeurs spécialisés (par hardware, par software ou par firmware) pour certains travaux : gestion de l'ensemble de la machine (système d'exploitation), gestion des entrées-sorties, contrôle des périphériques, compilation... Le cas typique est celui du CDC 6600 que nous avons rencontré en tant que gros monoprocesseur au chapitre précédent, et que nous aborderons ici sous son aspect multiprocesseur.

2. 1. 3. Les multiprocesseurs modulaires décomposés. Jusqu'ici chaque processeur du multiprocesseur formait un tout ayant son unité d'instruction et ses unités arithmétiques et logiques. Il est probable qu'à l'avenir se développeront des architectures dans lesquelles un ensemble de processeurs arithmétiques et logiques seront mis en commun entre différentes unités d'instruction. Ce type de structure sera appelé, faute d'un meilleur terme, multiprocesseur modulaire décomposé. On rencontre également le terme de multiprocesseur virtuel.

2. 2. *Les problèmes généraux des multiprocesseurs.*

Le choix d'une solution multiprocesseur peut répondre à deux types de motivations : l'accroissement des performances et l'augmentation de la disponibilité. En contrepartie de ces avantages, elle introduit des problèmes de communication et d'interconnexion.

2. 2. 1. L'accroissement des performances. Il peut être obtenu soit par doublement, triplement, quadruplement du processeur central, ce qui conduit à une solution du type multi-unités centrales, soit en déchargeant le processeur central de certains travaux pour lesquels il est mal adapté, ce qui conduit à une solution avec processeurs périphériques spécialisés. Il faut noter que le doublement du processeur central n'entraîne pas tout à fait un doublement de la puissance, compte tenu des conflits d'accès aux éléments communs.

2. 2. 2. L'augmentation de la disponibilité. Elle provient de ce que dans un système multiprocesseur on peut travailler en **configuration réduite :** si un processeur tombe en panne, on peut le mettre hors service et continuer à travailler, sur le reste du système, avec des **performances dégradées.** Les performances seront d'autant moins dégradées que l'unité mise hors service est plus petite, ce qui donne l'avantage aux multiprocesseurs modulaires. La mise hors service d'une unité suppose des dispositifs de **détection de panne** et de **reconfiguration.** Cette dernière opération conduit souvent à **partitionner** le multiprocesseur en deux éléments fonctionnellement complets (c'est-à-dire composés d'une mémoire, d'un processeur central, d'un élément d'entrée-sortie), le premier contenant le module en panne et présentant la configuration minimum permettant le dépannage, le second continuant à travailler avec des performances moindres.

Dans les applications justifiant une très haute disponibilité, telle que sécurité d'installations complexes ou dangereuses, contrôle d'aéroports, etc., ou ne permettant pas un dépannage manuel comme dans le domaine spatial, les dispositifs de détection de panne et reconfiguration devront être automatiques.

2. 2. 3. Les problèmes d'interconnexions. Ils se poseront entre les processeurs de traitement ou d'entrée-sortie d'une part, et les blocs de mémoire d'autre part. Nous y reviendrons à propos d'exemples spécifiques.

2. 2. 4. Les communications entre processeurs. Elles répondent à deux types de besoins : les processeurs peuvent avoir à se prévenir mutuellement de certains événements, et l'on aura des interruptions de processeur à processeur; les processeurs peuvent avoir à se transmettre des informations plus élaborées, ce qui s'effectuera généralement par l'intermédiaire de la mémoire centrale commune. Dans les processeurs modulaires, les transmissions d'ordres et d'opérandes des processeurs d'instructions aux processeurs arithmétiques se feront par des bus d'intercommunication.

2. 3. *Les systèmes multi-unités centrales.*

Pour couvrir une gamme de besoins suffisante et s'adapter sans douleur à l'évolution toujours croissante de ces besoins, les constructeurs de la troisième génération ont répondu par deux types de solutions : la gamme de machines compatibles permettant de s'adapter par échange standard de l'unité centrale et la solution multiprocesseur permettant de s'adapter par adjonction d'une ou plusieurs unités centrales.

Un des premiers paramètres à déterminer est le nombre maximum de processeurs qu'il est raisonnable de prévoir dans un système. Outre des considérations techniques que nous rencontrerons par la suite, on peut se faire une première idée en comparant la solution gamme compatible à la solution multiprocesseur. En gros, les gammes compatibles existantes type IBM 360 admettent un facteur de puissance généralement un peu supérieur au doublement lorsque l'on passe au modèle de numéro immédiatement supérieur. Si l'on veut obtenir une progression du même type en solution multiprocesseur, il faut passer d'une machine monoprocesseur à une machine à deux processeurs, puis à quatre, puis à huit, puis à seize processeurs, etc. Lorsque *n* devient grand, il paraît plus économique de remplacer une unité centrale par une autre n fois plus puissante que d'aligner 2^n unités centrales du premier type. Aussi ne trouve-t-on généralement que des solutions à deux ou quatre processeurs en configuration maximum (exceptionnellement à huit processeurs sur le Burroughs B 7700, cette possibilité n'ayant du reste qu'un caractère théorique). Afin de couvrir un vaste éventail de besoins, les constructeurs ayant opté pour la solution multiprocesseur sont conduits à lui superposer la solution gamme compatible, avec un nombre plus restreint de modèles (comme, par exemple, la gamme GE 600 [615,625,635, 655] où chaque modèle est proposé en version mono-, bi-, tri- ou quadriprocesseur).

Un multiprocesseur du type multi-unité centrale est constitué de plusieurs processeurs de traitement, d'une mémoire centrale généralement divisée en blocs indépendants, d'unités d'échange simples ou multiplexées. Nous nous proposons d'étudier successivement les différents problèmes posés par l'architecture de ces machines.

2. 3. 1. Interconnexions entre processeurs et mémoire centrale. Il s'agit de relier chaque processeur et chaque unité d'échange à chaque bloc de mémoire, de façon qu'à chaque instant le maximum possible de communications puisse être établi. On rencontre deux grands types de solutions.

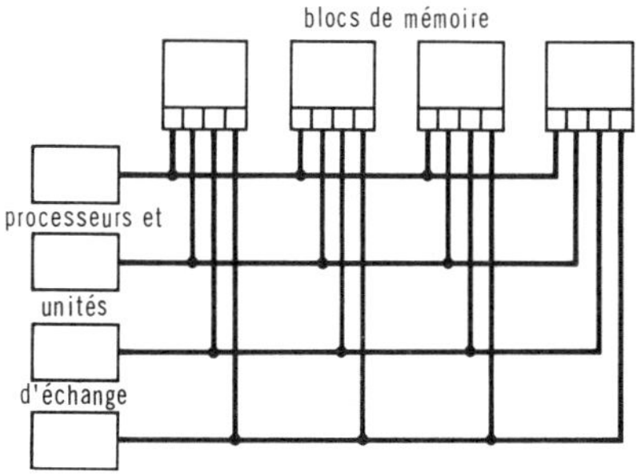

Fig. 2. Interconnexion par ligne omnibus.

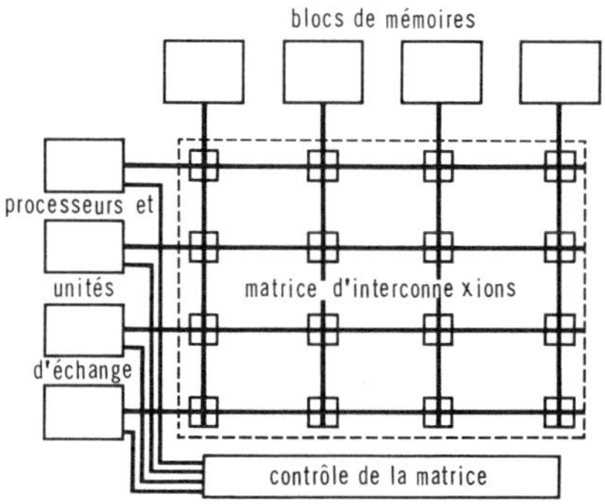

Fig. 3. Interconnexion matricielle.

2. 3. 1. 1. L'interconnexion par lignes omnibus (fig. 2). Celles-ci sont issues des processeurs et transmettent les informations simultanément à chacun des banks de mémoire qui reconnaissent leur propre adresse et, le cas échéant, se connectent. Chaque bank possède autant de ports d'accès qu'il y a de processeurs. En cas de conflit, les ports d'accès mémorisent les demandes jusqu'à ce qu'elles puissent être servies.

2. 3. 1. 2. L'interconnexion matricielle (fig. 3). Une matrice cellulaire d'interconnexion permet de mettre en relation chaque processeur avec le bank mémoire demandé, dans la mesure où il n'y a pas de conflit. Les aiguillages correspondants sont commandés soit par un circuit de contrôle qui reçoit les demandes et les adresses de banks de mémoire, soit par reconnaissance d'adresse au niveau de chaque cellule.

2. 3. 2. Intercommunications par l'intermédiaire de la mémoire. Les différents processeurs peuvent communiquer entre eux par l'intermédiaire de la mémoire centrale. Cette technique doit être utilisée avec précaution, sous peine de risquer des blocages du système, comme le prouve l'exemple suivant (fig. 4).

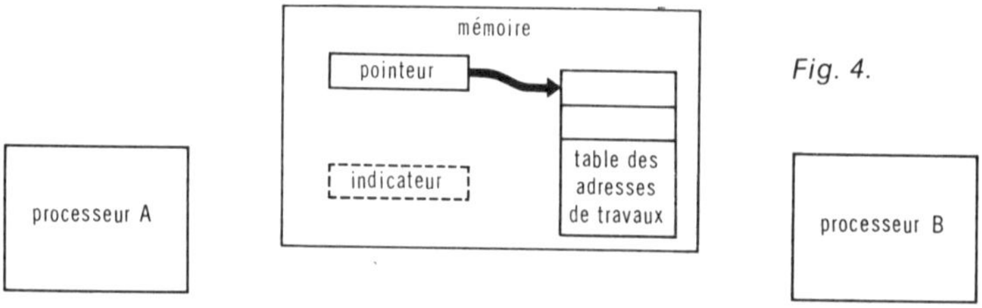

Fig. 4.

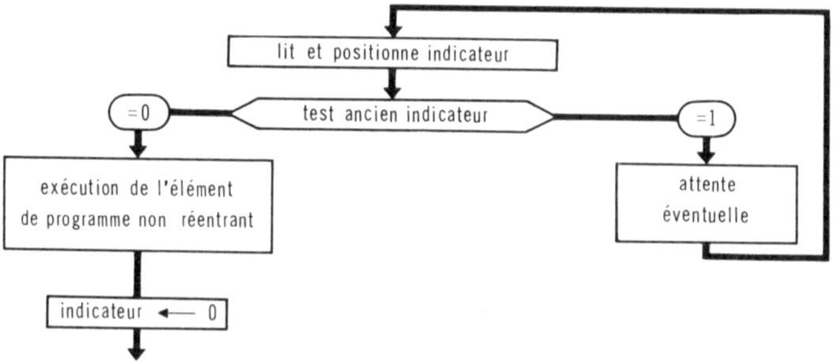

Fig. 5. Interverrouillage par l'instruction « lit et positionne ».

La mémoire contient une table des adresses des travaux que doivent exécuter les différents processeurs. Quand le processeur A a terminé un travail, il lit le pointeur de table qui lui permettra de s'aiguiller vers le premier travail, puis le réécrit après l'avoir incrémenté de 1, de telle sorte que le processeur B accède par la suite à un travail suivant. Normalement, cette opération se fait en trois instructions : lecture pointeur, incrémentation pointeur, réécriture pointeur, ce qui laisse au processeur B la possibilité de venir éventuellement lire le pointeur avant sa modification. Les deux processeurs A et B exécuteront alors simultanément le même travail avec tous les conflits qu'une telle éventualité peut entraîner!

Pour éviter ce type de situation, les multiprocesseurs possèdent une instruction spéciale, généralement du type **lit et positionne** qui, *en un seul cycle mémoire,* effectue une lecture avec chargement de registre et une écriture positionnant la cellule mémoire lue à 1.

Reprenons l'exemple de la figure 5 en ajoutant un indicateur qui normalement est à zéro. Lorsque le processeur A a terminé un travail, il effectue l'instruction *lit et positionne* sur l'indicateur, ce qui donne à ce dernier la valeur 1 qui sera considérée par les autres processeurs comme un verrouillage. Ensuite le processeur A analyse la valeur lue. Si l'indicateur valait 1, c'est qu'un autre processeur avait verrouillé l'accès, et il se rebouclera sur l'instruction *lit et positionne*. Si l'indicateur valait 0, il a tout son temps pour lire le pointeur de la table des travaux et l'incrémenter, puisque l'accès est verrouillé. Une fois ces opérations terminées, le processeur A annulera le verrouillage en remettant l'indicateur à zéro (fig. 5).

2. 3. 3. Interconnexions entre processeurs et unités d'échange. Ce point est capital, car il conditionne tout le fonctionnement du système d'exploitation. Nous nous proposons de décrire trois solutions, très significatives d'une évolution vers une banalisation des fonctions des processeurs et des unités d'échange. Dans la première, inspirée de l'Honeywell H 632, chaque processeur possède son unité d'échange en propre ; dans la deuxième, inspirée du GE 600, les unités d'échange sont banalisées, mais un seul processeur gère les entrées-sorties de tous les programmes ; dans la troisième, inspirée de l'IRIS 80 de CII, les processeurs aussi bien que les unités d'échange sont banalisés.

2. 3. 3. 1. Solution avec processeurs et unités d'échange couplés deux à deux. (Fig. 6.)

Chaque processeur possède sa propre unité d'échange. De ce fait chaque processeur exécute le système d'exploitation pour tout ce qui le concerne. Il ne reçoit d'interruptions d'entrée-sortie que de son unité d'échange et n'envoie d'informations de contrôle qu'à son unité d'échange. Ces informations de contrôle ainsi que les informations d'état programme et d'état canal sont rangées dans une mémoire locale commune. Cette dernière disposition permet de câbler les dispositifs d'interruption de façon strictement identique sur les différents processeurs, puisqu'elles se réfèrent à des mémoires locales et non à des adresses différentes de la mémoire centrale commune. Sur le plan des entrées-sorties, un tel système s'apparente donc à un système multicalculateur, l'aspect multiprocesseur étant réduit au partage de la mémoire centrale.

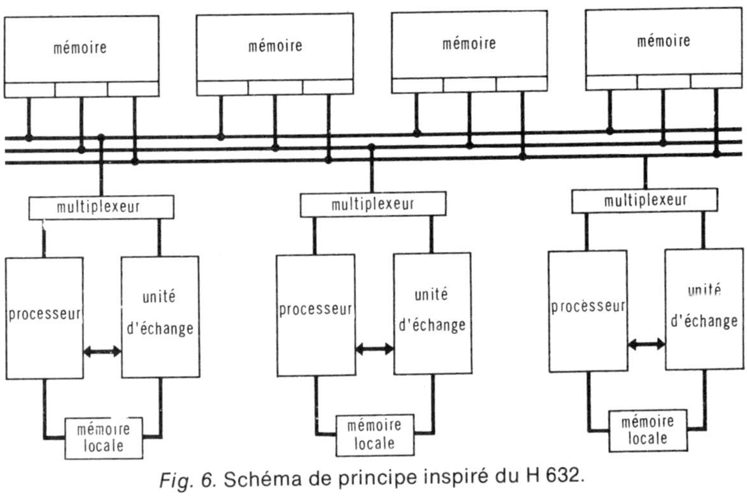

Fig. 6. Schéma de principe inspiré du H 632.

2. 3. 3. 2. **Solution avec un processeur maître.** (Fig. 7.)

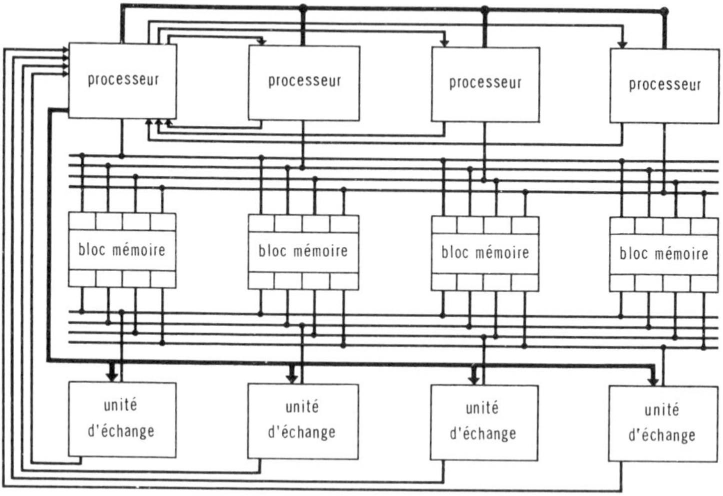

Fig. 7. Schéma de principe inspiré par le GE 600.

Un processeur est maître, les autres asservis. Nous entendons par là que le processeur maître gère le système d'exploitation global pour l'ensemble de la machine, tandis que les processeurs asservis ne gèrent que les systèmes d'exploitation de niveau local. Ces derniers se limitent pratiquement à la prise en compte des déroutements pour erreur (division par zéro, par exemple). Le système global se charge de la gestion des entrées-sorties, et de l'enchaînement des travaux. A ce titre, le processeur maître reçoit toutes les interruptions issues des processeurs asservis (et de lui-même), lance les opérations d'entrée - sortie dans les unités d'échange dont il reçoit également toutes les interruptions, commande les changements de tâches dans les processeurs asservis. Le système d'exploitation n'emploie qu'une partie du temps du processeur maître. Le reste du temps, ce dernier participe au même titre que les autres processeurs à l'exécution des différents travaux.

2. 3. 3. 3. **Solution avec processeurs et unités d'échange banalisés.** (Fig. 8.)

Les différents processeurs sont complètement banalisés, chacun pouvant exécuter tous les modules du système d'exploitation. Cette banalisation est rendue possible par une unité d'interruption qui regroupe l'ensemble des interruptions en provenance des processeurs et unités d'échange (à l'exclusion des déroutements sur erreur de programmes qui sont spécifiques aux différents processeurs). Ainsi lorsqu'une interruption survient, on compare sa priorité à celle du programme de plus basse priorité en cours d'exécution dans les processeurs. Si la priorité de l'interruption est supérieure à celle de ce programme, le processeur qui exécute ce dernier est interrompu pour prendre en charge le programme associé à l'interruption ; dans le cas contraire l'interruption est mise en attente. Ainsi, dans un système à quatre processeurs, ce sont toujours les quatre programmes les

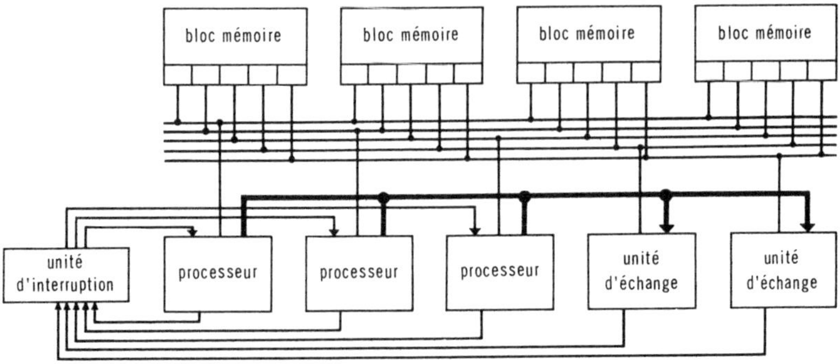

Fig. 8. Schéma de principe inspiré par l'IRIS 80.

plus prioritaires qui sont à l'état actif (fig. 9). Un même programme peut, par le jeu des interruptions, voir son exécution se commencer dans un processeur, puis être interrompue par un programme plus prioritaire, puis être reprise par un autre processeur qui vient de terminer un travail.

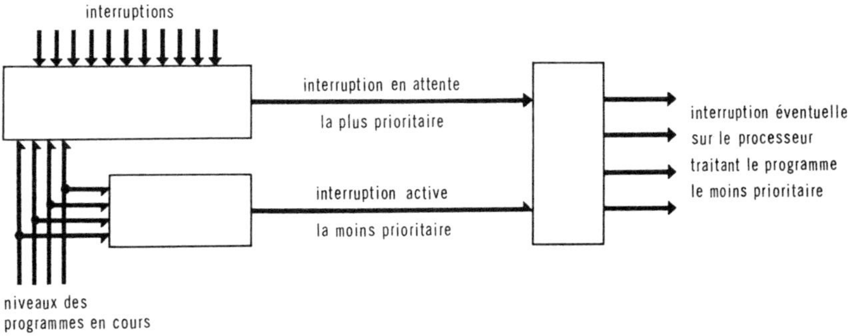

Fig. 9. Principe d'une unité d'interruption pour quatre processeurs.

Le système d'exploitation n'est plus le fait d'un processeur particulier. Il est écrit de façon réentrante et, sous réserve de certains verrouillages, peut, le cas échéant, être traité simultanément par plusieurs processeurs.

2. 3. 4. Les performances. Si l'on ne considère que la puissance de calcul pure, l'adjonction d'un $(n+1)^{\text{ième}}$ processeur n'augmente pas la puissance selon le rapport $(n+1)/n$, mais selon un rapport inférieur, ne serait-ce qu'en raison des attentes lors des conflits d'accès à la mémoire.

Le problème se pose tout différemment si l'on s'intéresse à la puissance globale de traitement du système. On cherchera à obtenir le meilleur balancement possible entre le nombre de processeurs, la capacité de mémoire centrale, les capacités, les temps d'accès et les vitesses de transfert des mémoires auxiliaires, les performances des périphériques d'entrée-sortie et le nombre d'unités d'échange simples et multiplexés capables de gérer ces mémoires auxiliaires et ces périphériques. Il est clair que l'adjonction d'un processeur à un système dont le goulet d'étranglement se trouve au niveau des unités périphériques serait parfaitement inutile. Ainsi, si l'on part d'un système correctement balancé, l'adjonction d'un processeur ira de pair avec une extension de la capacité mémoire et des performances en entrée-sortie.

2. 3. 5. Partitionnement et reconfiguration. On peut être conduit à partitionner un système multiprocesseur en deux sous-systèmes fonctionnellement complets pour répondre à deux types de besoins :

(1) la conduite et l'optimalisation de procédés industriels, pour lesquels une partition se charge de la scrutation des mesures et des états, de la surveillance des informations acquises, des actions de sécurité et de régulation, tandis que l'autre partition exécute les calculs d'optimalisation ou, le cas échéant, travaille en centre de calcul tout en restant prête à prendre la relève de la première en cas de panne ;

(2) en cas de panne, le fonctionnement en performances dégradées sur une partition alors que l'autre, aussi petite que possible mais fonctionnellement complète, permet le dépannage de l'unité défaillante qu'elle contient.

La possibilité de partitionner un système suppose le doublement des bus d'interconnexions entre les différentes unités du système, et éventuellement le doublement de certaines unités comme par exemple l'unité d'interruption. Généralement la commande des interrupteurs de reconfiguration se fait manuellement, grâce à un tableau de boutons-poussoirs. On notera que la reconfiguration est d'autant plus aisée que la banalisation des composants est plus poussée.

2. 4. *Multiprocesseur par partage des circuits d'une unité centrale.*

Les circuits d'une même unité centrale sont partagés par différents processeurs qui se réduisent en pratique à un jeu de registres. Les processeurs ont tour à tour accès à l'unité centrale soit pour la durée d'un cycle machine, soit pour la durée d'une instruction. On notera l'analogie entre ce schéma et celui de l'unité d'échange multiplexée.

Un premier exemple est fourni par les 10 processeurs périphériques du CDC 6600 qui se partagent une unité centrale à raison d'un cycle mineur de 100 ns tous les 10 cycles pour chaque processeur.

Un deuxième exemple est fourni par l'Honeywell 8200 qui est constitué de 16 processeurs réduits à leurs registres, se partageant les circuits d'une unité centrale unique. La mémoire centrale peut contenir jusqu'à 16 programmes différents, chaque programme étant associé à un processeur. Un registre d'activité de 16 bits, un bit par processeur, indique l'état d'activité de chaque processeur (bit = 1 : processeur actif, bit = 0 : processeur inactif). L'unité centrale analyse circulairement ce registre bit à bit et accorde successivement le temps de dérouler une instruction à tout processeur dont le bit d'activité est positionné à 1. C'est le système d'exploitation qui gère le registre d'activité en tenant compte des priorités respectives des différents programmes (seuls sont rendus actifs les programmes les plus prioritaires).

Un certain nombre de problèmes typiques des multiprocesseurs disparaissent dans ces schémas, les processeurs ne travaillant pas en parallélisme vrai. C'est ainsi par exemple que l'instruction d'interverrouillage *(lit et positionne)* peut se dérouler en plusieurs cycles sans inconvénient, si le partage du temps de l'unité centrale est effectué sur la base de l'instruction.

2. 5. *Les systèmes avec processeurs spécialisés.*

Le cas typique est celui du CDC 6600 qui est composé d'un processeur central dont nous avons décrit les grandes lignes au chapitre précédent et de dix processeurs périphériques, l'un affecté exclusivement au système d'exploitation, les autres aux entrées-sorties (fig. 10).

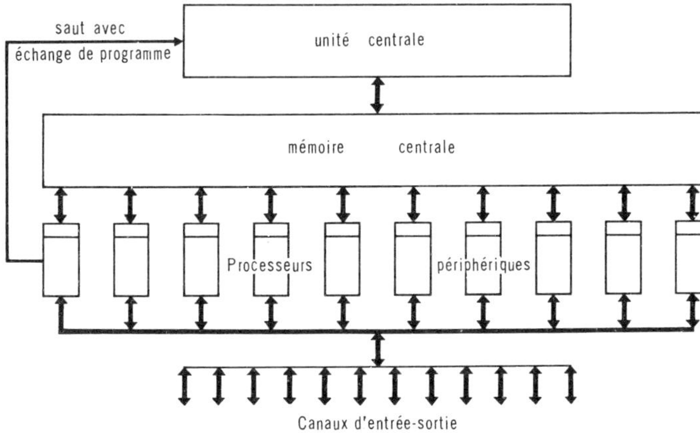

Fig. 10. Schéma de principe du CDC 6600.

Hormis la mémoire centrale à laquelle ils ont accès, chaque processeur périphérique possède une mémoire en propre. Toutes les communications entre processeurs se font par l'intermédiaire des différentes mémoires, à l'exclusion du *saut avec échange* qui s'apparente à une interruption permettant au processeur périphérique affecté au système d'exploitation de sauvegarder l'état programme du processeur central et d'activer un nouvel état programme; encore faut-il mentionner que le saut avec échange n'a d'utilité qu'en multiprogrammation.

Nous nous proposons de montrer comment s'exécutent les échanges d'informations entre processeurs pour l'exécution d'une opération d'entrée-sortie sur un modèle extrêmement simplifié comportant un seul processeur d'entrée-sortie dans un contexte monoprogrammation (fig. 11).

Le programme principal lance une commande d'entrée-sortie. Pour cela il positionne en mémoire centrale, à un emplacement connu du système d'exploitation, un indicateur CES (commande d'entrée-sortie) associé à un pointeur désignant une zone décrivant l'opération à effectuer. Le système d'exploitation exécuté dans un processeur périphérique scrute périodiquement cet indicateur de telle sorte que, lorsqu'il le trouve positionné, il prépare l'opération d'entrée-sortie en positionnant dans la mémoire du processeur d'entrée-sortie un indicateur DEXES (demande d'exécution d'entrée-sortie) auquel il adjoint le pointeur précédent. Le programme du processeur d'entrée-sortie scrute périodiquement cet indicateur, de telle sorte que, lorsqu'il le trouve positionné, il exécute effectivement l'opération d'entrée-sortie demandée. L'opération terminée, le processeur d'entrée-sortie positionne l'indicateur FEXES (fin d'exécution d'entrée-sortie). Ce dernier est scruté par le système d'exploitation qui, le trouvant positionné, transmet cette information en positionnant l'indicateur FES (fin d'entrée-sortie) à un emplacement de la mémoire centrale connu du programme en cours. Lorsque ce dernier voudra utiliser les résultats de l'opération d'entrée-sortie, il testera l'indicateur FES pour savoir si l'opération est bien terminée.

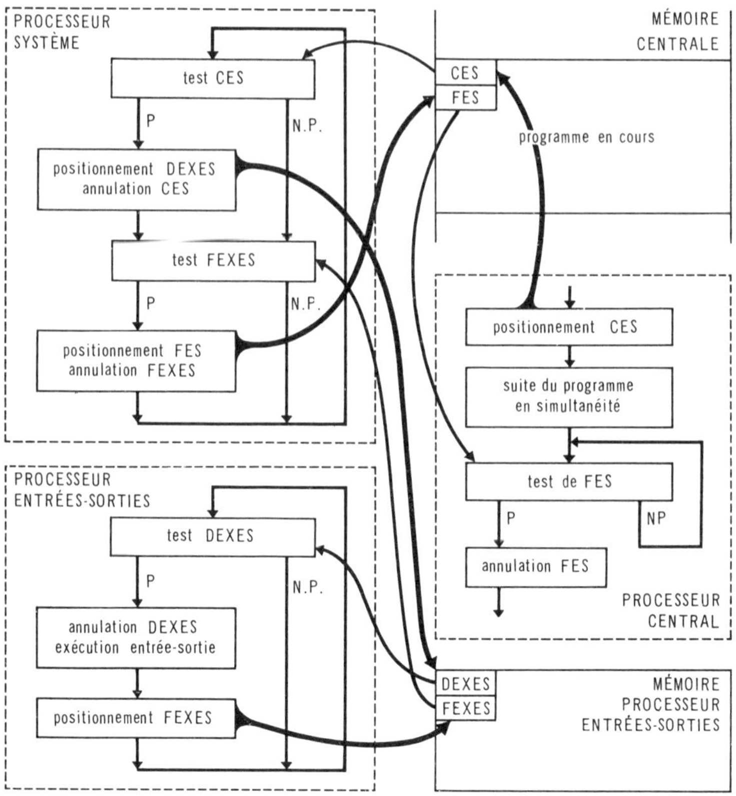

Fig. 11. Principe des relations entre processeurs lors d'une entrée-sortie en 6600.

La description très simplifiée de ce mécanisme d'échange d'informations, exclusivement par la mémoire, est intéressant à deux titres :

(1) Il n'est possible que parce que les processeurs périphériques n'exécutent chacun qu'un seul programme qui reboucle continuellement sur lui-même, ce qui permet d'assurer la scrutation correcte des indicateurs au cours du temps sans avoir à mettre en jeu de système d'interruption.

(2) A aucun moment il ne nécessite d'instruction de type *lit et positionne* s'exécutant en un cycle, puisque chacun des indicateurs de dialogue ne peut être positionné que par un seul processeur et lu que par un seul processeur. Cette propriété reste vraie lorsqu'il y a plusieurs processeurs d'entrée-sortie, car la distribution des travaux d'entrée-sortie est le fait du processeur système qui positionne des indicateurs dans les mémoires propres des processeurs d'entrée-sortie, chacun d'entre eux n'accédant à la mémoire commune qu'après test de l'indicateur le concernant.

L'utilisation de processeurs spécialisés autour de très grosses machines à organisation pipe-line ou à organisation parallèle semble intéressante dans la mesure où les processeurs centraux correspondants sont mal adaptés à des besognes de type système d'exploitation, compilation, gestion d'entrées-sorties, etc. En particulier, l'intégration d'un processeur spécialisé, dont la seule fonction est de « tourner » le système d'exploitation (nous entendons par ce terme trivial que le système d'exploitation se réduit à une boucle de programme qui scrute cycliquement les divers éléments de la machine sans mettre en jeu d'interruptions), devrait : (1) permettre un gain de temps considérable dans les machines pipe-line en les déchargeant des traitements d'interruptions qui entraînent des perturbations importantes dans leur fonctionnement, et (2) simplifier notablement les configurations multitraitement comprenant plusieurs gros processeurs centraux.

2. 6. *Les multiprocesseurs modulaires.*

A l'opposé des multiprocesseurs décrits jusqu'ici, dans lesquels les interconnexions entre processeurs, mémoires et unités d'échange, avaient une structure définie *a priori,* on peut concevoir un « Meccano » formé de processeurs, de blocs mémoires, d'unités d'entrées-sorties, ces différents « modules » pouvant être assemblés quasiment sans limitation, au gré de l'utilisateur. Pour cela, chaque module possède un certain nombre de points de branchement permettant de le relier à autant d'autres modules par l'intermédiaire d'interfaces standards.

Un exemple typique est fourni par le système Modular One de la société britannique Computer Technology, dans lequel les différents modules sont : (1) des processeurs analogues aux unités centrales des ordinateurs utilisés en contrôle industriel ; (2) des blocs mémoire à tores de différentes capacités ou vitesses ; (3) des organes périphériques, notamment des mémoires auxiliaires. Chaque processeur possède, en propre, ses unités périphériques de communication. Toute paire de modules appartenant au système peut être directement interconnectée par l'interface standard, les dialogues se faisant selon le principe maître-esclave (cf. VIII, 6. 2.). Ainsi peut-on avoir des configurations extrêmement diverses où, par exemple, tel bloc mémoire se trouve directement connecté à tel, tel et tel processeur ainsi qu'à telle mémoire auxiliaire, tandis que tel autre bloc mémoire n'est relié qu'à un seul processeur, mais peut, à travers lui et par un système analogue au vol de cycle, échanger des informations avec une mémoire auxiliaire connectée à ce processeur, etc. Chaque processeur possède son propre système d'exploitation qui gère ses propres travaux et les relations avec les modules auxquels il est directement connecté.

2. 7. *Les multiprocesseurs modulaires décomposés.*

Nous désignons sous cette appellation les multiprocesseurs formés non pas de plusieurs processeurs complets partageant une mémoire et des unités d'échange, mais d'éléments de processeurs dialoguant entre eux : des unités d'instruction, des unités arithmétiques fixes, des unités arithmétiques flottantes, des unités de calcul d'adresse, des blocs mémoire, des unités d'échange, etc.

Ce type d'organisation présente deux avantages par rapport aux multiprocesseurs modulaires traditionnels :

(1) un meilleur compromis performances-prix. Dans un multiprocesseur traditionnel, chaque processeur doit posséder au moins un exemplaire de chaque type d'unité, certains étant très mal utilisés, tandis que dans un système décomposé, on peut moduler le nombre de chaque type d'unité en fonction des besoins globaux ;

(2) une meilleure aptitude au fonctionnement en performances dégradées, seule l'unité en panne pouvant être mise hors service alors que dans un multiprocesseur traditionnel une panne d'une unité entraîne la panne du processeur qui la contient.

On peut penser, dans les années qui viennent, voir apparaître des multiprocesseurs décomposés dans deux domaines : le calcul scientifique où l'on recherche à la fois performances et disponibilité, cette deuxième propriété apparaissant comme un corollaire normal de la première et le contrôle de certains types de processus où l'on recherche exclusivement une très haute disponibilité, notamment dans le domaine spatial.

2. 7. 1. Systèmes à haute performance et haute disponibilité. Dans ce type de systèmes, un certain nombre d'unités de contrôle se partagent un certain nombre d'unités arithmétiques qui peuvent appartenir à plusieurs types : fixe, flottant, double longueur, etc. L'élément nouveau est que l'unité de contrôle demande des services qui peuvent être rendus par n'importe laquelle des unités arithmétiques du type demandé, ce qui n'était pas le cas lors du partage de la mémoire ou des unités d'échange, puisqu'un processeur référençait une cellule mémoire ou un organe périphérique déterminé. Il y a donc lieu d'étudier tout particulièrement le problème des intercommunications.

Nous prendrons comme modèle un système à deux types d'unités, des unités demandant des services Q_1, Q_2 ... que nous désignerons par le terme d'*unités interrogatrices* et des unités susceptibles de les satisfaire R_1, R_2 ... que nous désignerons par le terme d'*unités interrogées.*

Nous supposerons que lorsqu'elle a besoin d'un service, une unité interrogatrice envoie une question aux unités interrogées et attend d'obtenir la réponse d'une unité libre pour s'y connecter. Ce processus ne va pas sans problème, dès lors que l'on admet que plusieurs unités interrogatrices peuvent émettre des demandes simultanément (fig. 12).

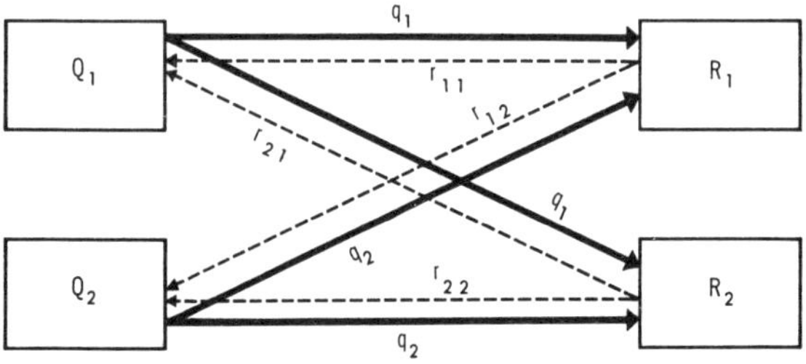

Fig. 12. Modèle d'intercommunication.

Sur le modèle de la figure 12 par exemple, rien ne permet d'affirmer que les unités R_1 et R_2, qui reçoivent simultanément les demandes issues de Q_1 et Q_2, vont s'entendre pour répondre l'une à Q_1, l'autre à Q_2. Si on ne permet qu'une réponse par unité, elles risquent de choisir la même ; si on permet plusieurs réponses par unité, le problème du choix est reporté sur les unités interrogatrices. On peut résoudre ce problème soit par interconnexion des unités interrogatrices, de façon à ne permettre qu'une question à la fois, soit par interconnexion des unités interrogées de telle sorte qu'une seule d'entre elles reçoive une question donnée à la fois, soit encore par un dispositif de contrôle global qui assigne les unités interrogées aux unités interrogatrices.

Macnaughton a proposé une quatrième solution qu'il semble intéressant d'exposer ici, car elle fournit un bon exemple de l'utilisation de signaux analogiques dans un système digital.

Lorsqu'elle reçoit plusieurs demandes simultanées, l'unité interrogée ne renvoie qu'une réponse (fig. 13). Ceci peut conduire une unité interroga-

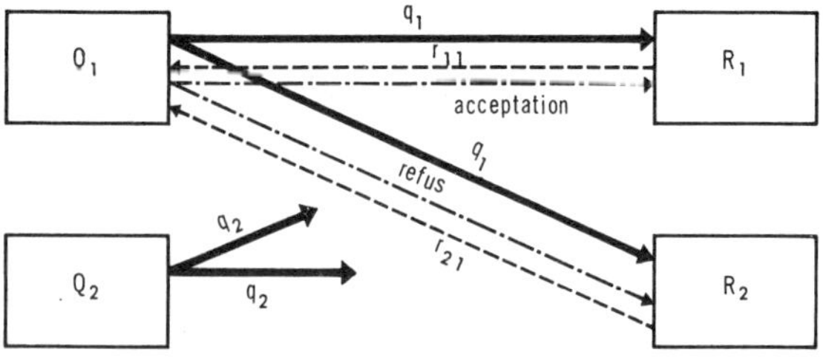

Fig. 13. Modèle d'intercommunication.

trice (Q_1) à recevoir plusieurs réponses pour une même demande. Elle en choisira une en renvoyant à l'unité correspondante (R_1) un signal d'acceptation, et émettra un signal de refus en direction des autres unités (R_2) qui ont répondu afin de les libérer pour leur permettre de répondre à d'autres demandes.

Le problème de l'attribution d'une seule unité interrogée à chaque demande est alors résolu ; cependant, il est incomplètement déterminé, les unités interrogées ayant des choix à effectuer, ce qui peut conduire une unité interrogatrice à attendre plusieurs tours avant d'être servie. D'où l'idée d'attribuer une priorité aux questions sous forme de niveau analogique, la valeur du signal analogique étant d'autant plus grande que la priorité est plus élevée. Afin d'éviter qu'une question de faible priorité soit par trop retardée, on fera varier sa priorité au cours du temps. Les signaux sont analysés par les unités interrogées, grâce à une logique cellulaire, représentée figure 14, leur permettant de servir la demande de plus haute priorité.

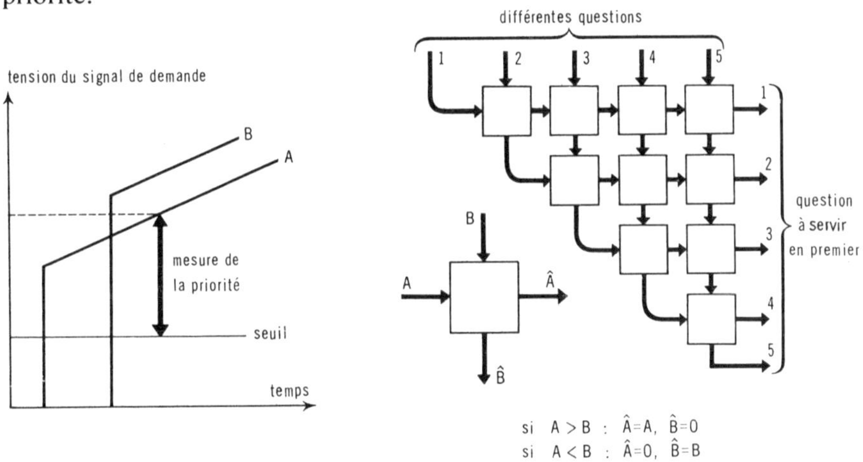

Fig. 14. Gestion des priorités par voie analogique.

Ce type de solution résout bien les problèmes de reconfiguration dans l'hypothèse où chaque unité est capable de détecter ses propres pannes. Lorsqu'une unité sera en panne, elle se mettra automatiquement hors circuit en ne répondant plus aux demandes : ceci permet le passage « en douceur » au fonctionnement en performances dégradées sans nécessiter de procédure de reconfiguration.

2. 7. 2. Systèmes à très haute disponibilité. Les très hautes disponibilités peuvent être obtenues en conjuguant un effort dans le domaine de la technologie : fiabilité, conditionnement, etc., dont l'étude sort de notre propos, et un effort dans le domaine de l'architecture logique : introduction de matériels redondants et méthodes d'utilisation de la redondance. La redondance la plus simple consiste à doubler le calculateur, le second étant en réserve pour prendre la place du premier s'il tombe en panne. Une telle solution suppose qu'un calculateur sache détecter ses propres pannes et soit capable de les signaler. Dès lors que la première de ces hypothèses est remplie, on peut se passer de la seconde si le deuxième calculateur tourne sur un programme qui périodiquement demande au premier de se tester et de lui donner une réponse : en cas de réponse défavorable ou en l'absence de réponse, le deuxième calculateur prend la place du premier. Il reste qu'un calculateur peut ne pas détecter ses propres erreurs. On pallie cette difficulté en faisant exécuter strictement le même programme aux deux machines qui périodiquement comparent leurs résultats. L'impossibilité de déterminer le calculateur fautif en cas de non-concordance conduit à en ajouter un troisième : c'est la technique du contrôle *deux sur trois* (cf. chapitre II, paragraphe 1. 3. 1. et chapitre III, paragraphe 11.). L'organisation modulaire apporte un progrès notable à ce concept de redondance, une panne entraînant la mise hors service d'un module et non d'un calculateur tout entier.

Parmi les nombreuses études concernant ce domaine, citons celle qui concerne le calculateur modulaire conçu par la NASA pour les missions spatiales de longue durée (fig. 15).

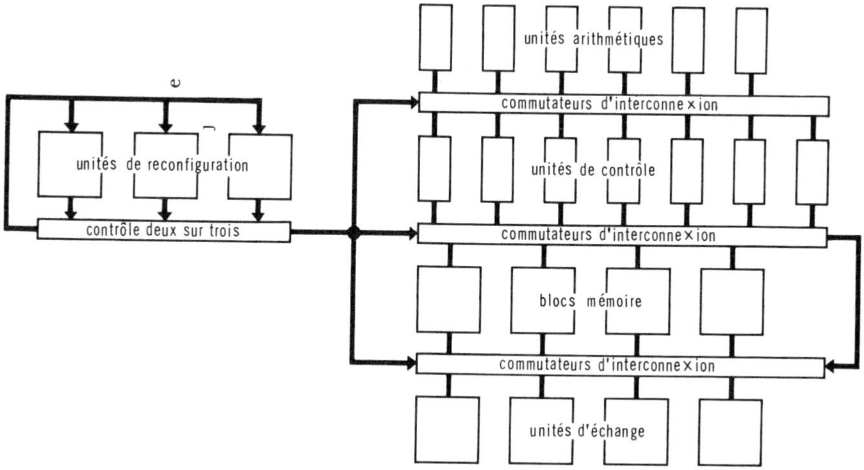

Fig. 15. Principe du calculateur modulaire de la NASA.

Le nombre des unités de chaque type est fonction de la fiabilité du type d'unité qui est elle-même directement reliée à son degré de complexité. Le système est prévu pour pouvoir fonctionner en « multiprocesseur », chaque processeur ayant la même tâche avec autocontrôle du type deux sur trois, pendant la phase de lancement de la mission où les calculs doivent être exécutés trop rapidement pour permettre un éventuel processus de reconfiguration. Par la suite, il passe en fonctionnement « monoprocesseur », les autres unités étant en réserve. L'unité de reconfiguration teste périodiquement le fonctionnement du monoprocesseur actif. En cas de détection de panne, elle joue sur les commutateurs d'interconnexion jusqu'à ce qu'elle obtienne un nouveau processeur opérationnel. Cette unité contient notamment l'horloge centrale, les registres permettant des échanges entre unités de contrôle en fonctionnement multiprocesseur et le système d'interruption. Comme elle n'est pas totalement à l'abri des pannes, l'unité de reconfiguration peut être triplée, ce qui permet un contrôle en deux sur trois de son fonctionnement.

3. Les machines à parallélisme explicite.

On peut citer de nombreuses publications donnant des idées ou même des schémas de machines parallèles, quelques réalisations prototypes dans des universités, et vraiment très peu de machines commercialisées.

Aussi bien serons-nous obligés, pour donner un exemple de cette dernière catégorie, de ressusciter le vénérable Gamma 60 de la Compagnie des Machines Bull.

Nous sauterons ensuite directement aux machines à très haut degré de parallélisme, qu'à quelques exceptions près on peut assimiler aux machines cellulaires. L'exemple le plus caractéristique est le système ILLIAC IV, dont un quart est en cours de réalisation à l'université de l'Illinois. Il semble ouvrir une des rares voies permettant, à technologie égale, de gagner un ordre de grandeur en performances par rapport aux machines pipe-line actuelles, mais ceci pour des problèmes particuliers.

3. 1. *Les machines à programmes maillés.*

Le Gamma 60 était une des toutes premières grosses machines de la deuxième génération ; elle permettait une forme de parallélisme au niveau d'un seul programme muni d'une structure *maillée*. Par les instructions spéciales, le programmeur pouvait définir des séquences d'instructions indépendantes, appelées mailles de programme, susceptibles de s'exécuter en parallèle dans des processeurs spécialisés différents (arithmétique fixe, arithmétique flottante, comparateur et logique, entrée-sortie), ainsi que les points de regroupement des mailles, la reprise n'ayant lieu que lorsque les

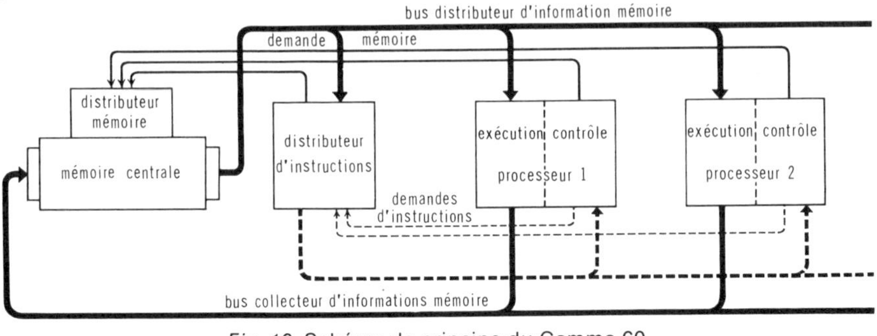

Fig. 16. Schéma de principe du Gamma 60.

différentes mailles lancées en parallèle étaient terminées. Le distributeur d'instructions effectuait un prédécodage permettant l'aiguillage des instructions, certaines séquences pouvant faire appel à plusieurs processeurs différents. La simultanéité des entrées-sorties était traitée selon le même principe.

Ce type de parallélisme se trouve aujourd'hui abandonné, la raison fondamentale étant, semble-t-il, qu'il est difficile de définir au niveau de langages évolués des processus parallèles indépendants mettant en jeu des processeurs différents.

3. 2. *Les machines cellulaires.*

La plupart des avantages que nous avons pu constater, lors de notre étude succincte des organisations cellulaires pour la réalisation de fonctions logiques (chapitre III, 10. 3.), vont se retrouver dans les machines à organisations matricielles de processeurs. De plus, ces dernières permettent de faire un pas important dans la recherche d'un haut degré de parallélisme et donc de performances élevées.

3. 2. 1. Machines à contrôle centralisé et machines à contrôle distribué. On distingue deux types de machines cellulaires : les machines à **contrôle centralisé** et les machines à **contrôle distribué.**

La machine de Solomon est l'exemple type d'une machine à contrôle centralisé : une unité de contrôle centralisée décode toute instruction qui s'exécute en parallèle et sur des données différentes dans un grand nombre de processeurs arithmétiques identiques. Autrement dit, un seul flot d'instructions commande en parallèle plusieurs flots de données. L'organisation de Solomon semble appelée à un certain avenir; aussi la discuterons-nous longuement au cours de cette fin de chapitre.

La machine de Holland est l'exemple type des machines à contrôle distribué. Chaque cellule est formée d'un processeur comprenant des éléments de contrôle et des éléments de calcul. Plusieurs formules d'utilisation ont été étudiées : une ligne de cellules contient par exemple les différentes instructions d'une séquence; les cellules correspondantes s'activent successivement les unes les autres au cours du déroulement du programme, allant chercher les opérandes dans d'autres cellules ou sous-traitant des opérations arithmétiques à d'autres cellules. L'organisation de Holland a été proposée dans un but plus théorique que pratique afin d'aider à formaliser certains concepts des théories des automates, de la calculabilité et des processus parallèles. Son utilisation effective se heurte à de gros problèmes : il faut une très grande quantité de matériel qui, malgré un bon niveau de parallélisme, est mal utilisé; de plus, il est difficile de définir un langage de commande qui soit efficace. Nous ne reviendrons pas sur ce type de machine.

3. 2. 2. L'organisation de Solomon. Cette organisation part de deux idées :

(1) Une seule unité de contrôle décode des instructions qui sont exécutées

simultanément par un grand nombre d'unités arithmétiques appelées processeurs élémentaires (P.E.) sur des données éventuellement différentes. Ainsi un seul courant d'instructions contrôle plusieurs courants de données.
(2) Les processeurs élémentaires sont interconnectés selon une organisation matricielle à deux dimensions pour permettre certains échanges de données.

Un exemple simple montrera mieux que de longues explications l'intérêt de cette organisation dans les problèmes de type matriciel (fig. 17).

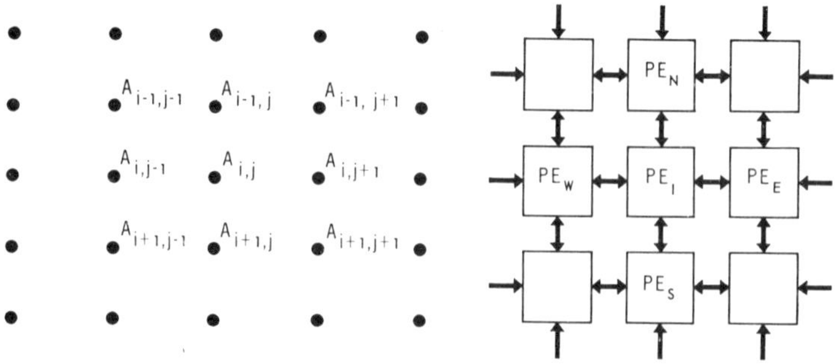

Fig. 17. Machine de Solomon et problème matriciel.

Etant donné des valeurs $A_{i,j}$ affectées aux différents points d'une matrice, il s'agit de calculer en chaque point la moyenne $M_{i,j}$ des valeurs affectées aux quatre points qui l'entourent :

$$M_{i,j} = 1/4\ (A_{i-1,j} + A_{i,j-1} + A_{i,j+1} + A_{i+1,j})$$

En supposant que chaque processeur élémentaire traite un point et que les valeurs $A_{i,j}$ se trouvent initialement dans un registre R_1, le programme qui calcule dans le registre R_0 la moyenne cherchée s'écrit :

1. $\forall$ P.E. $(R_1\ N) \longrightarrow R_0$
2. $\forall$ P.E. $(R_0) + (R_1\ E) \longrightarrow R_0$
3. $\forall$ P.E. $(R_0) + (R_1\ S) \longrightarrow R_0$
4. $\forall$ P.E. $(R_0) + (R_1\ W) \longrightarrow R_0$
5. $\forall$ P.E. $(R_0)\ /\ 4 \longrightarrow R_0$

L'instruction 3., par exemple, se lit : pour tous les processeurs élémentaires, ajouter le contenu du registre R_1 du processeur élémentaire sud au contenu du registre R_0, le résultat venant se ranger dans le registre R_0. Ainsi, ce programme s'exécute en cinq instructions, c'est-à-dire dans le temps de cinq cycles mémoire. Nous laissons au lecteur le soin d'écrire le même programme pour Superboulix. Il s'apercevra qu'il faut une cinquantaine de cycles mémoire pour chaque passage dans la boucle de programme calculant la moyenne en un point et donc de l'ordre de 10 000 cycles mémoire pour une matrice de 16×16. C'est dire la puissance de l'organisation de Solomon pour tous les problèmes de type matriciel, c'est-à-dire pratiquement tous les problèmes mettant en jeu des systèmes importants d'équations aux dérivées partielles, notamment les modèles météorologiques, écologiques, économiques, sociologiques, etc.

3. 2. 3. ILLIAC IV. C'est une machine de type Solomon. Aux deux principes de base énoncés pour les machines de Solomon, s'ajoutent les deux suivants : (1) les adresses et données communes à l'ensemble des processeurs élémentaires sont gérées par le contrôle central; (2) un embryon de logique locale permet de personnaliser l'exécution des instructions communes en fonction de tests locaux.

3. 2. 3. 1. Présentation générale.

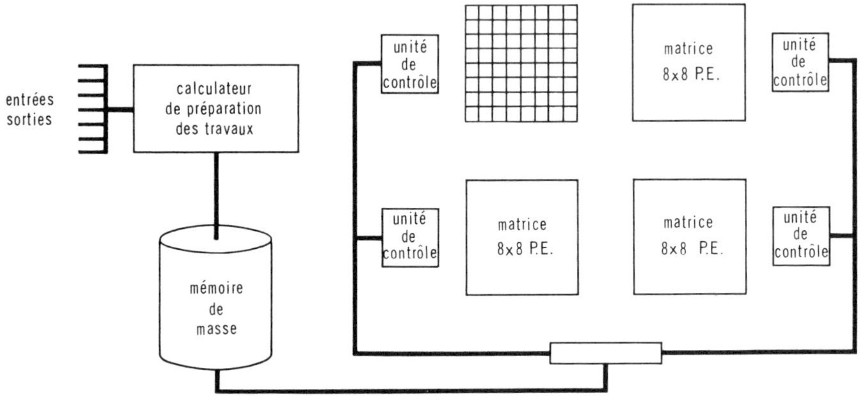

Fig. 18. Schéma général d'ILLIAC IV.

La machine comprend d'une part un calculateur de type traditionnel (en fait un B 6500) pour gérer les entrées-sorties, compiler, préparer les travaux d'ILLIAC IV, puis les ranger sur une mémoire de masse très rapide et de grande capacité et d'autre part ILLIAC IV proprement dit, formé de quatre unités de contrôle commandant chacune une matrice de 8×8 processeurs élémentaires (fig. 18). Chaque processeur élémentaire possède une mémoire de 2 048 mots de 64 bits et réalise l'addition et la multiplication en des temps respectifs de 240 ns et 400 ns pour des opérandes de 64 bits, compte tenu d'une structure pipe-line des opérateurs.

3. 2. 3. 2. Instructions et adressage. L'unité de contrôle recherche les instructions, les décode et distribue les microcommandes correspondantes ainsi que les signaux d'horloge à l'ensemble des processeurs élémentaires.

L'adressage comprend deux indexations, une indexation globale qui s'effectue au niveau de l'unité de contrôle et une indexation locale qui permet de personnaliser la donnée pour chaque processeur élémentaire (fig. 19). Lorsqu'il n'y a pas d'indexation locale, c'est l'unité de contrôle qui va rechercher la donnée en mémoire et qui la distribue aux processeurs élémentaires. Cette technique de double indexation facilite l'adressage des structures matricielles.

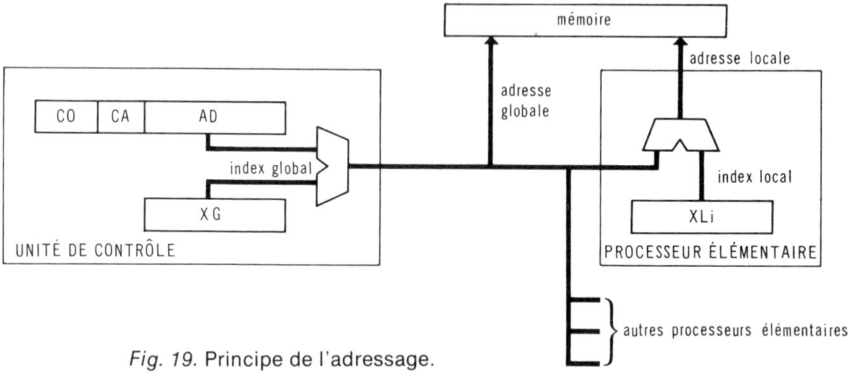

Fig. 19. Principe de l'adressage.

3. 2. 3. 3. Contrôle local. Chaque processeur élémentaire possède un bistable d'état qui peut prendre deux positions : actif ou inactif. Dans l'état inactif le processeur n'exécute aucune instruction issue de l'unité de contrôle (sauf une instruction spéciale de réactivation). Le bistable peut être positionné par des tests effectués au niveau du processeur élémentaire.

3. 2. 3. 4. Partitionnement des processeurs. Chaque processeur élémentaire peut fonctionner soit comme un processeur sur 64 bits, soit comme deux processeurs sur 32 bits, soit comme 8 processeurs sur 8 bits. Dans le cas de partitionnement, les sous-processeurs ne sont pas totalement indépendants car ils possèdent le même index local.

3. 2. 3. 5. Partitionnement de la matrice. Il y a 256 processeurs élémentaires qui sont groupés en quatre sous-matrices de 64 processeurs. Le système peut travailler soit en 4 sous-matrices de 64 processeurs, soit en 2 sous-matrices de 128 processeurs, soit en une matrice de 256 processeurs. Ce partitionnement permet d'une part de s'ajuster aux dimensions des problèmes à traiter, d'autre part de continuer à travailler en cas de panne d'une sous-matrice.

3. 2. 3. 6. Organisation de la mémoire.

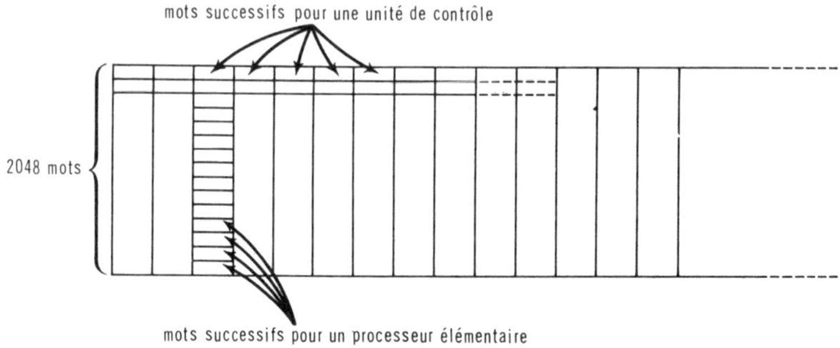

Fig. 20. Organisation de la mémoire.

Il n'y a qu'une seule mémoire pour une matrice d'ILLIAC IV ; elle est référencée séquentiellement dans le sens horizontal par les unités de contrôle et par tranche verticale par les processeurs élémentaires, chacun n'ayant accès qu'à sa tranche de 2 048 mots. Cette structure de mémoire permet facilement l'adressage simultané des éléments successifs d'une matrice par les processeurs élémentaires successifs, compte tenu de la technique de double indexation mentionnée plus haut.

3. 2. 3. 7. Interconnexions. Les processeurs sont interconnectés sous forme matricielle, chaque processeur communiquant avec les quatre qui l'entourent. Les interconnexions au bord des matrices peuvent être définies par programme pour permettre de s'adapter à la géométrie du problème à résoudre. On notera, une fois ces interconnexions établies, que l'on peut transmettre une information d'un quelconque processeur à un quelconque processeur en, au plus, sept échanges dans une matrice 8×8.

3. 2. 4. L'avenir des machines cellulaires. Il semble que les systèmes de très grande puissance à venir participeront soit de l'architecture pipe-line, soit de l'architecture cellulaire et peut-être d'un mélange des deux. Nous avons vu les très hautes performances que l'on peut obtenir d'une organisation cellulaire de type Solomon dans la solution de problèmes très spécifiques qui permettent d'utiliser au mieux les échanges d'informations entre processeurs (cf. paragraphe 3. 2. 1.). En dehors de ce cas très particulier, la machine peut fonctionner en machine parallèle simple dans le cas où l'on doit exécuter une série d'opérations identiques, indépendantes les unes des autres, portant sur des opérandes organisés en tableau de telle sorte que les opérandes successifs se trouvent tous à la même adresse des mémoires, associés aux différents processeurs élémentaires. On remarque que c'est à très peu de chose près la condition pour avoir un très bon fonctionnement des machines pipe-line, la seule différence étant qu'alors les opérandes successifs doivent être rangés dans des banks mémoire successifs (cf. chapitre IX, 2. 6.).

Pratiquement, ces types de traitement ne se rencontrent guère que dans les problèmes de type matriciel. Or les problèmes réels ne sont pas toujours de type matriciel d'un bout à l'autre, et il n'est pas toujours possible de définir un algorithme de type matriciel pour les parties de problèmes qui ne le sont pas *a priori*. Il en résulte qu'au cours des traitements correspondants un seul des processeurs élémentaires est utilisé (dans une machine pipe-line la plupart des sections seraient inactives). De plus, les structures matricielles à traiter n'ont pas toujours la taille exacte de la matrice de processeurs élémentaires, ce qui conduit encore à des processeurs inutilisés.

Diverses solutions ont été proposées pour utiliser au mieux la puissance d'une machine cellulaire. Citons, en les schématisant, quelques idées inspirées par le « **Distributed Processor** » proposé par Koczela pour les missions de la NASA dans les années 1980, mais qui semblent également très intéressantes pour une très puissante machine scientifique sous réserve de savoir en écrire le système d'exploitation. Ce **multiprocesseur**

distribué se caractérise par le fait qu'il allie le contrôle centralisé au sens de Solomon et le contrôle distribué, non point au sens de Holland, mais selon le mode multiprocesseur traditionnel.

Il s'agit encore d'une machine cellulaire avec des interconnexions de voisinage pour permettre des échanges d'opérandes entre cellules voisines (l'organisation générale n'étant cependant plus matricielle comme dans la machine de Solomon). A ce type d'intercommunication au niveau des échanges de données se superpose un autre type d'intercommunication : le bus intercellulaire qui transporte des instructions, des données et des informations de contrôle.

Contrairement à la machine de Solomon, il n'y a plus d'unité de contrôle centralisée; par contre, chaque cellule dispose de sa propre unité de contrôle en plus de son unité arithmétique et de sa mémoire propre. Chaque cellule peut avoir plusieurs états de fonctionnement :

(1) **Etat en panne :** la cellule ne répond à aucune demande.

(2) **Etat indépendant :** la cellule fonctionne comme un calculateur autonome qui va chercher ses instructions dans sa mémoire locale.

(3) **Etat de contrôle :** dans cet état, la cellule joue le rôle de l'unité de contrôle de la machine de Solomon. Elle va chercher des instructions en mémoire et les distribue aux autres cellules par l'intermédiaire du bus intercellulaire.

(4) **Etat dépendant :** en première approximation, une cellule à l'état dépendant joue le rôle d'un processeur élémentaire de la machine de Solomon : elle reçoit et exécute les instructions qui proviennent de la cellule de contrôle par l'intermédiaire du bus intercellulaire.

La cellule de contrôle peut adresser les cellules de deux façons différentes : par un **adressage global** qui comprend plusieurs niveaux et auquel répondent toutes les cellules à l'état dépendant et correspondant à ce niveau; par un **adressage personnalisé** qui permet d'atteindre individuellement chaque cellule qu'elle soit à l'état dépendant ou indépendant. Ce dernier type d'adressage permet de modifier l'état des cellules.

Une cellule dépendante peut donc être dans deux états :

(1) un **état dépendant global,** dans lequel la cellule est au même niveau d'adressage que la séquence d'instructions envoyée par la cellule de contrôle : elle exécute les instructions ainsi reçues.

(2) un **état dépendant local,** dans lequel la cellule n'est pas au même niveau d'adressage que la séquence d'instructions envoyée par la cellule de contrôle. Elle peut travailler en contrôle local comme une cellule indépendante tout en vérifiant continuellement que la cellule de contrôle ne passe pas à son propre niveau d'adressage, ou ne l'adresse pas individuellement.

Le jeu d'instructions varie suivant l'état de la cellule.

La figure 21 représente de façon très schématique l'organisation générale proposée pour le *multiprocesseur distribué*. Il comprend quatre groupes de cellules, chaque groupe ayant au plus une cellule à l'état contrôle. Grâce au bus intergroupe, plusieurs groupes peuvent travailler avec la même cellule de contrôle.

Il semble que la transposition de ces idées à des grosses machines scientifiques cellulaires devrait permettre une bonne utilisation de l'ensemble des processeurs, puisque ceux qui ne travaillent pas en parallélisme explicites (état contrôle ou dépendant) ne restent pas inemployés, mais travaillent en parallélisme implicite (état dépendant). Il reste à savoir si l'on saura réaliser des systèmes d'exploitation capables d'utiliser ces possibilités.

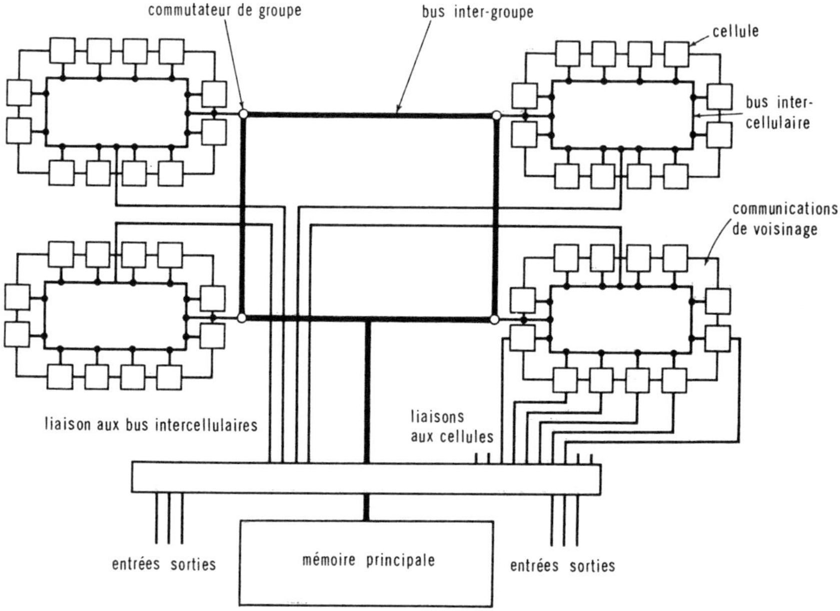

Fig. 21. Schéma de principe du processeur distribué.

chapitre XIII
la micro-informatique

1. Notion de microprocesseur et micro-ordinateur.

La micro-informatique s'est développée dans les années 70 en suivant les progrès de la micro-électronique. La croissance de densité d'intégration due notamment à l'introduction de la technologie MOS (Metal Oxyde Silicium) a permis d'obtenir des circuits intégrés à grande échelle (> 1 000 composants par puce) et très grande échelle (plus de 10 000 composants par puce). Ainsi a-t-on pu successivement intégrer sur une seule « puce » de silicium (1 à 4 cm^2) des fonctions logiques complexes (registre ou additionneur parallèle) puis des processeurs de traitement complets, enfin des processeurs d'entrée-sortie et des blocs mémoire et se prépare-t-on pour les années 80 à des ensembles complexes dépassant les 100 000 composants comprenant processeur et mémoires sur une même puce.

On appelle *microprocesseur* un processeur de traitement (unité centrale) intégré sur une seule puce de silicium, c'est-à-dire se présentant pour l'utilisateur sous forme d'un boîtier. L'ensemble des circuits, également intégrés chacun sur une puce (mémoires mortes, mémoires vives, processeurs d'entrée-sortie) connectables à ce microprocesseur forment la famille de ce microprocesseur. On appelle quelquefois carte-micro-ordinateur, ou micro-ordinateur, un circuit imprimé support du microprocesseur, des mémoires et circuits d'accompagnement qui lui sont associés pour des applications simples. De manière plus générale, on appelle micro-ordinateur un ordinateur complet dont l'unité centrale est un microprocesseur. A noter qu'avec les progrès en matière de microprocesseurs, la différence entre mini-ordinateur et micro-ordinateur s'estompe progressivement, les microprocesseurs 16 bits du début des années 80 ayant la puissance des unités centrales des gros ordinateurs du début des années 70.

Le tableau 1 présente les progrès de l'intégration des circuits de technologie MOS, en prenant deux exemples : les microprocesseurs caractérisés par le nombre de digits de leur chemin des données, les mémoires mortes (ROM) et les mémoires vives (RAM) caractérisées par le nombre de K-bits intégrés sur une seule puce.

	Micro-processeur	ROM	RAM
71	4	1 K	256
73	8	4 K	1 K
75		16 K	4 K
77		64 K	16 K
79	16	256 K	64 K
81	32	1 000 K	256 K
83			1 000 K

Tableau 1

2. Description générale d'un micro-ordinateur.

Un micro-ordinateur est en première approximation un ordinateur dont l'unité centrale est un microprocesseur. Il est composé de boîtiers reliés entre eux par des circuits imprimés. Compte tenu du nombre nécessairement réduit de pattes des boîtiers, les échanges entre boîtiers se font généralement par des bus de quelques bits 4, 8, 16 ou 24 par exemple.

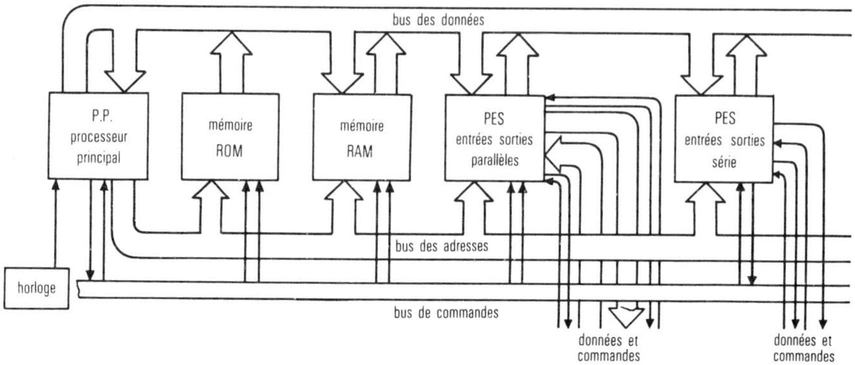

Fig. 1. Organisation générale des composants d'un système microprocesseur.

La figure 1 représente une organisation typique de micro-ordinateur comprenant un microprocesseur (processeur principal PP), une ou plusieurs mémoires mortes (ROM), une ou plusieurs mémoires vives (RAM), des processeurs d'entréee sortie PES série ou parallèle. L'ensemble de ces boîtiers est relié par un bus souvent appelé bus externe par opposition au bus interne de la puce microprocesseur. Ce bus se décompose en un bus des adresses, un bus des données et un bus des signaux de commande, avec, le cas échéant, un multiplexage sur un seul bus des données et des adresses à cause de la limitation du nombre de pattes des boitiers. Le bus des données transporte les informations (instructions et données) entre le processeur principal et les mémoires ou entre le processeur principal et les processeurs d'entrée-sortie (lecture ou écriture directe ou encore initialisation d'entrée-sortie). Enfin ce bus relie également directement des processeurs d'entrée-sortie aux mémoires si ceux-là sont dotés d'une dispostif d'accès direct. Le bus des adresses permet au processeur principal d'adresser les mémoires et les unités connectées aux processeurs d'entrée-sortie. Généralement les bits de poids fort des adresses permettent de sélectionner la ou les ROM, la ou les RAM, les processeurs d'entrée-sortie, les poids faibles permettant d'adresser les cellules mémoires ou les éléments périphériques connectés aux processeurs d'entrée-sortie. Le bus de contrôle comprend les différents signaux de synchronisation et de commande : signaux d'horloge quelquefois fournis par un boîtier spécifique, signaux de commande émis par le processeur principal vers les périphériques, signaux des interruptions ou de demande de cycle émis par les processeurs d'entrée-sortie.

3. Les composants d'un micro-ordinateur.

Il s'agit de passer en revue succinctement la composition et le rôle des différents boîtiers entrant dans la composition d'un micro-ordinateur.

3. 1. Le microprocesseur.

Le microprocesseur proprement dit est une unité centrale de traitement intégré sur une seule puce. Fonctionnellement elle est très semblable à l'unité centrale de machines type miniordinateurs. Le type de microprocesseur les plus utilisé dans la fin des années 1970 est un microprocesseur 8 bits (INTEL 80.80, ZILOG 80, MOTOROLA 6800...). Bien que différents dans le détail des registres pour les calculs et l'adressage, on peut donner de ces microprocesseurs un schéma type simplifié (fig. 2) qui pour la bonne compréhension a été disposé de même manière que celui de BOULIX (v. chap. VI).

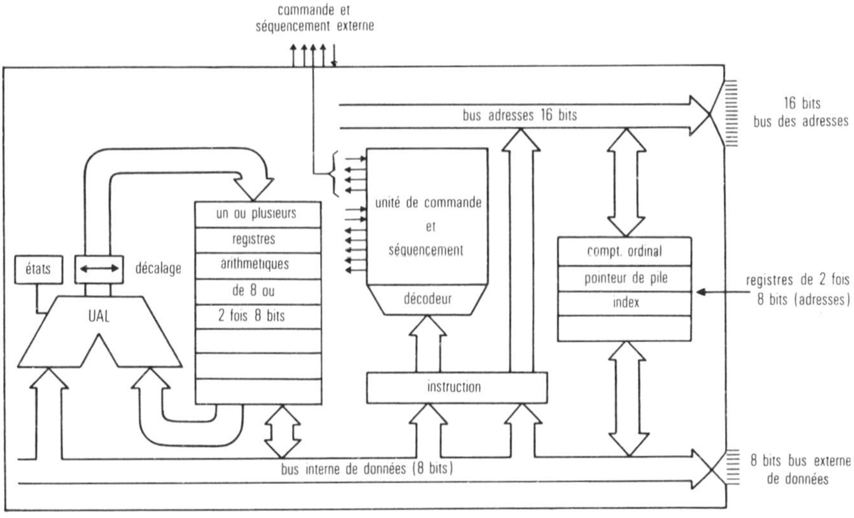

Fig. 2. Schéma type d'un microprocesseur 8 bits.

Outre évidemment ceux liés à l'alimentation, les plots de connexion avec l'extérieur sont les 8 plots de connexion avec le bus externe de données, les 16 plots de connexion avec le bus externe des adresses permettant l'adressage maximum de 64 K octets et les plots des signaux de synchronisation et commande. A l'intérieur du microprocesseur les données et adresses sont véhiculées par des bus internes. L'unité de commande (ou unité de contrôle ou séquenceur) reçoit et émet des signaux de commande et synchronisation soit à l'intérieur de la puce microprocesseur, soit à l'extérieur. Le regroupement de ces derniers signaux constitue le bus externe de commande.

Le tableau suivant donne quelques exemples de tels signaux de commandes.

	Entrées reçues par l'unité de commande	Sorties générées par l'unité de commande
Internes au microprocesseur	— code instruction — états internes : • débordement • signe • retenue	— toutes microcommandes destinées aux transferts d'information (aiguillage dans les bus) et aux traitements dans le microprocesseur (commande des unités fonctionnelles)
Externes au microprocesseur	— horloge — acquittements — interruptions — états	— horloge et synchronisation — commande des mémoires et des processeurs d'entrée-sortie

Généralement l'unité de commande est réalisée sous forme de circuit logique intégré. Mais elle peut être aussi microprogrammée dans une ROM du microprocesseur. Le chemin des données du microprocesseur contient des registres arithmétiques tel que l'accumulateur, le complément d'accumulateurs et éventuellement des registres tampons permettant de mémoriser des opérandes pour les opérations en double ou quadruple longueur. Il contient également des registres fonctionnels destinés généralement à stocker des adresses : outre le compteur ordinal et des registres d'adressage traditionnels, on trouve dans la plupart des microprocesseurs un pointeur de pile. Cette dernière généralement implantée dans une mémoire vive externe, mais quelquefois dans une partie RAM du microprocesseur, permet les sauvegardes et les restaurations en cas d'interruption ou d'appels de sous-programmes. Enfin les bistables d'état de l'unité arithmétique et logique sont généralement regroupées dans un registre d'état.

3. 2. Les mémoires.

Les fabricants de composants fournissent deux types de mémoires, des mémoires mortes ROM (read only memory) et des mémoires vives RAM. Les ROM ont par rapport aux RAM l'avantage d'une plus grande capacité par boîtier — et donc d'un plus faible coût de stockage ramené au bit — et de la non volatilité. On les utilise donc pour stocker des programmes figés. Dans le cas des grandes séries on fait fabriquer au constructeur de composants la ROM correspondant à son propre besoin. Généralement, seule la dernière couche de métallisation est concernée par cette personnalisation. On utilise toutefois de préférence des mémoires PROM (programmables par l'utilisateur). Les unes sont programmées de façon irréversibles par fusion sélective des liaisons. D'autres REPROM peuvent être effacées par exposition aux ultra-violets puis électroniquement reprogrammées, facilitant ainsi la mise au point ou l'évolution des programmes. Les fabricants proposent deux types de mémoires vives, les RAM statiques avec un bistable par point mémoire et les RAM dynamiques qui fonctionnent par accumulation de charge électrique à l'instar des condensateurs et qu'il faut périodiquement regénérer. Le taux d'intégration de ces dernières est supérieur dans un rapport de 4 à 1.

3. 3. *Les processeurs d'entrée-sortie.*

La famille d'un microprocesseur comprend plusieurs boitiers d'entrée-sortie qui se connectent sur le bus externe : processeur d'entrée-sortie série, processeur d'entrée-sortie parallèle et processeur spécialisé, par exemple en acquisition de données analogiques. Les techniques utilisées pour les entrées-sorties ne diffèrent guère que de ce qui a été décrit au chapitre 8 pour les ordinateurs. La figure 3 précise les techniques les plus souvent rencontrées.

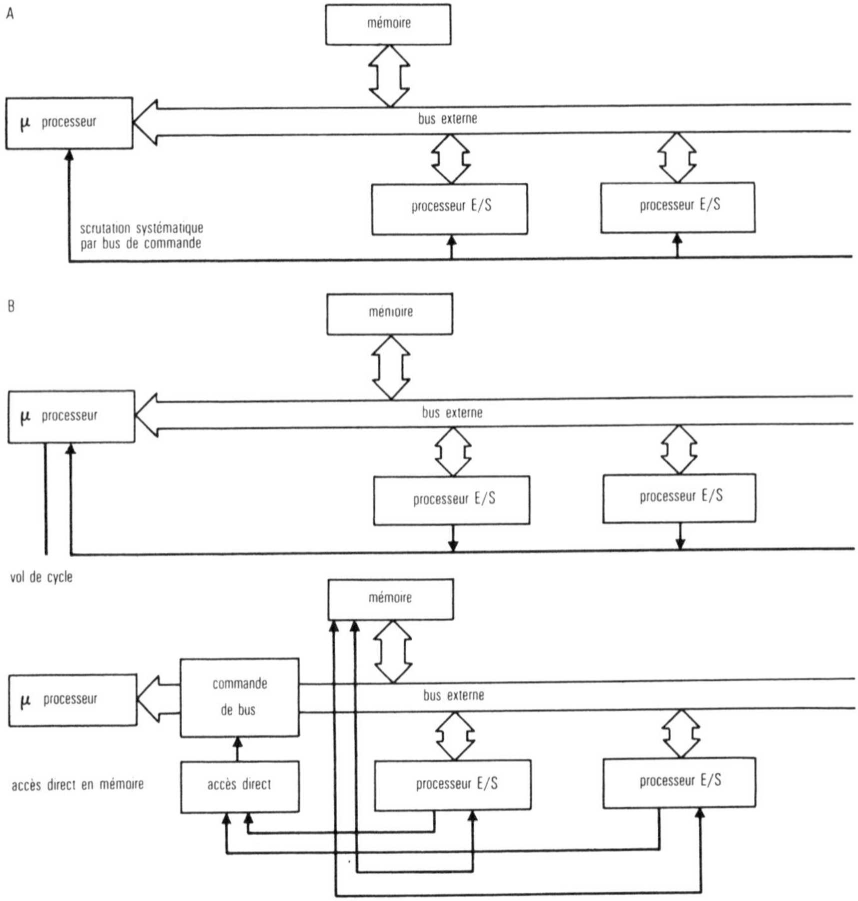

Fig. 3. Systèmes d'entrée-sortie.

Dans les deux premiers cas c'est le processeur principal qui gère les entrées-sorties. Cependant en A il doit scruter systématiquement les processeurs d'entrée-sortie (polling) qui répondent par une information d'état indiquant si une opération doit être effectuée. Cette solution est souvent acceptable pour des applications d'automatisme. En B, le processeur principal est libéré de la scrutation systématique du fait des interruptions, mais exécute lui-même les entrées-sorties. Le système à accès direct à la mémoire schématisée en C permet au processeur d'entrée-sortie de s'approprier le bus pour le temps d'un ou plusieurs échanges avec la mémoire.

4. Les microprocesseurs en tranches.

Le microprocesseur a été défini comme une unité centrale d'ordinateur dans un boîtier. Compte tenu du fort taux d'intégration nécessité par l'assemblage sur une seule puce de toute une unité centrale, les microprocesseurs monoblocs sont réalisés en technologie MOS. Pour obtenir des machines plus performantes, on a été conduit à mettre en œuvre une technologie plus rapide mais moins compacte (bipolaire), ce qui a imposé la segmentation du processeur central en plusieurs boîtiers. On a principalement cherché à diminuer le coût en n'utilisant qu'un nombre très restreint de types de boîtiers différents et à utiliser cette modularité pour donner une grande souplesse dans la définition des architectures réalisées à partir de ces éléments. Les microprocesseurs en tranches correspondent à ces objectifs. La description succincte qui suit est inspirée de l'AMD 2900 qui en est le prototype.

La partie arithmétique est réalisée à partir de boîtiers qui sont des unités arithmétiques sur 4 bits que l'on peut associer en parallèle pour obtenir des opérateurs arithmétiques de n fois 4 bits. La tranche élémentaire est schématisée figure 4. On notera que le chemin de données de 4 bits permet la réalisation des 4 opérations (les multiplications-divisions étant faites par addition-décalage). Lors de la mise en parallèle de plusieurs tranches, les retenues sont propagées d'une tranche à l'autre, tandis que les décaleurs sont reliés entre eux.

Afin de diminuer le nombre de plots de connexion, les microcommandes arrivent sous forme codées et sont décodées devant chaque unité opérationnelle de la tranche. Elles sont évidemment adressées en parallèle aux différentes tranches.

La partie commande du processeur est réalisée à partir d'un circuit de séquencement (lui-même éventuellement réalisé à partir de tranches mises en parallèle) qui permet l'adressage d'une ROM contenant les microprogrammes. Les microinstructions sont évidemment codées par champ, chaque champ commandant simultanément sur chaque tranche arithmétique le décodeur qui lui est associé.

5. Le devenir de la micro-informatique.

A la fin des années 1970, les microprocesseurs ont envahi la vie courante, depuis la calculette de poche jusqu'à l'ordinateur individuel, en passant par une multitude d'applications d'automatisme industriel. On distingue alors trois classes de microprocesseurs : (1) les micro-ordinateurs complets y compris mémoires ROM et RAM et entrées-sorties sur une seule puce ; ils correspondent à des petites applications très répétitives nécessitant peu de mémoire (de l'ordre d'un millier d'octets), telles que l'automatisation de produits de grande diffusion ; (2) les microprocesseurs

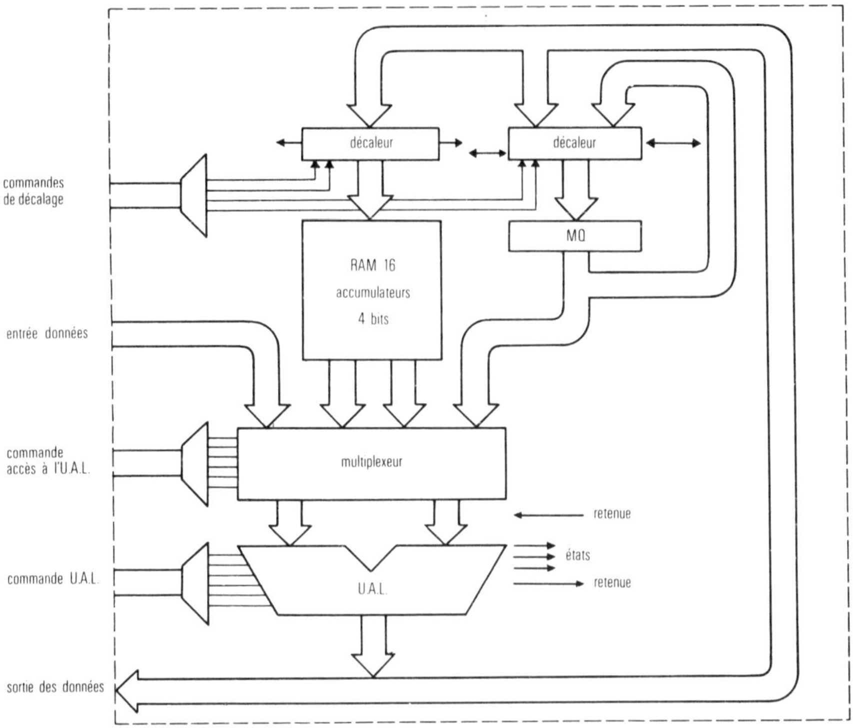

Fig. 4. Tranche arithmétique d'un microprocesseur en tranches (AMD 2901).

8 bits traditionnels sur une puce, accompagnés de leur famille de puces mémoires et puces d'entrée-sortie. Ils sont à la base des applications industrielles où le microprocesseur remplace l'automate câblé traditionnel, mais ont permis également la réalisation de processeurs spécialisés et unités de commandes diverses dans les ordinateurs traditionnels, et des « ordinateurs individuels », qu'ils soient à usage professionnel ou grand public ; (3) les microprocesseurs 16 bits, sur une puce éventuellement dopée par des puces annexes (arithmétique rapide, système d'exploitation microprogrammé en ROM), dont les caractéristiques sont très semblables à celles des gros mini-ordinateurs des années 70... Ils permettront des applications répétitives complexes dans l'industrie, mais également seront les processeurs de traitement ou d'entrée-sortie des ordinateurs des années 80.

On peut penser que vers 1985 la technologie maîtrisera les microprocesseurs 32 bits, les mémoires RAM au-delà du mégabit, les mémoires à bulles... permettant ainsi de réaliser des machines très puissantes sous un très faible volume, avec un haut degré de fiabilité et de maintenabilité.

chapitre XIV

l'évolution de l'architecture des systèmes

Au cours des années 1970, les progrès ont été particulièrement sensibles au niveau de la technologie qui a permis des accroissements de performance, de capacité mémoire, de fiabilité, le tout dans le cadre d'une diminution générale des coûts et des volumes physiques des machines, ainsi qu'au niveau des logiciels qui ont permis de prendre en compte de façon de plus en plus efficace et fiable les besoins des utilisateurs. Par contre, on n'a pas constaté d'évolution marquante au niveau des concepts de la structure des machines qui, pour la plupart, datent des années 1940 et 1950 et qui sont décrits dans les chapitres précédents de cet ouvrage. Simplement, des logiciels d'exploitation ont permis de les mettre en œuvre avec efficacité ou de les généraliser, notamment en ce qui concerne les problèmes de gestion automatique de hiérarchie de mémoire, de détection des pannes et reconfiguration, de gestion simultanée des divers modes d'exploitation (traitement par lot, traitements interactifs, temps réel).

On peut se demander si cette absence d'innovation constatée au niveau des concepts n'est pas due pour la majeure partie au conservatisme du marché qui tient à protéger ses investissements en logiciels qui atteignent des coûts fabuleux si on les compare aux coûts des matériels. Nous nous contenterons ici, sans recherche d'exhaustivité, de nous focaliser sur quelques grandes lignes de l'évolution des architectures de systèmes informatiques qui nous paraissent porteuses d'avenir, en laissant une place particulière à l'architecture des systèmes distribués et la gestion automatique des hiérarchies de mémoire.

1. Les gammes traditionnelles des grands constructeurs.

Sur le plan conceptuel, ces machines ont peu évolué. L'accroissement de puissance permis par la technologie est et continuera à être en grande partie absorbé par des fonctionnalités supplémentaires des systèmes d'exploitation :
(1) Multi-utilisation simultanée : traitement par lot local ou à distance, applications transactionnelles avec base de données, systèmes interactifs en temps partagé, etc.
(2) Augmentation de la virtualité, notamment : (a) gestion automatique des hiérarchies de mémoire transparente à l'utilisateur qui ne connaît plus les limitations de mémoire centrale, et (b) hyperviseurs, gérant plusieurs systèmes d'exploitation sur la même machine permettant ainsi à l'utilisateur de définir plusieurs machines logiques sur une même machine physique.
(3) Automatisation progressive de l'exploitation et de la gestion des performances.
(4) Accroissement de la fiabilité générale des systèmes, reconfiguration automatique des matériels et récupération des « plantages » dus aux logiciels.

Sur le plan de l'architecture des machines, on ne note pas de nouveauté fondamentale par rapport au début des années 70, mais simplement une utilisation plus intensive : (a) de la distribution des fonctions sur des processeurs distincts, ayant leurs mémoires associées (opérateurs de calcul, gestionnaire des mémoires, unités de commandes diverses, processeurs de fichiers, gestionnaire des performances, processeur d'aide à la maintenance...) ; (b) de la microprogrammation, tant au niveau du processeur principal qu'au niveau des processeurs spécialisés, en particulier microprogrammation des primitives systèmes, de traducteurs de langages, de systèmes de gestion de bases de données de la commande des périphériques, etc., il se crée un véritable continum entre le « hardware », le « firmware » et le « software » ; (c) des techniques de redondance, d'unités, d'auto-détection ou d'auto-correction d'erreurs et de reconfiguration ; (d) de l'utilisation des hiérarchies dans les mémoires, et notamment de l'utilisation des antimémoires devant les divers processeurs ; (e) de l'utilisation de multitraitement, généralement limité aux systèmes biprocesseurs ; (f) de l'utilisation des techniques d'anticipation, voire des pseudo-pipe-lines dans les hauts de gammes ou de parallélisme.

On notera que la prédominance d'IBM sur ce marché a eu deux conséquences :

(1) Une restructuration des constructeurs concurrents qui pose des problèmes de convergence de gammes différentes vers une gamme unique. Ces problèmes sont plus ou moins bien résolus par des techniques d'émulation microprogrammées, au niveau du code de base et par des hypersystèmes permettant l'utilisation de machines virtuelles diverses sur une même machine réelle au niveau global des systèmes : ce que CII-HONEYWELL BULL baptise du terme de décor.

(2) L'apparition de périphériques puis de machines strictement « compatibles IBM », l'utilisation d'une technologie un peu décalée dans le temps et l'absence d'investissements logiciel permettant d'obtenir des prix compétitifs pour un temps mais pour un temps seulement, avec ceux du grand constructeur.

Il semble que l'on assiste à une évolution importante de l'utilisation des équipements informatiques du fait de l'introduction des mini-ordinateurs et de la télématique : les années 80 verront-elles un affrontement ou plutôt une complémentarité entre les grands ordinateurs traditionnels munis de leurs réseaux de terminaux conduisant à une concentration des moyens informatiques et les réseaux de mini-ordinateurs correspondant à une certaine répartition de leur utilisation.

2. Les mini-ordinateurs.

L'évolution technologique a permis de réaliser des machines à des prix suffisamment bas pour que l'on ne soit plus obligé de les partager entre plusieurs utilisations : c'est peut-être ce qui permet de caractériser un mini-ordinateur par rapport aux gammes de machines traditionnelles. Né chez des fabricants d'appareils de mesure ou de régulation dans les années 60, pour résoudre des applications temps réel (surveillance de biens d'équipement, conduite de procédés), le « mini » typique de la fin des années 70, résulte de la convergence (1) des lignes de machines orientées conduite de procédés industriels que l'on a dotées des outils logiciels et périphériques nécessaires à la gestion (2) des bas de gamme des grands constructeurs que l'on rend de plus en plus interactifs, (3) de la transformation en micro-ordinateur des machines de bureau et facturières.

Les mini-ordinateurs ont gardé une grande aptitude au temps réel et donc aussi à l'utilisation interactive. Ils sont par contre plus légers pour les traitements par lots sur de grands ensembles de données.

Les mini-ordinateurs forment des gammes quelquefois compatibles vers le haut allant de la carte microprocesseur ou du micro-ordinateur jusqu'au méga-mini. Ce dernier terme désigne des machines dont les performances intrinsèques instantanées sont du même ordre que celles des gros ordinateurs traditionnels au moins en acquisition de données et en calcul scientifique, mais dont le flux global peut être nettement inférieur en multiprogrammation, ce qui les destine plutôt pour des utilisations mono-application. Une caractéristique structurelle du mini traditionnel est son chemin de données à mot court (généralement 16 bits), ce qui conduit à des techniques d'adressage particulières. La distinction théorique entre les deux niveaux de transformation d'adresse : (1) transposition d'adresse dans le champ d'adressage de l'utilisateur et demandée par l'utilisateur, et (2) transposition entre l'adresse « virtuelle » calculée dans le champ d'adressage de l'utilisateur et l'adresse réelle en mémoire principale, est quelquefois mise en cause, le système cherchant à résoudre simultanément les deux problèmes. On trouve notamment des systèmes à plusieurs registres de translation : un pour la procédure en cours, un pour les données locales, un pour les données communes... le tout, éventuellement, combiné avec des translations complémentaires, voire un système de type pagination. Les méga-minis ont généralement un chemin de données de 32 bits, néanmoins ils gardent au moins en option le système d'adressage de type mini, lorsqu'ils font partie d'une gamme compatible.

Bien que l'on trouve une assez grande variété d'architectures, la plupart des mini-ordinateurs sont organisés autour d'un bus sur lequel s'accrochent le ou les processeurs de traitement, les processeurs d'entrée-sortie, les mémoires. Les différents processeurs de traitement ou d'entrée-sortie sont quelquefois identiques au niveau du matériel, mais personnalisés dans leur fonction par les microprogrammes. En haut de gamme, on trouve des architectures multitraitement conçues sur plusieurs bus permettant à chaque processeur d'avoir des mémoires et entrées-sorties privées, tout en partageant d'autres avec d'autres processeurs. Enfin, les techniques d'anticipation, antémémoire, mémoires virtuelles, gestion de piles en mémoire... tendent à se généraliser sur les gros mini-ordinateurs.

3. Les architectures de réseau et les concepts de systèmes distribués.

Les années 1970 ont vu le début du développement de la téléinformatique avec le passage de simples réseaux de terminaux vers des applications distribuées sur plusieurs sites impliquant des réseaux d'ordinateurs. Après avoir résolu les problèmes par des réseaux étoilés, puis hiérarchisés, on en est venu à séparer de façon claire la fonction de « transport » de l'information des fonctions de traitement, de mémorisation, d'accès. Ainsi sont nés les réseaux de transport d'information, qui apportent la souplesse de la commutation (n'importe qui peut communiquer avec n'importe qui), sans imposer les limitations de débit du réseau commuté téléphonique.

3. 1. Les réseaux de transport.

Un réseau de transport se compose de « nœuds de commutation » reliés par des lignes de transport d'information. Trois types de commutation sont utilisés :

3. 1. 1. La commutation de circuit. Elle est analogue à celle du téléphone, où l'on établit un chemin physique continu en début de communication : ce type de commutation convient bien aux transferts de grands fichiers, le coût étant essentiellement celui de l'établissement de la communication.

3. 1. 2. La commutation de message. Les messages sont routés d'un nœud vers l'autre en fonction de l'adresse du destinataire placée en début de message : à chaque nœud, le message doit être entièrement mémorisé avant d'être retransmis au nœud suivant, ce qui suppose des mémoires de masse importantes dès lors que l'on est susceptible de transmettre des travaux à exécuter ou des fichiers.

3. 1. 3. La commutation par paquet. Dans ces réseaux, on élimine les besoins de stockage aux nœuds des réseaux à commutation de message en fragmentant les messages : chaque fragment étant précédé de l'identificateur du message, son numéro d'ordre dans le message et bien sûr l'adresse du destinataire : un tel ensemble forme un *paquet.* Au niveau d'un nœud, on reçoit sous forme de trame des ensembles de paquets issus de nœuds voisins. La commutation consiste à décomposer ces trames en paquets individuels, puis à en recomposer de nouvelles en fonction des destinations des paquets, enfin, à router celles-là vers les nœuds voisins.

Les réseaux de commutation de paquet peuvent offrir plusieurs niveaux de services.

(1) Au niveau le plus élémentaire, le réseau est capable de transmettre un *datagramme* (télégramme formé d'un paquet unique). Le découpage d'un message en datagrammes doit être fait à l'extérieur du réseau ; il en est de même de la reconstruction du message à l'arrivée, d'autant que dans le service datagramme, le réseau ne garantit pas que l'ordre d'arrivée soit identique à l'ordre de départ : deux datagrammes peuvent en effet prendre deux cheminements différents en fonction de la disponibilité physique et de l'encombrement des nœuds. Le réseau prototype français CYCLADES fonctionne selon ce principe : l'avantage est une relative simplification des nœuds, une grande souplesse de fonctionnement en mode dégradé en cas de panne d'un nœud, l'inconvénient est le risque de congestion du réseau en principe non controlable par le réseau lui-même.

(2) C'est ce qui a conduit le CCITT, organisme normalisateur, à définir un service plus élaboré : le *circuit virtuel,* qui se caractérise par une procédure d'appel pour son établissement et d'un contrôle automatique de flux à l'intérieur du réseau. Le premier paquet d'une communication établit par son propre cheminement un circuit

nommé circuit virtuel que suivront successivement tous les autres paquets de la communication ; au passage dans chaque nœud, il induit la réservation de ressources de manière à éviter tout risque de conflit de ressource avec d'autres circuits virtuels. En sous-produit, on obtient évidemment au niveau d'un circuit virtuel l'automaticité du contrôle du flux et la conservation de l'ordre des paquets. Le service des circuits virtuels (également connu par sa norme X25) est notamment utilisé dans le réseau national de commutation de paquets TRANSPAC, mis en service par les P. T. T. au début 1979.

3. 2. Les participants à un réseau.

On a l'habitude de distinguer plusieurs types de « participants » à un réseau, qui se raccordent soit sur les nœuds de commutation, soit sur des unités de raccordement, elles-mêmes connectées aux nœuds de commutation et faisant partie intégrante du réseau de transport (cf. fig. 1).

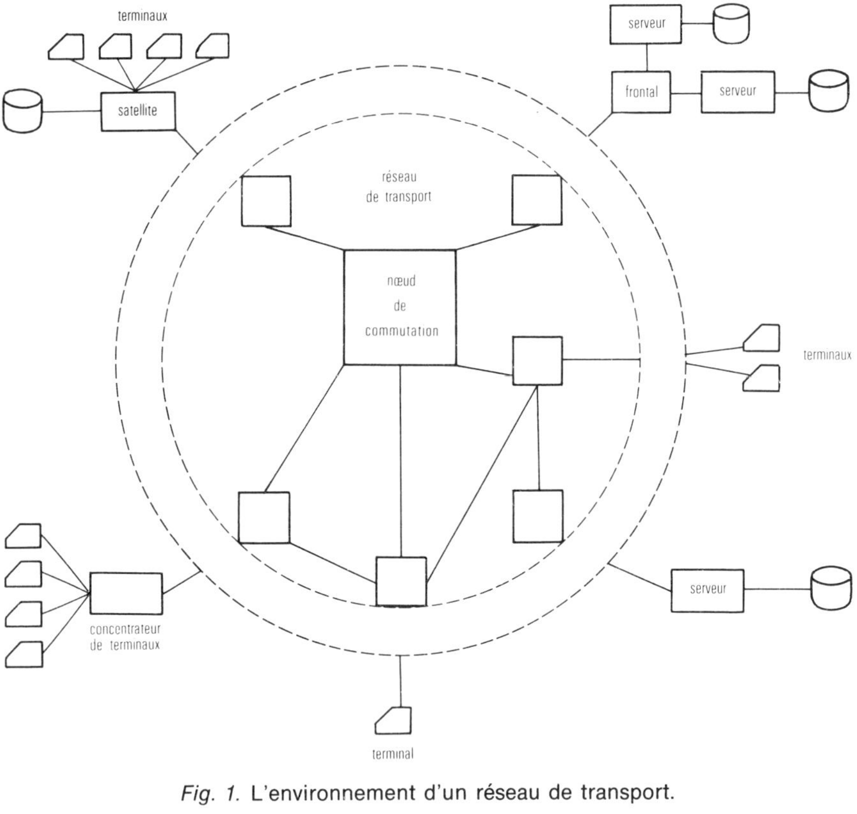

Fig. 1. L'environnement d'un réseau de transport.

• *Les hôtes ou serveurs* sont des ordinateurs supportant des applications générales accessibles à travers le réseau de transport par d'autres participants.

• *Les frontaux* sont des mini-ordinateurs qui déchargent le cas échéant les « hôtes » des différentes fonctions liées à la transmission sur le réseau.
• *Les satellites* sont des ordinateurs (généralement des miniordinateurs) capables de traiter de manière interactive des applications locales tout en participant à des applications globales ou multisites.
• *Les terminaux* sont des postes de travail permettant l'accès au réseau, éventuellement regroupés par des concentrateurs.

3. 3. Concepts standard pour les réseaux paquets.

La standardisation des concepts d'architecture distribuée est en cours. Néanmoins, un découpage en *« couches »* de fonctions a été défini ainsi que certaines normes d'*« interfaces »* (liaisons verticales entre couches) et de *« protocoles »* (liaisons horizontales entre couches) (cf. fig. 2).

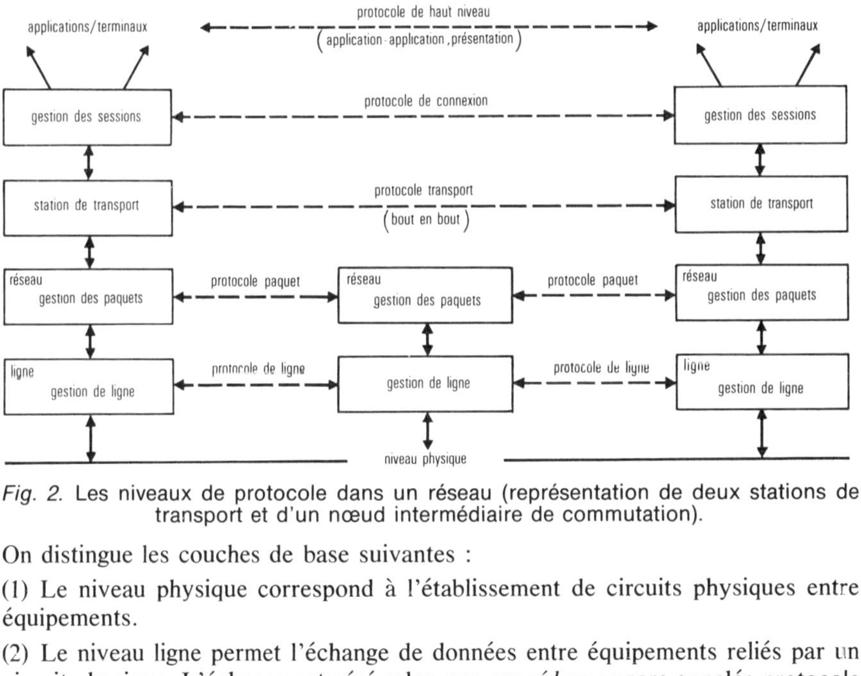

Fig. 2. Les niveaux de protocole dans un réseau (représentation de deux stations de transport et d'un nœud intermédiaire de commutation).

On distingue les couches de base suivantes :

(1) Le niveau physique correspond à l'établissement de circuits physiques entre équipements.

(2) Le niveau ligne permet l'échange de données entre équipements reliés par un circuit physique. L'échange est géré selon une *procédure* encore appelée protocole de ligne, telle que par exemple celui défini par la norme HDLC de CCITT.

(3) Le niveau réseau correspond aux fonctions d'adressage et de routage entre les nœuds de commutation du réseau.

(4) Le niveau transport assure le transport de l'information « de bout en bout » d'un réseau de commutation. Il fournit une interface unique aux participants quelle que soit l'architecture propre du réseau de transport utilisé. Le protocole transport permet notamment, en allant de l'extérieur vers l'intérieur du réseau : le multiplexage des liaisons logiques sur une liaison physique (plusieurs applications

utilisant d'un point à un autre le même circuit virtuel), le contrôle de la séquentialité des message (notamment à la réception des datagrammes), la fragmentation et la reconstitution des messages, l'acquittement... Le gestionnaire de ce niveau est généralement appelé *station de transport.*
La norme X 25 du CCITT définit les protocoles correspondant à ces niveaux pour le raccordement aux réseaux de transport par commutation de paquets.
Au-delà viennent des couches plus précisément liées aux applications, notamment :

(5) Une couche de *contrôle de session*, gérée par un protocole de connexion, qui permet l'établissement, la gestion et la terminaison des dialogues entre processus.

(6) Une couche de présentation qui permet les transcodages nécessaires pour assurer par exemple l'indépendance entre les applications d'une part, les terminaux de dialogue d'autre part.

(7) Des couches éventuelles au niveau des applications, avec des protocoles de plus hauts niveaux permettant les dialogues nécessaires aux applications distribuées sur plusieurs hôtes...

Ces différentes couches sont définies en tant que pures fonctionnalités. Leur réalisation physique peut se répartir sur un ou différents matériels avec des couches de micrologiciel ou de logiciel. La tendance sera de les séparer physiquement, au moins au niveau des logiciels, afin de pouvoir modifier une couche sans répercussion sur les autres.

3. 4. Concept de systèmes distribués.

Les constructeurs proposent ou se préparent à proposer des architectures distribuées permettant la réalisation d'applications partagées entre plusieurs ordinateurs telles par exemple les bases de données réparties. Ces architectures actuellement formées de miniordinateurs sont pour l'instant homogènes, c'est-à-dire ne permettent pas le mélange d'ordinateurs de marques différents. Elles peuvent utiliser des architectures de réseaux de transport généraux comme base, mais doivent permettre un certain niveau de répartition des fonctions du système d'exploitation, telles que le partage des ressources (périphériques, mémoires fichiers...), de communication inter-tâches, de téléchargement de tâches, d'exécution de requêtes à distance, telles que l'activation ou la suppression de tâches.

3. 5. Concept de réseaux locaux.

Parallèlement aux réseaux de commutation couvrant des zones géographiques importantes, vont se développer des « réseaux locaux » qui sur un support unique (cable coaxial, fibre optique, etc.) permettront tout échange ou diffusion d'informations entre un grand nombre de participants implantés dans un même lieu géographique. Des algorithmes divers permettent de construire des protocoles autorisant le partage du support unique par les différents participants, sans avoir à établir de hiérarchie entre eux, et en assurant la validité des transferts. Ces réseaux devraient servir de base aux systèmes de burotique qui vont se développer dans les années 1980 (traitement de texte, courrier et agendas électroniques, accès à des archivages d'information, etc.).

4. La gestion des hiérarchies de mémoire.

4. 1. Principe de la gestion automatique d'une hiérarchie de mémoire.

Les progrès technologiques conduisent à une évolution constante des différents niveaux de mémoire intervenant dans un système informatique : croissance en capacité, croissance en vitesse, décroissance en coût du bit stocké à chaque niveau, apparition ou disparition de niveaux intermédiaires... En particulier la concurrence entre des niveaux à disques et des niveaux à mémoires statiques, semi-conducteurs et bulles... devrait dominer les années 80, tandis que les très grands fichiers en accès direct devraient se développer (mémoires à cartouches magnétiques en remplacement des bandes magnétiques), ou encore vidéo disques pour les archivages.

Quelle que soient les technologies employées, on cherche à automatiser les processus d'échange entre niveaux de mémoire de manière à simuler un système idéal disposant d'une mémoire quasi illimitée à accès extrêmement rapide. On pourrait considérer cet idéal atteint si le ou les processeurs du système trouvaient toujours l'information qu'ils cherchent disponible dans le niveau le plus rapide ; il faudrait donc un dispositif capable de rechercher par anticipation les informations dans les niveaux les plus lents, et les faire passer en temps utile de niveau à niveau. Ce dispositif s'apparentant très fortement à une « boule de cristal » dont on n'a pas trouvé à ce jour un équivalent informatique fiable, on a recherché des solutions approchées dont la plus utilisée est la technique de pagination.

Cette dernière est fondée sur une remarque : les informations successivement utiles pour un processeur présentent en principe des propriétés de « localité » (instructions rangées en séquence, données organisées en tableaux...). D'où l'idée que si l'on a dû chercher une information dans une mémoire éloignée, on a tout intérêt à transférer dans les mémoires plus rapides, non seulement l'information, mais aussi un certain voisinage de cette information ; il est assez probable, en effet, sans avoir besoin de « marc de café », que des informations de ce voisinage seront utiles à brève échéance et donc que le processeur les trouvera alors dans les niveaux les plus rapides. Pour simplifier les transferts entre deux niveaux consécutifs, on utilise généralement des voisinages d'égale grandeur appelés pages, chacun des niveaux étant logiquement et a priori partionné en pages. La taille de la page pour l'échange entre deux niveaux contigus est choisie en fonction de critères logiques et technologiques, et a tendance à croître à mesure que l'on passe des petites mémoires rapides aux grandes mémoires plus lentes.

4. 2. Les concepts de la pagination.

Posons le problème sur un modèle élémentaire à deux niveaux de mémoire que nous appellerons respectivement *mémoire réelle* et *mémoire virtuelle.* A un instant donné, certaines pages de la mémoire virtuelle sont chargées dans la mémoire réelle. Par ailleurs, l'existence de la hiérarchie de mémoire étant transparente à l'utilisateur, les informations sont référencées par leur adresse en mémoire virtuelle. Il y a donc lieu de définir deux mécanismes :

(4) le premier doit permettre de savoir si l'information référencée est en mémoire réelle et, si oui, de calculer son adresse réelle à partir de son adresse virtuelle ;

(2) le second doit, dans la négative, gérer les échanges de pages rendues alors nécessaires entre mémoire virtuelle et mémoire réelle.

4. 3. Calcul de l'adresse réelle.

Remarquons d'abord qu'une adresse se dissocie en deux parties : les poids forts donnent le numéro de la page, les poids faibles le numéro du mot dans la page. Ainsi passer de l'adresse virtuelle à l'adresse réelle, c'est transformer le numéro de page virtuelle en numéro de page réelle, le numéro de mot dans la page restant inchangé.

Il est donc nécessaire de définir la loi de correspondance entre les numéros des pages de la mémoire virtuelle qui sont implantées en mémoire réelle, et les numéros des pages de mémoire réelle où elles sont effectivement implantées.

A priori, seulement trois solutions permettent de définir une telle correspondance : la table directe, la table inverse, et une relation fonctionnelle (fig. 3). Décrivons leur principe.

(1) On construit une table ordonnée contenant pour chaque page de la mémoire virtuelle un digit de présence de la page en mémoire réelle, et s'il est positionné le numéro de page réelle correspondant. Les poids forts de l'adresse virtuelle de l'information référencée permettent par simple pointage dans la table d'obtenir les réponses cherchées : présence de la page en mémoire réelle le cas échéant et numéro de page réelle correspondante.

(2) Le nombre de pages virtuelles pouvant être beaucoup plus grand que le nombre de pages réelles, on a quelquefois intérêt à inverser la table précédente pour en diminuer la taille. On a alors une *topographie* de la mémoire réelle, faisant correspondre à chaque page réelle le numéro de la page virtuelle qui y est implantée. Par comparaison entre les poids forts de l'adresse virtuelle et tous les numéros de pages virtuelles contenues dans la topographie, on obtient les réponses cherchées : s'il y a une coïncidence, on a directement la page réelle correspondante, s'il n'y a pas coïncidence, c'est que la page n'est pas implantée en mémoire réelle.

(3) On construit *a priori* une relation fonctionnelle qui, à tout numéro de page de la mémoire virtuelle, fait correspondre un numéro de page de la mémoire réelle. Comme la mémoire réelle est plus petite que la mémoire virtuelle, cette relation n'est pas biunivoque, et plusieurs pages de la mémoire virtuelle devraient normalement s'implanter au même endroit de la mémoire réelle. Il y a donc lieu de concevoir un mécanisme complémentaire pour traiter ces problèmes de *collision,* ce mécanisme permettant par exemple de savoir si la page référencée

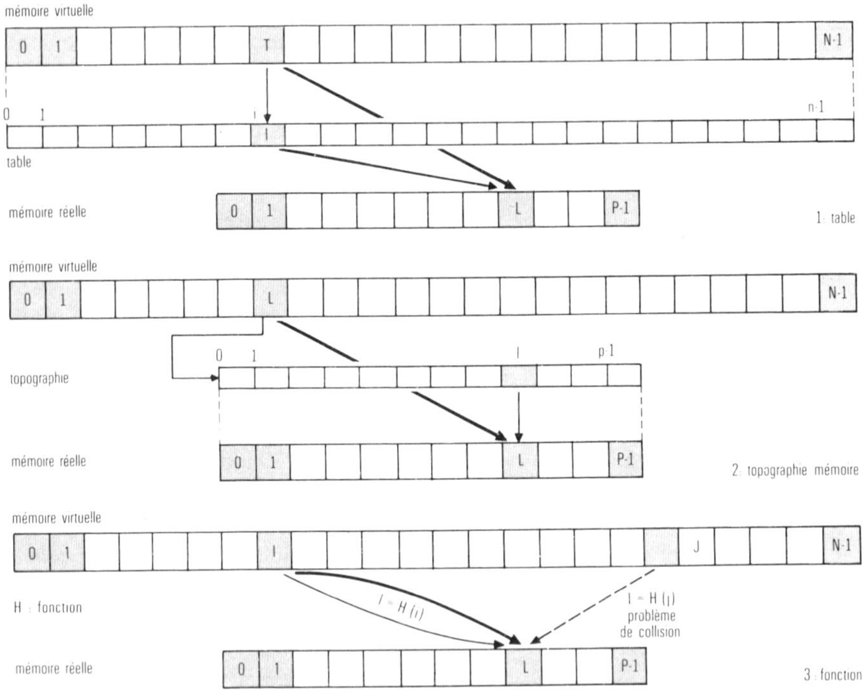

Fig. 3. Les trois méthodes pour la correspondance page virtuelle-page réelle.

est effectivement implantée à l'endroit prévu par la fonction, ou à un autre endroit, ou pas du tout.

4. 4. *Gestion des échanges entre mémoire virtuelle et mémoire réelle.*

Selon le principe exposé dans la hiérarchie de mémoire, lorsque l'information référencée n'est pas en mémoire réelle, on transfère normalement la page qui la contient de la mémoire virtuelle vers la mémoire réelle. Ceci suppose d'abord l'allocation d'une page de la mémoire réelle.

Si le choix de cette page est en principe fixé *a priori* dans l'hypothèse d'une fonction (aux problèmes de collision près), il n'en est pas de même dans les autres cas où, en principe, n'importe quelle page virtuelle peut prendre n'importe quel emplacement en mémoire réelle.

Notons d'abord que s'il reste des pages libres en mémoire réelle, le choix de la page parmi ces pages libres est indifférent. Si par contre la mémoire réelle est pleine, le choix n'est pas indifférent. Dans ce cas, l'algorithme de remplacement idéal revient à choisir une page dont on n'aura plus besoin, ou à défaut la page qui restera le plus longtemps sans être référencée. Voilà maintenant qu'il faudrait apprendre à l'ordinateur à « tirer les cartes » ! A défaut, on essaie de déduire des informations concernant l'avenir à partir d'informations (dites de « chronologie ») concernant le proche passé. L'algorithme le plus évolué tient à jour une liste des pages réelles en remettant systématiquement en queue de liste la page qui est référencée ; ainsi l'algorithme remplacera la page en tête de liste qui, par construction, est celle qui est restée le plus longtemps sans être référencée.

On peut faire un certain nombre d'aménagements à ces principes pour améliorer les performances du système :

(1) Dans la mesure où la mémoire virtuelle est accessible au niveau de la cellule, on peut concevoir que si la page référencée n'est pas chargée en mémoire réelle le rangement d'une information pourrait être fait directement en mémoire virtuelle. On peut supposer en effet que la page correspondante ne sera utilisée qu'en rangement, auquel cas la transférer en mémoire réelle ne correspondrait à aucun gain de temps ultérieur.

(2) Lors d'un remplacement de page en mémoire réelle, deux hypothèses sont possibles : (a) ou bien l'ancienne page a été modifiée pendant son séjour en mémoire réelle, auquel cas il est préalablement nécessaire de la sauvegarder à sa place en mémoire virtuelle ; (b) ou bien elle n'a pas été modifiée, auquel cas elle peut être purement et simplement écrasée par la nouvelle page (puisque la mémoire virtuelle en conserve une copie à jour).

(3) Dans la mesure où la mémoire virtuelle est accessible au niveau de la cellule mémoire, on peut éviter toute sauvegarde de page en faisant porter tous les rangements à la fois sur la mémoire réelle et sur la mémoire virtuelle, l'accès à cette dernière ne créant pas d'attente du processus en cours puisqu'il s'agit d'un rangement.

4. 5. Quelques exemples d'application du concept de pagination.

En pratique, le véritable concept de mémoire hiérarchisée totalement transparente reste encore futuriste, sauf pour des machines spécialisées langages ou bases de données. Dans la plupart des machines traditionnelles, on travaille encore logiquement à deux niveaux : celui de la mémoire centrale (programmes et données), celui des fichiers.

Vu de l'utilisateur, le concept de couple mémoire virtuelle-mémoire réelle peut correspondre à trois approches différentes :

4. 5. 1. L'approche « antémémoire ». L'utilisateur travaille sur un niveau de mémoire avec la technique d'adressage de ce niveau de mémoire sans savoir qu'un niveau plus rapide existe mais lui est totalement transparent. Le principe d'antémémoire également appelée « cache » vis-à-vis de la mémoire centrale où l'utilisateur ne connaît que la mémoire centrale a été décrit chapitre XII § 3. 3. On utilise généralement, des projections du niveau virtuel vers le niveau réel de type fonction avec éventuellement recherche associative sur un ensemble très restreint. L'utilisation d'antémémoires s'est généralisée pendant les années 70 y compris au niveau des mini-ordinateurs de haut de gamme. Cette même approche est également utilisée pour des disques : l'utilisateur adresse un ensemble de disques disposant d'une antémémoire statique : un processeur spécialisé vérifie si l'enregistrement demandé n'est pas déjà en antémémoire des disques auquel cas le transfert est immédiat. Sinon, l'enregistrement sera — après le temps d'accès dû à la rotation du disque — chargé simultanément en mémoire principale et dans l'antémémoire des disques.

4. 5. 2. L'approche mémoire virtuelle traditionnelle. L'utilisateur travaille sur un niveau de mémoire avec la technique d'adressage propre à ce niveau de mémoire sans avoir à connaître que cette mémoire est probablement insuffisante eu égard à son espace d'adressage et que ses données sont en réalité implantées dans une mémoire plus grande et plus lente. C'est le système de mémoire virtuelle décrit au chapitre X actuellement utilisé entre mémoire centrale et mémoire à disques. Les techniques utilisées pour la transformation d'adresse restent d'une part la table directe implantée en mémoire centrale, d'autre part la table inverse (topographie) ou des techniques de fonction au niveau des processeurs permettant une recherche rapide de l'adresse réelle. L'algorithme de gestion des échanges de page par contre a connu de nombreuses évolutions dues aux chutes de performances introduites par la pagination : les systèmes d'exploitation modernes assurent une gestion de la pagination de plus en plus complexe pour éviter toute situation où le système ne fait plus qu'échanger des pages, en tenant compte de la structure des programmes et données, des espaces réels moyens nécessaires pour chaque programme, etc. Les techniques de mémoires virtuelles de ce type se sont étendues à une grande quantité de machines, mini-ordinateurs compris, sachant que certains constructeurs restent partisans de méthodes de segmentation qu'ils estiment suffisamment plus performantes pour imposer des limitations de taille d'objet à leurs utilisateurs, ou encore pour faire faire automatiquement la segmentation par le compilateur.

Cette technique de mémoire virtuelle est également utilisée pour la gestion de mémoires fichiers à cartouches magnétiques : l'utilisateur adresse des disques (espace réel) avec une capacité de fichiers beaucoup plus grande que les disques physiques existants dans le dispositif ; les données sont en fait emmagasinées sur les cartouches magnétiques (espace virtuel) qui sont automatiquement sélectionnées, portées par un bras mécanique sur le système de lecture-écriture échangeant avec les disques, puis rangées à nouveau à leur emplacement.

4. 5. 3. L'approche mémoire imaginaire, mémoire physique. Cette approche consiste à implanter dans une mémoire physique (disques par exemple) un espace imaginaire (espace d'objets connus par leurs noms, grand espace d'adresse...) en utilisant une technique de pagination. Elle est utilisée soit au niveau du logiciel, soit au niveau de la microprogrammation dans les machines orientées bases de données ou langages, pour la manipulation de grands ensembles de données sans avoir à utiliser des techniques traditionnelles de fichiers.

Illustrons ce concept sur un exemple simplifié dans lequel la base de données vue par l'utilisateur doit permettre sans difficulté l'introduction de toute information nouvelle susceptible d'y être chargée : on évitera tous problèmes futurs en surestimant systématiquement les places nécessaires, par exemple en réservant la place pour 20 enfants par ménage... Que de place perdue : aucune importance si cette place n'est réservée qu'en espace purement imaginaire, que l'on assimile ici à l'espace virtuel. On ne réservera en mémoire réelle, ici des disques, qu'une place d'un certain pourcentage supérieur (un facteur 2 paraît raisonnable) à la quantité actuelle d'informations effectives dans la base de données.

On divise par la pensée la mémoire virtuelle et la mémoire réelle en pages d'égales grandeurs. On définit une fonction H faisant correspondre à une adresse de page en mémoire virtuelle une adresse de page en mémoire réelle. On peut, mais ce n'est qu'un exemple simplificateur, prendre pour H le reste de la division du numéro de page virtuelle par le nombre de pages de la mémoire réelle. Ceci revient alors à organiser par la pensée la mémoire virtuelle sous forme d'une matrice de pages, dont le nombre de colonnes est équivalent au nombre de pages de la mémoire réelle. Toutes les pages d'une même colonne se «projettent» par la fonction H ainsi défini sur la page correspondante de la mémoire réelle. Cette opération est quelquefois appelée repliement de la mémoire virtuelle.

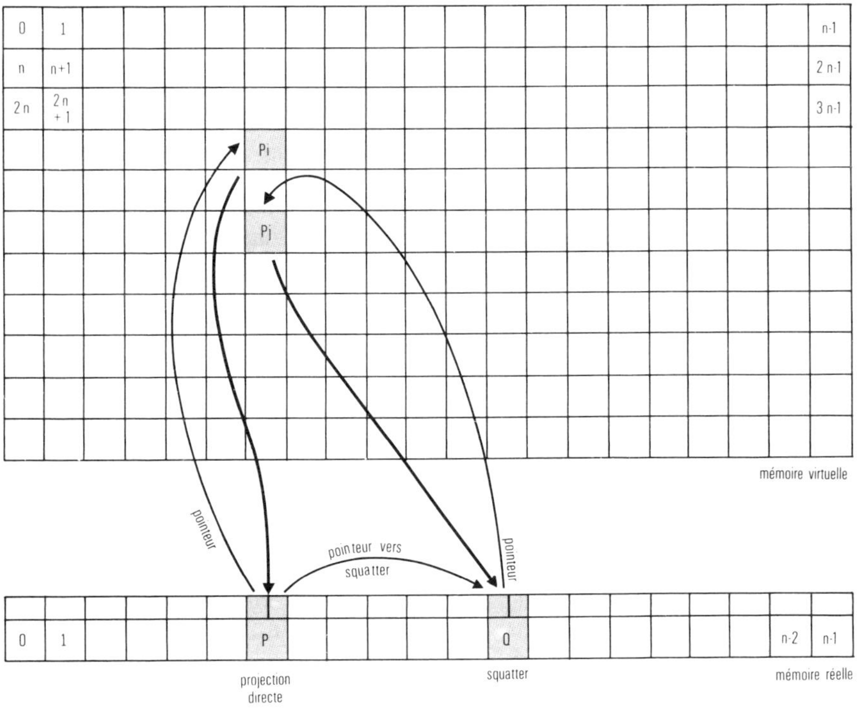

Fig. 4. Fonction de repliement de la mémoire virtuelle et projection sur la mémoire réelle.

Ainsi, sur la figure 4, la page virtuelle Pi, si elle n'est pas vide d'information, devrait se projeter sur la page réelle P. Supposons qu'il en soit ainsi et que, par la suite, on charge des informations dans la page virtuelle Pj qui se trouve sur la même colonne que la page Pi : elle devrait aussi se projeter sur la page réelle P, ce qui n'est pas possible puisque la page P est déjà affectée. On règle ce problème de collision de la façon suivante : on cherche une page libre Q de la mémoire réelle pour l'affecter à la page réelle Pj, et on crée dans la page P un pointeur vers la page Q, de façon à chaîner entre elles les pages réelles dont la fonction H a donné le même résultat. Ainsi la page Pj occupe la page Q au titre de « squatter ». Si par la suite on charge des informations dans une page virtuelle Qk qui se projette normalement sur la page réelle Q occupée par le squatter Pj, il faudra déplacer le squatter Pj dans une page libre de la mémoire réelle.

Dans ce contexte, toutes les pages virtuelles non vides d'information trouvent leur place en mémoire réelle, ce qui est évidemment nécessaire puisque la mémoire virtuelle n'a aucun support physique. Si le nombre d'informations dans la base de données augmente, il est nécessaire d'agrandir l'espace réel, et donc de retranscrire le fichier avec une nouvelle fonction H, ce dont se charge normalement un programme utilitaire.

4. 6. Évolution des hiérarchies de mémoire.

On assiste à une évolution technique très rapide des technologies des mémoires permettant d'envisager le développement dans les années 80 de très grandes mémoires principales (le méga-bit dans un boîtier, le méga-mot sur une carte, etc.), rendant peut-être à terme caduque le besoin de hiérarchie. Dans ce contexte on peut se demander si la capacité d'adressage des unités centrales ne va pas être très rapidement multipliée permettant ainsi des espaces de travail quasi illimités, au départ utilisés grâce à une hiérarchie de mémoires, à terme tenant sur un seul support à semi-conducteur avec sauvegardes sur des mémoires de technologies nouvelles. Dans ces conditions les concepts de fichiers au départ liés à la différence faite entre mémoire principale et mémoire de masse ou mémoire fichier pourraient être complètement transformés, notamment par l'utilisation de concepts nouveaux d'organisation de données telles que les bases de données relationnelles (ex. : IBM 38).

5. Les machines à très hautes performances.

Les années 70 ont vu le développement de machines à très haute puissance de traitement pour les calculs vectoriels ou matriciels. Ces machines atteignent des performances s'approchant de la centaine de millions d'opérations par seconde. Elles ont été conçues sur le mode d'un flot unique d'instructions permettant de contrôler une multiplicité de flots de données.

Ce concept flot unique d'instructions, flots multiples de données a donné lieu à deux types de machines : les machines pipe-line et les machines parallèles. Leurs principes schématisés figure 5 (v. p. suiv.) s'expliquent simplement en regardant comment est traitée une instruction vectorielle.

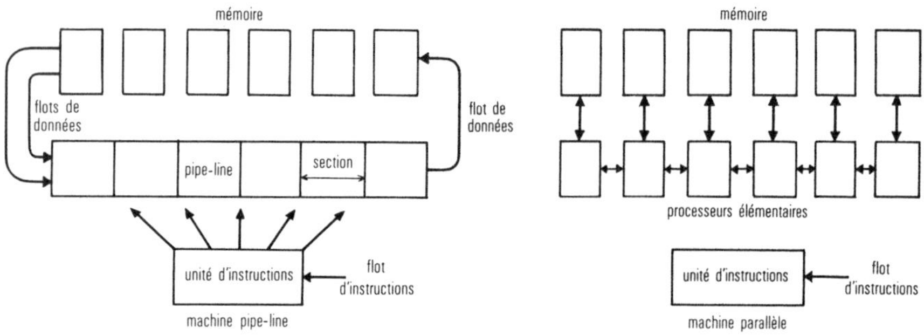

Fig. 5. Machines pipe-line et machine parallèle.

• Dans la machine pipe-line les couples de composantes de même rang de deux vecteurs opérandes traversent le pipe-line en libérant au fur et à mesure les sections successives pour le couple de composantes du rang suivant.
• Dans la machine parallèle, le processeur élémentaire de rang n traite le couple de composantes de rang n.

A nombre de sections du pipe-line égal au nombre de processeurs élémentaires et à technologie égale, c'est-à-dire si le temps de traversée du pipe-line pour une opération est égal au temps de l'opération équivalente pour un processeur élémentaire, ces deux machines sont équivalentes en performances pour des opérations répondant aux conditions suivantes :

(1) Opérations identiques : elles peuvent donc être commandées par une instruction globale unique.

(2) Opérations indépendantes : on n'a pas à attendre le résultat de l'une pour exécuter l'autre : toutes les sections successives du pipe-line sont pleines et tous les processeurs élémentaires exécutent l'opération simultanément.

(3) Opérandes « bien rangés » en mémoires : les composantes successives des vecteurs sont rangées dans les blocs successifs à la même adresse locale.

Cette équivalence théorique pour des opérations vectorielles composante à composante, ne doit pas cacher des aptitudes différentes de ces deux types de machines :

(1) Le concept pipe-line semble plus apte que le parallèle à travailler dans des conditions dégradées, mais encore raisonnables en performances dans le cas où les trois hypothèses ci-dessus ne sont pas réalisées. Les machines du haut de gamme traditionnelles décrites au chapitre XI montrent qu'une architecture de type pipe-line peut avoir de bonnes performances en terme général, sous réserve d'ajouter des contrôles de flux, de conflits et de dépendances.

(2) Le concept parallèle au contraire apparaît encore plus performant que le pipe-line pour les problèmes matriciels dès lors que les processeurs élémentaires sont organisés de façon matricielle avec les interconnexions nécessaires, comme cela a été décrit pour les machines de Solomon au chapitre XII.
Les grandes machines pipe-line, STAR 100 et CYBER 203 de CONTROL DATA, ASC de TEXAS INSTRUMENTS, CRAY 1 de CRAY, possèdent un ou plusieurs

pipes-lines alimentés par une hiérarchie de mémoires à hautes performances avec des antémémoires permettant notamment la mémorisation de vecteurs intermédiaires. Dans l'ASC notamment les pipes-lines peuvent être soit utilisés par une seule instruction qui leur partage le vecteur à traiter, soit partagés entre plusieurs instructions, les choix étant faits par l'unité d'instruction.

Du côté des machines parallèles, BURROUGHS a sorti le BSP, descendant direct de l'ILLIAC IV décrit au chapitre XII et GOODYEAR le STARAN, dans lequel les processeurs élémentaires sont sélectivement activés grâce à un système de reconnaissance associative.

Compte tenu de différents abandons, il semble que pour le début des années 80, CRAY et CONTROL DATA doivent se partager le marché des très hautes performances.

6. Machines associatives.

La recherche d'information a jusqu'ici été réalisée sur des machines style VON NEUMANN, munies de logiciels (éventuellement microprogrammées) spécifiques de la recherche dans des bases de données, des fonds documentaires, voire du texte libre. De nombreuses études actuelles concernent des machines d'un tout autre type pour la recherche rapide d'information correspondant à certains critères sur des grands ensembles d'information.

Au niveau du principe, les machines sont construites à partir de grosses mémoires à recirculation (disques par exemple), une batterie de processeurs en parallèle comparant de façon continue l'ensemble des informations mémorisées aux descripteurs des informations cherchées. Ce sont peut-être de telles machines associatives qui permettront l'interrogation dans le cadre de réseaux de télématique «grand public», de bases de données et systèmes d'information de tous types : annuaires, horaires, fonds documentaires, informations techniques, économiques, administratives, publicitaires, etc.

On peut penser que des versions particulières de telles machines seront utilisées comme processeurs de fichiers dans les futurs systèmes informatiques : le système de traitement sera ainsi servi par un processeur «frontal» pour les télécommunications et un processeur «dorsal» pour les fichiers et l'archivage.

glossaire et index

accès (mémoire) [Angl. : *access*]. Caractérise la manière dont une mémoire peut être lue ou écrite. IV. 1. 4. 4.

accès aléatoire (Angl. : *random access*). Même sens qu'accès direct à l'origine. Quelquefois utilisé pour des mémoires à accès cyclique (disques, tambours, cartes magnétiques), par opposition à l'accès purement séquentiel (bande magnétique). IV. 1. 4. 4.

accès direct (Angl. : *direct access*). Caractérise une mémoire dans laquelle on peut lire ou écrire avec le même temps d'accès quelle que soit l'adresse de la cellule adressée. C'est une caractéristique des mémoires statiques. IV. 1. 4. 4.

accès direct à la mémoire (Angl. : *direct memory access*). Dispositif lié à la mémoire permettant l'introduction ou l'extraction d'informations sans passer par l'unité centrale. VI. 2. 5. 4.

accès par bloc (Angl. : *bloc access*). Caractérise une mémoire dans laquelle l'unité d'information à laquelle on peut accéder est un bloc (ou enregistrement physique). IV. 1. 5. 1.

accès séquentiel (Angl. : *sequential access*). Caractérise tout système de mémoire dont les enregistrements ne peuvent être lus qu'à la suite les uns des autres (bandes magnétiques). IV. 1. 4. 4.

accumulateur (Angl. : *accumulator*). Registre de l'unité centrale sur lequel s'exécutent les opérations dans les machines à une adresse : l'instruction d'addition commande l'addition de l'opérande au contenu de l'accumulateur. L'accumulateur est complété par le multiplicateur-quotient dans les machines possédant les opérations de multiplication et division. Synonyme : totalisateur (dans le cas de l'addition). I. 3. 4.; V. 1.

adaptation des unités fonctionnelles au format des opérandes. VI. 3. 1. 4.

additionneur (Angl. : *adder*). Circuit réalisant l'opération d'addition. III. 7.; V. 2. 3.

additionneur binaire parallèle (Angl. : *parallel binary adder*). Ensemble de *n* étages d'additionneurs interconnectés permettant d'exécuter l'addition de deux nombres de *n* digits binaires. V. 2. 3. 1.

additionneur série (Angl. : *serial adder*). Circuit réalisant l'addition bit à bit de deux nombres binaires. III. 3. 3. 2.; III. 7. 3.

adressage (Angl. : *adressing*). Opération d'adresser, consistant à fournir une information appelée adresse permettant de sélectionner un élément parmi un ensemble d'éléments de même type, ex. : adressage d'une cellule de mémoire, adressage d'un registre, adressage d'un organe périphérique. IV. 1. 4. 3.; IV. 4. 2. 3.

adressage dans les machines à mot court. VI. 4. 1. 4. 4.

adressage direct (Angl. : *direct adressing*). S'oppose à adressage indirect. VI. 4. 1. 1.; VI. 4. 1. 3.

adressage explicite en microprogrammation. Les microinstructions contiennent l'adresse de la microinstruction suivante. S'oppose à adressage séquentiel. VII. 4. 2. 4. 2.

adressage immédiat (Angl. : *immediate adressing*). La partie adresse de l'instruction contient directement l'opérande. Il ne s'agit donc pas d'un adressage à proprement parler. Synonymes : opérande immédiat, constante immédiate. IV. 4. 1. 2.

adressage indexé (Angl. : *indexed adressing*). Le contenu d'un registre d'index adressé par l'instruction doit être ajouté (ou retranché) au contenu de la partie adresse de l'instruction. Ceci permet l'adressage des tableaux dans une boucle de programme, la partie adresse de l'instruction contenant l'adresse du premier élément du tableau et le registre d'index le numéro de l'élément dans le tableau. II. 6. 2. 2. 2.; VI. 4. 1. 5.; VI. 4. 2. 1.

adressage indirect (Angl. : *indirect adressing*). La partie adresse de l'instruction contient non point l'adresse de l'opérande, mais l'adresse d'une cellule de mémoire qui contient l'adresse de l'opérande. II. 6. 3. 1.; VI. 4. 1. 3.

adressage indirect à plusieurs niveaux (Angl. : *multi-level indirect adressing*). La partie adresse de l'instruction contient l'adresse d'une cellule mémoire qui contient l'adresse d'une cellule mémoire ... qui contient l'adresse de l'opérande. VI. 4. 1. 3.

adressage non local (Angl. : *non local adressing*). Problème posé dans les machines à pile par l'adressage de variables non locales pour la procédure en cours et autres que les variables globales déclarées dans le programme principal. IX. 4. 3.

adressage normal. L'élément d'adresse contenu dans l'instruction est directement l'adresse effective : adressage direct et absolu. S'oppose à adressage indirect et adressage relatif. VI. 4. 1. 1.

adressage par base et déplacement (Angl. : *base and displacement adressing*). Adressage relatif dans lequel la partie adresse de l'instruction, appelée déplacement, est ajoutée au contenu d'un registre appelé registre de base pour donner l'adresse effective. II. 6. 4. 2.; VI. 4. 1. 4. 1.

adressage par juxtaposition. Adressage obtenu par la juxtaposition d'une adresse de page et d'une adresse dans la page. Cas particulier des systèmes de pagination. IV. 4. 1. 4. 3.

adressage par rapport à l'adresse courante. Adressage relatif par rapport au contenu du compteur ordinal. VI. 4. 14. 2.

adressage relatif (Angl. : *relative adressing*). L'élément d'adresse contenu dans l'instruction n'est pas l'adresse absolue, mais un déplacement par rapport à une adresse absolue (adresse de référence) contenue dans un registre (registre de base, compteur ordinal, registre de translation, etc.). IV. 4. 1. 4.; IV. 4. 2. 1.

adressage séquentiel en microprogrammation. En dehors des ruptures de séquence, les microinstructions à exécuter successivement sont rangées en séquence. S'oppose à adressage explicite. VII. 4. 2. 4. 1.

adresse (Angl. : *adress*). Information identifiant biunivoquement un registre, une position en mémoire, une unité périphérique, un opérateur arithmétique, etc. I. 3. 2.; IV. 1. 4. 3.

adresse absolue (Angl. : *absolute adress*). Identification numérique de chaque cellule de la mémoire. S'oppose aux adresses symboliques des langages assembleurs et aux adresses relatives qui expriment une adresse par rapport à un repère dont l'adresse absolue est connue. II. 6. 1. 1.; IV. 4. 1. 1.

adresse de base (Angl. : *base adress*). Adresse de référence dans l'adressage par base et déplacement. VI. 4. 14. 1.

adresse de référence. Adresse par rapport à laquelle sont exprimées des adresses relatives. Voir adressage relatif.

adresse effective (Angl. : *effective adress*). Adresse d'un opérande ou d'une instruction en mémoire, une fois tous les traitements d'adresse exécutés. VI. 4. 1.

adresse réelle (Angl. : *real adress*). Adresse en mémoire réelle. Voir ce mot. VII. 2. 3.

adresse virtuelle (Angl. *virtual adress*). Adresse en mémoire virtuelle. Voir ce mot. VII. 2. 3.

algèbre de Boole (Angl. : *Boolean algebra*). Structure de type algébrique portant sur des variables pouvant prendre deux valeurs distinctes. Est définie par les fonctions ET, OU, PAS qui ressemblent aux ×, +, complément de notre algèbre habituelle. III. 2.

algol (Angl. : *Algol*). Abréviation de « ALGOrithmic Language ». Langage de description d'algorithme utilisé pour la communication d'algorithmes et la programmation de problèmes scientifiques. IX. 4. 1.

algorithme de Tomasulo (Angl. : *Tomasulo's algorithm*). Algorithme utilisé dans les IBM 360.91, 360.95 et 360.195 pour optimaliser l'aspect pipe-line de l'unité arithmétique flottante dans le cas d'instructions dépendantes. XI. 2. 5.

amovibilité (Angl. : *removability*). Adjectif caractérisant une mémoire magnétique dynamique dont le support d'information peut être séparé de son unité d'entraînement (bandes magnétiques, disques à tête mobile). IV. 1. 4. 8.

analogique (Angl. : *analog*). Adjectif caractérisant les informations représentées sous forme continue. En informatique, l'analogie consiste à étudier un phénomène physique sur un modèle électrique ayant les mêmes équations que le modèle physique : les grandeurs électriques du modèle sont alors proportionnelles aux grandeurs physiques du phénomène étudié. I. 1. Voir : calculateur analogique.

antémémoire (Angl. : *cache, buffer memory*). Mémoire de faible capacité et haute performance faisant tampon entre la mémoire principale et l'unité centrale; son chargement résulte des techniques d'anticipation implicite. VI. 5. 3. 2. 2.; XII. 3. 1.

anticipation (Angl. : *look ahead technic, forwarding technics*). Technique consistant à rechercher en mémoire les instructions (et éventuellement leurs opérandes) à l'avance de façon à éviter des attentes à l'unité arithmétique d'un ordinateur. VI. 5. 3. 2.

anticipation explicite. Terme utilisé par l'auteur pour désigner les techniques d'anticipation dans lesquelles les informations faisant l'objet de recherche anticipée sont explicitement désignées. VI. 5. 3. 2. 1.; XI. 1. 2.

anticipation implicite. Terme utilisé par l'auteur pour désigner les techniques d'anticipation dans lesquelles les informations voisines de l'information référencée sont acheminées dans une mémoire à accès très rapide, avec une certaine probabilité pour qu'elles soient effectivement utilisées par l'unité centrale dans un avenir proche. VI. 5. 3. 2. 2.; XI. 1. 2.

appel de sous-programme (Angl. : *sub routine call*). Voir branchement vers sous-programme.

appel nom (Angl. : *name call*). Instruction introduisant le nom d'un opérande en pile dans une machine à pile. IX. 3. 2.

appel valeur (Angl. : *value call*). Instruction introduisant la valeur d'un opérande en pile dans une machine à pile. IX. 3. 2.

architecture (Angl. : *architecture*). Terme désignant l'organisation générale d'un ordinateur ou d'un système informatique. S'applique quelquefois à la conception des ordinateurs. I. 5.

arithmétique décimale (Angl. : *decimal arithmetic*). Arithmétique portant sur des nombres décimaux codés en binaire (codes 8-4-2-1, 2-4-2-1 excédent 3, etc., voir ces termes). V. 4.

arithmétique fixe (Angl. : *fixed point arithmetic*). Arithmétique portant sur des nombres représentés en virgule fixe (voir ce mot). V. 2. 3. et V. 3.

arithmétique flottante (Angl. : *floating point arithmetic*). Arithmétique portant sur des nombres représentés en virgule flottante (voir ce mot). V. 5.

argument (Angl. : *argument*). Valeur d'une variable indépendante entrant dans le calcul d'une fonction, ou nécessaire à l'exécution d'un sous-programme. La transmission des arguments entre programme principal et sous-programmes peut être faite par valeur (transmission directe de la valeur de l'argument) ou par nom (transmission de l'adresse). II. 6. 3. 2.; IX. 5. 2. 3.

armement, désarmement d'interruptions (Angl. : *interrupt enabling, desabling*). Système permettant de mettre en service ou hors service tout ou partie d'un système d'interruptions hiérarchisé, sous l'effet d'instructions spéciales. VIII. 5. 2.

assembleur (Angl. : *assembler*). Programme traduisant du langage assembleur en langage machine. I. 5.; II. 6. 1. 2.

automate fini (Angl. : *finite machine*). Être mathématique dont la réponse à un stimulus extérieur dépend de ce stimulus et de l'état interne de l'automate. Un automate fini a un nombre fini d'états internes possibles. Les stimulus sont susceptibles de faire passer l'automate d'un état à un autre état. L'automate fini est entièrement déterminé par la donnée de ses fonctions de transition qui fournissent le nouvel état et la réponse en fonction de l'ancien état et du stimulus reçu. III. 3.

autorisation, inhibition d'interruptions (Angl. : *interrupt authorizing, inhibiting or masking*). Système permettant de ne pas activer temporairement des interruptions plus prioritaires que le programme en cours, sous l'effet d'instructions spéciales, soit grâce à un masque d'interruptions. VIII. 5. 2.

bank *(mot anglais)*. Désigne un bloc de mémoire faisant partie d'une mémoire centrale structurée en blocs indépendants. XI. 2. 1. 2.

barre de verrouillage. Système de protection mémoire où la mémoire centrale est divisée en deux zones dont l'une est protégée contre les erreurs des programmes exécutés dans l'autre. X. 3. 1. 4.

bascule (Angl. : *multivibrator*). Circuit à deux états passant continuellement d'un état à l'autre. III. 5. 5.

basculeur (Angl. : *flip-flop*). Circuit électronique à deux états. Si ces deux états sont stables, c'est-à-dire s'il n'y a changement d'état que sous l'effet d'un stimulus extérieur, le basculeur est appelé bistable. Si un seul état est stable, il est appelé monostable. Si aucun des états n'est stable, il est appelé bascule ou multivibrateur. III. 5.

base (Angl. : *base*). 1) Nombre de digits distincts dans un système de numération. II. 2. 1.; 2) Adresse d'une position de mémoire à partir de laquelle est implantée une séquence d'instructions ou un ensemble de données. II. 6. 4. 2.; VI. 4. 1. 4. 1.

b. c. d. (abréviation de *Binary Coded Decimal*). Voir décimal codé binaire. II. 2. 6.

binaire (Angl. : *binary*). Caractérise tout système offrant deux possibilités : II. 1. 1. — Algèbre binaire portant sur des variables pouvant prendre 2 valeurs 0 et 1 : III. 2. — Système de numération à base de 2 : II. 2. 2., etc.

binaire réfléchi (Angl. : *reflected binary*). Cas particulier des codes de Gray. II. 2. 3. 2.

bistable (Angl. : *flip-flop, bistable*). Élément de mémoire d'une position binaire, basculeur à deux états stables. III. 5. 1.

bistables d'état (Angl. : *status flip-flops*). Ensemble de bistables déterminant l'état interne d'un circuit séquentiel. Dans un ordinateur désigne quelquefois les bistables mémorisant l'état machine. VII. 2. 4.

bit (Angl. : *bit*). Abréviation de BInary digiT (digit binaire). C'est la plus petite unité d'information possible qui ne peut prendre que deux valeurs généralement notées 1 et 0. II. 1. 1.

bit de verrouillage (Angl. : *busy bit* [bit d'activité]). Bit indiquant si le contenu d'un registre est valide, notamment utilisé dans l'algorithme de Tomasulo. XI. 2. 5. 1.

boucle (Angl. : *loop*). Séquence d'instructions répétée successivement jusqu'à ce qu'une condition de sortie de boucle soit réalisée. Les opérandes sont généralement changés à chaque passage par modification d'adresse (généralement sous forme d'indexation). II. 6. 2. 1.

Boulix. Premier ordinateur d'une série célèbre. Il a été baptisé à une époque où les best-sellers en France n'étaient pas encore des ouvrages d'informatique, mais des albums contant les aventures de deux vaillants gaulois qui, selon une hypothèse vraisemblable, comptaient le nombre de Romains qu'ils avaient défaits en faisant coulisser des boules de bois le long des cordes de chanvre tressées d'un instrument qui aurait été nommé boulix. I. 3.; VI. 1.

Boulixissime. Le plus gros des Boulix inspiré de l'IBM 360-91. XI. 2. 2. 2.

branchement (instruction de) [Angl. : *branch.*]. Instruction permettant de rompre l'enchaînement des instructions placées à des emplacements successifs de la mémoire et de sélectionner une autre partie de programme. Le branchement peut être inconditionnel, c'est-à-dire avoir lieu chaque fois que l'on passe sur l'instruction ou conditionnel, son exécution dépendant alors d'un résultat précédemment obtenu. Synonymes : saut, rupture de séquence. I. 1.; II. 5. 3. (10).

branchement vers sous-programme ou encore **branchement avec préservation de l'adresse de retour.** Instruction qui permet d'appeler un sous-programme et de sauvegarder les informations nécessaires au retour vers le programme appelant. II. 6. 3. 1.; VI. 5. 2. 1. 4.

bus (Angl. : *bus*). Abréviation de lignes omnibus. Ensemble de fils permettant l'interconnexion de plusieurs organes digitaux. III. 8. 2.; VI. 1. 1.; VIII. 2. 3.

bus commun (Angl. : *common bus*). Bus utilisé dans l'algorithme de Tomasulo. XI. 2. 5. 3.

cadence de transfert (Angl. : *transfer rate*). Nombre d'informations transférées par unité de temps. IV. 1. 4. 6.

cadencement dans les machines microprogrammées. VII. 4. 2. 5.

calculateur analogique (Angl. : *analog computer*). Calculateur traitant des grandeurs analogiques. S'oppose au calculateur digital. I. 1.; III. 1. 1. 1. Voir analogique.

calculateur à code instruction variable. Désigne un calculateur microprogrammé. VII. 4. 1.

calculateur à logique enregistrée. Désigne un calculateur microprogrammé. VII. 4. 1.

calculateur à logique programmée (Angl. : *programmed logic computer*). Désigne un calculateur microprogrammé. VII. 4. 1.

calculateur asynchrone (Angl. : *asynchronous computer*). Calculateur dans lequel chaque opération élémentaire est initialisée dès que toutes les conditions permettant de l'exécuter sont remplies. S'oppose au calculateur synchrone. VII. 1. 2.

calculateur digital (Angl. : *digital computer*). Synonymes : calculateur numérique, ordinateur. S'oppose à calculateur analogique.

calculateur hybride (Angl. : *hybrid computer*). Calculateur comprenant un élément de traitement de grandeurs digital, un élément de traitement de grandeurs analogiques et les systèmes de conversion analogique-digital et digital-analogique permettant leur dialogue.

calculateur microprogrammé (Angl. : *microprogrammed computer*). Calculateur dont les instructions sont exécutées sous contrôle d'un microprogramme. Voir microprogrammation. VII. 4. 1.

calculateur synchrone (Angl. : *synchronous computer*). Calculateur digital rythmé par une horloge dans lequel chaque opération élémentaire est initialisée sur un top horloge et dure un nombre constant de tops horloge. Contraire : calculateur asynchrone. VII. 1. 2.

canal (Angl. : *channel*). De façon générale désigne une voie d'accès à un ordinateur permettant l'échange d'informations entre ce dernier et l'extérieur, ainsi que la logique nécessaire à la gestion des transferts. Synonymes : unité d'échange, processeur d'entrée-sortie. Plus particulièrement le mode canal est le mode de fonctionnement d'un dispositif gérant les transferts entre l'extérieur et une table en mémoire grâce à un registre contenant l'adresse courante dans la table et un registre contenant le compte de mot de la table. VIII. 1. 1.; VIII. 3. 2.

capacité d'une mémoire (Angl. : *storage capacity*). S'exprime en nombre de positions de mémoire, ou encore en multiple de 2^{10} positions mémoire, cette unité étant appelée le K. Une mémoire de 4 K contient 4 096 positions. I. 4.; IV. 1. 4. 7.

caractère (Angl. : *character* [*byte*]). Elément d'information de quelques digits binaires (6 à 8 en général), considéré par certains organes d'ordinateurs comme unité d'information. Son nom provient de ce qu'il permet de coder les caractères de la machine à écrire : lettres, chiffres décimaux, caractères spéciaux. Voir : mot. II. 1. 4. 1.; VI. 5. 2. 2.

cellule (Angl. : *cell*). Elément d'un système cellulaire. Voir : logiques cellulaires, machines cellulaires. III. 10.; XII. 3. 2.

cellule mémoire (Angl. : *memory cell*). Elément de mémoire contenant une information accessible par son adresse. Une cellule de mémoire centrale contient généralement un caractère ou un mot mémoire. Synonyme : position mémoire. I. 3. 2.

chaînage (Angl. : *chaining*). Technique permettant dans certaines conditions l'enchaînement d'opérations d'entrée-sortie sous le contrôle de l'unité d'échange. VIII. 1. 2. 5.; VIII. 3. 3.

chaînage de données (Angl. : *data chaining*). Technique de chaînage permettant d'éclater ou regrouper en mémoire centrale des informations concernant un seul enregistrement. VIII. 1. 2. 5.; VIII. 3. 4.

chaînage de commandes (Angl. : *command chaining*). Technique de chaînage permettant d'éclater ou regrouper des données en plusieurs enregistrements, ou enchaîner des opérations différentes sur un même organe périphérique. VIII. 1. 2. 5.; VIII. 3. 4.

chaîne (Angl. : *string*). Ensemble d'éléments d'un même type placés les uns à la suite des autres. Les calculateurs manipulent des chaînes de bits ou des chaînes de caractères de longueur variable. Le calculateur doit connaître la longueur des chaînes manipulées, soit grâce à des marques de fin de chaîne, soit par la donnée du nombre d'éléments de la chaîne. II. 2. 7. 3.; II. 3. 1.

chaîne de caractères. Voir chaîne.

champ (Angl. : *field*). Zone d'un ensemble d'informations réservée à un type d'information donné. La représentation en machine d'une instruction est divisée en différents champs généralement de longueur fixe : celui pour la désignation du code instruction, celui pour la désignation du registre d'index, etc. II. 3. 2.; VII. 4. 2. 3. 2.

chargeur (Angl. : *loader*). Programme permettant de ranger en mémoire un programme préalablement assemblé ou compilé (en tenant compte des éventuelles translations d'adresse) ou plusieurs modules de programmes assemblés ou compilés indépendamment en tenant compte de leurs liens. I. 6. 1. 4.; II. 6. 1. 2.; X. 2. 1.

chargeur automatique (Angl. : *hardware loader, initial programm loader, boot stap*). Chargeur câblé ou microprogrammé permettant d'initialiser un ordinateur. Syn. : chargeur initial câblé. VII. 5.

chemin des données (Angl. : *data path*). Ensemble des unités permettant de mémoriser, transférer et traiter les instructions, les adresses et les opérandes dans un ordinateur. VI. 2.

cheminement des informations dans Boulix. VI. 1.

chronogramme (Angl. : *timing chart*). Diagramme représentant l'évolution dans le temps d'un phénomène quelconque. Notamment employé pour représenter l'évolution des différents signaux intervenant dans l'exécution des instructions d'un ordinateur. VI. 1. 1.; VII. 2. 5.

circuit combinatoire (Angl. : *combinatory circuit*). Circuit dont les sorties ne dépendent que des entrées; s'oppose à circuit séquentiel. III. 1. 3.

circuit intégré (Angl. : *integrated circuit*). Circuit fabriqué dans une pastille de silicium comprenant quelques composants à quelques milliers de composants fabriqués par des opérations collectives de masquage, de diffusion d'impureté et de métallisation. I. 6. 1.; III. 10. 1. 1.

circuit logique (Angl. : *logic circuit*). Circuit traitant des signaux logiques. Synonyme : circuit de commutation. III. 1. 3.

circuit séquentiel (Angl. : *sequential circuit*). Circuit dont les sorties dépendent des entrées et du temps; s'oppose à circuit combinatoire. III. 1. 3.; III. 3. 4.; VII. 2. 7.

circuit virtuel (Angl. : *virtual circuit*). Dans un réseau à commutation par paquet, ensemble des chemins qui seront utilisés par l'ensemble des paquets pour une même communication d'un point à un autre, gérés de telle sorte que tout se passe comme s'il existait un circuit direct. XIV. 3. 1.

clé de protection (Angl. : *protection key, access key*). Système de protection de la mémoire centrale dans laquelle les pages de mémoires sont munies d'une clé de protection (verrou de protection) de quelques bits tandis que les programmes sont munis d'une clé d'accès de telle sorte qu'un programme ne pourra pas écrire dans les pages pour lesquelles clé de protection et clé d'accès ne coïncident pas. X. 3. 1. 2.

codage (Angl. : *encoding*). Opération consistant à représenter un ensemble d'informations par un autre ensemble d'informations selon une loi donnée par une table de correspondance appelée code. II. 1. 2.; III. 6.

codage par champ. Codage du code opération de l'instruction, ou de la micro-instruction en microprogrammation, dans lequel l'information est divisée en champs, les champs successifs correspondant à des fonctions indépendantes, donc susceptibles d'être commandées simultanément. VII. 4. 2. 3. 1.

codage type instruction. Mode de codage des micro-instructions en microprogrammation ressemblant au codage habituel des instructions : chaque micro-instruction possible a son propre code. VII. 4. 2. 3. 1.

code (Angl. : *code*). Ensemble des règles utilisées pour convertir des informations d'une représentation à une autre. Quelquefois utilisé pour l'ensemble des informations représentées selon ces règles : ce mot peut alors être synonyme de « programme ». Voir : codage, codes redondants, code opération, code Gray, etc. II. 1. 2.

code autocorrecteur (Angl. : *error-correcting code*). Représentation des informations permettant non seulement la détection des erreurs (par exemple lors d'une transmission d'information) mais aussi la correction de certains types d'erreur. Ex. : les codes de Hamming. II. 1. 3. 1.

code autovérificateur (Angl. : *error-detecting code*). Représentation des informations permettant la détection de certaines erreurs lors de transmissions ou de la mémorisation d'informations. Ex. : le code de parité. II. 1. 3. 1.

code B. C. D. Voir décimal codé binaire. II. 2. 6.

code condition (Angl. : *condition code*). Désigne dans certains calculateurs : 1) l'information stockée dans les indicateurs d'état de l'unité arithmétique et logique (débordement, résultat positif, résultat nul, etc.); 2) le champ des instructions de branchement conditionnel désignant la condition dans laquelle le branchement doit être fait. La comparaison entre ces deux informations détermine si le branchement doit ou non être exécuté. V. 1.

code de Gray (Angl. : *Gray code*). Codes dus à Gray dans lesquels les nombres successifs sont représentés par des configurations binaires qui ne varient que d'un bit lorsqu'on passe d'un nombre au suivant; le plus connu est le binaire réfléchi. II. 2. 3. 2.

code de Hamming (Angl. : *Hamming's code*). Codes autovérificateurs dus à Hamming permettant de corriger une erreur sur un bit (et dans certains cas plusieurs erreurs consécutives). II. 1. 3. 3.; II. 2. 3. 1.

code excédent 3 (Angl. : *Excess-three code*). Code consistant à représenter les digits décimaux de 0 à 9 par leur équivalent binaire augmenté de 3. II. 2. 6.

code opération (Angl. : *Operation code*). Elément de l'instruction d'un ordinateur désignant l'opération à effectuer. I. 3. 4.; II. 5. 1.

code 2. 4. 2. 1. Code permettant de représenter les digits décimaux de 0 à 9 sur un ensemble de 4 digits binaires auxquels on attribue respectivement les poids 2, 4, 2 et 1. II. 2. 6.

code 8. 4. 2. 1. Voir décimal codé binaire. II. 2. 6.

commande (Angl. : *channel command word* [*CCW*]). Directive dans un programme canal; équivalent d'une instruction de programme ordinaire. Une commande est cherchée en mémoire, exécutée et interprétée par l'unité d'échange. VIII. 3. 4.

commutation (Angl. : *switching*). Technique permettant de mettre en communication deux participants à un même réseau. XIV. 3. 2.

compatibilité (Angl. : *compatibility*). Aptitude présentée par des ordinateurs différents soit de traiter les mêmes programmes (compatibilité software), soit de présenter les mêmes interfaces vis-à-vis des organes périphériques (compatibilité hardware). On réserve souvent le terme de compatibilité à deux machines différentes ayant des jeux d'instruction identiques. VI. 5. 2. 3.

compatibilité vers le haut (Angl. : *upward compatibility*). Dans une gamme de calculateurs de puissance croissante, il y a compatibilité vers le haut si les programmes écrits pour un calculateur sont utilisables sans modification sur les calculateurs de puissance supérieure, la réciproque n'étant pas forcément vraie.

compilateur (Angl. : *compiler*). Programme traduisant du langage évolué en langage machine (ou en langage assembleur). I. 5.; II. 6. 1. 3.; IX. 1.

complément (Angl. : *complement*). En algèbre binaire, le complément de 0 est 1 et le complément de 1 est 0. En arithmétique des machines, le complément d'un nombre A est un nombre B tel que A+B corresponde à un résultat particulier. Par exemple, le complément vrai B de A est tel que si A et B ont *n* digits, le résultat A+B est formé de *n* zéros précédés d'un 1 quel que soit le système de numération. Le complément restreint est égal au complément vrai moins 1. II. 2. 5.

complément à un (Angl. : *one's complement*). Complément restreint du système binaire. II. 2. 5.

complément à deux (Angl. : *two's complement*). Complément vrai du système binaire. II. 2. 5.

complément restreint (Angl. : *radix minus one complement*). Voir complément. II. 2. 5.

complément vrai (Angl. : *true complement, radix complement*). Voir complément. II. 2. 5.

compteur décimal (Angl. : *decimal counter*). V. 4. 1.

compteur d'impulsions (Angl. : *counter*). Registre câblé de telle manière qu'il puisse stocker le nombre d'impulsions reçues au fur et à mesure de leurs arrivées (il subit une incrémentation de 1 à chaque nouvelle impulsion). III. 9. 2.

compteur ordinal (Angl. : *instruction counter*). Registre de l'unité de contrôle d'un ordinateur utilisé en compteur pour tenir à jour l'adresse de la nouvelle instruction à exécuter lorsque les instructions sont rangées en séquence dans la mémoire. Synonyme : compteur d'instructions. I. 3. 5.; VI. 1. 2.; VI. 1. 3. 1.

concaténation (Angl. : *concatenation*). Opération consistant à faire une seule liste (ou chaîne) à partir de deux listes (ou chaînes) en les mettant bout à bout.

concentrateur-diffuseur (Angl. : *data concentrator*). Système utilisé en téléinformatique permettant de gérer des messages entre un ordinateur et un grand nombre de terminaux de type conversationnel. VIII. 3. 8.

conditions d'adressage. Ensemble d'indicateurs ou d'adresses de registres d'adressage définissant les traitements à faire subir à la partie adresse de l'instruction pour obtenir l'adresse effective. Désigne aussi le champ de l'instruction contenant ces informations. VI. 4. 1.

configuration (Angl. : *configuration*). Liste et caractéristiques des unités composant un système informatique. I. 3. 11.

conflit d'accès (Angl. : *access conflict*). Conflit dû à ce que deux organes demandent simultanément accès à un troisième qui ne peut servir qu'une demande à la fois. XI. 2. 2. 1. 2.

conflit de dépendance (Angl. : *precedence conflict*). Voir dépendance.

contexte (Angl. : *context*). Ensemble d'informations caractérisant l'état de l'unité centrale d'un ordinateur lors de l'exécution d'une instruction d'un certain programme. Lors d'une interruption, le contexte doit être sauvegardé afin de pouvoir reprendre ultérieurement le programme interrompu. X. 4.

contrôleur d'accès mémoire (Angl. : *memory control unit*). Organe permettant de gérer les accès en provenance de différents dispositifs soit pour un bloc mémoire, soit pour un ensemble de blocs mémoire. VIII. 2. 5. 4.; VIII. 6. 3.; XI. 2. 3.; XII. 2. 3. 1.

conversationnel (Angl. : *interactive, conversationnal*). Adjectif caractérisant une utilisation du calculateur dans lequel l'homme dialogue avec la machine à l'aide d'un terminal tel que machine à écrire fonctionnant en entrée et en sortie, unité de visualisation avec clavier, etc. Synonyme : interactif. I. 8. 4.

cycle mémoire (Angl. : *memory cycle*). Temps minimum s'écoulant entre deux opérations successives sur un bloc mémoire à accès direct. (Temps de lecture + temps d'écriture dans une mémoire à tores.) IV. 2. 2. 1.

datagramme (Angl. : *datagram*). Message formé d'un seul paquet. XIV. 3. 1.

débordement (Angl. : *overflow*). Partie d'un résultat d'une opération arithmétique qui dépasse les possibilités de stockage du registre résultat. Le débordement correspond généralement à la perte des digits les plus significatifs. Il est indiqué par un indicateur de débordement et dans la plupart des machines donne lieu à une interruption (ou un déroutement). Synonyme : dépassement de capacité. II. 2. 7. 1.; V. 1. 3. 3.

décalage (Angl. : *shift*). Mouvement d'une information digitale d'un certain nombre de positions vers la droite ou vers la gauche. Si l'information a un nombre borné de positions, il y a perte d'informations sauf si le décalage est circulaire. II. 5. 3. 5.; III. 9. 1.; V. 2. 2.

décalage arithmétique (Angl. : *arithmetic shift*). Décalage du contenu d'un registre arithmétique en gardant la position du signe (correspond à une multiplication ou une division par une puissance entière de la base du système de numération). En représentation en complément à 1 ou à 2, le bit de signe est répété dans les positions laissées libres à sa droite. II. 5. 3. 5

décalage circulaire (Angl. : *circular shift*). Décalage dans lequel les informations sorties d'un côté viennent remplacer les positions libérées de l'autre côté. II. 5. 3. (5).

décalage logique (Angl. : *logical shift*). Décalage portant sur l'ensemble de l'information par opposition au décalage arithmétique. II. 5. 3. 5.

décimal (Angl. : *decimal*). Système de numération à base 10. Un calculateur décimal est un calculateur qui travaille sur des nombres décimaux codés en binaire (voir : décimal codé binaire). C'est le cas de la plupart des machines de bureau, des machines facturières et beaucoup d'ordinateurs orientés vers les applications de gestion.

décimal code binaire (Angl. : *binary coded decimal* [*ou B. C. D.*]). Quelquefois employé pour désigner le codage des chiffres décimaux 0, 1, 2, ..., 9 sur un ensemble de 4 digits binaires par chiffre décimal. Généralement réservé au code particulier dans lequel les dix chiffres décimaux sont représentés par leur équivalent binaire. Ce code est alors aussi appelé code 8-4-2-1, ou code décimal codé binaire naturel, ou code B. C. D. naturel. II. 2. 6.

déclaration (Angl. : *declaration*). En langage évolué, directive s'adressant au compilateur pour lui faire connaître les noms et les caractéristiques des variables et tableaux sur lesquels porte le programme. IX. 4. 1.

décodage (Angl. : *decoding*). Opération consistant à retrouver l'information initiale à partir de l'information sous forme codée. Ex. : le code opération est décodé par l'unité de contrôle de l'ordinateur qui sait alors quelle opération il doit exécuter. II. 1. 1.; III. 6.

décodeur d'instruction (Angl. : *instruction decoding matrix*). Elément de l'unité de contrôle chargé de décoder le code instruction et les conditions d'adressage. VII. 2. 3.

décrémentation. Voir incrémentation.

dégradation progressive (Angl. : *graceful degradation*). Baisse progressive des performances d'un ordinateur au fur et à mesure des mises hors service de certains de ses éléments. Voir performances dégradées. XII. 2. 2. 2.; XII. 2. 6. 1.

demi-additionneur (Angl. : *half adder*). Circuit exécutant l'addition de deux digits binaires. III. 7. 1.

de Morgan (Théorèmes de). III. 2. 3.

dépendance (Angl. : *dependence*). Deux opérations sont dépendantes si les données de l'une dépendent des résultats de l'autre. Elles doivent donc être exécutées successivement. XI. 2. 2. 1. 2.

descripteur (Angl. : *descriptor*). Elément d'information permettant la recherche dans une table ou l'adressage d'une mémoire associative. IV. 1. 6. 3.; IV. 3.

désérialiseur (Angl. : *serial to parallel converter*). Opérateur transformant une information fournie sous forme série en information sous forme parallèle. Contraire : sérialiseur. III. 1. 2.; III. 9. 1.

déplacement (Angl. : *displacement*). Elément d'adresse relatif à une base. Voir adressage par base et déplacement.

déverrouillage (Angl. : *unlocking*). Voir verrouillage. XI. 2. 2. 1. 2.

diagramme de transition (Angl. : *transition flow chart*). Diagramme représentant sous forme imagée les fonctions de transition d'un automate. III. 3. 3. 1.

digit (Angl. : *digit*). Elément d'information digitale pouvant prendre un nombre fini de valeurs différentes. Exemple : un digit décimal peut prendre 10 valeurs différentes de 0 à 9. II. 1. 1.

digit de protection (Angl. : *protection digit*). Digit associé à un mot ou à une page de mémoire interdisant l'écriture dans ce mot ou dans cette page s'il est positionné. X. 3. 1. 1.

digital (Angl. : *digital*). Synonyme : numérique. Adjectif caractérisant les informations représentées sous forme discrète. S'applique à la représentation, au traitement, à la mémorisation des informations représentées sous forme digitale. S'oppose à analogique. I. 1. Voir : calculateur digital.

diode (Angl. : *diode*). Composant électronique. III. 4. 1.

disponibilité (Angl. : *availability*). Propriété d'un système exprimant la continuité du service rendu. A comparer avec la fiabilité. I. 6. 1. 2.; III. 11.; XII. 2. 2. 2.; XII. 2. 3. 5.; XII. 2. 6. 2.

distributeur de phases (Angl. : *ring counter*). Organe commandant le début des différentes phases du déroulement d'une instruction dans un calculateur synchrone. VII. 2. 2.

distribution des microcommandes. Acheminement des différentes microcommandes issues du séquenceur central vers les organes correspondants du chemin des données. VI. 2.

dorsal (Angl. : *back end computer*). Ordinateur de gestion des fichiers situé en arrière d'un ou plusieurs ordinateurs de traitement les déchargeant de cette fonction (voir frontal). XIV. 6.

échantillonnage (signal d') [Angl. : *sample (pulse)*]. Signal impulsionnel validant une information présente sous forme de niveaux logiques sur plusieurs fils. III. 8. 2.; VI. 1. 1.

écriture (en mémoire) [Angl. : *writing, storing*]. Rangement d'information en mémoire. I. 3. 2.; IV. 1. 4. 2. En mémoire à tores : IV. 2. 2. 1. En mémoire à semi-conducteurs : IV. 3.

émiettement. Voir Fractionnement.

émulation (Angl. : *emulation*). Technique permettant d'utiliser un ordinateur avec des programmes écrits pour un autre ordinateur. VII. 4. 4.

enregistrement (Angl. : *record*). Ensemble d'informations consécutives manipulées d'un bloc.

Terme utilisé pour désigner des blocs d'informations dans les échanges avec les mémoires auxiliaires. On distingue les enregistrements physiques, qui sont les unités de transmission ou de stockage sur mémoires auxiliaires, et les enregistrements logiques connus du programmeur travaillant en langage évolué, mais qui sont, si besoin, divisés en enregistrements physiques pour toutes les opérations de transfert. IV. 1. 4. 3.

équations logiques (Angl. : *logical equations*). Désigne dans un ordinateur, les équations booléennes décrivant le fonctionnement du séquenceur central, c'est-à-dire reliant les différentes microcommandes aux informations d'entrée et d'état du séquenceur. VII. 2. 5.; VII. 2. 6.

esclave (Angl. : *slave*). Voir mode esclave, unité esclave, processeur esclave.

ET (Angl. : *AND*). Opérateur logique. Voir produit logique. III. 2. 2.

entrelacement mémoire (Angl. : *memory interleaving*). Technique d'organisation de la mémoire centrale dans laquelle les adresses successives (n, $n+1$, $n+2$, ...) se trouvent dans des blocs de mémoire différents et indépendants les uns des autres, de façon à permettre le recouvrement des accès mémoire. Synonyme : imbrication mémoire. VI. 5. 3. 1.; XI. 2. 1. 2.

étage d'additionneur (Angl. : *full adder*). Circuit exécutant l'addition de deux digits binaires en tenant compte d'une retenue en provenance de l'étage précédent. III. 7. 2.

état canal (information ou mot d') [Angl. : *channel status word (CSW)*]. Ensemble d'informations décrivant l'état d'un canal. VIII. 3. 4.

état d'un automate fini (état interne) [Angl. : *internal state*]. L'état d'un automate fini permet de déterminer complètement ses transitions et réponses successives à toute série de stimulus donnée. III. 3. 1.

état machine (Angl. : *computer status*). Ensemble d'informations décrivant l'état instantané des différents organes d'un ordinateur, et permettant à l'unité de contrôle de connaître ce qu'elle peut ou doit faire exécuter. VII. 1. 1.

état programme (information ou mot d') [Angl. : *programm status word*]. Ensemble des informations décrivant l'état d'un ordinateur lors de l'exécution d'un programme et auxquelles le programmeur n'a pas directement accès. L'état programme doit être automatiquement préservé dans un ou deux mots machine lors d'une interruption. X. 4. 1.

excédent. Voir code excédent 3.

fiabilité (Angl. : *reliability*). Propriété d'un composant ou d'un ensemble exprimant sa qualité de fonctionnement. Se mesure par la moyenne des temps entre panne pour le lot de composants ou d'ensembles. I. 6. 1. 2.; III. 1. 1.

file d'attente (Angl. : *first in, first out queue*). Structure ordonnée d'informations dans laquelle on a accès aux informations selon l'ordre dans lequel elles ont été introduites suivant le principe premier entré, premier sorti. Utilisée dans les mémoires tampons ou zones tampons de mémoire. II. 4. 3.

firmware (mot anglais). Par analogie avec le hardware (matériel) et le software (programmes), le firmware désigne la microprogrammation qui n'est à proprement parler ni complètement du domaine du hardware, ni proprement du domaine du software. II. 5. 2.; VII. 4. 1.

flip-flop (mot anglais). Voir bistable. III. 5. 1.

flottant (Angl. : *floating*). Voir virgule flottante. II. 2. 7. 2. Unité d'échange flottante : VIII. 3. 7.

fonction logique (Angl. : *logical function*). Fonction de la variable logique prenant valeur sur l'ensemble (0, 1). III. 2. 2.

fonction de transition (Angl. : *transition function*). Fonctions définissant l'évolution d'un automate fini ou d'un circuit séquentiel sous l'effet d'un stimulus externe. III. 3. 2.

forcer (Angl. : *to force*). Terme utilisé pour les entrées d'information dans des registres. III. 8. 1. 1.

format (Angl. : *format*). Caractérise la présentation des informations dans les ordinateurs ou préparées pour les ordinateurs. Exemples : format d'une instruction : 6 bits pour le code instruction, 3 pour les conditions d'adressage, 9 pour la partie adresse; format d'un nombre en virgule flottante : signe, 8 bits d'exposant, 15 bits de mantisse. II. 2. 7.; II. 3. 2.

forme polonaise (Angl. : *polish notation*). Voir Notation polonaise.

fractionnement (Angl. : *fragmentation*). Technique de gestion statique de la mémoire en multiprogrammation dans laquelle les programmes sont chargés d'un seul tenant et ne subissent aucune translation. La mémoire se trouve, au bout d'un certain temps de fonctionnement, semblable à une mosaïque de zones utilisées et de zones non utilisées, chaque zone non utilisée étant souvent insuffisante pour contenir un nouveau programme alors que leur somme le serait. Synonyme : émiettement, fragmentation. X. 2. 2.

frontal (Angl. : *front end computer*). Ordinateur de gestion des communications situé en avant d'un ou plusieurs ordinateurs et les déchargeant de cette fonction (voir dorsal). XIV. 3. 2.; XIV. 6.

gamme compatible (Angl. : *compatible line*). Gamme d'ordinateurs de puissances différentes admettant le même jeu d'instructions. VI. 5. 2. 3.

génération de système (Angl. : *system generation*). Processus consistant à construire le système d'exploitation d'un ordinateur dans une configuration donnée et pour un type d'exploitation donné à partir d'un support contenant le système d'exploitation général de la série d'ordinateurs. VII. 5.

Hamming. Voir codes de Hamming.

hardware. Mot anglais signifiant quincaillerie et par analogie tout ce qui est matériel dans l'informatique. S'oppose à software. Voir aussi firmware. I. 5.

hexadécimal (Angl. : *hexadecimal*). Système de numération de base 16. Souvent utilisé pour une représentation condensée du nombre binaire. II. 2. 4.

hiérarchisation des mémoires (Angl. : *memory hierarchy*). IV. 1. 5. 1.; XI. 3.

horloge digitale (Angl. : *clock*). Dispositif électronique fournissant des impulsions régulièrement espacées. III. 5. 5.; VII. 2. 1.

identificateur (Angl. : *identifier*). Symbole ou ensemble de symboles utilisé pour identifier une donnée ou un ensemble organisé de données, dans un langage évolué. Synonyme : identifieur. II. 6. 1. 3.

imbrication mémoire (Angl. : *memory interleaving*). Voir entrelacement.

impulsion (Angl. : *pulse*). Signal électrique de courte durée. S'oppose à niveau logique. III. 1. 1. 3.

incrémentation (Angl. : *incrementation*). Opération consistant à augmenter de 1 le contenu d'un registre, d'une cellule de mémoire, etc. Contraire : décrémentation. Un calculateur incrémental est un calculateur qui ne connaît que cette opération. C'est le cas des calculateurs utilisant des analyseurs différentiels digitaux. I. 3. 6. 3.

index (registre d') [Angl. : *index register*]. Registre contenant un nombre susceptible d'être ajouté à la partie adresse d'une instruction pour obtenir l'adresse effective. Permet d'adresser successivement les différents éléments d'un tableau à l'intérieur d'une boucle en faisant progresser le contenu du registre d'index d'une unité à chaque passage. II. 6. 2. 2. 2.; VI. 4. 1. 5.

indexation (Angl. : *indexation*). Opération consistant à ajouter le contenu d'un registre d'index à la partie adresse de l'instruction. II. 6. 2. 2. 2.; VI. 4. 1. 5.; VI. 4. 2. 1.

indicateur (Angl. : *indicator, flag*). Bistable, ou registre de quelques positions binaires indiquant l'état d'une unité. Surtout employé pour désigner les bistables d'état associés à une unité arithmétique et logique : ils indiquent alors les conditions dans lesquelles s'est déroulée la dernière opération : débordement, résultat positif, négatif, nul, etc.

indicatif. Information permettant de repérer un enregistrement. IV. 1. 4. 3.

indice (Angl. : *index*). 1) portion d'un champ d'information indiquant le type d'information effectivement enregistrée dans ce champ. II. 3. 2.; 2) En langage évolué, nombre, identificateur ou expression déterminant le numéro d'un élément dans un tableau. II. 6. 2. 1.

indirect (Angl. : *indirect*). Il s'agit probablement d'adressage indirect, alors faites-en un en allant voir ce mot!

information de chronologie. Information associée à une page chargée en mémoire rapide (ou en antémémoire) et rendant compte de sa dernière utilisation relativement aux autres pages également chargées. X. 2. 3. 4.; XI. 3. 3.

initialisation d'un ordinateur (Angl. : *initial program loading* [*IPL*]). Processus permettant de charger un programme en mémoire lorsque cette dernière ne contient aucune information utilisable. VII. 5.

instruction (Angl. : *instruction*). Information digitale indiquant à un calculateur une opération particulière à exécuter ainsi que les données sur lesquelles elle doit porter (ou les emplacements de ces données). I. 2. 1.

instruction de branchement (ou de saut, ou de rupture de séquence) [Angl. : *branch instruction*]. Voir branchement. II. 5. 3. (10).

instruction de branchement vers sous-programme avec préservation de l'adresse de retour (Angl. : *branch and link*). VI. 5. 2. 1. 4.

instruction de fin de boucle. VI. 5. 2. 1. 4.

instruction d'organisation de programme. Instructions telles que les branchements permettant de structurer les programmes par opposition aux instructions arithmétiques ou logiques.

instruction lit et positionne (Angl. : *test and set instruction*). Instruction permettant en un seul cycle mémoire de lire (et éventuellement tester) un mot mémoire et de le réécrire après modification. XII. 2. 3. 2.

instruction privilégiée (Angl. : *privileged instruction*). Instruction interdite au programmeur normal, mais réservée au système d'exploitation. Ne peut être exécutée qu'en mode maître. X. 3. 3.

interactif (Angl. : *interactive*). Voir conversationnel.

interconnexion matricielle (Angl. : *array interconnexion*). XII. 2. 3. 1. 2.

interconnexion par ligne omnibus (Angl. : *bus interconnexion*). XII. 2. 3. 1. 1.

interface (mot anglais). Lieux où deux sous-systèmes d'un même système informatique interagissent; spécification des procédures d'interaction (nombre de fils, signaux, séquencement); par extension, dispositif permettant d'associer deux ensembles ne présentant pas les mêmes spécifications d'interface. VIII. 2. 1.

interruption (Angl. : *interrupt*). Processus permettant sur demande de l'extérieur d'arrêter provisoirement le programme en cours pour faire passer en priorité un programme associé à la demande appelé programme d'interruption; désigne également le signal extérieur qui déclenche le processus d'interruption. I. 3. 10.; VIII. 5.; X. 4.

intersection logique. Voir produit logique. III. 2. 2.

interverrouillage (Angl. : *interlock*). Système évitant que deux processus de traitement accèdent simultanément à des informations considérées comme non réentrantes. XII. 2. 3. 2.

invariance. Un programme est invariant s'il ne se modifie pas au cours de son exécution. II. 6. 4. 1.

jeu d'instructions (Angl. : *instruction repertory, instruction set*). Liste des différentes instructions du langage machine d'un ordinateur. Synonyme : répertoire d'instructions. II. 5. 2.

langage assembleur (Angl. : *assembly language*). Langage formé par les instructions d'un ordinateur écrites sous forme symbolique, c'est-à-dire facilement lisibles par l'homme. Un programme écrit dans ce langage doit être traduit instruction machine pour instruction assembleur grâce à un programme appelé assembleur avant d'être exécuté en machine. Synonyme : langage symbolique. I. 5.; II. 6. 1. 2.

langage de programmation (Angl. : *programming language*). Langage utilisé pour décrire un programme à un ordinateur. Ce terme ne s'applique en général qu'aux langages autres que le langage machine ou le langage assembleur. Synonyme : langage évolué. I. 5.; II. 6.

langage évolué (Angl. : *high level language*). Langage de programmation proche de la formulation logique ou mathématique. Doit être traduit dans le langage d'un ordinateur grâce à un programme appelé compilateur. I. 5.; II. 6. 1. 3.; IX. 1.

langage machine (Angl. : *machine language*). Langage défini par la liste des instructions d'un ordinateur, et leur représentation interne sous forme binaire. C'est le langage directement exécutable par l'ordinateur. I. 5.; II. 5.; II. 6. 1. 1.

langage symbolique (Angl. : *symbolic language*). Voir langage assembleur.

largeur du chemin des données (Angl. : *data path width, bandwidth*). Désigne le nombre de bits d'information transféré en parallèle dans le chemin des données. VI. 2.

lecture (en mémoire) (Angl. : *reading, fetch*). Sortie d'information précédemment enregistrée dans une mémoire. I. 3. 2.; IV. 1. 4. 2. En mémoire à tores : IV. 2. 2. 1. En mémoire à semiconducteurs : IV. 3.

lecture destructive (Angl. : *destructive read*). Opération de lecture qui détruit l'information lue.

liaison programmée. Voie d'accès à un ordinateur entièrement contrôlée par programme : chaque transfert élémentaire est commandé par une instruction de programme. VIII. 3. 1.

ligne omnibus (Angl. : *bus*). Ensemble de fils desservant un certain nombre d'équipements digitaux. Deux équipements peuvent communiquer l'un avec l'autre par l'intermédiaire de ces fils, cette communication interdisant toute autre communication pendant toute sa durée. Voir bus. III. 2. 8.; VIII. 2. 3.

liste (structure de) (Angl. : *list* [*structure*]). Un ensemble d'éléments d'informations reliés entre eux par le fait que chaque élément contient l'adresse de l'élément suivant dans la liste (et éventuellement celle de l'élément précédent). II. 4. 1.

logique (Angl. : *logic*). La logique est à la base de toute l'informatique. Dans le domaine du hardware la logique désigne plus particulièrement l'étude des circuits logiques en s'opposant à leur technologie. I. 5.

logique cellulaire (Angl. : *cellular logic*). Circuit logique formé par l'interconnexion d'un grand nombre de circuits identiques appelés cellules généralement organisés en tableau matriciel. III. 10.; XII. 3. 2.

logique D. T. L. (Angl. : *D. T. L. = diode transistor logic*). Système logique formé de portes à diodes et de séparateurs à transistors. III. 4. 3.

logique négative (Angl. : *négative logic*). Voir logique positive. III. 1. 1. 2.

logique positive (Angl. : *positive logic*). Se dit d'un système logique dans lequel la tension représentant le 1 logique est supérieure à la tension représentant le 0 logique. Contraire : logique négative. III. 1. 1. 2.

machine à contrôle centralisé (Angl. : *centralised control machine*). Machine parallèle dans laquelle un flot d'instructions ou un nombre restreint de flots d'instructions commandent un grand nombre de processus opérant sur des flots de données différents. XII. 3. 2. 1.

machine à contrôle distribuée (Angl. : *distributed control machine*). Machine parallèle dans laquelle le décodage des instructions n'est pas réservé à un processeur centralisé, tous les processeurs étant susceptibles d'y participer. XII. 3. 2. 1.

machine à haut degré de parallélisme (Angl. : *highly parallel machine*). Machine généralement cellulaire permettant d'exécuter un grand nombre de processus en parallèle. XII. 3. 2.

machine à pile (Angl. : *stack machine*). Machine utilisant des piles câblées ou des piles en mémoire pour le calcul des expressions et l'allocation des variables. IX. 1.

machines à registres (Angl. : *Von Neumann machine*). Désigne les machines ayant une organisation traditionnelle (instructions comprenant code instruction et adresse d'opérandes) par opposition aux machines à pile. Synonyme : machine de Von Neumann. IX. 1.

machine à 1, 2, 3 adresses. Ordinateurs classés selon le nombre d'adresses de positions mémoire figurant dans l'instruction. I. 3. 4.; II. 5. 1.

machine caractère. Machine traitant des caractères (voir machine mot). II. 1. 4. 3.

machine cellulaire (Angl. : *cellular machine*). Machine formée d'un grand nombre de processeurs identiques (cellules) travaillant avec un certain mode de parallélisme. XII. 3. 2.

machine de Holland (Angl. : *Holland machine*). Machine théorique caractérisée par un haut degré de parallélisme et un contrôle distribué. XII. 3. 2. 1.

machine de Solomon (Angl. : *Solomon machine*). Machine théorique caractérisée par un haut degré de parallélisme et un contrôle centralisé. XII. 3. 2. 2.

machine de Von Neumann. Machines à calculer fondées sur les concepts introduits par Von Neumann, dans lesquelles les instructions sont formées d'un code opération et d'opérandes et exécutées par transferts entre registres. Synonyme : machine à registres. I. 1.; I, 3; IX, 1.

machine frontale (Angl. : *front-end computer*). Ordinateur chargé de gérer les entrées-sorties d'un système informatique. Il alimente en travaux un ou plusieurs ordinateurs. XII. 1. 2. 6.

machine mot. Machine traitant des mots (voir machine caractère). II. 1. 4. 3.

machine parallèle (Angl. : *parallel machine*). Machine travaillant en parallélisme explicite. XII. 1. 1. 2.; XII. 3.

machine virtuelle (Angl. : *virtual machine*). Machine fictive théorique pour laquelle l'utilisateur rédige des programmes qui passeront, grâce à un système de programmation adapté sur un ordinateur réel dont les caractéristiques peuvent être très éloignées de celles de la machine virtuelle. 1. 6. 2.; X. 2. 3.

macromachine (Angl. : *macromachine*). Désigne, dans une machine microprogrammée, la machine définie par le code instruction également appelé macrocode. Voir micromachine. VII. 4. 2. 6.

maille de programme. Elément de programme devant s'exécuter en parallèle avec d'autres mailles du même programme dans des machines permettant ce type de parallélisme. XII. 3. 1.

maintenance (Angl. : *maintenance*). Toute action ayant pour but de garder le matériel informatique (et les programmes) en état de fonctionnement correct. III. 1. 1.

maître (Angl. : *master*). Voir mode maître, unité maître, processeur maître.

majorité (Angl. : *majority*). Caractérise un opérateur logique dont la sortie est vraie si plus de la moitié des entrées sont vraies et fausse si la moitié au moins sont fausses. Les logiques majoritaires servent à comparer les sorties d'un nombre impair de circuits identiques qui en l'absence de toute panne ou erreur devraient donner le même résultat. III. 1. 1.

mantisse (Angl. : *mantissa*). Dans la représentation en virgule flottante, nombre formé des chiffres les plus significatifs du nombre à représenter. Voir virgule flottante. II. 2. 7. 1.

masque d'interruptions (Angl. : *interrupts mask*). Ensemble de bistables, un par interruption, permettant de ne prendre en compte que les interruptions dont le bistable de masquage n'est pas positionné. VIII. 5. 4.

matrice de codage, décodage, transcodage (Angl. : *encoding, decoding, transcoding matrix*). Organisation matricielle de diodes ou de transistors permettant les opérations de codage, décodage, transcodage. III. 6.

mémoire (Angl. : *memory, storage*). Système dans lequel des informations peuvent être stockées et retrouvées ultérieurement. IV. 1.1.

mémoire adressable par le contenu (Angl. : *content adressed storage*). Voir mémoire associative.

mémoire à propagation. Mémoire dont le point mémoire est formé par un ébranlement ou une impulsion ou encore une discontinuité de matière qui se propage en circuit fermé. IV. 1. 3. 2.

mémoire associative (Angl. : *associative memory*). Mémoire dans laquelle une position est identifiée non par une adresse, mais par son contenu. La position mémoire contient également une information associée qui est fournie par la mémoire lorsque cette position est référencée. IV. 1. 6. 3.; IV. 3.

mémoire bloc-note (Angl. : *scratch pad memory*). Mémoire très rapide de petite capacité. Premier niveau dans la hiérarchie des mémoires (semi-conducteurs). IV. 1. 5. 1. 1.

mémoire centrale (Angl. : *central memory*). Mémoire dans laquelle se trouvent les informations (instructions et données) auxquelles l'unité centrale accède directement. Synonymes : mémoire principale; mémoire rapide. I. 2. 1.; I. 3. 2.; IV. 1. 5. 1. 2.; IV. 2.

mémoire de contrôle (Angl. : *control memory*). Mémoire contenant les microprogrammes dans une machine microprogrammée. Synonyme : mémoire de commande. VII. 4. 1.

mémoire locale (Angl. : *local storage*). Mémoire de petite capacité et d'accès rapide utilisée dans l'unité centrale. Remplace généralement un jeu de registres. VI. 2. 2.

mémoire de masse (Angl. : *mass storage*). Mémoire auxiliaire à accès par bloc ou à accès aléatoire (disques, tambours, feuillets magnétiques). IV. 1. 5. 1. 4.

mémoire dynamique. Mémoire magnétique dont le point mémoire est fixe sur son support mais se déplace par rapport aux organes de lecture écriture. IV. 1. 3. 3.

mémoire virtuelle (Angl. : *virtual memory*). Espace d'adressage attribué à un utilisateur qui n'a pas à se préoccuper des limitations dues à l'implantation de son programme en mémoire centrale, ce type de contingence étant généralement pris en charge par le système de pagination. X. 2. 3.

Microboulix. Ordinateur de la série des Boulix sur lequel est montrée la différence entre la structure théorique de la macromachine et la structure réelle de la micromachine correspondante. VII. 4. 3. 2.

microcommande (Angl. : *microcommand*). Information de commande issue de l'unité de contrôle (plus précisement du séquenceur central) destinée à un organe du chemin des données. VI. 2. 1.; VII. 1.

microlangage (Angl. : *microlanguage*). Langage de microprogrammation. VII. 4. 1.

micromachine (Angl. : *micromachine*). Désigne, dans une machine microprogrammée, la machine définie par le code des micro-instructions appelé microcode. Voir macromachine. VII. 4. 2. 6.

micro-ordinateur (Angl. : *microcomputer*). Ordinateur dont l'unité centrale est un microprocesseur. XIII. 1.

microprocesseur (Angl. : *microprocessor*). Processeur de traitement ou unité centrale réalisée en un seul circuit intégré. XIII. 1.

microprocesseur en tranche (Angl. : *bit slice microprocessor*). Circuits intégrés destinés à la réalisation d'unités de traitement, par leur interconnexion en parallèle. XIII. 4.

microprogrammation (Angl. : *mioroprogramming*). Désigne une technique de réalisation du séquenceur central d'un ordinateur, dans laquelle chaque instruction est interprétée et exécutée sous le contrôle d'un programme appelé microprogramme formé d'une succession de microinstructions, chaque microinstruction commandant une phase de l'exécution de l'instruction. VII. 4.

microprogrammation à deux niveaux (Angl. : *two levels microprogramming*). Structure microprogrammée dans laquelle les microprogrammes sont formés par la séquence des adresses des microinstructions, chaque microinstruction possible n'apparaissant ainsi qu'une fois en mémoire morte. VII. 4. 2. 8.

microprogrammation horizontale (Angl. : *horizontal microprogramming*). Système de microprogrammation dans lequel les microcommandes issues des différents champs d'une microinstruction peuvent être générées à des phases différentes du déroulement de la microinstruction. Voir microprogrammation verticale. VII. 5. 2. 5. 2.

microprogrammation verticale (Angl. : *vertical microprogramming*). Système de microprogrammation dans lequel les microcommandes d'une microinstruction sont générées simultanément. Voir microprogrammation horizontale. VII. 4. 2. 5. 1.

microprogramme (Angl. : *microprogram*). Programme écrit en microlangage et correspondant à l'exécution d'une instruction du langage machine dans un ordinateur microprogrammé. VII. 4. 1.

microseconde (Angl. : *microsecond*). Unité de temps correspondant à un millionième de seconde. Abréviation : μs. I. 4.

milliseconde (Angl. : *millisecond*). Unité de temps correspondant à un millième de seconde. Abréviation : ms. I. 4.

miniaturisation (Angl. : *miniaturization*). I. 6. 1. 1.

mini-ordinateur (Angl. : *minicomputer*). Petit ordinateur (par opposition aux grands ordinateurs universels). XIV. 2.

mode asservi (Angl. : *slave mode, problem mode*). Mode de fonctionnement d'un ordinateur dans lequel les instructions privilégiées (réservées au superviseur) sont interdites. Synonymes : mode programme, mode problème, mode esclave. S'oppose au mode maître. X. 3. 3.

mode bloqué. Mode d'entrée-sortie dans lequel le calculateur ne fait rien d'autre que gérer l'opération d'entrée-sortie pendant toute sa durée. VIII. 1. 2. 1.

mode canal. Mode d'entrée-sortie où les transferts élémentaires sont exécutés sous contrôle d'un canal ou d'une unité d'échange qui tient à jour l'adresse courante de la table d'entrée-sortie en mémoire ainsi que le compte de mot restant à transférer. VIII. 1. 2. 4.; VIII. 3. 2.

mode maître (Angl. : *master mode, supervisor mode*). Mode de fonctionnement d'un ordinateur dans lequel : 1) toutes les instructions sont permises y compris les instructions privilégiées; 2) les protections mémoires sont inhibées. Ce mode est généralement réservé pour l'exécution du système d'exploitation. Synonyme : mode superviseur. X. 3. 3.

mode par interruption de programme. Mode d'entrée-sortie dans lequel l'organe périphérique prévient le calculateur qu'il est prêt pour un transfert élémentaire par le biais d'une interruption qui activera un programme prioritaire exécutant effectivement le transfert élémentaire. VIII. 1. 2. 3.

mode par suspension de programme. Mode d'entrée-sortie dans lequel le transfert élémentaire ne suppose pas le déroulement d'un programme, mais se fait automatiquement sous contrôle d'une unité d'échange (qui quelquefois est confondue avec l'unité centrale), le programme en cours étant tout au plus suspendu pendant un ou quelques cycles. Synonyme : mode canal. VIII. 1.2.4.

mode par tests d'état. Mode d'entrée-sortie dans lequel le calculateur teste périodiquement l'organe d'entrée-sortie pour savoir s'il est prêt pour un transfert élémentaire. VIII. 1. 2. 2.

mode superviseur (Angl. : *supervisor mode*). Voir mode maître. X. 3. 3.

modèle de Wilkes (Angl. : *Wilkes'scheme*). Premier modèle de machine microprogrammée. Sert de référence pour toute étude de la microprogrammation. VII. 4. 2. 1.

monoprocesseur (Angl. : *monoprocessor*). Ordinateur ne possédant qu'une unité centrale. XI. 1. 2.

monostable (Angl. : *one shot, monostable mutivibrator*). Circuit à deux états dont un seul est stable. III. 5. 4.

mot (Angl. : *word*). Elément d'information stockée ou traitée d'un seul tenant dans un ordinateur. Le terme mot n'est utilisé que si cet élément d'information est supérieur à 8 digits, sinon on emploie caractère, octet ou digit décimal. Voir caractère. II. 1. 4. 2.; VI. 5. 2. 2.

mot machine (Angl. : *machine word*). Elément d'information traité d'un seul bloc dans une machine. II. 1. 4. 2. (2).

mot mémoire (Angl. : *memory word*). Longueur de la chaîne de bits adressée d'un seul bloc dans la mémoire. II. 1. 4. 2. (3)

multicalculateur. Système informatique composé de plusieurs ordinateurs interconnectés. XII. 1. 2. 6.

multiopérateur. Système possédant plusieurs opérateurs arithmétiques en parallèle dans un même processeur central. XII. 1. 2. 5.

multiplexage (Angl. : *multiplexing*). Technique permettant de transmettre plusieurs messages sur une seule ligne par imbrication dans le temps; désigne également le regroupement de plusieurs lignes sur une ligne ou au contraire l'éclatement d'une ligne en plusieurs lignes. VIII. 2. 2.

multiplexeur (Angl. : *multiplexor*). Dispositif permettant d'aiguiller une information sur une voie parmi plusieurs ou au contraire de concentrer des informations en provenance de plusieurs voies sur une seule voie. III. 8. 3.; VIII. 2. 2.

multiprocesseur (Angl. : *multiprocessor*). Ordinateur possédant plusieurs unités centrales. VIII. 6. 3.; XI. 1. 2.; XII. 1. 1. 1.; XII. 2.

multiprocesseur modulaire (Angl. : *modular multiprocessor*). Multiprocesseur constitué à partir d'un « Meccano » formé d'unités centrales, d'éléments de mémoire, d'unités d'entrées-sorties, etc.; un interface standard d'interconnexion entre ces éléments permet une très grande souplesse dans la constitution de tels ensembles. XII. 2. 6.

multiprocesseurs modulaires décomposés. Multiprocesseurs modulaires dans lesquels les unités d'instructions et les unités arithmétiques sont des modules distincts. XII. 2. 7.

multiprocesseur virtuel (Angl. : *virtual multiprocessor*). Autre appellation des multiprocesseurs modulaires décomposés. XII. 2. 7. 1.

multiprogrammation (Angl. : *multiprogramming*). Exécution imbriquée dans le temps de plusieurs programmes par un même ordinateur. S'oppose à monoprogrammation. Ne pas confondre avec multitraitement. I. 6. 2.; X. 1.; XII. 1. 2. 2.

multitraitement (Angl. : *multiprocessing*). Exécution simultanée de plusieurs programmes dans plusieurs processeurs d'un même ordinateur. XII. 1.; XII. 2.

multi-unité centrale. Ordinateur à plusieurs unités centrales identiques. Souvent appelé multiprocesseur. XII. 2. 1. 1.

NAND (terme anglais). Opérateur négation du produit logique. III. 2. 4. 3.

nanoseconde (Angl. : *nanosecond*). Unité de temps correspondant à un milliardième de seconde. Abréviation : ns. I. 4.

négation (Angl. : *not*). En algèbre binaire, cette opération est identique à la complémentation. III. 2. 2.

niveau d'interruption (Angl. : *interrupt level*). Dans un système hiérarchisé d'interruptions, des interruptions provenant sur deux niveaux différents ont des priorités différentes (la plus prioritaire pouvant interrompre un programme appelé par la première), tandis que les interruptions intervenant sur un même niveau ne s'interrompent pas l'une l'autre mais peuvent être de priorités différentes. VIII. 5. 1.

niveau lexicographique (Angl. : *lexicographical level*). Dans un programme structuré par procédures (ou blocs), numéro attaché à chaque procédure (ou bloc) pour rendre compte de son niveau d'emboîtage. Si la procédure principale a comme niveau lexicographique 0, les procédures déclarées dans la procédure principale ont comme niveau lexicographique 1, les procédures déclarées dans ces procédures ont comme niveau lexicographique 2 etc. IX. 4. 1.

niveau logique (Angl. : *logical level*). Signal électrique binaire d'une certaine durée. S'oppose à impulsion. III. 1. 1. 2.

nœud de commutation (Angl. : *switching node*). Elément d'un réseau informatique assurant les fonctions de communication et routage. XIV. 3. 1.

NOR (terme anglais). Opérateur négation de la somme logique. III. 2. 4. 3.

notation polonaise (Angl. : *polish notation*). Formulation des expressions arithmétiques dans laquelle les opérateurs précèdent (forme polonaise préfixée) ou suivent (forme polonaise postfixée) les opérandes sur lesquels ils portent. IX. 3. 1.

octal (Angl. : *octal*). Système de numération de base 8. Souvent utilisé comme représentation condensée de nombres binaires. II. 2. 4.

octet (Angl. : *byte*). Elément d'information de 8 bits. II. 1. 4. 1.

opérande (Angl. : *operand*). Information sur laquelle porte une opération dans un calculateur. Ex. : la multiplication porte sur deux opérandes : le multiplicande et le multiplicateur. Le résultat est quelquefois considéré comme un troisième opérande. I. 2. 1.; V. 1. 3. 3.

opérateur (Angl. : *operator*). Tout dispositif effectuant une opération, un traitement : opérateur arithmétique, opérateur logique... etc. Egalement tout signe désignant une opération à effectuer : $+$, $-$, $\times$, $/$, Σ, $\int$, etc. Voir : unité fonctionnelle. V. 1.

opérateur combinatoire (Angl. : *combinatorial operator*). Opérateur exécutant les opérations en une seule phase : le registre résultat contient toujours le résultat de l'opération portant sur les registres sources (sauf pendant les transitoires entraînés par les modifications de ces registres). V. 1.

opérateur parallèle (Angl. : *parallel fonctional unit*). Opérateur travaillant en parallèle sur tous les bits d'un caractère ou d'un mot. V. 1.

opérateur séquentiel (Angl. : *séquential operator*). Opérateur exécutant les opérations en plusieurs étapes. Nécessite un organe de commande initialisant ces différentes étapes. V. 1.

opérateur série (Angl. : *serial fonctional unit*). Opérateur fonctionnant en série, c'est-à-dire bit après bit. V. 1.

opération d'addition décimale. V. 4. 2.

opération d'addition-soustraction binaire. V. 2. 3.

opération d'addition-soustraction flottante. V. 5. 1.

opération de décalage. V. 2. 2.

opération de division binaire. V. 3. 3.

opération de division binaire avec restauration. V. 3. 4.

opération de division binaire sans restauration. V. 3. 4.

opération de multiplication binaire. V. 3. 1.

opération de multiplication division flottante. V. 5. 2.

opérations logiques. V. 2. 1.

ordinateur (Angl. : *computer, Electronic Data processing machine*). Nom donné en France aux calculateurs électroniques digitaux. Ce terme a l'avantage de ne pas paraître limitatif comme le terme de « calculateur ». I. 2. 1.

ordinateur de gestion (Angl. : *business data processing computer*). Ordinateur orienté vers les applications de gestion. Définition : I. 8. 2. Exemple : VI. 5. 1. 2.

ordinateur scientifique (Angl. : *scientific computer*). Ordinateur orienté vers le calcul scientifique. Définition : I. 8. 2. Exemple : VI. 5. 1. 1.

ordre (Angl. : *command code*). Directive pour une unité de commande de périphérique; cette dernière reçoit l'ordre, l'interprète et l'exécute. Une partie de l'ordre peut être interprétée dans l'unité d'échange. L'ordre apparaît comme le code opération de la commande d'où son nom en Anglais. VIII. 3. 4.; VIII. 4. 1.

OU (Angl. : *or*). Opérateur logique. Voir somme logique. III. 2. 2.

OU exclusif (Angl. : *exclusive or*). Fonction logique de deux variables A+B=1 si soit A, soit B vaut 1, mais pas les deux ensemble. III. 2. 5.

page (Angl. : *page*). Subdivision de la mémoire correspondant à un nombre de mots standard. Utilisée de façon générale lorsque les capacités d'adressage de l'instruction ne sont pas cohérentes avec la capacité de mémoire centrale. VI. 4. 1. 4. 3.; X. 2. 3.

pagination (Angl. : *paging*). Méthode d'utilisation d'une mémoire centrale divisée en pages. La pagination peut permettre : 1) d'adresser une mémoire dont la capacité n'est pas cohérente avec la capacité d'adressage de l'instruction; 2) de ne pas charger les programmes d'un seul tenant à condition d'avoir un dispositif de topographie de la mémoire indiquant par quoi chaque page est chargée; 3) de gérer dynamiquement la mémoire en ne chargeant à un instant donné que les quelques pages effectivement utiles d'un programme. Cette dernière technique est quelquefois appelée pagination à la demande. VI. 4. 1. 4. 3.; X. 2. 3.

pagination à la demande (Angl. : *demand paging, page on demand*). Voir pagination. X. 2. 3. 2.

pagination et segmentation (Angl. : *paging and segmentation*). Systèmes de gestion de la mémoire dans lesquels la pagination est complétée par un dispositif automatique de gestion de segments, ce qui permet soit de minimiser les temps de recherche en table, soit d'augmenter la capacité de la mémoire virtuelle d'un utilisateur. X. 2. 3. 4.

paquet (Angl. : *packet*). Message ou fragment de message transmis d'un seul bloc avec les informations d'identification nécessaires dans un réseau à commutation par paquet. XIV. 3. 1.

parallèle (Angl. : *parallel*). Qualifie des opérations dans lesquelles l'ensemble des bits sont traités simultanément; transmission parallèle, opérateur parallèle : les opérations correspondantes portent sur plusieurs bits simultanément. S'oppose ici à série. Qualifie des machines où plusieurs opérations s'effectuent simultanément. Voir : parallélisme, machines parallèles. III. 1. 2.; XII. 1. 1. 2.

parallélisme (Angl. : *parallelism*). Caractérise l'exécution simultanée de plusieurs processus. XII. 1. 1. 1.

parallélisme explicite. Nous désignons par ces termes un type de parallélisme dans lequel les processus s'exécutant en parallèle sont dépendants les uns des autres, le parallélisme étant explicitement déterminé par le programmeur. XII. 1. 1. 2.

parité (contrôle de) [Angl. : *parity*]. Contrôle de la validité d'une information après transmission, mémorisation ou traitement grâce à l'adjonction d'un bit dit bit de parité positionné avant opération, testé après opération. Le bit de parité rend paire (parité paire) ou impaire (parité impaire) la somme des bits de l'information. L'apparition d'une parité anormale correspond à la détection d'une erreur. II. 1. 3. 2.

partie adresse de l'instruction (Angl. : *adress part*). Zone de l'instruction qui contient l'adresse de l'opérande, ou tout au moins une information permettant de calculer cette adresse. IV. 4.1.

partition (Angl. : *partition*). Terme généralement utilisé pour désigner une partie d'un tout formant un ensemble logique à elle toute seule. Ex. : partition de la mémoire suffisante pour contenir un programme ou un ensemble de programmes reliés entre eux : I. 6. 2.; Ex. : partition d'un système multiprocesseur comprenant, en au moins un exemplaire, tous les éléments permettant d'exécuter des programmes : XII. 2. 2. 2.

performances dégradées. Caractérise le fonctionnement d'un ordinateur dans lequel certaines unités ayant été mises hors service, toutes les fonctions sont encore assurées, mais avec des performances moindres que si le système était complet. XII. 2. 2. 2.; XII. 2. 3. 5.; XII. 2. 6. 1.

pile (Angl. : *stack, last in first out queue*). Structure ordonnée d'informations dans laquelle on a accès aux informations dans l'ordre inverse où celles-ci ont été rangées, selon le système « dernier entré - premier sorti ». Utilisée pour le calcul d'expressions mises sous forme polonaise, la réentrance et la récursivité. Réalisée soit par software en mémoire, soit par hardware. II. 4. 3.; II. 6. 4. 3.; IX. 2.

pile câblée (Angl. : *hardware stack*). Mémoire fonctionnant selon le principe de la pile : dernier entré - premier sorti. IX. 1. 1. 2.

pipe-line (Angl. : *pipe line*). Définit une organisation d'ordinateurs ou de sous-ensembles d'ordinateur permettant de hautes performances. Un flot d'information subit un traitement en traversant une série de sections chargées chacune d'effectuer une partie de ce traitement, les informations successives se remplaçant dans les sections à la manière du pétrole dans un pipeline ou d'un moteur dans une chaîne de fabrication de moteurs. XI. 2.

poids. Dans un système de numération, les poids sont les puissances successives de la base. Lors de la lecture d'un nombre représenté dans un système de numération, les digits successifs en partant de la droite sont affectés des poids successifs. Les digits de droite sont appelés digits de faible poids, les digits de gauche digits de fort poids. (Angl. : *right end bits, left end bits*). II. 2. 1.

point mémoire. Désigne un élément permettant de stocker un digit binaire dans une mémoire. IV. 1. 2.

pointeur (Angl. : *pointer*). Registre ou cellule de mémoire d'adresse déterminée contenant l'adresse d'une information ou d'un ensemble d'informations. II. 4. 1.

pointeurs dynamiques (Angl. : *dynamic pointers*). Chaîne de pointeurs dans la pile d'allocation des variables d'un programme ALGOL permettant de redescendre la pile dans l'ordre inverse des appels de procédures. IX. 4. 4.

pointeurs statiques (Angl. : *static pointers*). Chaîne de pointeurs dans la pile d'allocation des variables d'un programme ALGOL permettant de résoudre le problème de l'adressage non local. IX. 4. 4.

port d'accès (Angl. : *port*). Voie d'accès à un bloc de mémoire centrale. VIII. 2. 5. 4.; VIII. 6. 3.

porte (Angl. : *gate*). Circuit logique réalisant une fonction ET, OU, etc. Portes ET et OU : III. 4. 2. Portes majoritaires : III. 1. 1.

post-indexation. Indexation s'effectuant après indirection dans le cas de l'adressage indirect. Voir pré-indexation. VI. 4. 2. 1.

préfixe (Angl. : *tag*). Ensemble de digits associés à une information destinée à définir le type de cette information. II. 4. 4.; IX. 5. 2.

pré-indexation. Addition de la partie adresse de l'instruction au contenu d'un registre (de base, de translation). Indexation s'effectuant avant indirection s'il y a adressage indirect. S'oppose à post-indexation. VI. 4. 2. 1.

procédure (Angl. : *procedure*). Elément de programme dans certains langages évolués très structurés (ALGOL, PL1) à l'intérieur duquel des variables peuvent être définies qui ne seront connues qu'à l'intérieur de cette procédure. IX. 4. 1.

processeur (Angl. : *processor*). Organe effectuant un traitement. Désigne une unité centrale, ou une unité d'échange très évoluée. Voir multiprocesseur. VIII. 6. 3.; XII. 1. 1. 1.

processeurs banalisés. Un système multiprocesseur est dit à processeurs banalisés si le système est géré par un seul système d'exploitation, sans qu'il y ait de relations de type maître esclave entre processeurs. XII. 2. 3. 3. 3.

processeur central (Angl. : *central processor*). Equivalent à unité centrale.

processeur d'entrée-sortie (Angl. : *input output processor*). Equivalent à unité d'échange.

processeur élémentaire (Angl. : *processing element*). Désignation des processeurs arithmétiques d'une machine de Solomon, choisie pour garder les initiales de la dénomination anglaise : P. E. = processing element. XII. 3. 2. 1.

processeur esclave (Angl. : *slave processor*). Dans un système multiprocesseur, processeur qui exécute les travaux demandés par un autre processeur appelé processeur maître et lui retourne les demandes d'exécution d'entrée-sortie. XII. 2. 3. 3. 2.

processeur maître (Angl. : *master processor*). Dans un système multiprocesseur, processeur chargé de gérer le système d'exploitation, notamment de distribuer les travaux aux autres processeurs et de gérer l'ensemble des entrées-sorties qu'ils demandent. XII. 2. 3. 3. 2.

processus (Angl. : *processus*). Terme utilisé dans l'étude du parallélisme et désignant un programme en cours d'éxécution. Si un programme est exécuté simultanément par *n* utilisateurs sur des jeux de données différents, on dit qu'il y a *n* processus parallèles. XII. 1.1.; XII. 1. 2. 7.

produit logique : ET (Angl. : *logic product : AND*). Fonction logique de deux variables : A.B = 1 si et seulement si A = 1 et B = 1. Synonyme : intersection logique. III. 2. 2.

programme (Angl. : *program*). Suite de directives appelées instructions définissant complètement un traitement à faire exécuter à un ordinateur. Un programme doit être écrit dans un langage assimilable par l'ordinateur auquel il est destiné. I. 1.; I. 3. 3.; II. 6.

programme canal (Angl. : *channel program*). Programme formé d'une succession de commandes destinées à être interprétées et exécutées par une unité d'échange (ou un canal). VIII. 1. 2. 5.

programme de contrôle d'entrée-sortie (Angl. : *channel program*). Voir programme canal.

programme enregistré. Caractérise fondamentalement les ordinateurs : le programme est enregistré en mémoire avant son exécution; par la suite il peut être remplacé par un autre programme. I. 1.

programme extérieur. Caractérise les calculateurs ou automatismes commandés par un programme sur un support extérieur lu et exécuté pas à pas. S'oppose à programme enregistré.

programme intérieur. Caractérise les machines ou automatismes qui exécutent un programme fixé une fois pour toutes. Ex. : automatismes à séquence. Synonyme : programme câblé. I. 1.

programme principal (Angl. : *main routine*). Un programme qui appelle un sous-programme est dit principal par rapport à ce sous-programme. II. 6. 3.

protection mémoire (Angl. : *memory protection*). Technique permettant d'éviter que des erreurs faites par un utilisateur ne détruisent le contenu de zones de mémoires qui ne lui sont pas attribuées. Dans certains cas, technique permettant également de conserver secrètes des informations en mémoires. X. 3.1.

protocole (Angl. : *protocol*). Règle de dialogue entre deux entités informatiques de même niveau. XIV. 3. 3.

pseudo-instruction (Angl. : *pseudo-instruction*). En langage assembleur, une pseudo-instruction est une directive pour l'assembleur, et non une instruction à traduire en langage machine. Ex. : réserver une ou plusieurs mémoires; transcrire une constante fournie en décimal, etc. II. 6. 1. 2.

pseudo pipe-line. Termes par lesquels nous qualifions une organisation parallèle qui se comporte comme une organisation pipe-line. XI. 2. 1. 2.

pseudo-registre (Angl. : *pseudo-register*). Registre défini par son utilisation, mais n'ayant pas d'existence hardware concrète : se trouve simulé soit dans une mémoire locale, soit dans la mémoire centrale. VI. 2. 2.

RAM (Angl. : *Random Access Memory*). Mémoire utilisable également en lecture et écriture. XIII. 3. 2.

rangement en mémoire (Angl. : *memory store*). I. 3. 2.; IV. 1. 4. 2.

recherche en mémoire (Angl. : *memory fetch*). I. 3. 2.; IV. 1. 4. 2.

reconfiguration (Angl. : *reconfiguration*). Réorganisation des connexions entre les différents composants d'un système informatique pour tenir compte de la mise hors service ou en service de certains d'entre eux, ou encore lors d'un changement d'application. XII. 2. 2. 2.; XII. 2. 3. 5.; XII. 2. 6. 2.

recouvrement (Angl. : *overlap*). Technique consistant à faire se chevaucher dans le temps des opérations successives, afin que le temps d'exécution d'un ensemble d'opérations apparaisse plus court que la somme des temps des opérations élémentaires. VI. 5. 3. 1.

récursif (programme) [Angl. : *recursive*]. Un programme est récursif lorsqu'il peut s'appeler lui-même. II. 6. 4. 3.; IX. 4. 1.; IX. 4. 3.

récursivité (Angl. : *recursion*). Voir récursif.

réentrant (programme) [Angl. : *reenterable*]. Un programme réentrant peut être partagé par plusieurs utilisateurs dans un système en multiprogrammation, ou être utilisé sous plusieurs niveaux d'interruption. Ceci suppose que le programme soit invariant et que chaque utilisateur possède sa zone de données. II. 6. 4. 2.; X. 2. 1. 1.

registre (Angl. : *register*). Organe d'un système digital capable de stocker une information (un registre a généralement une capacité variant entre 1 bit et une centaine de bits). I. 3.1.; III. 8.; III. 9.

registre à décalage (Angl. : *shift register*). Registre câblé de façon à permettre des décalages d'information. Synonyme : registre à glissement. III. 9.1.

registre adressable. Registre susceptible d'être explicitement désigné par le programmeur dans une zone réservée de l'instruction. VI. 2. 2.

registre arithmétique (Angl. : *arithmetic register*). Registre de l'unité centrale utilisé pour conserver des données arithmétiques ou logiques. VI. 2. 2.

registre d'adressage (Angl. : *adress register*). Registre contenant des éléments permettant le calcul d'adresse. Ex. : registre de base, de translation, d'index. VI. 2. 2.

registre de base (Angl. : *base register*). Registre contenant une adresse absolue par rapport à laquelle un déplacement permet de calculer l'adresse effective. Voir adressage par base et déplacement. II. 6. 4. 2.; VI. 4. 1. 4. 1.

registre d'échange avec la mémoire (Angl. : *memory register, word register*). Registre permettant d'échanger les informations entre unité centrale et cellules de mémoire centrale. Synonymes : registre mémoire, registre mot. I. 3. 2.; VI. 1. 2.; VI. 1. 3. 1.

registre de sélection mémoire (Angl. : *memory adress register*). Registre permettant d'adresser la mémoire centrale d'un ordinateur. Synonyme : registre d'adresse de la mémoire. I. 3. 2.; VI. 1. 2.; VI. 1. 3. 1.

registre de translation (Angl. : *relocation register*). Registre d'adressage contenant une adresse de translation et permettant l'adressage relatif par rapport à cette adresse.

registre instruction (Angl. : *instruction register*). Registre de l'unité de contrôle d'un ordinateur qui reçoit et conserve l'instruction courante pendant son interprétation. I. 3. 5.; VI. 1. 2.; VI. 1. 3. 1.

registre tampon (Angl. : *buffer register*). Registre permettant à une unité de stocker l'information qu'elle a élaborée en attendant que l'unité à qui elle est destinée vienne la prendre. VI. 3. 1. 2.

registres arithmétiques indépendants. VI. 3. 1. 2.

registres arithmétiques indépendants et mémoire locale. VI. 3. 1. 3.

registres arithmétiques montés en mémoire locale. VI. 3.1.1.

registres associatifs (Angl. : *associative registers*). Registres formant un dispositif de topographie mémoire, un registre étant associé à une page mémoire, l'ensemble de ces registres étant adressé par voie associative, c'est-à-dire par leur contenu. X. 2. 3. 1. 3. Voir aussi IV. 4.

registres banalisés. Ensemble de registres pouvant être utilisés aussi bien comme registres arithmétiques que comme registres d'adressage. VI. 2. 2.

registres généraux (Angl. : *general registers*). Nom donné aux registres banalisés de certaines machines (IBM 360). VI. 2. 2.; VI. 5. 2. 3. 1.

registres limites (Angl. : *limit registers, relocation and upper-bound registers*). Système de protection mémoire dans lequel un programme utilisateur ne peut écrire que dans une zone de mémoire définie par deux registres contenant respectivement les adresses du premier et du dernier mot de la zone (ou adresse premier mot et longueur). X. 3. 1. 3.

regroupement-éclatement (système de) [Angl. : *assembly-disassembly system*]. Dans une unité d'échange, dispositif permettant d'échanger des mots avec l'ordinateur et des caractères avec les équipements périphériques. VIII. 2. 4.

réseau local (Angl. : *local network*). Réseau permettant l'interconnexion par le biais d'un support unique d'un grand nombre de participants implantés dans un même site géographique (quelques kilomètres au plus). [XIV. 3. 5.]

ressource (Angl. : *resources*). On appelle ressource, dans un système informatique, tout dispositif pouvant être utilisé par différents utilisateurs : les éléments de mémoire, la plupart des éléments périphériques, le temps d'unité centrale sont des ressources. L'allocation des ressources aux différents travaux fait partie du rôle du système d'exploitation. I. 7.

restauration (Angl. : *restoration*). Ce terme est utilisé dans l'opération de division binaire. Celle-ci s'exécute par essais successifs. Si l'essai ne marche pas, c'est-à-dire si la soustraction « dividende moins diviseur » donne un résultat négatif, il y a lieu de restaurer le dividende. La méthode de division, dite sans restauration permet d'éviter cette opération complémentaire. V. 3. 4. Les dernières instructions d'un programme d'interruption doivent restaurer le contexte du programme interrompu afin de permettre sa reprise. VIII. 5. 3.; X. 4.

retenue générée (Angl. : *generated carry*). III. 7. 2. 1.

retenue propagée (Angl. : *propagated carry*). III. 7. 2. 1.

réunion logique. Voir somme logique. III. 2. 2.

réutilisable après exécution (programme) [Angl. : *serially reusable*]. Programme remis dans son état initial en fin d'exécution. II. 6. 4. 1.

ROM (Angl. : *Read Only Memory*). Mémoire utilisable en lecture seulement, mémoire morte. IV. 1. 6. 2. ; XIII. 3. 2.

rupture de séquence. Voir instruction de branchement.

satellite (Angl. : *satellite*). Système informatique regroupant plusieurs abonnés en vue de leur raccordement à un réseau informatique. XIV. 3. 2.

saturation. Nous avons utilisé ce terme pour caractériser le transfert entre deux mémoires statiques de caractéristiques différentes, toutes deux utilisées à leur cadence maximum. XI. 3. 2. 1.

saut avec échange (Angl. : *exchange jump*). Instruction spéciale du CDC 6600 permettant au processeur périphérique chargé du système d'exploitation de changer le contexte du processeur central. XII. 2. 5.

secteur (Angl. : *sector*). 1) Bloc d'informations consécutives sur une piste de disque. VIII. 3. 6.; 2) Ensemble d'informations transférées simultanément entre mémoire principale et antémémoire. XII. 3. 3.

segment (Angl. : *segment*). Elément d'un programme à structure dite segmentée. Le programme est exécuté par appels successifs des différents segments en mémoire centrale, afin de limiter l'encombrement en mémoire centrale. Souvent un segment principal appelle les différents segments secondaires à se recouvrir les uns les autres en mémoire centrale selon les besoins. X. 2.

segmentation (Angl. : *segmentation*). Méthode de programmation permettant de découper les programmes trop longs pour tenir entièrement en mémoire centrale en éléments appelés segments qui seront appelés en mémoire centrale suivant les besoins. X. 2.

séquencement (Angl. : *sequencing*). Commande à des instants déterminés dans le temps les différentes phases d'une opération. Rôle d'un séquenceur. VI. 2. 1.; VII.

séquenceur (Angl. : *sequencer*). Organe de commande d'un opérateur séquentiel ou d'un ordinateur. Il distribue à des instants précis les commandes positionnant les circuits de l'opérateur ou de l'ordinateur pour faire exécuter les différentes phases de l'opération ou de l'instruction. I. 3. 5.; V. 1.; VII. 1.; VII. 2.; VII. 3.

séquenceur central (Angl. : *central sequencer*). Organe de commande d'un ordinateur chargé de générer les microcommandes déclanchant les différentes étapes des opérations. VII. 1.

séquenceur d'un opérateur de multiplication. VII. 3.

sérialiseur (Angl. : *Parallel-to-serial converter*). Opérateur transformant une information fournie sous forme parallèle en une information sous forme série. Contraire : désérialiseur. III. 1. 2.; III. 9. 1.

série (Angl. : *sérial* [*operator...*]). Qualifie des opérations traitées bit après bit : transmission série, opérateur série... S'oppose à parallèle. III. 1. 2.

serveur (Angl. : *online information service - host*). Système informatique fournissant des services tels que l'accès à des banques d'information aux abonnés à un réseau informatique. XIV. 3. 2.

simulation (Angl. : *simulation*). De façon générale, étude d'un système pour lequel l'expérimentation est impossible sur un modèle sur lequel l'expérimentation est possible. En particulier on utilise des techniques de simulation pour assembler et tester, sur un ordinateur actuel, le software d'un ordinateur futur. VII. 4. 4.

simultanéité (Angl. : *simultaneity, overlap*). Déroulement de deux ou plusieurs processus dans le même temps, les opérations élémentaires de ces processus devant éventuellement s'attendre si elles utilisent des ressources communes. Généralement utilisé pour désigner le déroulement simultané d'un traitement dans l'unité centrale et d'opérations d'entrée-sortie grâce à des unités d'échange. VIII. 1. 2.

software (Mot anglais). Mot fabriqué par opposition à hardware (quincaillerie) pour désigner tout ce qui est immatériel en informatique (hard = dur; soft = mou). Le software comprend les programmes et la documentation les concernant permettant de faire fonctionner un ordinateur. On distingue le software de base (traducteurs de langage, système d'exploitation) et le software d'application (traduction française proposée : mentaille). I. 5.

somme logique : OU (Angl. : *Logic sum : OR*). Fonction logique de deux variables : $A + B = 1$ si $A = 1$ ou bien si $B = 1$. Synonyme : réunion logique. III. 2. 2.

sous-programme (Angl. : *subroutine*). Ensemble d'instructions réalisant une fonction particulière conçu pour être utilisé par différents programmes. Les sous-programmes ouverts sont directement intercalés dans le corps du programme qui les utilise chaque fois que le besoin s'en fait sentir. Les sous-programmes fermés sont assemblés séparément, n'apparaissent qu'une fois en mémoire et sont appelés chaque fois qu'un programme en a besoin. II. 6. 3.

soustracteur (Angl. : *subtractor*). Circuit réalisant l'opération de soustraction. III. 7. 4.; V. 2. 3. 3.

spécialisation des unités fonctionnelles. VI. 3. 2. 1.

station tampon (Angl. : *reservation station*). File d'attente d'opérations à exécuter par un même opérateur utilisée dans l'algorithme de Tomasulo. XI. 2. 5. 3.

superboulix. Ordinateur de la famille des Boulix sur lequel est montrée l'utilisation d'un ensemble de registres banalisés. VI. 5. 2. 1.

superinstruction. Instruction très puissante permise par la microprogrammation; remplace un sous-programme dans une machine classique. VII. 4. 4.

synchrone (Angl. : *synchroneous*). Voir calculateur synchrone.

système d'avant-plan, d'arrière-plan (Angl. : *foreground, background system*). Système de programmation utilisé dans les calculateurs de conduite de processus dans lequel la mémoire est divisée en deux partitions, l'une protégée pour le système d'exploitation, la gestion des entrées-sorties, les programmes en temps réel, l'autre non protégée pour les programmes qui s'exécutent pendant les temps restés libres. X. 3. 1. 4.

système d'exploitation (Angl. : *operating system*). Ensemble des programmes permettant de gérer les diverses tâches d'un ordinateur et de décharger les utilisateurs de toute programmation de routine. I. 5.; I. 7.; X.

système d'interruptions hiérarchisées (Angl. : *priority interrupt system*). Système dans lequel les différentes interruptions possibles sont classées par priorité, de telle sorte qu'un programme d'interruption peut lui-même être interrompu par une interruption de priorité supérieure à celle qui l'a lancé. VIII. 5. 1.

système de numération (Angl. : *numeration system*). Système de représentation condensée des nombres donnant à chaque nombre une représentation unique et permettant d'utiliser des algorithmes simples pour l'exécution des opérations arithmétiques. Le système décimal couramment employé est un cas particulier des systèmes de numération. II. 2. 1.

système logique (Angl. : *logic system*). Ensemble de circuits de base permettant par assemblage de réaliser n'importe quelle fonction logique donnée. III. 4. 3.

table (Angl. : *table*). Ensemble d'informations rangées à la suite les unes des autres, chacune d'elles étant identifiée soit par sa position relative dans la table, soit par une étiquette qui lui est attachée. II. 4. 2.; IV. 4.

table d'entrée-sortie (Angl. : *input output table*). Table contenant les informations à sortir ou dans laquelle les informations à entrer seront rangées lors d'une opération d'entrée-sortie. La table d'entrée-sortie est entièrement définie par l'adresse de son premier mot et son compte de mots. VIII. 3. 2.

tableau (Angl. : *array*). Ensemble d'informations organisées séquentiellement et repérables par leur numéro d'ordre ou indice. II. 4. 1.; II. 6. 2.

tableau de transition (Angl. : *transition table*). Tableau indiquant les transitions entre états d'un automate fini sous l'effet de stimulus externes. III. 3. 2.; III. 3. 3. 1.

tableau de vérité (Angl. : *truth table*). Tableau dont la donnée définit une fonction logique par sa valeur pour chaque combinaison possible des variables sur lesquelles elle porte. III. 2. 2.

tag (Mot anglais). Désigne un indicateur. XI. 2. 5. 3.

tassement (Angl. : *upward relocation, compacting*). Technique de gestion statique de la mémoire en multiprogrammation dans laquelle les programmes sont chargés d'un seul tenant, mais peuvent être tassés lorsque des vides se forment de manière à disposer d'un espace d'un seul tenant aussi grand que possible. X. 2. 3.

technologie (Angl. : *technology*). Discipline de l'informatique à base d'électronique et de mécanique. Etudie les problèmes liés aux composants électroniques, aux organes de mémoire et organes de périphériques, etc. S'oppose à la logique. I. 5.

télétraitement (Angl. : *teleprocessing*). Technique d'utilisation des ordinateurs à distance (à partir de terminaux reliés par lignes téléphoniques, télégraphiques, par faisceaux hertziens, etc.). I. 6. 2.

temps d'accès (Angl. : *access time*). Temps s'écoulant entre le lancement d'une opération de recherche en mémoire et l'obtention de la première information cherchée. IV. 1. 4. 5.; IV. 2. 2.

temps partagé (Angl. : *time sharing*). Utilisation simultanée d'un même ordinateur à partir de multiples terminaux. Une tranche de temps *(time slice)* est en général accordée successivement à chaque utilisateur. I. 6. 2.; X. 2. 3.

temps réel (Angl. : *real time*). Utilisation de l'ordinateur dans laquelle ce dernier doit élaborer, à partir des informations acquises sur un processus extérieur, des informations de commande ou de contrôle dans un temps cohérent avec l'évolution du processus contrôlé (exceptionnellement : processus de calcul se déroulant à la même vitesse que le phénomène qu'il représente). I. 8. 3.

terminal (Angl. : *terminal*). Organe périphérique généralement placé à distance de l'ordinateur, permettant la communication entre l'homme et l'ordinateur. Ex. : téléscriptrice, unité de visualisation, système comportant entrée de cartes et sortie sur imprimante. I. 6. 2.

topographie mémoire (dispositif de) [Angl. : *mapping device, page map table*]. Dispositif indiquant à quelles pages de mémoires virtuelles sont attribuées les pages de la mémoire centrale dans un système de pagination. X. 2. 3. 1. 2.

train de travaux (Angl. : *job stream*). Voir traitement par train.

traitement par train (Angl. : *batch processing*). Technique permettant à un seul programme moniteur d'enchaîner les compilations et exécutions des différents travaux utilisateurs préalablement stockés sur mémoire auxiliaire. I. 6. 2.

trame (Angl. : *frame*). Train de signaux utilisé pour véhiculer un ou plusieurs paquets d'information. XIV. 3. 1.

transfert élémentaire. Termes par lesquels nous désignons le transfert d'une information (mot ou caractère) entre mémoire centrale et organe périphérique. Une opération d'entrée-sortie correspond généralement à une succession de transferts élémentaires précédés d'une initialisation d'opération et terminés par une fin d'opération. VIII. 2. 5.

transfert par accès direct à la mémoire. Transfert élémentaire exécuté sous le contrôle de l'unité d'échange qui demande un cycle à l'unité de contrôle de la mémoire centrale. Voir accès direct à la mémoire. VIII. 2. 5. 4.

transfert par instruction forcée. Transfert élémentaire exécuté sous le contrôle d'une instruction fournie par l'organe externe. VIII. 2. 5. 2.

transfert par vol de cycle. Transfert élémentaire exécuté sous le contrôle de l'unité d'échange qui demande un cycle à l'unité de contrôle de l'ordinateur. VIII. 2. 5. 3.

transfert programmé. Transfert élémentaire exécuté sous le contrôle d'une instruction de programme. VIII. 2. 5. 1.

transistor (Angl. : *transistor*). Composant électronique. III. 4. 2.

transistor bloqué. III. 4. 2. 1.

transistor saturé. III. 4. 2. 1.

transition (Angl. : *transition*). Voir fonction de transition.

translation d'adresse (Angl. : *adress translation*). Calcul d'une adresse absolue à partir d'une adresse relative et d'une adresse de référence également appelée adresse de base ou adresse de translation. X. 2.1.

transmission des arguments (par valeur ou par nom). Voir argument.

transpac. Réseau national français de commutation par paquets mis au point par la Direction générale des télécommunications.

U. A. L. (Angl. : *A. L. U.*). Abréviation pour « unité arithmétique et logique ».

unibus (Angl. : *unibus*). Bus unique sur lequel sont branchés tous les éléments composant un ordinateur : unité centrale, blocs de mémoire, unités d'échange, etc. utilisé dans certains petits ordinateurs. VIII. 6. 2.

unité arithmétique et logique (U. A. L.) [Angl. : *arithmetic and logic unit (A. L. U.)*]. Unité d'ordinateur chargée d'exécuter les opérations arithmétiques et logiques. Synonymes : unité de traitement; bloc de calcul. I. 2.; I. 3. 4.; V. 2. 4.

unité arithmétique et logique de Boulix. V. 2. 4.

unité centrale (ou unité centrale de traitement) [Angl. : *central processing unit*]. Partie de l'ordinateur composée des circuits permettant l'interprétation et l'exécution des instructions. I. 2. 1.

unité d'échange (Angl. : *input/output processor*). Unité d'ordinateur gérant les entrées-sorties, c'est-à-dire les échanges d'information avec l'extérieur. Synonymes : processeur d'entrée-sortie et quelquefois canal. I. 2. 2.

unité d'échange automatique (Angl. : *channel*). Unité d'échange fonctionnant en mode canal, c'est-à-dire gérant elle-même les opérations d'entrée-sortie qui lui sont commandées en tenant à jour l'adresse courante de la table d'entrée-sortie et le compte de mots restant à transférer. VIII. 3. 2.

unité d'échange flottante (Angl. : *floating channel*). Ensemble d'unités d'échanges simples banalisées pour l'ensemble des organes périphériques. VIII. 3.7.

unité d'échange multiplexée dans le temps (Angl. : *multiplexor channel*). Unité d'échange traitant plusieurs opérations d'entrée-sortie simultanément en imbriquant dans le temps les transferts élémentaires relatifs aux opérations différentes. Synonyme : canal multiple. VIII. 1. 2. 4.; VIII. 3. 5.

unité d'échange multiplexée par blocs (Angl. : *block multiplexor channel*). Unité d'échange simple permettant d'optimiser le rendement global dans les échanges avec les disques. VIII. 3. 6.

unité d'échange simple (Angl. : *selector channel*). Unité d'échange ne traitant qu'une opération d'entrée-sortie à la fois. Synonyme : canal simple. VIII. 1. 2. 4.; VIII. 3. 2.

unité de commande (de périphérique) [Angl. : *control unit*]. Unité spécifique d'un type de périphérique donné chargée d'interpréter les ordres reçus de l'ordinateur et de commander le périphérique en conséquence. Synonymes : unité de contrôle, unité de liaison, contrôleur, circuit de commande. VIII. 1. 1.; VIII. 4.

unité de contrôle (Angl. : *control unit*). Unité d'un ordinateur chargée de la recherche et de l'interprétation des instructions; du calcul d'adresse et de la recherche des opérandes; du positionnement des circuits pour exécuter les instructions. Synonymes : unité d'instruction, unité de commande. I. 2. 1.

unité de liaison. Voir unité de commande de périphérique.

unité d'instruction (Angl. : *instruction unit*). Voir unité de contrôle. I. 2. 1.; I. 3. 5.

unité esclave (Angl. : *slave unit*). Unité qui se synchronise sur l'unité maître lors d'un dialogue entre les deux unités. VIII. 6. 2.

unité fonctionnelle (Angl. : *fonctional unit*). Dispositif hardware capable d'exécuter certaines fonctions arithmétiques ou logiques. Voir opérateur. V. 1.

unité interrogatrice (Angl. : *requesting unit*). Terme que nous avons utilisé à la place d'unité maître dans le cas où plusieurs unités maîtres se partagent plusieurs unités esclaves banalisées. XII. 2. 6. 1.

unité interrogée (Angl. : *replying unit*) Terme que nous avons utilisé à la place d'unité esclave, lorsqu'elle était susceptible de répondre à plusieurs unités maîtres simultanément. XII. 2. 6. 1.

unité maître (Angl. : *master unit*). Unité sur laquelle se synchronise l'unité esclave, lors du dialogue entre deux unités. VIII. 6. 2.

unités périphériques. I. 2. 2.; I. 3. 9.

variable (Angl. : *variable*). En mathématique : grandeur identifiée par un nom et ayant valeur sur un ensemble de valeur donné. En informatique : information identifiée par un nom ou une adresse pouvant prendre une valeur (ou un ensemble de valeurs) dans un domaine donné au cours du déroulement d'un programme. S'oppose à une constante dont la valeur définie dans le programme ne connaît aucune modification. II. 6. 1. 3.

variable logique (Angl. : *logical variable*). Variable de l'algèbre de Boole pouvant prendre soit la valeur 0, soit la valeur 1. Synonymes : variable binaire, variable booléenne. III. 2. 1.

variables globales (Angl. : *global variables*). Variables définies en dehors de la procédure en cours dans un programme écrit en ALGOL. IX. 4. 1.

variables locales (Angl. : *local variables*). Variables définies dans la procédure en cours dans un programme écrit en ALGOL. I. 4. 1.

verrouillage (Angl. : *interlock*). Tout dispositif hardware ou software empêchant des conflits d'accès ou l'utilisation d'informations non valides parce que non mises à jour ou utilisées par ailleurs. XI. 2. 2. 1. 2.; XII. 2. 3. 2.

virgule fixe (Angl. : *fixed point*). Représentation des nombres (exprimés dans un système de numération) à l'aide d'un nombre fixé de digits dans lequel la virgule séparant la partie entière de la partie fractionnaire est à un emplacement fixe par rapport à l'un des bouts du nombre représenté. Ex. : les nombres représentés sur 8 digits seront systématiquement considérés comme possédant 5 digits avant la virgule et 3 après. Dans la plupart des machines les calculs sont faits comme si la virgule était soit avant le premier chiffre, soit après de dernier. II. 2. 7. 1.; V. 2. 3. 3.

virgule flottante (Angl. : *floating point*). La position de la virgule n'est pas fixée par rapport à l'une des extrémités du nombre représenté. Le nombre N est généralement décomposé en deux parties : mantisse M et exposant E choisis de telle sorte que $N = M.\alpha^E$ où α est le plus généralement choisi égal à 2 et où E est choisi de telle sorte que M, exprimé en virgule fixe, contienne le plus de chiffres significatifs possible Le terme virgule flottante se réfère aussi bien à ce format qu'à la méthode permettant d'effectuer les opérations arithmétiques sur ce format. II. 2. 7. 2.; V. 5.

volatilité. Qualifie une mémoire dont le contenu est perdu en cas de coupure d'alimentation électrique. 4. 1. 4. 1.

vol de cycle (Angl. : *cycle stealing*). Voir transfert par vol de cycle. VIII. 2. 5. 3.

lexique anglais-français

A. L. U.	U. A. L.
absolute adress	adresse absolue
access	accès (mémoire)
access conflict	conflit d'accès
access key	clé de protection, clé d'accès
access time	temps d'accès
accumulator	accumulateur
adder	additionneur
adress	adresse
adress part	partie adresse de l'instruction
adress register	registre d'adressage
adress translation	translation d'adresse
adressing	adressage
Algol	Algol
analog	analogique
analog computer	calculateur analogique
AND	ET
architecture	architecture
argument	argument
arithmetic and logic unit (A. L. U.)	unité arithmétique et logique (U. A. L.)
arithmetic register	registre arithmétique
arithmetic shift	décalage arithmétique
array	tableau
array interconnexion	interconnexion matricielle
assembler	assembleur
assembly disassembly system	regroupement éclatement (système de)
assembly language	langage assembleur
associative memory	mémoire associative
associative registers	registres associatifs
asynchronous computer	calculateur asynchrone
availability	disponibilité
bank	bank, bloc mémoire
base	base
base adress	adresse de base
base and displacement adressing	adressage par base et déplacement
base register	registre de base
batch processing	traitement par train, ou par lots
binary	binaire
binary coded decimal (B. C. D.)	décimal codé binaire
bistable - flip flop	bistable
bit	bit
bloc access	accès par bloc
block multiplexor channel	unité d'échange multiplexée par bloc
Boolean algebra	algèbre de Boole
boot strap	chargeur automatique, chargeur initial, amorce
branch	branchement (instruction de)
branch and link	instruction de branchement vers son programme avec préservation de l'adresse de retour.
Branch instruction	instruction de branchement (ou de saut ou de rupture de séquence)
buffer memory	antémémoire, mémoire tampon
buffer register	registre tampon
bus	bus, ligne omnibus
bus interconnexion	interconnexion par ligne omnibus
business data processing computer	ordinateur de gestion
busy bit	bit d'activité
byte	octet
cache	antémémoire
cell	cellule
cellular logic	logique cellulaire
cellular machine	machine cellulaire
central memory	mémoire centrale
central processing unit	unité centrale (ou unité centrale de traitement)
central processor	processeur central
central sequencer	séquenceur central
centralised control machine	machine à contrôle centralisé
chaining	chaînage
channel	canal, unité d'échange
channel command word (CCW)	commande
channel program	programme canal
channel status word (CSW)	état canal
character (byte)	caractère
circular shift	décalage circulaire
clock	horloge digitale
code	code
combinatorial operator	opérateur combinatoire
combinatory circuit	circuit combinatoire
command chaining	chaînage de commandes
command code	ordre
common bus	bus commun
compacting upward relocation	tassement
compatible line	gamme compatible
compatibility	compatibilité
compiler	compilateur
computer	ordinateur, calculateur
computer status	état machine
concatenation	concatenation

condition code	code condition
configuration	configuration
content adressed storage	mémoire adressable par le contenu
context	contexte
control memory	mémoire de contrôle
control unit	unité de commande (de périphérique)
control unit	unité de contrôle
conversational interactive	conversationnel
counter	compteur d'impulsions
cycle stealing	vol de cycle
D. T. L. (Diode transistor logic)	Logique D. T. L.
data chaining	chaînage de données
data concentrator	concentrateur-diffuseur
data path	chemin des données
data path width, bandwidth	largeur du chemin des données
decimal	décimal
decimal arithmetic	arithmétique décimale
decimal counter	compteur décimal
declaration	déclaration
decoding	décodage
decoding matrix	matrice de décodage
demand paging	pagination à la demande
dependence	dépendance
descriptor	descripteur
destructive read	lecture destructive
digit	digit
digital	digital
digital computer	calculateur digital
diode	diode
direct access	accès direct
direct adressing	adressage direct
direct memory access	accès direct à la mémoire
displacement	déplacement
distributed control machine	machine à contrôle distribué
dynamic pointers	pointeurs dynamiques
effective adress	adresse effective
electronic data processing machine	ordinateur
emulation	émulation
encoding	codage
encoding matrix	matrice de codage
error correcting code	code autocorrecteur
error detecting code	code autovérificateur
excess three code	code excédent 3
exchange jump	saut avec échange
exclusive OR	OU exclusif
fetch reading	lecture (en mémoire)
field	champ
finite machine	automate fini
firmware	firmware
first in, first out queue	file d'attente
fixed point	virgule fixe
fixed point arithmetic	arithmétique fixe
flag indicator	indicateur
flip flop	basculeur
floating	flottant
floating channel	unité d'échange flottante
floating point	virgule flottante
floating point arithmetic	arithmétique flottante
foreground background system	système d'avant-plan arrière-plan
format	format
forwarding technic	anticipation
fractionnement	fractionnement, émiettement
front-end computer	machine frontale
full adder	étage d'additionneur
functional unit	unité fonctionnelle
gate	porte
general registers	registres généraux
generated carry	retenue générée
global variables	variables globales
graceful degradation	dégradation progressive
Gray code	code de Gray
half adder	demi-additionneur
Hamming's code	code de Hamming
hardware	hardware
hardware loader	chargeur automatique
hardware stack	pile câblée
hexadecimal	hexadécimal
high level language	langage évolué
highly parallel machine	machine à haut degré de parallélisme
Holland machine	machine de Holland
horizontal microprogramming	microprogrammation horizontale
hybrid computer	calculateur hybride
identifier	identificateur
immediate adressing	adressage immédiat
incrementation	incrémentation
index	indice
indexation	indexation
indexed adressing	adressage indexé
index register	index (registre d')
indicator	indicateur
indirect	indirect
indirect adressing	adressage indirect
initial programm loader	chargeur initial
initial programm loading (IPL)	initialisation d'un ordinateur
input output processor	processeur d'entrée-sortie, unité d'échange
input output table	table d'entrée-sortie
instruction	instruction
instruction counter	compteur ordinal
instruction decoding matrix	décodeur d'instruction
instruction register	registre instruction
instruction repertory	jeu d'instructions
instruction set	jeu d'instructions
instruction unit	unité d'instruction
integrated circuit	circuit intégré
interactive	interactif
interlock	interverrouillage, verrouillage
internal state	état d'un automate fini (état interne)
interrupt	interruption
interrupt authorizing, inhibiting or masking	autorisation, inhibition d'interruptions
interrupt enabling, desabling	armement, désarmement d'interruptions
interrupt level	niveau d'interruption
interrupt mask	masque d'interruptions
job stream	train de travaux
Last in first out queue	pile

left end bits	poids forts
lexicographical level	niveau lexicographique
limit registers	registres limites
list (structure)	liste (structure de)
loader	chargeur
local storage	mémoire locale
local variables	variables locales
logic	logique
logical circuit	circuit logique
logical product : AND	produit logique : ET
logical sum : OR	somme logique : OU
logical system	système logique
logical equations	équations logiques
logical function	fonction logique
logical level	niveau logique
logical shift	décalage logique
logical variable	variable logique
look ahead technic	anticipation
loop	boucle
machine language	langage machine
machine word	mot machine
macromachine	macromachine
main routine	programme principal
maintenance	maintenance
majority	majorité
mantissa	mantisse
mapping device	topographie mémoire (dispositif de)
mass storage	mémoire de masse
master	maître
master mode	mode maître
master processor	processeur maître
master unit	unité maître
memory	mémoire
memory adress register	registre de sélection mémoire
memory cell	cellule mémoire
memory control unit	contrôleur d'accès mémoire
memory cycle	cycle mémoire
memory fetch	recherche en mémoire
memory hierarchy	hiérarchie des mémoires
memory interleaving	entrelacement mémoire, imbrication mémoire
memory protection	protection mémoire
memory register	registre d'échange avec la mémoire
memory store	rangement en mémoire
memory word	mot mémoire
microlanguage	microlangage
micromachine	micromachine
microprogram	microprogramme
microprogrammed computer	calculateur microprogrammé
microprogramming	microprogrammation
microsecond	microseconde
millisecond	milliseconde
miniaturization	miniaturisation
modular multiprocessor	multiprocesseur modulaire
monoprocessor	monoprocesseur
monostable multivibrator	monostable
multi level indirect adressing	adressage indirect à plusieurs niveaux
multiplexing	multiplexage
multiplexor	multiplexeur
multiplexor channel	unité d'échange multiplexée dans le temps
multiprocessing	multitraitement
multiprocessor	multiprocesseur
multiprogramming	multiprogrammation
multivibrator	bascule
name call	appel nom
nand	nand
nanosecond	nanoseconde
negative logic	logique négative
non local adressing	adressage non local
NOT	négation
numeration system	système de numération
octal	octal
one's complement	complément à un
one shot multivibrator	monostable
operand	opérande
operating system	système d'exploitation
operation code	code opération
operator	opérateur
or	ou
overflow	débordement
overlap	recouvrement, simultanéité
page	page
page map table	topographie mémoire (dispositif de)
page on demand	pagination à la demande
paging	pagination
parallel	parallèle
parallel binary adder	additionneur binaire parallèle
parallel functional unit	opérateur parallèle
parallel machine	machine parallèle
parallel to serial converter	sérialiseur
parallelism	parallélisme
parity	parité (contrôle de)
partition	partition
pipe line	pipe-line
pointer	pointeur
polish notation	forme polonaise, notation polonaise
port	port d'accès (à une mémoire)
positive logic	logique positive
precedence conflict	conflit de dépendance
pre-indexation	pré-indexation
priority interrupt system	système d'interruptions hiérarchisées
privileged instruction	instruction privilégiée
problem mode	mode asservi, mode programme
procedure	procédure
process	procédé
processus	processus
processing element	processeur élémentaire
processor	processeur
program	programme
program status word	mot d'état programme
programmed logic computer	calculateur à logique programmée
programming language	langage de programmation
propagated carry	retenue propagée
protection digit	digit de protection
protection key	clé de protection
pseudo-instruction	pseudo-instruction
pseudo-register	pseudo-registre
pulse	impulsion
radix complement	complément vrai

radix minus one complement	complément restreint
randon access	accès aléatoire
reading	lecture (en mémoire)
real adress	adresse réelle
real time	temps réel
reconfiguration	reconfiguration
record	enregistrement
recursion	recursivité
recursive	recursif (programme)
reenterable	réentrant (programme), partageable
reflected binary	binaire réfléchi
register	registre
relative adressing	adressage relatif
reliability	fiabilité
relocation and upper bound registers	registres limite
relocation register	registre de translation
removability	amovibilité
replying unit	unité interrogée
requesting unit	unité interrogatrice
reservation station	station tampon
resources	ressources
restoration	restauration
right end bits	poids faibles
ring counter	distributeur de phases
sample (pulse)	échantillonnage (signal d')
scientific computer	ordinateur scientifique
scratch pad memory	mémoire bloc-notes
sector	secteur
segment	segment
segmentation	segmentation
selector channel	unité d'échange simple
sequencer	séquenceur
sequencing	séquencement
sequential access	accès séquentiel
sequential circuit	circuit séquentiel
sequential operator	opérateur séquentiel
serial	série
serial adder	additionneur série
serial functional unit	opérateur série
serial to parallel converter	désérialiseur
serially reusable	réutilisable après exécution, réutilisable en série
shift	décalage
shift register	registre à décalage
simulation	simulation
simultaneity	simultanéité
slave	esclave
slave mode	mode asservi
slave processor	processeur esclave
slave unit	unité esclave
Solomon machine	machine de Solomon
stack	pile
stack machine	machine à pile
static pointers	pointeurs statiques
status flip-flops	bistables d'état
storage	mémoire
storage capacity	capacité d'une mémoire
storing	rangement (en mémoire)
string	chaîne
subroutine	sous-programme
sub routine call	appel de sous-programme
subtractor	soustracteur
supervisor mode	mode maître, mode superviseur
symbolic language	langage symbolique
synchronous	synchrone
synchronous computer	calculateur synchrone
system generation	génération de système
table	table
tag	préfixe, indicateur
technology	technologie
teleprocessing	télétraitement
terminal	terminal
test and set instruction	instruction lit et positionne
time sharing	temps partagé
timing chart	chronogramme
Tomasulo's algorithm	algorithme de Tomasulo
transcoding matrix	matrice de transcodage
transfer rate	cadence de transfert
transistor	transistor
transition	transition
transition flow chart	diagramme de transition
transition function	fonction de transition
to force	forcer
transition table	tableau de transition
true complement	complément vrai
truth table	tableau de vérité
two levels microprogramming	microprogrammation à deux niveaux
two's complement	complément à deux
unibus	unibus
unlocking	déverrouillage
upward compatibility	compatibilité vers le haut
upward relocation	tassement
value call	appel valeur
variable	variable
vertical microprogramming	microprogrammation verticale
virtual adress	adresse virtuelle
virtual machine	machine virtuelle
virtual memory	mémoire virtuelle
microcommand	microcommande
virtual multiprocesseur	multiprocesseur virtuel
Von Neumann machine	machine à registres
Wilke's scheme	modèle de Wilkes
word	mot
word register	registre d'échange avec la mémoire
writing	écriture (en mémoire)

Imprimerie Hérissey. – 27000 – Évreux. – Juillet 1971. – Dépôt légal 1971-3e.

N° de série Éditeur 11018. – N° 28105. – Imprimé en France *(Printed in France)*.

70359 I-4-82.